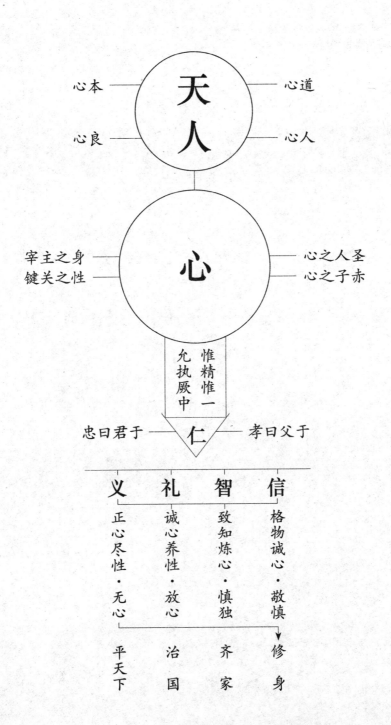

王阳明全集 [壹]

[明] 王守仁 著　徐枫等 点校

天津社会科学院出版社

图书在版编目（CIP）数据

王阳明全集 : 全4册 / (明) 王守仁著 ; 徐枫等点
校. -- 4版. -- 天津 : 天津社会科学院出版社, 2015.1
（2022.10重印）
ISBN 978-7-5563-0114-0

Ⅰ.①王⋯ Ⅱ.①王⋯ ②徐⋯ Ⅲ.①王守仁（
1472～1528）- 文集 Ⅳ.①B248.2-53

中国版本图书馆CIP数据核字(2015)第016193号

出版发行：天津社会科学院出版社
出　版　人：钟会兵
地　　　址：天津市南开区迎水道7号
邮　　　编：300191
电话/传真：（022）23360165（总编室）
　　　　　　（022）23075303（发行科）
网　　　址：www.tass-tj.org.cn
印　　　刷：永清县晔盛亚胶印有限公司

开　　　本：787×1092毫米　1/16
印　　　张：73.25
字　　　数：900千字
版　　　次：2015年5月第1版　2022年10月第2次印刷
定　　　价：228.00元

王阳明（1472–1529）

崇山峻领茂林脩竹又有

清流激湍映带左右引

悟言一室之内或因寄所託

放浪形骸之外 陽明山人王守仁

阳明先生手迹

出版说明

　　《王阳明全集》在隆庆本《王文成公全书》三十八卷本基础上增补编辑而成。本书编校整理情况如下：

　　一、本书以明隆庆六年御史谢廷杰所刻《王文成公全书》三十八卷本（简称"原本"）为底本，参考《四库全书》文渊阁本、《四部备要》本等，同时借鉴参考了最新研究成果，重新点校整理。

　　二、原本三十八卷，编次为：卷首《序说》，卷一至三十一为王阳明本人著述，卷三十二至三十八为《附录》。具体如下：

　　卷一至三十一，王阳明本人著述。其中：卷一至三为《语录》（《传习录》上、中、下），卷四至八为《文录》（一至五），卷九至十八为《别录》（一至十），卷十九至二十五为《外集》（一至七），卷二十六至三十一（上）为《续编》（一至六），卷三十一（下）为《山东乡试录》。

　　卷三十二至三十八：《附录》。其中：卷三十二至三十四为《年谱》（一至三），卷三十五至三十六为《年谱附录》（一、二），卷三十七《世德纪》，卷三十八《世德纪附录》。

　　需指出的是，原本卷三十一原分上、下两部，上部为《征藩公移》，下部为《山东乡试录》，但是上、下两部体例明显不同，且内容非皆王阳明所著。鉴于原本已分为上、下两部，尽管两者不能合而为一，但读者自可鉴别，故本书一仍其旧，未做改动。

　　三、本书在原本三十八卷内容之外，增补三部分，作为本书之卷三十九（上、中、下）。具体如下：

　　卷三十九（上），收录原本未刊语录诗文。

　　卷三十九（中），收录原本未刊传记与祭文。其中增补传记共七篇，增补祭文共三十九篇。

　　卷三十九（下），收录原本未刊序跋共七十七篇。所增补文章基本以撰写年代为顺序排列。

本卷所增补的传记、祭文和序跋，其作者有的是王阳明的门人或友人，有的甚至是清末民初的文人学者，他们多为一时之名家，其文对于研究王阳明生平与思想均有重要参考价值。

　　本书在编辑整理过程中，借鉴了国内外学者大量相关研究成果，并参考了其他版本的《王阳明全集》，在此一并表示衷心谢忱。

　　书中若有错讹不当之处，敬请不吝指正。

目　录

卷五　文录二

卷六 文录三

卷七　文录四

序·记·说　167

卷首 诰命·序说

诰 命

奉天承运皇帝制曰：

竭忠尽瘁，固人臣职分之常；崇德报功，实国家激劝之典。矧通侯班爵，崇亚上公，而节惠易名，荣逾华衮。事必待乎论定，恩岂容以久虚！尔故原任新建伯、南京兵部尚书兼都察院左都御史王守仁，维岳降灵，自天佑命。爰从弱冠，屹为宇宙人豪；甫拜省郎，独奋乾坤正论。身濒危而志愈壮，道处困而造弥深。绍尧、孔之心传，微言式阐；倡周、程之道术，来学攸宗。蕴蓄既宏，猷为丕著；遗艰投大，随试皆宜；戡乱解纷，无施弗效。闽、粤之箐巢尽扫，而擒纵如神；东南之黎庶举安，而文武足宪。爰及逆藩称乱，尤资杖钺渊谋，旋凯奏功，速于吴、楚之三月；出奇决胜，迈彼淮、蔡之中宵。是嘉社稷之伟勋，申盟带砺之异数。既复抚夷两广，旋致格苗七旬。谤起功高，赏移罚重。爰遵遗诏，兼采公评，续相国之生封，时而旌伐；追曲江之殊恤，庶以酬劳。兹特赠为"新建侯"，谥"文成"，锡之诰命。於戏！钟鼎勒铭，嗣美东征之烈；券纶昭锡，世登南国之功。永为一代之宗臣，实耀千年之史册。冥灵不昧，宠命其承！隆庆二年十月十七日。制诰之宝。

序 说

王文成公全书序

徐　阶

　　《王文成公全书》三十八卷，其首三卷为《语录》，公存时徐子曰仁辑；次二十八卷为《文录》，为《别录》，为《外集》，为《续编》，皆公薨后钱子洪甫辑；最后七卷为《年谱》，为《世德纪》，则近时洪甫与汝中王子辑而附焉者也。

　　隆庆壬申，侍御新建谢君奉命按浙，首修公祠，置田以供岁祀。已而阅公文，见所谓录若集各自为书，惧夫四方正学者或弗克尽读也，遂汇而寿诸梓，名曰《全书》，属阶序。

　　阶闻之，道无隐显，无小大。隐也者，其精微之蕴于心者也，体也；显也者，其光华之著于外者也，用也；小也者，其用之散而为川流者也；大也者，其体之敛而为敦化者也。譬之天然不已之妙，默运于於穆之中，而日月星辰之丽，四时之行，百物之生，灿然呈露而不可掩，是道之全也。古昔圣人具是道于心而以时出之，或为文章，或为勋业。至其所谓文者，或施之朝廷，或用之邦国，或形诸家庭，或见诸师弟子之问答，与其日用应酬之常，虽制以事殊，语因人异，然莫非道之用也。故在言道者必该体用之全，斯谓之善言；在学道者亦必得体用之全，斯谓之善学。尝观《论语》述孔子心法之传，曰"一贯"。既已一言尽之，而其纪孔子之文，则自告时君，告列国之卿大夫，告诸弟子，告避世之徒，以及对阳货询厩人，答问馈之使，无一弗录，将使学者由显与小以得其隐与大焉；是善言道者之准也，而其为学固亦可以见矣。唯文成公奋起圣远之后，慨世之言致知者求知于见闻，而不可与酬酢、不可与佑神，于是取《孟子》所谓"良知"合诸《大学》，以为"致良知"之说。其大要以谓人心虚灵莫不有知，唯不以私欲蔽塞其虚灵者，则不假外索，而于天下之事自无所感而不通，无所措而不当。盖诚意、正心、修身、齐家、治国、平天下必先致知之本旨，而千变万化，一以贯之之道也。故尝语门人云："良知之外更无知，致知之外更无学。"于时曰仁最称高第弟子，其录《传习》，公微言精义率已具其中。乃若公他所为文，则是所谓制殊语异莫非道之用者，汇而梓

2

之，岂唯公之书于是乎全，固读焉者所由以睹道之全也。谢君之为此，其嘉惠后学不已至欤！虽然，谢君所望于后学非徒读其书已也。凡读书者以身践之，则书与我为一；以言视之，则判然二耳。《论语》之为书，世未尝有不读，然而一贯之唯，自曾子以后无闻焉。岂以言视之之过乎？自公"致良知"之说兴，士之获闻者众矣，其果能自致其良知，卓然践之以身否也？夫能践之以身，则于公所垂训，诵其一言而已足，参诸《传习录》而已繁；否则虽尽读公之书无益也。阶不敏，愿相与戒之。

谢君名廷杰，字宗圣。其为政崇节义，育人才，立保甲，厚风俗，动以公为师：盖非徒读公书者也。

赐进士及第、特进光禄大夫、柱国、少师兼太子太师、吏部尚书、建极殿大学士、知制诰、知经筵事、国史总裁致仕，后学华亭徐阶序。

传习录序
徐 爱

门人有私录阳明先生之言者，先生闻之，谓之曰："圣贤教人如医用药，皆因病立方，酌其虚实、温凉、阴阳、内外而时时加减之，要在去病，初无定说。若拘执一方，鲜不杀人矣。今某与诸君不过各就偏蔽，箴切砥砺，但能改化，即吾言已为赘疣。若遂守为成训，他日误己误人，某人之罪过可复追赎乎？"

爱既备录先生之教，同门之友有以是相规者。

爱因谓之曰："如子之言，即又拘执一方，复失先生之意矣。孔子谓子贡，尝曰'予欲无言'，他日则曰'吾与回言终日'，又何言之不一邪？盖子贡专求圣人于言语之间，故孔子以无言警之，使之实体诸心，以求自得；颜子于孔子之言，默识心通无不在己，故与之言终日，若决江河而之海也。故孔子于子贡之'无言'不为少，于颜子之'终日言'不为多，各当其可而已。今备录先生之语，固非先生之所欲，使吾侪常在先生之门，亦何事于此，惟或有时而去侧，同门之友又皆离群索居。当是之时，仪刑既远而规切无闻，如爱之驽劣，非得先生之言时时对余警发之，其不摧堕废者几希矣。吾侪于先生之言，苟徒入耳出口，不体诸身，则爱之录此，实先生之罪人矣；使能得之言意之表，而诚诸践履之实，则斯录也，固先生终日言之之心也，可少乎哉？"

录成，因复识此于首篇以告同志。门人徐爱序。

阳明先生文录序

邹守益

钱子德洪刻先师《文录》于姑苏，自述其裒次之意：以纯于讲学明道者为《正录》，曰明其志也；以诗赋及酬应者为《外集》，曰尽其全也；以奏疏及文移为《别录》，曰究其施也。于是先师之言灿然聚矣。以守益与闻绪言之教也，寓简使序之。守益拜手而言曰：

知言诚未易哉！昔者孔夫子之在春秋也，从游者三千，速肖者七十矣，而犹有莫我知之叹，叹夫以言语求之而眩其真也。夫子既没，门弟子欲以所事夫子者事有子。夷考其取于有子，亦曰甚矣，其言之似夫子也。则下学上达之功，其著且察者鲜矣。推尊之词，要亦足以及之。贤于尧、舜，尧、舜未易贤也。走兽之于麟，飞鸟之于凤，虽勉而企之，其道无繇。不几于绝德乎？礼乐之等，最为近之。然犹自闻见而求，终不若秋阳江、汉，直悟本体，为简易而切实也。盖在圣门，惟不迁怒不贰过之颜，语之而不惰；其次则忠恕之曾，足以任重而道远。故再传而以祖述宪章。譬诸天地四时三传，而以仕止久速之时比诸大成，比诸巧力，宛然江汉秋阳家法也。秦、汉以来，专以训诂，杂以佛、老，侈以词章，而皓皓肫肫之学，淆杂偏陂而莫或救之。逮于濂、洛，始粹然克续其传。论圣之可学，则以一者无欲为要，答定性之功，则以大公顺应，学天地圣人之常。嗟乎！是岂尝试而悬断之者乎？其后剖析愈精，考拟愈繁，著述愈富，而支离愈甚，间有觉其非而欲挽焉，则又未能尽追窠臼而洗濯之。至我阳明先生慨然深探其统，历艰履险，磨瑕去垢，独揭良知。力拯群迷，犯天下之谤而不自恤也。有志之士，稍稍如梦而觉，溯濂、洛以达洙、泗，非先师之功乎？以益之不类，再见于虔，再别于南昌，三至于会稽，窃窥先师之道愈简易，愈广大，愈切实，愈高明，望望然而莫知其所止也。当时有称先师者曰："古之名世，或以文章，或以政事，或以气节，或以勋烈，而公克兼之。独除却讲学一节，即全人矣。"先师笑曰："某愿从事讲学一节，尽除却四者，亦无愧全人。"又有訾讪之者。先师曰："古之狂者，嘐嘐圣人而行不掩，世所谓败阙也，而圣门以列中行之次。忠信廉洁，刺之无可刺，世所谓完全也，而圣门以为德之贼。某愿为狂以进取，不愿为愿以媚世。"呜呼！今之不知公者，果疑其为狂乎？其知公者，果能尽除四者而信其为全人乎？良知之明，烝民所同，本自皓皓，本自肫肫，常寂，常感，常神，常化，常虚，常直，常大公，常顺应，患在自私用智之欲所障，始有所尚，始有所倚；不倚不尚，本体呈露，宣之为文章，措之为政事，犯颜敢谏为气节，诛乱讨贼为勋烈：是四者皆一之流行也。学出于一，则以言求心矣；学出于二，则以言求言矣。守益方病于二之而未瘳也，故反覆以质于吾党。吾党欲求知言之要，其惟自致其良知乎？嘉靖丙申春三月。

阳明先生文录序
钱德洪

古之立教有三：有意教，有政教，有言教。太上之世，民涵真性，嗜欲未涉，圣人者特相示以意已矣，若伏羲陈奇偶以指象是也。而民遂各以意会，不逆于心，群物以游，熙如也：是之谓意教。中古之民，风气渐开，示之以意，若病不足矣。圣人者出，则为之经制立法，使之自厚其生，自利其用，自正其德，而民亦相忘于政化之中，各足其愿，日入于善，而不知谁之所使：是以政教之也。自后圣王不作，皇度不张，民失所趋，俗非其习，而圣人之意日湮以晦，怀世道者忧之，而处非其任，则晓晓以空言觉天下：是故始有以言教也。

噫！立教而至于以言则难矣！昔者孔子之在《春秋》也，其所与世谆谆者皆性所同也。然于习俗所趋无征焉，乃哄起而异之曰："是将夺吾之所习，而蹶吾之所趋也！"或有非笑而诋訾之者。三千之徒，其庶几能自拔于流俗，不与众非笑诋訾之者乎？然而天下之大也，其能自拔于俗，不与众非笑诋訾者，仅三千人焉，岂非空言动众，终不若躬见于政事之为易也？夫三千之中称好学者，颜氏之外又无多闻焉。岂速肖之士知自拔于俗矣，尚未能尽脱乎俗习耶？一洗俗习之陋，直超自性之真，而尽得圣人千古不尽之意者，岂颜氏之所独耶？然而三千之徒，其于夫子之言也，犹面授也。秦火而后，掇拾于汉儒者多似是而失真矣。后之儒者复以己见臆说，尽取其言而支离决裂之。噫！诚面授也，尚未免于俗习焉，并取其言而乱之，则后之怀世道者，复将何恃以自植于世耶？

吾师阳明先生蚤有志于圣人之道，求之俗习而无取也，求之世儒之学而无得也，乃一洗俗习之陋、世儒之说，而自证以吾之心焉，殚思力践，竭精瘁志，卒乃豁然有见于良知，而千古圣人不尽之意复得以大明于世。噫！亦难矣！世之闻吾先生之言者，其皆肯自拔于流俗，不与众非笑诋訾之乎？其皆肯一洗俗习之陋、世儒之说，而独证以吾之心乎？夫非笑诋訾，在孔子犹不免焉，于当世乎奚病？特病其未之或闻焉耳。如其有闻也，则知先生之所言者非先生之言也，吾之心也。吾心之知不以太上而古，不以当世而今，不待示而得，不依政而行，俗习所不能湮，异说所不能淆，特在乎有超世特立之志，自证而自得之耳！有超世特立之志者而一触其知，真如去目之尘沙以还光也，拔耳之木楔以还聪也，解支体之束缚以自舒也，去污秽而就高明，撤蔽障而合人同，以复中古之政，超太上之意，亦已矣，又奚以俗习之陋、世儒之说为哉？

先生之言，世之信从者日众矣！特其文字之行于世者，或杂夫少年未定之论。愚惧后之乱先生之学者，即自先生之言始也，乃取其少年未定之论，尽删而去之；详披缔阅，参酌众见，得至一之言五卷焉。其余或发之题咏，或见之政事者，则厘为《外集》、《别录》；复以日月前后顺而次之，庶几知道者读之，其知有所取乎？虽然，是录先生之言也，特入珍藏之扃钥也。珍藏不守，乃屑屑焉扃钥之是竞，岂非舍其所重而自任其所轻耶？兹不能无愧于是录之成云尔！

重刻阳明先生文录后语
王 畿

道必待言而传，夫子尝以无言为警矣。言者，所由以入于道之诠，凡待言而传者，皆下学也。学者之于言也，犹之暗者之于烛，跛者之于杖也。有触发之义焉，有栽培之义焉，而其机则存乎心悟。不得于心而泥于言，非善于学者也。我阳明先师倡明圣学，以良知之说觉天下，天下靡然从之：是虽入道之玄诠，亦下学事，载诸录者详矣。吾党之从事于师说也，其未得之，果能有所触发否乎？其得之也，果能有所栽培否乎？其得而玩之也，果能有所印正否乎？得也者，非得之于言，得之于心也；契之于心，忘乎言者也，犹之烛之资乎明，杖之辅乎行，其机则存乎目与足，非外物所得而与也。若夫玩而忘之，从容默识无所待而自中乎道。斯则无言之旨，上达之机，固吾梅林公重刻是录，相与嘉惠而申警之意也。不然，则圣学亡而先师之意荒矣。吾党勖诸！

阳明先生文录续编序
徐 阶

余姚钱子洪甫既刻《阳明先生文录》以传，又求诸四方，得先生所著《大学或问》、《五经臆说》、序、记、书、疏等若干卷，题曰《文录续编》，而属嘉兴守六安徐侯以正刻之。刻成，侯谋于洪甫及王子汝中，遣郡博张编、海宁诸生董启予问序于阶。阶曰：

先生之文，非浅薄所敢序也。虽然，阶尝从洪甫、汝中窃闻先生之学矣。

夫学，非独倡始难也，其传而不失其宗，盖亦不易焉。自孔子没，《大学》格致之旨晦。其在俗儒，率外心以求知，终其身汨溺于见闻记诵；而高明之士，又率慕径约，贵自然，沦入于二氏而不自觉。先生崛起千载之后，毅然以谓致知者致吾心之良知也。吾心之良知，不待虑而知，不待学而能，是乃天命之性，吾心灵昭明觉之本体也。惟不自欺其良知，斯知致而意可诚矣。格者，正也。正其不正以归于正也。物者，事也。事各归于正，而吾良知之所知始无亏缺障蔽，得以极其致矣。举知而归诸良，举致知而归诸正物，盖先生之学不汨于俗，亦不入于空如此。于时闻者幸知口耳之可耻，然其辟之或激于太过，幸有见夫心体之当求，然其拟之或涉于太轻：于是超顿之说兴，至举践履之实，积累之功，尽诋以为不足务。脱于俗，顾转而趋于空，则先生之学有不待夫传之既久，乃始失其宗者，兹岂非学先生者之所忧乎？洪甫辑为是编，其志固将以救之。其《自序》曰："言近而旨远，此吾师中行之证也。"又曰："吾师之教平易切实，而圣智神化之机，固已跃然，不必更为别说。"洪甫之于师传，其阐明翼卫，视先生之于孔氏，有功等矣。夫三代以前，学与政合而出于一，虞廷之命官，与其所陈之《谟》，皆"精一执中"之运用也。故曰三代之治本于道，三代之道本于心。而后世论学，既指夫俗与空者当之，其论政又指夫期会簿书当之，谬迷日甚而未已也。徐侯方从事于政，独能聚诸生以讲先生之学，汲汲焉刻是编以诏之，其异于世之为者欤？使凡领郡者皆徐侯其人，先生之学明而洪甫之忧可释也。阶生晚，不及登先生之门。然昔孟子自谓于孔子为私淑，至其自任闲先王之道以承孔子，则虽见目为好辩而不辞。故辄以侯请，僭为之序。呜呼！观者其尚亮阶之志也夫！

刻文录叙说
钱德洪

德洪曰：嘉靖丁亥四月，时邹谦之谪广德，以所录先生文稿请刻。先生止之曰："不可。吾党学问，幸得头脑，须鞭辟近里，务求实得，一切繁文靡好。传之恐眩人耳目，不录可也。"谦之复请不已。先生乃取近稿三之一，标揭年月，命德洪编次；复遗书曰："所录以年月为次，不复分别体类者，盖专以讲学明道为事，不在文辞体制间也。"明日，德洪掇拾所遗复请刻。先生曰："此爱惜文辞之心也。昔者孔子删述《六经》，若以文辞为心，如唐、虞、三代，自《典》、《谟》而下，岂止数篇？正惟一以明道为志，故所述可以垂教万世。吾党志在明道，复以爱惜文字为心，便不可入尧、舜之道矣。"

7

德洪复请不已。乃许数篇，次为《附录》，以遗谦之，今之广德板是也。

先生读《文录》，谓学者曰："此编以年月为次，使后世学者，知吾所学前后进诣不同。"又曰："某此意思赖诸贤信而不疑，须口口相传，广布同志，庶几不坠。若笔之于书，乃是异日事，必不得已，然后为此耳！"又曰："讲学须得与人人面授，然后得其所疑，时其浅深而语之。才涉纸笔，便十不能尽一二。"戊子年冬，先生时在两广谢病归，将下庾岭。德洪与王汝中闻之，乃自钱塘趋迎。至龙游闻讣，遂趋广信，讣告同门，约每越三年遣人裒录遗言。明日又进贵溪，扶丧还玉山。至草萍驿，戒记书篋，故诸稿幸免散逸。自后同门各以所录见遗，既七年，壬辰，德洪居吴，始较定篇类。复为《购遗文》一疏，遣安成王生自闽、粤由洪都入岭表，抵苍梧，取道荆、湘，还自金陵，又获所未备；然后谋诸提学侍御闻人邦正，入梓以行。《文录》之有《外集》、《别录》，遵《附录》例也。

先生之学凡三变，其为教也亦三变：少之时，驰骋于辞章；已而出入二氏；继乃居夷处困，豁然有得于圣贤之旨：是三变而至道也。居贵阳时，首与学者为"知行合一"之说；自滁阳后，多教学者静坐；江右以来，始单提"致良知"三字，直指本体，令学者言下有悟：是教亦三变也。读《文录》者当自知之。先生尝曰："吾始居龙场，乡民言语不通，所可与言者乃中土亡命之流耳；与之言知行之说，莫不忻忻有入。久之，并夷人亦翕然相向。及出与士夫言，则纷纷同异，反多扞格不入。何也？意见先入也。"德洪自辛巳冬始见先生于姚，再见于越，于先生教若恍恍可即，然未得入头处。同门先辈有指以静坐者。遂觅光相僧房，闭门凝神净虑。倏见此心真体，如出蔀屋而睹天日，始知平时一切作用，皆非天则自然。习心浮思，炯炯自照，毫发不容住著。喜驰以告。先生曰："吾昔居滁时，见学者徒为口耳同异之辩，无益于得，且教之静坐。一时学者亦若有悟；但久之渐有喜静厌动流入枯槁之病。故迩来只指破致良知工夫。学者真见得良知本体昭明洞彻，是是非非莫非天则，不论有事无事，精察克治，俱归一路，方是格致实功，不落却一边。故较来无出致良知话头无病何也？良知原无间动静也。"德洪既自喜学得所入，又承点破病痛，退自省究，渐觉得力。"良知"之说发于正德辛巳年。盖先生再罹宁藩之变，张、许之难，而学又一番证透，故正录书凡三卷，第二卷断自辛巳者，志始也。"格致"之辩莫详于《答顾华玉》一书，而"拔本塞源"之论，写出千古同体万物之旨，与末世俗习相沿之弊。百世以俟，读之当为一快。

先生尝曰："吾'良知'二字，自龙场已后，便已不出此意，只是点此二

8

字不出，于学者言，费却多少辞说。今幸见出此意，一语之下，洞见全体，真是痛快，不觉手舞足蹈。学者闻之，亦省却多少寻讨功夫。学问头脑，至此已是说得十分下落，但恐学者不肯直下承当耳。"又曰："某于'良知'之说，从百死千难中得来，非是容易见得到此。此本是学者究竟话头，可惜此体沦埋已久。学者苦于闻见障蔽，无入头处。不得已与人一口说尽。但恐学者得之容易，只把作一种光景玩弄，孤负此知耳！"

甲申年，先生居越。中秋月白如洗，乃燕集群弟子于天泉桥上。时在侍者百十人。酒半行，先生命歌诗。诸弟子比音而作，翕然如协金石。少间，能琴者理丝，善箫者吹竹，或投壶聚算，或鼓棹而歌，远近相答。先生顾而乐之，遂即席赋诗，有曰"铿然舍瑟春风里，点也虽狂得我情"之句。既而曰："昔孔门求中行之士不可得，苟求其次，其惟狂者乎？狂者志存古人，一切声利纷华之染，无所累其衷，真有凤凰翔依千仞气象。得是人而裁之，使之克念日就平易切实，则去道不远矣！予自鸿胪以前，学者用功尚多拘局；自吾揭示良知头脑，渐觉见得此意者多，可与裁矣。"

先生自辛巳年初归越，明年居考丧，德洪辈侍者踪迹尚寥落。既后，四方来者日众，癸未已后，环先生之室而居，如天妃、光相、能仁诸僧舍，每一室常合食者数十人，夜无卧所，更番就席，歌声彻昏旦。南镇、禹穴、阳明洞诸山，远近古刹，徙足所到，无非同志游寓之地。先生每临席，诸生前后左右环坐而听，常不下数百人；送往迎来，月无虚日，至有在侍更岁，不能遍记其姓字者。诸生每听讲，出门，未尝不踊跃称快，以昧入者以明出，以疑入者以悟出，以忧愤悒忆入者以融释脱落出呜呼休哉！不图讲学之至于斯也。尝闻之同门，南都以前，从游者虽众，未有如在越之盛者。虽讲学日久，孚信渐博，要亦先生之学益进，感召之机亦自不同也。今观《文录》前后论议，大略亦可想见。

先生尝语学者曰："作文字亦无妨工夫。如诗言志，只看尔意向如何，意得处自不能不发之于言，但不必在词语上驰骋，言不可以伪为。且如不见道之人，一片粗鄙心，安能说出和平话？总然都做得后一两句露出病痛，便觉破此文原非充养得来。若养得此心中和，则其言自别。"

门人有欲汲汲立言者。先生闻之叹曰："此弊溺人，其来非一日矣。不求自信而急于人知，正所谓以己昏昏，使人昭昭也。耻其名之无闻于世，而不知知道者视之，反自贻笑耳。宋之儒者，其制行磊荦，本足以取信于人，故其言虽未尽，人亦崇信之，非专以空言动人也。但一言之误，至于误人无穷，不可胜救，亦岂非汲汲于立言者之过耶？"

或问先生所答示门人书稿，删取归并，作数篇训语以示将来，如何？先生曰："有此意。但今学问自觉所进未止，且终日应酬无暇。他日结庐山中，得如诸贤有笔力者，聚会一处商议，将圣人至紧要之语发挥作一书，然后取零碎文字都烧了，免致累人。"德洪事先生，在越七年，自归省外，无日不侍左右。有所省豁，每得于语默作止之间。或闻时讪议，有动于衷，则益自奋励以自植，有疑义即进见请质。故乐于面炙，一切文辞，俱不收录。每见文稿出示，比之侍坐时精神鼓舞，歉然常见不足。以是知古人"书不尽言，言不尽意"，非欺我也。不幸先生既没，謦欬无闻，仪刑日远，每思印证，茫无可即。然后取遗稿次第读之，凡所欲言而不能者，先生皆为我先发之矣。虽其言之不能尽意，引而不发，跃如也。由是自滁以后文字，虽片纸只字不敢遗弃。四海之远，百世之下，有同此怀者乎？苟取《正录》，顺其日月以读之，不以言求，而惟以神会，必有沛然江河之决，莫之能御者矣！

《别录》成，同门有病其太繁者。德洪曰："若以文字之心观之，其所取不过数篇。若以先生之学见诸行事之实，则虽琐屑细务，皆精神心术所寓，经时赞化以成天下之事业。千百年来儒者有用之学，于此亦可见其梗概，又何病其太繁乎？"

昔门人有读《安边八策》者。先生曰："是疏所陈亦有可用。但当时学问未透，中心激忿抗厉之气。若此气未除，欲与天下共事，恐事未必有济。"

陈惟濬曰："昔武宗南巡，先生在虔，奸贼在君侧，间有以疑谤危先生者，声息日至，诸司文帖，络绎不绝，请先生即下洪，勿处用兵之地，以坚奸人之疑。先生闻之，泰然不动。门人乘间言之，先生姑应之曰：'吾将往矣。'一日，惟濬亦以问。先生曰：'吾在省时，权竖如许势焰疑谤，祸在目前，吾亦帖然处之。此何足忧？吾已解兵谢事乞去，只与朋友讲学论道，教童生习礼歌诗，乌足为疑！纵有祸患，亦畏避不得。雷要打，便随他打来，何故忧惧？吾所以不轻动，亦有深虑焉尔！'又一人使一友亦告急。先生曰：'此人惜哉不知学，公辈曷不与之讲学乎？'是友亦释然，谓人曰：'明翁真有赤舄几几气象。'愚谓《别录》所载，不过先生政事之迹耳。其遭时危谤，祸患莫测，先生处之泰然，不动声色，而又能出危去险，坐收成功。其致知格物之学至是，岂意见拟议所能及！"是皆《别录》所未及详者。洪感惟濬之言，故表出之，以为读《别录》者相发。

《复闻人邦正书》：袤刊《文录》，诸同门聚议不同久矣。有曰："先生之道无精粗，随所发言，莫非至教，故集文不必择其可否，概以年月体类为

10

次，使观者随其所取而获焉！"此久庵诸公之言也。又以"先生言虽无间于精粗，而终身命意，惟以提揭人心为要，故凡不切讲学明道者，不录可也"。此东廓诸公之言也。二说相持，罔知裁定。去年广回舟中，反覆思惟，不肖鄙意窃若有附于东廓子者。夫传言者不贵乎尽其博，而贵乎得其意。得其意，虽一言之约，足以入道；不得其意，而徒示其博，则泛滥失真，匪徒无益，是眩之也。且文别体类，非古也，其后世侈词章之心乎！当今天下士，方驰骛于辞章，先生少年亦尝没溺于是矣，卒乃自悔，惕然有志于身心之学；学未归一，出入于二氏者又几年矣，卒乃自悔，省然独得于圣贤之旨；反覆世故，更历险阻，百炼千磨，斑瑕尽去，而辉光焕发，超然有悟于良知之说。自辛巳年已后，而先生教益归于约矣。故凡在门墙者，不烦辞说而指见本体，真如日月之丽天，大地山河，万象森列，阴崖鬼魅，皆化而为精光；断溪曲径，皆坦而为大道。虽至愚不肖，一触此体真知，皆可为尧、舜，考三王，建天地，质鬼神，俟百世，断断乎知其不可易也！有所不行者，特患不加致之之功耳。今传言者不揭其独得之旨，而尚吝情于悔前之遗、未透之说，而混焉以夸博，是爱其毛而不属其里也，不既多乎？既又思之：凡物之珍赏于时者，久而不废，况文章乎？先生之文，既以传诵于时，欲不尽录，不可得也。自今尚能次其月日，善读者犹可以验其悔悟之渐。后恐迷其岁月，而概以文字取之混入焉，则并今日之意失之矣。久庵之虑，殆或以是与？不得已，乃两是而俱存之。故以文之纯于讲学明道者裒为《正录》，余则别为《外集》，而总题曰《文录》。疏奏批驳之文，则又厘为一书，名曰《别录》。夫始之以《正录》，明其志也；继之以《外集》，尽其博也；终之以《别录》，究其施也；而文稽其类以从，时也。识道者读之，庶几知所取乎？此又不肖者之意也。问难辩诘，莫详于书，故《正录》首书，次记，次序，次说，而以杂著终焉。讽咏规切，莫善于诗赋，故《外集》首赋，次诗，次记，次序，次说，次杂著，而传志终焉。《别录》则卷以事类，篇以题别，先奏疏而后公移。刻既成，惧读者之病于未察也，敢敬述以求正。乙未年正月。

〔附〕编校文录及汇刻全书姓氏

编辑《文录》姓氏：

门人余姚徐爱、钱德洪、孙应奎、严中，揭阳薛侃，山阴王畿，渭南南大吉，安成邹守益，临川陈九川，泰和欧阳德，南昌唐尧臣；

校阅《文录》姓氏：

后学吉水罗洪先，滁阳胡松，新昌吕光洵，秀水沈启原；

汇集《全书》姓氏：

提督学校巡按直隶监察御史豫章谢廷杰；

督刻《全书》姓氏：

应天府推官太平周恪，上元县知县莆田林大黼，江宁县知县长阳李爵。

卷一 语录一

传习录上

门人徐爱录

先生于《大学》"格物"诸说，悉以旧本为正，盖先儒所谓误本者也。爱始闻而骇，既而疑，已而殚精竭思，参互错综，以质于先生，然后知先生之说，若水之寒，若火之热，断断乎"百世以俟圣人而不惑"者也。

先生明睿天授，然和乐坦易，不事边幅。人见其少时豪迈不羁，又尝泛滥于词章，出入二氏之学，骤闻是说，皆目以为立异好奇，漫不省究。不知先生居夷三载，处困养静，精一之功固已超入圣域，粹然大中至正之归矣。

爱朝夕炙门下，但见先生之道：即之若易，而仰之愈高；见之若粗，而探之愈精：就之若近，而造之愈益无穷。十余年来，竟未能窥其藩篱。世之君子，或与先生仅交一面，或犹未闻其馨欬，或先怀忽易愤激之心，而遽欲于立谈之间，传闻之说，臆断悬度，如之何其可得也？从游之士，闻先生之教，往往得一而遗二，见其牝牡骊黄，而弃其所谓千里者。故爱备录平日之所闻，私以示夫同志，相与考正之，庶无负先生之教云。

门人徐爱书

爱问："在亲民"，朱子谓当作"新民"；后章"作新民"之文，似亦有据。先生以为，宜从旧本"作亲民"，亦有所据否？

先生曰："作新民"之"新"，是自新之民，与"在新民"之"新"不同，此岂足为据？"作"字却与"亲"字相对，然非"亲"字义。下面"治国平天下"处，皆于"新"字无发明。如云"君子贤其贤而亲其亲，小人乐其乐而利其利"、"如保赤子"、"民之所好好之，民之所恶恶之，此之谓民之父母"之类，皆是"亲"字意。"亲民"犹《孟子》"亲亲仁民"之谓，"亲之"即"仁之"也。"百姓不亲"，舜使契为司徒，"敬敷五教"，所以亲之也。《尧典》"克明峻德"便是"明明德"，"以亲九族"至"平章"、"协和"，便是"亲民"，便是"明明德于天下"。又如孔子言"修己以安百姓"，"修己"便是"明明德"，"安百姓"便是"亲民"。说"亲民"便是兼教养意，说"新民"便觉偏了。

爱问："知止而后有定"，朱子以为"事事物物皆有定理"，似与先生之说相戾？"

先生曰：于事事物物上求至善，却是"义"外也。至善是心之本体，只是"明明德"到"至精""至一"处便是，然亦未尝离却事物。本注所谓"尽夫'天理'之极，而无一毫'人欲'之私者"得之。

爱问：至善只求诸心，恐于天下事理有不能尽。

先生曰："心"即"理"也。天下又有心外之"事"，心外之"理"乎？

爱曰：如事父之孝，事君之忠，交友之信，治民之仁，其间有许多理在，恐亦不可不察。

先生叹曰：此说之蔽久矣，岂一语所能悟？今姑就所问者言之。且如事父，不成去父上求个"孝"的理；事君，不成去君上求个"忠"的理；交友、治民，不成去友上、民上求个"信"与"仁"的"理"：都只在此心。"心"即"理"也。此心无私欲之蔽，即是天理，不顶外面添一分。以此纯乎天理之心，发之事父便是"孝"，发之事君便是"忠"，发之交友、治民便是"信"与"仁"。只在此心"去人欲、存天理"上用功便是。

爱曰：闻先生如此说，爱已觉有省悟处。但旧说缠于胸中，尚有未脱然者。如事父一事，其间温清定省之类，有许叫多节目，不知亦须讲求否？

先生曰：如何不讲求？只是有个头脑，只是就此心去人欲存天理⁶上讲求。就如讲求冬温，也只是要尽此心之孝⁷，恐怕有一毫人欲间杂。只是讲求得此心。此心若无人欲，纯是天理，是个诚于孝亲的心。冬时自然思量父母的寒，便自要求个温的道理；夏时自然思量父母的热，便自要求个清的道理。这都是那诚孝的心发出来的条件。却是须有这诚孝的心，然后有这条件发出来。譬之树木，这诚孝的心便是根，许多条件便枝叶。须先有根，然后有枝叶。不是先寻了枝叶，然后去种根。《礼记》言："孝子之有深爱者，必有和气；有和气者，必有欲愉色。有愉色者，必有婉容。"须是有个深爱做根，便自然如此。

郑朝朔问：至善亦须有从事物上求者？

先生曰：至善只是此心纯乎天理之极便是。更于事物上怎生求？且试说几件看。

朝朔曰：且如事亲，如何而为温清之节，如何而为奉养之宜，须求个是当，方是至善。所以有学、问、思、辨之功。

先生曰：若只是温清之节，奉养之宜，可一日二日讲之而尽，用得甚学、问、思、辨？惟于温清时也只要此心纯乎天理之极，奉养时也只要此心纯乎天理之极，此则非有学、问、思、辨之功，将不免于毫厘千里之缪。所以虽在圣人，犹加"精一"之训。若只是那些仪节求得是当，便谓至善，即如今扮戏子扮得许多温清奉养的仪节是当，亦可谓之至善矣。

爱于是日又有省。爱因未会先生"知行合一"之训，与宗贤、惟贤往复辩论，未能决，以问于先生。

先生曰：试举看。

爱曰：如今人尽有知得父当孝，兄当弟者，却不能孝，不能弟。便是"知"与"行"分明是两件。

先生曰：此已被私欲隔断，不是"知"、"行"的本体了。未知有而不行者：知而不行，只是未知。圣贤教人"知"、"行"，正是要复那本体，不是着你只恁的便罢。故《大学》指个真"知"、"行"与人看，说"如好好色"、"如恶恶臭"。见"好色"属"知"，"好好色"属"行"。只见那"好色"时，已自好了。不是见了后，又立个心去"好"。"闻恶臭"属"知"，"恶恶臭"属"行"。只闻那"恶"臭时，已自恶了。不是闻了后，别立个心去"恶"。如鼻塞人虽见恶臭在前，鼻中不曾闻得，便亦不甚恶，亦只是不曾知臭。就如称某人知孝某人知弟，必是其人已曾行孝、行弟，方可称他知孝、知弟。不成只是晓得说些孝、弟的话，便可称为知孝、弟。又如：知痛，必已自痛了，方知痛：知寒，必已自寒了：知饥，必已自饥了。知行如何分得开？此便是知行的本体，不曾有私意隔断的。圣人教人，必要是如此，方可谓之"知"。不然，只是不曾"知"。此却是何等紧切着实的功夫。如今苦苦定要说"知"、"行"做两个，是甚么意？某要说做一个，是甚么意？若不知立言宗旨。只管说一个两个，亦有甚用？

爱曰：古人说"知"、"行"做两个，亦是要人见个分晓。一行做"知"的功夫，一行做"行"的功夫，即功夫始有下落。

先生曰：此却失了古人宗旨也。某尝说"知"是"行"的主意，"行"是"知"的功夫；"知"是"行"之始，"行"是"知"之成。若会得时，只说一个"知"，已自有"行"在。只说一个"行"，已自有"知"在。古人所以既说一个"知"，又说一个"行"者，只为世间有一种人，懵懵懂懂的任意去做，全不解思惟省察，也只是个冥行妄作。所以必说个"知"，方才"行"得是。又有一种人，茫茫荡荡，悬空去思索，全不肯着实躬行，也只是个揣摸影响。所以必说一个"行"，方才"知"得真。此是古人不得已补偏救弊的说话。若见得这个意时，即一言而足。今人却就将"知"、"行"分作两件去做，以为必先"知"了，然后能"行"。我如今且去讲习讨论做"知"的工夫，待"知"得真了，方去做"行"的工夫。故遂终身不"行"，亦遂终身不"知"。此不是小病痛，其来已非一日矣。某今说个"知行合一"，正是对病的药，又不是某凿空杜撰。"知"、"行"本体原是如此。今若知得宗旨时，即说两个亦不妨，亦只是一个；若不会宗旨，便说一个，亦济得甚事？只是闲说话。

爱问：昨闻先生"止至善"之教，已觉功夫有用力处。但与宋子"格物"之训，思之终不能合。

先生曰：格物是止至善之功。既知"至善，即知"格物"矣。

爱曰：昨以先生之教推之"格物"之说，似亦见得大略。但朱子之训，其于《书》之"精一"，《论语》之"博约"，《孟子》之"尽心知性"，皆有所证据，以是未能释然。

先生曰：子夏笃信圣人，曾子反求诸己。笃信固亦是，然不如反求之切。今既不得于心，安可狃于旧闻，不求是当？就如朱子，亦尊信程子，至其不得于心处，亦何尝苟从？"精一"、"博约"、"尽心"，本自与吾说吻合，但未之思耳。朱子"格物"之训，未免牵合附会，非其本旨。"精"是"一"之功，"博"是"约"之功。曰"仁"既明"知行合一"之说，此可一言而喻。"尽心知性知天"是"生知安行"事，"存心养性事天"是"学知利行"事，"夭寿不贰，修身以俟"是"困知勉行"事。朱子错训"格物"，只为例看了此意，以"尽心知性"为"物格知至"，要初学便去做"生知安行"事，如何做得？

爱问："尽心知性"何以为"生知安行"？

先生曰：性是心之体，天是性之原。"尽心"即是"尽性"。"惟天下至诚为能尽其性，知天地之化育"。"存心"者，心有未尽也。知天，如知州知县之"知"，是自己分上事，已与天为一。"事天"如子之事父，臣之事君，须是恭敬奉承，然后能无失。尚与天为二，此便是圣贤之别。至于"夭寿不贰"其心，乃是教学者一心为善，不可以穷通夭寿之故，便把为善的心变动了。只去修身以俟命，见得穷通寿夭有个命在，我亦不必以此动心。"事天"

16

虽与天为二，已自见得个天在面前。俟命，便是未曾见面，在此等候相似。此便是初学立心之始，有个困勉的意在。今却倒做了，所以使学者无下手处。

爱曰：昨闻先生之教，亦影影见得功夫须是如此。今闻此说，益无可疑。爱昨晓思"格物"的"物"字即是"事"字，皆从心上说。

先生曰：然。身之主宰便是"心"，心之所发便是"意"，意之本体便是"知"，"意"之所在便是"物"。如意在于"事亲"，即"事亲"便是一物；意在于"事君"，即"事君"便是一物；意在于"仁民爱物"，即"仁民爱物"便是一物；意在于"视听言动"，即"视听言动"便是一物。所以某说"无心外之理"，"无心外之物"。《中庸》言"不诚无物"，《大学》"明明德"之功，只是个"诚意"；"诚意"之功，只是个"格物"。

先生又曰："格物"，如《孟子》"大人格君心"之"格"，是去其心之不正，以全其本体之正。但意念所在，即要去其不正，以全其正。即无时无处不是"存天理"，即是"穷理"。"天理"即是"明德"，"穷理"即是"明明德"。

又曰："知"是"心"之本体。"心"自然会"知"：见父自然知孝，见兄自然知弟，见孺子入井自然知恻隐，此便是"良知"，不假外求。若"良知"之发，更无私意障碍，即所谓"充其恻隐之心，而仁不可胜用矣"。然在常人，不能无私意障碍，所以须用"致知"、"格物"之功。胜私复理，即心之"良知"更无障碍，得以充塞流行，便是致其知，知致则"意诚"。

爱问：先生以"博文"为"约礼"功夫；深思之未能得略，请开示。

先生曰："礼"字即是"理"字。"理"之发见可见者谓之"文"，"文"之隐微不可见者谓之"理"：只是一物。"约礼"只是要此心纯是一个天理。要此心纯是天理，须就"理"之发见处用功。如发见于"事亲"时，就在"事亲"上学存此天理；发见于"事君"时，就在"事君"上学存此天理；发见于"处富贵贫贱"时，就在"处富贵贫贱"上学存此天理；发见于"处患难夷狄"时，就在"处患难夷狄"上学存此天理。至于作止语默，无处不然，随他发见处，即就那上面学个"存天理"。这便是"博学"之于"文"、便是"约礼"的功夫。"博文"即是"惟精"，"约礼"即是"惟一"。

爱问："'道心'常为一身之主，而'人心'每听命"，以先生"精一"之训推之，此语似有弊？

先生曰：然。心一也，未杂于人谓之"道心"，杂以人伪谓之"人心"。

"人心"之得其正者即"道心"，"道心"之失其正者即"人心"，初非有二心也。程子谓"人心"即"人欲"，"道心"即"天理"，语若分析，而意实得之。今曰"道心为主，而人心听命"，是二心也。"天理"、"人欲"不并立。安有"天理"为主，"人欲"又从而听命者？

爱问文中子、韩退之。

先生曰：退之文人之雄耳。文中子，贤儒也。后人徒以文词之故，推尊退之，其实退之去文中子远甚。

爱问：何以有拟经之失？

先生曰：拟经恐未可尽非。且说后世儒者著述之意与拟经如何？

爱曰：世儒著述，近名之意不无，然期以明道，拟经纯若为名。

先生曰：著述以明道，亦何所效法？

爱曰：孔子删述六经，以明道也。

先生曰：然则拟经独非效法孔子乎？

爱曰：著述即于道有所发明，拟经似徒拟其迹，恐于道无补。

先生曰：子以明道者，使其反朴还淳而见诸行事之实乎？抑将美其言辞而徒以诳诳于世也？天下之大乱，由虚文胜而实行衰也。使道明于天下，则六经不必述。删述六经，孔子不得已也。自伏羲画卦，至于文王、周公，其间言《易》，如《连山》《归藏》之属，纷纷籍籍，不知其几，《易》道大乱。孔子以天下好文之风日盛，知其说之将无纪极，于是取文王、周公之说而赞之，以为惟此为得其宗。于是纷纷之说尽废，而天下之言《易》者始一。《书》《诗》《礼》《乐》《春秋》皆然。《书》自"典""谟"以后，《诗》自"二南"以降，如《九丘》、《八索》，一切淫哇逸荡之词，盖不知其几千百篇。《礼》《乐》之名物度数，至是亦不可胜穷。孔子皆删削而述正之，然后其说始废。如《书》《诗》《礼》《乐》中，孔子何尝加一语？今之《礼记》诸说，皆后儒附会而成，已非孔子之旧。至于《春秋》，虽称孔子作之，其实皆鲁史旧文。所谓"笔"者，"笔"其"旧"；所谓"削"者，削其繁：是有减无增。孔子述六经，惧繁文之乱天下，惟简之而不得。使天下务去其文以求其实，非以文教之也。《春秋》以后，繁文益盛，天下益乱。始皇焚书得罪，是出于私意，又不合焚六经。若当时志在明道，其诸反经叛理之说，悉取而焚之，亦正暗合删述之意。自秦汉以降，文又日盛，若欲尽去之，断不能去。只宜取法孔子，录其近是者而表章之，则其诸怪悖之说，亦宜渐渐自废。不知文中子当时拟经之意如何，某切深有取于其事，以为圣人复起，不能易也。天下所以不治，只因文盛实衰。人出己见，新奇相高，以眩俗取誉，徒以乱天下之聪明，涂天下之耳目，使天下靡然争务修饰文词，以求知于世，而不复知有敦本尚实、反朴还淳之行，是皆著述者有以启之。

爱曰：著述亦有不可缺者，如《春秋》一经，若无《左传》，恐亦难晓。

先生曰：《春秋》必待《传》而后明，是歇后谜语矣。圣人何苦为此艰深隐晦之词？《左传》多是《鲁史》旧文，若《春秋》须此而后明，孔子何必削之？

爱曰：伊川亦云："《传》是案，《经》是断。"如书弑某君，伐某国，若不明其事，恐亦难断。

先生曰：伊川此言，恐亦是相沿世儒之说，未得圣人作经之意。如书"弑君"，即"弑君"便是罪，何必更问其"弑君"之详？征伐当自天子出，书"伐国"，即"伐国"便是罪，何必更问其伐国之详？圣人述六经，只是要正人心，只是要"存天理，去人欲。于"存天理，去人欲"之事，则尝言之。或因人请问，各随分量而说，亦不肯多道，恐人专求之言语，故曰"予欲无言"。若是一切纵人欲、灭天理的事，又安肯详以示人？是长乱导奸也。故孟子云："仲尼之门，无道桓文之事者，是以后世无传焉。"此便是孔门家法。世儒只讲得一个伯者的学问，所以要知得许多阴谋诡计，纯是一片功利的心，与圣人作经的意思正相反，如何思量得通？因叹曰："此非达天德者，未易与言此也。"

又曰："孔子云'吾犹及史之阙文也'。"孟子云："尽信书，不如无书。吾于《武成》取二三策而已。"孔子删《书》，于唐、虞、夏四五百年间，不过数篇。岂更无一事，而所述止此，圣人之意可知矣。圣人只是要删去繁文，后儒却只要添上。

爱曰：圣人作经，只是要"去人欲，存天理"。如五伯以下事，圣人不欲详以示人，则诚然矣。至如尧舜以前事，如何略不少见？

先生曰：羲、黄之世，其事阔疏，传之者鲜矣。此亦可以想见。其时全是淳庞仆素，略无文采的气象。此便是太古之治，非后世可及。

爱曰：如三坟之类，亦有传者，孔子何以删之？

先生曰：纵有传者，亦于世变渐非所宜。风气益开，文采日胜，至于周末，虽欲变以夏、商之俗，已不可挽，况唐虞乎？又况羲黄之世乎？然其治不同，其道则一。孔子于尧、舜则祖述之，于文、武，则宪章之。文武之法，即是尧、舜之道。但因时致治，其设施政令，已自不同。即夏、商事业施之于周

19

已有不合，故周公思兼三王，其有不合，仰而思之，夜以继日。况太古之治，岂复能行？斯固圣人之所可略也。

又曰：专事无为，不能如三王之因时致治，而必欲行以太古之俗，即是佛、老的学术。因时致治，不能如三王之一本于道，而以功利之心行之，即是伯者以下事业。后世儒者许多讲来讲去，只是讲得个伯术。

又曰：唐虞以上之治，后世不可复也，略之可也；三代以下之治，后世不可法也，削之可也；惟三代之治可行。然而世之论三代者，不明其本，而徒事其末，则亦不可复矣。

爱曰：先儒论"六经"，以《春秋》为史，史专记事，恐与"五经"事体终或稍异。

先生曰：以事言，谓之史；以道言，谓之经。事即道，道即事。《春秋》亦经，"五经"亦史。《易》是包牺氏之史，《书》是尧、舜以之史，《礼》、《乐》是三代史。其事同，其道同，安有所谓异？

又曰："五经"亦只是史。史以明善恶、示训戒。善可为训者，特存其迹以示法；恶可为戒者，存其戒而削其事以杜奸。

爱曰：存其迹以示法，亦是"存天理"之本然。削其事以杜奸，亦是遏"人欲"于将萌否？

先生曰：圣人作经，固无非是此意，然又不必泥着文句。

爱又问：恶可为戒者，存其戒而削其事以杜奸。何独于《诗》而不删郑、卫？先儒谓"恶者可以惩创人之逸志"，然否？

先生曰：《诗》非孔门之旧本矣。孔子云："放郑声，郑声淫。"又曰："恶郑声之乱雅乐也。""郑卫之音，亡国之音也。"此是孔门家法。孔子所定三百篇，皆所谓雅乐，皆可奏之郊庙，奏之乡党，皆所以宣畅和平，涵泳德性，移风易俗，安得有此？是长淫导奸矣。此必秦火之后，世儒附会，以足三百篇之数。盖淫泆之词，世俗多所喜传，如今闾巷皆然。"恶者可以惩创人之逸志"，是求其说而不得，从而为之辞。

徐爱跋

爱因旧说汩没，始闻先生之教，实是骇愕不定，无入头处。其后闻之既久，渐知反身实践，然后始信先生之学为孔门嫡传，舍是皆傍蹊小径、断港绝河矣。如说"格物"是"诚意"的工夫，"明善"是"诚身"的工夫，"穷理"是"尽性"的工夫，"道问学"是"尊德性"的工夫，"博文"是"约礼"的工夫，"惟精"是"惟一"的工夫：诸如此类，始皆落落难合，其后思之既久，不觉手舞足蹈。右曰仁所录（以下门人陆澄录）。

门人陆澄录

陆澄问："主一"之功，如读书则一心在读书上，接客则一心在接客上，可以为"主一"乎？

先生曰：好色则一心在好色上，好货则一心在好货上，可以为"主一"乎？是所谓"逐物"，非"主一"也。"主一"是专主一个"天理"。

问立志。

先生曰：只念念要"存天理"，即是立志。能不忘乎此，久则自然心中凝聚，犹道家所谓结圣胎也。此天理之念常存，驯至于美大圣神，亦只从此一念存养扩充去耳。

日间工夫，觉纷扰则静坐，觉懒看书则且看书，是亦因病而药。处朋友，务相下则得益，相上则损。

孟源有自是好名之病，先生屡责之。一日，警责方已，一友自陈日来工夫请正。源从傍曰：此方是寻着源旧时家当。"先生曰："尔病又发。"源色变，议拟欲有所辨。

先生曰："尔病又发。"因喻之曰："此是汝一生大病根。譬如方丈地内，种此一大树，雨露之滋，土脉之力，只滋养得这个大根。四傍纵要种些嘉谷，上面被此树叶遮覆，下面被此树根盘结，如何生长得成？须用伐去此树，纤根勿留，方可种植嘉种。不然，任汝耕耘培壅，只是滋养得此根。"

问：后世著述之多，恐亦有乱正学。

先生曰：人心天理浑然。圣贤笔之书，如写真传神，不过示人以形状大略，使之因此而讨求其真耳。其精神意气，言笑动止，固有所不能传也。后世著述，是又将圣人所画摹仿誊写，而妄自分析加增以逞其技，其失真愈远矣。

问：圣人应变不穷，莫亦是预先讲求否？

先生曰：如何讲求得许多？圣人之心如明镜，只是一个"明"，则随感而应，无物不照。未有已往之形尚在，未照之形先具者。若后世所讲，欲是如此，是以与圣人之学大背。周公制礼作乐以文天下，皆圣人所能为，尧舜何不尽为之而待于周公？孔子删述六经以诏万世，亦圣人所能为，周公何不先为之，而有待于孔子？是知圣人遇此时，方有此事。只怕镜不明，不怕物来不能照。讲求事变，亦是照时事，然学者却须先有个"明"的工夫。学者惟患此心

21

之未能"明"，不患事变之不能"尽"。

曰：然则所谓"冲漠无朕，而万象森然已具"者，其言何如？

曰：是说本自好，只不善看，亦便有病痛。义理无定在，无穷尽。吾与子言，不可以少有所得，而遂谓止此也。再言之十年、二十年、五十年，未有止也。他日又曰：圣如尧舜，然尧、舜之上，善无尽；恶如桀、纣，然桀、纣王之下，恶无尽。使桀、纣未死，恶宁止此乎？使善有尽时，文王何以"望道而未之见"？

问：静时亦觉意思好，才遇事便不同，如何？

先生曰：是徒知养静，而不用克己工夫也。如此，临事便要倾倒。人须在事上磨，方立得住，方能"静亦定，动亦定"。

问"上达"工夫。

先生曰：后儒教人，才涉精微，便谓"上达"，未当学，且说"下学"。是分"下学"、"上达"为二也。夫目可得见、耳可得闻、口可得言、心可得思者，皆"下学"也。目不可得见、耳不可得闻、口不可得言、心不可得思者，"上达"也。如木之栽培灌溉，是"下学"也；至于日夜之所息，条达畅茂，乃是"上达"。人安能预其力哉？故凡可用功、可告语者，皆"下学"。"上达"只在"下学"里。凡圣人所说，虽极精微，俱是"下学"。学者只从"下学"里用功，自然"上达"去，不必别寻个"上达"的工夫。

问："惟精"、"惟一"是如何用功？

先生曰："惟一"是"惟精"主意，"惟精"是"惟一"功夫，非"惟精"之外复有"惟一"也。"精"字从"米"，姑以"米"譬之。要得此米纯然洁白，便是"惟一"意。然非加舂簸筛拣"惟精"之工，则不能纯然洁白也。舂簸筛拣，是"惟精"之功，然亦不过要此米到纯然洁白而已。博学、审问、慎思、明辨、笃行者，皆所以为"惟精"而求"惟一"也。他如"博文"者即"约礼"之功，"格物"、"致知"者即"诚意"之功，"道问学"即"尊德性"之功，"明善"即"诚身"之功：无二说也。知者行之始，行者知之成——圣学只一个功夫，"知"、"行"不可分作两事。漆雕开曰："吾斯之未能信。"夫子说之。子路使子羔为费宰。子曰："贼夫人之子。"曾点言志，夫子许之。圣人之意可见矣。

问：宁静存心时，可为"未发之中"否？

先生曰：今人存心，只定得气。当其宁静时，亦只是气宁静，不可以为"未发之中"。

曰："未"便是"中"，莫亦是求"中"功夫？

曰：只要"去人欲，存天理"，方是功夫。静时念念"去人欲，存天理"，动时念念"去人欲，存天理"，不管宁静不宁静。若靠那宁静，不惟渐有"富静厌动"之弊，中间许多病痛，只是潜伏在，终不能绝去，遇事依旧滋长。以循理为主，何尝不宁静；以宁静为主，未必能循理。

问：孔门言志，由、求任政事，公西赤任礼乐，多少实用；及曾皙说来，却似耍的事，圣人却许他，是意何如？

曰：三子是有意必。有意必，便偏着一边，能此未必能彼。曾点这意思却无意必，便是"素其位而行，不愿乎其外"、"素夷狄行乎夷狄，素患难行乎患难，无入而不自得矣"。三子所谓"汝器也"，曾点便有不器意。然三子之才，各卓然成章。非若世之空言无实者，故夫子亦皆许之。

问：知识不长进，如何？

先生曰：为学须有本原，须从本原上用力，渐渐"盈科而进"。仙家说婴儿，亦善譬。婴儿在母腹时，只是纯气，有何知识？出胎后，方始能啼，既而后能笑，又既而后能识认其父母兄弟，又既而后能立、能行、能持、能负，卒乃天下之事无不可能，皆是精气日足，则筋力日强，聪明日开，不是出胎日便讲求推寻得来。故须有个本原。圣人见，位天地，育万物，也只从喜怒哀乐"未发之中"上养来。后儒不明"格物"之说，见圣人无不知、无不能，便欲于初下手时讲求得尽，岂有此理？

又曰：立志用功，如种树然。方其根芽，犹未有干；及其有干，尚未有枝；枝而后叶，叶而后花实。初种根时，只管栽培灌溉，勿作枝想，勿作叶想，勿作花想，勿作实想。悬想何益？但不忘栽培之功，怕没有枝叶花实？

问：看书不能明如何？

先生曰：此只是在文义上穿求，故不明。如此，又不如为旧时学问，他倒看得多，解得去。只是他为学虽极解得明晓，亦终身无得。须于"心体"上用功。凡明不得，行不去，须反在自心上体当，即可通。盖"四书"、"五经"，不过说这"心体"。这"心体"即所谓"道心"，体明即是道明，更无二。此是为学头脑处。"虚灵不昧，众理具而万事出"。心外无理，心外无事。

或问：晦庵先生曰：人之所以为学者，心与理而已。此语如何？

曰：心即性，性即理。下一"与"字，恐未免为二。此在学者善观之。

或曰：人皆有是心，心即理。何以有为善，有为不善？

先生曰：恶人之心，失其本体。

23

问："析之有以极其精而不乱，然后合之有以尽其大而无余。"此言如何？

先生曰：恐亦未尽。此理岂容分析？又何须凑合得？圣人说"精一"，自是尽。"省察"是有事时"存养"，"存养"是无事时"省察"。

澄尝问象山在人情事变上做工夫之说。

先生曰：除了人情事变，则无事矣。喜怒哀乐，非人情乎？自视、听、言、动，以至富贵、贫贱、患难、死生，皆事变也。事变亦只在人情里，其要只在"致中和"，"致中和"只在"谨独"。

澄问：仁、义、礼、智之名，因已发而有？

曰：然。

他日，澄曰：恻隐、羞恶、辞让、是非，是性之表德邪？

曰：仁、义、礼、智也是表德。性一而已：自其形体也，谓之天；主宰也，谓之帝；流行也，谓之命；赋于人也，谓之性；主于身也，谓之心。心之发也，遇父便谓之孝，遇君便谓之忠。自此以往，名至于无穷，只一性而已。犹人一而已，对父谓之子，对子谓之父。自此以往，至于无穷，只一人而已。人只要在"性"上用功，看得一"性"字分明，即万理灿然。

一日，论为学工夫。

先生曰：教人为学，不可执一偏。初学时，心猿意马，拴缚不定，其所思虑多是人欲一边。故且教之静坐，息思虑。久之，俟其心意稍定，只悬空静守，如槁木死灰，亦无用，须教他省察克治。省察克治之功，则无时而可间，如去盗贼，须有个扫除廓清之意。无事时，将好色、好货、好名等私逐一追究搜寻出来，定要拔去病根，永不复起，方始为快。常如猫之捕鼠，一眼看着，一耳听着，才有一念萌动，即与克去，斩钉截铁，不可姑容与他方便。不可窝藏，不可放他出路，方是真实用功，方能扫除廓清。到得无私可克，自有端拱时在。虽曰"何思何虑"，非初学时事。初学必须"思省察克治"，即是思诚。只思一个天理，到得天理纯全，便是"何思何虑矣"。

澄问：有人夜怕鬼者奈何？

先生曰：只是平日不能"集义"而心有所慊，故怕。若素行合于神明，何怕之有？

子莘曰："正直之鬼不须怕，恐邪鬼不管人善恶，故未免怕。

先生曰：岂有邪鬼能迷正人乎？只此一怕即是心邪，故有迷之者。非鬼迷也，心自迷耳。如人好色，即是色鬼迷；好货，即是货鬼迷；怒所不当怒，是怒鬼迷；惧所不当惧，是惧鬼迷也。

定者，心之本体，天理也；动静，所遇之时也。

澄问《学》、《庸》同异。

先生曰：子思括《大学》一书之义，为《中庸》首章。

问：孔子正名，先儒说："上告天子，下告方伯，废辄立郢。"此意如何？

先生曰：恐难如此。岂有一人致敬尽礼，待我而为政，我就先去废他，岂人情天理？孔子既肯与辄为政，必已是他能倾心委国而听。圣人盛德至诚，必已感化卫辄，使知无父之不可以为人。必将痛哭奔走，往迎其父。父子之爱，本于天性。辄能悔痛真切如此，蒯聩岂不感动底豫？蒯聩既还，辄乃致国请戮。聩已见化于子，又有夫子至诚调和其间，当亦决不肯受，仍以命辄。群臣百姓又必欲得辄为君。辄乃自暴其罪恶，请于天子，告于方伯、诸侯，而必欲致国于父。聩与群臣百姓亦皆表辄悔悟仁孝之美，请于天子，告于方伯、诸侯，必欲得辄而为之君。于是集命于辄，使之复君卫国。辄不得已，乃如后世上皇故事，率群臣百姓尊聩为太公，备物致养，而始退复其位焉。则君君、臣臣、父父、子子，名正言顺。一举而可为政于天下矣。孔子正名或是如此。

澄在鸿胪寺仓居，忽家信至，言儿病危，澄心甚忧闷不能堪。

先生曰：此时正宜用功，若此时放过，闲时讲学何用？人正要在此时磨炼。父之爱子，自是至情，然天理亦自有个中和处，"过"即是私意。人于此处多认做天理当忧，则一向忧苦，不知己是"有所忧患不得其正"。大抵七情所感，多只是"过"，少"不及"者。才"过"便非心之本体，必须调停适中始得。就如父母之丧，人子岂不欲一哭便死，方快于心？然却曰"毁不灭性"。非圣人强制之也，天理本体自有分限，不可"过"也。人但要识得"心体"，自然增减分毫不得。

不可谓"未发之中"常人俱有。盖"体用一源"，有是"体"即有是"用"。有"未发之中"，即有"发而皆中节之和"。今人未能有"发而皆中节之和"，须知是他"未发之中"亦未能全得。

《易》之辞是"初九潜龙勿用"六字，《易》之象是初画，《易》之变是值其画，《易》之占是用其辞。

"夜气"是就常人说。学者能用功，则日间有事无事，皆是此气翕聚发生处。圣人则不消说"夜气"。

澄问"操存舍亡章"。

曰：出入无时，莫知其乡。此虽就常人心说，学者亦须是知得心之本体亦元是如此，则操存功夫，始没病痛。不可便谓"出为亡，入为存"。若论本体，元是无"出"无"入"的；若论"出"、"入"，则其思虑运用是"出"。然主宰常昭昭在此，何"出"之有？既无所"出"，何"入"之有？程子所谓腔子，亦只是"天理"而已。虽终日应酬而不出"天理"，即是在腔子里。若出天理，斯谓之"放"，斯谓之"亡"。

又曰：出入亦只是动静，动静无端，岂有乡邪？

王嘉秀问：佛以出离生死诱人入道，仙以长生久视诱人入道，其心亦不是要人做不好，究其极至，亦是见得圣人上一截，然非人道正路。如今仕者，有由科，有由贡，有由传奉，一般做到大官，毕竟非人仕正路，君子不由也。仙、佛到极处，与儒者略同。但有了上一截，遗了下一截，终不似圣人之全；然其上一截同者，不可诬也。后世儒者又只得圣人下一截，分裂失真，流而为记诵词章，功利训诂，亦卒不免为异端。是四家者终身劳苦，于身心无分毫益。视彼仙、佛之徒，清心寡欲，超然于世累之外者，反若有所不及矣。今学者不必先排仙、佛，且当笃志为圣人之学。圣人之学明，则仙、佛自泯。不然，则此之所学，恐彼或有不屑，而反欲其俯就，不亦难乎？鄙见如此，先生以为何如？

先生曰：所论大略亦是。但谓上一截，下一截，亦是人见偏了如此。若论圣人大中至正之道，彻上彻下，只是一贯，更有甚上一截，下一截？"一阴一阳之谓道"，但"仁者见之便谓之仁，智者见之便谓之智，百姓又日用而不知，故君子之道鲜矣"。仁、智岂可不谓之道？但见得偏了，便有弊病。

蓍固是《易》，龟亦是《易》。

问：孔子谓武王未尽善，恐亦有不满意。

先生曰：在武王自合如此。

曰：使文王未没，毕竟如何？

曰：文王在时，天下三分已有其二。若到武王伐商之时，文王若在，或者不致兴兵，必然这一分亦来归了。文王只善处纣，使不得纵恶而已。

惟乾问孟子言"执中无权犹执一"。

先生曰："中"只有"天理"，只是"易"。随时变易，如何执得？须是因时制宜，难预先定一个规矩在。如后世儒者要将道理一一说得无罅漏，立定个格式，此正是"执一"。

唐诩问：立志是常存个善念，要为善去恶否？

曰：善念存时即是"天理"。此念即善，更思何善？此念非恶，更去何恶？此念如树之根芽。立志者，长立此善念而已。"从心所欲不逾矩"，只是"志"到熟处。

精神、道德、言动，大率收敛为主，发散是不得已。天、地、人物，皆然。

问：文中子是如何人？

先生曰：文中子庶几"具体而微"。惜其蚤死。

问：如何却有续经之非？

曰：续经亦未可尽非。

请问。

良久曰：更觉"良工心独苦"。许鲁斋谓儒者以治生为先之说，亦误人。

问仙家元气、元神、元精。

先生曰：只是一件：流行为气，凝聚为精，妙用为神。

喜怒哀乐，本体自是中和的。才自家着些意思，便"过"、"不及"，便是私。

问："哭则不歌"。

先生曰：圣人心体自然如此。

克己须要扫除廓清，一毫不存方是。有一毫在，则众恶相引而来。

问《律吕新书》。

先生曰：学者当务为急，算得此数熟，亦恐未有用，必须心中先具礼乐之本方可。且如其书说多用管以候气。然至冬至那一刻时，管灰之飞或有先后，须臾之间，焉知那管正值冬至之刻？须自心中先晓得冬至之刻始得。此便有不通处，学者须先从礼乐本原上用功。

曰仁云：心犹镜也。圣人心如明镜，常人心如昏镜。近世"格物"之说，如以镜照物，照上用功，不知镜尚昏在，何能照？先生之"格物"，如磨镜而使之明，磨上用功，明了后亦未尝废照。

问道之精粗。

先生曰：道无精粗。人之所见有精粗。如这一间房，人初进来，只见一个大规模如此；处久，便柱壁之类一一看得明白；再久，如柱上有些文藻，细细都看出来。然只是一间房。

先生曰：诸公近见时，少疑问，何也？人不用功，莫不自以为己知为学，只循而行之是矣。殊不知私欲日生，如地上尘一日不扫，便又有一层。着实用功，便见道无终穷，愈探愈深，必使精白，无一毫不彻方可。

问：知至然后可以言诚意。今"天理"、"人欲"知之未尽，如何用得

"克己"工夫？

先生曰：人若真实切己用功不已，则于此心"天理"之精微，日见一日，"私欲"之细微亦日见一日。若不用"克己"工夫，终日只是说话而已，"天理"终不自见，"私欲"亦终不自见。如人走路一般，走得一段，方认得一段；走到歧路处，有疑便问，问了又走，方渐能到得欲到之处。今人于己知之"天理"不肯存，己知之"人欲"不肯去，且只管愁不能尽知。只管闲讲，何益之有？且待克得自己无私可克，方愁不能尽知，亦未迟在。

问：道一而已。古人论道往往不同，求之亦有要乎？

先生曰：道无方体，不可执著。却拘滞于文义上求道，远矣。如今人只说天，其实何尝见天？谓日、月、风、雷即天，不可；谓人、物、草、木不是天，亦不可。道即是天，若识得时，何莫而非道？人但各以其一隅之见认定，以为道止如此，所以不同。若解向里寻求，见得自己心体，即无时无处不是此道。亘古亘今，无终无始，更有甚同异？心即道，道即天，知心则知道、知天。

又曰：诸君要实见此道，须从自己心上体认，不假外求，始得。

问：名物度数，亦须先讲求否？

先生曰：人只要成就自家心体，则用在其中。如养得心体，果有"未发之中"，自然有"发而中节之和"，自然无施不可。苟无是心，虽预先讲得世上许多名物度数，与己原不相干，只是装缀临时，自行不去。亦不是将名物度数全然不理，只要"知所先后，则近道"。

又曰：人要随才成就，才是其所能为。如夔之乐，稷之种，是他资性合下便如此。成就之者，亦只是要他心体纯乎"天理"。其运用处，皆从"天理"上发来，然后谓之"才"。到得纯乎"天理"处，亦能"不器"。使夔、稷易艺而为，当亦能之。

又曰：如"素富贵，行乎富贵；素患难；行乎患难"，皆是"不器"，此惟养得"心体"正者能之。

与其为数顷无源之塘水，不若为数尺有源之井水，生意不穷。

时先生在塘边坐，傍有井，故以之喻学云。

问：世道日降，太古时气象，如何复见得？

先生曰：一日便是一元。人平日一时起坐，未与物接，此心清明景象，便如在伏羲时游一般。

问：心要"逐物"，如何则可？

先生曰：人君端拱清穆，六卿分职，天下乃治。心统五官，亦要如此。今眼要视时，心便逐在色上；耳要听时，心便逐在声上。如人君要选官时，便自去坐在吏部；要调军时，便自去坐在兵部。如此，岂惟失却君体，六卿亦皆不得其职。

善念发而知之，而充之；恶念发而知之，而遏之。知与充与遏者，志也，天聪明也。圣人只有此。学者当存此。

澄曰：好色、好利、好名等心，固是私欲，如闲思杂虑，如何亦谓之私欲？

先生曰：毕竟从好色、好利、好名等根上起、自寻其根便见。如汝心中决知是无有做劫盗的思虑，何也？以汝元无是心也。汝若于货、色、名、利等心，一切皆如不做劫盗之心一般，都消灭了，光光只是心之本体，看有甚闲思虑？此便是"寂然不动"，便是"未发之中"，便是"廓然大公"。自然"感而遂通"，自然"发而中节"，自然"物来顺应"。

问"志至气次"。

先生曰：志之所至，气亦至焉之谓，非极至次贰之谓。"持其志"，则养气在其中；"无暴其气"，则亦持其志矣。孟子救告子之偏，故如此夹持说。

问：先儒曰："圣人之道必降而自卑，贤人之言则引而自高。"如何？

先生曰：不然。如此却乃伪也。圣人如天，无往而非天。三光之上天也，九地之下亦天也。天何尝有降而自卑？此所谓大而化之也。贤人如山岳，守其高而已。然百仞者不能引而为千仞，千仞者不能引而为万仞。是贤人未尝引而自高也，引而自高，则伪矣。

问：伊川谓"不当于喜怒哀乐未发之前求中"，延平却教学者看未发之前气象，何如？

先生曰：皆是也。伊川恐人于未发前讨个"中"，把"中"做一物看，如吾向所谓"认气定时"做"中"，故令只于涵养省察上用功。延平恐人未便有下手处，故令人时时刻刻求"未发气象"，使人正目而视惟此，倾耳而听惟此，即是"戒慎不睹，恐惧不闻"的工夫。皆古人不得已诱人之言也。

澄问：喜、怒、哀、乐之"中"、"和"，其全体常人固不能有，如一件小事当喜怒者，平时无喜怒之心，至其临时，亦能中节，亦可谓之"中"、"和"乎？

先生曰：在一时之事，固亦可谓之中和。然未可谓之"大本"、"达道"。人性皆善，"中"、"和"是人人原有的，岂可谓无？但常人之心既有所昏蔽，则其本体虽亦时时发见，终是暂明暂灭，非其全体大用矣。无所不中，然后谓之"大本"；无所不和，然后谓之"达道"。惟天下之"至诚"，然后能立天下之"大本"。

曰：澄于"中"字之义尚未明。

曰：此须自心体认出来，非言语所能喻。"中"只是"天理"。

曰：何者为"天理"？

曰：去得"人欲"，便识"天理"。

曰："天理"何以谓之"中"？

曰：无所偏倚。

曰：无所偏倚是何等气象？

曰：如明镜然，全体莹彻，略无纤尘染着。

曰：偏倚是有所染着。如着在好色、好利、好名等项上，方见得偏倚；若未发时，美色、名、利皆未相着，何以便知其有所偏倚？

曰：虽未相着，然平日好色、好利、好名之心，原未尝无。既未尝无，即谓之有；既谓之有，则亦不可谓无偏倚。譬之病疟之人，虽有时不发，而病根原不曾除，则亦不得谓之无病之人矣。须是平日好色、好利、好名等项一应私心，扫除荡涤，无复纤毫留滞，而此心全体廓然，纯是天理，方可谓之喜怒哀乐"未发之中"，方是天下之"大本"。

问："颜子没而圣学亡。"此语不能无疑。

先生曰，见圣道之全者惟颜子，观"喟然一叹"可见。其谓"夫子循循然善诱人，博我以文，约我以礼"，是见破后如此说。博文约礼，如何是善诱人？学者须思之。道之全体，圣人亦难以语人，须是学者自修自悟。颜子"虽欲从之，未由也已"，即文王"望道未见"意。"望道未见"，乃是真见。颜子没，而圣学之正派，遂不尽传矣。

问：身之主为"心"，心之灵明是"知"，知之发动是"意"，意之所看为"物"。是如此否？

先生曰：亦是。只存得此心常见在，便是学。过去未来事，思之何益？徒放心耳。言语无序，亦足以见心之不存。

尚谦问：孟子之"不动心"与告子异。

先生曰：告子是硬把捉着此心，要他不动；孟子却是"集义"到自然不动。

又曰：心之本体原自不动。心之本体即是"性"，性即是"理"；性元不动，理元不动。"集义"是复其心之"本体"。

万象森然时，亦冲漠无朕，冲漠无朕，即万象森然。冲漠无朕者，"一"

之父；万象森然者，"精"之母。"一"中有"精"；"精"中有"一"。

"心"外无"物"，如吾心发一念孝便是"物"。

先生曰：今为吾所谓"格物"之学者，尚多流于口耳。况为口耳之学者，能反于此乎？"天理"、"人欲"，其精微必时时用力"省、察、克、治"，方日渐有见。如今一说话之间，虽只"讲天理"，不知心中倏忽之间，已有多少私欲。盖有窃发而不知者，虽用力察之尚不易见，况徒口讲而可得尽知乎？今只管讲"天理"来顿放着不循，讲"人欲"来顿放着不去，岂"格物"、"致知"之学？后世之学，其极至只做得个"义袭而取"的工夫。

问格物。

先生曰："格"者，"正"也。正其不正，以归于"正"也。

问："知止"者，知"至善"只在吾心，元不在外也，而后志定。

曰：然。

问："格物"于动处用功否？

先生曰："格物"无间动静，静亦物也。孟子谓"必有事焉"，是动静皆有事。工夫难处，全在"格物"、"致知"上。此即"诚意"之事。"意"既"诚"，大段心亦自正，身亦自修。但"正心"、"修身"工夫亦各有用力处。"修身"是"已发"边，"正心"是"未发"边。心正则"中"，身修则"和"。自"格物"、"致知"至"平天下"，只是一个"明明德"，虽"亲民"亦"明德"事也。"明德"是此心之德，即是仁。"仁者以天地万物为一体"，使有一物失所，便是吾仁有未尽处。

只说"明明德"而不说"亲民民仁"，便似老、佛。

"至善"者，性也，性元无一毫之恶，故曰"至善"。止之，是复其本然而已。

问：知至善即吾性，吾性具吾心，吾心乃"至善"所止之地，则不为向时之纷然外求定矣。定则不扰扰而静，静而不妄动则安；安则一心一意只在此处。千思万想，务求必得此"至善"，是能虑而得矣。如此说是否？

先生曰：大略亦是。

问：程子云："仁者以天地万物为一体。"何墨氏"兼爱"，反不得谓之"仁"？

先生曰：此亦甚难言，须是诸君自体认出来始得。"仁"是造化生生不息之理，虽弥漫周遍，无处不是，然其流行发生，亦只有个渐，所以生生不息。如冬至一阳生，必自一阳生，而后渐渐至于六阳。若无一阳之生，岂有六阳？

31

阴亦然。惟有渐，所以便有个发端处；惟其有个发端处，所以生；惟其生，所以不息。譬之木：其始抽芽，便是木之生意发端处；抽芽然后发干，发干然后生枝生叶，然后是生生不息。若无芽，何以有干有枝叶？能抽芽，必是下面有个根在——有根方生，无根便死。无根何从抽芽？父子兄弟之爱，便是人心生意发端处，如木之抽芽。自此而仁民，而爱物，便是发干生枝生叶。墨氏兼爱无差等，将自家父子兄弟与途人一般看，便自没了发端处；不抽芽，便知得他无根，便不是生生不息，安得谓之仁？孝弟为仁之本，却是仁理从里面发生出来。

问：延平云："当理而无私心。""当理"与"无私心"如何分别？

先生曰："心"即"理"也。"无私心"即是"当理"，"未当理"便是"私心"。若析"心"与"理"言之，恐亦未善。

又问：释氏于世间一切情欲之私都不染着，似无私心。但外弃人伦却是未"当理"。

曰：亦只是一统事，都只是成就他一个"私己"的心。

门人薛侃录

以下门人薛侃录

侃问：持志如心痛，一心在痛，安有工夫说闲语、管闲事？

先生曰：初学工夫，如此用亦好，但要使知"出入无时，莫知其乡"。心之神明，原是如此，工夫方有着落。若只死死守着着，恐于工夫上又发病。

问：专涵养而不务讲求，将认欲作理，则如之何？

先生曰：人须是知学。讲求亦只是涵养，不讲求，只是涵养之志不切。

曰：何谓知学？

曰：且道为何而学？学个甚？

曰：尝闻先生教：学是学存"天理"。心之本体即是天理，体认天理，只要自心地无私意。

曰：如此则只须克去私意便是，又愁甚理欲不明？

曰：正恐这些私意认不真。

曰：总是志未切。志切，目视、耳听、皆在此，安有认不真的道理？"是非之心，人皆有之"，不假外求。讲求亦只是体当自心所见，不成去心外别有个见。

先生问在坐之友：此来工夫何似？

一友举虚明意思。

先生曰：此是说光景。

一友叙今昔异同。

先生曰：此是说效验。

二友惘然请是。

先生曰：吾辈今日用功，只是要为善之心真切。此心真切，见善即迁，有过即改，这才是真切工夫。如此则"人欲"日消，"天理"日明。若只管求光景，说效验，却是助长外驰病痛，不是工夫。

朋友观书，多有摘议晦庵者。

先生曰：是有心求异，即不是。吾说与晦庵时有不同者，为入门下手处有毫厘千里之分，不得不辩。然吾之心与晦庵之心，未尝异也。若其余文义解得明当处，如何动得一字？

希渊问：圣人可学而至，然伯夷、伊尹于孔子才力终不同，其同谓之圣者，安在？

先生曰：圣人之所以为圣，只是其心纯乎天理，而无人欲之杂。犹精金之所以为精，但以其成色足而无铜铅之杂也。人到纯乎天理方是圣，金到足色方是精。然圣人之才力亦有大小不同，犹金之分两有轻重。尧、舜犹万镒，文王、孔子犹九千镒，禹、汤、武王犹七八千镒，伯夷、伊尹犹四五千镒。才力不同而纯乎天理则同，皆可谓之圣人。犹分两虽不同，而足色则同，皆可谓之精金。以五千镒者而人于万镒之中，其足色同也。以夷、尹而厕之尧、孔之间，其纯乎天理同也。盖所以为精金者，在足色而不在分两；所以为圣者，在纯乎天理而不在才力也。故虽凡人而肯为学，使此心纯乎天理，则亦可为圣人。犹一两之金比之万镒，分两虽悬绝，而其到足色处可以无愧。故曰"人皆可以为尧舜"者以此。学者学圣人，不过是"去人欲"而"存天理"耳，犹炼金而求其足色。金之成色所争不多，则锻炼之工省而功易成；成色愈下，则锻炼愈难。人之气质，清浊粹驳，有中人以上，中人以下，其于道有生知安行，学知利行。其下者，必须人一己百，人十己千，及其成功则一。后世不知作圣之本是纯乎天理，却专去知识才能上求圣人。以为圣人无所不知，无所不能，我须是将圣人许多知识才能逐一理会始得。故不务去"天理"上看工夫，徒弊精竭力，从册子上钻研，名物上考索，形迹上比拟，知识愈广而"人欲"愈滋，才力愈多而"天理"愈蔽。正如见人有万镒精金，不务锻炼成色，求无愧于彼之精纯，而乃妄希分两，务同彼之万镒，锡、铅、铜、铁，杂然而投。分两愈增而成色愈下，既其梢末，无复有金矣。

时曰仁在傍曰：先生此喻，足以破世儒支离之惑，大有功于后学。

先生又曰：吾辈用力，只求日减，不求日增。减得一分"人欲"，便是复得一分"天理"。何等轻快脱洒？何等简易？

士德问曰：格物之说，如先生所教，明白简易，人人见得。文公聪明绝世，于此反有未审？何也？

先生曰：文公精神气魄大，是他早年合下便要继往开来，故一向只就考索著述上用功。若先切己自修，自然不暇及此。到得德盛后，果忧道之不明。如孔子退修六籍，删繁就简，开示来学，亦大段不费甚考索。文公早岁便著作许多书著作，晚年方悔是倒做了。

士德曰：晚年之悔，如谓"向来定本之误"，又谓"虽读得书，何益于吾事"，又谓"此与守书籍，泥言语，全无交涉"，是他到此方悔从前用功之错，方去切己自修矣。

曰：然。此是文公不可及处。他力量大，一悔便转，可惜不久即去世，平日许多错处皆不及改正。

侃去花间草，因曰：天地间何善难培，恶难去？

先生曰：未培未去耳。少间曰：此等看善恶，皆从躯壳起念，便会错。

侃未达。

曰：天地生意，花草一般，何曾有善恶之分？子欲观花，则以花为善，以草为恶；如欲用草时，复以草为善矣。此等善恶，皆由汝心好恶所生，故知是错。

曰：然则无善无恶乎？

曰：无善无恶者，理之静；有善有恶者，气之动。不动于气，即无善无恶，是谓至善。

曰：佛氏亦无善无恶，何以异？

曰：佛氏着在无善无恶上，便一切都不管，不可以治天下。圣人无善无恶，只是"无有作好"，"无有作恶"，"不动于气"。然"遵王之道"，"会其有极"，便自"一循天理"，便有个"裁成辅相"。

曰：草既非恶，即草不宜去矣？

曰：如此却是佛老意见。草若是碍，何妨汝去？

曰：如此又是作好作恶。

曰：不作好恶，非是全无好恶，却是无知觉的人。谓之"不作"者，只是好恶"一循于理"，不去又着一分意思。如此，即是不曾好恶一般。

曰：去草如何是"一循于理"不着意思？

曰：草有妨碍，理亦宜去，去之而已。偶未即去，亦不累心。若着了一分意思，即心体便有贻累，便有许多动气处。

曰：然则善恶全不在物？

曰：只在汝心。循理便是善，动气便是恶。

曰：毕竟物无善恶。

曰：在心如此，在物亦然。世儒惟不知此，舍心逐物，将"格物"之学错看了，终日驰求于外，只做得个"义袭而取"，终身行不著，习不察。

曰："如好好色，如恶恶臭"，则如何？

曰：此正是"一循于理"。是天理合如此，本无私意作好作恶。

曰："如好好色，如恶恶臭"，安得非意？

曰：却是诚意，不是私意。诚意只是循天理。虽是循天理，亦着不得一分意。故有所忿懥好乐则不得其正。须是廓然大公，方是心之本体。知此即知"未发之中"。

伯生曰：先生云："草有妨碍，理亦宜去"。缘何又是躯壳起念？

曰：此须汝心自体当。汝要去草，是甚么心？周茂叔窗前草不除，是甚么心？

先生谓学者曰：为学须得个头脑工夫，方有着落。纵未能无间，如舟之有舵，一提便醒。不然，虽从事于学，只做个义袭而取，只是行不著，习不察，非大本达道也。

又曰：见得时，横说竖说皆是。若于此处通，彼处不通，只是未见得。

或问：为学以亲故，不免业举之累。

先生曰：以亲之故而业举为累于学，则治田以养其亲者亦有累于学乎？先正云"惟患夺志"，但恐为学之志不真切耳。

崇一问：寻常意思多忙，有事固忙，无事亦忙，何也？

先生曰：天地气机，元无一息之停。然有个主宰，故不先不后，不急不缓，虽千变万化，而主宰常定，人得此而生。若主宰定时，与天运一般不息，虽酬酢万变，常是从容自在，所谓"天君泰然，百体从令"。若无主宰，便只是这气奔放如何不忙？

先生曰：为学大病在好名。

侃曰：从前岁自谓此病已轻。此来精察，乃知全未。岂必务外为人？只闻誉而喜，闻毁而闷，即是此病发来。

曰：最是。名与实对，务实之心重一分，则务名之心轻一分。全是务实之心，即全无务名之心。若务实之心如饥之求食，渴之求饮，安得更有工夫好名？

又曰："疾没世而名不称"，"称"字去声读，亦"声闻过情，君子耻之"之意。实不称名，生犹可补，没则无及矣。"四十五十而无闻"，是不闻道，非无声闻也。孔子云："是闻也，非达也。"安肯以此忘人？

侃多悔。

先生曰：悔悟是去病之药，以改之为贵。若留滞于中，则又因药发病。

德章曰：闻先生以精金喻圣，以分两喻圣人之分量，以锻炼喻学者之工夫，最为深切。惟谓尧舜为万镒，孔子为九千镒，疑未安。

先生曰：此又是躯壳上起念，故替圣人争分两。若不从躯壳上起念，即尧、舜万镒不为多，孔子九千镒不为少。尧、舜万镒只是孔子的，孔子九千镒只是尧舜的，原无彼我。所以谓之圣，只论精一，不论多寡。只要此心纯乎天理处同，便同谓之圣。若是力量气魄，如何尽同得？后儒只在分两上较量，所以流入功利。若除去了比较分两的心，各人尽着自己力量精神，只在此心纯天理上用功，即人人自有，个个圆成，便能大以成大，小以成小，不假外慕，无不具足。此便是实实落落、明善诚身的事。后儒不明圣学，不知就自己心地良知、良能上体认扩充，却去求知其所不知，求能其所不能，一味只是希高慕大；不知自己是桀、纣心地，动辄要做尧、舜事业，如何做得？终年碌碌，至于老死，竟不知成就了个甚么，可哀也已。

侃问：先儒以心之静为体，心之动为用，如何？

先生曰：心不可以动、静为体、用。动静，时也。即体而言，用在体；即用而言，体在用。是谓"体用一源"。若说"静"可以见其"体"，"动"可以见其"用"，却不妨。

问：上智下愚如何不可移？

先生曰：不是不可移，只是不肯移。

问"子夏门人问交"章。

先生曰：子夏是言小子之交，子张是言成人之交。若善用之，亦俱是。

子仁问：学而时习之，不亦说乎？先儒以学为效先觉之所为，如何？

先生曰：学是学"去人欲""存天理"。从事于"去人欲""存天理"，则自正。诸先觉考诸古训，自下许多问辨、思索、存省、克治工夫，然不过欲去此心之"人欲"，存吾心之"天理"耳。若曰效先觉之所为，则只说得学中一件事，亦似专求诸外了。"时习"者，"坐如尸"，非专习坐也，坐时习此心也。"立如斋"，非专习立也，立时习此心也。"说"是"理义之说我心"之"说"。人心本自说理义，如目本说色，耳本说声，惟为人欲所蔽所累，始有不说。今人欲日去，则理义日洽浃，安得不说？

国英问：曾子"三省"虽切，恐是未闻"一贯"时工夫。

先生曰："一贯"是夫子见曾子未得用功之要，故告之。学者果能忠恕上用力，岂不是"一贯"？"一"如树之根本，"贯"如树之枝叶。未种根，何枝叶之可得？"体用一源"，体未立，用安从生？谓"曾子于其用处，盖已随事精察而力行之，但未知其体之一"。此恐未尽。

黄诚甫问"汝与回也孰愈"章。

先生曰：子贡多学而识，在闻见上用功；颜子在心地上用功：故圣人问以启之。而子贡所对又只在知见上，故圣人叹惜之，非许之也。

颜子不迁怒，不贰过，亦是有"未发之中"始能。

种树者必培其根，种德者必养其心。欲树之长，必于始生时删其繁枝；欲德之盛，必于始学时去夫外好。如外好诗文，则精神日渐漏泄在诗文上去。凡百外好皆然。

又曰：我此论学是"无中生有"的工夫，诸公须要信得及，只是立志。学者一念为善之志，如树之种，但"勿助勿忘"，只管培植将去，自然日夜滋长，生气日完，枝叶日茂。树初生时，便抽繁枝，亦须刊落，然后根干能大。初学时亦然，故立志贵"专一"。

因论先生之门，某人在涵养上用功，某人在识见上用功。

先生曰：专涵养者，日见其不足；专识见者，日见其有余。日不足者，日有余矣；日有余者，日不足矣。

梁日孚问：居敬穷理是两事，先生以为一事，何如？

先生曰：天地间只有此一事，安有两事？若论万殊，礼仪三百，威仪三千，又何止两？公且道居敬是如何？穷理是如何？

曰：居敬是存养工夫，穷理是穷事物之理。

曰：存养个甚？

曰：是存养此心之天理。

曰：如此亦只是穷理矣。

曰：且道如何穷事物之理？

曰：如事亲便要穷孝之理，事君便要穷忠之理。

曰："忠"与"孝"之理在君、亲身上？在自己心上？若在自己心上，亦只是穷此心之理矣。且道如何是敬？

曰：只是主一。

曰：如何是主一？

曰：如读书，便一心在读书上；接事，便一心在接事上。

曰：如此，则饮酒便一心在饮酒上，好色便一心在好色上，却是逐物。成甚居敬功夫？

日孚请问。

曰：一者，天理。主一是一心在天理上。若只知主一，不知一即是理，有事时便是逐物，无事时便是着空。惟其有事无事，一心皆在天理上用功。所以居敬亦即是穷理。就"穷理"专一处说，便谓之"居敬"；就"居敬"精密处说，便谓之"穷理"。却不是居敬了，别有个心穷理；穷理时，别有个心居敬：名虽不同，功夫只是一事。就如易言"敬以直内，义以方外"，"敬"即是无事时"义"，"义"即是有事时"敬"，两句合说一件。如孔子言"修己以敬"，即不须言"义"，孟子言"集义"，即不须言"敬"。会得时，横说竖说，工夫总是一般。若泥文逐句，不识本领，即支离决裂，工夫都无下落。

问：穷理何以即是尽性？

曰：心之体性也，性即理也。穷仁之理，真要仁极仁；穷义之理，真要义极义。仁义只是吾性，故穷理即是尽性。如孟子说"充其恻隐之心，至仁不可胜用"，这便是"穷理"工夫。

日孚曰：先儒谓"一草一木亦皆有理，不可不察"，如何？

先生曰：夫我则不暇，公且先去理会自己性情。须能尽人之性，然后能尽物之性。

日孚悚然有悟。

惟乾问："知"如何是"心"之"本体"？

先生曰："知"是"理"之灵处：就其主宰处说，便谓之"心"；就其禀赋处说，便谓之"性"。孩提之童，无不知爱其亲，无不知敬其兄，只是这个灵能不为私欲遮隔，充拓得尽，便完，完是他本体，便与天地合德。自圣人以下，不能无蔽，故须"格物"以致其知。

守衡问：《大学》工夫只是"诚意"，"诚意"工夫只是"格物"。修、齐、治、平，只"诚意"尽矣。又有"正心"之功，有所忿懥好乐则不得其正，何也？

先生曰：此要自思得之，知此则知"未发之中"矣。

守衡再三请。

曰：为学工夫有浅深。初时若不着实用意去好善恶恶，如何能为善去恶？这着实用意便是"诚意"。然不知心之"本体"原无一物，一向着意去好善恶恶，便又多了这分意思，便不是廓然大公。《书》所谓"无有作好作恶"，方是本体。所以说"有所忿懥好乐则不得其正"。"正心"只是"诚意"工夫里面体当自家心体，常要鉴空衡平，这便是"未发之中"。

正之问："戒惧是己所不知时工夫"，"慎独是己所独知时工夫"，此说如何？

先生曰：只是一个工夫。无事时固是"独知"，有事时亦是"独知"。人若不知于此独知之地用力，只在人所共知处用功，便是作伪，便是"见君子而后厌然"。此"独知"处便是诚的萌芽。此处不论善念恶念，更无虚假，一是百是，一错百错，正是王霸、义利、诚伪、善恶界头。于此一立立定，便是端本澄源，便是立诚。古人许多诚身的工夫，精神命脉全体只在此处。真是莫见莫显，无时无处，无终无始，只是此个工夫。今若又分戒惧为己所不知，即工夫便支离，亦有间断。既戒惧即是知，己若不知，是谁戒惧？如此见解，便要流入断灭禅定。

曰：不论善念恶念，更无虚假，则独知之地更无无念时邪？

曰：戒惧亦是念。戒惧之念，无时可息。若戒惧之心稍有不存，不是昏聩，便已流入恶念。自朝至暮，自少至老，若要无念，即是己不知，此除是昏睡，除是槁木死灰。

志道问：荀子云"养心莫善于诚"，先儒非之，何也？

先生曰：此亦未可便以为非。"诚"字有以工夫说者："诚"是心之本体，求复其本体，便是思诚的工夫。明道说"以诚敬存之"，亦是此意。《大学》"欲正其心，先诚其意"。荀子之言固多病，然不可一例吹毛求疵。大凡看人言语，若先有个意见，便有过当处。"为富不仁"之言，孟子有取于阳虎。此便见圣贤大公之心。

萧惠问：己私难克，奈何？

先生曰：将汝己私来替汝克。

又曰：人须有为己之心，方能克己；能克己，方能成己。

萧惠曰：惠亦颇有为己之心，不知缘何不能克己？

先生曰：且说汝有为己之心是如何？

惠良久，曰：惠亦一心要做好人，便自谓颇有为己之心。今思之，看来亦只是为得个躯壳的己。不曾为个真己。

先生曰：真己何曾离着躯壳？恐汝连那躯壳的己也不曾为。且道汝所谓躯壳的己，岂不是耳目口鼻四肢？

惠曰：正是为此。目便要色，耳便要声，口便要味，四肢便要逸乐，所以不能克。

先生曰："美色令人目盲，美声令人耳聋，美味令人口爽，驰骋田猎令人发狂"，这都是害汝耳、目、口、鼻、四肢的，岂得是为汝耳目口鼻四肢？若为着耳、目、口、鼻、四肢时，便须思量耳如何听，目如何视，口如何言，四肢如何动。必须非礼勿视、听、言、动，方才成得个耳、目、口、鼻、四肢，这个才是为着耳、目、口、鼻、四肢。

汝今终日向外驰求，为名为利，这都是为着躯壳外面的物事。汝若为着耳、目、口、鼻、四肢，要非礼勿视、听、言、动时，岂是汝之耳、目、口、鼻、四肢自能勿视听言动？须由汝心。这视、听、言、动，皆是汝心：汝心之视，发窍于目；汝心之听，发窍于耳；汝心之言，发窍于口；汝心之动，发窍于四肢。若无汝心，便无耳、目、口、鼻。所谓汝心，亦不专是那一团血肉。若是那一团血肉，如今已死的人，那一团血肉还在，缘何不能视、听、言、动？所谓汝心，却是那能视、听、言、动的，这个便是性，便是"天理"。有这个性，才能生这性之生理，便谓之仁。这性之生理，发在目便会视，发在耳便会听，发在口便会言，发在四肢便会动，都只是那天理发生，以其主宰一身，故谓之"心"。这心之本体，原只是个"天理"，原无非礼，这个便是汝之真己。这个真己，是躯壳的主宰。若无真己，便无躯壳。真是有之即生，无之即死。汝若真为那个躯壳的己，必须用着这个真己，便须常常保守着这个真己的本体，戒慎不睹，恐惧不闻，惟恐亏损了他一些。才有一毫非礼萌动便如刀割，如针刺，忍耐不过，必须去了刀，拔了针，这才是有为己之心，力能克己。汝今正是认贼作子，缘何却说有为己之心，不能克己？

有一学者病目，戚戚甚忧。

先生曰：尔乃贵目贱心。

萧惠好仙、释。

先生警之曰：吾亦自幼笃志二氏，自谓既有所得，谓儒者为不足学。其后居夷三载，见得圣人之学若是其简易广大，始自叹悔错用了三十年气力。大抵二氏之学，其妙与圣人只有毫厘之间。汝今所学，乃其土苴，辄自信自好若此，真"鸱鸮窃腐鼠"耳。

惠请问二氏之妙。

先生曰：向汝说圣人之学简易广大，汝却不问我悟的，只问我悔的。

惠惭谢，请问圣人之学。

先生曰：汝今只是了人事问，待汝办个真要求为圣人的心来与汝说。

惠再三请。

先生曰：已与汝一句道尽，汝尚自不会。

刘观时问："未发之中"是如何？

先生曰：汝但戒慎不睹，恐惧不闻，养得此心纯是天理，便自然见。

观时请略示气象。

先生曰：哑子吃苦瓜，与你说不得。你要知此苦，还须你自吃。

时曰仁在傍曰：如此才是真知，即是行矣。一时在座诸友皆有省。

萧惠问死生之道。

先生曰：知昼夜，即知死生。

问昼夜之道。

曰：知昼则知夜。

曰：昼亦有所不知乎？

先生曰：汝能知昼，懵懵而兴，蠢蠢而食，行不著，习不察，终日昏昏，只是梦昼。惟"息有养，瞬有存"，此心惺惺明明，"天理"无一息间断，才是能知昼。这便是天德，便是通乎昼夜之道而知，更有甚么死生？

马子莘问：修道之教，旧说谓"圣人品节吾性之固有，以为法于天下，若礼、乐、刑、政之属"，此意如何？

先生曰：道即性即命，本是完完全全，增减不得，不假修饰的，何须要圣人品节？却是不完全的物件。礼、乐、刑、政是治天下之法，固亦可谓之教。但不是子思本旨。若如先儒之说，下面由教入道的，缘何舍了圣人礼、乐、刑、政之教，别说出一段"戒慎"、"恐惧"工夫？却是圣人之教为虚设矣。

子莘请问。

先生曰：子思性、道、教，皆从本原上说。天命于人，则命便谓之性；率性而行，则性便谓之道；修道而学，则道便谓之教。率性是诚者事，所谓"自诚明，谓之性"也。修道是诚之者事，所谓"自明诚，谓之教"也。圣人率性而行即是道。圣人以下，未能率性，于道未免有"过"、"不及"，故须修道。修道，则贤知者不得而"过"，愚不肖者不得而"不及"。都要循着这个"道"，则道便是个"教"。此"教"字与"天道至教，风雨霜露，无非教也"之"教"同。"修道"字与"修道以仁"同。人能"修道"，然后能不违于"道"，以复其性之本体，则亦是圣人率性之道矣。下面"戒慎"、"恐惧"便是修道的工夫，"中和"便是复其性之本体，如《易》所谓"穷理尽性，以至于命"。中和位育，便是尽性至命。

黄诚甫问：先儒以孔子告颜渊为邦之问，是立万世常行之道，如何？

先生曰：颜子具体圣人，其于为邦的大本大原都已完备。夫子平日知之已深，到此都不必言，只就制度文为上说。此等处亦不可忽略，须要是如此方尽善。又不可因自己本领是当了便于防范上疏阔，须是要"放郑声，远佞人"。盖颜子是个克己向里德上用心的人，孔子恐其外面末节或有疏略，故就他不足处帮补说。若在他人，须告以"为政在人，取人以身，修身以道，修道以仁，达道九经"及"诚身"许多工夫，方始做得，这个方是万世常行之道。不然，只去行了夏时，乘了殷辂，服了周冕，作了韶舞，天下便治得？后人但见颜子是孔门第一人，又问个为邦，便把做天大事看了。

蔡希渊问：文公《大学》新本，先"格"、"致"而后"诚意"工夫，似与首章次第相合。若如先生从旧本之说，即"诚"、"意"反在"格"、"致"之前。于此尚未释然。

先生曰：《大学》工夫即是"明明德"。"明明德"只是个"诚意"，"诚意"的工夫只是"格物"、"致知"。若以"诚意"为主，去用"格物"、"致知"的工夫，即工夫始有下落，即为善去恶，无非是诚意的事。如新本先去穷格事物之理，即茫茫荡荡，都无着落处，须用添个"敬"字，方才牵扯得向身心上来，然终是没根源。若须用添个"敬"字，缘何孔门倒将一个最紧要的字落了，直待千余年后要人来补出？正谓以"诚意"为主，即不须添"敬"字。所以举出个"诚意"来说，正是学问的大头脑处。于此不察，真所谓毫厘之差，千里之缪。大抵《中庸》工夫只是"诚身"，"诚身"之极便是"至诚"；《大学》工夫只是"诚意"，"诚意"之极便是"至善"。工夫总是一般。今说这里补个"敬"字，那里补个"诚"字，未免画蛇添足。

卷二 语录二

传习录中

钱德洪序

德洪曰：昔南元善刻《传习录》于越，凡二册。下册摘录之先师手书，凡八篇。其《答徐成》之二书，吾师自谓："天下是朱非陆，论定既久，一旦反之为难。"二书姑为调停两可之说，便人自思得之。故元善录为下册之首者，意亦以是欤！今朱、陆之辨明于天下久矣。洪刻先师《文录》，置二书于《外》集者，示未全也，故今不复录。

其余指"知行之本体"，莫详于《答人论学》与答周道通、陆清伯、欧阳崇一四书；而谓"格物为学者用力日可见之地"，莫详于《答罗整庵》一书。平生冒天下之非诋推陷，万死一生遑遑然不忘讲学，惟恐吾人不闻斯道，流于功利机智，以日堕于夷狄、禽兽而不觉；其一体同物之心，谂谂终身，至于毙而后已。

此孔、孟以来贤圣苦心，虽门人了弗未足以慰其情也。是情也，莫详于《答聂文蔚》之第一书。此皆仍元善所录之旧。而揭"必有事焉"即"致良知"功夫，明白简切，使人言下即得入手，此又莫详于答文蔚之第二书，故增录之。元善当时汹汹，乃能以身明斯道，卒至遭奸被斥，油油然惟以此生得闻斯学为庆，而绝无有纤芥愤郁不平之气。斯录之刻，人见其有功于同志甚大，而不知其处时之甚艰也。今所去取，裁之时义则然，非忍有所加损于其间也。

答顾东桥书

来书云：近时学者务外遗内，博而寡要，故先生特倡"诚意"一义，针砭膏肓，诚大惠也。

吾子洞见时弊如此矣，亦将何以救之乎？然则鄙人之心，吾子固已一句道尽，复何言哉！复何言哉！若"诚意"之说，自是圣门教人用功第一义，但近

43

世学者乃作第二义看，故稍与提掇紧要出来，非鄙人所能特倡也。

来书云：但恐立说太高，用功太捷，后生师传，影响谬误，未免坠于佛氏"明心见性"、"定慧顿悟"之机，无怪闻者见疑。

区区格、致、诚、正之说，是就学者本心日用事为间，体究践履，实地用功，是多少次第、多少积累在，正与空虚、顿悟之说相反。闻者本无求为圣人之志，又未尝讲究其详，遂以见疑，亦无足怪。若吾子之高明，自当一语之下便了然矣，乃亦谓"立说太高，用功太捷"，何邪？

来书云：所喻知行并进，不宜分别前后，即《中庸》"尊德性而道问学之功，"交养互发，内外本末一以贯之"之道。然工夫次第，不能无先后之差，如知食乃食，知汤乃饮，知衣乃服，知路乃行，未有不见是物，先有是事。此亦毫厘倏忽之间，非谓有等，今日知之而明日乃行也。

既云"交养互发，内外本末一以贯之"，则"知"、"行"并进之说，无复可疑矣。又云"工夫次第能不无先后之差"，无乃自相矛盾已乎？"知食乃食"等说，此尤明白易见，但吾子为近闻障蔽，自不察耳。夫人必有欲食之心，然后知食，欲食之心即是意，即是行之始矣。食味之美恶待入口而后知，岂有不待入口而已先知食味之美恶者邪？必有欲行之心，然后知路，即是意，即是行之始矣。路岐之险夷必待身亲履历而后知，岂有不待身亲履历而已先知路岐之险夷者邪？"知汤乃饮"，"知衣乃服"，以此例之，皆无可疑。若如吾子之喻，是乃所谓不见是物而先有是事者矣。吾子又谓"此亦毫厘倏忽之间，非谓截然有等，今日知之而明日乃行也"，是亦察之尚有未精。然就如吾子之说，则"知"、"行"之为合一并进，亦自断无可疑矣。

来书云：真知即所以为行，不行不足谓之知，此为学者吃紧立教，俾务躬行则可。若真谓"行"即是"知"，恐其专求本心，遂遗物理，必有暗而不达之处，抑岂圣门"知"、"行"并进之成法哉？

"知"之真切笃实处，即是"行"；"行"之明觉精察处，即是"知"：知行工夫本不可离。只为后世学者分作两截用功，失却"知"、"行"本体，故有"合一并进"之说。"真知即所以为行，不行不足谓之知"，即如来书所云"知食乃食"等说，可见前已略言之矣。此虽吃紧救弊而发，然"知"、"行"之体本来如是，非以己意抑扬其间，姑为是说以苟一时之效者也。

"专求本心，遂遗物理"，此盖先其本心者也。夫物理之外于吾心，外吾心而求物理，无物理矣；遗物理而求吾心，吾心又何物邪？心之体，性也，性即理也。

44

故有孝亲之心，即有孝之理；无孝之心，即无孝之理矣。有忠君之心，即有忠之理；无忠君之心，即无忠之理矣。理岂外于吾心邪？晦庵谓："人之所以为学者，心与理而已。心虽主乎一身，而实管乎天下之理，理虽散在万事，而实不外乎一人之心。"是其一分一合之间，而未免已启学者心、理为二之弊。此后世所以有"专求本心，遂遗物理"之患，正由不知"心"即"理"耳。夫外心以求物理，是以有暗而不达之处：此告子"义外"之说，孟子所以谓之"不知义"也。

心一而已，以其全体恻怛而言谓之仁，以其得宜而言谓之义，以其条理而言谓之理。不可外心以求仁，不可外心以求义，独可外心以求理乎？外心以求理，此知行之所以二也。求理于吾心，此圣门知行合一之教，吾子又何疑乎？

来书云：所释《大学》古本谓"致其本体之知"，此固《孟子·尽心》之旨。朱子亦以"虚灵"、"知觉"为此心之量。然"尽心"由于"知性"，"致知"在于"格物"。

"尽心由于知性，致知在于格物"，此语然矣。然而推本吾子之意，则其所以为是语者，尚有未明也。朱子以"尽心、知性、知天"为"物格"、"知致"，以"存心"、"养性"、"事天"为诚意、正心、修身，以"夭寿不贰、修身以俟"为知至、仁尽，圣人之事。

若鄙人之见，则与朱子正相反矣。夫"尽心、知性、知天"者，生知安行，圣人之事也；"存心、养性、事天"者，学知利行，贤人之事也；"夭寿不贰、修身以俟"者，困知勉行，学者之事也。岂可专以尽心、知性为"知"，存心、养性为"行"乎？吾子骤闻此言，必又以为大骇矣。然其间实无可疑者，一为吾子言之：夫心之体，性也；性之原，天也。能尽其心，是能尽其性矣。《中庸》云："惟天下至诚，为能尽其性。"又云："知天地之化育，质诸鬼神而无疑，知天也。"此惟圣人而后能然，故曰"此生知安行，圣人之事也"。存其心者，未能尽其心者也，故须加存之之功。必存之既久，不待于存而自无不存，然后可以进而言尽。盖知天之"知"，如知州知县之"知"。知州，则一州之事皆己事也；知县，则一县之事皆己事也。是与天为一者也。

"事天"则如子之事父，臣之事君，犹与天为二也。天之所以命于我者，心也，性也，吾但存之而不敢失，养之而不敢害，如"父母全而生之，子全而归之"者也。故曰"此学知利行，贤人之事也"。至于"夭寿不贰"，则与存其心者又有间矣。存其心者，虽未能尽其心，固已一心于为善，时有不存，则存之而已。今使之"夭寿不贰"，是犹以夭寿贰其心者也。犹以夭寿贰其心，是其为善之心犹未能一也，存之尚有所未可，而何尽之可云乎？今且使之不以夭寿贰其为善之心，若曰死生夭寿，皆有定命，吾但一心于为善，修吾之身，以俟天命而已，是其平日尚未知有天命也。"事天"虽与天为二，然已真知天命之所在，但惟恭敬奉承之而已耳。若俟之云者，则尚未能真知天命之所在，犹有所俟者也。故曰"所以立命"。立者，创立之立，如立德、立言、立功、立名之类。

凡言"立"者，皆是昔未尝有而今始建立之谓，孔子所谓"不知命，无以为君子"者也。故曰"此困知勉行，学者之事也"。今以尽心、知性、知天为格物、致知，使初学之士，尚未能"不贰其心"者，而遽责之以圣人生知安行之事，如捕风捉影，茫然莫知所措其心，几何而不至于"率天下而路也"！今世"致知"、"格物"之弊，亦居然可见矣。吾子所谓"务外遗内，博而寡要"者，无乃亦是过欤？此学问最紧要处，于此而差，将无往而不差矣！此鄙人之所以冒天下之非笑，忘其身之陷于罪戮，呶呶其言，其不容已者也。

来书云：闻语学者乃谓"即物穷理"之说亦是"玩物丧志"，又取"厌繁就约"，"涵养本原"数说标示学者，指为"晚年定论"，此亦恐非。

朱子所谓"格物"云者，在"即物而穷其理"也。"即物穷理"，是就事事物物上求其所谓定理者也，是以吾心而求理于事事物物之中，析"心"与"理"为二矣。夫求理于事事物物者，如求孝之理于其亲之谓也。求孝之理于其亲，则孝之理其果在于吾之心邪？抑果在于亲之身邪？假而果在于亲之身，则亲没之后，吾心遂无孝之理欤？见孺子之入井，必有恻隐之理，是恻隐之理果在于孺子之身欤？抑在于吾心之良知欤？其或不可以从之于井欤？其或可以手而援之欤？是皆所谓"理"也。是果在于孺子之身欤？抑果出于吾心之良知欤？以是例之，万事万物之理莫不皆然。是可以知析"心"与"理"为二之非矣。夫析"心"与"理"而为二，此告子"义外"之说，孟子之所深辟也。"务外遗内，博而寡要"，吾子既已知之矣，是果何谓而然哉？谓之"玩物丧志"，尚犹以为不可欤？

若鄙人所谓"致知"、"格物"者，致吾心之"良知"于事事物物也。吾心之"良知"，即所谓"天理"也。致吾心"良知"之"天理"于事事物物，则事事物物皆得其理矣。致吾心之"良知"者，"致知"也。事事物物皆得其理者，"格物"也。是合"心"与"理"而为一者也。合"心"与"理"而为一，则凡区区前之所云，与朱子晚年之论，皆可以不言而喻矣。

来书云：人之心体本无不明，而气拘物蔽鲜有不昏，非学、问、思、辨以明天下之理，则善恶之机，真妄之辨，不能自觉；任情恣意，其害有不可胜言者矣。

此段大略似是而非，盖承沿旧说之弊，不可以不辨也。夫学、问、思、辨、行皆所以为学，末有学而不行者也。如言学孝，则必服劳奉养，躬行孝道，然后谓之"学"，岂徒悬空口耳讲说，而遂可以谓之学孝乎？学射，则必张弓挟矢，引满中的；学书，则必伸纸执笔，操觚染翰。尽天下之学，无有不行而可以言学者，则学之始固已即是行矣。笃者，敦实笃厚之意；已行矣，而敦笃其行，不息其功之谓尔。盖学之不能以无疑，则有问，问即学也，即行也；又不能无疑，则有思，思即学也，即行也；又不能无疑，则有辨，辨即学也，即行也。辨既明矣，思既慎矣，问即审矣，学既能矣，又从而不息其功焉，斯之谓笃行；非谓学、问、思、辨之后而始措之于行也。是故以求能其事而言谓之"学"，以求解其惑而言谓之"问"，以求通其说而言谓之"思"，以求精其察而言谓之"辨"，以求履其实而言谓之"行"。盖析其功而言则有五，合其事而言则一而已。此区区心理合一之体，"知"、"行"并进之功，所以异于后世之说者，正在于是。

今吾子特举学、问、思、辨以穷天下之理，而不及笃行，是专以学、问、思、辨为知，而谓"穷理"为无行也已。天下岂有不行而学者邪？岂有不行而遂可谓之穷理者邪？明道云："只穷理，便尽性至命。"故必仁极仁而后谓之能穷仁之理；义极义，而后谓之能穷义之理。仁极仁则尽仁之性矣，义极义则尽义之性矣。学至于穷理至矣，而尚未措之于行，天下宁有是邪？是故"知"不"行"之不可以为"学"，则"知"不"行"之不可以为穷理矣；知不行之不可以为穷理，则知知行之合一并进而不可以分为两节事矣。

夫万事万物之理不外于吾心，而必曰穷天下之理，是殆以吾心之良知为未足，而必外求于天下之广以裨补增益之，是犹析"心"与"理"而为二也。夫学、问、思、辨、笃行之功，虽其困勉至于人一己百，而扩充之极，至于尽性知天，亦不过致吾心之良知而已。良知之外，岂复有加于毫末乎？今必曰穷天下之理，而不知反求诸其心，则凡所谓善恶之机、真妄之辨者，舍吾心之良知，亦将何所致其体察乎？吾子所谓"气拘物蔽"者，拘此蔽此而已。今欲去此之蔽，不知致力于此，而欲以外求，是犹目之不明者，不务服药调理以治其目，而徒伥伥然求明于其外，明岂可以自外而得哉？任情恣意之害，亦以不能精察天理于此心之良知而已。此诚毫厘千里之谬者，不容于不辨，吾子毋谓其论之太刻也。

来书云：教人以致知明德，而戒其即物穷理，试使昏暗之士深居端坐，不闻教告，遂能至于知致而德明乎？纵令静而有觉，稍悟本性，则亦定慧无用之见，果能知古今，达事变，而致用于天下国家之实否乎？其曰："知者意之体，物者意之用，格物如格君心之非"之"格"，语虽超悟独得，不蹈陈见，抑恐于道未相吻合？

区区论致知、格物，正所以穷理，未尝戒人穷理，使之深居端坐而一无所事也。若谓即物穷理，如前所云"务外而遗内"者，则有所不可耳。昏暗之士，果能随事随物精察此心之天理，以致其本然之良知，则虽愚必明，虽柔必强，大本立而达道行，九经之属可一以贯之而无遗矣，尚何患其无致用之实乎？彼顽空虚静之徒，正惟不能随事随物精察此心之天理以致其本然之良知，而遗弃伦理，寂灭虚无以为常，是以要之不可以治家国天下。孰谓圣人穷理尽性之学而亦有是弊哉？

心者，身之主也，而心之虚灵明觉，即所谓本然之良知也。其虚灵明觉之良知，应感而动者，谓之意。有知而后有意，无知则无意矣。知非意之体乎？意之所用，必有其物，物即事也。如意用于事亲，既事亲为一物；意用于治民，即治民为一物；意用于读书，即读书为一物；意用于听讼，则听讼为一物：凡意之所用无有无物者，有是意即有是物，无是意即无是物矣。物非意之用乎？

"格"字之义，有以"至"字之训者，如"格于文祖"、"有苗来格"，是以"至"训者也。然"恪于文祖"，必纯孝诚敬，幽明之间，无一不得其理，而后谓之"格"。有苗之顽，实以文德诞敷而后格，则亦兼有"正"字之义在其间，未可专以"至"字尽之也。如"格其非心"、"大臣格君心之非"之类，是则一皆"正其不正以归于正"之义，而不可以"至"字为训矣。《大学》"格物"之训，又安知其不以"正"字为训，而必以"至"字为义乎？如以"至"字为义者，必曰"穷至事物之理"，而后其说始通。是其用功之要，全在一"穷"字，用力之地，全在一"理"字也。若上去一"穷"、下去一"理"字，而直曰"致知在至物"，其可通乎？夫"穷理尽性"，圣人之成训，见于《系辞》者也。苟"格物"之说而果即"穷理"之义，则圣人何不直曰"致知在穷理"，而必为此转折不完之语，以启后世之弊邪？

盖《大学》"格物"之说，自与《系辞》"穷理"大旨虽同，而微有分辨。"穷理"者，兼格、致、诚、正而为功也。故言"穷理"，则格、致、诚、正之功皆在其中；言"格物"，则必兼举致知、诚意、正心，而后其功始备而密。今偏举"格物"而遂谓之"穷理"，此所以专以"穷理"属"知"，而谓"格物"未常有"行"，非惟不得"格物"之旨，并"穷理"之义而失之矣。此后世之学所以析"知"、"行"为先后两截，日以支离决裂，而圣学益以残晦者，其端实始于此。吾子盖亦未免承沿积习，则见以为"于道未相吻合"，不为过矣。

来书云：谓致知之功，将如何为温凊，如何为奉养？即是"诚意"，非别有所谓"格物"，此亦恐非。

此乃吾子自以己意揣度鄙见而为是说，非鄙人之所以告吾子者矣。若果如吾子之言，宁复有可通乎？盖鄙人之见，则谓意欲温凊、意欲奉养者，所谓"意"也，而未可谓之"诚意"。必实行其温凊、奉养之意，务求自慊而无自欺，然后谓之"诚意"。知如何而为"温凊"之节，知如何而为"奉养"之宜者，所谓"知"也，而未可谓之"致知"。必致其知如何为"温凊"之节者之"知"，而实以之"温凊"，致其知如何为"奉养"之宜者之"知"，而实以之"奉养"，然后谓"致知"。"温凊"之事，"奉养"之事，所谓"物"也，而未可谓之"格物"。必其于温凊之事也，一如其"良知"之所知，当如何为"温凊"之节者而为之，无一毫之不尽；于奉养之事也，一如其"良知"之所知，当如何为"奉养"之宜者而为之，无一毫之不尽，然后谓之"格物"。"温凊"之物格，然后知"温凊"之"良知"始致；"奉养"之物格，然后知"奉养"之"良知"始致。故曰"物格而后知至"。致其知"温凊"之良知，而后"温凊"之意始诚；致其知"奉养"之良知，而后"奉养"之意始诚。故曰"知至而后意诚"。此区区诚意、致知、格物之说盖如此。吾子更熟思之，将亦无可疑者矣。

来书云：道之大端易于明白，所谓"良知良能，愚夫愚妇可与及者"。至于节目时变之详，毫厘千里之谬，必待学而后知。今语孝于温凊定省，孰不知之？至于舜之不告而娶，武之不葬而兴师，养志养口，小杖大杖，割股庐墓等事，处常处变，"过"与"不及"之间，必须讨论是非，以为制事之本，然后心体无蔽，临事无失。

"道之大端易于明白"，此语诚然。顾后之学者，忽其易于明白者而弗由，而"求其难于明白者以为学"，此其所以"道在迩而求诸远，事在易而求诸难"也。孟子云："夫道若大路然，岂难知哉？人病不由耳。"良知良能，愚夫愚妇与圣人同。但惟圣人能致其"良知"，而愚夫愚妇不能致，此圣愚之

49

所由分也。

"节目时变"，圣人夫岂不知？但不专以此为学。而其所谓学者，正惟致其"良知"，以精察此心之天理，而与后世之学不同耳。吾子未暇"良知"之致，而汲汲焉顾是之忧，此正"求其难于明白者以为学"之蔽也。夫"良知"之于"节目时变"，犹规矩尺度之于方圆长短也。"节目时变"之不可预定，犹方圆长短之不可胜穷也。故规矩诚立，则不可欺以方圆，而天下之方圆不可胜用矣；尺度诚陈，则不可欺以长短，而天下之长短不可胜用矣；良知诚致，则不可欺以"节目时变"，而天下之"节目时变"不可胜应矣。毫厘千里之缪，不于吾心良知一念之微而察之，亦将何所用其学乎？是不以规矩而欲定天下之方圆，不以尺度而欲尽天下之长短。吾见其乖张谬戾，日劳而无成也已。

吾子谓"语孝于温清定省，孰不知之"，然而能致其知者，鲜矣。若谓粗知"温清定省之仪节，而遂谓之能致其知，则凡知君之当仁者皆可谓之能致其仁之知，知臣之当忠者皆可谓之能致其忠之知，则天下孰非致知者邪？以是而言，可以知"致知"之必在于行，而不行之不可以为"致知"也，明矣。知行合一之体，不益较然矣乎？

夫舜之不告而娶，岂舜之前已有不告而娶者为之准则，故舜得以考之何典，问诸何人，而为此邪？抑亦求诸其心一念之良知，权轻重之宜，不得已而为此邪？武之不葬而兴师，岂武之前已有不葬而兴师者为之准则，故武得以考之何典，问诸何人而为此邪？抑亦求诸其心一念之良知，权轻重之宜，不得已而为此邪？使舜之心而非于诚无后，武之心而非诚于为救民，则其不告而娶与不葬而兴师，乃不孝、不忠之大者。而后之人不务致其良知，以精察义理于此心感应酬酢之间，顾欲悬空讨论此等变常之事，执之以为制事之本，以求临事之无失，其亦远矣。其余数端，皆可类推，则古人致知之学，从可知矣。

来书云：谓《大学》"格物"之说专求本心，犹可牵合；至于《六经》、《四书》所载"多闻多见"、"前古往行"、"好古敏求"、"博学审问"、"温故知新"、"博学详说"、"好问好察"，是皆明白求于事为之际，资于论说之间者，用功节目固不容紊矣。

"格物"之义，前已详悉；牵合之疑，想已不俟复解矣。至于"多闻多见"，乃孔子因子张之"务外好高"，徒欲以"多闻多见"为学，而不能求诸其心，以阙疑殆，此其言行所以不免于尤悔，而所谓见闻者，适以资其"务外好高"而已。盖所以救子张"多闻多见"之病，而非以是教之为学也。夫子尝曰："盖有不知而作之者，我无是也。"是犹孟子"是非之心，人皆有之"之

50

义也。此言正所以明德性之"良知"，非由于闻见耳。若曰"多闻择其善者而从之，多见而识之"，则是专求诸见闻之末，而已落在第二义矣，故曰"知之次也"。夫以"见闻"之"知"为次，则所谓"知"之上者果安所指乎？是可以窥圣门"致知"用力之地矣。夫子谓子贡曰："赐也，汝以予为多学而识之者欤？非也，予一以贯之。"使诚在于"多学而识"，则夫子胡乃谬为是说以欺子贡者邪？"一以贯之"，非致其良知而何？《易》曰："君子多识前言、往行，以畜其德。"夫以畜其德为心，则凡多识前言、往行者，孰非畜德之事？此正知行合一之功矣。

"好古敏求"者，好古人之"学"，而敏求此心之"理"耳。心即理也。"学"者，学此心也；"求"者，求此心也。孟子云："学问之道无他，求其放心而已矣。"非若后世广记博诵古人之言词以为好古，而汲汲然惟以求功名利达之具于外者也。"博学审问"，前言已尽。"温故知新"，朱子亦以"温故"属之"尊德性"矣。德性岂可以外求哉？惟夫"知新"必由于"温故"，而"温故"乃所以"知新"，则亦可以验知行之非两节矣。"博学而详说之"者，将以反说约也。若无"反约"之云，则"博学详说"者果何事邪？舜之"好问好察"，惟以用中而致其"精一"于道心耳。道心者，"良知"之谓也。君子之学，何尝离去事为而废论说？但其从事于事为论说者，要皆知行合一之功，正所以致其本心之"良知"，而非若世之徒事口耳谈说以为"知"者，分知行为两事，而果有节目先后之可言也。

来书云：杨、墨之为仁义，乡愿之辞忠信，尧、舜、子之之禅让，汤、武、楚项之放伐，周公、莽、操之摄辅，漫无印证，又焉适从？且于古今事变，礼乐名物，未常考识，使国家欲兴明堂，建辟雍，制历律，草封禅，人将何所致其用乎？故《论语》曰"生而知之"者，义理耳。若夫礼乐名物，古今事变，亦必待学而后有以验其行事之实。此则可谓定论矣。

所喻杨、墨、乡愿、尧、舜、子之、汤、武、楚项、周公、莽、操之辨，与前舜、武之论，大略可以类推。古今事变之疑，前于良知之说，已有规矩尺度之喻，当亦无俟多赘矣。至于明堂、辟雍诸事，似尚未容于无言者。然其说甚长，姑就吾子之言而取正焉，则吾子之惑将亦可少释矣。夫明堂、辟雍之制，始见于吕氏之《月令》、汉儒之训疏，《六经》、《四书》之中，未尝详及也。岂吕氏、汉儒之知乃贤于三代之贤圣乎？齐宣之时，明堂尚有未毁，则幽、厉之世，周之明堂皆无恙也。尧、舜茅茨土阶，明堂之制未必备，而不害其为治；幽、厉之明堂，固犹文武成康之旧，而无救于其乱。何邪？岂能以不忍人之心而行不忍人之政，则虽茅茨土阶，固亦明堂也，以幽、厉之心，而行幽、厉之政，则虽明堂，亦暴政所自出之地邪？武帝肇讲于汉，而武后盛作于唐，其治乱何如邪？天子之学曰辟雍，诸侯之学曰泮宫，皆象地形而为之名耳。然三代之学，其要皆所以明人伦，非以辟不辟，泮不泮为重轻也。孔子云："人而不仁，如礼何！人而不仁，如乐何！"

制礼作乐，必具中和之德，声为律而身为度者，然后可以语此。若夫器数之末，乐工之事，祝史之守，故曾子曰："君子所贵乎道者三，笾豆之事，则有司存也。""尧命羲、和，钦若昊天，历象日月星辰"，其重在于"敬授人时"也。舜"在璇玑玉衡"，其重在于"以齐七政"也。是皆汲汲然以仁民之心而行其养民之政。治历明时之本，固在于此也。羲、和历数之学，皋、契未必能之也，禹、稷未必能之也，"尧、舜之知而不遍物"，虽尧、舜亦未必能之也。然至于今，循羲、和之法而世修之，虽曲知小慧之人，星术浅陋之士，亦能推步占候而无所忒，则是后世曲知小慧之人，反贤于禹、稷、尧、舜者邪？

"封禅"之说尤为不经，是乃后世佞人谀士所以求媚于其上，倡为夸侈，以荡君心，而靡国赞。盖欺天罔人无耻之大者，君子之所不道，司马相如之所以见讥于天下后世也。吾子乃以是为儒者所宜学，殆亦未之思邪？

夫圣人之所以为圣者，以其生而知之也。而释《论语》者曰："生而知之者，义理耳。若夫礼乐名物，古今事变，亦必待学而后有以验其行事之实。"夫礼乐名物之类，果有关于作圣之功也，而圣人亦必待学而后能知焉，则是圣人亦不可以谓之"生知"矣。谓圣人为"生知"者，专指"义理"而言，而不以礼乐名物之类，则是礼乐名物之类无关于作圣之功矣。圣人之所以谓之"生知"者，专指义理而不以礼乐名物之类，则是"学而知之"者，亦惟当学知此义理而已，"困而知之"者，亦惟当困知此义理而已。今学者之学圣人，于圣人之所能知者，未能"学而知之"，而顾汲汲焉求知圣人之所不能知者以为学，无乃失其所以希圣之方欤？凡此皆就吾子之所惑者，而稍为之分释，末及乎"拔本塞源"之论也。

夫"拔本塞源"之论不明于天下，则天下之学圣人者将日繁日难，斯人沦于禽兽夷狄，而犹自以为圣人之学；吾之说虽或暂明于一时，终将冻解于西而冰坚于东，雾释于前而云滃于后，呶呶焉危困以死，而卒无救于天下之分毫也已！

夫圣人之心，以天地万物为一体，其视天下之人，无外内远近，凡有血气，皆其昆弟赤子之亲，莫不欲安全而教养之，以遂其万物一体之念。天下之人心，其始亦非有异于圣人也，特其间于有我之私，隔于物欲之蔽，大者以小，通者以塞，人各有心，至有视其父子兄弟如仇仇者。圣人有忧之，是以推其天地万物一体之仁以教天下，使之皆有以克其私，去其蔽，以复其心体之同然。其教之大端，则尧、舜、禹之相授受，所谓"道心惟微，惟精惟一，允执厥中"。而其节目则舜之命契，所谓"父子有亲，君臣有义，夫妇有别，长幼有序，朋友有信"五者而已。

唐、虞、三代之世，教者惟以此为教，而学者惟以此为学。当是之时，人无异见，家无异习，安此者谓之"圣"，勉此者谓之"贤"，而背此者，虽其启明如朱，亦谓之"不肖"。下至闾井、田野，农、工、商、贾之贱，莫不皆有是学，而惟以成其德行为务。何者？无有闻见之杂、记诵之烦、辞章之靡滥、功利之驰逐、而但使孝其亲、弟其长、信其朋友，以复其心体之同然。是盖性分之所固有，而非有假于外者，则人亦孰不能之乎？

学校之中，惟以成德为事，而才能之异，或有长于礼乐，长于政教，长于水土播值者，则就其成德，而因使益精其能于学校之中。迨夫举德而任，则使之终身居其职而不易。用之者惟知同心一德，以共安天下之民，视才之称否，而不以崇卑为轻重，劳逸为美恶；效用者亦惟知同心一德，以共安天下之民，苟当其能，则终身处于烦剧而不以为劳，安于卑琐而不以为贱。当是之时，天下之人熙熙皞皞，皆相视如一家之亲。其才质之下者，则安其农、工、商、贾之分，各勤其业以相生相养，而无有乎希高慕外之心。其才能之异，若皋、夔、稷、契者，则出而各效其能。若一家之务，或营其衣食，或通其有无，或备其器用，集谋并力，以求遂其仰事俯育之愿，惟恐当其事者之或怠而重己之累也。

故复勤其稼，而不耻其不知教，视契之善教，即己之善教也；夔司其乐，而不耻于不明礼，视其夷之通礼，即己之通礼也。盖其心学纯明，而有以全其万物一体之仁，故其精神流贯，志气通达，而无有乎己之分，物我之间。譬之一人之身，目视、耳听、手持、足行，以济一身之用。目不耻其无聪，而耳之所涉，目必营焉；足不耻其无执，而手之所探，足必前焉。盖其元气充周，血脉条畅，是以痒痾呼吸，感触神应，有不言而喻之妙。此圣人之学所以至易至简，易知易从，学易能而才易成者，正以大端惟在复心体之同然，而知识技能非所与论也。

三代之衰，王道熄而霸术焻；孔、孟既没，圣学晦而邪说横。教者不复以此为教，而学者不复以此为学。霸者之徒，窃取先王之近似者，假之于外以内济其私己之欲，天下靡然而宗之，圣人之道遂以芜塞。相仿相效，日求所以富强之说，倾诈之谋，攻伐之计，一切欺天罔人，苟一时之得，以猎取声利之术，若管、商、苏、张之属者，至不可名数。既其久也，斗争劫夺，不胜其祸，斯人沦于禽兽、夷狄，而霸术亦有所不能行矣。

世之儒者，慨然悲伤，搜猎先圣王之典章法制，而掇拾修补于煨烬之余，盖其为心，良亦欲以挽回先王之道。圣学既远，霸术之传积渍已深，虽在贤知，皆不免于习染。其所以讲明修饰，以求宣畅光复于世者，仅是以增霸者之藩篱，而圣学之门墙遂不复可睹。于是乎有训诂之学，而传之以为名；有记诵之学，而言之以为博；有词章之学，而侈之以为丽。若是者，纷纷籍籍，群起角立于天下，又不知其几家，万径千蹊，莫知所适。世之学者，如入百戏之场，欢谑跳踉、骋奇斗巧、献笑争妍者，四面而竞出，前瞻后盼，应接不遑，而耳目眩瞀，精神恍惑，日夜遨游淹息其间，如病狂丧心之人，莫自知其家业之所归。时君世主亦皆昏迷颠倒于其说，而终身从事于无用之虚文，莫自知其所谓。间有觉其空疏谬妄，支离牵滞，而卓然自奋，欲以见诸行事之实者，极其所抵，亦不过为富强功利五霸之事业而止。

圣人之学日远日晦，而功利之习愈趋愈下。其间虽尝瞽惑于佛、老，而佛、老之说卒亦未能有以胜其功利之心；虽又尝折衷于群儒，而群儒之论终亦未能有以破其功利之见。盖至于今，功利之毒沦浃于人之心髓，而习以成性也几千年矣。相矜以知，相轧以势，相争以利，相高以技能，相取以声誉。其出而仕也，理钱谷者则欲兼夫兵刑，典礼乐者又欲与于铨轴，处郡县则思藩臬之高，居台谏则望宰执之要。故不能其事，则不得以兼其官；不通其说，则不可以要其誉；记诵之广，适以长其敖也；知识之多，适以行其恶也；闻见之博，适以肆其辨也；辞章之富，适以饰其伪也。是以皋、夔、稷、契所不能兼之事，而今之初学小生皆欲通其说，究其术。其称名僭号，未尝不曰"吾欲以共成天下之务"，而其诚心实意之所在，以为不如是则无以济其私而满其欲也。

呜呼！以若是之积染，以若是之心志，而又讲之以若是之学术，宜其闻吾圣人之教，而视之以为赘疣祝瘘，则其以良知为未是，而谓圣人之学为无所用，亦其势有所必至矣！

呜呼！士生期世，而尚同以求圣人之学乎？尚同以论圣人之学乎！土生斯世，而欲以为学者，不亦劳苦而繁难乎？不亦拘滞而险艰乎？

呜呼！可悲也已！所幸天理之在人心，终有所不可泯，而良知之明，万古一日，则其闻吾"拔本塞源"之论，必有恻然而悲，戚然而痛，愤然而起，沛然若决河而有所不可御者矣！非夫豪杰之士，无所待而兴起者，吾谁与望乎？

答周道通书

　　吴、曾两生至，备道道通恳切为道之意，殊慰相念。若道通，真可谓笃信好学者矣。忧病中会，不能与两生细论，然两生亦自有志向肯用功者，每见辄觉有进。在区区诚不能无负于两生之远来，在两生则亦庶几无负其远来之意矣。临别以此册致道通意，请书数语。荒愦无可言者，辄以道通来书中所问数节，略下转语奉酬。草草殊不详细，两生当亦自能口悉也。

　　来书云：日用工夫只是"立志"。近来于先生诲言时时体检，念益明白。然于朋友不能一时相离。若得朋友讲习，则此志才精健阔大，才有生意。若三五日不得朋友相讲，便觉微弱，遇事便会困，亦时会忘。乃今无朋友相讲之日，还只静坐，或看书，或游衍经行，凡寓目措身，悉取以培养此志，颇觉意思和适。然终不如朋友讲聚精神流动，生意更多也。离群索居之人，当更有何法以处之？

　　此段足验道通日用工夫所得。工夫大略亦只是如此用，只要无间断，到得纯熟后，意思又自不同矣。大抵吾人为学紧要大头脑，只是"立志"。所谓"困"、"忘"之病，亦只是志欠真切。今好色之人，未尝病于"困"、"忘"，只是一真切耳。自家痛庠，自家须会知得，自家须会搔摩得。既自知得痛痒，自家须不能不搔摩得。佛家谓之"方便法门"，须是自家调停斟酌，他人总难与力，亦更无别法可设也。

　　来书云：上蔡常问："天下何思何虑。"伊川云："有此理，只是发得太早。"在学者工夫，固是"必有事焉而勿忘"，然亦须识得"何思何虑"底气象，一并看为是。若不识得这气象，便有正与助长之病。若认得"何思何虑"而忘"必有事焉"工夫，恐人堕于"无"也。须是不滞于"有"，不堕于"无"。然乎否也？

　　所论亦相去不远矣，只是契悟未尽。上蔡之问与伊川之答，亦只是上蔡、尹川之意，与孔子《系系辞》原旨稍有不同。《系》言"何思何虑"，是言所思所虑只是一个天理，更无别思别虑耳，非谓"无思无虑"也。故曰"与归而殊途，一致而百虑，天下何思何虑"。云"殊途"，云"百虑"，则岂谓无思无虑邪？心之本体即是天理，天理只是一个，更有何可思虑得？天理原自寂然不动，原自感而遂通。学者用功，虽千思万虑，只是要复他本来体用而已，不是以私意去安排思索出来。故明道云："君子之学，莫若廓然而大公，物来而顺应。"若以私意去安排思索，便是用智自私矣。"何思何虑"正是工夫，在圣人分上，便是自然的；在学者分上，便是勉然的。尹川却是把作效验看了，所以有"发得太早"之说。既而云"却好用功"，则已自觉其前言之有未尽矣。濂溪"主静"之论亦是此意。今道通之言，虽已不为无见，然亦未免尚有两事也。

来书云：凡学者才晓得做工夫，便要识认得圣人气象。盖认得圣人气象，把做准的，乃就实地做工夫去，才不会差，才是作圣工夫。未知是不？

"先认圣人气象"，昔人尝有是言矣，然亦欠有头脑。圣人气象自是圣人的，我从何处识认？若不就自己良知上真切体认，如以无星之称而权轻重，未开之镜而照妍媸，真所谓以小人之腹而度君子之心矣。圣人气象何由认得？自己良知原与圣人一般，若体认得自己良知明白，即圣人气象不在圣人而在我矣。程子尝云："觑着尧，学他行事，无他许多聪明睿智，安能如彼之动容周旋中礼？"又云："心通于道，然后能辨是非。"今且说通于道在何处？聪明睿智从何处出来？

来书云：事上磨练，一日之内不管有事无事，只一意培养本原。若遇事来感，或自己有感，心上既有觉，安可谓无事？但因事凝心一会，大段觉得事理当如此，只如无事处之，尽吾心而已。然仍有处得善与未善，何也？又或事来得多，须要次第与处，每因才力不足，辄为所困，虽极力扶起，而精神已觉衰弱。遇此未免要十分退省，宁不了事，不可不加培养，如何？

所说工夫，就道通分上也只是如此用，然未免有出入在。凡人为学，终身只为这一事。自少至老，自朝至暮，不论有事无事，只是做得这一件，所谓"必有事焉"者也。若说"宁不了事，不可不加培养"，却是尚为两事也。"必有事焉而勿忘勿助"，事物之来，但尽吾心之良知以应之，所谓"忠恕违道不远"矣。凡处得有善有未善，及有困顿失次之患者，皆是牵于毁誉得丧，不能实致其良知耳。若能实致其良知，然后见得平日所谓善者未必是善，所谓未善者，却恐正是牵于毁誉得丧，自贼其真知者也。

来书云：致知之说，春间再承诲益，已颇知用力。觉得比旧尤为简易，但鄙心则谓与初学言之，还须带"格物"意思，使之知下手处。本来"致知"、"格物"一并下，但在初学未知下手用功，还说与"格物"，方晓得"致知"云云。

"格物"是"致知"功夫，知得"致知"便已知得"格物"。若是未知

"格物"，则是"致知"工夫亦未尝知也。近有一书与友人论此颇悉，今往一通，细观之，当自见矣。

来书云：今之为朱、陆之辨者尚未已，每对朋友言正学不明已久，且不须枉费心力为朱、陆争是非，只依先生"立志"二字点化人。若其人果能辨得此志来，决意要知此学，已走大段明白了。朱、陆虽不辨，彼自能分得。又尝见朋友中见有人议先生之言者，辄为动气。昔在朱、陆二先生所以近后世纷纷之议者，亦见二先生工夫有未纯熟，分明亦有动气之病，若明道则无此矣。观其典吴涉礼论介甫之学云："为我尽达诸介甫，不有益于他，必有益于我也。"气象何等从容！常见先生与人书中亦引此言，愿朋友皆如此。如何？

此节议论得极是极是，愿道通遍以告于同志，各自且论自己是非，莫论朱、陆是非也。以言语谤人，其谤浅。若自己不能身体实践，而徒入耳出口，呶呶度日，是以身谤也，其谤深矣。凡今天下之论议我者，苟能取以为善，皆是砥砺切磋我也，则在我无非警惕修省进德之地矣。昔人谓"攻吾之短者是吾师"，师又可恶乎？

来书云：有引程子"人生而静，以上不容说，才说性，便已不是性"，何故不容说？何故不是性？晦庵答云：不容说者，未有性之可言；不是性者，已不能无气质之杂矣。二先生之言皆未能晓，每看书至此，辄为一惑，请问。

"生之谓性"，"生"字即是"气"字，犹言"气即是性"也。"气"即是"性"，"人生而静以上不容说"，才说"气即是性"，即已落在一边，不是性之本原矣。孟子性善，是从本原上说。然性善之端须在"气"上始见得，若无"气"亦无可见矣。恻隐、羞恶、辞让、是非即是"气"。程子谓："论性不论气，不备；论气不论性，不明。"亦是为学者各认一边，只得如此说。若见得自性明白时，"气"即是"性"，"性"即是"气"，原无"性"、"气"之可分也。

答陆原静书

来书云；下手工夫，觉此心无时宁静。妄心固动也，照心亦动也。心既恒动，则无刻暂停也。

是有意于求宁静，是以愈不宁静耳。夫妄心则动也，照心非动也。恒照则恒动恒静，天地之所以恒久而不已也。照心固照也，妄心亦照也。"其为物不贰，则其生物下息"，有刻暂停则息矣，非"至诚无息"之学矣。

来书云："良知亦有起处"云云。

此或听之未审。"良知"者，心之"本体"，即前所谓"恒照"者也。心之本体，无起无不起。虽"妄念"之发，而"良知"未尝不在，但人不知存，则有时而或放耳。虽昏塞之极，而"良知"未尝不明，但人不知察，则有时而或蔽耳。虽有时而或放，其体实未尝不在也，存之而已耳；虽有时而或蔽，其体实未尝不明也，察之而已耳。若谓"良知"亦有起处，则是有时而不在也，非其本体之谓矣。

来书云：前日"精一"之论，即作圣之功否？

"精一"之"精"以"理"言，"精神"之"精"以"气"言。理者，气之条理；气者，理之运用；无条理则不能运用，无运用则亦无以见其所谓条理者矣。"精"则精，"精"则明，"精"则一，"精"则神，"精"则诚；"一"则精，"一"则明，"一"则神，"一"则诚：原非有二事也。但后世儒者之说与养生之说各滞于一偏，是以不相为用。前日"精一"之论，虽为原静爱养精神而发，然而作圣之功实亦不外是矣。

来书云：元神、元气、元精，必各有寄藏发生之处，又有"真阴之精"，"真阳之气"，云云。

夫"良知"，一也：以其妙用而言谓之"神"，以其流行而言谓之"气"，以其凝聚而言谓之"精"。安可以形象方所求哉？真阴之精，即真阳之气之母；真阳之气，即真阴之精之父。阴根阳，阳根阴，亦非有二也。苟吾"良知"之说明，即凡若此类，皆可以不言而喻。不然，则如来书所云"三关"、"七返"、"九还"之属，尚有无穷可疑者也。

来书云：良知，心之"本体"，即所谓"性善"也，"未发之中"也，寂然不动之体也，廓然大公也，何常人皆不能而必待于学邪？中也，寂也，公也，既以属心之体，则"良知"是矣。今验之于心，知无不良，而中、寂、大公实未有也。岂良知复超然于体用之外乎？

"性"无不善，故"知"无不良。"良知"即是"未发之中"，则是廓然大公、寂然不动之"本体"，人人之所同具者也。但不能不昏蔽于"物欲"，故须学以去其昏蔽。然于"良知"之本体，初不能有加损于毫末也。知无不良，而中、寂、大公未能全者，是昏蔽之未尽去，而"存"之未纯耳。"体"即"良知"之"体"，"用"即"良知"之"用"，宁复有超然于"体"、"用"之外者乎？

来书云：周子曰"主静"，程子曰"动亦定，静亦定"，先生曰"定者，心之本体"，是"静"、"定"也，决非"不睹不闻，无思无为"之谓，必常知、常存、常主于理之谓也。夫常知、常存、常主于理，明是动也，已发也，何以谓之静？何以谓之本体？岂是"静"、"定"也？又有以贯乎心之动静者邪？

"理"，无动者也。常知、常存、常主于理，即不睹不闻、无思无为之谓也。"不睹不闻、无思无为"，非"槁木死灰"之谓也：睹、闻、思、为，一于理，而未尝有所睹、闻、思、为，即是动而未尝动也。所谓"动亦定，静亦定"，"体"、"用"一原者也。

来书云：此心"未发"之体，其在"已发"之前乎？其在"已发"之中而为之主乎？其无前后、内外而浑然之体者乎？今谓心之"动"、"静"者，其主有事无事而言乎？其主"寂然感通"而言乎？其主"循理从欲"而言乎？若以"循理"为"静"，"从欲"为"动"，则于所谓"动中有静，静中有动"，"动极而静，静极而动"者，不可通矣。若以有事而"感通"为"动"，无事而"寂然"为"静"，则于所谓"动而无动，静而无静"者，不可通矣。若谓"未发"在"已发"之先，"静"而生"动"，是至诚有息也，圣人有复也，又不可矣。若谓"未发"在"已发"之中，则不知"未发"、"已发"俱当主静乎？抑"未发"为静而"已发"为动乎？抑"未发"、"已发"俱无"动"无"静"乎？俱有"动"有"静"乎？幸教。

"未发之中"，即"良知"也，无前后内外，而浑然一体者也。有事、无事可以言"动"、"静"，而"良知"无分于有事、无事也。"寂然"、"感通"可以言"动"、"静"，而"良知"无分"寂然"、"感通"也。"动"、"静，所遇之时，心之"本体"，固无分于"动"、"静，也。理无"动"者也，"动"即为"欲"。循理，则虽酬酢万变而未尝动也；从欲，则虽槁心一念而未尝"静"也。"动中有静，静中有动"，又何疑乎？有事而感通，固可以言"动"，然而"寂然"者未尝有增也；无事而"寂然"，固可以言"静"，然而"感通"者未尝有减也。"动而无动，静而无静"，又何疑乎？"无前后内外而浑然一体，则至诚有息"之疑，不待解矣。"未发"在"已发"之中，而"已发"之中未尝别有"未发"者在；"已发"在"未发"之中，而"未发"之中未尝别有"已发"者存。是未尝无"动"、"静"，而不可以"动"、"静"分者也。

凡观古人言语，在"以意逆志"而得其大旨，若必拘滞于文义，则"靡有孑遗"者，是周果无遗民也。周子"静极而动"之说，苟不善观，亦未免有病。盖其意从"太极动而生阳，静而生阴"说来。太极生生之理，妙用无息，而常体不易。太极之生生，即阴阳之生生。就其生生之中，指其妙用无息者而谓之"动"，谓之"阳"之生，非谓"动"而生阳也。就其生生之中，指其常体不易者而谓之"静"，谓之阴之生，非谓静而后生阴也。

若果"静"而后生阴，"动"而后生阳，则是阴阳动静截然各自为一物矣。"阴"、"阳"一气也，一气屈伸而为阴阳；"动"、"静"一理也，一理隐显而为"动"、"静"。春夏可以为阳为"动"，而未尝无"阴"与"静"也；秋冬可以为"阴"、为"静"，而未尝无阳与"动"也。春夏此不息，秋冬此不息，皆可谓之阳，谓之"动"也；春夏此常体，秋冬此常体，皆可谓之阴，谓之"静"也。自元、会、运、世、岁、月、日、时以至刻、秒、忽、微，莫不皆然。所谓"动"、"静"无端，阴阳无始，在知道者默而识之，非可以言语穷

来书云：尝试于心，喜、怒、忧、惧之感发也，虽动气之极，而吾心"良知"一觉，即罔然消阻，或遏于初，或制于中，或悔于后。然则"良知"常若居优闲无事之地而为之主，于喜、怒、忧、惧若不与焉者，何欤？

知此则知"未发之中"、"寂然不动"之"体"，而有"发而中节"之"和"，"感而遂通"之妙矣。然谓"良知常若居于忧闲无事之地"，语尚有病。盖"良知"虽不专于喜、怒、忧、惧，而喜、怒、忧、惧亦不外于"良知"也。

来书云：夫子昨以"良知"为"照心"。窃谓："良知"心之"本体"也；"照心"人所用功，乃"戒慎恐惧"之心也，犹思也。而遂以"戒慎恐惧"为"良知"，何欤？

能"戒慎恐惧"者，是"良知"也。

来书云：先生又曰"照心非动也"，岂以其循理而谓之"静"欤？"妄心亦照也"，岂以其"良知"未尝不在于其中，未尝不明于其中，而视、听、言、动之"不过"则者皆"天理"欤？且既曰"妄心"，则在"妄心"可谓之"照"，而在"照心"则谓之妄矣。妄与息何异？今假妄之照以续至诚之无息，窃所未明，幸再启蒙。

"照心非动"者，以其发于本体明觉之自然，而未尝有所动也，有所动即妄矣；"妄心亦照者，以其本体明觉之自然者未尝不在于其中，但有所"动"耳，无所"动"即照矣。"无妄无照"，非以"妄"为"照"，以"照"为"妄"也。照心为照，妄心为妄，是犹有妄、有照也。有妄、有照，则犹贰也，贰则息矣。无妄、无照则不贰，不贰则不息矣。

60

来书云：养生以清心寡欲为要。夫清心寡欲，作圣之功毕矣。然欲寡则心自清，清心非舍弃人事而独居求静之谓也，盖欲使此心纯乎"天理"，而无一毫"人欲"之私耳。今欲为此之功，而随"人欲"生而克之，则病根常在，未免"灭于东而生于西"。若欲刊剥洗荡于众欲未萌之先，则又无所用其力，徒使此心之不清。且欲未萌而搜剔以求去之，是犹"引犬上堂而逐之"也，愈不可矣。

必欲此心纯乎"天理"而无一毫"人欲"之私，此作圣之功也。必欲此心纯乎"天理"而无一毫"人欲"之私，非防于未萌之先而克于方萌之际不能也。防于未萌之先而克于方萌之际，此正《中庸》"戒慎恐惧"、《大学》"致知"、"格物"之功，舍此之外，无别功矣。夫谓"灭于东而生于西"、"引犬上堂而逐之"者，是自私自利、将迎意必之为累，而非克治洗荡之为患也。今曰"养生以清心寡欲为要"，只"养生"二字，便是自私自利、"将迎意必"之根。有此病根潜伏于中，宜其有"灭于东而生于西"、"引犬上堂而逐之"之患也。

来书云：佛氏于"不思善、不思恶时认本来面目"，与吾儒"随物而格"之功不同。吾若于不思善、不思恶时用"致知"之功，则已涉于思善矣。欲善恶不思，而心之"良知"清静自在，惟有寐而方醒之时耳，斯正孟子"夜气"之说。但于斯光景不能久，倏忽之际，思虑已生。不知用功久者，其常寐初醒而思未起之时否乎？今澄欲求宁静，愈不宁静；欲念无生，则愈生。如之何而能使此心前念易灭，后念不生，良知独显，而与造物者游乎？

"不思善、不思恶时认本来面目"，此佛氏为未识本来面目者设此方便。"本来面目"即吾圣门所谓"良知"。今既认得"良知"明白，即已不消如此说矣。"随物而格"，是"致知"之功，即佛氏之"常惺惺"，亦是常存他本来面目耳。体段工夫大略相似，但佛氏有个自私自利之心，所以便有不同耳。今欲"善恶不思，而心之良知清静自在"，此便有自私自利、将迎意必之心，所以有"不思善、不思恶时用致知之功，则已涉于思善"之患。孟子说"夜气"，亦只是为失其良心之人指出个良心萌动处，使他从此培养将去。今已知得"良知"明白，常用"致知"之功，即已不消说"夜气"，却是得兔后不知守兔，而仍去守株，免将复先之矣。"欲求宁静"，"欲念无生"，此正是自私自利、将迎意必之病，是以念愈生而愈不宁静。

"良知"只是一个"良知"，而善恶自辨，更有何善何恶可思？"良知"之体本自宁静，今却又添一个求宁静；本自生生，今却又添一个欲无生。非独

61

圣门"致知"之功不如此，虽佛氏之学亦未如此将迎意必也。只是一念良知，彻头彻尾，无始无终，即是前念不灭，后念不生。今却欲前念易灭，而后念不生，是佛氏所谓"断灭种性"，入于"槁木死灰"之谓矣。

来书云：佛氏又有"常提念头"之说，其犹孟子所谓"必有事"，夫子所谓"致良知"之说乎？其即"常惺惺，常记得，常知得，常存得"者乎？于此念头提在之时，而事至物来，应之必有其道。但恐此念头提起时少，放下时多，则工夫间断耳。且念头放失，多因私欲客气之动而始，忽然惊醒而后提。其放而未提之间，心之昏杂多不自觉。今欲日精日明，常提不放，以何道乎？只此"常提不放"，即全功乎？抑于常提不放之中，更宜加省克之功乎？虽曰常提不放，而不加戒惧克治之功，恐私欲不去；若加戒惧克治之功焉，又为"思善"之事，而于"本来面目"又"未达一间"也。如之何则可？

"戒惧克治"即是"常提不放"之功，即是"必有事焉"，岂有两事邪？此节所问，前一段已自说得分晓，末后却是自生迷惑，说得支离，及有"本来面目，未达一间"之疑，都是自私自利、"将迎意必"之为病。去此病，自无此疑矣。

来书云："质美者明得尽，渣滓便浑化"。如何谓"明得尽？如何而能"便浑化"？

"良知"本来自明。气质不美者，渣滓多，障蔽厚，不易开明。质美者，渣滓原少，无多障蔽，略加"致知"之功，此"良知"便自莹彻，些少渣滓如汤中浮雪，如何能作障蔽？此本不甚难晓，原静所以致疑于此，想是因一"明"字不明白，亦是稍有欲速之心。向曾面论"明善"之义，"明则诚矣"，非若后儒所谓"明善"之浅也。

来书云：聪明睿知果质乎？仁义礼智果性乎？喜怒哀乐果情乎？私欲客气果一物乎？二物乎？古之英才若子房、仲舒、叔度、孔明、文中、韩、范诸公，德业表著，皆"良知"中所发也，而不得谓之闻道者，果何在乎？苟曰此特生质之美耳，则"生知安行"者，不愈于"学知困勉"者乎？愚意窃云，谓诸公见道偏则可，谓全无闻，则恐后儒崇尚记诵训诂之过也。然乎？否乎？

"性"一而已：仁、义、礼、智，性之"性"也，聪、明、睿、智，性之"质"也，喜、怒、哀、乐，性之"情"也，私欲、客气，性之"蔽"也。质有清浊，故"情"有"过"、"不及"，而"蔽"有浅深也。私欲、客气，一病两痛，非二物也。张、黄、诸葛及韩、范诸公，皆天质之美，自多培合道妙，虽末可尽谓之知学，尽谓之闻道，然亦自其有学，违道不远者也。使其闻学知道，即伊、傅、周、召矣。若文中子，则又不可谓之不知学者，其书虽多出于其徒，亦多有未是处，然其大略则亦居然可见，但今相去辽远，无有的然凭证，不可悬断其所至矣。

夫"良知"即是"道"。良知之在人心，不但圣贤，虽常人亦无不如此。若无有"物欲"牵蔽，但循着"良知"发用流行将去，即无不是道。但在常人多为"物欲"牵蔽，不能循得良知。如数公者，天质既自清明，自少物欲为之牵蔽，则其"良知"之发用流行处，自然是多，自然违道不远。学者学循此"良知"而已。谓之知学，只是知得专在学循"良知"。数公虽未知专在"良知"上用功，而或泛滥于多岐，疑迷于影响，是以或离或合而末纯；若知得时，便是圣人矣。后儒尝以数子者，尚皆是气质用事，未免于"行不著，习不察"：此亦未为过论。但后儒之所谓著、察者，亦是狃于闻见之狭，蔽于沿习之非，而依拟仿象于影响形迹之间，尚非圣门之所谓著、察者也。则亦安得以己之昏昏而求人之昭昭也乎？所谓"生知安行"，"知"、"行"二字亦是就用功上说；若是"知"、"行"本体，即是良知、良能，虽在"困勉之人"，亦皆可谓之"生知安行"矣。"知"、"行"二字更宜精察。

来书云：昔周茂叔每令伯淳寻仲尼、颜子乐处。敢问是乐也与七情之乐同乎？否乎？若同，则常人之一遂所欲，皆能乐矣，何必圣贤？若别有真乐，则圣贤之遇大忧、大怒、大惊、大惧之事，此乐亦在否乎？且君子之心常存戒惧，"是盖终身之忧也"，恶得乐？澄平生多闷，未常见真乐之趣，令切愿寻之。

"乐"是心之本体，虽不同于七情之乐，而亦不外于七情之乐。虽则圣贤别有真乐，而亦常人之所同有，但常人有之而不自知，反自求许多忧苦，自加迷弃。虽在忧苦迷弃之中，而此乐又未尝不存，但一念开明，反身而诚，则即此而在矣。每与原静论，无非此意，而原静尚有"何道可得"之问，是犹未免于"骑驴觅驴"之蔽也。

来书云：《大学》以"心有好乐、忿懥、忧患，恐惧"为"不得其正"，而程子亦谓"圣人情顺万事而无情"。所谓有者，《传习录》中以病疟譬之，极精切矣。若程子之言，则是圣人之情不生于心而生于物也。何谓耶？且事感而情应，则是是非非可以就格。事或未感时，谓之"有"则未形也，谓之"无"则病根在。有无之间，何以致吾知乎？学务无情，累虽轻，而出儒入佛矣。可乎？

圣人"致知"之功"至诚无息"。其"良知"之体皦如明镜，略无纤翳，妍媸之来，随物见形，而明镜曾无留染，所谓"情顺万事而无情"也。"无所住而生其心"，佛氏曾有是言，未为非也。明镜之应物，妍者妍，媸者媸，一照而皆真，即是"生其心"处；妍者妍，媸者媸，一过而不留，即是无所住处。病疟之喻，既已见其精切，则此节所问可以释然。病疟之人，疟虽未发，而病根自在，则亦安可以其疟之未发而遂忘其服药调理之功乎？若必待疟发而后服药调理，则既晚矣。"致知"之功无间于有事无事，而岂论于病之已发、未发邪？大抵原静所疑，前后虽若不一，然皆起于自私自利、"将迎意必"之为崇。此根一去，则前后所疑，自将冰消雾释，有不待于问辨者矣。

钱德洪跋

《答原静书》出，读者皆喜。澄善问师善答，皆得闻所未闻。师曰："原静所是知解上转，不得已与之逐节分疏。若信得良知，只在良知上用工，虽千经万典，无不吻合，异端曲学，一勘尽破矣，何必如此节节分解？佛家有'扑人逐块'之喻。见块扑人，则得人矣，见块逐块，于块奚得哉？"在座诸友闻之，惕然皆有惺悟。此学贵反求，非知解可入也。

答欧阳崇一

崇一来书云：师云："德性之良知，非由于闻见。若曰多闻择其善者而从之，多见而识之，则是专求之见闻之末，而已落在第二义。"窃意："良知"虽不由见闻而有，然学者之知，未常不由见闻而发；滞于见闻固非，而见闻亦"良知"之用也；今曰"落在第二义"，恐为专以见闻为学者而言，若致其"良知"而求之见闻，似亦"知行合一"之功矣。如何？

"良知"不由见闻而有，而见闻莫非"良知"之用，故"良知"不滞于见闻，而亦不离于见闻。孔子云："吾有知乎哉？无知也。""良知"之外，别无知矣。故"致良知"是学问大头脑，是圣人教人第一义。今云专求之见闻之末，则是先却头脑，而已落在第二义矣。近时同志中盖已莫不知有"致良知"之说，然其功夫尚多鹘突者，正是欠此一问。大抵学问功夫只要主意头脑是当，若主意头脑专以"致良知"为事，则凡多闻多见，莫非"致良知"之功。盖日用之间，见闻酬酢，虽千头万绪，莫非"良知"之发用流行。除却见闻酬酢，亦无"良知"可致矣。故只是一事。若曰致其"良知"而求之见闻，则语意之间未免为二，此与专求之见闻之末者虽稍不同，其为未得"精一"之旨，则一而已。"多闻，择其善者而从之，多见而识之"，既云"择"，又云"识"，其"良知"亦未尝不行于其间，但其用意乃专在多闻多见上去"择"、"识"，则已失却头脑矣。崇一于此等处见得当已分晓，今日之问，正为发明此学，于同志中极有益。但语意未莹，则毫厘千里，亦不容不精察之也。

来书云：师云："《系》言'何思何虑'，是言所思所虑只是'天理'，更无别思别虑耳，非谓无思无虑也。心之本体即是'天理'，有何可思虑得？学者用功，虽千思万虑，只是要复他本体，不是以私意去安排思索出来。若安排思索，便是自私用智矣。学者之蔽，大率非沉空守寂，则安排思索。"德辛壬之岁著前一病，近又著后一病。但思索亦是"良知"发用，其与私意安排者何所取别？恐认贼作子，惑而不知也。

"思曰睿，睿作圣。""心之官则思，思则得之。"思其可少乎？沉空守寂与安排思索，正是自私用智，其为丧失"良知"，一也。"良知"是天理之昭明灵觉处，故"良知"即是天理，"思"是"良知"之发用。若是"良知"发用之思，则所思莫非天理矣。"良知"发用之思，自然、明白、简易，"良知"亦自能知得。若是私意安排之思，自是纷纭劳扰，良知亦自会分别得。盖思之是非、邪正，"良知"无有不自知者。所以认贼作子，正为"致知"之学不明，不知在"良知"上体认之耳。

来书又云：师云："为学终身只是一事，不论有事无事，只是这一件。若说宁不了事，不可不加培养，却是分为两事也。"窃意：觉精力衰弱，不足以终事者，良知也。宁不了事，且加休养，致知也。如何却为两事？若事变之来，有事势不容不了，而精力虽衰，稍鼓舞亦能支持，则"持志以帅气可矣"。然言动终无气力，毕事则困惫已甚，不几于暴其气已乎？此其轻重缓急，"良知"固未尝不知，然或迫于事势，安能顾精力？或因于精力，安能顾事势？如之何则可？

"宁不了事，不可不加培养"之意，且与初学如此说，亦不为无益。但作两事看了，便有病痛。在孟子言"必有事焉"，则君子之学终身只是"集义"一事。义者，宜也，心得其宜之谓"义"。能"致良知"则心得其宜矣，故"集义"亦只是"致良知"。君子之酬酢万变，当行则行，当止则止，当生则生，当死则死，斟酌调停，无非是致其良知，以求自慊而已。故"君子素其位而行"，"思不出其位"。凡谋其力之所不及而强其知之所不能者，皆不得为"致良知"；而凡"劳其筋骨，饿其体肤，空乏其身，行拂乱其所为，动心忍性以增益其所不能"者，皆所以"致"其"良知"也。若云"宁不了事，不可不加培养"者，亦是先有功利之心，较计成败利钝而爱憎取舍于其间，是以将了事自作一事，而培养又别作一事，此便有是内、非外之意，便是自私用智，便是"义外"，便有"不得于心，勿求于气"之病，便不是"致良知"以求自慊之功矣。

所云"鼓舞支持，毕事则困惫已甚"，又云"迫于事势，因于精力"，皆是把作两事做了，所以有此。凡学问之功，一则诚，二则伪。凡此皆是"致良知"之意欠诚一真切之故。《大学》言："诚其意者，如恶恶臭，如好好色，此之谓自慊。"曾见有恶恶臭、好好色，而须鼓舞支持者乎？曾见毕事则困惫已甚者乎？曾有迫于事势，因于精力者乎？此可以知其受病之所从来矣。

来书又有云：人情机诈百出，御之以不疑，往往为所欺，觉则自入于逆亿。夫逆诈即诈也。亿不信也，即非信也；为人欺，又非觉也。"不逆不亿而常先觉"，其惟良知莹彻乎？然而出入毫忽之闲，"背觉合诈"者多矣。

"不逆不意而先觉"，此孔子因当时人专以逆诈、亿不信为心；又有不逆不亿者，然不知"致良知"之功，而往往又为人所欺诈。故有是言。非教人以是存心而专欲先觉人之诈与不信也。以是存心，即是后世猜忌险薄者之事，而只此一念，已不可与入尧、舜之道矣。不逆不亿而为人所欺者，尚亦不失为善，但不如能致其"良知"而自然先觉者之尤为贤耳。崇一谓"其惟良知莹彻"者，盖已得其旨矣。然亦颖悟所及，恐未实际也。

盖"良知"之在人心，亘万古，塞宇宙，而无不同。"不虑而知"，"恒易以知险"，"不学而能"，"恒简以知阻"，"先天而天不违"，"天且不违，而况于人乎？况于鬼神乎？"夫谓"背觉合诈"者：是虽不逆人，而或未能无自欺也；虽不亿人，而或未能果自信也。是或常有先觉之心，而未能常自觉也。常有求先觉之心，即已流于逆、亿而足以自蔽其良知矣。此"背觉合诈"之所以未免也。

君子学以为己，未尝虞人之欺己也，恒不自欺其"良知"而已；未尝虞人之不信己，恒自信其"良知"而已。未尝求先觉之人诈与不信也，恒务自觉其良知而已。是故不欺则"良知"无所伪而诚，诚则明矣；自信则"良知"无所惑而明，明则诚矣。明诚相生，是故"良知"常觉常照。常觉常照则如明镜之悬，而物之来者自不能遁其妍媸矣。何者？不欺而诚则无所容其欺，苟有欺焉，而觉矣；自信而明则无所容其不信，苟不信焉，而觉矣。是谓"易以知险，简以知阻"，子思所谓"至诚如神，可以前知"者也。然子思谓"如神"，谓"可以前知"，犹二而言之，是盖推言思诚者之功效，是犹为不能先

66

觉者说也。若就至诚而言，则至诚之妙用，即谓之"神"，不必言"如神"，至诚则"无知而无不知"，不必言"可以前知"矣。

答罗整庵少宰书

某顿首启：昨承教及《大学》，发舟匆匆，未能奉答。晓来江行稍暇，复取手教而读之。恐至赣后人事复纷沓，先具其略以请。

来教云：见道固难，而体道尤难。道诚未易明，而学诚不可不讲。恐未可安于所见而遂以为极则也。

幸甚幸甚！何以得闻斯言乎？其敢自以为极则而安之乎？正思就天下之有道以讲明之耳。而数年以来，闻其说而非笑之者有矣，诋訾之者有矣，置之不是较量辨议之者有矣，其肯遂以教我乎？其肯遂以教我而反覆晓谕，恻然惟恐不及救正之乎？然则天下之爱我者，固莫有如执事之心深且至矣，感激当同如哉？

夫"德之不修，学之不讲"，孔子以为忧。而世之学者稍能传习训诂，即皆自以为知学，不复有所谓讲学之求，可悲矣！夫道必体而后见，非已见道而后加体道之功也；道必学而后明，非外讲学而复有所谓明道之事也。然世之讲学者有二：有讲之以身心者，有讲之以口耳者。讲之以口耳，揣摸测度，求之影响者也；讲之以身心，行著习察，实有诸己者也。知此，则知孔门之学矣。

来教谓某"《大学》古本之复，以人之为学但当求之于内，而程、朱'格物'之说不免求之于外，遂去朱子之分章，而削其所补之传"。

非敢然也。学岂有内外乎？《大学》古本乃孔门相传旧本耳，朱子疑其有所脱误，而改正补缉之。在某则谓其本无脱误，悉从其旧而已矣。失在于过信孔子则有之，非故去朱子之分章而削其传也。夫学贵得之心，求之于心而非也，虽其言之出于孔子，不敢以为是也，而况其未及孔子者乎？求之于心而是也，虽其言之出于庸常，不敢以为非也，而况其出于孔子者乎？且旧本之传数千载矣，今读其文词，既明白而可通；论其工夫，又易简而可入。亦何所按据而断其此段之必在于彼，彼段之必在于此，与此之如何而缺，彼之如何而补，而遂改正补缉之？无乃重于背朱而轻于叛孔已乎？

来教谓：如必以学不资于外求，但当反观、内省以为务，则"正心诚意"四字亦何不尽之有？何必于入门之际，便困以"格物"一段工夫也？

诚然诚然。若语其要，则"修身"二字亦足矣，何必又言"正心"？"正心"二字亦足矣，何必又言"诚意"？"诚意"二字亦足矣，何必又言"致

67

知”，又言“格物”？惟其工夫之详密，而要之只是一事，此所以为“精一之学”，此正不可不思者也。夫“理”无内外，“性”无内外，故学无内外。讲习、讨论，未尝非“内”也；“反观内省”，未尝遗“外”也。夫谓学必资于外求，是以己性为有外也，是“义外”也，用智者也；谓“反观内省”为求之于内，是以己性为有内也，是有我也，自私者也：是皆不知“性”之无内外也。故曰：“精义入神，以致用也；利用安身，以崇德也。”“性之德也，合内外之道也。”此可以知“格物”之学矣。

“格物”者，《大学》之实下手处，彻首彻尾，自始学至圣人，只此工夫而已，非但入门之际有此一段也。夫“正心”、“诚意”、“致知”、“格物”，皆所以“修身”。而“格物”者，其所用力日可见之地。故“格物”者，格其“心”之物也，格其“意”之物也，格其“知”之物也；“正心”者，正其物之“心”也；“诚意”者，诚其物之“意”也；“致知”者，致其物之“知”也。此岂有内外彼此之分哉？理一而已。以其理之凝聚而言，则谓之“性”；以其凝聚之主宰而言，则谓之“心”；以其主宰之发动而言，则谓之“意”；以其发动之明觉而言，则谓之“知”；以其明觉之感应而言，则谓之“物”。故就物而言谓之“格”，就“知”而言谓之“致”，就“意”而言谓之“诚”，就“心”而言谓之“正”。正者，正此也；诚者，诚此也；致者，致此也；格者，格此也。皆所谓穷理以尽性也。天下无性外之理，无性外之物。学之不明，皆由世之儒者认理为外，认物为外，而不知“义外”之说。孟子盖尝辟之，力至袭陷其内而不觉，岂非亦有似是而难明者欤？不可以不察也。

凡执事所以致疑于“格物”之说者，必谓其是“内”而非“外”也；必谓其专事于“反观内省”之为，而遗弃其讲习讨论之功也；必谓其一意于纲领本原之约，而脱略于支条节目之详也；必谓其沉溺于枯槁虚寂之偏，而不尽于物理人事之变也。审如是，岂但获罪于圣门，获罪于朱子，是邪说诬民，叛道乱正，人得而诛之也，而况于执事之正直哉？审如是，世之稍明训诂，闻先哲之绪论者，皆知其非也：而况执事之高明哉？凡某之所谓“格物”，其于朱子九条之说，皆包罗统括于其中；但为之有要，作用不同，正所谓毫厘之差耳。然毫厘之差而千里之缪，实起于此，不可不辨。

孟子辟杨、墨，至于“无父无君”。二子亦当时之贤者，使与孟子并世而生，未必不以之为贤。墨子兼爱，行仁而“过”耳；杨子为我，行义而“过”耳。此其为说，亦岂灭理乱常之甚，而足以眩天下哉？而其流之弊，孟子则比于禽兽夷狄，所谓以学术杀天下后世也。

今世学术之弊，其谓之学"仁"而"过"者乎？谓之学"义"而过者乎？抑谓之学不仁不义而过者乎？吾不知其于洪水猛兽何如也？孟子云："予岂好辩哉？予不得已也。"杨、墨之道塞天下，孟子之时，天下之尊信杨、墨，当不下于今日之崇尚朱之说，而孟子独以一人呶呶于其间。噫，可哀矣！韩氏云："佛、老之害甚于杨、墨。"韩愈之贤不及孟子，孟子不能救之于未坏之先，而韩愈乃欲全之于已坏之后，其亦不量其力，且见其身之危，莫之救以死也。呜呼！若某者其尤不量其力，果见其身之危，莫之救以死也矣！夫众方嘻嘻之中，而犹出涕嗟若；举世恬然以趋，而独疾首蹙额以为忧。此其非病狂丧心，殆必诚有大苦者隐于其中，而非天下之至仁，其孰能察之？

某为《朱子晚年定论》，盖亦不得已而然。中间年岁早晚，诚有所未考，虽不必尽出于晚年，固多出于晚年者矣。然大意在委曲调停以明此学为重，平生于朱子之说如神明蓍龟，一日一与之背驰，心诚有所未忍，故不得已而为此。"知我者，谓我心忧；不知我者，谓我何求？"盖不忍抵牾朱子者，其本心也；不得已而与之抵牾者，道固如是，"不直则道不见也"。

执事所谓决与朱子异者，仆敢自欺其心哉？夫道，天下之公道也；学，天下之公学也。非朱子可得而私也，非孔子可得而私也。天下之公也，公言之而已矣。故言之而是，虽异于己，乃益于己也；言之而非，虽同于己，适损于己也。益于己者，己必喜之；损于己者，己必恶之。然则某今日之论，虽或于朱子异，未必非其所喜也。"君子之过，如日月之食，其更也，人皆仰之"，而"小人之过也必文"，某虽不肖，固不敢以小人之心事朱子也。

执事所以教，反覆数百言，皆以未悉鄙人"格物"之说；若鄙说一明，则此数百言皆可以不待辨说而释然无滞。故今不敢缕缕以滋琐屑之渎，然鄙说非面陈口析，断亦未能了了于纸笔间也。

嗟乎！执事所以开导启迪于我者，可谓恳到详切矣！人之爱我，宁有如执事者乎？仆虽甚愚下，宁不知所感刻佩服？然而不敢遽舍其中心之诚然而姑以听受云者，正不敢有负于深爱，亦思有以报之耳。秋尽东还，必求一面，以卒所请，千万终教！

答聂文蔚一

春闲远劳迁途枉顾，问证惓惓，此情何可当也！已期二三同志，更处静地，扳留旬日，少效其鄙见，以求切劘之益；而公期俗绊，势有不能，别去极怏怏，如有所失。忽承笺惠，反覆千余言，读之无甚浣慰。中间推许太过，盖亦奖掖之盛心。而规砺真切，思欲纳之于圣贤之域。又托诸崇一以致其勤勤恳恳之怀，此非深交笃爱，何以及是？知感知愧，且惧其无以堪之也。虽然，仆亦何敢不自鞭勉，而徒以感愧辞让为乎哉？

其谓"思、孟、周、程无意相遭于千载之下，与其尽信于天下，不若真信于一人。道固自在，学亦自在，天下信之不为多，一人信之不为少"者，斯固君子"不见是而无闷"之心，岂世之谆谆屑屑者知足以及之乎？乃仆之情，则有大不得已者存乎其间，而非以计人之信与不信也。

夫人者，天地之心；天地万物，本吾一体者也。生民之困苦荼毒，孰非疾痛之切于吾身者乎？不知吾身之疾痛，无是非之心者也。是非之心，不虑而知，不学而能，所谓"良知"也。"良知"之在人心，无间于圣愚，天下古今之所同也。世之君子惟务其"良知"，则自能公是非，同好恶。视人犹己，视国犹家，而以天地万物为一体。求天下无治，不可得矣。古之人所以能见善不啻若己出、见恶不啻若己入、视民之饥溺犹己之饥溺、而一夫不获、若己推而纳诸沟中者，非故为是而以蕲天下之信己也，务致其"良知"求自慊而已矣。尧、舜、三王之圣，言而民莫不信者，致其"良知"而言之也；行而民莫不说者，致其"良知"而行之也。是以其民熙熙皞皞，杀之不怨，利之不庸，施及蛮貊，而凡有血气者莫不尊亲，为其"良知"之同也。呜呼！圣人之治天下，何其简且易哉？

后世"良知"之学不明，天下之人用其私智以相比轧，是以人各有心，而偏琐僻陋之见，狡伪阴邪之术，至于不可胜说。外假仁义之名，而内以行其自私自利之实。诡辞以阿俗，娇行以干誉；掩人之善而袭以为己长，讦人之私而窃以为己直；忿以相胜而犹谓之徇义，险以相倾而犹谓之疾恶；妒贤忌能而犹自以为公是非，恣情纵欲而犹自以为同好恶。相陵相贼，自其一家骨肉之亲，已不能无尔我胜负之意，彼此藩篱之形，而况于天下之大，民物之众，又何能一体而视之？则无怪于纷纷籍籍，而祸乱相寻于无穷矣。

仆诚赖天之灵，偶有见于"良知"之学，以为必由此而后天下可得而治。是以每念斯民之陷溺，则为之戚然痛心，忘其身之不肖，而思以此救之，亦不自知其量者。天下之人见其若是，遂相与非笑而诋斥之，以为是病狂丧心之人耳。呜呼，是奚足恤哉？吾方疾痛之切体，而暇计人之非笑乎？人固有见其父子兄弟之坠溺于深渊者，呼号匍匐，裸跣颠顿，扳悬崖壁而下拯之。士之见者，方相与揖让谈笑于其傍，以为是弃其礼貌衣冠而呼号颠顿若此，是病狂丧

70

心者也。故夫揖让谈笑于溺人之傍而不知救，此惟行路之人，无亲戚骨肉之情者能之，然已谓之无恻隐之心，非人矣。若夫在父子兄之爱者，则固未有不痛心疾首，狂奔尽气，匍匐而拯之。彼将陷溺之祸有不顾，而况于病狂丧心之讥乎？而又况于蕲人信与不信乎？呜呼！今之人虽谓仆为病狂丧心之人，亦无不可矣。天下之人皆吾之心也。天下之人犹有病狂者矣，吾安得而非病狂乎？犹有丧心者矣，吾安得而非丧心乎？

昔者孔子之在当时，有议其为谄者，有讥其为佞者，有毁其未贤，诋其为不知礼，而侮之以为"东家丘"者，有嫉而沮之者，有恶而欲杀之者。晨门、荷蒉之徒，皆当时之贤士，且曰："是知其不可而为之者欤？""鄙哉！硁硁乎！莫己知也，斯已而已矣。"虽子路在升堂之列，尚不能无疑于其所见，不悦于其所欲往，而且以之为"迂"，则当时之不信夫子者，岂特十之二三而已乎？然而夫子汲汲遑遑，若求亡子于道路，而不暇于暖席者，宁以蕲人之知我、信我而已哉？盖其天地万物一体之仁，疾痛迫切，虽欲已之而自有所不容已。故其言曰："吾非斯人之徒与而谁与！""欲洁其身而乱大伦。""果哉，末之难矣！"呜呼！此非诚以天地万物为一体者，孰能以知夫子之心乎？若其"遁世无闷"、"乐天知命"者，则固"无入而不自得"、"道并行而不相悖"也。

仆之不肖，何敢以夫子之道为己任？顾其心亦已稍知疾痛之在身，是以彷徨四顾，将求其有助于我者，相与讲去其病耳。今诚得豪杰同志之士扶持匡翼，共明"良知"之学于天下，使天下之人皆知自致其"良知"，以相安相养，去其自私自利之蔽，一洗谗妒胜忿之习，以济于人同，则仆之狂病固将脱然以愈，而终免于丧心之患矣，岂不快哉？

嗟乎！今诚欲求豪杰同志之士于天下，非如吾文蔚者而谁望之乎？如吾文蔚之才与志，诚足以援天下之溺者。今又既知其具之在我而无假于外求矣，循是而充，若决河注海，孰得而御哉？文蔚所谓"一人信之不为少"，其又能逊以委之何人乎？

会稽素号山水之区。深林长谷，信步皆是，寒暑晦明，无时不宜，安居饱食，尘嚣无扰，良朋四集，道义日新，忧哉游哉！天地之间宁复有乐于是者！孔子云："不怨天，不尤人，下学而上达。"仆与二三同志，方将请事斯语，奚暇外慕？独其切肤之痛，乃有未能恝然者，辄复云云尔。

咳疾暑毒，书札绝懒。盛使远来，迟留经月，临歧执笔，又不觉累纸。盖于相知之深，虽已缕缕至此，殊觉有所未能尽也。

答聂文蔚二

得书，见近来所学之骤进，喜慰不可言。谛视数过，其间虽亦有一二未莹彻处，却是"致良知"之功尚未纯熟，到纯熟时，自无此矣。譬之驱车，既已由于康庄大道之中，或时横斜迂曲者，乃马性未调，衔勒不齐之故，然已只在康庄大道中，决不赚入旁蹊曲径矣。近时海内同志，到此地位者曾未多见，喜慰不可言，斯道之幸也！

贱躯旧有咳嗽畏热之病，近入炎方，辄复大作。主上圣明洞察，责付甚重，不敢遽辞。地方军务冗沓，皆舆疾从事。今却幸已平定，已具本乞回养病，得在林下稍就清凉，或可瘳耳。人还，伏枕草草，不尽倾企。外惟濬一简，幸达致之。

来书所询，草草奉复一二：

近岁来山中讲学者，往往多说"勿忘勿助"工夫甚难，问之则云："才著意便是'助'，才不著意便是'忘'，所以甚难。"区区因问之云："'忘'是忘个甚么？'助'是助个甚么？"其人默然无对，始请问。区区因与说，我此间讲学，却只说个"必有事焉"，不说"勿忘勿助"。"必有事焉"者只是时时去"集义"。若时时去用"必有事"的工夫，而或有时间断，此便是"忘"了，即须"勿忘"。

时时去用"必有事"的工夫，而或有时欲速求效，此便是"助"了，即须"勿助"。其工夫全在"必有事焉"上用，"勿忘勿助"，只就其间提撕警觉而已。若是工夫原不间断，即不须更说"勿忘"；原不欲速求效，即不须更说"勿助"。此其工夫何等明白简易！何等洒脱自在！今却不去"必有事"上用工，而乃悬空守着一个"勿忘勿助"，此正如烧锅煮饭，锅内不曾渍水下米，而乃专去添柴放火，不知毕竟煮出个甚么物来？吾恐火候未及调停，而锅已先破裂矣。近日一种专在"勿忘勿助"上用工者，其病正是如此。终日悬空去做个"勿忘"，又悬空去做个"勿助"，济济荡荡，全无实落下手处，究竟工夫只做得个沉空守寂，学成一个痴呆汉，才遇些子事来，即便牵滞纷扰，不复能经纶宰制。此皆有志之士而乃使之劳苦缠缚，担阁一生，皆由学术误人之故，甚可悯矣！

夫"必有事焉"只是"集义"，"集义"只是"致良知"。说"集义"则一时未见头脑，说"致良知"即当下便有实地步可用功。故区区专说"致良知"，随时就事上致其"良知"，便是"格物"。著实去"致良知"，便是

"诚意"。著实"致"其"良知，而无一毫意、必、固、我，便是"正心"。著实"致良知"，则自无"忘"之病；无一毫意必固我，则自无"助"之病：故说格、致、诚、正，则不必更说个"忘"、"助"。孟子说"忘助"，亦就告子得病处立方。告子强制其心，是"助"的病痛，故孟子专说助长之害。告子助长，亦是他以"义"为"外"，不知就自心上"集义"，在"必有事焉"上用功，是以如此。若时时刻刻就自心上"集义"，则"良知"之体洞然明白，自然是是非非纤毫莫遁，又焉"不得于言，勿求于心；不得于心，勿求于气"之弊乎？孟子"集义"、"养气"之说，固大有功于后学，然亦是因病立方，说得大段，不若《大学》"格、致、诚、正"之功，尤极"精一"简易，为彻上彻下、万世无弊者也。

圣贤论学，多是随时就事，虽言若人殊，而要其工夫头脑若合符节。缘天地之间，原只有此性，只有此理，只有此"良知"，只有此一件事耳。故凡就古人论学处说工夫，更不必挽和兼搭而说，自然无不吻合贯通者。才须挽和兼搭而说，即是自己工夫未明彻也。近时有谓"集义"之功必须兼搭个"致良知"而后备者，则是"集义"之功尚未了彻也。"集义"之功尚未了彻，适足以为"致良知"之累而已矣。谓"致良知"之功，必须兼搭一个"勿忘勿助"而后明者，则是"致良知"之功尚未了彻也。"致良知"之功尚未了彻也，适足以为"勿忘勿助"之累而已矣。若此者，皆是就文义上解释牵附，以求混融凑泊，而不曾就自己实工夫上体验，是以论之愈精，而去之愈远。文蔚之论，其于大本达道既已沛然无疑，至于"致知"、"穷理"及"忘"、"助"等说，时亦有挽和兼搭处，却是区区所谓"康庄大道之中，或时横斜迂曲者"，到得工夫熟后，自将释然矣。

文蔚谓"致知"之说，求之事亲从兄之间，便觉有所持循"者，此段最见近来真切笃实之功。但以此自为不妨，自有得力处。以此遂为定说教人，却未免又有因药发病之患，亦不可不一讲也。盖"良知"只是一个"天理"自然明觉发见处，只是一个真诚恻怛，便是他本体。故致此"良知"之真诚恻怛以事亲便是"孝"，"致"此"良知"之真诚恻怛以从兄便是"弟"，"致"此"良知"之真诚恻怛以事君便是"忠"。只是一个"良知"，一个真诚恻怛。若是从兄的"良知"不能致其真诚恻怛，即是事亲的"良知"不能致其真诚恻怛矣，事君的"良知"不能致其真诚恻怛，即是从兄的"良知"不能致其真诚恻怛矣。故致得事君的"良知"，便是致却从兄的"良知"，致得从兄的"良知"，便是致却事亲的"良知"。不是事君的"良知"不能致，却须又从事亲的"良知"上去扩充将来。如此又是脱却本原，著在支节上求了。"良知"只是一个，随他发见流行处，当下具足，更无去来，不须假借。然其发见流行处，却自有轻重厚薄，毫发不容增减者，所谓"天然自有之中"也。虽则轻重厚薄毫发不容增减，而原又只是一个。虽则只是一个，而其间轻重厚薄，又毫发不容增减，若可得增减，若须假借，即已非其真诚恻坦之本体矣。此"良知"之妙用，所以无方体，无穷尽，"语大天下莫能载，语小天下莫能破"者也。

孟氏"尧舜之道，孝"者，是就人之"良知"发见得最真切笃厚、不容蔽昧处提省人，于人于事君、处友、仁民、爱物，与凡动、静、语、默、闲，皆只是致他那一念事亲、从兄真诚恻怛的"良知"，即自然无不是"道"。盖天下之事虽千变万化，至于不可穷诘，而但惟致此事亲、从兄一念真诚恻怛之"良知"以应之，则更无有遗缺渗漏者，正谓其只有此一个"良知"故也。事亲、从兄一念"良知"之外更无有"良知"可致得者，故曰"尧舜之道，孝"者也。此所以为"惟精惟一"之学，放之四海而皆准，施诸后世而无朝夕者也。文蔚云："欲于事亲、从兄之间，而求所谓'良知'之学。"就自己用功得力处如此说，亦无不可。若曰"致"其"良知"之真诚恻怛，以求尽夫事亲，从兄之道焉，亦无不可也。明道云："行仁自孝、弟始，孝、弟是仁之一事，谓之行仁之本则可，谓是仁之本则不可。"其说是矣。

"亿"、"逆"、"先觉"之说，文蔚谓"诚则旁行曲防，皆'良知'之用"。甚善甚善，闲有搀搭处，则前已言之矣。惟濬之言，亦未为不是。在文蔚须有取于惟濬之言而后尽，在惟濬又须有取于文蔚之言而后明。不然则亦未免各有倚著之病也。"舜察迩言而询刍荛"，非是以迩言当察，刍荛当询而后如此，乃"良知"之发见流行，光明圆莹，更无挂碍遮隔处，此所以谓之"大知"。才有执著意必，其"知"便小矣。讲学中自有去取分辨，然就心地上著实用工夫，却须如此方是。

"尽心"三节，区区曾有"生知、学知、困知"之说，颇已明白，无可疑者。盖尽心、知性、知天者，不必说存心、养性、事天，不必说"夭寿不贰"，"修身以俟"，而"存心养性"，与"修身以俟"之功已在其中矣。"存心、养性、事天"者，虽未到得"尽心、知天"的地位，然已是在那里做个求到"尽心、知天"的工夫，更不必说"夭寿不贰，修身以俟"，而"夭寿不贰，修身已俟"之功已在其中矣。譬之行路："尽心、知天"者，如年力壮健之人，既能奔走往来于数千里之间者也。"存心、事天"者，如童幼之年，

74

使之学习步趋于庭除之间者也；"夭寿不贰、修身以俟"者，如襁褓之孩，方使之扶稿傍壁而惭学起立移步者也。既已能奔走往来于数千里之间者，则不必更使之于庭除之间而学步趋，而步趋于庭除之间，自无弗能矣；既已能步趋于庭除之间，则不必更使之扶墙傍壁而学起立移步，而起立移步自无弗能矣。然学起立移步，便是学步趋庭除之始；学步趋庭除，便是学奔走往来于数千里之基，固非有二事。但其工夫之难易，则相去悬绝矣。心也，性也，天也，一也，故及其知之成功则一。然而三者人品力量自有阶级，不可躐等而能也。细观文蔚之论，其意以恐"尽心、知天"者废却"存心、修身"之功，而反为"尽心、知天"之病。是盖为圣人忧工夫之或间断，而不知为自己忧工夫之未真切也。吾侪用工，却须专心致志"在夭寿不贰、修身以俟"上做，只此便是做"尽心、知天"工夫之始，正如学起立移步便是学奔走千里之始。吾方自虑其不能起立移步，而岂遽其不能奔走千里，又况为奔走千里者而虑其或遗忘于起立移步之习哉？文蔚识见，本自超绝迈往，而所论云然者，亦是未能脱去旧时解说文义之习，是为此三段书分疏比合，以求融会贯通，而自添许多意见缠绕，反使用功不专一也。近时悬空去做"勿忘勿助"者，其意见正有此病，最能担误人，不可不涤除耳。

所谓"兼德性而道问学"一节，至当归一，更无可疑。此便是文蔚曾着实用功，然后能为此言。此本不是险僻难见的道理，人或意见不同者，还是"良知"尚有纤翳潜伏。若除去此纤翳，即自无不洞然矣。

已作书后，移卧檐间，偶遇无事，遂复答此。文蔚之学既已得其大者，此等处久当释然自解，本不必屑屑如此分疏。但承相爱之厚，千里差人远及，谆谆下问，而竟虚来意，又自不能已于言也。然直憨烦缕已甚，恃在信爱，当不为罪。惟濬处及谦之、崇一处，各得转录一通，寄视之，尤承一体之好也。

右南大吉录

训蒙大意示教读刘伯颂等

古之教者，教以人伦。后世记诵词章之习起，而先王之教亡。今教童子，惟当以孝、弟、忠、信、礼、义、廉、耻为专务。其栽培涵养之方：则宜诱之歌诗以发其志意，导之习礼以肃其威仪，讽之读书以开其知觉。今人往往以歌诗、习礼为不切时务，此皆末俗庸鄙之见，乌足以知古人立教之意哉？

大抵童子之情，乐嬉游而惮拘检，如草木之始萌芽：舒畅之则利达，摧挠之则衰痿。今教童子必使其趋向鼓舞，中心喜悦，则其进自不能已。譬之时

75

雨春风：沾被卉木，莫不萌动发越，自然日长月化；若冰霜剥落，则生意萧索，日就枯槁矣。故凡诱之歌诗者，非但发其志意而已，亦所以泄其跳号呼啸于咏歌，宣其幽抑结滞于音节也；导之习礼者，非但肃其威仪而已，亦所以周旋揖让而动荡其血脉，拜起屈伸而固束其筋骸也；讽之读书者，非但开其知觉而已，亦所以沉潜反复而存其心，抑扬讽诵以宣其志也。凡此皆所以顺导其志意，调理其性情，潜消其鄙吝，默化其粗顽，日使之渐于礼义而不苦其难，入于中和而不知其故。是盖先王立教之微意也。

若近世之训蒙稚者，日惟督以句读课仿，责其检束，而不知导之以礼；求其聪明而不知养之以善；鞭挞绳缚，若待拘囚。彼视学舍如囹狱而不肯入，视师长如寇仇而不欲见，窥避掩覆以遂其嬉游，设诈饰诡以肆其顽鄙，偷薄庸劣，日趋下流。是盖驱之于恶而求其为善也，何可得乎？

凡吾所以教，其意实在于此。恐时俗不察，视以为迂，且吾亦将去，故特叮咛以告。尔诸教读，其务体吾意，永以为训，毋辄因时俗之言，改废其绳墨，庶成"蒙以养正"之功矣，念之念之！

教约

每日清晨，诸生参揖毕，教读以次，遍询诸生：在家所以爱亲敬长之心，得无懈忽，未能真切否？温清定省之仪，得无亏缺，未能实践否？往来街衢，步趋礼节，得无放荡，未能谨饰否？一应言行心术，得无欺妄非僻，未能忠信笃敬否？诸童子务要各以实对，有则改之，无则加勉。教读复随时就事，曲加诲谕开发，然后各退就席肄业。

凡歌诗：须要整容定气，清朗其声音，均审其节调；毋躁而急，毋荡而嚣，毋馁而慑。久则精神宣畅，心气和平矣。每学量童生多寡分为四班，每日轮一班歌诗，其余皆就席敛容肃听。每五日则总四班递歌于本学，每朔、望集各学会歌于书院。

凡习礼需要澄心肃虑，审其仪节，度其容止；毋忽而惰，毋沮而怍，毋径而野。从容而不失之迂缓，修谨而不失之拘局。久则礼貌习熟，德性坚定矣。童生班次，皆如歌诗。每间一日，则轮一班习礼，其余皆就席敛容肃观。习礼之日，免其课仿。每十日则总四班递习于本学。每朔、望，则集各学会习于书院。

凡授书不在徒多，但贵精熟，量其资禀，能二百字者止可授以一百字，常使精神力量有余，则无厌苦之患，而有自得之美。讽诵之际，务令专心一志，口诵心惟，字字句句，紬绎反覆，抑扬其音节，宽虚其心意。久则义礼浃洽，聪明日开矣。

　　每日工夫，先考德，次背书、诵书，次习礼或作课仿，次复诵书讲书，次歌诗。凡习礼歌诗之数，皆所以常存童子之心，使其乐习不倦，而无瑕及于邪僻。教者如此，则知所施矣。虽然，此其大略也，神而明之，则存乎其人。

卷三 语录三

传习录下 附朱子晚年定论

门人陈九川录

正德乙亥，九川初见先生于龙江。先生与甘泉先生论"格物"之说。甘泉持旧说。

先生曰："是求之于外了。"甘泉曰："若以格物理为外，是自小其心也。"九川甚喜旧说之是。先生又论"尽心"一章，九川一闻却遂无疑。

后家居，复以"格物"遗质。先生答云："但能实地用功，久当自释。"山间乃自录《大学》旧本读之，觉朱子"格物"之说非是，然亦疑先生以"意之所在为物"，"物"字未明。

巳卯，归自京师，再见先生于洪都。先生兵务倥偬，乘隙讲授，首问："近年用功何如？"九川曰："近年体验得'明明德'功夫只是'诚意'。自'明明德于天下'，步步推入根源，到'诚意'上再去不得，如何以前又有'格、致'工夫？后又体验，觉得'意'之诚伪必先知觉乃可，以颜子'有不善未尝知之，知之未尝复行'为证，豁然若无疑，却又多了'格物'工夫。又思来吾心之灵何有不知意之善恶？只是物欲蔽了。须格去物欲，始能如颜子未尝不知耳。又自疑功夫颠倒，与'诚意'不成片段。后问希颜，希颜曰：'先生谓格物、致知是诚意功夫，极好。'九川曰：'如何是诚意功夫？'希颜令再思体看。九川终不悟，请问。"

先生曰：惜哉！此可一言而悟，惟濬所举颜子事便是了，只要知身、心、意、知、物是一件。

九川疑曰：物在外，如何与身、心、意、知是一件？

先生曰：耳、目、口、鼻、四肢，"身"也，非"心"安能视、听、言、动？"心"欲视、听、言、动，无耳、目、口、鼻、四肢亦不能。故无"心"则无"身"，无"身"则无"心"。但指其充塞处言之谓之"身"，指其主宰处言之谓之"心"，指"心"之发动处谓之"意"，指"意"之灵明处谓之"知"，指"意"之涉着处谓之"物"：只是一件。"意"未有悬空的，必着事物。故欲"诚意"，则随意所在某事而"格"之，去其"人欲"而归于"理"，则"良知"之在此事者，无蔽而得"致"矣。此便是"诚意"的功夫。

九川乃释然破数年之疑。

又问："甘泉近亦信用《大学》古本，谓"格物"犹言"造道"，又谓"穷理"如穷其巢穴之穷，以身至之也，故"格物"亦只是随处体认"天理"。似与先生之说渐同。

先生曰：甘泉用功，所以转得来。当时与说"亲民"字不须改，他亦不信，今论"格物"亦近，但不须换"物"字作"理"字，只还他一"物"字便是。

后有人问九川曰：今何不疑"物"字？曰：《中庸》曰"不诚无物"，程子曰"物来顺应"，又如"物各付物"、"胸中无物"之类，皆古人常用字也。他日，先生亦云然。

九川问：近年因厌泛滥之学，每要静坐，求屏息念虑。非惟不能，愈觉扰扰，如何？

先生曰：念如何可息？只是要正。

曰：当自有无念时否？

先生曰：实无无念时。

曰：如此却如何言静？

曰：静未尝不动，动未尝不静。戒谨恐惧即是"念"，何分动静。

曰：周子何以言"定之以中正仁而主静？"

曰：无欲故静，是"静亦定，动亦定"的"定"字，主其本体也。戒惧之念是活泼泼地，此是天机不息处，所谓"维天之命，于穆不已"，一息便是死，非本体之念即是"私念"。

又问：用功收心时，有声、色在前，如常闻见，恐不是"专一"。

曰：如何欲不闻、见？除是槁木死灰、耳聋目盲则可。只是虽闻见而不流去便是。

曰：昔有人静坐，其子隔壁读书，不知其勤惰。程子称其甚敬，何如？

曰：伊川恐亦是讥他。

又问：静坐用功，颇觉此心收敛；遇事又断了，旋起个念头去事上省察。

事过又寻旧功，还觉有内外，打不作一片。

先生曰：此"格物"之说未透。心何尝有内外？即如惟濬今在此讲论，又岂有一心在内照管？这听讲说时专敬，即是那静坐时心。功夫一贯，何须更起念头？人须在事上磨练，做功夫乃有益。若只好静，遇事便乱，终无长进。那静时功夫亦差似收敛，而实放溺也。

后在洪都，复与于中、国裳论内外之说，渠皆云"物自有内外"，但要内外并着，功夫不可有间耳，以质先生。

曰：功夫不离本体，本体原无内外；只为后来做功夫的分了内外，先其本体了。如今正要讲明功夫不要有内外，乃是本体功夫。

是日俱有省。

又问："陆子之学何如？"

先生曰；濂溪、明道之后，还是象山，只是粗些。

九川曰：看他论学，篇篇说出骨髓，句句似针膏肓，却不见他粗。

先生曰：然，他心上用过功夫，与揣摹依仿、求之文义自不同，但细看有粗处。用功久当见之。

庚辰往虔州，再见先生，问：近来功夫虽若稍知头脑，然难寻个稳当快乐处。

先生曰：尔却去心上寻个"天理"，此正所谓理障。此间有个诀窍。

曰：请问如何？

曰：只是"致知"。

曰：如何致知？

曰：尔那一点"良知"，是尔自家底准则。尔意念著处，他是便知是，非便知非，更瞒他一些不得。尔只不要欺他，实实落落依着他做去，善便存，恶便去，他这里何等稳当快乐。此便是"格物"的真诀，"致知"的实功。若不靠着这些真机，如何去"格物"？我亦近年体贴出来如此分明。初犹疑只依他恐有不足，精细看，无些小欠阙。

在虔与于中、谦之同侍。

先生曰：人胸中各有个圣人，只自信不及，都自埋倒了。因顾于中曰："尔胸中原是圣人。"

于中起不敢当。

先生曰：此是尔自家有的，如何要推？

于中又曰：不敢。

先生曰：众人皆有之，况在于中，却何故谦起来？谦亦不得。

于中乃笑受。

又论："良知"在人，随你如何不能泯灭。虽盗贼亦自知不当为盗，唤他作贼，他还忸怩。

于中曰：只是物欲遮蔽。良心在内，自不会失，如云自蔽日，日何尝失了？

先生曰：于中如此聪明，他人见不及此。

先生曰：这些子看得透彻，随他千言万语，是非诚伪，到前便明。合得的便是，合不得的便非。如佛家说"心印"相似，真是个试金石，指南针。

先生曰：人若知这"良心"诀窍，随他多少邪思枉念，这里一觉，都自消融。真个是灵丹一粒，点铁成金。

崇一曰：先生"致知"之旨发尽精蕴，看来这里再去不得。

先生曰：何言之易也？再用功半年看如何？又用功一年看如何？功夫愈久，愈觉不同，此难口说。

先生问：九川于"致知"之说体验如何？

九川曰：自觉不同。往时操持常不得个恰好处，此乃是恰好处。

先生曰：可知是体来与听讲不同。我初与讲时，知尔只是忽易，未有滋味。只这个要妙再体到深处，日见不同，是无穷尽的。

又曰：此"致知"二字，真是个千古圣传之秘，见到一这里，"百世以俟圣人而不惑"。

九川问曰：伊川说到"体用一原、显微无间"处，门人已说是泄天机。先生"致知"之说，莫亦泄天机太甚否？

先生曰：圣人已指以示人，只为后人掩匿，我发明耳，何故说泄？此是人人自有的，觉来甚不打紧一般，然与不用实功人说，亦甚轻忽，可惜彼此无益。与实用功而不得其要者提撕之，甚沛然得力。

又曰："知"来本"无知"，"觉"来本"无觉"，然不知则遂沦埋。

先生曰：大凡朋友须箴规指摘处少，诱掖奖劝意多，方是。

后又戒九川云：与朋友论学，须委曲谦下，宽以居之。

九川卧病虔州，先生云：病物亦难格，觉得如何？

对曰：功夫甚难。

先生曰：常快活便是功夫。

九川问：自省念虑，或涉邪妄，或预料理天下事。思到极处，井井有味，

81

便缠绵难屏。觉得早，则易；觉迟，则难。用力克治，愈觉捍格。惟稍迁念他事，则随两忘。如此廓清，亦似无害。

先生曰：何须如此？只要在"良知"上着功夫。

九川曰：正谓那一时不知。

先生曰：我这里自有功夫，何缘得他来。只为尔功夫断了，便蔽其知。既断了，则继续旧功便是，何必如此？

九川曰：真是难鏖，虽知，丢他不去。

先生曰：须是勇。用功久，自有勇。故曰"是集义"。胜得容易，便是大贤。

九川问：此功夫却于心上体验明白，只解书不通。

先生曰：只要解心，心明白，书自然融会。若心上不通，只要书上文义通，却自生意见。

有一属官，因久听讲先生之学，曰：此学甚好，只是簿书讼狱繁难，不得为学。

先生闻之，曰：我何尝教尔离了簿书讼狱悬空去讲学？尔既有官司之事，便从官司的事上为学，才是真"格物"。如问一词讼：不可因其应对无状，起个怒心；不可因他言语圆转，生个喜心；不可恶其嘱托，加意治之；不可因其请求，屈意从之；不可因自己事务烦冗，随意苟且断之；不可因旁人谮毁罗织，随人意思处之。这许多意思皆私，只尔自知，须精细省察克治，惟恐此心有一毫偏倚，枉人是非，这便是"格物"、"致知"。簿书讼狱之间，无非实学。若离了事物为学，却是着空。

虞州将归，有诗别先生云：良知何事系多闻？妙合当时已种根，好恶从之为圣学，将迎无处是乾元。

先生曰：若未来讲此学，不知说"好恶从之"从个甚么？

敷英在座曰：诚然。尝读先生《大学古本序》，不知所说何事。及来听讲许时，乃稍知大意。

于中、国裳辈同侍食，先生曰：凡饮食只是要养我身，食了要消化。若徒蓄积在肚里，便成痞了，如何长得肌肤？后世学者博闻多识，留滞胸中，皆伤食之病也。

先生曰：圣人亦是"学知"，众人亦是"生知"。

问曰：何如？

曰：这"良知"人人皆有，圣人只是保全无些障蔽，兢兢业业，亹亹翼翼，自然不息，便也是学，只是"生"的分量多，所以谓之"生知安行"。众人自孩提之童，莫不完具此知，只是障蔽多。然本体之知自难泯息，虽问学克治，也只凭他。只是学的分数多，所以谓之"学知利行"。

门人黄直录

黄以方问：先生格、致之说，随时"格物"，以"致"其"知"，则"知"是一节之"知"，非全体之"知"也，何以到得"溥博如天，渊泉如渊"地位？

先生曰：人心是天渊。心之本体，无所不该，原是一个天，只为私欲障碍，则天之本体失了。心之"理"无穷尽，原是一个渊，只为私欲窒塞，则渊之本体失了。如今念念"致良知"，将此障碍窒塞一齐去尽，则本体已复，便是天、渊了。

乃指天以示之曰：比如面前见天，是昭昭之天，四外见天，也只是昭昭之天。只为许多房子墙壁遮蔽，便不见天之全体，若撤去房子墙壁，总是一个天矣。不可道跟前天是昭昭之天，外面又不是昭昭之天也。于此便见一节之"知"即全体之"知"，全体之"知"即一节之"知"，总是一个本体。'

先生曰：圣贤非无功业气节，但其循著这"天理"，则便是道，不可以事功气节名矣。"发愤忘食"是圣人之志如此，真无有已时；"乐以忘忧"是圣人之道如此，真无有戚时。恐不必云"得"、"不得"也。

先生曰：我辈"致知"，只是各随分限所及。今日"良知"见在如此，只随今日所"知"扩充到底；明日"良知"又有开悟，便从明日所"知"扩充到底。如此方是"精一"功夫。与人论学，亦须随人分限所及。如树有这些萌芽，只把这些水去灌溉。萌芽再长，便又加水，自拱把以至合抱，灌溉之功皆是随其分限所及。若些小萌芽，有一桶水在，尽要倾上，便浸坏他了。

问知行合一。

先生曰：此须识我立言宗旨。今人学问，只因"知"、"行"分作两件，故有一念发动，虽是不善，然却未曾行，便不去禁止。我今说个"知行合一"，正要人晓得一念发动处，便即是"行"了；发动出有不善，就将这不善的念克倒了。须要彻根彻底，不使那一念不善潜伏在胸中：此是我立言宗旨。

圣人"无所不知"，只是"知"个"天理"；"无所不能"，只是"能"个"天理"。圣人本体明白，故事事知个"天理"所在，便去尽个"天理"。不是本体明后，却于天下事物都便知得，便做得来也。天下事物，如名物、度数、草木、鸟兽之类，不胜其烦。圣人须是本体明了，亦何缘能尽知得？但不必知的，圣人自不消求知；其所当知的，圣人自能问人。如"子入太庙，每事问"之类。先儒谓"虽知亦问，敬谨之至"。此说不可通。圣人于礼乐名物，不必尽知，然他知得一个"天理"，便自有许多节文度数出来。不知能问，亦即是"天理"节文所在。

问：先生尝谓"善、恶只是一物"。善、恶两端，如冰炭相反，如何谓只一物？

先生曰："至善"者，心之"本体"。本体上才过当些子，便是"恶"了。不是有一个"善"，却又有一个"恶"来相对也。故"善"、"恶"只是一物。

直因闻先生之说，则知程子所谓"善固性也，恶亦不可不谓之性"。

又曰："善、恶皆"天理"。谓之恶者本非恶，但于本性上"过"与"不及"之间耳。"其说皆无可疑。

先生尝谓：人但得好善如好好色，恶恶如恶恶臭，便是圣人。

直初时闻之，觉甚易，后体验得来，此个功夫著实是难。如一念虽知好善恶恶，然不知不觉，又夹杂去了。才有夹杂，便不是好善如好好色、恶恶如恶恶臭的心。善能实实的好，是无一念不善矣；恶能实实的恶，是无念及恶矣。如何不是圣人？故圣人之学，只是一"诚"而已。

问：《修道说》言："率性之谓道"，属圣人分上事；"修道之谓教"，属贤人分上事。

先生曰：众人亦率性也。但率性在圣人分上较多，故"率性之谓道"属圣人事。圣人亦修道也，但修道在贤人分上多，故"修道之谓教"属贤人事。

又曰：《中庸》一书，大抵皆是说修道的事。故后面凡说君子，说颜渊，说子路，皆是能修道的；说小人，说贤知、愚不肖，说庶民，皆是不能修道的；其他言舜、文、周公、仲尼，至诚至圣之类，则又圣人之自能修道者也。

问：儒者到三更时分，扫荡胸中思虑，空空静静，与释氏之静只一般，两下皆不用，此时何所分别？

先生曰：动、静只是一个。那三更时分，空空静静的，只是"存天理"即是如今应事接物的心。如今应事接物的心，亦是循此理，便是那三更时分空空静静的心。故"动"、"静"只是一个，分别不得。知得动、静合一，释氏毫厘差处亦自莫掩矣。

门人在座，有动止甚矜持者。

先生曰：人若矜持太过，终是有弊。

曰：衿得太过，如何有弊？

曰：人只有许多精神，若专在容貌上用功，则于中心照管不及者多矣。

有太直率者，先生：如今讲此学，却外面全不检束，又分心与事为二矣。

门人作文送友行，问先生曰：作文字不免费思，作了后又一二日，需记在怀。

曰：文字思索亦无害。但作了常记在怀，则为文所累，心中有一物矣。此则未可也。

又作诗送人，先生看诗毕，谓曰：凡作文，字要随我分限所及。若说得太过了，亦非"修辞立诚"矣。

文公"格物"之说，只是少头脑，如所谓"察之于念虑之微"，此一句不该与"求之文字之中"，"验之于事为之著"，"索之讲论之际"混作一例看，是无轻重也。

问"有所忿懥"一条。

先生曰：忿懥几件，人心怎能无得？只是不可有耳。几人忿懥著了一分意思，便怒得过当，非廓然大公之体了。故"有所忿懥"，便不得其正也。如今于凡"忿懥"等件，只是个物来顺应，不要著一分意思，便心体廓然大公，得其本体之正了。且如出外见人相斗，其不是的，我心亦怒。然虽怒，却此心廓然，不曾动些子气。如今怒人，亦得如此，方才是正。

先生尝言：佛氏不著相，其实著了相。吾儒著相，其实不著相。请问。

曰：佛怕父子累，却逃了父子；怕君臣累，却逃了君臣；怕夫妇累，却逃了夫妇：都是为个君臣、父子、夫妇著了相，便须逃避。如吾儒有个父子，还他以"仁"；有个君臣，还他以"义"，有个夫妇，还他以"别"：何曾著父子、君臣、夫妇的相？

门人黄修易录

黄勉叔问：心无恶念时，此心空空荡荡的，不知亦须存个善念否？

先生曰：既去恶念，便是善念，便复心之本体矣。譬如日光被云来遮蔽，云去，光已复矣。若恶念既去，又要存个善念，即是日光之中添燃一灯。

问：近来用功，亦颇觉妄念不生。但腔子里黑窒窒的，不知如何打得光明？

先生曰：初下手用功，如何腔子里便得光明？譬如奔流浊水，才贮在缸里，初然虽定，也只是昏浊的。须俟澄定既久，自然渣滓尽去，复得清来。汝只要在"良知"上用功，良知存久，黑窣窣自能光明也。今便要责效，却是助长，不成工夫。

先生曰：吾教人"致良知"，在"格物"上用功，却是有根本的学问。日长进一日，愈久愈觉精明。世儒教人事事物物上去寻讨，却是无根本的学问。方其壮时，虽暂能外面修饰，不见有过，老则精神衰迈，终须放倒。譬如无根之树，移栽水边，虽暂时鲜好，终久要憔悴。

问"志于道"一章。

先生曰：只"志道"一句，便含下面数句功夫，自住不得。譬如做此屋："志于道"是念念要去择地鸠材，经营成个区宅。"据德"却是经画已成，有付据矣；"依仁"却是常常住在区宅内，更不离去；"游艺"却是加些画采，美此区宅。艺者，义也，理之所宜者也，如诵诗、读书、弹琴、习射之类，皆所以调习此心，使之熟于道也。苟不知"志道"而"游艺"，却如无状小子，不先去置造区宅，只管要去买画挂做门面，不知将挂在何处？

问：读书所以调摄此心，不可缺的。但读之之时，一种科目意思牵引而来，不知何以免此？

先主曰：只要"良知"真切，虽做举业，不为心累；总有累亦易觉，克之而已。且如读书时，"良知"知得强记之心不是，即克去之。有欲速之心不是，即克去之。有夸多斗靡之心不是，即克去之。如此，亦只是终日与圣贤印对，是个纯乎"天理"之心。任他读书，亦只是调摄此心而已，何累之有？

曰：虽蒙开示，奈资质庸下，实难免累。窃闻穷通有命，上智之人，恐不屑此。不肖为声利牵缠，甘心为此，徒自苦耳。欲屏弃之，又制于亲，不能舍去，奈何？

先生曰：此事归辞于亲者多矣，其实只是无志。志立得时，"良知"千事万事只是一事，读书作文，安能累人？人自累于得失耳！因叹曰：此学不明，不知此处担阁了几多英雄汉！

问："生之谓性"，告子亦说得是，孟子如何非之？

先生曰：固是性，但告子认得一边去了，不晓得头脑。若晓得头脑，如此说亦是。孟子亦曰："形色，天性也。"这也是指气说。

又曰：凡人信口说，任意行，皆说"此是依我心性出来"，此是所谓"生之谓性"，然却要有过差。若晓得头脑，依吾"良知"上说出来，行将去，便自是停当。然良知亦只是这口说，这身行，岂能外得气，别有个去行去说？故曰："论性不论气，不备：论气不论性，不明。""气"亦"性"也，"性"亦"气"也，但须认得头脑是当。

又曰：诸君功夫，最不可"助长"。上智绝少，学者无超入圣人之理。一起一伏，一进一退，自是功夫节次。不可以我前日用得功夫了，今却不济，便要矫强，做出一个没破绽的模样，这便是"助长"，连前些子功夫都坏了，此非小过。譬如行路的人遭一蹶跌，起来便走，不要欺人做那不曾跌倒的样子出来。诸君只要常常怀个"遁世无闷，不见是而无闷"之心，依此"良知"，忍耐做去，不管人非笑，不管人毁谤，不管人荣辱，任他功夫有进有退，我只是这"致良知"的主宰不息，久久自然有得力处，一切外事亦自能不动。

又曰：人若著实用功，随人毁谤，随人欺慢，处处得益，处处是进德之资；若不用功，只是魔也，终被累倒。

先生一日出游禹穴，顾田间禾曰：能几何时，又如此长了！

范兆期在旁曰：此只是有根。学问能自植根，亦不患无长。

先生曰：人孰无根？"良知"即是天植灵根，自生生不息；但著了私累，把此恨戕贼蔽塞，不得发生耳。

一友常易动气责人，先生警之曰：学须反己。若徒责人，只见得人不是，不见自己非。若能反己，方见自己有许多未尽处，奚暇责人？舜能化得象的傲，其机括只是不见象的不是。若舜只要正他的奸恶，就见得象的不是矣，象是傲人，必不肯相下，如何感化得他？

是友感悔，曰：你今后只不要去论人之是非，当责辨人时，就把做一件大己私克去，方可。

先生曰：凡朋友问难，纵有浅近粗疏或露才扬己，皆是病发。当因其病而药之可也，不可便怀鄙薄之心，非君子与人为善之心矣。

问：《易》，朱子主卜筮，程《传》主理，何如？

先生曰：卜筮是理，理亦是卜筮。天下之理孰有大于卜筮者乎？只为后世将卜筮专主在占卦上看了，所以看得卜筮似小艺。不知今之师友问答，博学、审问、慎思、明辨、笃行之类，皆是卜筮。卜筮者，不过求决狐疑，神明吾心而已。《易》是问诸天，人有疑，自信不及，故以《易》问天，谓人心尚有所涉，惟天不容伪耳。

门人黄省曾录

黄勉之问："无适也，无莫也，义之与比。"事事要如此否？

先生曰：固是事事要如此，须是识得个头脑乃可。"义"即是"良知"，晓得"良知"是个头脑，方无执著。且如受人馈送，也有今日当受的，他日不当受的；也有今日不当受的，他日当受的。你若执著了今日当受的，便一切受去，执著了今日不当受的，便一切不受去，便是"适"、"莫"，便不是"良知"的本体，如何唤得做"义"？

问："思无邪"一言，如何便盖得三百篇之义？

先生曰：岂特三百篇？六经只此一言，便可该贯，以至穷古今天下圣贤的话，"思无邪"一言，也可该贯。此外便有何说？此是一了百当的功夫。

问"道心"、"人心"。

先生曰："率性之为道"，便是"道心"。但着些人的意思在，便是"人心"。"道心"本是无声无臭，故曰"微"。依着"人心"行去，便有许多不安稳处，故曰"惟危"。

问："中人以下，不可以语上"，愚的人与之语上尚且不进，况不与之语可乎？

先生曰：不是圣人终不与语。圣人的心，忧不得人人都做圣人。只是人的资质不同，施教不可躐等，中人以下的人，便与他说性说命，他也不省得，也须谩谩琢磨他起来。

一友问：读书不记得如何？

先生曰：只要晓得，如何要记得？要晓得已是落第二义了，只要明得自家本体。若徒要记得，便不晓得；若徒要晓得，便明不得自家的本体。

问："逝者如斯"，是说自家心性活泼泼地否？

先生曰：然。须要时时用"致良知"的功夫，方才活泼泼地，方才与他川水一般。若须臾间断，便与天地不相似。此是学问极至处，圣人也只如此。

问"志士仁人"章。

先生曰：只为世上人都把生身命子看得太重，不问当死不当死，定要宛转委曲保全，以此把"天理"却丢去了。忍心害理，何者不为？若违了天理，便与禽兽无异，便偷生在世上百千年，也不过做了千百年的禽兽。学者要于此等处看得明白。比干、龙逢，只为也看得分明，所以能成就得他的"仁"。

问：叔孙武叔毁仲尼，大圣人如何犹不免于毁谤？

先生曰：毁谤自外来的，虽圣人如何免得？人只贵于自修，若自己实实落落是个圣贤，纵然人都毁他，也说他不著，却若浮云掩日，如何损得日的光明？若自己是个象恭色庄、不坚不介的，纵然没一个人说他，他的恶愿终须一日发露。所以孟子说："有求全之毁，有不虞之誉。"毁誉在外的，安能避得？只要自修何如尔。

刘君亮要在山中静坐。

先生曰：汝若以厌外物之心去求之静，是反养成一个骄惰之气了。汝若不厌外物，复于静处涵养，却好。

王汝中、省曾侍坐。

先生握扇命曰：你们用扇。

省曾起对曰：不敢。

先生曰：圣人之学不是这等捆缚苦楚的，不是装做道学的模样。

汝中曰：观"仲尼与曾点言志"一章略见。

先生曰：然。以此章观之，圣人何等宽洪包含气象。且为师者问志于群弟子，三子皆整顿以对。至于曾点，瓢飘然不看那三子在眼，自去鼓起瑟来，何等狂态。及至言志，又不对师之问目，都是狂言。设在伊川，或斥骂起来了。圣人乃复称许他，何等气象。圣人教人，不是个束缚他通做一般：只如狂者便从狂处成就他，狷者便从狷处成就他，人之才气如何同得？

先生语陆元静曰：元静少年亦要解五经，志小好博。但圣人教人，只怕人个简易，他说的皆是简易之规。以今人好博之心观之，却似圣人教人差了。

先生曰：孔子无"不知而作"，颜子"有不善未尝不知"，此是圣学真血脉路。

钱德洪录

何廷仁、黄正之、李侯璧、汝中、德洪侍坐。

先生顾而言曰：汝辈学问不得长进，只是未立志。

侯璧起而对曰：琪亦愿立志。

先生曰：难说不立，未是必为圣人之志耳。

对曰：愿立必为圣人之志。

先生曰：你真有圣人之志，"良知"上更无不尽。"良知"上留得些子别念挂带，便非必为圣人之志矣。

洪初闻时心若未服，听说到不觉悚汗。

先生曰："良知"是造化的精灵。这些精灵，生天生地，成鬼成帝，皆从此出，真是与物无对。人若复得他完完全全，无少亏欠，自不觉手舞足蹈，不知天地间更有何乐可代。

一友静坐有见，驰问先生。

答曰：吾昔居滁时，见诸生多务知解，口耳异同，无益于得，姑教之静坐。一时窥见光景，颇收近效；久之渐有喜静厌动，流入枯槁之病，或务为玄解妙觉，动人听闻。故迩来只说"致良知"。"良知"明白，随你去静处体悟也好，随你去事上磨练也好，"良知"本体原是无动无静的，此便是学问头脑。我这个话头，自滁州到今，亦较过几番，只是"致良知"三字无病。医经折肱，方能察人病理。

一友问：功夫欲得此知时时接续，一切应感处反觉照管不及，若去事上周旋，又觉不见了。如何则可？

先生曰：此只认"良知"未真，尚有内外之间。我这里功夫不由人急心认得。"良知"头脑是当，去朴实用功，自会透彻。到此便是"内外两忘"，又何心事不合一？

又曰：功夫不是透得这个真机，如何得他充实光辉？若能透得时，不由你聪明知解接得来，须胸中渣滓浑化，不使有毫发沾带，始得。

先生曰："天命之谓性"，命即是"性"；"率性之谓道"，性即是"道"；"修道之谓教"，道即是"教"。

问：如何"道"即是"教"？

曰："道"即是"良知"。"良知"原是完完全全。是的，还他"是"；非的，还他"非"：是非只依着他，更无有不是处，这"良知"还是你的明师。

问："不睹不闻"是说本体，"戒慎恐惧"是说功夫否？

先生曰：此处须信得本体原是"不睹不闻"的，亦原是"戒慎恐惧"的。"戒慎恐惧"不曾在"不睹不闻"上加得些子。见得真时，便谓"戒慎恐惧"是本体，"不睹不闻"是功夫亦得。

问："通乎昼夜之道而知"。

先生曰：良知原是知昼知夜的。

又问：人睡熟时，良知亦不知了？

曰：不知何以一叫便应？

曰："良知"常知，如何有睡熟时？

曰：向晦宴息，此亦造化常理。夜来天地混沌，形色俱泯，人亦耳目无所睹闻，众窍俱翕，此即"良知"收敛凝一时。天地既开，庶物露生，人亦耳目有所睹闻，众窍俱辟，此即"良知"妙用发生时。可见人心与天地一体，故"上下与天地同流"。今人不会宴息，夜来不是昏睡，即是妄思魇寐。

曰：睡时功夫如何用？

先生曰：知昼即知夜矣。日间"良知"是顺应无滞的，夜间"良知"即是收敛凝一的，有梦即先兆。

又曰："良知"在"夜气"发的，方是本体，以其无物欲之杂也。学者要使事物纷扰之时，常如"夜气"一般，就是"通乎昼夜之道而知"。

先生曰：仙家说到"虚"，圣人岂能"虚"上加得一毫"实"？佛氏说到"无"，圣人岂能"无"上加得一毫"有"？但仙家说"虚"，从养生上来；佛氏说"无"，从出离生死苦海上来：却于"本体"上加却这些子意思在，便不是他"虚"、"无"的本色了，便于"本体"有障碍。圣人只是还他"良知"的本色，更不着些子意在。"良知"之"虚"便是"天之太虚"，"良知"之"无"便是"太虚之无形"。日、月、风、雷、山、川、民、物，凡有貌象形色，皆在"太虚无形"中发用流行，未尝作得天的障碍。圣人只是顺其"良知"之发用，天地万物，俱在我"良知"的发用流行中，何尝又有一物起于"良知"之外，能作得障碍？

或问：释氏亦务养心，然要之不可以治天下，何也？

先生曰：吾儒养心未尝离却事物，只顺其天则自然，就是功夫。释氏却要尽绝事物，把心看做幻相，渐入虚寂去了，与世间若无些子交涉，所以不可治天下。

或问"异端"。

先生曰：与愚夫、愚妇同的，是谓"同德"；与愚夫、愚妇异的，是谓"异端"。

先生曰：孟子"不动心"与告子"不动心"，所异只在毫厘间。告子只在"不动心"上著功，孟子便直从"此心原不动"处分晓。心之"本体"原是不动的，只为所行有不合义，便动了。孟子不论心之动与不动，只是"集义"，所行无不是义，此心自然无可动处。若告子只要此心不动，便是把捉此心，将他生生不息之根反阻桡了，此非徒无益，而又害之。孟子"集义"工夫，自是养得充

91

满，并无馁歉，自是纵横自在，活泼泼地：此便是浩然之气。

又曰：告子病源从"性无善无不善"上见来。"性无善无不善"，虽如此说亦无大差；但告子执定看了，便有个"无善无不善"的"性"在内。"有善有恶"又在物感上看，便有个"物"在外，却做两边看了，便会差。"无善无不善"，"性"原是如此，悟得及时，只此一句便尽了，更无有内外之间。告子见一个"性"在内，见一个"物"在外，便见他于"性"有未透彻处。

朱本思问：人有"虚灵"，方有"良知"。若草、木、瓦、石之类，亦有"良知"否？

先生曰：人的"良知"，就是草、木、瓦、石的"良知"。若草、木、瓦、石无人的"良知"，不可以为草、木、瓦、石矣。岂惟草、木、瓦、石为然？天、地无人的"良知"，亦不可为天、地矣。盖天、地、万物与人原是一体，其发窍之最精处，是"人心"一点灵明。风、雨、露、雷、日、月、星、辰，禽、兽、草、木、山、川、土、石，与人原只一体。故五谷、禽兽之类，皆可以养人；药石之类皆可以疗疾：只为同此一气，故能相通耳。

先生游南镇，一友指岩中花树问曰："天下无心外之物。"如此花树，在深山中自开自落，于我心亦何相关？

先生曰：你未看此花时，此花与汝心同归于寂。你来看此花时，则此花颜色一时明白起来。便知此花不在你的心外。

问：大人与物同体，如何《大学》又说个厚薄？

先生曰：惟是道理，自有厚薄。比如身是一体，把手足捍头目，岂是偏要薄手足，其道理合如此。禽兽与草木同是爱的，把草木去养禽兽，心又忍得？人与禽兽同是爱的，宰禽兽以养亲与供祭祀、燕宾客，心又忍得？至亲与路人同是爱的，如箪食豆羹，得则生，不得则死，不能两全，宁救至亲，不救路人，心又忍得？这是道理合该如此。及至吾身与至亲，更不得分别彼此厚薄。盖以仁民爱物，皆从此出；此处可忍，更无所不忍矣。《大学》所谓"厚薄"，是"良知"上自然的条理，不可逾越，此便谓之"义"；顺这个条理，便谓之"礼"；知此条理，便谓之"智"；终始是这个条理，便谓之"信"。

又曰：目无体，以万物之色为体；耳无体，以万物之声为体；鼻无体，以万物之臭为体：口无体，以万物之味为体；心无体，以天地万物感应之是非为体。

问"天寿不贰"。

先生曰：学问功夫，于一切声利嗜好俱能脱落殆尽，尚有一种生死念头毫

92

发挂带，便于全体有末融释处。人于生死念头，本从生身命根上带来，故不易去。若于此处见得破，透得过，此心全体方是流行无碍，方是尽性至命之学。

一友问：欲于静坐时将好名、好色、好货等根逐一搜寻，扫除廓清，恐是剜肉做疮否？

先生正色曰：这是我医人的方子，真是去得人病根。更有大本事人，过了十数年，亦还用得著。你如不用，且放起，不要作坏我的方子！

是友愧谢。

少间曰：此量非你事，必吾门稍知意思者为此说以误汝。

在坐者皆悚然。

一友问功夫不切。

先生曰：学问功夫，我已曾一句道尽，如何今日转说转远，都不着根！

对曰："致良知"盖闻教矣，然亦须讲明。

先生曰：既知"致良知"，又何可讲明？"良知"本是明白，实落用功便是。不肯用功，只在语言上转说转胡涂。

曰：正求讲明致之之功。

先生曰：此亦须你自家求，我亦无别法可道。昔有禅师，人来问法，只把麈尾提起。一日，其徒将其麈尾藏过，试他如何设法。禅师寻麈尾不见，又只空手提起。我这个"良知"就是设法的麈尾，舍了这个，有何可提得？

少间，又一友请问功夫切要。

先生旁顾曰：我麈尾安在？

一时在坐着皆跃然。

或问"至诚"、"前知"。

先生曰："诚"是实理，只是一个"良知"。实理之妙用流行就是"神"，其萌动处就是"几"。"诚"、"神"、"几"曰圣人。圣人不贵"前知"。祸福之来，虽圣人有所不免，圣人只是知"几"，遇"变"而"通"耳。"良知"无前后，只知得见在的"几"，便是一了百了。若有个"前知"的心，就是私心，就有趋避利害的意。邵子必于"前知"，终是利害心未尽处。

先生曰："无知无不知"，本体原是如此。譬如日未尝有心照物，而自"无物不照"。"无照无不照"，原是日的"本体"。"良知"本无知，今却要有知；本"无不知"，今却疑"有不知"。只是信不及耳。

先生曰："惟天下之圣，为能聪明睿智"，旧看何等玄妙，今看来原是人

93

人自有的。耳原是聪，目原是明，心思原是睿智。圣人只是一能之尔，能处正是"良知"。众人不能，只是个不"致知"，何等明白简易！

问：孔子所谓"远虑"，周公"夜以继日"，与"将迎"不同。何如？

先生曰："远虑"不是茫茫荡荡去思虑，只是要存这"天理"。"天理"在"人心"，亘古亘今，无有终始。"天理"即是"良知"，千思万虑，只是要"致良知"。"良知"愈思愈精明，若不精思，漫然随事应去，"良知"便粗了。若只着在事上茫茫荡荡去思教做"远虑"，便不免有毁誉、得丧、人欲，搀入其中，就是"将迎"了。周公终夜以思，只是"戒慎不睹，恐惧不闻"的功夫；见得时，其气象与"将迎"自别。

问："一日克己复礼，天下归仁"，朱子作效验说，如何？

先生曰：圣贤只是为己之学，重功夫，不重效。仁者以万物为体，不能一体，只是己私未忘。全得仁体，则天下皆归于吾。仁就是"八荒皆在我闼"意，天下皆与，其仁亦在其中。如"在邦无怨，在家无怨"，亦只是自家不怨，如"不怨天，不尤人"之意。然家邦无怨于我，亦在其中，但所重不在此。

问：孟子"巧力、圣智"之说，朱子云："三子力有余而巧不足。"何如？

先生曰：三子固有力，亦有巧巧、力实非两事。巧亦只在用力处，力而不巧，亦是徒力。三子譬如射：一能步箭，一能马箭，一能远箭。他射得到，俱谓之力，中处俱可谓之巧。但步不能马，马不能远，各有所长，便是才力分限有不同处。孔子则三者皆长。然孔子之"和"，只到得柳下惠而极；"清"，只到得伯夷而极；"任"只到得伊尹而极。何曾加得些子？若谓"三子力有余而巧不足"，则其力反过孔子了。巧、力只是发明"圣知"之义，若识得"圣知"本体是何物，便自了然。

先生曰："先天而天弗违"，天即"良知"也；"后天而奉天时"，"良知"即天也。

"良知"只是个"是非"之心，"是非"只是个"好恶"。只"好恶"就尽了"是非"，只"是非"就尽了万事万变。

又曰："是非"两字是个大规矩，巧处则存乎其人。

圣人之知如青天之日，贤人如浮云天日，愚人如阴霾天日，虽有昏明不同，其能辨"黑白"则一。虽昏黑夜里，亦影影见得黑白，就是日之余光未尽处。困学功夫，亦只从这点明处精察去耳。

问："知"譬日，"欲"譬云。云虽能蔽日，亦是天之一气合有的，欲亦

94

莫非人心合有否?

先生曰:喜、怒、哀、惧、爱、恶、欲,谓之"七情"。七者俱是人心合有的;但要认得"良知"明白。比如日光,亦不可指着方所。一隙通明,皆是日光所在;虽云雾四塞,太虚中色象可辨,亦是日光不灭处。不可以云能蔽日,教天不要生云。七情顺其自然之流行,皆是"良知"之用,不可分别善恶,但不可有所著。七情有著,俱谓之欲,俱为"良知"之蔽。然才有著时,"良知"亦自会觉。觉即蔽去,复其体矣。此处能勘得破,方是简易透彻功夫。

问:圣人"生知安行"是自然的,如何有甚功夫?

先生曰:"知行"二字即是功夫,但有浅深难易之殊耳。"良知"原是精精明明的,如欲孝亲:"生知安行"的只是依此"良知",实落尽孝而已;"学知利行"者只是时时省觉,务要依此"良知"尽孝而已;至于"困知勉行"者,蔽锢已深,虽要依此"良知"去孝,又为私欲所阻,是以不能,必须加人一己百、人十己千之功,方能依此"良知"以尽其孝。圣人虽是"生知安行",然其心不敢自是,肯做"困知勉行"的功夫。"困知勉行"的却要思量做"生知安行"的事,怎生成得?

问:"乐"是"心"之本体,不知遇大故于哀哭时,此乐还在否?

先生曰:须是大哭一番了方乐,不哭便不乐矣。虽哭,此心安处即是乐也,本体未尝有动。

问:"良知","一"而已:文王作《彖》,周公系《爻》,孔子赞《易》,何以各自看理不同?

先生曰:圣人何能拘得死格?大要出于"良知"同,便各为说何害?且如一园竹,只要同此枝节,便是大同。若拘定枝枝节节,都要高下大小一样,便非造化妙手矣。汝辈只要去培养"良知"。"良知"同,更不妨有异处。汝辈若不肯用功,连芽也不曾抽得,何处去论枝节?

乡人有父子讼狱请诉于先生,侍者欲阻之。先生听之,言不终辞,其父子相抱恸哭而去。

柴鸣治入问曰:先生何言,致伊感悔之速?

先生曰:我言舜是世间大不孝子,瞽是世间大慈的父。

鸣治愕然请问。

先生曰:舜常自以为大不孝,所以能孝;瞽叟常自以为大慈,所以不能慈。瞽叟只记得舜是我提孩长的,今何不曾豫悦我?不知自心已为后妻所移

95

了，尚谓自家能慈，所以愈不能慈。舜只思父提孩我时如何爱我，今日不爱，只是我不能尽孝，日思所以不能尽孝处，所以愈能孝。及至瞽瞍底豫时，又不过复得此心原慈的本体。所以后世称舜是个古今大孝的子，瞽瞍亦做成个慈父。

先生曰：孔子有鄙夫来问，未尝先有知识以应之，其心只空空而已；但叩他自知的是非两端，与之一剖决，鄙夫之心便已了然。鄙夫自知的是非，便是他本来天则，虽圣人聪明，如何可与增减得一毫？他只不能自信，夫子与之一剖决，便已竭尽无余了。若夫子与鄙夫言时，留得些子知识在，便是不能竭他的良知，道体即有二了。

先生曰："烝烝乂，不格奸。"本注说：象已进进于义，不至大为奸恶。舜征庸后，象犹日以杀舜为事，何大奸恶如之？舜只是自进于义，以义薰烝，不去正他奸恶。凡文过掩慝，此是恶人常态。若要指摘他是非，反去激他恶性。舜初时致得象要杀己，亦是要象好的心太急，此就是舜之过处。经过来，乃知功夫只在自己，不去责人，所以致得"克谐"。此是舜"动心忍性、增益不能"处。古人言语，俱是自家经历过来，所以说得亲切，遗之后世，曲当人情。若非自家经过，如何得他许多苦心处？

先生曰：古乐不作久矣，今之戏子尚与古乐意思相近。

未达，请问。

先生曰：《韶》之九成，便是舜的一本戏子；《武》之九变，便是武王的一本戏子。圣人一生实事，俱播在乐中，所以有德者闻之，便知他"尽善尽美"与"尽美未尽善"处。若后世作乐，只是做些词调，于民俗风化绝无关涉，何以化民善俗？今要民俗反朴还淳，取今之戏子，将妖淫词调俱去了，只取忠臣、孝子故事，使愚俗百姓人人易晓，无意中感激他"良知"起来，却于风化有益。然后古乐渐次可复矣。

曰：洪要求元声不可得，恐于古乐亦难复。

先生曰：你说元声在何处求？

对曰：古人制管候气，恐是求元声之法。

先生曰：若要去葭灰黍粒中求元声，却如水底捞月，如何可得？元声只在你心上求。

曰：心如何求？

先生曰：古人为治，先养得人心和平，然后作乐。比如在此歌诗，你的心气和平，听者自然悦怿兴起，只此便是元声之始。《书》云"诗言志"，

"志"便是乐的本。"歌永言"，"歌"便是作乐的本。"声依永，律和声"，律只要和声，和声便是制律的本。何尝求之于外？

曰：古人制候气法，是意何取？

先生曰：古人具"中和"之体以作乐，我的"中和"原与天地之气相应，候天地之气，协凤凰之音，不过去验我的气果和否。此是成律已后事，非必待此以成律也。今要候灰管，必须定至日。然至日子时，恐又不准，又何处取得准来？

先生曰：学问也要点化，但不如自家解化者，自一了百当。不然，亦点化许多不得。孔子气魄极大，凡帝王事业，无不一一理会，也只从那心上来。譬如大树有多少枝叶，也只是根本上用得培养功夫，故自然能如此，非是从枝叶上用功做得根本也。学者学孔子，不在心上用功，汲汲然去学那气魄，却倒做了。

人有"过"，多于"过"上用功，就是补甑，其流必归于"文过"。

今人于吃饭时，虽伏二事在前，其心常役役不宁，只缘此心忙惯了，所以收摄不住。

琴、瑟、简编，学者不可无。盖有业以居之，心就不放。

先生叹曰：世间知学的人，只有这些病痛打不破，就不是"善与人同"。

崇一曰：这病痛只是个好高不能忘己尔。

问："良知"原是"中和"的，如何却有"过"、"不及"？

先生曰：知得"过"、"不及"处，就是"中和"。"所恶于上"，是"良知"；"毋以使下"，即是"致知"。

先生曰：苏秦、张仪之智，也是圣人之资。后世事业文章，许多豪杰名家，只是学得仪、秦故智。仪、秦学术善揣摸人情，无一些不中人肯綮，故其说不能穷。仪、秦亦是窥见得"良知"妙用处，但用之于不善尔。

或问"未发"、"已发"。

先生曰：只缘后儒将"未发"、"已发"分说了，只得劈头说个无"未发"、"已发"，使人自思得之。若说有个"已发"、"未发"，听者依旧落在后儒见解。若真见得无"未发"、"已发"，说个有"未发"、"已发"，原不妨，原有个"未发"、"已发"在。

问曰："未发"未尝不和，"已发"未尝不中。譬如钟声，未扣不可谓"无"，即扣不可谓"有"。毕竟有个扣与不扣，何如？

先生曰：未扣时原是"惊天动地"，即扣时也只是"寂天默地"。

问：古人论性，各有异同，何者乃为定论？

先生曰："性"无定体，论亦无定体，有自本体上说者，有自发用上说者，有自源头上说者，有自流弊处说者。总而言之，只是一个"性"，但所见有浅深尔。若执定一边，便不是了。性之本体原是"无善"、"无恶"的，发用上也原是可以为"善"可以为"不善"的，其流弊也原是一定善一定恶的。譬如眼，有喜时的眼，有怒时的眼，直视就是"看"的眼，微视就是"觑"的眼。总而言之，只是这个眼。若见得"怒"时眼，就说未尝有"喜"的眼，见得"看"时眼，就说未尝有"觑"的眼，皆是执定，就知是错。孟子说性，直从源头上说来，亦是说个大概如此。荀子性恶之说，是从流弊上来，也未可尽说他不是，只是见得未精耳。众人则失了心之本体。

问：孟子从源头上说"性"，要人用功在源头上明彻；荀子从流弊说"性"，功夫只在末流上救正，便费力了。

先生曰：然。

先生曰：用功到精处，愈着不得言语，说理愈难。若着意在精微上，全体功夫反蔽泥了。

杨慈湖不为无见，又著在无声无臭上见了。

人一日间，古今世界都经过一番，只是人不见耳。夜气清明时，无视无听，无思无作，淡然平怀，就是羲皇世界。平旦时，神清气朗，雍雍穆穆，就是尧、舜世界。日中以前，礼仪交会，气象秩然，就是三代世界。日中以后，神气渐昏，往来杂扰，就是春秋、战国世界。渐渐昏夜，万物寝息，景象寂寥，就是人消物尽世界。学者信得"良知"过，不为气所乱，便常做个羲皇已上人。

薛尚谦、邹谦之、马子莘、王汝止待坐，因叹先生自征宁藩以来，天下谤议益众，请各言其故。有言先生功业势位日隆，天下忌之者日众；有言先生之学日明，故为宋儒争是非者亦日博；有言先生自南都以后，同志信从者日众，而四方排阻者日益力。

先生曰：诸君之言，信皆有之，但吾一段自知处，诸君俱未道及耳。

诸友请问。

先生曰：我在南都已前，尚有些子乡愿的意思在。我今信得这"良知"真是真非，信手行去，更不着些覆藏。我今绕做得个狂者的胸次，使天下之人都说我"行不掩言"也罢。

尚谦出曰：信得此过，方是圣人的真血脉。

先生锻炼人处，一言之下，感人最深。

一日，王汝止出游归，先生问曰：游何见？

对曰：见满街人都是圣人。

先生曰：你看满街人是圣人，满街人倒看你是圣人在。

又一日，董萝石出游而归，见先生曰：今日见一异事。

先生曰：何异？

对曰：见满街人都是圣人。

先生曰：此亦常事耳，何足为异？

盖汝止圭角未融，萝石恍见有悟，故问同答异，皆反其言而进之。

洪与黄正之、张叔谦、汝中丙戌会试归，为先生道涂中讲学，有信有不信。

先生曰：你们拿一个圣人去与人讲学，人见圣人来，都怕走了，如何讲得行！须做得个愚夫愚妇，方可与人讲学。

洪又言：今日要见人品高下最易。

先生曰：何以见之？

对曰：先生譬如泰山在前，有不知仰者，须是无目人。

先生曰：泰山不如平地大，平地有何可见？

先生一言翦裁，剖破终年为外好高之病，在座者莫不悚惧。

癸未春，邹谦之来越问学，居数日，先生送别于浮峰。是夕与希渊诸友移舟宿延寿寺，秉烛夜坐。

先生慨怅不已，曰：江涛烟柳，故人倏在百里外矣！

一友问曰：先生何念谦之之深也？

先生曰：曾子所谓"以能问于不能，以多问于寡，有若无，实若虚，犯而不校"，若谦之者，良近之矣。

丁亥年九月，先生起复征思、田。将命行时，德洪与汝中论学。

汝中举先生教言："无善无恶"是心之"体"，"有善有恶"是意之"动"，"知善知恶"是"良知"，"为善去恶"是"格物"。

德洪曰：此意如何？

汝中曰：此恐未是究竟话头。若说心体是无善、无恶，"意"亦是无善、无恶的，"意"、"知"亦是无善、无恶的，"知"、"物"亦是无善、无恶的"物"矣。若说"意"有善、恶，毕竟心体还有善、恶在。

德洪曰：心体是"天命之性"，原是无善、无恶的。但人有"习心"，意念上见有善、恶在，格、致、诚、正、修，此正是复那性体功夫。若原无善

99

恶，功夫亦不消说矣。

是夕侍坐天泉桥，各举请正。

先生曰：我今将行，正要你们来讲破此意。二君之见，正好相资为用，不可各执一边。我这里接人原有此二种：利根之人，直从本原上悟人，人心本体原是明莹无滞的，原是个"未发之中"。利根之人一悟本体即是功夫，人己内外，一齐俱透了。其次不免有"习心"在，本体受蔽，故且教在意念上实落为善去恶，功夫熟后，渣滓去得尽时，本体亦明尽了。汝中之见，是我这里接利根人的；德洪之见，是我这里为其次立法的。二君相取为用，则中人上下皆可引入于道。若各执一边，跟前便有失人，便于道体各有未尽。

既而曰：已后与朋友讲学，切不可失了我的宗旨。"无善无恶"是心之"体"，"有善有恶"是意之"动"，"知善知恶"是"良知"，"为善去恶"是"格物"。只依我这话头随人指点，自没病痛。此原是彻上彻下功夫。利根之人，世亦难遇，本体功夫，一悟尽透，此颜子、明道所不敢承当，岂可轻易望人？人有"习心"，不教他在"良知"上实用"为善去恶"功夫，只去悬空想个本体，一切事为俱不着实，不过养成一个虚寂。此个病痛不是小小，不可不早说破。

是日，德洪、汝中俱有省。

钱德洪附记

先生初归越时，朋友踪迹尚寥落。既后，四方来游者日进。癸末年已后，环先生而居者比屋，如天妃、光相诸刹，每当一室，常合食者数十人；夜无卧处，更相就席，歌声彻昏旦。南镇、禹穴、阳明洞诸山，远近寺刹，徒足所列，无非同志游寓所在。先生每临讲座，前后左右环坐而听者，常不下数百人。送往迎来，月无虚日。至有在侍更岁，不能遍记其姓名者。每临别，先生常叹曰："君等虽别，不出天地间，苟同此志，吾亦可以忘形似矣。"诸生每听讲出门，未尝不跳跃称快。尝闻之同门先辈曰：南都以前，朋友从游者虽众，末有如在越之盛者。此虽讲学日久，孚信渐博，要亦先生之学日进，感召之机，申变无方，亦自有不同也。

门人黄以方录

黄以方问："博学于文"为随事学存此"天理"，然则谓"行有余力，则以学文"，其说似不相合。

先生曰：《诗》、《书》、六艺皆是"天理"之"发见"，文字都包在其中，考之《诗》、《书》、"六艺"，皆所以学存此"天理"也，不特"发见"于事为者方为文耳。"余力学文"，亦只"博学于文"中事。

或问"学而不思"二句。

曰：此亦"有为"而言。其实"思"即"学"也。"学"有所疑，便须"思"之。"思而不学"者，盖有此等人只悬空去思，要想出一个道理，却不在身心上实用其力，以学存此"天理"。"思"与"学"作两事做，故有"罔"与"殆"之病。其实"思"只是思其所"学"，原非两事也。

先生曰：先儒解"格物"为"格""天下之物"。"天下之物"如何"格"得？且谓"一草一木亦皆有理"，今如何去"格"？纵"格"得草木来，如何反来"诚"得自家"意"？我解"格"作"正"字义，"物"作"事"字义。《大学》之所谓"身"，即耳、目、口、鼻、四肢是也。欲修身便是要："目"非礼勿视，"耳"非礼勿听，"口"非礼勿言，"四肢"非礼勿动。要修这个身，身上如何用得工夫？心者，身之主宰：目虽视，而所以视者心也，耳虽听，而所以听者心也，口与四肢虽言、动，而所以言、动者心也，故欲修身在于体当自家心体，常令廓然大公，无有些子不正处。主宰一正，则发窍于目，自无非礼之视；发窍于耳，自无非礼之听；发窍于口与四肢，自无非礼之言、动。此便是"修身"在正其心。然"至善"者，心之"本体"也。心之"本体"那有不善？如今要正心，"本体"上何处用得功？必就心之"发动"处才可著力也。心之"发动"不能无不善，故须就此处著力，便是在"诚意"。如一念发在好善上，便实实落落去好善；一念发在恶恶上，便实实落落去恶恶。意之所发，既无不诚，则其"本体"如何有不正的？故欲正其心在"诚意"。工夫到"诚意"，始有着落处。然"诚意"之本，又在于"致知"也。所谓"人虽不知而已所独知"者，此正是吾心"良知"处。然知得"善"，却不依这个"良知"便做去，知得不善，却不依这个"良知"便不去做，则这个"良知"便遮蔽了，是不能"致知"也。吾心"良知"既不得扩充到底，则善虽知好，不能著实好了；恶虽知恶，不能著实恶了，如何得意诚？故"致知"者，意诚之本也。然亦不是悬空的"致知"，"致知"在实事上"格"。如"意"在于为善，便就这件事上去为；"意"在于去恶，便就这件事上去不为。去恶固是"格"不正以归于"正"，为善则不善正了，亦是"格"不正以归于"正"也。如此，则吾心"良知"无私欲蔽了，得以致其极，而意之所发，好善去恶，无有不诚矣。"诚意"工夫实下手处在"格物"

101

也。若如此"格物"，人人便做得，人皆可以为尧、舜，正在此也。

先生曰：众人只说"格物"要依晦翁，何曾把他的说去用？我着实曾用来。初年与钱友同论做圣贤要"格"天下之物，如今安得这等大的力量？因指亭前竹子，令去"格"看。钱子早夜去穷"格"竹子的道理，竭其心思至于三日，便致劳神成疾。当初说他这是精力不足，某因自去穷"格"，早夜不得其理，到七日，亦以劳思致疾。遂相与叹圣贤是做不得的，无他大力量去"格物"了。及在夷中三年，颇见得此意思，方知天下之物本无可"格"者。其"格物"之功，只在身心上做，决然以圣人为人人可到，便自有担当了。这里意思，却要说与诸公知道。

门人有言：邵端峰论童子不能"格物"，只教以洒扫应对之说。

先生曰：以洒扫应对就是一件物，童子"良知"只到此，便教去洒扫应对，就是"致"他这一点"良知"了。又如童子知畏先生长者，此亦是他"良知"处。故虽嬉戏中见了先生长者，便去作揖恭敬，是他能"格物"以致敬师长之"良知"了。童子自有童子的"格物"、"致知"。

又曰：我这里言"格物"，自童子以至圣人，皆是此等工夫。但圣人"格物"，便更熟得些子，不消费力。如此"格物"，虽卖柴人亦是做得，虽公卿大夫以至天子，皆是如此做。

或疑"知行不合一"，以"知之匪艰"二句为问。

先生曰："良知"自知，原是容易的。只是不能"致"那"良知"，便是"知之匪艰，行之惟艰"。

门人问曰："知行"如何得"合一"？且如《中庸》言"博学之"，又说个"笃行之"，分明"知行"是两件。

先生曰：博学只是事事学存此"天理"，笃行只是"学之不已"之意。

又问：《易》"学以聚之，又言"仁以行之"，此是如何？

先生曰：也是如此。事事去学存此"天理"，则此心更无放失时，故曰："学以聚之。"然常常学存此"天理"，更无私欲间断，此即是此心不息处，故曰："仁以行之。"

又问：孔子言"知及之，仁不能守之"，"知行"却是两个了。

先生曰：说"及之"，已是行了，但不能常常行，已为"私欲"间断，便是"仁不能守"。

又问"心即理"之说。程子云："在物为理。"如何谓"心"即"理"？

先生曰："在物为理"，"在"字上当添一"心"字，此"心"在"物"

则为"理"。如此心在事父则为"孝"，在事君则为"忠"之类。

先生因谓之曰：诸君要识得我立言宗旨。我如今说个"心即理"是如何？只为世人分"心"与"理"为二，故便有许多病痛。如五伯攘夷狄，尊周室，都是一个私心，便不当理。人却说他做得当理，只心有未纯，往往悦慕其所为，要来外面做得好看，却与心全不相干。分"心"与"理"为二，其流至于伯道之伪而不自知。故我说个"心"即"理"，要使知"心"、"理"是一个，便来"心"上做工夫，不去袭义于外，便是王道之真。此我立言宗旨。

又问：圣贤言语许多，如何却要打做一个？

曰：我不是要打做一个，如曰："夫道，一而已矣。"又曰："其为物不二，则其生物不测。"天地圣人皆是一个，如何二得？

心不是一块血肉，凡知觉处便是"心"，如耳目之知视、听，手足之知痛、痒，此知觉便是心也。

以方问曰：生之说"格物"，凡《中庸》之"慎独"及"集义"、"博约"等说，皆为"格物"之事。

先生曰：非也。"格物"即"慎独"，即戒惧。至于"集义"、"博约"，工夫只一般，不是以那数件都做"格物"底事。

以方问"尊德性"一条。

先生曰："道问学"即所以"尊德性"也。晦翁言："子静以尊德性诲"，某教人岂不是道问学处多了些子"？是分"尊德性"、"道问学"作两件。且如今讲习讨论，下许多工夫，无非只是存此心，不失其德性而已。岂有"尊德性"只空空去尊，更不去问、学？问、学只是空空去问、学，更与德性无关涉？如此，则不知今之所以讲习讨论者更学何事？

问"致广大"二句。

曰："尽精微"即所以"致广大"也。"道中庸"即所以"极高明"也。盖心之本体自是广大底，人不能"尽精微"，则便为私欲所蔽，有不胜其小者矣。故能细微曲折无所不尽，则私意不足以蔽之，自无许多障碍遮隔处，如何广大不致？

又问："精微"还是"念虑"之精微，"事理"之精微？

曰：念虑之精微，即事理之精微也。

先生曰：今之论性者，纷纷异同，皆是说性，非见性也。见性者，无异同之可言矣。

问：声、色、货、利，恐"良知"亦不能无。

先生曰：固然。但初学用功，却须扫除荡涤，勿使留积，则适然来遇，始不为累，自然顺而应之。"良知"只在声、色、货、利上用功，能致得"良知"精精明明，毫发无蔽，则声、色、货、利之交，无非"天则"流行矣。

先生曰：吾与诸公讲"致知"、"格物"，日日是此，讲一二十年俱是如此。诸君听吾言，实去用功，见吾讲一番，自觉长进一番。否则只作一场话说，虽听之亦何用？

先生曰：人之本体常常是寂然不动的，常常是感而遂通的。"未应不是先，已应不是后。"

一友举佛家以手指显出问曰："众曾见否？"众曰："见之。"复以手指入袖，问曰："众还见否？"众曰："不见。"佛说："还未见性。"此义未明。

先生曰：手指有见有不见，尔之见性常在。人之心神，只在"有睹有闻"上驰骛，不在"不睹不闻"上着实用功。盖"不睹不闻"是"良知"本体，"戒慎恐惧"是"致良知"的功夫。学者时时刻刻"常睹其所不睹"，"常闻其所不闻"，功夫方有个实落处。久久成熟后，则不须著力，不待防检，而真性自不息亦。岂以在外者之闻见为累哉？

问：先儒谓"鸢飞鱼跃"与"必有事焉"同一"活泼泼地"。

先生曰：亦是。天地间活泼泼地，无非此理，便是吾"良知"的流行不息，"致良知"便是"必有事"的工夫。此理非惟不可离，实亦不得而离也。无往而非道，无往而非工夫。

先生曰：诸公在此，务要立个必为圣人之心，时时刻刻，须是一棒一条痕，一掴一拳血，方能听吾说话句句得力。若茫茫荡荡度日，譬如一块死肉，打也不知得痛痒，恐终不济事，回家只寻得旧时伎俩而已，岂不惜哉？

问：近来"妄念"也觉少，亦觉不曾著想定要如何用功，不知此是工夫否？

先生曰：汝且去着实用功，便多这些着想也不妨，久久自会妥帖。若才下得些功，便说效验，何足为恃？

一友自叹：私意萌时，分明自心知得，只是不能使他即去。

先生曰：你萌时，这一知处便是你的命根，当下即去消磨，便是"立命"工夫。

夫子说"性相近"即孟子说"性善"，不可专在气质上说。若说气质，如刚与柔对，如何相近得？惟"性善"则同耳。人生初时，"善"原是同的。但"刚"的习于"善"则为"刚善"，习于"恶"则为"刚恶"，"柔"的习于善则为"柔善",习于恶则为"柔恶",便日相远了。

先生尝语学者曰:心体上着不得一念留滞,就如眼着不得些子尘沙。些子能得几多?满眼便昏天黑地了。

又曰:这一念不但是私念,便好的念头,亦着不得些子。如眼中放些金玉屑,眼亦开不得了。

问:"人心"与"物"同体。如吾身原是血气流通的,所以谓之同体,若于人便异体了,禽、兽、草、木益远矣,而何谓之同体?

先生曰:你只在感应之几上看,岂但禽、兽、草、木,虽天地也与我同体的,鬼、神也与我同体的。

请问。

先生曰:你看这个天、地中间,甚么是天、地的心?

对曰:尝闻人是天地的心。

曰:人又甚么叫做心?

对曰:只是一个灵明。

曰:可知充天塞地中间,只有这个灵明,人只为形体自间隔了。我的灵明,便是天、地、鬼、神的主宰。天没有我的灵明,谁去仰他高?地没有我的灵明,谁去俯他深?鬼、神没有我的灵明,谁去辩他吉、凶、灾、祥?天、地、鬼、神、万物,离却我的灵明便没有天、地、鬼、神、万物了。我的灵明,离却天、地、鬼、神、万物,亦没有我的灵明。如此,便是一气流通的,如何与他间隔得?

又问:天、地、鬼、神、万物,千古见在,何没了我的灵明,便俱无了?

曰:今看死的人,他这些精灵游散了,他的天、地、鬼、神、万物尚在何处?

先生起行征思、田,德洪与汝中追送严滩,汝中举佛家实相幻相之说。

先生曰:有心俱是实,无心俱是幻;无心俱是实,有心俱是幻。

汝中曰:有心俱是实,无心俱是幻,是"本体"上说"工夫";无心俱是实,有心俱是幻,是"工夫"上说"本体"。

先生然其言。洪于是时尚未了达,数年用功,始信"本体"、工夫合一。但先生是时因问偶谈,若吾儒指点人处,不必借此立言耳。

尝见先生送二三耆宿出门,退坐于中轩,若有忧色,德洪趋进请问。

先生曰:顷与诸老论及此学,真圆凿方枘。此道坦如道路,世儒往往自加荒塞，终陷荆棘之场而不悔，吾不知其何说也？

德洪退谓朋友曰：先生诲人，不择衰朽，仁人悯物之心也。

先生曰：人生大病，只是一"傲"字。为子而傲，必不孝；为臣而傲，必不忠；为父而傲，必不慈；为友而傲，必不信：故象与丹朱俱不肖，亦只一"傲"字，便结果了此生。诸君常要体此人心本是天然之理，精精明明，无致介染著，只是一"无我"而已；胸中切不可"有"，有即"傲"也。古先圣人许多好处，也只是"无我"而已，"无我"自能谦。"谦者"众善之基，"傲者"众恶之魁。

又曰：此道至简至易的，亦至精至微的。孔子曰："其如示诸掌乎！"且人于掌，何日不见，及至问他掌中多少文理，却便不知。即如我"良知"二字，一讲便明，谁不知得？若欲的见"良知"，却谁能见得？

问曰：此知恐是无方体的，最难捉摸。

先生曰："良知"即是《易》："其为道也屡迁，变动不居，周流六虚，上下无常，刚柔相易，不可为典要，惟变所适。"此知如何捉摸得？见得透时便是圣人。

问：孔子曰："回也，非助我者也。"是圣人果以相助望门弟子否？

先生曰：亦是实话。此道本无穷尽，问难愈多，则精微愈显。圣人之言本自周遍，但有问难的人胸中窒碍，圣人被他一难，发挥得愈加精神。若颜子闻一知十，胸中了然，如何得问难？故圣人亦寂然不动，无所发挥，故曰"非助"。

邹谦之尝语德洪曰：舒国裳曾持一张纸，请先生写"拱把之桐梓"一章。先生悬笔为书到"至于身而不知所以养之者"，顾而笑曰："国裳读书，中过状元来，岂诚不知身之所以当养，还须诵此以求警。"一时在侍诸友皆惕然。

钱德洪跋

嘉靖戊子冬，德洪与王汝中奔师丧，至广信，讣告同门，约三年收录遗言。继后同门各以所记见遗。洪择其于问正者，合所私录，得若干条。居吴时，将与《文录》并刻矣，适以忧去，未遂。当是时也，四方讲学日众，师门宗旨既明，若无事于赘刻者，故不复萦念。

去年，同门曾子才汉得洪手抄，复傍为采辑，名曰《遗言》，以刻行于荆。洪读之，觉当时采录未精，乃为删其重，削去芜蔓，存其三分之一，名曰

《传习续录》，复刻于宁国之水西精舍。今年夏，洪来游蕲，沈君思畏曰：师门之教久行于四方，而独未及于蕲。蕲之士得读《遗言》，若亲炙夫子之教；指见良知，若重睹日月之光。惟恐传习之不博，而未以重复之为繁也，请裒（póu：聚集）其所逸者增刻之。若何？洪曰：然。师门"致知"、"格物"之旨，开示来学；学者躬修默悟，不敢以知解承，而惟以实体得，故吾师终日言是而不惮其烦；学者终日听是，而不厌其数；盖指示专一体悟曰"精"，"几"迎于言前，"神"发于言外，感遇之诚也。

今吾师之没未及三纪，而格言微旨渐觉沦晦，岂非吾党身践之不力，多言有以病之耶？学者之趋不一，师门之教不宣也。乃复取逸稿，采其语之不背者，得一卷。其余影响不真，与《文录》既载者，皆削之，并易"中卷"为问答语，以付黄梅尹张君增刻之。庶几读者不以知解承而惟以实体得，则无疑于是录矣。

嘉靖丙辰夏四月，门人钱德洪拜书于蕲之崇正书院。

[附录] 朱子晚年定论

《定论》首刻于南赣。朱子病目静久，忽悟圣学之渊薮，乃大悔中年注述误己误人，遍告同志。师阅之，喜已学与晦翁同，手录一卷，门人刻行之。自是为朱子论异同者寡矣。师曰："无意中得此一助！"隆庆壬申，虬峰谢君廷杰刻师《全书》，命刻《定论》附《语录》后，见师之学与朱子无相谬戾，则千古正学同一源矣。并师首叙与袁庆麟跋凡若干条，洪僭引其说。

朱子晚年定论

阳明子序曰：

洙、泗之传，至孟氏而息；千五百余年，濂溪、明道始复追寻其绪；自从辨析日详，然亦日就支离决裂，旋复湮晦。吾尝深求其故，大抵皆世儒之多言有以乱之。

守仁早岁业举，溺志词章之习，既乃稍知从事正学，而苦于众说之纷扰疲苶，茫无可入，因求诸老、释，欣然有会于心，以为圣人之学在此矣！然于孔子之教间相出入，而措之日用，往往缺漏无归；依违往返，且信且疑。其后谪官龙场，居夷处困，动心忍性之余，恍若有悟，体验探求，再更寒暑，证诸《五经》、《四子》，沛然若决江河而放诸海也。然后叹圣人之道坦如大路，而视之儒者妄开窦迳，蹈荆棘，堕坑堑，究其为说，反出二氏之下。宜乎世之高明之士厌此而趋彼也！此岂二氏之罪哉！间尝以语同志，而闻者竞相非议，目以为立异好奇；虽每痛反探抑，务自搜剔斑瑕，而愈益精明，的确洞然无复可疑；独于朱子之说有相牴牾，恒疚于心，切疑朱子之贤，而岂其于此尚有未察？及官留都，复取朱子之书而检求之，然后知其晚岁故已大悟旧说之非，痛悔极艾，至以为自诳诳人之罪，不可胜赎。世之所传《集注》、《或问》之类，乃其中年未定之说，自咎以为旧本之误，思改正而未及，而其诸《语类》之属，又其门人挟胜心以附己见，固于朱子平日之说犹有大相谬戾者，而世之学者局于见闻，不过持循讲习于此。其余悟后之论，概乎其未有闻，则亦何怪乎予言之不信，而朱子之心无以自暴于后事也乎？

予既自幸其说之不谬于朱子，又喜朱子之先得我心之同，然且慨夫世之学者徒守朱子中年未定之说，而不复知求其晚岁既悟之论，竞相呶呶，以乱正学，不自知其已入于异端；辄采录而衰集之，私以示夫同志，庶几无疑于吾说，而圣学之明可冀矣！

正德乙亥冬十一月朔，后学余姚王守仁序。

答黄直卿书

为学直是先要立本。文义却可且与说出正意，令其宽心玩味；未可便令考校同异，研究纤密，恐其意思促迫，难得是向来定本之误。今幸见得，却烦勇革。不可苟避讥笑，却误人也。

答吕子约

日用工夫，比复何如？文字虽不可废，然涵养本原而察于天理人欲之判，此是日用动静之间，不可顷刻间段底事。若于此处见得分明，自然不到得流入世俗功利权谋里去矣。熹亦近日方实见得向日支离之病，虽与彼中证候不同，然忘己逐物、贪外虚内之失，则一而已。程子说"不得以天下万物扰己，己立后自能了得天下万物"，今自家一个身心不知安顿去处，而谈王说伯，将经世事业别作一个伎俩商量讲究，不亦误乎！相去远，不得面论；书问终说不尽，临风叹息而已。

答何叔京

前此僭易拜禀博观之蔽，诚不自揆。乃蒙见是，何幸如此！然观来谕，似有未能遽舍之意，何邪？此理甚明，何疑之有？若使道可以多闻博观而得，则世之知道者为不少矣。熹近日因事方有少省发处，如"鸢飞鱼跃"，明道以为与"必有事焉勿正"之意同者，乃今晓然无疑。日用之间，观此流行之体，初无间段处，有下功夫处。乃知日前自诳诳人之罪，盖不可胜赎也。此与守书册，泥言语，全无交涉；幸于日用间察之，知此则知仁矣。

答潘叔昌

示喻"天上无不识字的神仙"，此论甚中一偏之弊。然亦恐只学得识字，却不曾学得上天，即不如且学上天耳。上得天了，却旋学上天人，亦不妨也。中年以后，气血精神能有几何？不是记故事时节。熹以目昏，不敢着力读书。闲中静坐，收敛身心，颇觉得力。间起看书，聊复遮眼，遇有会心处，时一喟然耳！

答潘叔度

熹衰病，今岁幸不至剧，但精力益衰，目力全短，看文字不得；冥目静坐，却得收拾放心，决得日前外面走作不少，颇恨盲废之不早也。看书鲜识之喻，诚然。然严霜大冻之中，岂无些小风和日暖意思？要是多者胜耳！

与吕子约

孟子言"学问之道，惟在求其放心"；而程子亦言"心要在腔子里"。今一向耽着文字，令此心全体都奔在册子上，更不知有己；便是个无知觉不识痛痒之人，虽读得书，亦何益于吾事邪？

与周叔谨

应之甚恨未得相见，其为学规模次第如何？近来吕、陆门人互相排斥，此由各徇所见之偏，而不能公天下之心以观天下之理，甚觉不满人意。应之盖尝学于两家，未知其于此看得果如何？因话扣之，因书谕及为幸也。熹近日亦觉向来说话有大支离处，反身以求，正坐自己用功亦未切耳。因此减去文字工夫，觉得闲中气象甚适。每劝学者且亦看《孟子》"道性善"、"求放心"两章，着实体察收拾为要；其余文字，且大概讽诵涵养，未须大段着力考索也。

答陆象山

熹衰病日侵，去年灾患亦不少，比来病躯方似略可支吾。然精神耗减，日甚一日，恐终非能久于世者。所幸迩来日用工夫颇觉有力，无复向来支离之病。甚恨未得从容面论。未知异时相见，尚复有异同否耳？

答符复仲

闻向道之意甚勤。向所喻义利之间，诚有难择者；但意所疑，以为近利者，即便舍去可也。向后见得亲切，却看旧事，又有见未尽舍未尽者，不解有过当也。见陆丈回书，其言明当，且就此持守，自见功效；不须多疑多问，却转迷惑也。

答吕子约

日用工夫，不敢以老病而自懈。觉得此心操存舍亡，只在反掌之间。向来诚是太涉支离。盖无本以自立，则事事皆病尔。又闻讲授亦颇勤劳，此恐或有未便。今日正要清源正本，以察事变之几微，岂可一向汩溺于故纸堆中，使精神昏弊，失后忘前，而可以谓之学乎？

与吴茂实

近来自觉向时工夫，止是讲论文义，以为积集义理，久当自有得力处，却于日用工夫全少检点。诸朋友往往亦只如此做工夫，所以多不得力。今方深省而痛惩之，亦欲与诸同志勉焉。幸老兄遍以告之也。

答张敬夫

熹穷居如昨，无足言者。自远去师友之益，兀兀度日。读书反己，固不无警省处，终是旁无疆辅，因循汩没，寻复失之。近日一种向外走作，心悦之而不能自已者，皆准止酒例戒而绝之，似觉省事。此前辈所谓"下士晚闻道"聊以拙自"慎读"、《大学》"诚意"、"毋自欺"处，常苦求之太过，措词烦猥；近日乃觉其非，此正是最切近处，最分明处。乃舍之而谈空于冥漠之间，其亦误矣。方窃以此意痛自检勒，懔然度日，惟恐有怠而失之也。至于文字之间，亦觉向来病痛不少。盖平日解经最为守章句者，然亦多是推衍文义，自做一片文字；非惟屋下架屋，说得意味淡薄，且是使人看者将注与经作两项工夫，做了下梢，看得支离，至于本旨，全不相照。以此方知汉儒可谓善说经者，不过只说训诂，使人以此训诂玩索经文。训诂经文不相离异，只做一道看了，直是意味深长也。

答吕伯恭

道间与季通讲论，因悟向来涵养工夫全少，而讲说又多，疆探必取巡流逐末之弊；推类以求，众病非一，而其源皆在此，恍然自失，似有顿进之功。若保此不懈，庶有望于将来。然非如近日诸贤所谓顿悟之机也。向来所闻诲谕诸说之未契者，今日细思，吻合无疑。大抵前日之病，皆是气质躁妄之偏，不曾涵养克治，任意直前之弊耳。

答周纯仁

闲中无事，固宜谨出，然想亦不能一并读得许多。似此专人来往劳费，亦是未能省事随寓而安之病。又如多服燥热药，亦使人血气偏胜，不得和平，不但非所以卫生，亦非所闲退之意胜，而飞扬燥扰之气消，则治心养气、处事接物自然安稳，一时长进，无复前日内外之患矣。

答窦文卿

为学之要，只在着实操存，密切体认，自己身心上理会。切忌轻自表暴，引惹外人辩论，枉费酬应，分却向里工夫。

答吕子约

闻欲与二友俱来而复不果，深以为恨。年来觉得日前为学不得要领，自做身主不起，反为文字夺却精神，不是小病。每一念之，惕然自惧，且为朋友忧之。而每得子约书，辄复恍然，尤不知所以为贤者谋也。且如临事迟回，瞻前顾后，只此亦可见得心术影子。当时若得相聚一番，彼此极论，庶几或有剖决之助。今又失此机会，极令人怅恨也！训导后生，若说得是，当极有可自警省处，不会减人气力。若只如此支离，漫无绝纪，则虽不教后生，亦只见得展转迷惑，无出头处也。

答林择之

熹哀苦之余，无他外诱，日用之间，痛自敛饬，乃知敬费光阴，人欲横流，天理几灭。今而思之，怛然震悚，盖不知所以措其躬也。

又

　　此中见有朋友数人讲学，其间亦难得朴实地负荷得者。因思日前讲论，只是口说，不曾实体于身，故在己在人，都不得力。今方欲与朋友说日用之间，常切点检气习偏处、意欲萌处，与平日所讲相似与不相似，就此痛着工夫，庶几有益。陆子寿兄弟，近日议论，却肯向讲学上理会。其门人有相访者，气象皆好。但其间亦有旧病。此间学者却是与渠相反，初谓只如此讲学，渐涵自能入德。不谓末流之弊只成说话，至于人伦日用最切近处，亦都不得毫毛气力。此不可不深惩而痛警也！

答梁文叔

　　近看孟子见人即道性善，称尧、舜，此是第一义。若于此看得透，信得及，直下便是圣贤，便无一毫人欲之私做得病痛。若信不及孟子，又说个第二节工夫，又只引成覸、颜渊、公明仪三段说话教人如此，发愤勇猛向前，日用之间，不得存留一毫人欲之私在这里，此外更无别法。若于此有个奋迅兴起处，方有田地可下工夫。不然，即是画脂镂冰，无真实得力处也。近日见得如此，自觉颇得力，与前日不同，故此奉报。

答潘叔恭

　　学问根本在日用间，持敬集义工夫，直是要得念念省察。读书求义，乃其间之一事耳。旧来虽知此意，然于缓急之间，终是不觉有倒置处，误人不少。今方自悔耳！

答林充之

　　充之近读何书？恐更当于日用之间为人之本者，深加省察，而去其有害于此者为佳。不然，诵说虽精，而不践其实，君子盖深耻之。此固充之平日所讲闻也。

答何叔景

　　李先生教人，大抵令于静中体认大本未发时气象，分明即处事应物，自然中节。此乃龟山门下相传指诀，然当时亲炙之时，贪听讲论，又方窃好章句训诂之习，不得尽心于此；至今若存若亡，无一的实见处，辜负教育之意。每一念此，未尝不愧汗沾衣也。

又

熹近来尤觉错愦无进步处。盖缘日前偷堕苟简，无深探力行之志，凡所论说，皆出入口耳之余，以故全不得力。今方觉悟，欲勇革旧习，而血气已衰，心志亦不复强，不知终能有所济否？

又

向来妄论"持敬"之说，亦不自记其云何。但因其良心发现之微，猛省提撕，使心不昧，则是做工夫的本领。本领既立，自然下学而上达矣。若不察良心发现处，即渺渺茫茫，恐无下手处也。中间所见亦是如此。近因反求未得个安稳处，却始知此未免支离，如所谓因诸公以求程氏，因程氏以求圣人，是隔几重公案，曷若默会诸心，以立其本，而其言之得失，自不能逃吾之鉴邪？钦夫之学所以超脱自在，见得分明，不为言句所桎梏，只为合下人处亲切。今日说话虽未能绝无渗漏，终是本领。是当非吾辈所及，但详观所论，自可见矣。

答林择之

所论颜、孟不同处，极善极善！正要见此曲折，始无窒碍耳。比来想亦只如此用功。熹近只就此处见得向来未见底意思，乃知存入自明，何待穷索之语，是真实不诳语。今未能久，已有此验，况真能久邪？但当益加勉励，不敢少弛其劳耳！

答杨子直

学者堕在语言，心实无得，固为大病；然于语言中，罕见有究竟得彻头彻尾者。盖资质已是不及古人，而工夫又草草，所以终身于此，若存若亡，未有卓然可恃之实。近因病后，不敢极力读书，闲中却觉有进步处。大抵孟子所论求其放心，是要诀尔！

与田侍郎子真

吾辈今日事事做不得，只有向里存心窍理，外人无交涉。然亦不免违条碍贯，看来无着力处，只有更攒近里面，安身立命尔。不审此日何所用心？因书及之，深所欲闻也。

答陈才卿

详来示，知日用工夫精进如此，尤以为喜。若知此心理端的在我，则参前倚衡，自有不容舍者，亦不待求而得，不待操而存矣。格物致知，亦是因其所已知者推之，以及其所未知，只是一本，原无两样工夫也。

与刘子澄

居官无修业之益，若以俗学言之，诚是如此；若论圣门所谓德业者，却初不在日用之外，只押文字，便是进德修业地头，不必编缀异闻，乃为修业也。近觉向来为学，实有向外浮泛之弊；不惟自误，而误人亦不少。方别寻得一头绪，似差简约端的，始知文字言语之外，真别有用心处，恨未得面论也。浙中后来事体，大段支离乖僻，恐不止似正似邪而已，极令人难说，只得惶恐，痛自警省！恐未可专执旧说以为取舍也。

与林择之

熹近觉向来乖谬处不可缕数，方惕然思所以自新者，而日用之间，悔吝潜积，又已甚多。朝夕惴惧，不知所以为计。若择之能一来辅此不逮，幸甚！然讲学之功，比旧却觉稍有寸进。以此知初学得些静中功夫，亦为助不小。

答吕子约

示喻日用工夫如此，甚善！然亦且要见一大头脑分明，便于操舍之间有用力处；如实有一物，把住放行在自家手里，不是谩说求其放心，实却茫茫无把捉处也。

子约复书云："某盖尝深体之，此个大头脑本非外面物事，是我元初本有底。其曰'人生而静'，其曰'喜怒哀乐之未发'，其曰'寂然不动'，人汩汩地过了日月，不曾存息，不曾实现此体段，如何会有用力处？程子谓'这个义理，仁者又看做仁了，智者又看做智了，百姓日用不知，此所以君子之道鲜'。此个亦不少，亦不剩，只是人看他不见，不大段信得此话。及其言于勿忘勿助长间认取者，认乎此也。认得此，则一动一静皆不昧矣！恻隐羞恶辞让是非，四端之著也，操存久则发现多；忿懥忧患好乐恐惧，不得其正也，放舍甚则日滋长。记得南轩先生谓'验厥操舍，乃知出入'，乃是见得主脑，于操舍间有用力处之实话。盖苟知主脑不放下，虽是未能常常操存，然语默应酬间历历能自省验，虽其实有一物在我手里，然可欲者是我的物，不可放失；不可欲者非是我物，不可留藏；虽谓之实有一物在我手里，亦可也。若是谩说，既无归宿，亦无依据，纵使缰把捉得住，亦止是袭取，夫岂是我元有的邪？愚见哪些，敢望指教。"朱子答书云："此段大概，甚正当亲切。"

答吴德夫

承喻仁字之说，足见用力之深。熹意不欲如此坐谈，但直以孔子、程子所示求仁之方，择其一二切于吾身者，笃志而力行之，于动静语默间，勿令间断，则久久自当知味矣。去人欲，存天理，且据所见去之存之。工夫既深，则所谓似天理而实人欲者次第可见。今大体未正，而便察及细微，恐有放饭流啜，而问无齿决之讥也。如何如何？

答或人

中和二字，皆道之体用。旧闻李先生论此最详，后来所见不同，遂不复致思。今乃知其为人深切，然恨己不能尽记其曲折矣。如云"人固有无所喜怒哀乐之时，然谓之未发，则不可言无主也"，又如先言慎独，然后及中和，此亦尝言之。但当时既不领略，后来又不深思，遂成蹉过，孤负此翁耳！

答刘子澄

日前为学，缓于反己追思，凡多百可悔者。所论注文字，亦坐此病，多无着实处。回首茫然，计非岁月工夫所能救治，以此愈不自快。前时犹得敬夫、伯恭时惠规益，得以自警省；二友云亡，耳中绝不闻此等语。今乃深有望于吾子澄。自此惠书，痛加镌诲，乃君子爱人之意也。

朱子之后，如真西山、许鲁齐、吴草庐亦皆有见于此，而草庐见之尤真，悔之尤切。今不能备录，取草庐一说附于后。

临川吴氏曰："天之所以生人，人之所以为人，以此德性也。然自圣传不嗣，士学靡宗，汉、唐千余年间，董、韩二子依稀数语近之，而原本竟昧昧也。逮夫周、程、张、邵兴，始能上通孟氏而为一。程氏四传而至朱，文义之精密，又孟氏以来所未有者。其学徒往往滞于此而溺其心。夫既以世儒记诵词章为俗学矣，而其为学亦未离乎言语文字之末。此则嘉定以后朱门末学之敝，而未有能救之者也。夫所贵乎圣人之学，以能全天之所以与我者尔。天之与我，德性是也，是为仁义礼智之根株，是为形质血气之主宰。舍此而他求，所学何学哉？假而行如司马文正公，才如诸葛忠武侯，亦不免为习不著，行不察；亦不过为资器之超于人，而谓有得于圣学则未也。况止于训诂之精，讲说之密，如北溪之陈，双峰之饶，则与彼记诵词章之俗学，相去何能以寸哉？圣学大明于宋代，而踵其后者如此，可叹已！澄也钻研于文义，毫分缕析，每以陈为未精，饶为未密也。堕此科臼中垂四十年，而始觉其非。自今以往，一日之内而亥，一月之内朔而晦，一岁之内春而冬，常见吾德性之昭昭，如天之运转，如日月之往来，不使有须臾之间断，则于尊之之道殆庶几乎？于此有未能，则问于人，学于己，而必欲其至。若其用力之方，非言之可喻，亦味于《中庸》首章、《订顽》终篇而自悟可也。"

《朱子晚年定论》，我阳明先生在留都时所采集者也。揭阳薛君尚谦旧录一本，同志见之，至有不及抄写，袖之而去者。众皆惮于翻录，乃谋而寿诸梓。谓"子以齿，当志一言。"惟朱子一生勤苦，以惠来学，凡一言一字，皆所当守；而独表章是、尊崇乎此者，盖以为朱子之定见也。今学者不求诸此，而犹踵其所悔，是蹈舛也，岂善学朱子者哉？麟无似；从事于朱子之训余三十年，非不专且笃，而竟亦未有居安资深之地，则犹以为知之未详，而览之未博也。戊寅夏，持所著论若干卷来见先生。闻其言，如日中天，睹之即见；象五谷之艺地，种之即生；不假外求，而真切简易，恍然有悟。退求其故而不合，则又不免迟疑于其间。及读是编，始释然，尽投其所业，假馆而受学，盖三月而若将有闻焉。然后知乡之所学，乃朱子中年未定之论，是故三十年而无获。今赖天之灵，始克从事于其所谓定见者，故能三月而若将有闻也。非吾先生，几乎已矣！敢以告夫同志，使无若麟之晚而后悔也。若夫直求本原于言语之外，真有以验其必然而无疑者，则存乎其之自力，是编特为之指迷耳。

正德戊寅六月望，门人零都袁庆麟谨识。

卷四　文录一

书一　始正德己巳至庚辰

与辰中诸生　己巳

　　谪居两年，无可与语者。归途乃得诸友，何幸何幸！方以为喜，又遽尔别去，极怏怏也。绝学之余，求道者少；一齐众楚，最易摇夺。自非豪杰，鲜有卓然不变者。诸友宜相砥砺夹持，务期有成。近世士夫亦有稍知求道者，皆因实德未成而先揭标榜，以来世俗之谤，是以往往隳堕无立，反为斯道之梗。诸友宜以是为鉴，刊落声华，务于切己处著实用力。

　　前在寺中所云静坐事，非欲坐禅入定。盖因吾辈平日为事物纷拏，未知为己，欲以此补小学收放心一段工夫耳。明道云："才学便须知有著力处，既学便须知有著力处。"诸友宜于此处著力，方有进步，异时始有得力处也。"学要鞭辟近里著己"、"君子之道暗然而日章"、"为名与为利，虽清浊不同，然其利心则一"、"谦受益"、"不求异于人，而求同于理"，此数语宜书之壁间，常目在之。举业不患妨功，惟患夺志。只如前日所约，循循为之，亦自两无相碍。所谓知得洒扫应对，便是精义入神也。

答徐成之　辛未

　　汝华相见于逆旅，闻成之启居甚悉；然无因一面，徒增悒怏。吾乡学者几人，求其笃信好学如吾成之者谁欤？求其喜闻过，忠告善道如吾成之者谁欤？过而莫吾告也，学而莫吾与也，非吾成之之思而谁思欤？嗟吾成之，幸自爱重！

　　自人之失其所好，仁之难成也久矣。向吾成之在乡党中，刻厉自立，众皆非笑，以为迂腐，成之不为少变。仆时虽稍知爱敬，不从众非笑，然尚未知成之之难得如此也。今知成之之难得，则又不获朝夕相与，岂非大可憾欤！修己治人，本无二道。政事虽剧，亦皆学问之地，谅吾成之随在有得。然何从一

117

闻至论，以洗凡近之见乎！爱莫为助。近为成之思进学之功，微觉过苦。先儒所谓"志道恳切，固是诚意；然急迫求之，则反为私己"，不可不察也。日用间何莫非天理流行，但此心常存而不放，则义理自熟。孟子所谓"勿忘勿助，深造自得"者矣。学问之功何可缓，但恐著意把持振作，纵复有得，居之恐不能安耳。成之之学，想亦正不如此。以仆所见，微觉其有近似者，是以不敢不尽。亦以成之平时之乐闻，且欲以是求教也。

答黄宗贤应原忠 辛未

昨晚言似太多，然遇二君亦不得不多耳。其间以造诣未熟，言之未莹则有之，然却自是吾侪一段的实工夫。思之未合，请勿轻放过，当有豁然处也。圣人之心，纤翳自无所容，自不消磨刮。若常人之心，如斑垢驳杂之镜，须痛加刮磨一番，尽去其驳蚀，然后纤尘即见，才拂便去，亦自不消费力。到此已是识得仁体矣。若驳杂未去，其间固自有一点明处，尘埃之落，固亦见得，亦才拂便去。至于堆积于驳蚀之上，终弗之能见也。此学利困勉之所由异，幸弗以为烦难而疑之也。凡人情好易而恶难，其间亦自有私意气习缠蔽，在识破后，自然不见其难矣。古之人至有出万死而乐为之者，亦见得耳。向时未见得向里面意思，此工夫自无可讲处。今已见此一层，却恐好易恶难，便流入禅释去也。昨论儒释之异，明道所谓"敬以直内"则有之，"义以方外"则未。毕竟连"敬以直内"亦不是者，已说到八九分矣。

答汪石潭内翰 辛未

承批教。连日疮甚，不能书，未暇请益。来教云"昨日所论乃是一大疑难。"又云："此事关系颇大，不敢不言。"仆意亦以为然，是以不能遽已。夫喜怒哀乐，情也。既曰不可，谓未发矣。喜怒哀乐之未发，则是指其本体而言，性也。斯言自子思，非程子而始有。执事既不以为然，则当自子思《中庸》始矣。喜怒哀乐之与思与知觉，皆心之所发。心统性情。性，心体也；情，心用也。程子云："心，一也。有指体而言者，寂然不动是也；有指用而言者，感而遂通是也。"斯言既无以加矣，执事姑求之体用之说。夫体用一源也，知体之所以为用，则知用之所以为体者矣。虽然，体微而难知也，用显而易见也。执事之云不亦宜乎？夫谓"自朝至暮，未尝有寂然不动之时"者，是见其用而不得其所谓体也。君子之于学也，因用以求其体。凡程子所谓"既思即是已发，即有知觉，即是动"者，皆为求中于喜怒哀乐未发之时者言也，非

118

谓其无未发者也。朱子于未发之说，其始亦尝疑之，今其集中所与南轩论难辩析者，盖往复数十而后决，其说则今之《中庸注疏》是也，其于此亦非苟矣。独其所谓"自戒惧而约之，以至于至静之中；自谨独而精之，以至于应物之处"者，亦若过于剖析。而后之读者遂以分为两节，而疑其别有寂然不动、静而存养之时，不知常存戒慎恐惧之心，则其工夫未始有一息之间，非必其不睹不闻而存养也。吾兄且于动处加工，勿使间断。动无不和，即静无不中。而所谓寂然不动之体，当自知之矣。未至而揣度之，终不免于对塔说相轮耳。然朱子但有知觉者在，而未有知觉之说，则亦未莹。吾兄疑之，盖亦有见。但其所以疑之者，则有因噎废食之过，不可以不审也。君子之论，苟有以异于古，姑毋以为决然，宜且循其说而究之，极其说而果有不达也，然后从而断之，是以其辩之也明，而析之也当。盖在我者，有以得其情也。今学如吾兄，聪明超特如吾兄，深潜缜密如吾兄，而犹有未悉如此，何邪？吾兄之心，非若世之立异自高者，要在求其是而已，故敢言之无讳。有所未尽，不惜教论；不有益于兄，必有益于我也。

寄诸用明 辛未

得书，足知迩来学力之长，甚喜！君子惟患学业之不修，科第迟速，所不论也。况吾平日所望于贤弟，固有大于此者，不识亦尝有意于此否耶？便中时报知之。

阶阳诸侄，闻去岁皆出投试，非不喜其年少有志，然私心切不以为然。不幸遂至于得志，岂不误却此生耶？凡后生美质，须令晦养厚积。天道不翕聚，则不能发散，况人乎？花之千叶者无实，为其华美太发露耳。诸贤侄不以吾言为迂，便当有进步处矣。

书来劝吾仕，吾亦非洁身者，所以汲汲于是，非独以时当敛晦，亦以吾学未成。岁月不待，再过数年，精神益弊，虽欲勉进而有所不能，则将终于无成。皆吾所以势有不容已也。但老祖而下，意皆不悦，今亦岂能决然行之？徒付之浩叹而已！

答王虎谷 辛未

承示"别后看得一'性'字亲切"。孟子云："尽其心者，知其性也；知其性，则知天矣。"此吾道之幸也，喜慰何可言！"弘毅"之说极是。但云"既不可以弃去，又不可以减轻；既不可以住歇，又不可以不至"，则是犹有不得已之意也。不得已之意与自有不能已者，尚隔一层。程子云："知之而至，则循理为乐，不循理为不乐。"自有不能已者，循理为乐者也。非真能知性者未易及此。知性则知仁矣。仁，人心也。心体本自弘毅，不弘者蔽之也，不毅者累之也。故烛理明则私欲自不能蔽累；私欲不能蔽累，则自无不弘毅矣。弘非有所扩而大之也，毅非有所作而强之也，盖本分之内，不加毫末焉。曾子"弘毅"之说，为学者言，故曰"不可以不弘毅"，此曾子穷理之本，真见仁体而后有是言。学者徒知不可不弘毅，不知穷理，而惟扩而大之以为弘，作而强之以为毅，是亦出于一时意气之私，其去仁道尚远也。此实公私义利之辩，因执事之诲而并以请正。

与黄宗贤 辛未

所喻皆近思切问，足知为功之密也，甚慰！夫加诸我者，我所不欲也，无加诸人；我所欲也，出乎其心之所欲，皆自然而然，非有所强，勿施于人，则勉而后能。此仁恕之别也。然恕，求仁之方，正吾侪之所有事也。子路之勇，而夫子未许其仁者，好勇而无所取裁，所勇未必皆出天理之公也。事君而不避其难，仁者不过如是。然而不知食辄之禄为非义，则勇非其所宜，勇不得为仁矣。然勇为仁之资，正吾侪之所尚欠也。鄙见如此，明者以为何如？未尽，望便示。

二 壬申

使至，知近来有如许忙，想亦因是大有得力处也。仆到家，即欲与曰仁成雁荡之约，宗族亲友相牵绊，时刻弗能自由。五月终，决意往；值烈暑，阻者益众且坚，复不果。时与曰仁稍寻傍近诸小山，其东南林壑最胜绝处，与数友相期，候宗贤一至即往。又月余，曰仁凭限过甚，乃翁督促，势不可复待，乃从上虞入四明，观白水，寻龙溪之源；登杖锡，至于雪窦；上千丈岩以望天姥、华顶，若可睹焉。欲遂从奉化取道至赤城，适彼中多旱，山田尽龟裂，道傍人家徬徨望雨，意惨然不乐，遂从宁波买舟还余姚。往返亦半月余，相从诸友亦微有所得，然无大发明。其最所歉然，宗贤不同兹行耳！归又半月，曰仁行去，使来时已十余日。思往时在京，每恨不得还故山，往返当益易，乃今益难。自后精神意气当日不逮前，不知回视今日，又何如也！念之可叹可惧！留居之说，竟成虚约。亲友以曰仁既往，催促日至，滁阳之行，难更迟迟，亦不能出是月。闻彼中山水颇佳胜，事亦闲散。宗贤有惜阴之念，明春之期，亦既后矣。此间同往者，后辈中亦三四人，习气已深，虽有美质，亦消化渐尽。此事正如淘沙，会有见金时，但目下未可必得耳。

三 癸酉

滁阳之行，相从者亦二三子，兼复山水清远，胜事闲旷，诚有足乐者。故人不忘久要，果能乘兴一来耶？

得应原忠书，诚如其言，亦大可喜。牵制文义，自宋儒已然，不独今时。学者遂求脱然洗涤，恐亦甚难，但得渐能疑辩，当亦终有觉悟矣。自归越后，时时默念年来交游，益觉人才难得，如原忠者，岂易得哉！

京师诸友，迩来略无消息。每因己私难克，辄为诸友忧虑一番。诚得相聚一堂，早晚当有多少砥砺切磋之益！然此在各人，非可愿望得。

四 癸酉

春初，姜翁自天台来，得书，闻山间况味，悬企之极；且承结亭相待，既感深谊，复愧其未有以副也。甘泉丁乃堂夫人忧，近有书来索铭，不久且还增城。道途邈绝，草亭席虚，相聚尚未有日。仆虽相去伊迩，而家累所牵，迟迟未决，所举遂成北山之移文矣。应原忠久不得音问，想数会聚，闻亦北上，果然否？此间往来极多，友道则实寥落。敦夫虽住近，不甚讲学；纯甫近改北验封，且行；曰仁又公差未还；宗贤之思，靡日不切！又得草堂报，益使人神魂飞越，若不能一日留此也，如何如何！去冬解册吏到，承欲与原忠来访，此诚千里命驾矣，喜慰之极！日切瞻望，然又自度鄙劣，不足以承此。曰仁入夏当道越中来此，其时得与共载，何乐如之！

五 癸酉

书来，及纯甫事，恳恳不一而足，足知朋友忠爱之至。世衰俗降，友朋中虽平日最所爱敬者，亦多改头换面，持两端之说，以希俗取容，意思殊为衰飒可悯。若吾兄真可谓信道之笃而执德之弘矣，何幸何幸！仆在留都，与纯甫住密迩，或一月一见，或间月不一见，辄有所规切，皆发于诚爱恳恻，中心未尝怀纤毫较计。纯甫或有所疏外，此心直可质诸鬼神。其后纯甫转官北上，始觉其有恝然者。寻亦痛自悔责，以为吾人相与，岂宜有如此芥蒂，却有堕入世间较计坑陷中，亦成何等胸次！当下冰消雾释矣。其后人言屡屡而至，至有为我愤辞厉色者。仆皆惟以前意处之，实是未忍一日而忘纯甫。盖平日相爱之极，情之所钟，自如此也。旬日间复有相知自北京来，备传纯甫所论。仆窃疑有浮薄之徒，幸吾党间隙，鼓弄交构，增饰其间，未必尽出于纯甫之口。仆非矫为此说，实是故人情厚，不忍以此相疑耳。仆平日之厚纯甫，本非私厚；纵纯甫今日薄我，当亦非私薄。然则仆未尝厚纯甫，纯甫未尝薄仆也，亦何所容心于其间哉！往往见世俗朋友易生嫌隙，以为彼盖苟合于外，而非有性分之契，是以如此，私窃叹悯。自谓吾党数人，纵使散处敌国仇家，当亦断不至是。不谓今日亦有此等议论，此亦惟宜自反自责而已。孟子云："爱人不亲反其仁，行有不得者，皆反求诸己。"自非履涉亲切，应未识斯言味永而意恳也。

仆近时与朋友论学，惟说"立诚"二字。杀人须就咽喉上著刀，吾人为学，当从心髓入微处用力，自然笃实光辉。虽私欲之萌，真是洪炉点雪，天下之大本立矣。若就标末妆缀比拟，凡平日所谓学问思辩者，适足以为长傲遂非之资，自以为进于高明光大，而不知陷于狠戾险嫉，亦诚可哀也已！以近事观之，益见得吾侪往时所论，自是向里。此盖圣学的传，惜乎沦落湮埋已久，往时见得，犹自恍惚。仆近来无所进，只于此处看较分晓，直是痛快，无复可疑。但与吾兄别久，无告语处耳。原忠数聚论否？近尝得渠一书，所见迥然与旧不同，殊慰殊慰！今亦寄一简，不能详细，见时望并出此。归计尚未遂，旬月后且图再举。会期未定，临楮耿耿。

六 丙子

宅老数承远来，重以嘉贶，相念之厚，愧何以堪！令兄又辱书惠，礼恭而意笃，意家庭旦夕之论，必于此学有相发明者，是以波及于仆。喜幸之余，愧何以堪！别后工夫，无因一扣，如书中所云，大略知之。"用力习熟，然后居山"之说，昔人尝有此，然亦须得其源。吾辈通患，正如池面浮萍，随开随蔽。未论江海，但在活水，浮萍即不能蔽。何者？活水有源，池水无源；有源者由己，无源者从物。故凡不息者有源，作辍者皆无源故耳。

七 戊寅

得书，见相念之厚，所引一诗尤恳恻至情，读之既感且愧，几欲涕下。人生动多牵滞，反不若他流外道之脱然也，奈何奈何！近收甘泉书，颇同此憾。士风日偷，素所目为善类者，亦皆雷同附和，以学为讳。吾人尚栖栖未即逃避，真处堂之燕雀耳。原忠闻且北上，恐亦非其本心。仕途如烂泥坑，勿入其中，鲜易复出。吾人便是失脚样子，不可不鉴也。承欲枉顾，幸甚幸甚！

好事多阻，恐亦未易如愿，努力图之！笼中病翼，或能附冥鸿之末而归，未可知也。

与王纯甫 壬申

别后，有人自武城来，云纯甫始到家，尊翁颇不喜，归计尚多牴牾。始闻而怆然，已而复大喜。久之，又有人自南都来者，云"纯甫已莅任，上下多不相能"。始闻而怆然，已而复大喜。吾之怆然者，世俗之私情；所为大喜者，纯甫当自知之。吾安能小不忍于纯甫，不使动心忍性，以大其所就乎？譬之金之在冶，经烈焰，受钳锤，当此之时，为金者甚苦；然自他人视之，方喜金之益精炼，而惟恐火力锤煅之不至。既其出冶，金亦自喜其挫折煅炼之有成矣。某平日亦每有傲视行辈、轻忽世故之心，后虽稍知惩创，亦惟支持抵塞于外而已。及谪贵州三年，百难备尝，然后能有所见，始信孟氏"生于忧患"之言非欺我也。尝以为"君子素其位而行，不愿乎其外。素富贵，行乎富贵；素贫贱，行乎贫贱；素患难，行乎患难；故无入而不自得"。后之君子，亦当素其位而学，不愿乎其外。素富贵，学处乎富贵；素贫贱患难，学处乎贫贱患难；则亦可以无入而不自得。向尝为纯甫言之，纯甫深以为然，不审迩来用力却如何耳。近日相与讲学者，宗贤之外，亦复数人，每相聚辄叹纯甫之高明。今复遭时磨励若此，其进益不可量，纯甫勉之！

汪景颜近亦出宰大名，临行请益，某告以变化气质。居常无所见，惟当利害，经变故，遭屈辱，平时愤怒者到此能不愤怒，忧惶失措者到此能不忧惶失措，始是能有得力处，亦便是用力处。夫卜事虽万变，吾所以应之，不出乎喜怒哀乐四者。此为学之要，而为政亦在其中矣。景颜闻之，跃然如有所得也。甘泉近有书来，已卜居萧山之湘湖，去阳明洞方数十里耳。书屋亦将落成，闻之喜极。诚得良友相聚会，共进此道，人间更复有何乐！区区在外之荣辱得丧，又足挂之齿牙间哉？

二 癸酉

纯甫所问，辞则谦下，而语意之间，实自以为是矣。夫既自以为是，则非求益之心矣。吾初不欲答，恐答之亦无所入也。故前书因发其端，以俟明春渡江而悉。既而思之，人生聚散无常，纯甫之自是，盖其心尚有所惑而然，亦非自知其非而又故为自是以要我者，吾何可以遂已？故复备举其说以告纯甫。

来书云："学以明善诚身，固也。但不知何者谓之善？原从何处得来？今在何处？其明之之功当何如？入头当何如？与诚身有先后次第否？诚是诚个甚的？此等处细微曲折，尽欲扣求启发，而因献所疑，以自附于助我者。"反覆此语，则纯甫近来得力处在此，其受病处亦在此矣。纯甫平日徒知存心之说，而未尝实加克治之功，故未能动静合一，而遇事辄有纷扰之患。今乃能推究若此，必以渐悟往日之堕空虚矣。故曰纯甫近来用功得力处在此。然已失之支离外驰而不觉矣。夫心主于身，性具于心，善原于性，孟子之言性善是也。善即吾之性，无形体可指，无方所可定，夫岂自为一物，可从何处得来者乎？故曰受病处亦在此。纯甫之意，盖未察夫圣门之实学，而尚狃于后世之训诂，以为事事物物，各有至善，必须从事事物物求个至善，而后谓之明善，故有"原从何处得来，今在何处"之语。纯甫之心，殆亦疑我之或堕于空虚也，故假是说以发我之蔽。吾亦非不知感纯甫此意，其实不然也。夫在物为理，处物为义，在性为善，因所指而异其名，实皆吾之心也。心外无物，心外无事，心外无理，心外无义，心外无善。吾心之处事物，纯乎理而无人伪之杂，谓之善，非在事物有定所之可求也。处物为义，是吾心之得其宜也，义非在外可袭而取也。格者，格此也；致者，致此也。必曰事事物物上求个至善，是离而二之也。伊川所云"才用彼即晓此"，是犹谓之二。性无彼此，理无彼此，善无彼此也。纯甫所谓"明之之功当何如？入头处当何如？与诚身有先后次第否？诚是诚个甚的？"且纯甫之意，必以明善自有明善之功，诚身又有诚身之功也。若区区之意，则以明善为诚身之功也。夫诚者，无妄之谓。诚身之诚，则欲其无妄之谓。诚之之功，则明善是也。故博学者，学此也；审问者，问此也；慎思者，思此也；明辨者，辨此也；笃行者，行此也。皆所以明善而为诚之之功也。故诚身有道，明善者，诚身之道也；不明乎善，不诚乎身矣。非明善之外别有所谓诚身之功也。诚身之始，身犹未诚也，故谓之明善；明善之极，则身诚矣。若谓自有明善之功，又有诚身之功，是离而二之也，难乎免于毫厘千里之谬矣。其间欲为纯甫言者尚多，纸笔未能详悉。尚有未合，不妨往复。

三 甲戌

得曰仁书，知纯甫近来用工甚力，可喜可喜！学以明善诚身，只兀兀守此昏昧杂扰之心，却是坐禅入定，非所谓"必有事焉"者矣。圣门宁有是哉？但其毫厘之差，千里之谬，非实地用功，则亦未易辩别。后世之学，琐屑支离，正所谓采摘汲引，其间亦宁无小补？然终非积本求原之学。句句是，字字合，然而终不可入尧舜之道也。

四 甲戌

屡得汪叔宪书，又两得纯甫书，备悉相念之厚，感愧多矣！近又见与曰仁书，贬损益至，三复赧然。夫趋向同而论学或异，不害其为同也；论学同而趋向或异，不害其为异也。不能积诚反躬而徒腾口说，此仆往年之罪，纯甫何尤乎？因便布此区区，临楮倾念无已。

寄希渊 壬申

所遇如此，希渊归计良是，但稍伤急迫。若再迟二三月，托疾而行，彼此形迹泯然，既不激怒于人，亦不失己之介矣。圣贤处末世，待人应物，有时而委曲，其道未尝不直也。若己为君子而使人为小人，亦非仁人忠恕恻怛之心。希渊必以区区此说为太周旋，然道理实如此也。区区叨厚禄，有地方之责，欲脱身潜逃固难。若希渊所处，自宜进退绰然，今亦牵制若此，乃知古人挂冠解绶，其时亦不易值也。

二 壬申

向得林苏州书，知希颜在苏州，其时守忠在山阴矣。近张山阴来，知希颜已还山阴矣，而守忠又有金华之出。往岁希颜居乡而守忠客祁，今兹复尔，二友之每每相违，岂亦有数存焉邪！为仁由己，固非他人所能与。而相观砥砺之益，则友诚不可一日无者。外是子雍、明德辈相去数十里，决不能朝夕继见，希颜无亦有独立无与之叹欤？曩评半主，诚然诚然。方今山林枯槁之士，要亦未可多得，去之奔走声利之场者则远矣。人品不齐，圣贤亦因材成就。孔门之教，言人人殊，后世儒者始有归一之论，然而成德达材者鲜，又何居乎？希颜试于此思之，定以为何如也？

三 癸酉

希颜茕然在疚，道远无因一慰。闻友朋中多言希颜孝心纯笃，哀伤过节，其素知希颜者，宜为终身之慕。毋徒毁伤为也！

守忠来，承手札喻及出处，此见希颜爱我之深，他人无此也。然此义亦惟希颜有之，他人无此也。牵于世故，未能即日引决，为愧为怍，然亦终须如希颜所示耳。患难忧苦，莫非实学。今虽倚庐，意思亦须有进。向见季明德书，观其意向甚正，但未及与之细讲耳。"学问之道无他，求其放心而已"，盖一言而足。至其功夫节目，则愈讲而愈无穷者。孔子犹曰"学之不讲，是吾忧也"，今世无志于学者无足言，幸有一二笃志之士，又为无师友之讲明，认气作理，冥悍自信，终身勤苦而卒无所得，斯诚可哀矣。

读《礼》之余，与明德相论否？幸以其所造者示知。某无大知识，亦非好为人言者。顾今之时，人心陷溺已久，得一善人，惟恐其无成。期与诸君共明此学，固不以自任为嫌而避之。譬之婚姻，聊为诸君之媒妁而已。乡里后进中有可言者，即与接引，此本分内事，勿谓不暇也。

楼居已完否？糊口之出非得已，然其间亦有说。闻朋友中多欲希颜高尚不出，就中亦须权其轻重。使亲老竹馔粥稍可继，则不必言高尚，自不宜出。不然，却恐正其私心，不可不察也。

四 己卯

正月初二得家信，祖母于去冬十月背弃，痛割之极！縻于职守，无由归遁。今复恳疏，若终不可得，将遂为径往之图矣。

近得郑子冲书，闻与当事者颇相牴牾。希渊德性谦厚和平，其于世间荣辱炎凉之故，视之何异飘风浮霭，岂得尚有芥蒂于其中耶？即而询之，果然出于意料之外，非贤者之所自取也。虽然，有人于此，其待我以横逆，则君子必自反曰："我必无礼。"自反而有礼，又自反曰："我必不忠。"希渊克己之功日精日切，其肯遂自以为忠乎？往年区区谪官贵州，横逆之加，无月无有。迄今思之，最是动心忍性砥砺切磋之地。当时亦止搪塞排遣，竟成空过，甚可惜也。

闻教下士甚有兴起者，莆故文献之区，其士人素多根器。今得希渊为之师，真如时雨化之而已，吾道幸甚！近有责委，不得已，不久且入闽。苟求了事，或能乘便至莆一间语，不尽不尽。

与戴子良 癸酉

汝成相见于滁，知吾兄之质，温然纯粹者也。今兹乃得其为志，盖将从事于圣人之学，不安于善人而已也，何幸何幸！有志者事竟成，吾兄勉之！学之不明，已非一日，皆由有志者少。好德，民之秉彝，可谓尽无其人乎？然不能胜其私欲，竟沦陷于习俗，则亦无志而已。故朋友之间，有志者甚可喜；然志之难立而易坠也，则亦深可惧也。吾兄以为何如？宗贤已南还，相见且未有日。京师友朋如贵同年陈佑卿、顾惟贤，其他如汪汝成、梁仲用、王舜卿、苏天秀，皆尝相见。从事于此者，其余尚三四人，吾见与诸友当自识之。自古有志之士，未有不求助于师友。匆匆别来，所欲与吾兄言者百未及一。沿途歆叹雅意，诚切快快。相会未卜，惟勇往直前，以遂成此志是望。

与胡伯忠 癸酉

某往在京，虽极歆慕，彼此以事未及从容一叙，别去以为憾。期异时相遇，决当尽意剧谈一番耳。昨未出京师，即已预期彭城之会，谓所未决于心，在兹行矣。及相见又复匆匆而别，别又复以为恨。不知执事之心亦何如也？

君子与小人居，决无苟同之理，不幸势穷理极而为彼所中伤，则安之而已。处之未尽于道，或过于疾恶，或伤于愤激，无益于事，而致彼之怨恨雠毒，则皆君子之过也。昔人有言："事之无害于义者，从俗可也。"君子岂轻于从俗，独不以异俗为心耳。"与恶人居，如以朝衣朝冠坐于涂炭者"，伯夷之清也。"虽袒裼裸裎于我侧，彼焉能浼我哉？"柳下惠之和也。君子以变化气质为学，则惠之和，似亦执事之所宜从者。不以三公易其介，彼固未尝无伯夷之清也。"德輶如毛，民鲜克举之。""我仪图之，惟仲山甫举之。"爱莫助之，仆于执事之谓矣。正人难得，正学难明，流俗难变，直道难容。临笔惘然，如有所失。言不尽意，惟心亮。

与黄诚甫 癸酉

立志之说，已近烦渎，然为知己言，竟亦不能舍是也。志于道德者，功名不足以累其心；志于功名者，富贵不足以累其心。但近世所谓道德，功名而已；所谓功名，富贵而已。"仁人者，正其谊不谋其利，明其道不计其功。"一有谋计之心，则虽正谊明道，亦功利耳。诸友既索居，曰仁又将远别，会中须时相警发，庶不就弛靡。诚甫之足，自当一日千里，任重道远，吾非诚甫谁望邪！临别数语，彼此暗然；终能不忘，乃为深爱。

二 丁丑

区区正月十八日始抵赣，即兵事纷纷。二月往征漳寇，四月班师。中间曾无一日之暇，故音问缺然。然虽扰扰中，意念所在，未尝不在诸友也。养病之举，恐已暂停，此亦顺亲之心，未为不是。不得以此日萦于怀，无益于事，徒使为善之念不专。何处非道，何处非学，岂必山林中耶？希颜、尚谦、清伯登第，闻之喜而不寐。近尝寄书云："非为今日诸君喜，为阳明山中异日得良伴喜也。"吾于诚甫之未归亦然。

答王天宇 甲戌

书来，见平日为学用功之概，深用喜慰！今之时，能稍有志圣贤之学，已不可多见；况又果能实用其力者，是岂易得哉！辱推拟过当，诚有所不敢居；然求善自辅，则鄙心实亦未尝不切切也。今乃又得吾天宇，其为喜幸可胜言哉！厚意之及，良不敢虚；然又自叹爱莫为助，聊就来谕商榷一二。

天宇自谓"有志而不能笃"，不知所谓志者果何如？其不能笃者又谁也？谓"圣贤之学能静，可以制动"，不知若何而能静？静与动有二心乎？谓"临政行事之际，把捉摸拟，强之使归于道，固亦卒有所未能，然造次颠沛必于是"者，不知如何其为功？谓"开卷有得，接贤人君子便自触发"，不知所触发者何物？又"赖二事而后触发"，则二事之外所作何务？当是之时，所谓志者果何在也？凡此数语，非天宇实用其力不能有。然亦足以见讲学之未明，故尚有此耳。或思之有得，不厌寄示。

二 甲戌

承书惠，感感。中间问学之意，恳切有加于旧，足知进于斯道也。喜幸何如！但其间犹有未尽区区之意者。既承不鄙，何敢不竭？然望详察，庶于斯道有所发明耳。

来书云："诚身以格物，乍读不能无疑，既而细询之希颜，始悉其说。"区区未尝有"诚身格物"之说，岂出于希颜邪？鄙意但谓君子之学以诚意为主。格物致知者，诚意之功也。犹饥者以求饱为事，饮食者，求饱之事也。希颜颇悉鄙意，不应有此。或恐一时言之未莹耳。幸更细讲之。

又云："《大学》一书，古人为学次第。朱先生谓'穷理之极而后意诚'，其与所谓'居敬穷理'、'非存心无以致知'者，固相为矛盾矣。盖居敬存心之说补于传文，而圣经所指，直谓其穷理而后心正。初学之士，执经而不考传，其流之弊，安得不至于支离邪！"《大学》次第，但言物格而后知至，知至而后意诚。若"穷理之极而后意诚"，此则朱先生之说如此。其间亦自无大相矛盾，但于《大学》本旨，却恐未尽合耳。"非存心无以致知"，此语不独于《大学》未尽，就于《中庸》"尊德性而道问学"之旨，亦或有未尽。然此等处言之甚长，非面悉不可。后之学者，附会于《补传》而不深考于经旨，牵制于文义而不体认于身心，是以往往失之支离而卒无所得，恐非执经

128

而不考传之过也。

又云："不由穷理而遽加诚身之功，恐诚非所诚，适足以为伪而已矣。"此言甚善。但不知诚身之功又何如作用耳，幸体认之！

又言："譬之行道者，如大都为所归宿之地，犹所谓至善也。行道者不辞险阻，决意向前，犹存心也。如使斯人不识大都所在，泛焉欲往，其不南走越北走胡几希矣。"此譬大略皆是，但以不辞险阻艰难，决意向前，别为存心，未免牵合之苦，而不得其要耳。夫不辞险阻艰难，决意向前，此正是诚意之意。审如是，则其所以问道途，具资斧，戒舟车，皆有不容已者。不然，又安在其为决意向前，而亦安所前乎？夫不识大都所在而泛焉欲往，则亦欲往而已，未尝真往也。惟其欲往而未尝真往，是以道途之不问，资斧之不具，舟车之不戒。若决意向前，则真往矣。真往者能如是乎？此最工夫切要者，以天宇之高明笃实而反求之，自当不言而喻矣。

又云："格物之说，昔人以扦去外物为言矣。扦去外物则此心存矣。心存，则所以致知者，皆是为己。"如此说，却是"扦去外物"为一事，"致知"又为一事。"扦去外物"之说，亦未为甚害，然止捍御于其外，则亦未有拔去病根之意，非所谓"克己求仁"之功矣。区区格物之说亦不如此。《大学》之所谓"诚意"即《中庸》之所谓"诚身"也。《大学》之所谓"格物致知"，即《中庸》之所谓"明善"也。博学、审问、慎思、明辨、笃行，皆所谓明善而为诚身之功也，非明善之外别有所谓诚身之功也。格物致知之外，又岂别有所谓诚意之功乎？《书》之所谓"精一"，《语》之所谓"博文约礼"，《中庸》之所谓"尊德性而道问学"，皆若此而已。是乃学问用功之要，所谓毫厘之差，千里之谬者也。

心之精微，口莫能述，亦岂笔端所能尽已！喜荣擢北上有期矣，倘能迂道江滨，谋一夕之话，庶几能有所发明。冗遽中，不悉。

寄李道夫 乙亥

此学不讲久矣。鄙人之见，自谓于此颇有发明。而闻者往往诋以为异，独执事倾心相信，确然不疑，其为喜慰，何啻空谷之足音！

别后时闻士夫传说，近又徐曰仁自西江还，益得备闻执事任道之勇、执德之坚，令人起跃奋迅。"士不可以不弘毅，任重而道远"，诚得弘毅如执事者二三人，自足以为天下倡。彼依阿傫你儞之徒虽多，亦奚以为哉？幸甚幸甚！

比闻列郡之始，即欲以此学为教。仁者之心，自然若此，仆诚甚为执事喜,然又甚为执事忧也。学绝道丧,俗之陷溺,如人在大海波涛中,且须援之登岸,然后可授之衣而与之食。若以衣食投之波涛中,是适重其溺,彼将不以为德而反以为尤矣。故凡居今之时,且须随机导引,因事启沃,宽心平气以薰陶之,俟其感发兴起,而后开之以其说,是故为力易而收效溥。不然,将有扞格不胜之患,而且为君子爱人之累。不知尊意以为何如耶?

病疏已再上,尚未得报。果遂此图,舟过嘉禾,面话有日。

与陆原静 丙子

书来,知贵恙已平复,甚喜!书中勤勤问学,惟恐失坠,足知进修之志不息,又甚喜!异时发挥斯道,使来者有所兴起,非吾子谁望乎?所问《大学》、《中庸》注,向尝略具草稿,自以所养未纯,未免务外欲速之病,寻已焚毁。近虽觉稍进,意亦未敢便以为至,姑俟异日山中与诸贤商量共成之,故皆未有书。其意旨大略,则固平日已为清伯言之矣。因是益加体认研究,当自有见;汲汲求此,恐犹未免旧日之病也。

"博学"之说,向已详论。今犹牵制若此,何邪?此亦恐是志不坚定,为世习所挠之故。使在我果无功利之心,虽钱谷兵甲,搬柴运水,何往而非实学?何事而非天理?况子、史、诗、文之类乎?使在我尚存功利之心,则虽日谈道德仁义,亦只是功利之事,况子、史、诗、文之类乎?"一切屏绝"之说,是犹泥于旧习,平日用功未有得力处,故云尔。请一洗俗见,还复初志,更思平日饮食养身之喻,种树栽培灌溉之喻,自当释然融解矣。"物有本末,事有终始,知所先后,则近道矣。"吾子之言,是犹未是终始本末之一致也,是不循本末终始天然之序,而欲以私意速成之也。

二 戊寅

尚谦至,闻原静志坚信笃,喜慰莫逾!人在仕途,如马行淖田中,纵复驰逸,足起足陷,其在驽下,坐见沦没耳。乃今得还故乡,此亦譬之小歇田塍。若自此急寻平路,可以直去康庄,驰骋万里。不知到家工夫却如何也。自曰仁没后,吾道益孤,致望原静者亦不浅。子夏,圣门高弟,曾子数其失,则曰:"吾过矣!吾离群而索居,亦已久矣!"夫离群索居之在昔贤,已不能无过,况吾侪乎?以原静之英敏,自应未即摧堕。山间切磋砥砺,还复几人?深造自得,便间亦可写寄否?

尚谦至此,日有所进。自去年十二月到今已八逾月,尚未肯归视其室。

非其志有所专，宜不能声音笑貌及此也。区区两疏辞乞，尚未得报。决意两不允则三，三不允则五则六，必得而后已。若再一举辄须三月，二举则又六七月矣。计吾舟东抵吴越，原静之旆当已北指幽、冀；会晤未期，如之何则可！

与希颜台仲明德尚谦原静 丁丑

闻诸友皆登第，喜不自胜。非为诸友今日喜，为野夫异日山中得良伴喜也。入仕之始，意况未免摇动。如絮在风中，若非黏泥贴网，恐自张主未得。不知诸友却如何？想平时工夫，亦须有得力处耳。野夫失脚落渡船，未知何时得到彼岸。且南赣事极多掣肘，缘地连四省，各有抚镇，乃今亦不过因仍度日，自古未有事权不一而能有成者。告病之兴虽动，恐成虚文，未敢轻举，欲俟地方稍靖。今又得诸友在，吾终有望矣。曰仁春来颇病，闻之极忧念。昨书来，欲与二三友去田雪上，因寄一诗。今录去，聊同此怀也。

与杨仕德薛尚谦 丁丑

即日已抵龙南，明日入巢，四路兵皆已如期并进，贼有必破之势。某向在横水，尝寄书仕德云："破山中贼易，破心中贼难。"区区剪除鼠窃，何足为异？若诸贤扫荡心腹之寇，以收廓清平定之功，此诚大丈夫不世之伟绩。数日来谅已得必胜之策，捷奏有期矣。何喜如之！

日孚美质，诚可与共学，此时计已发舟。倘未行，出此同致意。廨中事以累尚谦，想不厌烦琐。小儿正宪，犹望时赐督责。

寄闻人邦英邦正 戊寅

昆季敏而好学，吾家两弟得以朝夕亲资磨励，闻之甚喜。得书备见向往之诚，尤极浣慰。家贫亲老，岂可不求禄仕？求禄仕而不工举业，却是不尽人事而徒责天命，无是理矣。但能立志坚定，随事尽道，不以得失动念，则虽勉习举业，亦自无妨圣贤之学。若是原无求为圣贤之志，虽不业举，日谈道德，亦只成就得务外好高之病而已。此昔人所以有"不患妨功，惟患夺志"之说也。夫谓之夺志，则已有志可夺；倘若未有可夺之志，却又不可以不深思疑省而早图之。每念贤弟资质之美，未尝不切拳拳。夫美质难得而易坏，至道难闻而易失，盛年难遇而易过，习俗难革而易流。昆玉勉之！

二 戊寅

得书，见昆季用志之不凡，此固区区所深望者，何幸何幸！世俗之见，岂足与论？君子惟求其是而已。"仕非为贫也，而有时乎为贫"，古之人皆用之，吾何为独不然？然谓举业与圣人之学相戾者，非也。程子云："心苟不忘，则虽应接俗事，莫非实学，无非道也。"而况于举业乎？谓举业与圣人之学不相戾者，亦非也。程子云："心苟忘之，则虽终身由之，只是俗事。"而况于举业乎？忘与不忘之间，不能以发，要在深思默识所指谓不忘者果何事耶，知此则知学矣。贤弟精之熟之，不使有毫厘之差，千里之谬，可也。

三 庚辰

书来，意思甚恳切，足慰远怀。持此不懈，即吾立志之说矣。"源泉混混，不舍昼夜，盈科而后进。放乎四海，有本者如是。"立志者，其本也。有有志而无成者矣，未有无志而能有成者也。贤弟勉之！色养之暇，怡怡切切，可想而知。交修罔怠，庶吾望之不孤矣。地方稍平，退休有日，预想山间讲习之乐，不觉先已欣然。

寄薛尚谦 戊寅

沿途意思如何？得无亦有走作否？数年切磋，只得立志辩义利。若于此未有得力处，却是平日所讲尽成虚语，平日所见皆非实得，不可以不猛省也！经一蹶者长一智，今日之失，未必不为后日之得，但已落第二义。须从第一义上着力，一真一切真。若这些子既是，更无讨不是处矣。

此间朋友聚集渐众，比旧颇觉兴起。尚谦既去，仕德又往，欧阳崇一病归，独惟乾留此，精神亦不足。诸友中未有倚靠得者，苦于接济乏人耳。

乞休本至今未回，未免坐待。尚谦更静养几月，若进步欠力，更来火坑中乘凉如何？

二

得书，知日孚停舟郁孤，迟迟未发，此诚出于意望之外。日孚好学如此，豪杰之士必有闻风而起者矣。何喜如之！何喜如之！

昨见太和报效人，知欧、王二生者至，不识曾与一言否？欧生有一书，可谓有志。中间述子晦语颇失真，恐亦子晦一时言之未莹尔。大抵工夫须实落做去，始能有见，料想臆度，未有不自误误人者矣。

此间贼巢乃与广东山后诸贼相连，余党往往有从遁者，若非斩绝根株，意恐日后必相联而起，重为两省之患。故须更迟迟旬日，与之剪除。兵难遥度，不可预料，大抵如此。

小儿劳诸公勤勤开海，多感多感！昔人谓教小儿有四益，验之果何如耶？正之闻已到，何因复归？区区久顿于外，徒劳诸友往返，念之极切悬悬。今后但有至者，须诸君为我尽意吐露，纵彼不久留，亦无负其来可也。

三

日来因兵事纷扰，贱躯怯弱，以此益见得工夫有得力处。只是从前大段未曾实落用力，虚度虚说过了。自今当与诸君努力鞭策，誓死进步，庶亦收之桑榆耳。

日孚停馆郁孤，恐风气太高，数日之留则可，倘更稍久，终恐早晚寒暖欠适。区区初拟日下即回，因从前征剿，撤兵太速，致遗今日之患。故且示以久屯之形，正恐后之罪今，亦犹今之罪昔耳。但从征官属已萌归心，更相倡和，已有不必久屯之说。天下事不能尽如人意，大抵皆坐此辈，可叹可叹！

闻仕德失调，意思何如？大抵心病愈则身病亦自易去。纵血气衰弱，未便即除，亦自不能为心患也。

小儿劳开教，驽骀之质，无复望其千里，但得帖然于皂枥之间，斯已矣。门户勤早晚，得无亦厌琐屑否？不一。

寄诸弟 戊寅

屡得弟辈书，皆有悔悟奋发之意，喜慰无尽！但不知弟辈果出于诚心乎？亦谩为之说云尔。

本心之明，皎如白日，无有有过而不自知者，但患不能改耳。一念改过，当时即得本心。人孰无过？改之为贵。蘧伯玉，大贤也，惟曰"欲寡其过而未能"。成汤、孔子，大圣也，亦惟曰"改过不吝，可以无大过"而已。人皆曰人非尧舜，安能无过？此亦相沿之说，未足以知尧舜之心。若尧舜之心而自以为无过，即非所以为圣人矣。其相授受之言曰："人心惟危，道心惟微，惟精惟一，允执厥中。"彼其自以为人心之惟危也，则其心亦与人同耳。危即过也，惟其兢兢业业，尝加"精一"之功，是以能"允执厥中"而免于过。古之圣贤时时自见己过而改之，是以能无过，非其心果与人异也。"戒慎不睹，恐惧不闻"者，时时自见己过之功。吾近来实见此学有用力处，但为平日习染深痼，克治欠勇，故切切预为弟辈言之。毋使亦如吾之习染既深，而后克治之难也。

人方少时，精神意气既足鼓舞，而身家之累尚未切心，故用力颇易。迨其渐长，世累日深，而精神意气亦日渐以减，然能汲汲奋志于学，则犹尚可有为。至于四十五十，即如下山之日，渐以微灭，不复可挽矣。故孔子云："四十五十而无闻焉，斯亦不足畏也已。"又曰："及其老也，血气既衰，戒之在得。"吾亦近来实见此病，故亦切切预为弟辈言之。宜及时勉力，毋使过时而徒悔也。

与安之 己卯

闻安之肯向学，不胜欣愿！得奋励如此，庶不负彼此相爱之情也。留都时偶因饶舌，遂致多口，攻之者环四面。取朱子晚年悔悟之说，集为定论，聊借以解纷耳。门人辈近刻之雩都，初闻甚不喜；然士夫见之，乃往往遂有开发者，无意中得此一助，亦颇省颊舌之劳。近年篁墩诸公尝有《道一》等编，见者先怀党同伐异之念，故卒不能有入，反激而怒。今但取朱子所自言者表章之，不加一辞，虽有褊心，将无所施其怒矣。尊意以为何如耶？聊往数册，有志向者一出指示之。所须文字，非不欲承命；荒疏既久，无下笔处耳。贫汉作事大难，富人岂知之！

答甘泉 己卯

旬日前，杨仕德人来，领手教及《答子莘书》，具悉造诣用功之详。喜跃何可言！盖自是而吾党之学归一矣。此某之幸！后学之幸也！

来简勤勤训责仆以久无请益，此吾兄爱仆之厚，仆之罪也。此心同，此理同，苟知用力于此，虽百虑殊途，同归一致。不然，虽字字而证，句句而求，其始也毫厘，其末也千里。老兄造诣之深，涵养之久，仆何敢望？至共向往直前，以求必得乎此之志，则有不约而契、不求而合者。其间所见，时或不能无小异，然吾兄既不屑屑于仆，而仆亦不以汲汲于兄者。正以志向既同，如两人同适京都，虽所由之途间有迂直，知其异日之归终同耳。向在龙江舟次，亦尝进其《大学》旧本及格物诸说，兄时未以为然，而仆亦遂置不复强聒者，知兄之不久自当释然于此也。乃今果获所愿，喜跃何可言！昆仑之源，有时而伏流，终必达于海也。仆窭人也，虽获夜光之璧，人将不信，必且以谓其为妄为伪。金璧入于狷顿之室，自此至宝得以昭明于天下，仅亦免于遗璧之罪矣。虽然，是喻犹二也。夜光之璧，外求而得也；此则于吾所固有，无待于外也，偶遗忘之耳；未尝遗忘也，偶蒙翳之耳。

叔贤所进超卓，海内诸友实罕其俦。同处西樵，又资丽泽，所造可量乎！仆年未半百，而衰疾已如六七十翁，日夜思归阳明，为夕死之图，疏三上而未遂。欲弃印长往，以从大夫之后，恐形迹大骇；必俟允报，则须冬尽春初乃可遂也。——世事，如狂风骤雨中落叶，倏忽之间，宁复可定所耶！两承楚人之诲，此非骨肉，念不及此，感刻！祖母益耄，思一见，老父亦书来促归，于是情思愈恶。所幸吾兄道明德立，宗盟有人，用此可以自慰。其诸所欲请，仕德能有述。有所未当，便间不惜指示。

二 庚辰
得正月书，知大事已毕，当亦稍慰纯孝之思矣。近承避地发履冢下，进德修业，善类幸甚。传闻贵邑盗势方张，果尔，则远去家室，独留旷寂之野，恐亦未可长也。某告病未遂，今且蹙告归省，去住亦未可必。悠悠尘世，毕竟作何税驾？当亦时时念及，幸以教之！

叔贤志节远出流俗。渭先虽未久处，一见知为忠信之士。乃闻不时一相见，何耶？英贤之生，何幸同时共地，又可虚度光阴，容易失却此大机会，是使后人而复惜后人也！二君曾各寄一书，托宋以道转致，相见幸问之。

答方叔贤 己卯

近得手教及与甘泉往复两书，快读一过，洒然如热者之濯清风，何子之见超卓而速也！真可谓一日千里矣。《大学》旧本之复，功尤不小，幸甚幸甚！其论象山处，举孟子"放心"数条，而甘泉以为未足，复举"东西南北海有圣人出，此心此理同"，及"宇宙内事皆己分内事"数语。甘泉所举，诚得其大，然吾独爱西樵子之近而切也。见其大者，则其功不得不近而切，然非实加切近之功，则所谓大者，亦虚见而已耳。自孟子道性善，心性之原，世儒往往能言，然其学卒入于支离外索而不自觉者，正以其功之未切耳。此吾所以独有喜于西樵之言，固今时对证之药也。古人之学，切实为己，不徒事于讲说。书札往来，终不若面语之能尽，且易使人溺情于文辞，崇浮气而长胜心。求其说之无病，而不知其心病之已多矣。此近世之通患，贤知者不免焉，不可以不察也。

杨仕德去，草草复此，诸所欲言，仕德能悉。

与陈国英 庚辰

别久矣。虽彼此音问阔疏，而消息动静时时及闻。国英天资笃厚，加以静养日久，其所造当必大异于畴昔，惜无因一面叩之耳。凡人之学，不日进者必日退。譬诸草木，生意日滋，则日益畅茂；苟生意日息，则亦日就衰落矣。国英之于此学，且十余年矣，其日益畅茂者乎？其日就衰落者乎？君子之学，非有同志之友日相规切，则亦易以悠悠度日，而无有乎激励警发之益。山中友朋，亦有以此学日相讲求者乎？孔子云："德之不修，学之不讲，是吾忧也。"而况于吾侪乎哉？

复唐虞佐 庚辰

承示诗二韵五章，语益工，兴寄益无尽，深叹多才，但不欲以是为有道者称颂耳。"撤讲慎择"之喻，爱我良多，深知感怍。但区区之心，亦自有不容已者。圣贤之道，坦若大路，夫妇之愚，可以与知。而后之论者，忽近求远，舍易图难，遂使老师宿儒皆不敢轻议。故在今时，非独其庸下者自分以为不可为，虽高者特达，皆以此学为长物，视之为虚谈赘说，亦许时矣。当此之时，苟有一念相寻于此，真所谓"空谷足音，见似人者喜矣"。况其章缝而来者，宁不忻忻然以接之乎？然要其间，亦岂无滥竽假道之弊！但在我不可以此意逆之，亦将于此以求其真者耳。正如淘金于沙，非不知沙之汰而去者且十九，然亦未能即舍沙而别以淘金为也。孔子云："与其进也，不与其退也，唯何甚。"孟子云："君子之设科也，来者不拒，往者不追。"苟以是心至，斯受之而已矣。盖"不愤不启"者，君子施教之方；"有教无类"，则其本心焉耳。多病之躯，重为知己忧，惓惓惠喻及此，感爱何有穷已。然区区之心，亦不敢不为知己一倾倒也。行且会面，悉所未尽。

卷五　文录二

书二　始正德辛巳至嘉靖乙酉

与邹谦之 辛巳

别后德闻日至，虽不相面，嘉慰殊深。近来此意见得益亲切，国裳亦已笃信，得谦之更一来，愈当沛然矣。适吴守欲以府志奉渎，同事者于中、国裳、汝信、惟濬，遂令开馆于白鹿。醉翁之意盖有在，不专以此烦劳也。区区归遁有日，圣天子新政英明，如谦之亦宜束装北上，此会宜急图之，不当徐徐而来也。蔡希渊近已主白鹿，诸同志须仆已到山，却来相讲，尤妙。此时却匆匆不能尽意也，幸以语之！

二 乙酉

乡人自广德来，时常得闻动履，兼悉政教之善，殊慰倾想。远使吊赙，尤感忧念之深。所喻"猝临盘错，盖非独以别利器，正以精吾格致之功耳"，又能以怠荒白惧，其进可知矣。近时四方来游之士颇众，其间虽甚鲁钝，但以良知之说略加点掇，无不即有开悟，以是益信得此二字真吾圣门正法眼藏。谦之近来所见，不审又如何矣？南元善益信此学，日觉有进，其见诸施设，亦大非其旧。便间更相将掖之，固朋友切磋之心也。方治葬事，使还，草草疏谢不尽。

与夏敦夫 辛巳

不相见者几时，每念吾兄忠信笃厚之资，学得其要，断能一日千里。惜无因亟会，亲睹其所谓历块过都者以为快耳。

昔夫子谓子贡曰："赐也，汝以予为多学而识之者与？"对曰："然，非与？"子曰："非也。予一以贯之。"然则圣人学，乃不有要乎！彼释氏之外人伦，遗物理，而堕于空寂者，固不得谓之明其心矣；若世儒之外务讲求考索，而不知本诸其心者，其亦可以谓穷理乎？此区区之心，深欲就正于有道者。因便辄及之，幸有以教我也。

区区两年来血气亦渐衰，无复用世之志。近始奉敕北上，将遂便道归省老亲，为终养之图矣。冗次不尽所怀。

与朱守忠 辛巳

乍别忽旬余。沿途人事扰扰，每得稍暇，或遇景感触，辄复兴怀。赍诏官来，承手札，知警省不懈，幸甚幸甚！此意不忘，即是时时相见，虽别非别矣。道之不明，皆由吾辈明之于口而不明之于身，是以徒腾颊舌，未能不言而信。要在立诚而已。向日谦虚之说，其病端亦起于不诚。使能如好好色，如恶恶臭，亦安有不谦不虚时邪？虞佐相爱之情甚厚，别后益见其真切，所恨爱莫为助。但愿渠实落做个圣贤，以此为报而已。相见时以此意规之。谦之当已不可留，国裳亦时时相见否？学问之益，莫大于朋友切磋，聚会不厌频数也。明日当发玉山，到家渐可计日，但与守忠相去益远，临纸怅然！

与席元山 辛巳

向承教札及《鸣冤录》，读之见别后学力所到，卓然斯道之任，庶几乎天下非之而不顾，非独与世之附和雷同从人悲笑者相去万万而已。喜幸何极！中间乃有须面论者，但恨无因一会。近闻内台之擢，决知必从铅山取道，而仆亦有归省之便，庶得停舟途次，为信宿之谈，使人候于分水，乃未有前驱之报。驻信城者五日，怅怏而去。天之不假缘也，可如何哉！

大抵此学之不明，皆由吾人入耳出口，未尝诚诸其身。譬之谈饮说食，何由得见醉饱之实乎？仆自近年来始实见得此学，真有百世以俟圣人而不惑者。朋友之中，亦渐有三数辈笃信不回。其疑信相半，顾瞻不定者，多以旧说沉痼，且有得失毁誉之虞，未能专心致志以听，亦坐相处不久，或交臂而别，无从与之细说耳。象山之学简易直截，孟子之后一人。其学问思辩、致知格物之说，虽亦未免沿袭之累，然其大本大原断非余子所及也。执事素能深信其学，此亦不可不察。正如求精金者必务煅炼足色，勿使有纤毫之杂，然后可无亏损变动。盖是非之悬绝，所争毫厘耳。

用熙近闻已赴京，知公故旧之情极厚，倘犹未出，亦劝之学问而已。存心养性之外，无别学也。相见时亦望遂以此言致之。

答甘泉 辛巳

世杰来，承示《学庸测》，喜幸喜幸！中间极有发明处，但于鄙见尚大同小异耳。"随处体认天理"是真实不诳语，鄙说初亦如是，及根究老兄命意发端处，却似有毫厘未协，然亦终当殊途同归也。修齐治平，总是格物，但欲如此节节分疏，亦觉说话太多。且语意务为简古，比之本文反更深晦，读者愈难寻求，此中不无亦有心病？莫若明白浅易其词，略指路径，使人自思得之，更觉意味深长也。高明以为何如？致知之说，鄙见恐不可易，亦望老兄更一致意，便间示知之。此是圣学传心之要，于此既明，其余皆洞然矣。意到恳切处，不得不直，幸不罪其僭妄也！

叔贤《大学》、《洪范》之说，其用力已深，一时恐难转移，此须面论，始有可辩正耳，会间先一及之。去冬有方叟者过此，传示高文，其人习于神仙之说，谓之志于圣贤之学，恐非其本心。人便，草草不尽。

答伦彦式 辛巳

往岁仙舟过赣，承不自满足，执礼谦而下问恳，古所谓"敏而好学"，于吾彦式见之。别后连冗，不及以时奉问，极切驰想！近令弟过省，复承惠教，志道之笃，趋向之正，勤悾有加，浅薄何以当此？悚息悚息！

谕及"学无静根，感物易动，处事多悔"，即是三言，尤是近时用工之实。仆罔所知识，何足以辱贤者之问！大抵三言者，病亦相因。惟学而别求静根，故感物而惧其易动；感物而惧其易动，是故处事而多悔也。心，无动静者也。其静也者，以言其体也；其动也者，以言其用也。故君子之学，无间于动静。其静也，常觉而未尝无也，故常应；其动也，常定而未尝有也，故常寂；常应常寂，动静皆有事焉，是之谓集义。集义故能无祇悔，所谓动亦定，静亦定者也，心一而已。静，其体也，而复求静根焉，是挠其体也；动，其用也，而惧其易动焉，是废其用也。故求静之心即动也，恶动之心非静也，是之谓动亦动，静亦动，将迎起伏，相寻于无穷矣。故循理之谓静，从欲之谓动。欲也者，非必声色货利外诱也，有心之私皆欲也。故循理焉，虽酬酢万变，皆静也。濂溪所谓"主静"，无欲之谓也，是谓集义者也。从欲焉，虽心斋坐忘，亦动也。告子之强制，正助之谓也，是外义者也。虽然，仆盖从事于此而未之能焉，聊为贤者陈其所见云尔。以为何如？便间示知之。

与唐虞佐侍御 辛巳

相与两年，情日益厚，意日益真，此皆彼此所心喻，不以言谢者。别后又承雄文追送，称许过情，末又重以傅说之事，所拟益非其伦，感怍何既！虽然，故人之赐也，敢不拜受！果如是，非独进以有为，将退而隐于岩穴之下，要亦不失其为贤也已，敢不拜赐！昔人有言："投我以木桃，报之以琼瑶。"今投我以琼瑶矣，我又何以报之？报之以其所赐，可乎？

说之言曰："学于古训乃有获。"夫谓学于古训者，非谓其通于文辞，讲说于口耳之间，义袭而取诸其外也。获也者，得之于心之谓，非外铄也。必如古训，而学其所学焉，诚诸其身，所谓"默而成之"，"不言而信"，乃为有得也。夫谓逊志务时敏者，非谓其饰情卑礼于其外，汲汲于事功声誉之间也。其逊志也，如地之下而无所不承也，如海之虚而无所不纳也；其时敏也，一于天德，戒惧于不睹不闻，如太和之运而不息也。夫然，百世以俟圣人而不惑，溥博渊泉而时出之，言而民莫不信，行而民莫不悦，施及蛮貊，而道德流于无穷，斯固说之所以为说也。以是为报，虞佐其能以却我乎？孟氏云："责难之谓恭。"吾其敢以后世文章之士期虞佐乎？颜氏云："舜，何人也？予，何人也？"虞佐其能不以说自期乎？人还，灯下草草为谢。相去益远，临楮怏悒！

答方叔贤 辛巳

承示《大学原》，知用心于此深密矣。道一而已，论其大本大原，则《六经》、《四书》无不可推之而同者，又不特《洪范》之于《大学》而已。此意亦仆平日于朋友中所常言者。譬之草木，其同者，生意也；其花实之疏密，枝叶之高下，亦欲尽比而同之，吾恐化工不如是之雕刻也。今吾兄方自喜以为独见新得，锐意主张是说，虽素蒙信爱如鄙人者，一时论说当亦未能遽入。且愿吾兄以所见者实体诸身，必将有疑；果无疑，必将有得；果无得，又必有见；然后鄙说可得而进也。学之不明几百年矣。近幸同志如甘泉、如吾兄者，相与切磋讲求，颇有端绪。而吾兄忽复牵滞文义若此，吾又将谁望乎？君子论学，固惟是之从，非以必同为贵。至于入门下手处，则有不容于不辩者，所谓毫厘之差，千里之谬矣。致知格物，甘泉之说与仆尚微有异，然不害其为大同。若吾兄之说，似又与甘泉异矣。相去远，恐辞不足以达意，故言语直冒，不复有所逊让。近与甘泉书，亦道此，当不以为罪也。

二　癸未

　　此学蓁芜，今幸吾侪复知讲求于此，固宜急急遑遑，并心同志，务求其实，以身明道学。虽所入之途稍异，要其所志而同，斯可矣。不肖之谬劣，已无足论。若叔贤之于甘泉，亦乃牵制于文义，纷争于辩说，益重世人之惑，以启咴咴者之口，斯诚不能无憾焉！忧病中不能数奉问，偶有所闻，因谦之去，辄附此。言无伦次。渭先相见，望并出此。

与杨仕鸣　辛巳

　　差人来，知令兄已于去冬安厝，墓有宿草矣，无由一哭，伤哉！所委志铭，既病且冗，须朋友中相知深者一为之，始能有发耳。

　　喻及"日用讲求功夫，只是各依自家良知所及，自去其障，扩充以尽其本体，不可迁就气习以趋时好"。幸甚幸甚！果如是，方是致知格物，方是明善诚身。果如是，德安得而不日新！业安得而不富有！谓"每日自检，未有终日浑成片段"者，亦只是致知工夫间断。夫仁，亦在乎熟之而已。又云："以此磨勘先辈文字同异，工夫不合，常生疑虑。"又何为其然哉？区区所论致知二字，乃是孔门正法眼藏，于此见得真的，直是建诸天地而不悖，质诸鬼神而无疑，考诸三王而不谬，百世以俟圣人而不惑！知此者，方谓之知道；得此者，方谓之有德。异此而学，即谓之异端；离此而说，即谓之邪说；迷此而行，即谓之冥行。虽千魔万怪，眩瞀变幻于前，自当触之而碎，迎之而解，如太阳一出，而鬼魅魍魉自无所逃其形矣。尚何疑虑之有，而何异同之足惑乎！所谓"此学如立在空中，四面皆无倚靠，万事不容染着，色色信他本来，不容一毫增减。若涉些安排，着些意思，便不是合一功夫"，虽言句时有未莹，亦是仕鸣见得处，足可喜矣。但须切实用力，始不落空。若只如此说，未免亦是议拟仿象，已后只做得一个弄精魄的汉，虽与近世格物者症候稍有不同，其为病痛，一而已矣。诗文之习，儒者虽亦不废，孔子所谓"有德者必有言"也。若着意安排组织，未有不起于胜心者，先辈号为有志斯道，而亦复如是，亦只是习心未除耳。仕鸣既知致知之说，此等处自当一勘而破，瞒他些子不得也。

二　癸未

　　别后极想念。向得尚谦书，知仕鸣功夫日有所进，殊慰所期。大抵吾党既知学问头脑，已不虑无下手处，只恐客气为患，不肯实致其良知耳。后进中如柯生辈，亦颇有力量可进，只是客气为害亦不小。行时尝与痛说一番，不知近来果能克去否？书至，来相见，出此共勉之。前辈之于后进，无不欲其入于善，则其规切砥砺之间，亦容有直情过当者，却恐后学未易承当得起。既不我德，反以我为仇者，有矣，往往无益而有损。故莫若且就其力量之所可及者诱掖奖劝之。往时亦尝与仕鸣论及此，想能不忘也。

三 癸未

前者是备录区区之语，或未尽区区之心，此册乃直述仕鸣所得，反不失区区之见，可见学贵乎自得也。古人谓"得意忘言"，学苟自得，何以言为乎？若欲有所记札以为日后印证之资，则直以己意之所得者书之而已，不必一一拘其言辞，反有所不达也。中间词语，时有未莹，病中不暇细为点检。

与陆原静 辛巳

赍奏人回，得佳稿及手札，殊慰。闻以多病之故，将从事于养生，区区往年盖尝弊力于此矣，后乃知其不必如是，始复一意于圣贤之学。大抵养德养身，只是一事。原静所云"真我"者，果能戒谨不睹，恐惧不闻，而专志于是，则神住气住精住，而仙家所谓长生久视之说，亦在其中矣。神仙之学与圣人异，然其造端托始，亦惟欲引人于道，《悟真篇后序》中所谓"黄老悲其贪着，乃以神仙之术渐次导之"者。原静试取而观之，其微旨亦自可识。自尧、舜、禹、汤、文、武，至于周公、孔子，其仁民爱物之心，盖无所不至，苟有可以长生不死者，亦何惜以示人？如老子、彭篯之徒，乃其禀赋有若此者，非可以学而至。后世如白玉蟾、丘长春之属，皆是彼学中所称述以为祖师者，其得寿皆不过五六十，则所谓长生之说，当必有所指矣。原静气弱多病，但遗弃声名，清心寡欲，一意圣贤，如前所谓"真我"之说。不宜轻信异道，徒自惑乱聪明，弊精劳神，废靡岁月。久而不返，将遂为病狂丧心之人不难矣。昔人谓"三折肱为良医"，区区非良医，盖尝"三折肱"者。原静其慎听毋忽！

区区省亲本，闻部中已准覆，但得旨即当长遁山泽。不久朝廷且大赉，则原静推封亦有日。果能访我于阳明之麓，当能为原静决此大疑也。

二 壬午

某不孝不忠，延祸先人，酷罚未敷，致兹多口，亦其宜然。乃劳贤者触冒忌讳，为之辩雪，雅承道谊之爱，深切恳至，甚非不肖孤之所敢望也。"无辩止谤"，尝闻昔人之教矣，况今何止于是！四方英杰以讲学异同之故，议论方兴，吾侪可胜辩乎？惟当反求诸己，苟其言而是欤，吾斯尚有所未信欤，则当务求其是，不得辄是已而非人也。使其言而非欤，吾斯既已自信欤，则当益致其践履之实，以务求于自慊，所谓"默而成之，不言而信"者也。然则今日之多口，孰非吾侪动心忍性、砥砺切磋之地乎！且彼议论之兴，非必有所私怨于我，彼其为说，亦将自以为卫夫道也。况其说本自出于先儒之绪论，固各有所凭据，而吾侪之言骤异于昔，反若凿空杜撰者。乃不知圣人之学本来如是，而流传失真，先儒之论所以日益支离，则亦由后学沿习乖谬积渐所致。彼既先横不信之念，莫肯虚心讲究，加以吾侪议论之间或为胜心浮气所乘，未免过为矫激，则固宜其非笑而骇惑矣。此吾侪之责，未可专以罪彼为也。

嗟乎！吾侪今日之讲学，将求异其说于人邪？亦求同其学于人邪？将求以善而胜人邪？亦求以善而养人邪？知行合一之学，吾侪但口说耳，何尝知行合一邪！推寻所自，则如不肖者为罪尤重。盖在平时徒以口舌讲解，而未尝体诸其身，名浮于实，行不掩言，己未尝实致其知，而谓昔人致知之说未有尽。如贫子之说金，乃未免从人乞食。诸君病于相信相爱之过，好而不知其恶，遂乃共成今日纷纷之议，皆不肖之罪也。虽然，昔之君子，盖有举世非之而不顾，千百世非之而不顾者，亦求其是而已矣。岂以一时毁誉而动其心邪！惟其在我者有未尽，则亦安可遂以人言为尽非？伊川、晦庵之在当时，尚不免于诋毁斥逐，况在吾辈行有所未至，则夫人之诋毁斥逐，正其宜耳。凡今争辩学术之士，亦必有志于学者也，未可以其异己而遂有所疏外。是非之心，人皆有之，彼其但蔽于积习，故于吾说卒未易解。就如诸君初闻鄙说时，其间宁无非笑诋毁之者？久而释然以悟，甚至反有激为过当之论者矣。又安知今日相诋之力，不为异时相信之深者乎！

衰绖哀苦中，非论学时，而道之兴废，乃有不容于泯默者，不觉叨叨至此。言无伦次，幸亮其心也！

致知之说，向与惟濬及崇一诸友极论于江西，近日杨仕鸣来过，亦尝一及，颇为详悉。今原忠、宗贤二君复往，诸君更相与细心体究一番，当无余蕴矣。孟子云："是非之心，知也。""是非之心，人皆有之"，即所谓良知也。孰无是良知乎？但不能致之耳。《易》谓"知至，至之"，知至者，知也；至之者，致知也。此知行之所以一也。近世格物致知之说，只一知字尚未有下落，若致字工夫，全不曾道著矣。此知行之所以二也。

答舒国用 癸未

来书足见为学笃切之志。学患不知要，知要矣，患无笃切之志。国用既知其要，又能立志笃切如此，其进也孰御！中间所疑一二节，皆工夫未熟，而欲速助长之为病耳。以国用之所志向而去其欲速助长之心，循循日进，自当有至。前所疑一二节，自将涣然冰释矣，何俟于予言？譬之饮食，其味之美恶，食者自当知之，非人之能以其美恶告之也。虽然，国用所疑一二节者，近时同志中往往皆有之，然吾未尝以告也，今且姑为国用一言之。

夫谓"敬畏之增，不能不为洒落之累"，又谓"敬畏为有心，如何可以无心？而出于自然，不疑其所行"。凡此皆吾所谓欲速助长之为病也。夫君子之所谓敬畏者，非有所恐惧忧患之谓也，乃戒慎不睹，恐惧不闻之谓耳。君子之所谓洒落者，非旷荡放逸，纵情肆意之谓也，乃其心体不累于欲，无入而不自得之谓耳。夫心之本体，即天理也。天理之昭明灵觉，所谓良知也。君子之戒慎恐惧，惟恐其昭明灵觉者或有所昏昧放逸，流于非僻邪妄而失其本体之正耳。戒慎恐惧之功无时或间，则天理常存，而其昭明灵觉之本体，无所亏蔽，无所牵扰，无所恐惧忧患，无所好乐忿懥，无所意必固我，无所歉馁愧怍。和融莹彻，充塞流行，动容周旋而中礼，从心所欲而不逾，斯乃所谓真洒落矣。是洒落生于天理之常存，天理常存生于戒慎恐惧之无间。孰谓"敬畏之增，乃反为洒落之累"耶？惟夫不知洒落为吾心之体，敬畏为洒落之功，歧为二物而分用其心，是以互相牴牾，动多拂戾而流于欲速助长。是国用之所谓"敬畏"者，乃《大学》之"恐惧忧患"，非《中庸》"戒慎恐惧"之谓矣。程子常言："人言无心，只可言无私心，不可言无心。"戒慎不睹，恐惧不闻，是心不可无也。有所恐惧，有所忧患，是私心不可有也。尧舜之兢兢业业，文王之小心翼翼，皆敬畏之谓也，皆出乎其心体之自然也。出乎心体，非有所为而为之者，自然之谓也。敬畏之功无间于动静，是所谓"敬以直内，义以方外"也。敬义立而天道达，则不疑其所行矣。

所寄《诈说》，大意亦好。以此自励可矣，不必以责人也。君子不蕲人之信也，自信而已；不蕲人之知也，自知而已。因先茔未毕功，人事纷沓，来使立候，冻笔潦草无次。

与刘元道 癸未

来喻："欲入坐穷山，绝世故，屏思虑，养吾灵明。必自验至于通昼夜而不息，然后以无情应世故。"且云："于静求之，似为径直，但勿流于空寂而已。"观此足见任道之刚毅，立志之不凡。且前后所论，皆不为无见者矣。可喜可喜！夫良医之治病，随其疾之虚实、强弱、寒热、内外，而斟酌加减。调理补泄之要，在去病而已。初无一定之方，不问证候之如何，而必使人人服之也。君子养心之学，亦何以异于是！元道自量其受病之深浅，气血之强弱，自可如其所云者而斟酌为之，亦自无伤。且专欲绝世故，屏思虑，偏于虚静，则恐既已养成空寂之性，虽欲勿流于空寂，不可得矣。大抵治病虽无一定之方，而以去病为主，则是一定之法。若但知随病用药，而不知因药发病，其失一而已矣。闲中且将明道《定性书》熟味，意况当又不同。忧病不能一一，信笔草草无次。

答路宾阳 癸未

忧病中，远使惠问，哀感何已！守忠之讣，方尔痛心，而复□□不起，惨割如何可言！死者已矣，生者益孑立寡助。不及今奋发砥砺，坐待渐尽灯灭，固将抱恨无穷。自来山间，朋友远近至者百余人，因此颇有警发，见得此学益的确简易，真是考诸三王而不谬，百世以俟圣人而不惑者。惜无因复与宾阳一面语耳。郡务虽繁，然民人社稷，莫非实学。以宾阳才质之美，行之以忠信，坚其必为圣人之志，勿为时议所摇，近名所动，吾见其德日进而业日广矣。荒愦不能多及，心亮！

与黄勉之 甲申

屡承书惠，兼示述作，足知才识之迈，向道恳切之难得也。何幸何幸！然未由一面，鄙心之所欲效者，尚尔郁而未申，有负盛情多矣！

君子学以为己。成己成物，虽本一事，而先后之序有不容紊。孟子云："学问之道无他，求其放心而已矣。"诵习经史，本亦学问之事，不可废者。而忘本逐末，明道尚有"玩物丧志"之戒，若立言垂训，尤非学者所宜汲汲矣。所示《格物说》、《修道注》，诚荷不鄙之盛，切深惭悚，然非浅劣之所敢望于足下者也。且其为说，亦于鄙见微有未尽。何时合并当悉其义，愿且勿以示人。孔子云："五十以学《易》，可以无大过矣。"充足下之才志，当一日千里，何所不可到？而不胜骏逸之气，急于驰骤奔放，抵突若此，将恐自蹶其足，非任重致远之道也。古本之释，不得已也。然不敢多为辞说，正恐葛藤缠绕，则枝干反为蒙翳耳。短序亦尝三易稿，石刻其最后者。今各往一本，亦足以知初年之见，未可据以为定也。

二 中申

　　勉之别去后，家人病益狼狈，贱躯亦咳逆泄泻相仍，曾无间日，人事纷沓未论也。用是《大学》古本曾无下笔处，有辜勤勤之意，然此亦自可徐徐图之。但古本白文之在吾心者，未能时时发明，却有可忧耳。来问数条，实亦无暇作答，缔观简末恳恳之诚，又自不容已于言也。

　　来书云："以良知之教涵泳之，觉其彻动彻静，彻昼彻夜，彻古彻今，彻生彻死，无非此物。不假纤毫思索，不得纤毫助长，亭亭当当，灵灵明明，触而应，感而通，无所不照，无所不觉，无所不达，千圣同途，万贤合辙。无他如神，此即为神；无他希天，此即为天；无他顺帝，此即为帝。本无不中，本无不公。终日酬酢，不见其有动；终日闲居，不见其有静。真乾坤之灵体，吾人之妙用也。窃又以为《中庸》诚者之明，即此良知为明；诚之者之戒慎恐惧，即此良知为戒慎恐惧。当与恻隐羞恶一般，俱是良知条件。知戒慎恐惧，知恻隐，知羞恶，通是良知，亦即是明"云云。

　　此节论得已甚分晓。知此，则知致知之外无余功矣。知此，则知所谓建诸天地而不悖，质诸鬼神而无疑，百世以俟圣人而不惑者，非虚语矣。诚明戒惧，效验功夫，本非两义。既知彻动彻静，彻死彻生，无非此物，则诚明戒惧与恻隐羞恶，又安得别有一物为之欤？

　　来书云："阴阳之气，诉合和畅而生万物。物之有生，皆得此和畅之气。故人之生理，本自和畅，本无不乐。观之鸢飞鱼跃，鸟鸣兽舞，草木欣欣向荣，皆同此乐。但为客气物欲搅此和畅之气，始有间断不乐。孔子曰'学而时习之'，便立个无间断功夫，悦则乐之萌矣。朋来则学成，而吾性本体之乐复矣，故曰'不亦乐乎'。在人虽不我知，吾无一毫愠怒以间断吾性之乐，圣人恐学者乐之有息也，故又言此。所谓'不怨''不尤'，与夫'乐在其中'、'不改其乐'，皆是乐无间断否"云云。

　　乐是心之本体。仁人之心，以天地万物为一体，诉合和畅，原无间隔。来书谓"人之生理，本自和畅，本无不乐，但为客气物欲搅此和畅之气，始有间断不乐"是也。时习者，求复此心之本体也。悦则本体渐复矣。朋来则本体之诉合和畅，充周无间。本体之诉合和畅，本来如是，初未尝有所增也。就使无朋来而天下莫我知焉，亦未尝有所减也。来书云"无间断"意思亦是。圣人亦只是至诚无息而已，其工夫只是时习。时习之要，只是谨独。谨独即是致良

146

知。良知即是乐之本体。此节论得大意亦皆是，但不宜便有所执著。

来书云："韩昌黎'博爱之谓仁'一句，看来大段不错，不知宋儒何故非之？以为爱自是情，仁自是性，岂可以爱为仁？愚意则曰：性即未发之情，情即已发之性，仁即未发之爱，爱即已发之仁。如何唤爱作仁不得？言爱则仁在其中矣。孟子曰：'恻隐之心，仁也。'周子曰：'爱曰仁。'昌黎此言，与孟、周之旨无甚差别，不可以其文人而忽之也"云云。

博爱之说，本与周子之旨无大相远。樊迟问仁，子曰："爱人。"爱字何尝不可谓之仁欤？昔儒看古人言语，亦多有因人重轻之病，正是此等处耳。然爱之本体固可谓之仁，但亦有爱得是与不是者，须爱得是方是爱之本体，方可谓之仁。若只知博爱而不论是与不是，亦便有差处。吾尝谓博字不若公字为尽。大抵训释字义，亦只是得其大概，若其精微奥蕴，在人思而自得，非言语所能喻。后人多有泥文著相，专在字眼上穿求，却是心从法华转也。

来书云："《大学》云：'如好好色，如恶恶臭。'所谓恶之云者，凡见恶臭，无处不恶，固无妨碍。至于好色，无处不好，则将凡美色之经于目也，亦尽好之乎？《大学》之训，当是借流俗好恶之常情，以喻圣贤好善恶恶之诚耳。抑将好色亦为圣贤之所同，好经于目，虽知其姣，而思则无邪，未尝少累其心体否乎？《诗》云'有女如云'，未尝不知其姣也。其姣也，'匪我思存'，言匪我见存，则思无邪而不累其心体矣。如见轩冕金玉，亦知其为轩冕金玉也，但无歆羡希觊之心，则可矣。如此看，不知通否"云云。

人于寻常好恶，或亦有不真切处，惟是好好色，恶恶臭，则皆是发于真心，自求快足，曾无纤假者。《大学》是就人人好恶真切易见处，指示人以好善恶恶之诚当如是耳，亦只是形容一诚字。今若又于好色字上生如许意见，却未免有执指为月之病。昔人多有为一字一句所牵蔽，遂致错解圣经者，正是此症候耳，不可不察也。中间云"无处不恶，固无妨碍"，亦便有受病处。更详之。

来书云："有人因薛文清'过思亦是暴气'之说，乃欲截然不思者。窃以孔子曰：'吾尝终日不食，终夜不寝以思'，亦将谓孔子过而暴其气乎？以愚推之，惟思而外于良知，乃谓之过。若念念在良知上体认，即如孔子终日终夜以思，亦不为过。不外良知，即是何思何虑，尚何过哉"云云。

"过思亦是暴气"，此语说得亦是。若遂欲截然不思，却是因噎而废食者也。来书谓"思而外于良知，乃谓之过。若念念在良知上体认，即终日终夜以思，亦不为过。不外良知，即是何思何虑"，此语甚得鄙意。孔子所谓"吾尝

147

终日不食，终夜不寝以思，无益，不如学也"者，圣人未必然，乃是指出徒思而不学之病以诲人耳。若徒思而不学，安得不谓之过思与！

答刘内重 乙酉

书来警发良多，知感知感！腹疾，不欲作答，但内重为学工夫尚有可商量者，不可以虚来意之辱，辄复书此耳。

程子云："所见所期，不可不远且大。然而为之亦须量力有渐，志大心劳，力小任重，恐终败事。"夫学者既立有必为圣人之志，只消就自己良知明觉处朴实头致了去，自然循循日有所至，原无许多门面折数也。外面是非毁誉，亦好资之以为警切砥砺之地，却不得以此稍动其心，便将流于心劳日拙而不自知矣。内重强刚笃实，自是任道之器，然于此等处尚须与谦之从容一商量，又当有见也。眼前路径须放开阔，才好容人来往，若太拘窄，恐自己亦无展足之地矣。圣人之行，初不远于人情。鲁人猎较，孔子亦猎较。乡人傩，朝服而立于阼阶。难言之互乡，亦与进其童子。在当时固不能无惑之者矣。子见南子，子路且有不悦。夫子到此如何更与子路说得是非？只好矢之而已。何也？若要说见南子是，得多少气力来说？且若依着子路认个不是，则子路终身不识圣人之心，此学终将不明矣。此等苦心处，惟颜子便能识得，故曰"于吾言无所不悦"。此正是大头脑处，区区举似内重，亦欲内重谦虚其心，宏大其量，去人我之见，绝意必之私，则此大头脑处，自将卓尔有见，当有"虽欲从之，末由也已"之叹矣！大抵奇特斩绝之行，多后世希高慕大者之所喜，圣贤不以是为贵也。故索隐行怪，则后世有述焉，依乎中庸，固有遁世不见知者矣。学绝道丧之余，苟有以讲学来者，所谓空谷之足音，得似人者可矣。必如内重所云，则今之可讲学者，止可如内重辈二三人而止矣。然如内重者，亦不能时时来讲也，则法堂前草深一丈矣。内重有进道之资，而微失之于隘。吾固不敢避饰非自是之嫌，而叨叨至此。内重宜悉此意，弗徒求之言语之间可也。

与王公弼 乙酉

前王汝止家人去，因在妻丧中，草草未能作书。人来，远承问惠，得闻动履，殊慰殊慰！书中所云"斯道广大，无处欠缺，动静穷达，无往非学。自到任以来，钱谷狱讼，事上接下，皆不敢放过。但反观于独，犹未是夭寿不二根基，毁誉得丧之间未能脱然"。足知用功之密。只此自知之明，便是良知。致此良知以求自慊，便是致知矣。殊慰殊慰！师伊、师颜兄弟，久居于此。黄

148

正之来此亦已两月余。何廷仁到亦数日。朋友聚此，颇觉有益。惟齐不得力而归。此友性气殊别，变化甚难，殊为可忧尔。间及之。

答董沄萝石 乙酉

问："某赋性平直守分，每遇能言之士，则以己之迟钝为惭，恐是根器弱甚。"

此皆未免有外重内轻之患。若平日能集义，则浩然之气至大至公，充塞天地，自然富贵不能淫，贫贱不能移，威武不能屈；自然能知人之言，而凡诐淫邪遁之词皆无所施于前矣。况肯自以为惭乎！集义只是致良知。心得其宜为义，致良知则心得其宜矣。

问："某因亲弟粮役，与之谋，败，致累多人。因思皆不老实之过也。如何？"

谓之老实，须是实致其良知始得，不然却恐所谓老实者，正是老实不好也。昔人亦有为手足之情受污辱者，然不致知，此等事于良知亦自有不安。

问："某因海宁县丞卢珂居官廉甚而极贫，饥寒饿死，遂走拜之，赠以诗、袜，归而胸次帖帖然，自以为得也。只此自以为得也，恐亦不宜。"

知得自以为得之非宜，只此便是良知矣。民之秉彝也，故好是懿德。又多着一分意思不得。多着一分意思，便是私矣。

问："某见人有善行，每好录之，时以展阅。常见二医，一姓韩一姓郭者，以利相让，亦必录之。"

录善人以自勉，此亦多闻多见而识，乃是致良知之功。此等人只是欠学问，恐不能到头如此。吾辈中亦未易得也。

与黄宗贤 癸未

南行想亦从心所欲，职守闲静，益得专志于学，闻之殊慰！贱躯入夏来，山中感暑痢，归卧两月余，变成痰咳。今虽稍平，然咳尚未已也。四方朋友来去无定，中间不无切磋砥砺之益，但真有力量能担荷得，亦自少见。大抵近世学者，只是无有必为圣人之志。近与尚谦、子莘、诚甫讲《孟子》"乡愿狂狷"一章，颇觉有所省发，相见时试更一论如何？闻接引同志孜孜不息，甚善甚善！但论议之际，必须谦虚简明为佳。若自处过任而词意重复，却恐无益有损。在高明断无此，因见旧时友朋往往不免斯病，谩一言之。

寄薛尚谦 癸未

承喻："自咎罪疾，只缘轻傲二字累倒。"足知用力恳切。但知得轻傲处，便是良知；致此良知，除却轻傲，便是格物。致知二字，是千古圣学之秘，向在虔时终日论此，同志中尚多有未彻。近于古本序中改数语，颇发此意，然见者往往亦不能察。今寄一纸，幸熟昧！此是孔门正法眼藏，从前儒者多不曾悟到，故其说卒入于支离。仕鸣过虔，常与细说，不审闲中曾论及否？谕及甘泉论仕德处，殆一时意有所向而云，益亦未见其止之叹耳。仕德之学，未敢便以为至，即其信道之笃，临死不贰，眼前曾有几人？所云"心心相持，如铣如钳"，正恐同辈中亦未见有能如此者也。书来，谓仕鸣、海崖大进此学，近得数友皆有根力，处久当能发挥。幸甚！闻之喜而不寐也。海崖为谁氏？便中寄知之。

卷六　文录三

寄邹谦之　丙戌

比遭家多难，工夫极费力，因见得良知两字比旧愈加亲切。真所谓大本达道，舍此更无学问可讲矣。"随处体认天理"之说，大约未尝不是，只要根究下落，即未免捕风捉影，纵令鞭辟向里，亦与圣门致良知之功尚隔一尘。若复失之毫厘，便有千里之谬矣。四方同志之至此者，但以此意提掇之，无不即有省发，只是著实能透彻者甚亦不易得也。世间无志之人，既已见驱于声利词章之习，间有知得自己性分当求者，又被一种似是而非之学兜绊羁縻，终身不得出头。缘人未有真为圣人之志，未免挟有见小欲速之私，则此种学问，极足支吾眼前得过。是以虽在豪杰之士，而任重道远，志稍不力，即且安顿其中者多矣。谦之之学，既以得其大原，近想涉历弥久，则功夫当益精明矣。无因接席一论，以资切劘，倾企如何！范祠之建，实亦有裨风教。仆于大字，本非所长，况已久不作，所须祠匾，必大笔自挥之，乃佳也。使还，值岁冗，不欲尽言。

二　丙戌

承示《谕俗礼要》，大抵一宗《文公家礼》而简约之，切近人情，甚善甚善！非吾谦之诚有意于化民成俗，未肯汲汲为此也！古礼之存于世者，老师宿儒当年不能穷其说，世之人苦其烦且难，遂皆废置而不行。故今之为人上而欲导民于礼者，非详且备之为难，惟简切明白而使人易行之为贵耳。中间如四代位次及祔祭之类，固区区向时欲稍改以从俗者，今皆斟酌为之，于人情甚协。

盖天下古今之人，其情一而已矣。先王制礼，皆因人情而为之节文，是以行之万世而皆准。其或反之吾心而有所未安者；非其传记之讹阙，则必古今风气习俗之异宜者矣。此虽先王未之有，亦可以义起，三王之所以不相袭礼也。

若徒拘泥于古，不得于心，而冥行焉，是乃非礼之礼，行不著而习不察者矣。后世心学不讲，人失其情，难乎与之言礼！然良知之在人心，则万古如一日。苟顺吾心之良知以致之，则所谓不知足而为屦，我知其不为蒉矣。非天子不议礼制度，今之为此，非以议礼为也，徒以末世废礼之极，聊为之兆以兴起之。故特为此简易之说，欲使之易知易从焉耳。冠、婚、丧、祭之外，附以乡约，其于民俗亦甚有补。至于射礼，似宜别为一书，以教学者，而非所以求谕于俗。今以附于其间，却恐民间以非所常行，视为不切，又见其说之难晓，遂并其冠、婚、丧、祭之易晓者而弃之也。《文公家礼》所以不及于射，或亦此意也欤？幸更裁之！

令先公墓表决不负约，但向在纷冗忧病中，近复咳患盛作，更求假以日月耳。施、濮两生知解甚利，但已经炉鞴，则煅炼为易，自此益淬砺之，吾见其成之速也。书院新成，欲为诸生择师，此诚盛德之事。但刘伯光以家事促归，魏师伊乃兄适有官务，仓卒往视，何廷仁近亦归省，惟黄正之尚留彼。意以登坛说法，非吾谦之身自任之不可。须事定后，却与二三同志造访，因而连留旬月，相与砥砺开发，效匡翼之劳，亦所不辞也。祠堂位次祔祭之义，往年曾与徐曰仁备论。曰仁尝记其略，今使录一通奉览，以备采择。

或问："《文公家礼》高、曾、祖、祢之位皆西上，以次而东。于心切有未安。"阳明子曰："古者庙门皆南向，主皆东向。合祭之时，昭之迁主列于北牖，穆之迁主列于南牖，皆统于太祖东向之尊。是故西上，以次而东。今祠堂之制既异于古，而又无太祖东向之统，则西上之说诚有所未安。"曰："然则今当何如？"曰："礼以时为大。若事死如事生，则宜以高祖南向，而曾、祖、祢东西分列，席皆稍降而弗正对，似于人心为安。曾见浦江郑氏之祭，四代考妣，皆异席。高考妣南向，曾、祖、祢考皆西向，妣皆东向，名依世次，稍退半席。其于男女之列，尊卑之等，两得其宜。今吾家亦如此行。但恐民间厅事多浅隘，而器物亦有所不备，则不能以通行耳。"又问："无后者之祔于己之子侄，固可下列矣。若在祖宗之行，宜何如祔？"阳明子曰："古者大夫三庙，不及其高矣；适士二庙，不及其曾矣。今民间得祀高、曾，盖亦体顺人情之至，例以古制，则既为僭，况在其行之无后者乎！古者士大夫无子，则为之置后，无后者鲜矣。后世人情偷薄，始有弃贫贱而不问者。古所为无后，皆殇子之类耳。《祭法》：'王下祭殇五：适子、适孙、适曾孙、适玄孙、适来孙。诸侯下祭三，大夫二，适士及庶人祭子而止。'则无后之祔，皆子孙属也。今民间既得假四代之祀，以义起之，虽及弟侄可矣。往年湖湘一士人家，

152

有曾伯祖与堂叔祖皆贤而无后者，欲为立嗣，则族众不可；欲弗祀，则思其贤，有所不忍也。以问于某，某曰：不祀二三十年矣，而追为之嗣，势有所不行矣。若在士大夫家，自可依古族属之义，于春、秋二社之次，特设一祭，凡族之无后而亲者，各以昭穆之次配祔之，于义亦可也。"

三 丙戌

　　教札时及，足慰离索。兼示《论语讲章》，明白痛快，足以发朱注之所未及。诸生听之，当有油然而兴者矣。后世人心陷溺，祸乱相寻，皆由此学不明之故。只将此学字头脑处指掇得透彻，使人洞然知得是自己生身立命之原，不假外求，如木之有根，畅茂条达，自有所不容已，则所谓悦乐不愠者，皆不待言而喻。书院记文，整严精确，迥尔不群，皆是直写胸中实见，一洗近儒影响雕饰之习，不徒作矣。

　　某近来却见得良知两字日益真切简易。朝夕与朋辈讲习，只是发挥此两字不出。缘此两字，人人所自有，故虽至愚下品，一提便省觉。若致其极，虽圣人天地不能无憾，故说此两字，穷劫不能尽。世儒尚有致疑于此，谓未足以尽道者，只是未尝实见得耳。近有乡大夫请某讲学者云："除却良知，还有甚么说得？"某答云："除却良知，还有甚么说得！"不审迩来谦之于此两字，见得比旧又如何矣？无因一面扣之，以快倾渴。正之去，当能略尽鄙怀，不能一一。

　　后世大患，全是士夫以虚文相诳，略不知有诚心实意。流积成风，虽有忠信之质，亦且迷溺其间，不自知觉。是故以之为子则非孝，以之为臣则非忠。流毒扇祸，生民之乱，尚未知所抵极。今欲救之，惟有返朴还淳是对症之剂。故吾侪今日用工，务在鞭辟近里，删削繁文始得。然鞭辟近里，删削繁文，亦非草率可能，必须讲明致良知之学。每以言于同志，不识谦之亦以为何如也？讲学之后，望时及之。

四 丙戌

　　正之归，备谈政教之善，勤勤恳恳，开诱来学，毅然以斯道为己任，其为喜幸如何可言！前书"虚文相诳"之说，独以慨夫后儒之没溺词章、雕镂文字以希世盗名，虽贤知有所不免，而其流毒之深，非得根器力量如吾谦之者，莫能挽而回之也！而谦之顾犹歉然，欲以猛省寡过，此正吾谦之之所以为不可及也。欣叹欣叹！

学绝道丧之余，苟有兴起向慕于是学者，皆可以为同志，不必铢称寸度而求其尽合于此，以之待人可也。若在我之所以为造端立命者，则不容有毫发之或爽矣。道一而已，仁者见之谓之仁，知者见之谓之知。释氏之所以为释，老氏之所以为老，百姓日用而不知，皆是道也，宁有二乎？今古学术之诚伪邪正，何啻碔砆美玉！然有眩惑终身而不能辩者，正以此道之无二，而其变动不拘，充塞无间，纵横颠倒，皆可推之而通。世之儒者，各就其一偏之见，而又饰之以比拟仿像之功，文之以章句假借之训，其为习熟既足以自信，而条目又足以自安，此其所以诳己诳人，终身没溺而不悟焉耳！然其毫厘之差，而乃致千里之谬。非诚有求为圣人之志而从事于惟精惟一之学者，莫能得其受病之源而发其神奸之所由伏也。若某之不肖，盖亦尝陷溺于其间者几年，伥伥然既自以为是矣。赖天之灵，偶有悟于良知之学，然后悔其向之所为者，固包藏祸机，作伪于外，而心劳日拙者也。十余年来，虽痛自洗剔创艾，而病根深痼，萌蘖时生。所幸良知在我，操得其要，譬犹舟之得舵，虽惊风巨浪颠沛不无，尚犹得免于倾覆者也。夫旧习之溺人，虽已觉悔悟，而其克治之功，尚且其难若此，又况溺而不悟，日益以深者，亦将何所抵极乎！以谦之精神力量，又以有觉于良知，自当如江河之注海，沛然无复能有为之障碍者矣！默成深造之余，必有日新之得，可以警发昏惰者，便间不惜款款示及之。

五 丙戌

张、陈二生来，适归余姚祭扫，遂不及相见，殊负深情也。随事体认天理，即戒慎恐惧功夫，以为尚隔一尘，为世之所谓事事物物皆有定理而求之于外者言之耳。若致良知之功明，则此语亦自无害，不然即犹未免于毫厘千里也。来喻以为恐主于事者，盖已深烛其弊矣。寄示甘泉《尊经阁记》，甚善甚善！其间大意亦与区区《稽山书院》之作相同。《稽山》之作，向尝以寄甘泉，自谓于此学颇有分毫发明。今甘泉乃谓"今之谓聪明知觉，不必外求诸经者，不必呼而能觉"之类，则似急于立言，而未暇细察鄙人之意矣。后世学术之不明，非为后人聪明识见之不及古人，大抵多由胜心为患，不能取善相下。明明其说之已是矣，而又务为一说以高之，是以其说愈多而惑人愈甚。凡今学术之不明，使后学无所适从，徒以致人之多言者，皆吾党自相求胜之罪也。今良知之说，已将学问头脑说得十分下落，只是各去胜心，务在共明此学，随人分限，以此循循善诱之，自当各有所至。若只要自立门户，外假卫道之名，而内行求胜之实，不顾正学之因此而益荒，人心之因此而愈惑，党同伐异，覆短争长，而惟以成其自私自利之谋，仁者之心有所不忍也！甘泉之意，未必由此，因事感触，辄漫及之。盖今时讲学者，大抵多犯此症，在鄙人亦或有所未免，然不敢不痛自克治也。如何如何？

答友人　丙戌

君子之学，务求在己而已。毁誉荣辱之来，非独不以动其心，且资之以为切磋砥砺之地。故君子无入而不自得，正以其无入而非学也。若夫闻誉而喜，闻毁而戚，则将惶惶于外，惟日之不足矣，其何以为君子！

往年驾在留都，左右交谗某于武庙。当时祸且不测，僚属咸危惧，谓群疑若此，宜图所以自解者。某曰："君子不求天下之信己也，自信而已。吾方求以自信之不暇，而暇求人之信己乎？"某于执事为世交，执事之心，某素能信之，而顾以相讯若此，岂亦犹有未能自信也乎？虽然，执事之心，又焉有所不自信者！至于防范之外，意料所不及，若校人之于子产者，亦安能保其必无。则执事之恳恳以询于仆，固君子之严于自治，宜如此也。昔楚人有宿于其友之家者，其仆窃友人之履以归，楚人不知也。适使其仆市履于肆，仆私其直而以窃履进，楚人不知也。他日，友人来过，见其履在楚人之足，大骇曰："吾固疑之，果然窃吾履。"遂与之绝。逾年而事暴，友人踵楚人之门，而悔谢曰："吾不能知子，而缪以疑子，吾之罪也。请为友如初。"今执事之见疑于人，其有其无，某皆不得而知。纵或有之，亦何伤于执事之自信乎？不俟逾年，吾见有踵执事之门而悔谢者矣。执事其益自信无怠，固将无入而非学，亦无入而不自得也矣！

答友人问　丙戌

问："自来先儒皆以学问思辩属知，而以笃行属行，分明是两截事。今先生独谓知行合一，不能无疑。"

曰：此事吾已言之屡屡。凡谓之行者，只是著实去做这件事。若著实做学问思辩的工夫，则学问思辩亦便是行矣。学是学做这件事，问是问做这件事，思辩是思辩做这件事，则行亦便是学问思辩矣。若谓学问思辩之，然后去行，却如何悬空先去学问思辩得？行时又如何去得个学问思辩的事？行之明觉精察处，便是知；知之真切笃实处，便是行。若行而不能精察明觉，便是冥行，便是"学而不思则罔"，所以必须说个知；知而不能真切笃实，便是妄想，便是"思而不学则殆"，所以必须说个行；元来只是一个工夫。凡古人说知行，皆

155

是就一个工夫上补偏救弊说，不似今人截然分作两件事做。某今说知行合一，虽亦是就今时补偏救弊说，然知行体段亦本来如是。吾契但著实就身心上体履，当下便自知得。今却只从言语义意上窥测，所以牵制支离，转说转糊涂，正是不能知行合一之弊耳。

"象山论学与晦庵大有同异，先生尝称象山'于学问头脑处见得直截分明'。今观象山之论，却有谓学有讲明，有践履，及以致知格物为讲明之事，乃与晦庵之说无异，而与先生知行合一之说，反有不同。何也？"

曰：君子之学，岂有心于同异？惟其是而已。吾于象山之学有同者，非是苟同；其异者，自不掩其为异也。吾于晦庵之论有异者，非是求异；其同者，自不害其为同也。假使伯夷、柳下惠与孔、孟同处一堂之上，就其所见之偏全，其议论断亦不能皆合，然要之不害其同为圣贤也。若后世论学之士，则全是党同伐异，私心浮气所使，将圣贤事业作一场儿戏看了也。

又问："知行合一之说，是先生论学最要紧处。今既与象山之说异矣，敢问其所以同。"

曰：知行原是两个字说一个工夫，这一个工夫须著此两个字，方说得完全无弊病。若头脑处见得分明，见得原是一个头脑，则虽把知行分作两个说，毕竟将来做那一个工夫，则始或未便融会，终所谓百虑而一致矣。若头脑见得不分明，原看做两个了，则虽把知行合作一个说，亦恐终未有凑泊处，况又分作两截去做，则是从头至尾更没讨下落处也。

又问："致良知之说，真是百世以俟圣人而不惑者。象山已于头脑上见得分明，如何于此尚有不同？"

曰：致知格物，自来儒者皆相沿如此说，故象山亦遂相沿得来，不复致疑耳。然此毕竟亦是象山见得未精一处，不可掩也。

又曰：知之真切笃实处，便是行；行之明觉精察处，便是知。若知时，其心不能真切笃实，则其知便不能明觉精察；不是知之时只要明觉精察，更不要真切笃实也。行之时，其心不能明觉精察，则其行便不能真切笃实；不是行之时只要真切笃实，更不要明觉精察也。知天地之化育，心体原是如此。乾知大始，心体亦原是如此。

答南元善 丙戌

别去忽逾三月，居尝思念，辄与诸生私相慨叹。计归程之所及，此时当到家久矣。太夫人康强，贵眷无恙，渭南风景，当与柴桑无异，而元善之识见兴趣，则又有出于元亮之上者矣。近得中途寄来书，读之怳然如接颜色。勤勤恳恳，惟以得闻道为喜，急问学为事，恐卒不得为圣人为忧，亹亹千数百言，略无一字及于得丧荣辱之间，此非真有朝闻夕死之志者，未易以涉斯境也。浣慰何如！诸生递观传诵，相与叹仰歆服，因而兴起者多矣。

世之高抗通脱之士，捐富贵，轻利害，弃爵禄，决然长往而不顾者，亦皆有之。彼其或从好于外道诡异之说，投情于诗酒山水技艺之乐，又或奋发于意气，感激于愤悱，牵溺于嗜好，有待于物以相胜，是以去彼取此而后能。及其所之既倦，意衡心郁，情随事移，则忧愁悲苦随之而作。果能捐富贵，轻利害，弃爵禄，快然终身，无入而不自得已乎？夫惟有道之士，真有以见其良知之昭明灵觉，圆融洞澈，廓然与太虚而同体。太虚之中，何物不有？而无一物能为太虚之障碍。盖吾良知之体，本自聪明睿知，本自宽裕温柔，本自发强刚毅，本自斋庄中正、文理密察，本自溥博渊泉而时出之，本无富贵之可慕，本无贫贱之可忧，本无得丧之可欣戚、爱憎之可取舍。盖吾之耳而非良知，则不能以听矣，又何有于聪？目而非良知，则不能以视矣，又何有于明？心而非良知，则不能以思与觉矣，又何有于睿知？然则又何有于宽裕温柔乎？又何有于发强刚毅乎？又何有于斋庄中正、文理密察乎？又何有于溥博渊泉而时出之乎？故凡慕富贵，忧贫贱，欣戚得丧，爱憎取舍之类，皆足以蔽吾聪明睿知之体，而窒吾渊泉时出之用。若此者，如明目之中而翳之以尘沙，聪耳之中而塞之以木楔也。其疾痛郁逆，将必速去之为快，而何能忍于时刻乎？故凡有道之士，其于慕富贵，忧贫贱，欣戚得丧而取舍爱憎也，若洗目中之尘而拔耳中之楔。其于富贵、贫贱、得丧、爱憎之相值，若飘风浮霭之往来变化于太虚，而太虚之体，固常廓然其无碍也。元善今日之所造，其殆庶几于是矣乎！是岂有待于物以相胜而去彼取此？激昂于一时之意气者所能强而声音笑貌以为之乎？元善自爱！元善自爱！

关中自古多豪杰，其忠信沉毅之质，明达英伟之器，四方之士，吾见亦多矣，未有如关中之盛者也。然自横渠之后，此学不讲，或亦与四方无异矣。自此关中之士有所振发兴起，进其文艺于道德之归，变其气节为圣贤之学，将必自吾元善昆季始也。今日之归，谓天为无意乎？谓天为无意乎？

元贞以病，不及别简，盖心同道同而学同，吾所以告之亦不能有他说也。亮之亮之！

157

二 　丙戌

五月初得苏州书，后月，适遇王驿丞去，草草曾附短启。其时私计行旆，到家必已久矣。是月三日，余门子回复，领手教，始知六月尚留汴城。世途之险涩难料，每每若此也。贱躯入夏咳作，兼以毒暑大旱，舟楫无所往，日与二三子讲息池傍小阁中。每及贤昆玉，则喟然兴叹而已！郡中今岁之旱，比往年尤甚。河渠曾蒙开浚者，百姓皆得资灌溉之利，相与啧啧追颂功德，然已控吁无及矣。彼奸妒恹人号称士类者，乃独谗疾排构无所不至，曾细民之不若，亦独何哉！亦独何哉！色养之暇，埙篪协奏，切磋讲习，当日益深造矣。里中英俊相从论学者几人？学绝道丧且几百年，居今之时，而苟知趋向于是，正所谓空谷之足音，皆今之豪杰矣。便中示知之。

窃尝喜晦翁涵育薰陶之说，以为今时朋友相与必有此意，而后彼此交益。近来一二同志与人讲学，乃有规砺太刻，遂相愤戾而去者，大抵皆不免于以善服人之病耳。楚国宝又尔忧去，子京诸友亦不能亟相会，一齐众楚。"道之不明也，我知之矣。"虽然，"风雨如晦，鸡鸣不已"，"至诚而不动者，未之有也"。非贤昆玉，畴足以语于斯乎！其余世情，真若浮虚之变态，亮非元善之所屑闻者也，遂不一一及。

答季明德 　丙戌

书惠远及，以咳恙未平，忧念备至，感愧良深！食姜太多，非东南所宜，诚然。此亦不过暂时劫剂耳。近有一友为易"贝母丸"服之，颇亦有效，乃终不若来谕"用养生之法拔去病根"者，为得本源之论。然此又不但治病为然，学问之功亦当如是矣。

承示："立志益坚，谓圣人必可以学而至。兢兢焉，常磨炼于事为朋友之间，而厌烦之心比前差少。"喜幸殊极！又谓："圣人之学，不能无积累之渐。"意亦切实。中间以尧、舜、文王、孔、老诸说，发明"志学"一章之意，足知近来进修不懈。居有司之烦而能精思力究若此，非朋辈所及。然此在吾明德自以此意奋起其精神，砥切其志意，则可矣；必欲如此节节分疏引证，以为圣人进道一定之阶级，又连掇数圣人纸上之陈迹，而人之以此一款条例之中，如以尧之试鲧为未能不惑，子夏之"启予"为未能耳顺之类，则是尚有比拟牵滞之累。以此论圣人之亦必由学而至，则虽有所发明，然其阶级悬难，反觉高远深奥，而未见其为人皆可学。乃不如末后一节，谓："至其极而矩之不逾，亦不过自此志之不已所积。而'不逾'之上，亦必有学可进，圣人岂绝然与人异哉！"又云："善者，圣之体也。害此善者，人欲而已。人欲，吾之所本无。去其本无之人欲，则善在我而圣体全。圣无有余，我无不足，此以知圣人之必可学也。然非有求为圣人之志，则亦不能以有成。"只如此论，自是亲切简易。以此开喻来学，足以兴起之矣。若如前说，未免使柔怯者畏缩而不敢当，高明者希高而外逐，不能无弊也。圣贤垂训，固有书不尽言、言不尽意者。凡看经书，要在致吾之良知，取其有益于学而已。则千经万典，颠倒纵横，皆为我之所用。一涉拘执比拟，则反为所缚。虽或特见妙诣，开发之益一时不无，而意必之见流注潜伏，盖有反为良知之障蔽而不自知觉者矣。其云"善者圣之体"，意固已好，善即良知，言良知则使人尤为易晓。故区区近有"心之良知是谓圣"之说。其间又云："人之为学，求尽乎天而已。"此明德之意，本欲合天人而为一，而未免反离而二之也。人者，天地万物之心也；心者，天地万物之主也。心即天，言心则天地万物皆举之矣，而又亲切简易。故不若言："人之为学，求尽乎心而已。"

知行之答，大段切实明白，词气亦平和，有足启发人者。惟贤一书，识见甚进，间有语疵，则前所谓"意必之见流注潜伏"者之为病。今既照破，久当自融释矣。

以"效"训"学"之说，凡字义之难通者，则以一字之相类而易晓者释之。若今学字之义，本自明白，不必训释。今遂以效训学，以学训效，皆无不可，不必有所拘执。但效字终不若学字之混成耳。率性而行，则性谓之道；修道而学，则道谓之教。谓修道之为教，可也；谓修道之为学，亦可也。自其道之示人无隐者而言，则道谓之教；自其功夫之修习无违者而言，则道谓之学。教也，学也，皆道也，非人之所能为也。知此，则又何训释之有！所须《学记》，因病未能著笔，俟后便为之。

与王公弼 丙戌

来书比旧所见益进，可喜可喜！中间谓："弃置富贵与轻于方父兄之命，只是一事。"当弃富贵即弃富贵，只是致良知；当从父兄之命即从父兄之命，亦只是致良知。其间权量轻重，稍有私意于良知，便自不安。凡认贼作子者，缘不知在良知上用功，是以有此。若只在良知上体认，所谓"虽不中，不远矣"。

159

二 丁亥

老年得子，实出望外。承相知爱念，勤惓若此，又重之以厚仪，感愧何可当也！两广之役，积衰久病之余，何能堪此！已具本辞免，但未知遂能得允否耳。

来书"提醒良知"之说，甚善甚善！所云"困勉之功"，亦只是提醒工夫未能纯熟，须加人一己百之力，然后能无间断，非是提醒之外，别有一段困勉之事也。

与欧阳崇一 丙戌

正之诸友下第归，备谈在京相与之详，近虽仕途纷扰中，而功力略无退转，甚难甚难！得来书，自咎真切，论学数条，卓有定见，非独无退转，且大有所进矣。文蔚所疑，良不为过。孟子谓"有诸己之谓信"，今吾未能有诸己，是未能自信也，宜乎文蔚之未能信我矣。乃劳崇一逐一为我解嘲，然又不敢尽谓崇一解嘲之言为口给。但在区区，则亦未能一一尽如崇一之所解者，为不能无愧耳！固不敢不勉力也！

寄陆原静 丙戌

原静虽在忧苦中，其学问功夫所谓"颠沛必于是"者，不言可知矣，奚必论说讲究而后可以为学乎？南元善曾将原静后来论学数条刊入《后录》中，初心甚不欲渠如此，近日朋辈见之，却因此多有省悟。始知古人相与辩论穷诘，亦不独要自己明白，直欲共明此学于天下耳。盖此数条，同志中肯用功者，亦时有疑及之，然非原静，则亦莫肯如此披豁吐露；就欲如此披豁吐露，亦不能如此曲折详尽。故此原静一问，其有益于同志，良不浅浅也。自后但有可相启发者，不惜时寄及之，幸甚幸甚！

近得施聘之书，意向卓然出于流辈。往年尝窃异其人，今果与俗不同也。闲中曾相往复否？大事今冬能举得，便可无他绊系，如聘之者，不妨时时一会。穷居独处，无朋友相砥切，最是一大患也。贵乡有韦友名商臣者，闻其用工笃实，尤为难得，亦曾一相讲否？

答甘泉 丙戌

音问虽疏，道德之声无日不闻于耳，所以启瞆消鄙者多矣。向承狂生之谕，初闻极骇，彼虽愚悖之甚，不应遽至于尔。既而细询其故，良亦有因。近复来此，始得其实。盖此生素有老佛之溺，为朋辈所攻激，遂高自矜大，以夸愚泄愤。盖亦不过怪诞妖妄如近世方士呼雷斩蛟之说之类，而闻者不察，又从而增饰之耳。近已与之痛绝，而此生深自悔责，若无所措其躬。赖其资性颇可，或自此遂能改创，未可知也。学绝道丧之余，苟以是心至，斯受之矣。忠信明敏之资，绝不可得。如生者，良亦千百中之一二，而又复不免于陷溺若此，可如何哉！可如何哉！龚生来访，自言素沐教极深，其资性甚纯谨，惜无可以进之者。今复远求陶铸，自此当见其有成也。

答魏师说 丁亥

师伊至，备闻日新之功，兼得来书，志意恳切，喜慰无尽！所云："任情任意，认作良知，及作意为之，不依本来良知，而自谓良知者，既已察识其病矣。"意与良知当分别明白。凡应物起念处，皆谓之意。意则有是有非，能知得意之是与非者，则谓之良知。依得良知，即无有不是矣。所疑拘于体面，格于事势等患，皆是致良知之心未能诚切专一。若能诚切专一，自无此也。凡作事不能谋始与有轻忽苟且之弊者，亦皆致知之心未能诚一，亦是见得良知未透彻。若见得透彻，即体面事势中，莫非良知之妙用。除却体面事势之外，亦别无良知矣。岂得又为体面所局，事势所格？即已动于私意，非复良知之本然矣。今时同志中，虽皆知得良知无所不在，一涉酬应，便又将人情物理与良知看作两事，此诚不可以不察也。

与马子莘 丁亥

连得所寄书，诚慰倾渴！缔观来书，其字画文彩皆有加于畴昔，根本盛而枝叶茂，理固宜然。然草木之花，千叶者无实，其花繁者，其实鲜矣。迩来子莘之志，得无微有所溺乎？是亦不可以不省也！良知之说，往时亦尝备讲，不审迩来能益莹彻否？明道云："吾学虽有所受，然天理二字，却是自家体认出来。"良知即是天理。体认者，实有诸己之谓耳，非若世之想像讲说者之为也。近时同志，莫不知以良知为说，然亦未见有能实体认之者，是以尚未免于疑惑。盖有谓良知不足以尽天下之理，而必假于穷索以增益之者。又以为徒致良知未必能合于天理，须以良知讲求其所谓天理者，而执之以为一定之则，然后可以率由而无弊。是其为说，非实加体认之功而真有以见夫良知者，则亦莫能辩其言之似是而非也。莆中故多贤，国英及志道二三同志之外，相与切磋砥

161

砺者，亦复几人？良知之外，更无知；致知之外，更无学。外良知以求知者，邪妄之知矣；外致知以为学者，异端之学矣。道丧千载，良知之学久为赘疣，今之友朋知以此事日相讲求者，殆空谷之足音欤！想念虽切，无因面会一罄此怀，临书惘惘！不尽。

与毛古庵宪副 丁亥

亟承书惠，既荷不遗，中间歉然下问之意，尤足以仰见贤者进修之功勤勤不懈，喜幸何可言也！无因促膝一陈鄙见，以求是正，可胜瞻驰！

凡鄙人所谓致良知之说，与今之所谓体认天理之说，本亦无大相远，但微有直截迂曲之差耳。譬之种植，致良知者，是培其根本之生意而达之枝叶者也；体认天理者，是茂其枝叶之生意而求以复之根本者也。然培其根本之生意，固自有以达之枝叶矣；欲茂其枝叶之生意，亦安能舍根本而别有生意可以茂之枝叶之间者乎？吾兄忠信近道之资既自出于侪辈之上，近见胡正人，备谈吾兄平日工夫又皆笃实恳切，非若世之徇名远迹而徒以支离于其外者。只如此用力不已，自当循循有至，所谓殊途而同归者也。亦奚必改途易业，而别求所谓为学之方乎！惟吾兄益就平日用工得力处进步不息，譬之适京都者，始在偏州僻壤，未免经历于傍蹊曲径之中，苟志往不懈，未有不达于通衢大路者也。病躯咳作，不能多及，寄去鄙录，末后论学一书，亦颇发明鄙见，暇中幸示及之！

与黄宗贤 丁亥

人在仕途，比之退处山林时，其工夫之难十倍，非得良友时时警发砥砺，则其平日之所志向，鲜有不潜移默夺，弛然日就于颓靡者。近与诚甫言，在京师相与者少，二君必须预先相约定，彼此但见微有动气处，即须提起致良知话头，互相规切。凡人言语正到快意时，便截然能忍默得；意气正到发扬时，便翕然能收敛得；愤怒嗜欲正到腾沸时，便廓然能消化得：此非天下之大勇者不能也。然见得良知亲切时，其工夫又自不难。缘此数病，良知之所本无，只因良知昏昧蔽塞而后有。若良知一提醒时，即如白日一出，而魍魉自消矣。《中庸》谓"知耻近乎勇"，所谓知耻，只是耻其不能致得自己良知耳。今人多以言语不能屈服得人为耻，意气不能陵轧得人为耻，愤怒嗜欲不能直意任情得为耻，殊不知此数病者，皆是蔽塞自己良知之事，正君子之所宜深耻者。今乃反以不能蔽塞自己良知为耻，正是耻非其所当耻，而不知耻其所当耻也。可不大哀乎! 诸君皆平日所知厚者，区区之心，爱莫为助，只愿诸君都做个古之大臣。古之所谓大臣者，更不称他有甚知谋才略，只是一个断断无他技，休休如有容而已。诸君知谋才略，自是超然出于众人之上，所未能自信者，只是未能致得自己良知，未全得断断休休体段耳。今天下事势，如沉痼积痿，所望以起死回生者，实有在于诸君子。若自己病痛未能除得，何以能疗得天下之病! 此区区一念之诚，所以不能不为诸君一竭尽者也。诸君每相见时，幸默以此意相规切之，须是克去己私，真能以天地万物为一体，实康济得天下，挽回三代之治，方是不负如此圣明之君，方能报得如此知遇，不枉了因此一大事来出世一遭也。病卧山林，只好修药饵苟延喘息。但于诸君出处，亦有痛痒相关者，不觉缕缕至此。幸亮此情也!

答以乘宪副 丁亥

此学不明于世，久矣。而旧闻旧习障蔽缠绕，一旦骤闻吾说，未有不非诋疑议者。然此心之良知，昭然不昧，万古一日。但肯平心易气，而以吾说反之于心，亦未有不洞然明白者。然不能即此奋志进步，勇脱窠臼，而犹依违观望于其间，则旧闻旧习又从而牵滞蔽塞之矣。此近时同志中往往皆有是病，不识以乘别后，意思却如何耳。昔有十家之村，皆荒其百亩，而日惟转籴于市，取其赢余以赡朝夕者。邻村之农劝之曰："尔朝夕转籴，劳费无期，曷若三年耕则余一年之食，数年耕可积而富矣。"其二人听之，舍籴而田。八家之人竞相非沮遏，室人老幼亦交遍归谪曰："我朝不籴，则无以为饔；暮不籴，则无以为餐。朝夕不保，安能待秋而食乎? "其一人力田不顾，卒成富家；其一人不得已，复弃田而籴，竟贫馁终身焉。今天下之人，方皆转籴于市，忽有舍籴而田者，宁能免于非谪乎! 要在深信弗疑，力田而不顾，乃克有成耳。两承书来，皆有迈往直进相信不疑之志，殊为浣慰! 人还附知，少致切劘之诚，当不以为迂也。

与戚秀夫 丁亥

德洪诸友时时谈及盛德深情，追忆留都之会，恍若梦寐中矣。盛使远辱，兼以书仪，感怍何既! 此道之在人心，皎如白日，虽阴晴晦明千态万状，而白日之光未尝增减变动。足下以迈特之资而能笃志问学，勤勤若是，其于此道真如扫云雾而睹白日耳。奚假于区区之为问乎?

病废既久，偶承两广之命，方具辞疏。使还，正当纷沓，草草不尽鄙怀。

与陈惟濬 丁亥

江西之会极草草，尚意得同舟旬日，从容一谈，不谓既入省城，人事纷沓，及登舟时，惟濬已行矣。沿途甚怏怏。抵梧后，即赴南宁，日不暇给，亦欲遣人相期来此，早晚略暇时可闲话。而此中风土绝异，炎瘴尤不可当，家人辈到此，无不病者。区区咳患亦因热大作，痰痢肿毒交攻。度惟濬断亦不可以居此，又复已之。

近得聂文蔚书，知已入漳。患难困苦之余，所以动心忍性，增益其所不能者，宜必日有所进。养之以福，正在此时，不得空放过也。

圣贤论学，无不可用之功，只是致良知三字，尤简易明白，有实下手处，更无走失。近时同志亦已无不知有致良知之说，然能于此实用功者绝少，皆缘见得良知未真，又将致字看太易了，是以多未有得力处。虽比往时支离之说稍有头绪，然亦只是五十步百步之间耳。就中亦有肯精心体究者，不觉又转入旧时窠臼中，反为文义所牵滞，工夫不得洒脱精一，此君子之道所以鲜也。此事必须得师友时时相讲习切劘，自然意思日新。

自出山来，不觉便是一年。山中同志结庐相待者，尚数十人，时有书来，尽令人感动。而地方重务，势难轻脱，病躯又日狼狈若此，不知天意竟如何也！文蔚书中所论，迥然大进，真有一日千里之势，可喜可喜！颇有所询，病中草草答大略。见时可取视之，亦有所发也。

寄安福诸同志 丁亥

诸友始为惜阴之会，当时惟恐只成虚语。迩来乃闻远近豪杰闻风而至者以百数，此可以见良知之同然，而斯道大明之几，于此亦可以卜之矣。喜慰可胜言耶！

得虞卿及诸同志寄来书，所见比旧又加亲切，足验工夫之进，可喜可喜！只如此用功去，当不能有他歧之惑矣。明道有云："宁学圣人而不至，不以一善而成名。"此为有志圣人而未能真得圣人之学者，则可如此说。若今日所讲良知之说，乃真是圣学之的传，但从此学圣人，却无有不至者。惟恐吾侪尚有一善成名之意，未肯专心致志于此耳。在会诸同志，虽未及一一面见，固已神交于千里之外。相见时幸出此共勉之。

王子茂寄问数条，亦皆明切。中间所疑，在子茂亦是更须诚切用功。到融化时，并其所疑亦皆释然沛然，不复有相阻碍，然后为真得也。凡工夫只是要

164

简易真切。愈真切，愈简易；愈简易，愈真切。病咳中不能多及，亦不能一一备列姓字，幸以意亮之而已！

与钱德洪王汝中 丁亥

家事赖廷豹纠正，而德洪、汝中又相与薰陶切劘于其间，吾可以无内顾矣。绍兴书院中同志，不审近来意向如何？德洪、汝中既任其责，当能振作接引，有所兴起。会讲之约但得不废，其间纵有一二懈弛，亦可因此夹持，不致遂有倾倒。余姚又得应元诸友作兴鼓舞，想益日异而月不同。老夫虽出山林，亦每以自慰。诸贤皆一日千里之足，岂俟区区有所警策？聊亦以此示鞭影耳。即日已抵肇庆，去梧不三四日可到。方入冗场，未能多及，千万心亮！绍兴书院及余姚各会同志诸贤，不能一一列名字，幸亮！

二 戊子

地方事幸遂平息，相见渐可期矣。近来不审同志叙会如何？得无法堂前今已草深一丈否？想卧龙之会，虽不能大有所益，亦不宜遂致荒落。且存饩羊，后或兴起亦未可知。余姚得应元诸友相与倡率，为益不小。近有人自家乡来，闻龙山之讲至今不废，亦殊可喜。书到，望为寄声，益相与勉之。九、十弟与正宪辈，不审早晚能来亲近否？或彼自绝，望且诱掖接引之，谅与人为善之心，当不俟多喋也。魏廷豹决能不负所托，儿辈或不能率教，亦望相与夹持之。人行匆匆，百不一及。诸同志不能尽列姓字，均致此意。

三 戊子

德洪、汝中书来，见近日工夫之有进，足为喜慰！而余姚、绍兴诸同志，又能相聚会讲切，奋发兴起，日勤不懈。吾道之昌，真有火然泉达之机矣。喜幸当何如哉！喜幸当何如哉！此间地方悉已平靖，只因二三大贼巢，为两省盗贼之根株渊薮，积为民患者，心亦不忍不为一除剪，又复迟留二三月。今亦了事矣，旬月间便当就归途也。守俭、守文二弟，近承夹持启迪，想亦渐有所进。正宪尤极懒惰，若不痛加针砭，其病未易能去。父子兄弟之间，情既迫切，责善反难，其任乃在师友之间。想平日骨肉道义之爱，当不俟于多嘱也。书院规制，近闻颇加修葺，是亦可喜。寄去银二十两，稍助工费。墙垣之未坚完及一应合整备者，酌量为之。余情面话不久。

答何廷仁 戊子

区区病势日狼狈，自至广城，又增水泻，日夜数行不得止，今遂两足不能坐立。须稍定，即逾岭而东矣。诸友皆不必相候。果有山阴之兴，即须早鼓钱塘之舵，得与德洪、汝中辈一会聚，彼此当必有益。区区养病本去已三月，旬日后必得旨，亦遂发舟而东。纵未能遂归田之愿，亦必得一还阳明，与诸友一面而别，且后会又有可期也。千万勿复迟疑，徒耽误日月。总及随舟而行，沿途官吏送迎请谒，断亦不能有须臾之暇，宜悉此意。书至，即拨冗。德洪、汝中辈亦可促之早为北上之图。伏枕潦草。

卷七　文录四

序·记·说

别三子序 丁卯

　　自程、朱诸大儒没而师友之道遂亡。《六经》分裂于训诂，支离芜蔓于辞章业举之习，圣学几于息矣。有志之士思起而兴之，然卒徘徊咨嗟，逡巡而不振；因弛然自废者，亦志之弗立，弗讲于师友之道也。夫一人为之，二人从而翼之，已而翼之者益众焉，虽有难为之事，其弗成者鲜矣。一人为之，二人从而危之，已而危之者益众焉，虽有易成之功，其克济者亦鲜矣。故凡有志之士，必求助于师友。无师友之助者，志之弗立弗求者也。自予始知学，即求师于天下，而莫予诲也；求友于天下，而与予者寡矣；又求同志之士，二三子之外，邈乎其寥寥也。殆予之志有未立邪？盖自近年而又得蔡希颜、朱守忠于山阴之白洋，得徐曰仁于余姚之马堰。曰仁，予妹婿也。希颜之深潜，守忠之明敏，曰仁之温恭，皆予所不逮。三子者，徒以一日之长视予以先辈，予亦居之而弗辞。非能有加也，姑欲假三子者而为之证，遂忘其非有也。而三子者，亦姑欲假予而存师友之饩羊，不谓其不可也。当是之时，其相与也，亦渺乎难哉！予有归隐之图，方将与三子就云霞，依泉石，追濂、洛之遗风，求孔、颜之真趣，洒然而乐，超然而游，忽焉而忘吾之老也。

　　今年三子者为有司所选，一举而尽之。何予得之之难，而有司者袭取之之易也！予未暇以得举为三子喜，而先以失助为予憾；三子亦无喜于其得举，而方且憾于其去予也。漆雕开有言："吾斯之未能信"，斯三子之心欤？曾点志于咏歌浴沂，而夫子喟然与之，斯予与三子之冥然而契，不言而得之者欤？三子行矣，遂使举进士，任职就列，吾知其能也，然而非所欲也。使遂不进而归，咏歌优游有日，吾知其乐也，然而未可必也。天将降大任于是人，必先违其所乐而投之于其所不欲，所以衡心拂虑而增其所不能。是玉之成也，其在兹行欤！三子则焉往而非学矣，而予终寡于同志之助也！三子行矣。"沉潜刚

167

克，高明柔克"，非箕子之言乎？温恭亦沉潜也，三子识之，焉往而非学矣。苟三子之学成，虽不吾迩，其为同志之助也，不多乎哉！

增城湛原明宦于京师，吾之同道友也，三子往见焉，犹吾见也已。

赠林以吉归省序 辛未

阳明子曰：求圣人之学而弗成者，殆以志之弗立欤！天下之人，志轮而轮焉，志裘而裘焉，志巫医而巫医焉，志其事而弗成者，吾未之见也。轮、裘、巫医遍天下，求圣人之学者，间数百年而弗一二见，为其事之难欤？亦其志之难欤？弗志其事而能有成者，吾亦未之见也。

林以吉将求圣人之事，过予而论学。予曰："子盍论子之志乎？志定矣，而后学可得而论。子闽也，将闽是求；而予言子以越之道路，弗之听也。予越也，将越是求；而子言予以闽之道路，弗之听也。夫久溺于流俗，而骤语以求圣人之事，其始也必将有自馁而不敢当；已而旧习牵焉，又必有自眩而不能决；已而外议夺焉，又必有自沮而或以懈。夫馁而求有以胜之，眩而求有以信之，沮而求有以进之，吾见立志之难能也已。志立而学半，四子之言，圣人之学备矣。苟志立而于是乎求焉，其切磋讲明之益，以吉自取之，尚其有穷也哉？见素先生，子诸父也，子归而以予言正之，且以为何如？"

送宗伯乔白岩序 辛未

大宗伯白岩乔先生将之南都，过阳明子而论学。阳明子曰："学贵专。"先生曰："然。予少而好弈，食忘味，寝忘寐，目无改观，耳无改听。盖一年而诎乡之人，三年而国中莫有予当者。学贵专哉！"阳明子曰："学贵精。"先生曰："然。予长而好文词，字字而求焉，句句而鸠焉，研众史，核百氏。盖始而希迹于宋、唐，终焉浸入于汉、魏。学贵精哉！"阳明子曰："学贵正。"先生曰："然。予中年而好圣贤之道。弈吾悔焉，文词吾愧焉，吾无所容心矣。子以为奚若？"阳明子曰："可哉！学弈则谓之学，学文词则谓之学，学道则谓之学，然而其归远也。道，大路也。外是，荆棘之蹊，鲜克达矣。是故专于道，斯谓之专；精于道，斯谓之精。专于弈而不专于道，其专溺也；精于文词而不精于道，其精僻也。夫道广矣大矣，文词技能于是乎出，而以文词技能为者，去道远矣。是故非专则不能以精，非精则不能以明，非明则不能以诚。故曰'惟精惟一'。精，精也；专，一也。精则明矣，明则诚矣。是故明精之为也，诚一之基也。一，天下之大本也；精，天下之大用也。知天地之化育，而况于文词技能之末乎？"先生曰："然哉！予将终身焉，而悔其晚也。"阳明子曰："岂易哉？公卿之不讲学也，久矣。昔者卫武公年九十而犹诏于国人曰：'毋以老耄而弃予。'先生之年半于武公，而功可倍之也。先生其不愧于武公哉？某也敢忘国士之交警！"

赠王尧卿序 辛未

终南王尧卿为谏官三月，以病致其事而去，交游之赠言者以十数，而犹乞言于予。甚哉，吾党之多言也！夫言日茂而行益荒，吾欲无言也久矣。自学术之不明，世之君子以名为实。凡今之所谓务乎其实，皆其务乎其名者也，可无察乎！尧卿之行，人皆以为高矣；才，人皆以为美矣；学，人皆以为博矣。是可以无察乎！自喜于一节者，不足与进于全德之地；求免于乡人者，不可以语于圣贤之途。气浮者，其志不确；心粗者，其造不深；外夸者，其中日陋。已矣，吾恶夫言之多也！虎谷有君子，类无言者。尧卿过焉，其以予言质之。

别张常甫序 辛未

太史张常甫将归省，告别于司封王某曰："期之别也，何以赠我乎？"某曰："处九月矣，未尝有言焉，期之别，又多乎哉？"常甫曰："斯邦奇之过也。虽然，必有以赠我。"某曰："工文词，多论说，广探极览以为博也，可以为学乎？"常甫曰："知之。""辩名物，考度数，释经正史以为密也，可以为学乎？"常甫曰："知之。""整容色，修辞气，言必信，动必果，谈说仁义以为行也，可以为学乎？"常甫曰："知之。"曰："夫是二者而恬淡其心，专一其气，廓然而虚，湛然而定以为静也，可以为学乎？"常甫默然良久，曰："亦知之。"某曰："然，知之。古之君子惟有所不知也，而后能知之；后之君子惟无所不知，是以容有不知也。夫道有本而学有要。是非之辩精矣，义利之间微矣，斯吾未之能信焉。盍亦姑无以为知之也，而姑疑之，而姑思之乎？"常甫曰："唯。吾姑无以为知之，而姑疑之，而姑思之。期而见，吾有以复于子。"

别湛甘泉序 壬申

颜子没而圣人之学亡。曾子唯一贯之旨，传之孟轲终，又二千余年而周、程续。自是而后，言益详，道益晦；析理益精，学益支离无本，而事于外者益繁以难。盖孟氏患杨、墨；周、程之际，释、老大行。今世学者，皆知宗孔、

169

孟，贱杨、墨，摈释、老，圣人之道，若大明于世。然吾从而求之，圣人不得而见之矣。其能有若墨氏之兼爱者乎？其能有若杨氏之为我者乎？其能有若老氏之清净自守、释氏之究心性命者乎？吾何以杨、墨、老、释之思哉？彼于圣人之道异，然犹有自得也。而世之学者，章绘句琢以夸俗，诡心色取，相饰以伪，谓圣人之道劳苦无功，非复人之所可为，而徒取辩于言词之间。古之人有终身不能究者，今吾皆能言其略，自以为若是亦足矣，而圣人之学遂废。则今之所大患者，岂非记诵词章之习！而弊之所从来，无亦言之太详、析之太精者之过欤！夫杨、墨、老、释，学仁义，求性命，不得其道而偏焉，固非若今之学者以仁义为不可学，性命之为无益也。居今之时而有学仁义，求性命，外记诵辞章而不为者，虽其陷于杨、墨、老、释之偏，吾独且以为贤，彼其心犹求以自得也。夫求以自得，而后可与之言学圣人之道。某幼不问学，陷溺于邪僻者二十年，而始究心于老、释。赖天之灵，因有所觉，始乃沿周、程之说求之，而若有得焉。顾一二同志之外，莫予翼也，岌岌乎仆而后兴。晚得友于甘泉湛子，而后吾之志益坚，毅然若不可遏，则予之资于甘泉多矣。甘泉之学，务求自得者也。世未之能知其知者，且疑其为禅。诚禅也，吾犹未得而见，而况其所志卓尔若此。则如甘泉者，非圣人之徒欤！多言又乌足病也！夫多言不足以病甘泉，与甘泉之不为多言病也，吾信之。吾与甘泉友，意之所在，不言而会；论之所及，不约而同；期于斯道，毙而后已者。今日之别，吾容无言。夫惟圣人之学难明而易惑，习俗之降愈下而益不可回，任重道远，虽已无俟于言，顾复于吾心，若有不容已也。则甘泉亦岂以予言为缀乎？

别方叔贤序 辛末

予与叔贤处二年，见叔贤之学凡三变：始而尚辞，再变而讲说，又再变而慨然有志圣人之道。方其辞章之尚，于予若冰炭焉；讲说矣，则违合者半；及其有志圣人之道，而沛然于予同趣。将遂去之西樵山中，以成其志，叔贤亦可谓善变矣。圣人之学，以无我为本，而勇以成之。予始与叔贤为僚，叔贤以郎中故事位吾上。及其学之每变，而礼予日恭，卒乃自称门生而待予以先觉。此非脱去世俗之见，超然于无我者，不能也。虽横渠子之勇撤皋比，亦何以加于此！独愧予之非其人，而何以当之！夫以叔贤之善变，而进之以无我之勇，其于圣人之道也何有。斯道也，绝响于世余三百年矣。叔贤之美有若是，是以乐为吾党道之。

170

别王纯甫序　辛未

　　王纯甫之掌教应天也，阳明子既勉之以孟氏之言。纯甫谓"未尽也"，请益曰："道未之尝学，而以教为职，鳏官其罪矣。敢问教何以哉？"阳明子曰："其学乎！尽吾之所以学者而教行焉耳。"曰："学何以哉？"曰："其教乎！尽吾之所以教者而学成焉耳。古之君之，有诸己而后求诸人也。"曰："刚柔淳漓之异质矣，而尽之我教，其可一乎？"曰："不一，所以一之也。天之于物也，巨微修短之殊位，而生成之，一也。惟技也亦然，弓冶不相为能，而其足于用，亦一也。匠斫也，陶垣也，圬墁也，其足以成室，亦一也。是故立法而考之，技也。各诣其巧矣，而同足于用。因人而施之，教也。各成其材矣，而同归于善。仲尼之答仁孝也，孟氏之论货色也，可以观教矣。"曰："然则教无定法乎？昔之辩者则何严也？"曰："无定矣。而以之必天下，则弓焉而冶废，匠焉而陶圬废。圣人不欲人人而圣之乎？然而质人人殊。故辩之严者，曲之致也。是故或失则隘，或失则支，或失则流矣。是故因人而施者，定法矣；同归于善者，定法矣。因人而施，质异也；同归于善，性同也。夫教，以复其性而已。自尧、舜而来未之有改，而谓无定乎？"

别黄宗贤归天台序　壬申

　　君子之学以明其心。其心本无昧也，而欲为之蔽，习为之害。故去蔽与害而明复，匪自外得也。心犹水也，污入之而流浊；犹鉴也，垢积之而光昧。孔子告颜渊"克己复礼为仁"，孟轲氏谓"万物皆备于我"、"反身而诚"。夫己克而诚，固无待乎其外也。世儒既叛孔、孟之说，昧于《大学》"格致"之训，而徒务博乎其外，以求益乎其内，皆入污以求清，积垢以求明者也，弗可得已。守仁幼不知学，陷溺于邪僻者二十年。疾疢之余，求诸孔子、子思、孟轲之言，而恍若有见，其非守仁之能也。宗贤于我，自为童子，即知弃去举业，励志圣贤之学。循世儒之说而穷之，愈勤而益难，非宗贤之罪也。学之难易失得也有原，吾尝为宗贤言之。宗贤于吾言，犹渴而饮，无弗入也，每见其溢于面。今既豁然，吾党之良，莫有及者。谢病去，不忍予别而需予言。夫言之而莫予听，倡之而莫予和，自今失吾助矣！吾则忍于宗贤之别而容无言乎？宗贤归矣，为我结庐天台雁荡之间，吾将老焉。终不使宗贤之独往也！

171

赠周莹归省序 乙亥

永康周莹德纯尝学于应子元忠，既乃复见阳明子而请益。阳明子曰："子从应子之所来乎？"曰："然。""应子则何以教子？"曰："无他言也，惟日诲之以希圣希贤之学，毋溺于流俗。且曰：'斯吾所尝就正于阳明子者也。子而不吾信，则盍亲往焉？'莹是以不远千里而来谒。"曰："子之来也，犹有所未信乎？"曰："信之。"曰："信之而又来，何也？"曰："未得其方也。"阳明子曰："子既得其方矣。无所事于吾。"周生悚然有间，曰："先生以应子之故，望卒赐之教。"阳明子曰："子既得之矣。无所事于吾。"周生悚然而起，茫然有间，曰："莹愚，不得其方。先生毋乃以莹为戏，幸卒赐之教！"阳明子曰："子之自永康而来也，程几何？"曰："千里而遥。"曰："远矣。从舟乎？"曰："从舟，而又登陆也。"曰："劳矣。当兹六月，亦暑乎？"曰："途之暑特甚也。"曰："难矣。具资粮、从童仆乎？"曰："中途而仆病，乃舍贷而行。"曰："兹益难矣。"曰："子之来既远且劳，其难若此也，何不遂返而必来乎？将亦无有强子者乎？"曰："莹至于夫子之门，劳苦艰难，诚乐之。宁以是而遂返，又俟乎人之强之也乎？"曰："斯吾之所谓子之既得其方也。子之志，欲至于吾门也，则遂至于吾门，无假于人。子而志于圣贤之学，有不至于圣贤者乎？而假于人乎？子之舍舟从陆，捐仆贷粮，冒毒暑而来也，则又安所从受之方也？"生跃然起拜曰："兹乃命之方也已！抑莹由于其方而迷于其说，必俟夫子之言而后跃如也，则何居？"阳明子曰："子未睹乎爇石以求灰者乎？火力具足矣，乃得水而遂化。子归，就应子而足其火力焉，吾将储担石之水以俟子之再见。"

赠林典卿归省序 乙亥

林典卿与其弟游于大学，且归，辞于阳明子曰："元叙尝闻立诚于夫子矣。今兹归，敢请益。"阳明子曰："立诚。"典卿曰："学固此乎？天地之大也，而星辰丽焉，日月明焉，四时行焉，引类而言之，不可穷也。人物之富也，而草木蕃焉，禽兽群焉，中国夷狄分焉，引类而言之，不可尽也。夫古之学者，殚智虑，弊精力，而莫究其绪焉；靡昼夜，极年岁，而莫竟其说焉；析蚕丝，擢牛尾，而莫既其奥焉。而曰立诚，立诚尽之矣乎？"阳明子曰："立诚尽之矣。夫诚，实理也。其在天地，则其丽焉者，则其明焉者，则其行焉者，则其引类而言之不可穷焉者，皆诚也；其在人物，则其蕃焉者，则其群

172

焉者，则其分焉者，则其引类而言之不可尽焉者，皆诚也。是故殚智虑，弊精力，而莫究其绪也；靡昼夜，极年岁，而莫竟其说也；析蚕丝，擢牛尾，而莫既其奥也。夫诚，一而已矣，故不可复有所益。益之是为二也，二则伪，故诚不可益。不可益，故至诚无息。"典卿起拜曰："吾今乃知夫子之教若是其要也！请终身事之，不敢复有所疑。"阳明子曰："子归，有黄宗贤氏者，应元忠氏者，方与讲学于天台、雁荡之间，倘遇焉，其遂以吾言谂之。"

赠陆清伯归省序 *乙亥*

陆清伯澄归归安，与其友二三子论绎所学赠处焉。二三子或曰："清伯之学日进矣。始吾见清伯，其气扬扬然若浮云，其言滔滔然若流波。今而日默默尔，日慊慊尔，日雍雍尔，日休休尔，有大径庭焉。以是知其进也。"或曰："清伯始见夫子，一月一至，既而旬一至，又既而五六日三四日而一至，又既而迁居于夫子之傍，后乃请于夫子扫庑下之室而旦暮侍焉。夫德莫淑于尊贤，学莫遄于亲师。故趋权门者日进于势，游市肆者日进于利。清伯于夫子之道日加亲附焉。吾未遑其他，即是可以知其学之进也矣。"清伯曰："有是哉？澄则以为日退也。澄闻夫子之教而茫然，已而歉然，忽耿然而疑，已而大疑焉，又闪然大骇，乃忽闯然若有睹也。当是时，则亦几有所益焉。自是且数月，盖悠焉游焉，业不加修焉，反而求焉，怅怅然，颓颓然，昏蔽扩而愈进，私累息而愈兴，众妄攻而愈固，如上滩之舟，屡失屡下，力挽而不能前，以为日退也。"明日，又辞于阳明子，二三子偕焉，各言其所以。阳明子曰："其然乎！其然乎！谓己为日退者，进修之励，善日进矣。谓人为日进者，与人为善者，其善亦日进矣。虽然，谓己为日退也，而意阻焉，能无日退乎？谓人为日进也，而气歉焉，亦能无日退乎？斯又进退之机，吉凶之所由分也，可无慎乎！"

赠周以善归省序 *乙亥*

江山周以善究心格物致知之学有年矣，苦其难而不能有所进也。闻阳明子之说而异之，意其或有见也，就而问之。闻其说，戚然若有所省。归，求其故而不合，则迟疑旬日。又往闻其说，则又戚然若有所省。归，求其故而不合，则又迟疑者旬日。如是往复数月，求之既无所获，去之又弗能也，乃往告之以其故。阳明子曰："子未闻昔人之论弈乎？'弈之为数，小数也，不专心致志，则亦不可以得也。'今子入而闻吾之说，出而有鸿鹄之思焉，亦何怪

173

乎勤而弗获矣？"于是退而斋洁，而以弟子之礼请。阳明子与之坐。盖默然良久，乃告之以立诚之说，耸然若仆而兴也。明日，又言之加密焉，证之以《大学》；明日，又言之加密焉，证之以《论》、《孟》；明日，又言之加密焉，证之以《中庸》。乃跃然喜，避席而言曰："积今而后无疑于夫子之言，而后知圣贤之教若是其深切简易也，而后知所以格物致知以诚吾之身。吾喜焉，吾悔焉，十年之攻，徒以毙精神而乱吾之心术也，悲夫！积将以夫子之言告同志，俾及时从事于此，无若积之底于悔也。庶以报夫子之德，而无负于夫子之教！"居月余，告归。阳明子叙其言以遣之，使无忘于得之之难也。

赠郭善甫归省序 乙亥

郭子自黄来学，逾年而告归，曰："庆闻夫子立志之说，亦既知所从事矣。今兹将远去，敢请一言以为夙夜勖。"阳明子曰："君子之于学也，犹农夫之于田也，既善其嘉种矣，又深耕易耨，去其蝥莠，时其灌溉，早作而夜思，皇皇惟嘉种之是忧也，而后可望于有秋。夫志犹种也，学问思辩而笃行之，是耕耨灌溉以求于有秋也。志之弗端，是莨莠也。志端矣，而功之弗继，是五谷之弗熟，弗如莨莠也。吾尝见子之求嘉种矣，然犹惧其或莨莠也，见子之勤耕耨矣，然犹惧其莨莠之弗如也。夫农，春种而秋成，时也。由志学而至于立，自春而徂夏也，由立而至于不惑，去夏而秋矣。已过其时，犹种之未定，不亦大可惧乎？过时之学，非人一己百，未之敢望，而犹或作辍焉，不亦大可哀乎？从吾游者众矣，虽开说之多，未有出于立志者。故吾于子之行，卒不能舍是而别有所说。子亦可以无疑于用力之方矣。"

赠郑德夫归省序 乙亥

西安郑德夫将学于阳明子，闻士大夫之议者以为禅学也，复已之。则与江山周以善者，姑就阳明子之门人而考其说，若非禅者也。则又姑与就阳明子，亲听其说焉。盖旬有九日，而后释然于阳明子之学非禅也，始具弟子之礼师事之。问于阳明子曰："释与儒孰异乎？"阳明子曰："子无求其异同于儒、释，求其是者而学焉可矣。"曰："是与非孰辨乎？"曰："子无求其是非于讲说，求诸心而安焉者是矣。"曰："心又何以能定是非乎？"曰："无是非之心，非人也。口之于甘苦也，与易牙同；目之于妍媸也，与离娄同；心之于是非也，与圣人同。其有昧焉者，其心之于道，不能如口之于味、目之于色之诚切也，然后私得而蔽之。子务立其诚而已。子惟虑夫心之于道，不能如口之

174

于味、目之于色之诚切也，而何虑夫甘苦妍媸之无辩也乎？"曰："然则《五经》之所载、《四书》之所传，其皆无所用乎？"曰："孰为而无所用乎？是甘苦妍媸之所在也。使无诚心以求之，是谈味论色而已也，又孰从而得甘苦妍媸之真乎？"既而告归，请阳明子为书其说，遂书之。

紫阳书院集序 乙亥

豫章熊侯世芳之守徽也，既敷政其境内，乃大新紫阳书院以明朱子之学，萃七校之秀而躬教之。于是校士程曾氏采摭书院之兴废为集，而弁以白鹿之规，明政教也。来请予言，以谂多士。

夫为学之方，白鹿之规尽矣；警劝之道，熊侯之意勤矣；兴废之故，程生之集备矣。又奚以予言为乎？然予闻之：德有本而学有要，不于其本而泛焉以从事，高之而虚无，卑之而支离，终亦流荡失宗，劳而无得矣。是故君子之学，惟求得其心。虽至于位天地，育万物，未有出于吾心之外也。孟氏所谓"学问之道无他，求其放心而已矣"者，一言以蔽之。故博学者，学此者也；审问者，问此者也；慎思者，思此者也；明辨者，辨此者也；笃行者，行此者也。心外无事，心外无理，故心外无学。是故于父，子尽吾心之仁；于君，臣尽吾心之义；言吾心之忠信，行吾心之笃敬；惩心忿，窒心欲，迁心善，改心过；处事接物，无所往而非求尽吾心以自慊也。譬之植焉，心其根也。学也者，其培拥之者也，灌溉之者也，扶植而删锄之者也，无非有事于根焉耳矣。朱子白鹿之规，首之以五教之目，次之以为学之方，又次之以处事接物之要，若各为一事而不相蒙者。斯殆朱子平日之意，所谓"随事精察而力行之"，庶几一旦贯通之妙也欤？然而世之学者，往往遂失之支离琐屑，色庄外驰，而流入于口耳声利之习。岂朱子之教使然哉？故吾因诸士之请，而特原其本以相勖。庶几乎操存讲习之有要，亦所以发明朱子未尽之意也。

朱子晚年定论序 戊寅

洙泗之传，至孟子而息。千五百余年，濂溪、明道始复追寻其绪。自后辩析日详，然亦日就支离决裂，旋复湮晦。吾尝深求其故，大抵皆世儒之多言有以乱之。守仁蚤岁业举，溺志辞章之习，既乃稍知从事正学，而苦于众说之纷挠疲苶，茫无可入，因求诸老、释，欣然有会于心，以为圣人之学在此矣。然于孔子之教间相出入，而措之日用，往往阙漏无归。依违往返，且信且疑。其后谪官龙场，居夷处困，动心忍性之余，恍若有悟。体验探求，再更寒暑，证诸《六经》、《四子》，沛然若决江河而放之海也。然后叹圣人之道坦如大路，而世之儒者妄开窦径，蹈荆棘，堕坑堑，究其为说，反出二氏之下。宜乎世之高明之士厌此而趋彼也！此岂二氏之罪哉？间尝以此语同志，而闻者竞相非议，自以为立异好奇，虽每痛反深抑，务自搜剔斑瑕，而愈益精明的确，洞然无复可疑，独于朱子之说有相牴牾，恒疚于心。切疑朱子之贤，而岂其于此尚有未察？及官留都，复取朱子之书而检求之，然后知其晚岁固已大悟旧说之非，痛悔极艾，至以为自诳诳人之罪不可胜赎。世之所传《集注》、《或问》之类，乃其中年未定之说，自咎以为旧本之误，思改正而未及。而其诸《语类》之属，又其门人挟胜心以附己见，固于朱子平日之说犹有大相缪戾者。而世之学者局于见闻，不过持循讲习于此，其于悟后之论，概乎其未有闻。则亦何怪乎予言之不信，而朱子之心无以自暴于后世也乎？予既自幸其说之不缪于朱子，又喜朱子之先得我心之同然，且慨夫世之学者徒守朱子中年未定之说，而不复知求其晚岁既悟之论，竞相呶呶以乱正学，不自知其已入于异端，辄采录而裒集之，私以示夫同志。庶几无疑于吾说，而圣学之明可冀矣。

别梁日孚序 戊寅

圣人之道若大路，虽有跛躄，行而不已，未有不至。而世之君子顾以为圣人之异于人，若彼其甚远也，其为功亦必若彼其甚难也，而浅易若此，岂其可及乎！则从而求之艰深恍惚，溺于支离，骛于虚高，率以为圣人之道必不可至，而甘于其质之所便，日以沦于污下。有从而求之者，竞相嗤讪，曰狂诞不自量者也。呜呼！其弊也亦岂一朝一夕之故哉！孟子云："徐行后长者谓之弟，疾行先长者谓之不弟。"夫徐行者，岂人所不能哉？所不为也。世之人不知咎其不为，而归咎其不能，其亦不思而已矣。

进士梁日孚携家谒选于京，过赣，停舟见予。始与之语，移时而别。明日又来，与之语，日昃而别。又明日又来，日入而未忍去。又明日，则假馆而请受业焉。同舟之人强之北者开譬百端，日孚皆笑而不应。莫不嚣且异。其最亲爱者曰："子有万里之行，戒僮仆，聚资斧，具舟楫，又挈其家室，经营阅岁而始就道。行未数百里而中止，此不有大苦，必有大乐者乎？子亦可以语我乎？"日孚笑曰："吾今则有大苦，亦诚有大乐者，然未易以语子也。子见病狂丧心者乎？方其昏逸瞆乱，赴汤火，蹈荆棘，莫不怗然自信，以为是也。比遇良医，沃之以清泠之浆，而投之以神明之剂，始苏然以醒。告之以其向之所为，又始骇然以苦；示之以其所从归之途，又始欣然以喜，且恨遇斯人之晚也。彼病狂不复者反从而哂唔之，以为是变其常。今吾与子之事，亦何以异于此矣！"居无何，予以军旅之役出，而远日孚者且两月，谓日孚既去矣。及旋，而日孚居然以待！既以委其资斧于逆旅，归其家室于故乡，泊然而乐，若将终身焉。扣其学，日有所明而月有所异矣。然后益叹圣人之学，非夫自暴自弃，未有不可由之而至。而日孚出于流俗，殆孟子所谓"豪杰之士"者矣。复留余三月，其母使人来谓曰："姑北行，以毕吾愿，然后从尔所好。"知日孚者亦交以是劝。日孚请曰："焯焉能一日而去夫子！将复赴汤火，蹈荆棘矣！"予曰："其然哉？子以圣人之道为有方体乎？为可拘之以时，限之以地乎？世未有既醒之人而复赴汤火，蹈荆棘者。子务醒其心，毋徒汤火荆棘之为惧！"日孚良久曰："焯近之矣。圣人之道，求之于心，故不滞于事；出之以理，故不泥于物；根之以性，故不拘以时；动之以神，故不限以地。苟知此矣，焉往而非学也！奚必恒于夫子之门乎？焯请暂辞而北，疑而复求正。"予莞尔而笑曰："近之矣！近之矣！"

大学古本序 戊寅

《大学》之要，诚意而已矣。诚意之功，格物而已矣。诚意之极，止至善而已矣。止至善之则，致知而已矣。正心，复其体也；修身，著其用也。以言乎已，谓之明德；以言乎人，谓之亲民；以言乎天地之间，则备矣。是故至善也者，心之本体也。动而后有不善，而本体之知，未尝不知也。意者，其动也。物者，其事也。至其本体之知，而动无不善。然非即其事而格之，则亦无以致其知。故致知者，诚意之本也。格物者，致知之实也。物格则知致意诚，而有以复其本体，是之谓止至善。圣人惧人之求之于外也，而反覆其辞。旧本析而圣人之意亡矣。是故不务于诚意而徒以格物者，谓之支；不事于格物而徒以诚意者，谓之虚；不本于致知而徒以格物诚意者，谓之妄。支与虚与妄，其于至善也远矣。合之以敬而益缀，补之以传而益离。吾惧学之日远于至善也，去分章而复旧本，傍为之什，以引其义。庶几复见圣人之心，而求之者有其要。噫！乃若致知，则存乎心；悟致知焉，尽矣。

礼记纂言序 庚辰

礼也者，理也；理也者，性也；性也者，命也。"维天之命，於穆不已"，而其在于人也谓之性，其粲然而条理也谓之礼，其纯然而粹善也谓之仁，其截然而裁制也谓之义，其昭然而明觉也谓之知，其浑然于其性也，则理

177

一而已矣。故仁也者，礼之体也；义也者，礼之宜也；知也者，礼之通也。经礼三百，曲礼三千，无一而非仁也，无一而非性也。天叙天秩，圣人何心焉？盖无一而非命也。故克己复礼则谓之仁，穷理则尽性以至于命，尽性则动容周旋中礼矣。后之言礼者，吾惑矣。纷纭器数之争，而牵制刑名之末；穷年矻矻，弊精于祝史之糟粕，而忘其所谓"经纶天下之大经，立天下之大本"者。"礼云礼云，玉帛云乎！"而人之不仁也，其如礼何哉？故老庄之徒，外礼以言性，而谓礼为道德之衰，仁义之失，既已堕于空虚渺荡。而世儒之说，复外性以求礼，遂谓礼止于器数制度之间，而议拟仿像于影响形迹，以为天下之礼尽在是矣。故凡先王之礼，烟蒙灰散而卒以煨烬于天下，要亦未可专委罪于秦火者。僭不自度，尝欲取《礼记》之所载，揭其大经大本而疏其条理节目，庶几器道本末之一致。又惧其德之弗任，而时亦有所未及也。间尝为之说曰："礼之于节文也，犹规矩之于方圆也。非方圆无以见规矩之所出，而不可遂以方圆为规矩。故执规矩以为方圆，则方圆不可胜用。舍规矩以为方圆，而遂以方圆为之规矩，则规矩之用息矣。故规矩者，无一定之方圆；而方圆者，有一定之规矩。此学礼之要，盛德者之所以动容周旋而中也。"

宋儒朱仲晦氏慨《礼经》之芜乱，尝欲考正而删定之，以《仪礼》为之经，《礼记》为之传，而其志竟亦弗就。其后吴幼清氏因而为《纂言》，亦不数数于朱说，而于先后轻重之间，固已多所发明。二子之见，其规条指画则既出于汉儒矣，其所谓"观其会通，以行其典礼之原"，则尚恨吾生之晚，而未及与闻之也。虽然，后圣而有作，则无所容言矣；后圣而未有作也，则如《纂言》者，固学礼者之箕裘筌蹄，而可以少之乎？姻友胡汝登忠信而好礼，其为宁国也，将以是而施之，刻《纂言》以敷其说，而属序于予。予将进汝登之道而推之于其本也，故为序之若此云。

象山文集序 庚辰

圣人之学，心学也。尧、舜、禹之相授受曰："人心惟危，道心惟微，惟精惟一，允执厥中。"此心学之源也。中也者，道心之谓也；道心精一之谓仁，所谓中也。孔孟之学，惟务求仁，盖精一之传也。而当时之弊，固已有外求之者，故子贡致疑于多学而识，而以博施济众为仁。夫子告之以一贯，而教以能近取譬，盖使之求诸其心也。迨于孟氏之时，墨氏之言仁至于摩顶放踵，而告子之徒又有"仁内义外"之说，心学大坏。孟子辟义外之说，而曰："仁，人心也。学问之道无他，求其放心而已矣。"又曰："仁义礼智，

178

非由外铄我也，我固有之，弗思耳矣。"盖王道息而伯术行，功利之徒外假天理之近似以济其私，而以欺于人，曰：天理固如是。不知既无其心矣，而尚何有所谓天理者乎？自是而后，析心与理而为二，而精一之学亡。世儒之支离，外索于刑名器数之末，以求明其所谓物理者，而不知吾心即物理，初无假于外也。佛、老之空虚，遗弃其人伦事物之常，以求明其所谓吾心者，而不知物理即吾心，不可得而遗也。至宋周、程二子，始复追寻孔、颜之宗，而有"无极而太极"，"定之以仁义中正而主静"之说；"动亦定，静亦定，无内外，无将迎"之论，庶几精一之旨矣。自是而后，有象山陆氏，虽其纯粹和平若不逮于二子，而简易直截，真有以接孟子之传。其议论开阖，时有异者，乃其气质意见之殊，而要其学之必求诸心，则一而已。故吾尝断以陆氏之学，孟氏之学也。而世之议者，以其尝与晦翁之有同异，而遂诋以为禅。夫禅之说，弃人伦，遗物理，而要其归极，不可以为天下国家。苟陆氏之学而果若是也，乃所以为禅也。今禅之说与陆氏之说，其书具存，学者苟取而观之，其是非同异，当有不待于辩说者。而顾一倡群和，剿说雷同，如矮人之观场，莫知悲笑之所自，岂非贵耳贱目，不得于言而勿求诸心者之过欤！夫是非同异，每起于人持胜心、便旧习而是己见。故胜心旧习之为患，贤者不免焉。

抚守李茂元氏将重刊象山之文集，而请一言为之序。予何所容言哉？惟读先生之文者，务求诸心而无以旧习己见先焉，则糠粃精凿之美恶，入口而知之矣。

观德亭记 戊寅

君子之于射也，内志正，外体直，持弓矢审固，而后可以言中。故古者射以观德。德也者，得之于其心也。君子之学，求以得之于其心，故君子之于射，以存其心也。是故慄于其心者其动妄，荡于其心者其视浮，歉于其心者其气馁，忽于其心者其貌惰，傲于其心者其色矜，五者，心之不存也。不存也者，不学也。君子之学于射，以存其心也。是故心端则体正，心敬则容肃，心平则气舒，心专则视审，心通故时而理，心纯故让而恪，心宏故胜而不张、负而不弛。七者备而君子之德成。君子无所不用其学也，于射见之矣。故曰："为人君者，以为君鹄；为人臣者，以为臣鹄；为人父者，以为父鹄；为人子者，以为子鹄。"射也者，射己之鹄也，鹄也者，心也，各射己之心也，各得其心而已。故曰：可以观德矣。作《观德亭记》。

重修文山祠记 戊寅

宋丞相文山文公之祠，旧在庐陵之富田。今螺川之有祠，实肇于我孝皇之朝，然亦因废为新，多缺陋而未称。正德戊寅，县令邵德容始恢其议于郡守伍文定，相与白诸巡抚、巡按、守巡诸司，皆以是为风化之所系也，争措财鸠工，图拓而新之。协守令之力，不再逾月而工萃。圮者完，隘者辟，遗者举，巍然焕然，不独庙貌之改观。而吉之人士奔走瞻叹，翕然益起其忠孝之心，则是举之有益于名教也诚大矣！使来请记。

呜呼！公之忠，天下之达忠也。结椎异类，犹知敬慕，而况其乡之人乎！逆旅经行，犹存尸祝，而况其乡之士乎！凡有职守，皆知尊尚，而况其士之官乎！然而乡人之慕之也，三有司之崇尚之也。文公之没，今且三百年矣，吉士之以气节行义，后先炳耀，谓非闻公之风而兴不可也。然忠义之降，激而为气节；气节之弊，流而为客气。其上焉者，无所为而为，固公所谓成仁取义者矣。其次有所为矣，然犹其气之近于正者也。迨其弊也，遂有凭其愤戾粗鄙之气，以行其媢嫉褊鸷之私；士流于矫拂，民入于健讼；人欲炽而天理灭，而犹自视以为气节。若是者容有之乎？则于公之道，非所谓操戈入室者欤？吾故备而论之，以勖夫兹乡之后进，使之去其偏以归于全，克其私以反于正，不愧于公而已矣。

今巡抚暨诸有司之表励崇饰，固将以行其好德之心，振扬风教，《诗》所谓"民之秉彝，好是懿德"者也。人亦孰无是心？苟能充之，公之忠义在我矣，而又何羡乎！然而时之表励崇饰，有好其实而崇之者，有慕其名而崇之者，有假其迹而崇之者。忠义有诸己，思以喻诸人，因而表其祠宇，树之风声，是好其实者也。知其美而未能诚诸身，姑以修其祠宇，彰其事迹，是慕其名者也。饰之祠宇而坏之于其身，矫之文具而败之于其行，奸以掩其外，而袭以阱其中，是假其迹者也。若是者容有之乎？则于公之道，非所谓毁瓦画墁者欤？吾故备而论之，以勖夫后之官兹土者，使无徒慕其名而务求其实，毋徒修公之祠而务修公之行，不愧于公而已矣。

某尝令兹邑，睹公祠之圮陋而未能恢，既有愧于诸有司；慨其风声习气之或弊，而未能讲去其偏，复有愧于诸人士。乐兹举之有成也，推其愧心之言而为之记。

从吾道人记 乙酉

海宁董萝石者，年六十有八矣，以能诗闻江湖间。与其乡之业诗者十数辈为诗社，旦夕操纸吟鸣，相与求句字之工，至废寝食，遗生业。时俗共非笑之，不顾，以为是天下之至乐矣。嘉靖甲申春，萝石来游会稽，闻阳明子方与其徒讲学山中，以杖肩其瓢笠诗卷来访。入门，长揖上坐。阳明子异其气貌，且年老矣，礼敬之。又询知其为董萝石也，与之语连日夜。萝石辞弥谦，礼弥下，不觉其席之弥侧也。退，谓阳明子之徒何生秦曰："吾见世之儒者支离琐屑，修饰边幅，为偶人之状；其下者贪饕争夺于富贵利欲之场，而尝不屑其所为，以为世岂真有所谓圣贤之学乎，直假道于是以求济其私耳！故遂笃志于诗，而放浪于山水。今吾闻夫子良知之说，而忽若大寐之得醒，然后知吾向之所为，日夜弊精劳力者，其与世之营营利禄之徒，特清浊之分，而其间不能以寸也。幸哉！吾非至于夫子之门，则几于虚此生矣。吾将北面夫子而终身焉，得无既老而有所不可乎？"秦起拜贺曰："先生之年则老矣，先生之志何壮哉！"入以请于阳明子。阳明子喟然叹曰："有是哉？吾未或见此翁也！虽然，齿长于我矣。师友一也，苟吾言之见信，奚必北面而后为礼乎？"萝石闻之，曰："夫子殆以予诚之未积欤？"辞归两月，弃其瓢笠，持一缣而来。谓秦曰："此吾老妻之所织也。吾之诚积，若此缣矣。夫子其许我乎？"秦入以请。阳明子曰："有是哉？吾未或见此翁也！今之后生晚进，苟知执笔为文辞，稍记习训诂，则已侈然自大，不复知有从师学问之事。见有或从师问学者，则哄然共非笑，指斥若怪物。翁以能诗训后进，从之游者遍于江湖，盖居然先辈矣。一旦闻予言，而弃去其数十年之成业如敝屣，遂求北面而屈礼焉，岂独今之时而未见，若人将古之记传所载，亦未多数也。夫君子之学，求以变化其气质焉尔。气质之难变者，以客气之为患，而不能以屈下于人，遂至自是自欺，饰非长傲，卒归于凶顽鄙倍。故凡世之为子而不能孝，为弟而不能敬，为臣而不能忠者，其始皆起于不能屈下，而客气之为患耳。苟惟理是从，而不难于屈下，则客气消而天理行。非天下之大勇，不足以与于此！则如萝石，固吾之师也，而吾岂足以师萝石乎？"萝石曰："甚哉！夫子之拒我也。吾不能以俟请矣。"入而强纳拜焉。阳明子固辞不获，则许之以师友之间。与之探禹穴，登炉峰，陟秦望，寻兰亭之遗迹，徜徉于云门、若耶、鉴湖、剡曲。萝石日有所闻，益充然有得，欣然乐而忘归也。其乡党之子弟亲友与其平日之为社者，或笑而非，或为诗而招之返，且曰："翁老矣，何乃自苦若是耶？"萝石

181

笑曰："吾方幸逃于苦海，方知悯若之自苦也，顾以吾为苦耶？吾方扬鬐于渤澥，而振羽于云霄之上，安能复投网罟而入樊笼乎？去矣，吾将从吾之所好！"遂自号曰"从吾道人"。阳明子闻之，叹曰："卓哉萝石！'血气既衰，戒之在得'矣，孰能挺特奋发，而复若少年英锐者之为乎？真可谓之能'从吾所好'矣。世之人从其名之好也，而竞以相高；从其利之好也，而贪以相取；从其心意耳目之好也，而诈以相欺：亦皆自以为从吾所好矣，而岂知吾之所谓真吾者乎！夫吾之所谓真吾者，良知之谓也。父而慈焉，子而孝焉，吾良知所好也；不慈不孝焉，斯恶之矣。言而忠信焉，行而笃敬焉，吾良知所好也；不忠信焉，不笃敬焉，斯恶之矣。故夫名利物欲之好，私吾之好也，天下之所恶也；良知之好，真吾之好也，天下之所同好也。是故从私吾之好，则天下之人皆恶之矣，将心劳日拙而忧苦终身，是之谓物之役。从真吾之好，则天下之人皆好之矣，将家、国、天下，无所处而不当；富贵、贫贱、患难、夷狄，无入而不自得；斯之谓能从吾之所好也矣。夫子尝曰：'吾十有五而志于学'，是从吾之始也。'七十而从心所欲不逾矩'，则从吾而化矣。萝石逾耳顺而始知从吾之学，毋自以为既晚也。充萝石之勇，其进于化也何有哉？呜呼！世之营营于物欲者，闻萝石之风，亦可以知所适从也乎！"

亲民堂记 乙酉

南子元善之治越也，过阳明子而问政焉。阳明子曰："政在亲民。"曰："亲民何以乎？"曰："在明明德。"曰："明明德何以乎？"曰："在亲民。"曰："明德、亲民，一乎？"曰："一也。明德者，天命之性，灵昭不昧，而万理之所从出也。人之于其父也，而莫不知孝焉；于其兄也，而莫不知弟焉；于凡事物之感，莫不有自然之明焉：是其灵昭之在人心，亘万古而无不同，无或昧者也，是故谓之明德。其或蔽焉，物欲也。明之者，去其物欲之蔽，以全其本体之明焉耳，非能有以增益之也。"曰："何以在亲民乎？"曰："德不可以徒明也。人之欲明其孝之德也，则必亲于其父，而后孝之德明矣；欲明其弟之德也，则必亲于其兄，而后弟之德明矣。君臣也，夫妇也，朋友也，皆然也。故明明德必在于亲民，而亲民乃所以明其明德也。故曰一也。"曰："亲民以明其明德，修身焉可矣，而何家、国、天下之有乎？"曰："人者，天地之心也；民者，对己之称也；曰民焉，则三才之道举矣。是故亲吾之父以及人之父，而天下之父子莫不亲矣；亲吾之兄以及人之兄，而天下之兄弟莫不亲矣。君臣也，夫妇也，朋友也，推而至于鸟兽草木也，而皆有以亲之，无非求尽吾心焉以自明其明德也。是之谓明明德于天下，是之谓家齐国治而天下平。"曰："然则乌在其为止至善者乎？""昔之人固有欲明其明德矣，然或失之虚罔空寂，而无有乎家国天下之施者，是不知明明德之在于亲民，而二氏之流是矣；固有欲亲其民者矣，然或失之知谋权术，而无有乎仁爱恻怛之诚者，是不知亲民之所以明其明德，而五伯功利之徒是矣：是皆不知止于至善之过也。是故至善也者，明德亲民之极则也。天命之性，粹然至善。其灵昭不昧者，皆其至善之发见，是皆明德之本体，而所谓良知者也。至善之发见，是而是焉，非而非焉，固吾心天然自有之则，而不容有所拟议加损于其间也。有所拟议加损于其间，则是私意小智，而非至善之谓矣。人惟不知至善之在吾心，而用其私智以求之于外，是以昧其是非之则，至于横骛决裂，人欲肆而天理亡，明德亲民之学大乱于天下。故止至善之于明德亲民也，犹之规矩之于方圆也，尺度之于长短也，权衡之于轻重也。方圆而不止于规矩，爽其度矣；长短而不止于尺度，乖其制矣；轻重而不止于权衡，失其准矣；明德亲民而不止于至善，亡其则矣。夫是之谓大人之学。大人者，以天地万物为一体也。夫然后能以天地万物为一体。"元善喟然而叹曰："甚哉！大人之学若是其简易也。吾乃今知天地万物之一体矣！吾乃今知天下之为一家、中国之为一人矣！'一夫不被其泽，若己推而内诸沟中'，伊尹其先得我心之同然乎！"于是名其莅政之堂曰"亲民"，而曰："吾以亲民为职者也，吾务亲吾之民以求明吾之明德也夫！"爰书其言于壁而为之记。

万松书院记 乙酉

万松书院在浙省南门外，当湖山之间。弘治初，参政周君近仁因废寺之址而改为之，庙貌规制略如学宫，延孔氏之裔以奉祀事。近年以来，有司相继缉理，地益以胜，然亦止为游观之所，而讲诵之道未备也。嘉靖乙酉，侍御潘君景哲奉命来巡，宪度丕肃，文风聿新。既简乡闱，收一省之贤而上之南宫矣，又以遗才之不能尽取为憾，思有以大成之。乃增修书院，益广楼居斋舍为三十六楹；具其器用，置赡田若干顷；揭白鹿之规，抡彦选俊，肆习其间，以倡列郡之士，而以属之提学佥事万君汝信。汝信曰："是固潮之责也。"藩臬诸君咸赞厥成，使知事严纲董其役，知府陈力、推官陈篪辈相协经理。阅月逾旬，工讫事举，乃来请言以记其事。

惟我皇明，自国都至于郡邑，咸建庙学，群士之秀，专官列职而教育之。其于学校之制，可谓详且备矣。而名区胜地，往往复有书院之设，何哉？所以匡翼夫学校之不逮也。夫三代之学，皆所以明人伦，今之学宫皆以"明伦"名堂，则其所以立学者，固未尝非三代意也。然自科举之业盛，士皆驰骛于记诵辞章，而功利得丧分惑其心，于是师之所教，弟子之所学者，遂不复知有明伦之意矣。怀世道之忧者思挽而复之，则亦未知所措其力。譬之兵事，当玩弛偷惰之余，则必选将阅伍，更其号令旌旗，悬非格之赏以倡敢勇，然后士气可得而振也。今书院之设，固亦此类也欤？士之来集于此者，其必相与思之曰："既进我于学校矣，而复优我于是，何为乎？宁独以精吾之举业而已乎？便吾之进取而已乎？则学校之中，未尝不可以精吾之业。而进取之心，自吾所汲汲，非有待于人之从而趋之也。是必有进于是者矣。是固期我以古圣贤之学也。"古圣贤之学，明伦而已。尧、舜之相授受曰："人心惟危，道心惟微，惟精惟一，允执厥中"，斯明伦之学矣。道心也者，率性之谓也，人心则伪矣。不杂于人伪，率是道心而发之于用也，以言其情，则为喜怒哀乐；以言其事，则为中节之和，为三千三百经曲之礼；以言其伦，则为父子之亲，君臣之义，夫妇之别，长幼之序，朋友之信，而三才之道尽此矣。舜使契为司徒以教天下者，教之以此也。是固天下古今圣愚之所同具，其或昧焉者，物欲蔽之。非其中之所有不备，而假求之于外者也。是固所谓不虑而知，其良知也；不学而能，其良能也。孩提之童，无不知爱其亲者也。孔子之圣，则曰所求乎子以事父，未能也。是明伦之学，孩提之童亦无不能，而及其至也，虽圣人有所不能尽也。人伦明于上，小民亲于下，家齐国治而天下平矣。是故明伦之外无学矣。外此而学者，谓之异端；非此而论者，谓之邪说；假此而行者，谓之伯术；饰此而言者，谓之文辞；背此而驰者，谓之功利之徒，乱世之政。虽今之举业，必自此而精之，而谓不愧于敷奏明试；虽今之仕进，必由此而施之，而后无忝于行义达道。斯固国家建学之初意，诸君缉书院以兴多士之盛心也，故为多士诵之。

稽山书院尊经阁记 乙酉

经，常道也。其在于天谓之命，其赋于人谓之性，其主于身谓之心。心也，性也，命也，一也。通人物，达四海，塞天地，亘古今，无有乎弗具，无有乎弗同，无有乎或变者也。是常道也，其应乎感也，则为恻隐，为羞恶，为辞让，为是非；其见于事也，则为父子之亲，为君臣之义，为夫妇之别，为长幼之序，为朋友之信。是恻隐也，羞恶也，辞让也，是非也；是亲也，义也，序也，别也，信也；一也。皆所谓心也，性也，命也。通人物，达四海，塞天

184

地，亘古今，无有乎弗具，无有乎弗同，无有乎或变者也，是常道也。是常道也，以言其阴阳消息之行焉，则谓之《易》；以言其纪纲政事之施焉，则谓之《书》；以言其歌咏性情之发焉，则谓之《诗》；以言其条理节文之著焉，则谓之《礼》；以言其欣喜和平之生焉，则谓之《乐》；以言其诚伪邪正之辨焉，则谓之《春秋》。是阴阳消息之行也，以至于诚伪邪正之辨也，一也。皆所谓心也，性也，命也。通人物，达四海，塞天地，亘古今，无有乎弗具，无有乎弗同，无有乎或变者也，夫是之谓《六经》。《六经》者非他，吾心之常道也。故《易》也者，志吾心之阴阳消息者也；《书》也者，志吾心之纪纲政事者也；《诗》也者，志吾心之歌咏性情者也；《礼》也者，志吾心之条理节文者也；《乐》也者，志吾心之欣喜和平者也；《春秋》也者，志吾心之诚伪邪正者也。君子之于《六经》也，求之吾心之阴阳消息而时行焉，所以尊《易》也；求之吾心之纪纲政事而时施焉，所以尊《书》也；求之吾心之歌咏性情而时发焉，所以尊《诗》也；求之吾心之条理节文而时著焉，所以尊《礼》也；求之吾心之欣喜和平而时生焉，所以尊《乐》也；求之吾心之诚伪邪正而时辨焉，所以尊《春秋》也。

盖昔者圣人之扶人极，忧后世，而述《六经》也，犹之富家者之父祖虑其产业库藏之积，其子孙者或至于遗忘散失，卒困穷而无以自全也，而记籍其家之所有以贻之，使之世守其产业库藏之积而享用焉，以免于困穷之患。故《六经》者，吾心之记籍也，而《六经》之实则具于吾心，犹之产业库藏之实积，种种色色，具存于其家。其记籍者，特名状数目而已。而世之学者，不知求《六经》之实于吾心，而徒考索于影响之间，牵制于义义之末，硁硁然以为是《六经》矣。是犹富家之子孙不务守视享用其产业库藏之实积，日遗忘散失，至于窭人丐夫，而犹嚣嚣然指其记籍曰："斯吾产业库藏之积也"，何以异于是！呜呼！《六经》之学，其不明于世，非一朝一夕之故矣。尚功利，崇邪说，是谓乱经；习训诂，传记诵，没溺于浅闻小见以涂天下之耳目，是谓侮经；侈淫辞，竞诡辩，饰奸心，盗行逐世，垄断而自以为通经，是谓贼经。若是者，是并其所谓记籍者而割裂弃毁之矣，宁复知所以为尊经也乎！

越城旧有稽山书院，在卧龙西冈，荒废久矣。郡守渭南南君大吉既敷政于民，则慨然悼末学之支离，将进之以圣贤之道。于是使山阴令吴君瀛拓书院而一新之，又为"尊经"之阁于其后。曰："经正，则庶民兴；庶民兴，斯无邪慝矣。"阁成，请予一言以谂多士。予既不获辞，则为记之若是。呜呼！世之学者既得吾说而求诸其心焉，其亦庶乎知所以为尊经也矣。

重修山阴县学记 乙酉

　　山阴之学，岁久弥敝。教谕汪君瀚辈以谋于县尹顾君铎而—新之，请所以诏士之言于予。时予方在疚，辞，未有以告也。已而顾君入为秋官郎，洛阳吴君瀛来代，复增其所未备而申前之请。昔予官留都，因京兆之请，记其学而尝有说焉。其大意以为朝廷之所以养士者不专于举业，而实望之以圣贤之学。今殿庑堂舍，拓而辑之，饩廪条教，具而察之者，是有司之修学也。求天下之广居安宅而修诸其身焉，此为师、为弟子者之修学也。其时闻者皆惕然有省，然于凡所以为学之说，则犹未之及详。今请为吾越之士一言之。

　　夫圣人之学，心学也。学以求尽其心而已。尧、舜、禹之相授受曰："人心惟危，道心惟微，惟精惟一，允执厥中。"道心者，率性之谓，而未杂于人。无声无臭，至微而显，诚之源也。人心，则杂于人而危矣，伪之端矣。见孺子之入井而恻隐，率性之道也；从而内交于其父母焉，要誉于乡党焉，则人心矣。饥而食，渴而饮，率性之道也；从而极滋味之美焉，恣口腹之饕焉，则人心矣。惟一者，一于道心也。惟精者，虑道心之不一，而或二之以人心也。道无不中，一于道心而不息，是谓"允执厥中"矣。一于道心，则存之无不中，而发之无不和。是故率是道心而发之于父子也无不亲；发之于君臣也无不义；发之于夫妇、长幼、朋友也无不别、无不序、无不信；是谓中节之和，天下之达道也。放四海而皆准，亘古今而不穷，天下之人同此心，同此性，同此达道也。舜使契为司徒而教以人伦，教之以此达道也。当是之时，人皆君子而比屋可封，盖教者惟以是为教，而学者惟以是为学也。圣人既没，心学晦而人伪行，功利、训诂、记诵辞章之徒纷沓而起，支离决裂，岁盛月新，相沿相袭，各是其非，人心日炽而不复知有道心之微。间有觉其纰缪而略知反本求源者，则又哄然指为禅学而群訾之。呜呼！心学何由而复明乎！夫禅之学与圣人之学，皆求尽其心也，亦相去毫厘耳。圣人之求尽其心也，以天地万物为一体也。吾之父子亲矣，而天下有未亲者焉，吾心未尽也。吾之君臣义矣，而天下有未义者焉，吾心未尽也。吾之夫妇别矣，长幼序矣，朋友信矣，而天下有未别、未序、未信者焉，吾心未尽也。吾之一家饱暖逸乐矣，而天下有未饱暖逸乐者焉，其能以亲乎？义乎？别、序、信乎？吾心未尽也。故于是有纪纲政事之设焉，有礼乐教化之施焉，凡以裁成辅相、成己成物，而求尽吾心焉耳。心尽而家以齐，国以治，天下以平。故圣人之学不出乎尽心。禅之学非不以心为说，然其意以为是达道也者，固吾之心也，吾惟不昧吾心于其中则亦已矣，而亦岂必屑屑于其外，其外有未当也，则亦岂必屑屑于其中。斯亦其所谓尽心者矣，而不知已陷于自私自利之偏。是以外人伦，遗事物，以之独善或能之，而要之不可以治家国天下。盖圣人之学无人己，无内外，一天地万物以为心；而禅之学起于自私自利，而未免于内外之分；斯其所以为异也。今之为心性之学者，而果外人伦，遗事物，则诚所谓禅矣；使其未尝外人伦，遗事物，而专以存心养性为事，则固圣门精一之学也，而可谓之禅乎哉！世之学者，承沿其举业词章之习以荒秽戕伐其心，既与圣人尽心之学相背而驰，日骛日远，莫知其所抵极矣。有以心性之说而招之来归者，则顾骇以为禅，而反仇雠视之，不亦大可哀乎！夫不自知其为非而以非人者，是旧习之为蔽，而未可遽以为罪也。有知其非者矣，藐然视人之非而不以告人者，自私者也。既告之矣，既知之矣，而犹冥然不以自反者，自弃者也。吾越多豪杰之士，其特然无所待而兴者，为不少矣，而亦容有蔽于旧习者乎？故吾因诸君之请而特为一言之。呜呼！吾岂特为吾越之士一言之而已乎？

梁仲用默斋说 辛未

仲用识高而气豪，既举进士，锐然有志天下之务。一旦责其志曰："於呼！予乃太早。乌有己之弗治而能治人者！"于是专心为己之学，深思其气质之偏，而病其言之易也，以"默"名庵，过予而请其方。予亦天下之多言人也，岂足以知默之道！然予尝自验之，气浮则多言，志轻则多言。气浮者耀于外，志轻者放其中。予请诵古之训而仲用自取之。

夫默有四伪：疑而不知问，蔽而不知辩，冥然以自罔，谓之默之愚；以不言饴人者，谓之默之狡；虑人之觇其长短也，掩覆以为默，谓之默之诬；深为之情，厚为之貌，渊毒阱狠，自托于默以售其奸者，谓之默之贼；夫是之谓四伪。又有八诚焉：孔子曰："君子耻其言而过其行。古者言之不出，耻躬之不逮也。"故诚知耻，而后知默。又曰："君子欲讷于言而敏于行。"夫诚敏于行，而后欲默矣。仁者言也切，非以为默而默存焉。又曰："默而识之"，是故必有所识也，终日不违如愚者也。"默而成之"，是故必有所成也，退而省其私，亦足以发者也。故善默者莫如颜子。"暗然而日章"，默之积也。"不言而信"，而默之道成矣。"天何言哉？四时行焉，万物生焉。"而默之道至矣。非圣人其孰能与于此哉！夫是之谓八诚。仲用盍亦知所以自取之？

187

示弟立志说 乙亥

予弟守文来学，告之以立志。守文因请次第其语，使得时时观省；且请浅近其辞，则易于通晓也。因书以与之。

夫学，莫先于立志。志之不立，犹不种其根而徒事培拥灌溉，劳苦无成矣。世之所以因循苟且，随俗习非，而卒归于污下者，凡以志之弗立也。故程子曰："有求为圣人之志，然后可与共学。"人苟诚有求为圣人之志，则必思圣人之所以为圣人者安在？非以其心之纯乎天理而无人欲之私欤？圣人之所以为圣人，惟以其心之纯乎天理而无人欲，则我之欲为圣人，亦惟在于此心之纯乎天理而无人欲耳。欲此心之纯乎天理而无人欲，则必去人欲而存天理。务去人欲而存天理，则必求所以去人欲而存天理之方。求所以去人欲而存天理之方，则必正诸先觉，考诸古训，而凡所谓学问之功者，然后可得而讲，而亦有所不容已矣。

夫所谓正诸先觉者，既以其人为先觉而师之矣，则当专心致志，惟先觉之为听。言有不合，不得弃置，必从而思之；思之不得，又从而辨之，务求了释，不敢辄生疑惑。故《记》曰："师严，然后道尊；道尊，然后民知敬学。"苟无尊崇笃信之心，则必有轻忽慢易之意。言之而听之不审，犹不听也；听之而思之不慎，犹不思也；是则虽曰师之，犹不师也。

夫所谓考诸古训者，圣贤垂训，莫非教人去人欲而存天理之方，若《五经》、《四书》是已。吾惟欲去吾之人欲，存吾之天理，而不得其方，是以求之于此，则其展卷之际，真如饥者之于食，求饱而已；病者之于药，求愈而已；暗者之于灯，求照而已；跛者之于杖，求行而已。曾有徒事记诵讲说，以资口耳之弊哉！

夫立志亦不易矣。孔子，圣人也，犹曰："吾十有五而志于学。三十而立。"立者，志立也。虽至于"不逾矩"，亦志之不逾矩也。志岂可易而视哉！夫志，气之帅也，人之命也，木之根也，水之源也。源不濬则流息，根不植则木枯，命不续则人死，志不立则气昏。是以君子之学，无时无处而不以立志为事。正目而视之，无他见也；倾耳而听之，无他闻也。如猫捕鼠，如鸡覆卵，精神心思凝聚融结，而不复知有其他，然后此志常立，神气精明，义理昭著。一有私欲，即便知觉，自然容住不得矣。故凡一毫私欲之萌，只责此志不立，即私欲便退；听一毫客气之动，只责此志不立，即客气便消除。或怠心生，责此志，即不怠；忽心生，责此志，即不忽；懆心生，责此志，即不懆；妒心生，责此志，即不妒；忿心生，责此志，即不忿；贪心生，责此志，即不贪；傲心生，责此志，即不傲；吝心生，责此志，即不吝。盖无一息而非立志责志之时，无一事而非立志责志之地。故责志之功，其于去人欲，有如烈火之燎毛，太阳一出，而魍魉潜消也。

自古圣贤因时立教，虽若不同，其用功大指无或少异。《书》谓"惟精惟一"，《易》谓"敬以直内，义以方外"，孔子谓"格致诚正，博文约礼"，曾子谓"忠恕"，子思谓"尊德性而道问学"，孟子谓"集义养气，求其放心"，虽若人自为说，有不可强同者，而求其要领归宿，合若符契。何者？夫道一而已。道同则心同，心同则学同。其卒不同者，皆邪说也。

后世大患，尤在无志。故今以立志为说，中间字字句句，莫非立志。盖终身问学之功，只是立得志而已。若以是说而合精一，则字字句句皆精一之功；以是说而合敬义，则字字句句皆敬义之功。其诸"格致"、"博约"、"忠恕"等说，无不吻合。但能实心体之，然后信予言之非妄也。

约斋说 甲戌

滁阳刘生韶既学于阳明子，乃自悔其平日所尝致力者泛滥而无功，琐杂而不得其要也。思得夫简易可久之道而固守之，乃以"约斋"自号，求所以为约之说于予。予曰："子欲其约，乃所以为烦也。其惟循理乎！理一而已，人欲则有万其殊。是故一则约，万则烦矣。虽然，理亦万殊也，何以求其一乎？理虽万殊而皆具于吾心，心固一也，吾惟求诸吾心而已。求诸心而皆出乎天理之公焉，斯其行之简易，所以为约也。彼其胶于人欲之私，则利害相攻，毁誉相制，得失相形，荣辱相缠，是非相倾，顾瞻牵滞，纷纭舛戾，吾见其烦且难也。然而世之知约者鲜矣。孟子曰：'学问之道无他，求其放心而已'，其知所以为约之道欤！吾子勉之！吾言则亦以烦。"

见斋说 乙亥

辰阳刘观时学于潘子，既有见矣，复学于阳明子。尝自言曰："吾名观时，观必有所见，而吾犹憒憒无睹也。"扁其居曰"见斋"以自励。问于阳明子曰："道有可见乎？"曰："有，有而未尝有也。"曰："然则无可见乎？"曰："无，无而未尝无也。"曰："然则何以为见乎？"曰："见而未尝见也。"观时曰："弟子之惑滋甚矣。夫子则明言以教我乎？"阳明子曰："道不可言也，强为之言而益晦；道无可见也，妄为之见而益远。夫有而未尝有，是真有也；无而未尝无，是真无也；见而未尝见，是真见也。子未观

189

于天乎？谓天为无可见，则苍苍耳，昭昭耳，日月之代明，四时之错行，未尝无也。谓天为可见，则即之而无所，指之而无定，执之而无得，未尝有也。夫天，道也；道，天也。风可捉也，影可拾也，道可见也。"曰："然则吾终无所见乎？古之人则亦终无所见乎？"曰："神无方而道无体，仁者见之谓之仁，知者见之谓之知。是有方体者也，见之而未尽者也。颜子'则如有所立，卓尔'。夫谓之'如'，则非有也；谓之'有'，则非无也。是故虽欲从之，末由也已。故夫颜氏之子为庶几也。文王望道而未之见，斯真见也已。"曰："然则吾何所用心乎？"曰："沦于无者，无所用其心者也，荡而无归；滞于有者，用其心于无用者也，劳而无功。夫有无之间，见与不见之妙，非可以言求也。而子顾切切焉，吾又从而强言其不可见，是以瞽导瞽也。夫言饮者不可以为醉，见食者不可以为饱，子求其醉饱，则盍饮食之？子求其见也，其惟人之所不见乎？夫亦戒慎乎其所不睹也已，斯真睹也已，斯求见之道也已。"

矫亭说 乙亥

　　君子之行，顺乎理而已，无所事乎矫。然有气质之偏焉。偏于柔者矫之以刚，然或失则傲；偏于慈者矫之以毅，然或失则刻；偏于奢者矫之以俭，然或失则陋。凡矫而无节则过，过则复为偏。故君子之论学也，不曰"矫"而曰"克"。克以胜其私，私胜而理复，无过不及矣。矫犹未免于意必也，意必亦私也。故克己则矫不必言，矫者未必能尽于克己之道也。虽然，矫而当其可，亦克己之道矣。行其克己之实，而矫以名焉，何伤乎！古之君子也，其取名也廉；后之君子，实未至而名先之，故不曰"克"而曰"矫"，亦矫世之意也。

　　方君时举以"矫"名亭，请予为之说。

谨斋说 乙亥

　　君子之学，心学也。心，性也；性，天也。圣人之心纯乎天理，故无事于学。下是，则心有不存而汩其性，丧其天矣，故必学以存其心。学以存其心者，何求哉？求诸其心而已矣。求诸其心何为哉？谨守其心而已矣。博学也，审问也，慎思也，明辨也，笃行也，皆谨守其心之功也。谨守其心者，无声之中而常若闻焉，无形之中而常若睹焉。故倾耳而听之，惟恐其或缪也；注目而视之，惟恐其或逸也。是故至微而显，至隐而见，善恶之萌而纤毫莫遁，由其能谨也。谨则存，存则明，明则其察之也精，其存之也一。昧焉而弗知，过焉而弗觉，弗之谨也已。故谨守其心，于其善之萌焉，若食之充饱也；若抱赤子

190

而履春冰，惟恐其或陷也；若捧万金之璧而临千仞之崖，惟恐其或坠也；其不善之萌焉，若鸩毒之投于羹也，若虎蛇横集而思所以避之也，若盗贼之侵陵而思所以胜之也。古之君子所以凝至道而成盛德，未有不由于斯者。虽尧、舜、文王之圣，然且兢兢业业，而况于学者乎！后之言学者，舍心而外求，是以支离决裂，愈难而愈远，吾甚悲焉！

吾友侍御杨景瑞以"谨"名其斋，其知所以为学之要矣。景瑞尝游白沙陈先生之门，归而求之，自以为有见。又二十年而忽若有得，然后知其向之所见犹未也。一旦告病而归，将从事焉，必底于成而后出。君之笃志若此，其进于道也孰御乎！君遣其子思元从予学，亦将别予以归，因论君之所以名斋之义以告思元，而遂以为君赠。

夜气说 乙亥

天泽每过，辄与之论夜气之训，津津既有所兴起。至是告归，请益。复谓之曰："夜气之息，由于旦昼所养，苟梏亡之反复，则亦不足以存矣。今夫师友之相聚于兹也，切磋于道义而砥砺乎德业，渐而入焉，反而愧焉，虽有非僻之萌，其所滋也亦已罕矣。迨其离群索居，情可得肆而莫之警也，欲可得纵而莫之泥也，物交引焉，志交丧焉，虽有理义之萌，其所滋也亦罕矣。故曰：'苟得其养，无物不长；苟失其养，无物不消。'夫人亦孰无理义之心乎？然而不得其养者多矣，是以若是其寥寥也。天泽勉之！"

修道说 戊寅

率性之谓道，诚者也；修道之谓教，诚之者也。故曰："自诚明，谓之性；自明诚，谓之教。"《中庸》为诚之者而作，修道之事也。道也者，性也，不可须臾离也。而过焉，不及焉，离也。是故君子有修道之功。戒慎乎其所不睹，恐惧乎其所不闻，微之显，诚之不可掩也。修道之功若是其无间，诚之也夫！然后喜怒哀乐之未发谓之中，发而皆中节谓之和，道修而性复矣。致中和，则大本立而达道行，知天地之化育矣。非至诚尽性，其孰能与于此哉！是修道之极功也。而世之言修道者离矣，故特著其说。

自得斋说 甲申

孟子云："君子深造之以道，欲其自得之也。自得之则居之安；居之安则资之深；资之深则取之左右逢其源。故君子欲其自得之也。"夫率性之谓道，

191

道，吾性也；性，吾生也。而何事于外求？世之学者，业辞章，习训诂，工技艺，探赜而索隐，弊精极力，勤苦终身，非无所谓深造之者。然亦辞章而已耳，训诂而已耳，技艺而已耳。非所以深造于道也，则亦外物而已耳，宁有所谓自得逢源者哉！古之君子，戒慎不睹，恐惧不闻，致其良知而不敢须臾或离者，斯所以深造乎是矣。是以大本立而达道行，天地以位，万物以育，于左右逢源乎何有？

黄勉之省曾氏，以"自得"名斋，盖有志于道者。请学于予而蕲为之说。予不能有出于孟氏之言也，为之书孟氏之言。嘉靖甲申六月朔。

博约说 乙酉

南元真之学于阳明子也，闻致知之说而恍若有见矣。既而疑于博约先后之训，复来请曰："致良知以格物，格物以致其良知也，则既闻教矣。敢问先博我以文，而后约我以礼也，则先儒之说，得无亦有所不同欤？"阳明子曰："理，一而已矣；心，一而已矣。故圣人无二教，而学者无二学。博文以约礼，格物以致其良知，一也。故先后之说，后儒支缪之见也。夫礼也者，天理也。天命之性具于吾心，其浑然全体之中，而条理节目，森然毕具，是故谓之天理。天理之条理谓之礼。是礼也，其发见于外，则有五常百行，酬酢变化，语默动静，升降周旋，隆杀厚薄之属；宣之于言而成章，措之于为而成行，书之于册而成训，炳然蔚然，其条理节目之繁，至于不可穷诘，是皆所谓文也。是文也者，礼之见于外者也；礼也者，文之存于中者也。文，显而可见之礼也；礼，微而难见之文也。是所谓体用一源，而显微无间者也。是故君子之学也，于酬酢变化、语默动静之间而求尽其条理节目焉，非他也，求尽吾心之天理焉耳矣；于升降周旋、隆杀厚薄之间而求尽其条理节目焉，非他也，求尽吾心之天理焉耳矣。求尽其条理节目焉者，博文也；求尽吾心之天理焉者，约礼也。文散于事而万殊者也，故曰博；礼根于心而一本者也，故曰约。博文而非约之以礼，则其文为虚文，而后世功利辞章之学矣；约礼而非博学于文，则其礼为虚礼，而佛、老空寂之学矣。是故约礼必在于博文，而博文乃所以约礼。二之而分先后焉者，是圣学之不明，而功利异端之说乱之也。

昔者颜子之始学于夫子也，盖亦未知道之无方体形像也，而以为有方体形像也；未知道之无穷尽止极也，而以为有穷尽止极也；是犹后儒之见事事物物皆有定理者也，是以求之仰钻瞻忽之间，而莫得其所谓。及闻夫子博约之训，既竭吾才以求之，然后知天下之事虽千变万化，而皆不出于此心之一理；然后

192

知殊途而同归，百虑而一致；然后知斯道之本无方体形像，而不可以方体形像求之也；本无穷尽止极，而不可以穷尽止极求之也。故曰："虽欲从之，末由也已。"盖颜子至是而始有真实之见矣。博文以约礼，格物以致其良知也，亦宁有二学乎哉？"

惜阴说 丙戌

同志之在安成者，间月为会五日，谓之"惜阴"，其志笃矣。然五日之外，孰非惜阴时乎？离群而索居，志不能无少懈，故五日之会，所以相稽切焉耳。

呜呼！天道之运，无一息之或停；吾心良知之运，亦无一息之或停。良知即天道，谓之"亦"，则犹二之矣。知良知之运无一息之或停者，则知惜阴矣；知惜阴者，则知致其良知矣。"子在川上曰：逝者如斯夫！不舍昼夜。"此其所以学如不及，至于发愤忘食也。尧舜兢兢业业，成汤日新又新，文王纯亦不已，周公坐以待旦，惜阴之功，宁独大禹为然？子思曰："戒慎乎其所不睹，恐惧乎其所不闻，知微之显，可以入德矣。"或曰："鸡鸣而起，孳孳为利。"凶人为不善，亦惟日不足，然则小人亦可谓之惜阴乎？

卷八 文录五

杂 著

书汪汝成格物卷 癸酉

予于汝成"格物致知"之说、"博文约礼"之说、"博学笃行"之说、"一贯忠恕"之说，盖不独一论再论，五六论、数十论不止矣。汝成于吾言，始而骇以拂，既而疑焉，又既而大疑焉，又既而稍释焉，而稍喜焉，而又疑焉。最后与予游于玉泉，盖论之连日夜，而始快然以释，油然以喜，冥然以契。不知予言之非汝成也，不知汝成之言非予言也？於戏！若汝成，可谓不苟同于予，亦非苟异于予者矣。

卷首汝成之请，盖其时尚有疑于予；今既释然，予可以无言也已。叙其所以而归之。

书石川卷 甲戌

先儒之学，得有浅深，则其为言亦不能无同异。学者惟当反之于心，不必苟求其同，亦不必故求其异，要在于是而已。今学者于先儒之说苟有未合，不妨致思。思之而终有不同，固亦未为甚害，但不当因此而遂加非毁，则其为罪大矣。同志中往往似有此病，故特及之。程先生云："贤且学他是处，未须论他不是处。"此言最可以自警。见贤思齐焉，见不贤而内自省，则不至于责人已甚，而自治严矣。

议论好胜，亦是今时学者大病。今学者于道，如管中窥天，少有所见，即自足自是，傲然居之不疑。与人言论，不待其辞之终而已先怀轻忽非笑之意，讪讪之声音颜色，拒人于千里之外。不知有道者从傍视之，方为之竦息汗颜，若无所容。而彼悍然不顾，略无省觉，斯亦可哀也已！近时同辈中往往亦有是病者，相见时可出此以警励之。

某之于道，虽亦略有所见，未敢尽以为是也；其于后儒之说，虽亦时有

194

异同，未敢尽以为非也。朋友之来问者，皆相爱者也，何敢以不尽吾所见！正期体之于心，务期真有所见其孰是孰非而身发明之，庶有益于斯道也。若徒入耳出口，互相标立门户，以为能学，则非某之初心，其所以见罪之者至矣。近闻同志中亦有类此者，切须戒勉，乃为无负！孔子云："默而识之，学而不厌"，斯乃深望于同志者也。

与傅生凤 甲戌

祁生傅凤，志在养亲而苦于贫。徐曰仁之为祁也，悯其志，尝育而教之。及曰仁去祁，生乃来京师谒予，遂从予而南。闻予言，若有省，将从事于学。然痛其亲之贫且老，其继母弟又瞀而愚，无所资以为养，乃记诵训诂，学文辞，冀以是干升斗之禄。日夜不息，遂以是得危疾，几不可救。同门之士百计宽譬之，不能已，乃以质于予。予曰："嘻！若生者亦诚可怜者也。生之志诚出于孝亲，然已陷于不孝而不之觉矣。若生者亦诚可怜者也！"生闻之悚然，来问曰："家贫亲老，而不为禄仕，得为孝乎？"予曰："不得为孝矣。欲求禄仕而至于成疾，以殒其躯，得为孝乎？"生曰："不得为孝矣。""殒其躯而欲读书学文以求禄仕，禄仕可得乎？"生曰："不可得禄仕矣。"曰："然则尔何以能免于不孝？"于是泫然泣下，甚悔，且曰："凤何如而可以免于不孝？"予曰："保尔精，毋绝尔生；正尔情，毋辱尔亲；尽尔职，毋以得失为尔惕；安尔命，毋以外物戕尔性。斯可以免矣。"其父闻其疾危，来视，遂欲携之同归。予怜凤之志而不能成也，哀凤之贫而不能赈也，悯凤之去而不能留也。临别，书此遗之。

书王天宇卷 甲戌

徐曰仁数为予言天宇之为人，予既知之矣。今年春，始与相见于姑苏，话通宵，益信曰仁之言。天宇诚忠信者也，才敏而沉潜者也。于是乎慨然有志于圣贤之学，非豪杰之士能然哉！出兹卷，请予言。予不敢虚，则为诵古人之言曰：圣，诚而已矣。君子之学以诚身。格物致知者，立诚之功也。譬之植焉，诚，其根也；格致，其培壅而灌溉之者也。后之言格致者，或异于是矣。不以植根而徒培壅焉、灌溉焉，敝精劳力而不知其终何所成矣。是故闻日博而心日外，识益广而伪益增，涉猎考究之愈详而所以缘饰其奸者愈深以甚。是其为弊亦既可睹矣，顾犹泥其说而莫之察也，独何欤？今之君子或疑予言之为禅矣，或疑予言之求异矣，然吾不敢苟避其说，而内以诬于己，外以诬于人也。非吾

195

天宇之高明，其孰与信之！

书王嘉秀请益卷 甲戌

仁者以天地万物为一体，莫非己也，故曰："己欲立而立人，己欲达而达人。"古之人所以能见人之善若己有之，见人之不善则恻然若己推而纳诸沟中者，亦仁而已矣。今见善而妒其胜己，见不善而疾视轻蔑不复比数者，无乃自陷于不仁之甚而弗之觉者邪？夫可欲之谓善，人之秉彝，好是懿德，故凡见恶于人者，必其在己有未善也。瑞凤祥麟，人争快睹；虎狼蛇蝎，见者持挺刃而向之矣。夫虎狼蛇蝎，未必有害人之心，而见之必恶，为其有虎狼蛇蝎之形也。今之见恶于人者，虽其自取，未必尽恶，无亦在外者犹有恶之形欤？此不可以不自省也。

君子之学，为己之学也。为己故必克己，克己则无己。无己者，无我也。世之学者执其自私自利之心，而自任以为为己，潜焉入于隳堕断灭之中，而自任以为无我者，吾见亦多矣。呜呼！自以为有志圣人之学，乃堕于末世佛、老邪僻之见而弗觉，亦可哀也夫！"有一言而可以终身行之者，其恕乎"，"强恕而行，求仁莫近焉"，"恕"之一言，最学者所吃紧。其在吾子，则犹对病之良药，宜时时勤服之也。"见贤思齐焉，见不贤而内自省。"夫能见不贤而内自省，则躬自厚而薄责于人矣，此远怨之道也。

书孟源卷 乙亥

圣贤之学，坦如大路，但知所从入，苟循循而进，各随分量，皆有所至。后学厌常喜异，往往时入断蹊曲径，用力愈劳，去道愈远。向在滁阳论学，亦惩末俗卑污，未免专就高明一路开导引接。盖矫枉救偏，以拯时弊，不得不然，若终迷陋习者，已无所责。其间亦多兴起感发之士，一时趋向，皆有可喜。近来又复渐流空虚，为脱落新奇之论，使人闻之，甚为足忧。虽其人品高下，若与终迷陋习者亦微有间，然究其归极，相去能几何哉！

孟源伯生复来金陵请益，察其意向，不为无进，而说谈之弊，亦或未免，故因其归而告之以此。遂使归告同志，务相勉于平实简易之道，庶无负相期云耳。

书杨思元卷 乙亥

杨生思元自广来学，既而告归曰："夫子之教，思元既略闻之。惧不克

196

任，请所以砭其疾者而书诸绅。"予曰："子强明者也，警敏者也。强明者病于矜高，是故亢而不能下；警敏者病于浅陋，是故浮而不能实。砭子之疾，其谦默乎！谦则虚，虚则无不容，是故受而不溢，德斯聚矣；默则慎，慎则无不密，是故积而愈坚，诚斯立矣。彼少得而自盈者，不知谦者也；少见而自衒者，不知默者也。自盈者吾必恶之，自衒者吾必耻之。而人有不我恶者乎？有不我耻者乎？故君子之观人而必自省也。其谦默乎！"

书玄默卷 乙亥

玄默志于道矣，而犹有诗文之好，何耶？弈，小技也，不专心致志则不得，况君子之求道，而可分情于他好乎？孔子曰："辞达而已矣。"盖世之为辞章者，莫不以是藉其口，亦独不曰"有德者必有言，有言者不必有德"乎？德，犹根也，言，犹枝叶也。根之不植，而徒以枝叶为者，吾未见其能生也。予别玄默久，友朋得玄默所为诗者，见其辞藻日益以进。其在玄默，固所为根盛而枝叶茂者耶？

玄默过留都，示予以斯卷，书此而遗之。玄默尚有以告我矣。

书顾维贤卷 辛巳

维贤以予将远去，持此卷求书警戒之辞。只此"警戒"二字，便是予所最丁宁者。今时朋友大患不能立志，是以因循懈弛，散漫度日。若立志，则警戒之意当自有不容已。故警戒者，立志之辅。能警戒，则学问思辨之功、切磋琢磨之益，将日新又新，沛然莫之能御矣。程先生云："学者为气所胜、习所夺，只好责志。"又云："凡为诗文亦丧志。"又言："且省外事，但明乎善，惟尽诚心，其文章虽不中，不远矣。所守不约，泛滥无功。学问之道，《四书》中备矣。"后儒之论，未免互有得失。其得者不能出于《四书》之外，失者遂有毫厘千里之谬，故莫如专求之《四书》。《四书》之言简实，苟以忠信进德之心求之，亦自明白易见。与不善人居，如入鲍鱼之肆，久而不觉其臭，则与之俱化。孔子大圣，尚赖"三益"之资，致"三损"之戒。吾侪从事于学，顾随俗同污，不思辅仁之友，欲求致道，恐无是理矣。非笑诋毁，圣贤所不免。伊川有涪州之行，孔子尚微服过宋，今日风俗益偷，人心日以沦溺，苟欲自立，违俗拂众，指摘非笑纷然而起，势所必至，亦多由所养未深，高自标榜所至。学者便不当自立门户，以招谤速毁；亦不当故避非毁，同流合污。维贤温雅，朋友中最为难得，似亦微失之弱，恐诋笑之来，不能无动；才为所动，即依阿隐忍，久将沦胥以溺。每到此便须反身，痛自切责。为己之志未能坚定，亦便志气激昂奋发。但知明己之善，立己之诚，以求快足乎己，岂暇顾人非笑指摘？故学者只须责自家为己之志未能坚定，志苟坚定，则非笑诋毁不足动摇，反皆为砥砺切磋之地矣。今时人多言人之非毁亦当顾恤，此皆随俗习非之久，相沿其说，莫知以为非。不知里许尽是私意，为害不小，不可以不察也。

壁帖 王午

守仁鄙劣，无所知识，且在忧病奄奄中，故凡四方同志之辱临者，皆不敢相见。或不得已而相见，亦不敢有所论说，各请归而求诸孔孟之训可矣。夫孔孟之训，昭如日月。凡支离决裂，似是而非者，皆异说也。有志于圣人之学者，外孔孟之训而他求，是舍日月之明而希光于萤爝之微也，不亦缪乎！有负远来之情，聊此以谢。荒迷不次。

书王一为卷 癸未

王生一为自惠负笈来学，居数月，皆随众参谒，默然未尝有所请。视其色，津津若有所喜然。一日，众皆退，乃独复入堂下而请曰："致知之训，千圣不传之秘也，一为既领之矣。敢请益。"予曰："千丈之木，起于肤寸之萌芽。子谓肤寸之外无所益欤，则何以至于千丈？子谓肤寸之外有所益欤，则肤寸之外，子将何以益之？"一为跃然起拜曰："闻教矣。"又三月，思其母老于家，告归省视，因书以与之。

书朱守谐卷 甲申

守谐问为学，予曰："立志而已。"问立志，予曰："为学而已。"守谐未达。予曰："人之学为圣人也，非有必为圣人之志，虽欲为学，谁为学？有其志矣，而不日用其力以为之，虽欲立志，亦乌在其为志乎！故立志者，为学之心也；为学者，立志之事也。譬之弈焉，弈者，其事也；'专心致志'者，其心一也；'以为鸿鹄将至'者，其心二也；'惟弈秋之为听'，其事专也；'思援弓缴而射之'，其事分也。"守谐曰："人之言曰：'知之未至，行之不力。'予未有知也，何以能行乎？"予曰："是非之心，知也，人皆有之。子无患其无知，惟患不肯知耳；无患其知之未至，惟患不致其知耳。故曰：'知之非艰，行之惟艰。'今执途之人而告之以凡为仁义之事，彼皆能知其为善也；告之以凡为不仁不义之事，彼皆能知其为不善也。途之人皆能知之，而子有弗知乎？如知其为善也，致其知为善之知而必为之，则知至矣；如知其为不善也，致其知为不善之知而必不为之，则知至矣。知犹水也，人心之无不知，犹水之无不就下也，决而行之，无有不就下者。决而行之者，致知之谓也。此吾所谓知行合一者也。吾子疑吾言乎？夫道一而已矣。"

书诸阳伯卷　甲申

妻侄诸阳伯复请学，既告之以格物致知之说矣。他日，复请曰："致知者，致吾心之良知也，是既闻教矣。然天下事物之理无穷，果惟致吾之良知而可尽乎？抑尚有所求于其外也乎？"复告之曰："心之体，性也，性即理也。天下宁有心外之性？宁有性外之理乎？宁有理外之心乎？外心以求理，此告子'义外'之说也。理也者，心之条理也。是理也，发之于亲则为孝，发之于君则为忠，发之于朋友则为信。千变万化，至不可穷竭，而莫非发于吾之一心。故以端庄静一为养心，而以学问思辨为穷理者，析心与理而为二矣。若吾之说，则端庄静一亦所以穷理，而学问思辨亦所以养心，非谓养心之时无有所谓理，而穷理之时无有所谓心也。此古人之学所以知行并进而收合一之功，后世之学所以分知行为先后，而不免于支离之病者也。"曰："然则朱子所谓如何而为'温清之节'，如何而为'奉养之宜'者，非致知之功乎？"曰："是所谓知矣，而未可以为致知也。知其如何而为温清之节，则必实致其温清之功，而后吾之知始至；知其如何而为奉养之宜，则必实致其奉养之力，而后吾之知始至。如是乃可以为致知耳。若但空然知之为如何温清奉养，而遂谓之致知，则孰非致知者耶？《易》曰：'知至，至之。'知至者，知也；至之者，致知也。此孔门不易之教，百世以俟圣人而不惑者也。"

书张思钦卷　乙酉

三原张思钦元相将葬其亲，卜有日矣，南走数千里而来请铭于予。予之不为文也久矣，辞之固，而请弗已，则与之坐而问曰："子之乞铭于我也，将以图不朽于其亲也，则亦宁非孝子之心乎！虽然，子以为孝子之图不朽于其亲也，尽于是而已乎？将犹有进于是者也？夫图之于人也，则曷若图之于子乎？传之于其人之口也，则曷若传之于其子之身乎？故子为贤人也，则其父为贤人之父矣；子为圣人也，则其父为圣人之父矣。其与托之于人之言也，孰愈夫叔梁纥之名，至今为不朽矣，则亦以仲尼之为子耶？抑亦以他人为之铭耶？"思

199

钦蹵然而起，稽颡而后拜曰："元相非至于夫子之门，则几失所以图不朽于其亲者矣。"明日，入而问圣人之学，则语以格致之说焉；求格致之要，则语之以良知之说焉。思钦跃然而起，拜而复稽曰："元相苟非全于夫子之门，则尚未知有其心，又何以图不朽于其亲乎！请归葬吾亲，而来卒业于夫子之门，则庶几其不朽之图矣。"

书中天阁勉诸生 乙酉

"虽有天下易生之物，一日暴之，十日寒之，未有能生者也。"承诸君之不鄙，每予来归，咸集于此，以问学为事，甚盛意也。然不能旬日之留，而旬日之间，又不过三四会。一别之后，辄复离群索居，不相见者动经年岁。然则岂惟十日之寒而已乎？若是而求萌蘖之畅茂条达，不可得矣。故予切望诸君勿以予之去留为聚散。或五六日、八九日，虽有俗事相妨，亦须破冗一会于此。务在诱掖奖劝，砥砺切磋，使道德仁义之习日亲日近，则世利纷华之染亦日远日疏，所谓"相观而善，百工居肆以成其事"者也。相会之时，尤须虚心逊志，相亲相敬。大抵朋友之交，以相下为益。或议论未合，要在从容涵育，相感以诚，不得动气求胜，长傲遂非。务在默而成之，不言而信。其或矜己之长，攻人之短，粗心浮气，矫以沽名，讦以为直，挟胜心而行愤嫉，以圮族败群为志，则虽日讲时习于此，亦无益矣。诸君念之念之！

书朱守乾卷 乙酉

黄州朱生守乾请学而归，为书"致良知"三字。夫良知者，即所谓"是非之心，人皆有之"，不待学而有，不待虑而得者也。人孰无是良知乎？独有不能致之耳。自圣人以至于愚人，自一人之心，以达于四海之远，自千古之前至于万代之后，无有不同。是良知也者，是所谓"天下之大本"也。致是良知而行，则所谓"天下之达道"也。天地以位，万物以育，将富贵贫贱，患难夷狄，无所入而弗自得也矣。

书正宪扇 乙酉

今人病痛，大段只是傲。千罪百恶，皆从傲上来。傲则自高自是，不肯屈下人。故为子而傲，必不能孝；为弟而傲，必不能弟；为臣而傲，必不能忠。象之不仁，丹朱之不肖，皆只是一"傲"字，便结果了一生，做个极恶大罪的人，更无解救得处。汝曹为学，先要除此病根，方才有地步可进。"傲"之反

200

为"谦"。"谦"字便是对症之药。非但是外貌卑逊，须是中心恭敬，撙节退让，常见自己不是，真能虚己受人。故为子而谦，斯能孝；为弟而谦，斯能弟；为臣而谦，斯能忠。尧舜之圣，只是谦到至诚处，便是允恭克让，温恭允塞也。汝曹勉之敬之，其毋若伯鲁之简哉！

书魏师孟卷 乙酉

心之良知是谓圣。圣人之学，惟是致此良知而已。自然而致之者，圣人也；勉然而致之者，贤人也；自蔽自昧而不肯致之者，愚不肖者也。愚不肖者，虽其蔽昧之极，良知又未尝不存也。苟能致之，即与圣人无异矣。此良知所以为圣愚之同具，而人皆可以为尧舜者，以此也。是故致良知之外无学矣。自孔孟既没，此学失传几千百年。赖天之灵，偶复有见，诚千古之一快，百世以俟圣人而不惑者也。每以启夫同志，无不跃然以喜者，此亦可以验夫良知之同然矣。间有听之而疑者，则是支离之习没溺既久，先横不信之心而然。使能姑置其旧见，而平气以绎吾说，盖亦未有不幡然而悔悟者也。

南昌魏氏兄弟旧学于予，既皆有得于良知之说矣。其季良贵师孟，因其诸兄而来请。其资禀甚颖，而意向甚笃，然以偕计北上，不得久从于此。吾虽略以言之而未能悉也，故特书此以遗之。

书朱子礼卷 甲申

子礼为诸暨宰，问政，阳明子与之言学而不及政。子礼退而省其身，惩己之忿，而因以得民之所恶也；窒己之欲，而因以得民之所好也；舍己之利，而因以得民之所趋也；惕己之易，而因以得民之所忽也；去己之蠹，而因以得民之所患也；明己之性，而因以得民之所同也。三月而政举。叹曰："吾乃今知学之可以为政也已！"

他日，又见而问学，阳明子与之言政而不及学。子礼退而修其职，平民之所恶，而因以惩己之忿也；从民之所好，而因以窒己之欲也；顺民之所趋，而因以舍己之利也；警民之所忽，而因以惕己之易也；拯民之所患，而因以去己之蠹也；复民之所同，而因以明己之性也。期年而化行。叹曰："吾乃今知政之可以为学也已！"

他日，又见而问政与学之要。阳明子曰："明德、亲民，一也。古之人明明德以亲其民，亲民所以明其明德也。是故明明德，体也；亲民，用也。而止至善，其要矣。"子礼退而求至善之说，炯然见其良知焉，曰："吾乃今知学所以为政，而政所以为学，皆不外乎良知焉。信乎，止至善其要也矣！"

书林司训卷 丙戌

　　林司训年七十九矣，走数千里，谒予于越。予悯其既老且贫，愧无以为济也。嗟乎！昔王道之大行也，分田制禄，四民皆有定制。壮者修其孝弟忠信，老者衣帛食肉，不负戴于道路，死徙无出乡，出入相友，疾病相扶持，乌有耄耋之年而犹走衣食于道路者乎！周衰而王迹熄，民始有无恒产者。然其时圣学尚明，士虽贫困，犹有固穷之节，里闾族党，犹知有相恤之义。逮其后世，功利之说日浸以盛，不复知有明德亲民之实。士皆巧文博词以饰诈，相规以伪，相轧以利，外冠裳而内禽兽，而犹或自以为从事于圣贤之学。如是而欲挽而复之三代，呜呼其难哉！吾为此惧，揭知行合一之说，订致知格物之谬，思有以正人心，息邪说，以求明先圣之学，庶几君子闻大道之要，小人蒙至治之泽。而哓哓者皆视以为狂惑丧心，诋笑訾怒。予亦不自知其力之不足，日挤于颠危，莫之救以死而不顾也，不亦悲夫！

　　予过彭泽时，尝悯林之穷，使邑令延为社学师。至是又失其业。于归也，不能有所资给，聊书此以遗之。

书黄梦星卷 丁亥

　　潮有处士黄翁保号坦夫者，其子梦星来越从予学。越去潮数千里，梦星居数月，辄一告归省其父，去二三月辄复来。如是者屡屡。梦星性质温然，善人也，而甚孝。然禀气差弱，若不任于劳者。窃怪其乃不惮道途之阻远，而勤苦无已也，因谓之曰："生既闻吾说，可以家居养亲而从事矣。奚必往来跋涉若是乎？"梦星踧而言曰："吾父生长海滨，知慕圣贤之道，而无所从求入。既乃获见吾乡之薛、杨诸子者，得夫子之学，与闻其说而乐之。乃以责梦星曰：'吾衰矣，吾不希汝业举以干禄。汝但能若数子者，一闻夫子之道焉，吾虽啜粥饮水，死填沟壑，无不足也矣。'梦星是以不远数千里而来从。每归省，求为三月之留以奉菽水，不许，求为逾月之留，亦不许。居未旬日，即已具资粮，戒童仆，促之启行。梦星涕泣以请，则责之曰：'唉！儿女子欲以是为孝我乎？不能黄鹄千里，而思为翼下之雏，徒使吾心益自苦。'故亟游夫子之门者，固梦星之本心。然不能久留于亲侧，而倏往倏来，吾父之命，不敢违也。"予曰："贤哉，处士之为父！孝哉，梦星之为子也！勉之哉！卒成乃父之志，斯可矣。"

今年四月上旬，其家忽使人来讣云，处士没矣。呜呼惜哉！呜呼惜哉！圣贤之学，其久见弃于世也，不啻如土苴。苟有言论及之，则众共非笑诋斥，以为怪物。惟世之号称贤士大夫者，乃始或有以之而相讲究，然至考其立身行己之实，与其平日家庭之间所以训督期望其子孙者，则又未尝不汲汲焉惟功利之为务，而所谓圣贤之学者，则徒以资其谈论、粉饰文具于其外，如是者常十而八九矣。求其诚心一志，实以圣贤之学督教其子如处士者，可多得乎！而今亡矣，岂不惜哉！岂不惜哉！

　　阻远无由往哭，遥寄一奠，以致吾伤悼之怀。而叙其遣子来学之故若此，以风励夫世之为父兄者。亦因以益励梦星，使之务底于有成，以无忘乃父之志。

卷九　别录一

奏疏一

陈言边务疏 <small>弘治十二年，时进士。</small>

迩者窃见皇上以彗星之变，警戒修省，又以虏寇猖獗，命将出师，宵旰忧勤，不遑宁处。此诚圣主遇灾能警，临事而惧之盛心也。当兹多故，主忧臣辱，孰敢爱其死！况有一二之见而忍不以上闻耶？

臣愚以为今之大患，在于为大臣者外托慎重老成之名，而内为固禄希宠之计，为左右者内挟交蟠蔽壅之资，而外肆招权纳贿之恶。习以成俗，互相为奸。忧世者谓之迂狂，进言者目以浮躁，沮抑正大刚直之气，而养成怯懦因循之风。故其衰耗颓塌，将至于不可支持而不自觉。今幸上天仁爱，适有边陲之患，是忧虑警省，易辕改辙之机也。此在陛下，必宜自有所以痛革弊源、惩艾而振作之者矣。新进小臣，何敢僭闻其事，以干出位之诛？至于军情之利害，事机之得失，苟有所见，是固刍荛之所可进，卒伍之所得言者也，臣亦何为而不可之有？虽其所陈，未必尽合时论，然私心窃以为必宜如此，则又不可以苟避乖剌而遂已于言也。谨陈便宜八事以备采择：一曰蓄材以备急，二曰舍短以用长，三曰简师以省费，四曰屯田以足食，五曰行法以振威，六曰敷恩以激怒，七曰捐小以全大，八曰严守以乘弊。

何谓蓄材以备急？臣惟将者，三军之所恃以动，得其人则克以胜，非其人则败以亡，其可以不豫蓄哉？今者边方小寇，曾未足以辱偏裨，而朝廷会议推举，固已仓皇失措，不得已而思其次，一二人之外，曾无可以继之者矣。如是而求其克敌致胜，其将何恃而能乎！夫以南宋之偏安，犹且宗泽、岳飞、韩世忠、刘锜之徒以为之将，李纲之徒以为之相，尚不能止金人之冲突；今以一统之大，求其任事如数子者，曾未见有一人。万如虏寇长驱而入，不知陛下之臣，孰可使以御之？若之何其犹不寒心而早图之也！臣愚以为，今之武举仅可以得骑射搏击之士，而不足以收韬略统驭之才。今公侯之家虽有教读之设，不过虚应故事，而实无所裨益。诚使公侯之子皆聚之一所，择文武兼济之才，如今之提学之职者一人以教育之，习之以书史骑射，授之以韬略谋猷；又于武学生之内，岁升其超异者于此，使之相与磨砻砥砺，日稽月考，别其才否，比年而校试，三年而选举。至于兵部，自尚书以下，其两侍郎使之每岁更迭巡边，于科道部属之内择其通变特达者二三人以从，因使之得以周知道里之远近，边关之要害，虏情之虚实，事势之缓急，无不深谙熟察于平日；则一旦有急，所以遥度而往莅之者，不虑无其人矣。孟轲有云："苟为不畜，终身不得"，臣愿自今畜之也。

何谓舍短以用长？臣惟人之才能，自非圣贤，有所长必有所短，有所明必有所蔽。而人之常情，亦必有所惩于前，而后有所警于后。吴起杀妻，忍人也，而称名将；陈平受金，贪夫也，而称谋臣；管仲被囚而建霸，孟明三北而成功，顾上之所以驾驭而鼓动之者何如耳。故曰：用人之仁，去其贪；用人之智，去其诈；用人之勇，去其怒。夫求才于仓卒艰难之际，而必欲拘于规矩绳墨之中，吾知其必不克矣。臣尝闻诸道路之言，曩者边关将士以骁勇强悍称者，多以过失罪名摈弃于闲散之地。夫有过失罪名，其在平居无事，诚不可使处于人上；至于今日之多事，则彼之骁勇强悍，亦诚有足用也。且被摈弃之久，必且悔艾前非，以思奋励；今诚委以数千之众，使得立功自赎，彼又素熟于边事，加之以积惯之余，其与不习地利、志图保守者，功宜相远矣。古人有言："使功不如使过"，是所谓"使过"也。

何谓简师以省费？臣闻之兵法曰："日费千金，然后十万之师举。"夫古之善用兵者，取用于国，因粮于敌，犹且"日费千金"；今以中国而御夷虏，非漕挽则无粟，非征输则无财，是故固不可以言"因粮于敌"矣。然则今日之师可以轻出乎？臣以公差在外，甫归旬日，遥闻出师，窃以为不必然者。何则？北地多寒，今炎暑渐炽，虏性不耐，我得其时，一也；虏恃弓矢，今大雨时行，觚胶解弛，二也；虏逐水草以为居，射生畜以为食，今已蜂屯两月，边草殆尽，野无所猎，三也。以臣料之，官军甫至，虏迹遁矣。夫兵固有先声而后实者，今师旅既行，言已无及，惟有简师一事，犹可以省虚费而得实用。夫兵贵精不贵多，今速诏诸将，密于万人之内取精健足用者三分之一，而余皆归之京师。万人之声既扬矣，今密归京师，边关固不知也，是万人之威犹在也，而其实又可以省无穷之费。岂不为两便哉？况今官军之出，战则退后，功则争先，亦非边将之所喜。彼之请兵，徒以事之不济，则责有所分焉耳。今诚于边塞之卒，以其所以养京军者而养之，以其所以赏京军者而赏之，旬日之间，数万之众可立募于帐下，奚必自京而出哉？

何谓屯田以给食？臣惟兵以食为主，无食，是无兵也。边关转输，水陆千里，踣顿捐弃，十而致一。故兵法曰："国之贫于师者远输，远输则百姓贫；近师贵卖，贵卖则百姓财竭"，此之谓也。今之军官既不堪战阵，又使无事坐食以益边困，是与敌为谋也。三边之戍，方以战守，不暇耕农。诚使京军分屯其地，给种授器，待其秋成，使之各食其力。寇至则授甲归屯，遥为声势，以相犄角；寇去仍复其业，因以其暇，缮完虏所拆毁边墙、亭堡，以遏冲突。如此，虽未能尽给塞下之食，亦可以少息输馈矣。此诚持久俟时之道，王师出于万全之长策也。

何谓行法以振威？臣闻李光弼之代子仪也，张用济斩于辕门；狄青之至广南也，陈曙戮於戏下；是以皆能振疲散之卒，而摧方强之虏。今边臣之失机者，往往以计幸脱。朝丧师于东陲，暮调守于西鄙，罚无所加，兵因纵弛。如此，则是陛下不惟不置之罪，而复为曲全之地也，彼亦何惮而致其死力哉？夫法之不行，自上犯之也。今总兵官之头目，动以一二百计，彼其诚以武勇而收录之也，则亦何不可之有！然而此辈非势家之子弟，即豪门之贪缘，皆以权力而强委之也。彼且需求刻剥，骚扰道路，仗势以夺功，无劳而冒赏，懈战士之心，兴边戎之怨。为总兵者且复资其权力以相后先，其委之也，敢以不受乎？其受之也，其肯以不庇乎？苟庆于法，又敢斩之以殉乎？是将军之威，固已因此辈而索然矣，其又何以临师服众哉！臣愿陛下手敕提督等官，发令之日，即以先所丧师者斩于辕门，以正军法。而所谓头目之属，悉皆禁令发回，毋使渎扰侵冒，以挠将权，则士卒奋励，军威振肃。克敌制胜，皆原于此。不然，虽有百万之众，徒以虚国劳民，而亦无所用之也。

何谓敷恩以激怒？臣闻杀敌者，怒也。今师方失利，士气消沮。三边之戍，其死亡者非其父母子弟，则其宗族亲戚也。今诚抚其疮痍，问其疾苦，恤其孤寡，振其空乏，其死者皆无怨尤，则生者自宜感动。然后简其强壮，宣以国恩，喻以虏雠，明以天伦，激以大义，悬赏以鼓其勇，暴恶以深其怒。痛心疾首，日夜淬砺，务与之俱杀父兄之雠，以报朝廷之德。则我之兵势日张，士气日奋，而区区丑虏有不足破者矣。

何谓捐小以全大？臣闻之兵法曰："将欲取之，必固与之。"又曰："佯北勿从，饵兵勿食。"皆捐小全大之谓也。今虏势方张，我若按兵不动，彼必出锐以挑战；挑战不已，则必设诈以致师，或捐弃牛马而伪逃，或掩匿精悍以示弱，或诈溃而埋伏，或潜军而请和，是皆诱我以利也。信而从之，则堕其计矣。然今边关守帅，人各有心，寇情虚实，事难卒办。当其挑诱之时，畜而不应，未免必有剽掠之虞。一以为当救，一以为可邀，从之，则必陷于危亡之地；不从，则又惧于坐视之诛。此王师之所以奔逐疲劳，损失威重，而丑虏之所以得志也。今若恣其操纵，许以便宜，其纵之也，不以其坐视；其捐之也，不以为失机。养威为愤，惟欲责以大成，而小小挫失，皆置不问，则我师常逸而兵威无损，此诚胜败存亡之机也。

何谓严守以乘弊？臣闻古之善战者，先为不可胜以待敌之可胜。盖中国工于自守，而胡虏长于野战。今边卒新破，虏势方剧，若复与之交战，是投其所长而以胜予敌也。为今之计，惟宜婴城固守，远斥候以防奸，勤间谍以谋虏；熟训练以用长，严号令以肃惰；而又频加犒享，使皆畜力养锐。譬之积水，俟其盈满充溢，而后乘怒急决之，则其势并力骤，至于崩山漂石而未已。昔李牧备边，日以牛酒享士，士皆乐为一战，而牧屡抑止之；至其不可禁遏，而始奋威并出，若不得已而后从之，是以一战而破强胡。今我食既足，我威既盛，我怒既深，我师既逸，我守既坚，我气既锐，则是周悉万全，而所谓不可胜者，既在于我矣。由是，我足，则虏日以匮；我盛，则虏日以衰；我怒，则虏日以曲；我逸，则虏日以劳；我坚，则虏日以虚；我锐，则虏日以钝。索情较计，必将疲罢奔逃；然后用奇设伏，悉师振旅，出其所不趋，趋其所不意，迎邀夹攻，首尾横击。是乃以足当匮，以盛敌衰，以怒加曲，以逸击劳，以坚破虚，以锐攻钝，所谓胜于万全，立于不败之地，而不失敌之败者也。

右臣所陈，非有奇特出人之见，固皆兵家之常谈，今之为将者之所共见也。但今边关将帅，虽或知之而不能行，类皆视为常谈，漫不加省。势有所轶，则委于无可奈何；事惮烦难，则为因循苟且。是以玩习弛废，一至于此。陛下不忽其微，乞敕兵部将臣所奏熟议可否，传行提督等官，即为斟酌施行。毋使视为虚文，务欲责以实效，庶于军机必有少补。臣不胜为国惓惓之至！

乞养病疏 十五年八月，时官刑部主事。

臣原籍浙江绍兴府余姚县人，由弘治十二年二甲进士，弘治十三年六月除授前职，弘治十四年八月奉命前往直隶、淮安等府会同各该巡按、御史审决重囚，已行遵奉奏报外，切缘臣自去岁三月，忽患虚弱咳嗽之疾，剂灸交攻，入秋稍愈。遽欲谢去药石，医师不可，以为病根既植，当复萌芽，勉强服饮，颇亦臻效。及奉命南行，渐益平复。遂以为无复他虑，竟废医言，捐弃药饵。冲冒风寒，恬无顾忌，内耗外侵，旧患仍作。及事竣北上，行至扬州，转增烦热，迁延三月，尫羸日甚。心虽恋阙，势不能前，追诵医言，则既晚矣。先民有云："忠言逆耳利于行，良药苦口利于病。"臣之致此，则是不信医者逆耳之言，而畏难苦口之药之过也。今虽悔之，其可能乎！

臣自惟田野竖儒，粗通章句；遭遇圣明，窃禄部署。未效答于涓埃，惧遂填于沟壑。蝼蚁之私，期得暂离职任，投养幽闲，苟全余生，庶申初志。伏望圣恩垂悯，乞敕吏部容臣暂归原籍就医调治。病痊之日，仍赴前项衙门办事，以图补报。臣不胜迫切愿望之至！

乞宥言官去权奸以章圣德疏 正德元年，时官兵部主事。

臣闻君仁则臣直。大舜之所以圣，以能隐恶而扬善也。臣迩者窃见陛下以南京户科给事中戴铣等上言时事，特敕锦衣卫差官校拿解赴京。臣不知所言之当理与否，意其间必有触冒忌讳，上干雷霆之怒者。但铣等职居谏司，以言为责；其言而善，自宜嘉纳施行；如其未善，亦宜包容隐覆，以开忠谠之路。乃今赫然下令，远事拘囚，在陛下之心，不过少示惩创，使其后日不敢轻率妄有论列，非果有意怒绝之也。下民无知，妄生疑惧，臣切惜之！今在廷之臣，莫不以此举为非宜，然而莫敢为陛下言者，岂其无忧国爱君之心哉？惧陛下复以罪铣等者罪之，则非惟无补于国事，而徒足以增陛下之过举耳。然则自是而后，虽有上关宗社危疑不制之事，陛下孰从而闻之？陛下聪明超绝，苟念及此，宁不寒心！况今天时冻冱，万一差去官校督束过严，铣等在道或致失所，遂填沟壑，使陛下有杀谏臣之名，兴群臣纷纷之议，其时陛下必将追咎左右莫有言者，则既晚矣。伏愿陛下追收前旨，使铣等仍旧供职，扩大公无我之仁，明改过不吝之勇。圣德昭布远迩，人民胥悦，岂不休哉！

臣又惟君者，元首也；臣者，耳目手足也。陛下思耳目之不可使壅塞，手足之不可使痿痹，必将恻然而有所不忍。臣承乏下僚，僭言实罪。伏睹陛下明旨有"政事得失，许诸人直言无隐"之条，故敢昧死为陛下一言。伏惟俯垂宥察，不胜干冒战栗之至！

自劾乞休疏 十年，时官鸿胪寺卿。

臣由弘治十二年进士，历任今职，盖叨位窃禄十有六年，中间鳏旷之罪多矣。迩者朝廷举考察之典，拣汰群僚。臣反顾内省，点检其平日，正合摈废之列。虽以阶资稍崇，偶幸漏网，然其不职之罪，臣自知之，不敢重以欺陛下。况其气体素弱，近年以来，疾病交攻，非独才之不堪，亦且力有不任。夫幸人

208

之不知，而鼠窜苟免，臣之所甚耻也；淑慝混淆，使劝惩之典不明，臣之所甚惧也。伏惟陛下明烛其罪，以之为显罚，使天下晓然知不肖者之不得以幸免，臣之愿，死且不朽。若从末减，罢归田里，使得自附于乞休之末，臣之大幸，亦死且不朽。臣不胜惶恐待罪之至！

乞养病疏 十年八月

顷者臣以朝廷举行考察，自陈不职之状，席藁待罪，其时臣疾已作。然不敢以疾请者，人臣鳏旷废职，自宜摈逐以彰国法，疾非所言矣。陛下宽恩曲成，留使供职，臣虽冥顽，亦宁不知感激自奋！及其壮齿，陈力就列，少效犬马。然臣病侵气弱，力不能从其心。臣自往岁投窜荒夷，往来道路，前后五载。蒙犯瘴雾，魑魅之与游，蛊毒之与处。其时虽未即死，而病势因仍，渐肌入骨，日以深积。后值圣恩汪涉，掩瑕纳垢，复玷清班；收敛精魂，旋回光泽，其实内病潜滋，外强中槁。顷来南都，寒暑失节，病遂大作。且臣自幼失母，鞠于祖母岑，今年九十有六，耄甚不可迎侍，日夜望臣一归为诀。臣之疾痛，抱此苦怀，万无生理。陛下至仁天覆，惟恐一物不遂其生。伏乞放臣暂回田里，就医调治，使得目见祖母之终，臣虽殒越下土，永衔犬马帷盖之恩！倘得因是苟延残喘，复为完人，臣齿未甚衰暮，犹有图效之日。臣不胜恳切愿望之至！

谏迎佛疏 稿具未上

臣自七月以来，切见道路流传之言，以为陛下遣使外夷，远迎佛教，郡臣纷纷进谏，皆斥而不纳。臣始闻不信，既知其实，然独窃喜幸，以为此乃陛下圣智之开明，善端之萌蘖。郡臣之谏，虽亦出于忠爱至情，然而未能推原陛下此念之所从起。是乃为善之端，作圣之本，正当将顺扩充，溯流求原。而乃狃于世儒崇正之说，徒尔纷争力沮，宜乎陛下之有所拂而不受，忽而不省矣。愚臣之见独异于是，乃惟恐陛下好佛之心有所未至耳。诚使陛下好佛之心果已真切恳至，不徒好其名而必务得其实，不但好其末而必务求其本，则尧、舜之圣可至，三代之盛可复矣。岂非天下之幸，宗社之福哉！臣请为陛下言其好佛之实。

陛下聪明圣知，昔者青宫，固已播传四海。即位以来，偶值多故，未暇讲求五帝、三王神圣之道。虽或时御经筵，儒臣进说，不过日袭故事，就文敷衍。立谈之间，岂能遽有所开发？陛下听之，以为圣贤之道不过如此，则亦有何可乐？故渐移志于骑射之能，纵观于游心之乐。盖亦无所用其聪明，施其才力，而偶托寄于此。陛下聪明，岂固遂安于是，而不知此等皆无益有损之事也哉？驰逐困惫之余，夜气清明之际，固将厌倦日生，悔悟日切。而左右前后又莫有以神圣之道为陛下言者，故遂远思西方佛氏之教，以为其道能使人清心绝欲，求全性命，以出离生死；又能慈悲普爱，济度群生，去其苦恼而跻之快乐。今灾害日兴，盗贼日炽，财力日竭，天下之民困苦已极。使诚身得佛氏之道而拯救之，岂徒息精养气，保全性命？岂徒一身之乐？将天下万民之困苦，亦可因是而苏息！故遂特降纶音，发币遣使，不惮数万里之遥，不爱数万金之费，不惜数万生灵之困毙，不厌数年往返之迟久，远迎学佛之徒。是盖陛下思欲一洗旧习之非，而幡然于高明光大之业也。陛下试以臣言反而思之，陛下之心，岂不如此乎？然则圣知之开明，善端之萌蘖者，亦岂过为谀言以佞陛下哉！陛下好佛之心诚至，则臣请毋好其名而务得其实，毋好其末而务求其本。陛下诚欲得其实而求其本，则请毋求诸佛而求诸圣人，毋求诸外夷而求诸中国。此又非臣之苟为游说之谈以诳陛下，臣又请得而备言之。

夫佛者，夷狄之圣人；圣人者，中国之佛也。在彼夷狄，则可用佛氏之教以化导愚顽；在我中国，自当用圣人之道以参赞化育，犹行陆者必用车马，渡海者必以舟航。今居中国而师佛教，是犹以车马渡海，虽使造父为御，王良为右，非但不能利涉，必且有沉溺之患。夫车马本致远之具，岂不利器乎？然而用非其地，则技无所施。陛下若谓佛氏之道虽不可以平治天下，或亦可以脱离一身之生死；虽不可以参赞化育，而时亦可以导群品之嚣顽。就此二说，亦复不过得吾圣人之余绪。陛下不信，则臣请比而论之。臣亦切尝学佛，最所尊信，自谓悟得其蕴奥。后乃窥见圣道之大，始遂弃置其说。臣请毋言其短，言其长者。夫西方之佛，以释迦为最；中国之圣人，以尧、舜为最。臣请以释迦与尧、舜比而论之。夫世之最所崇慕释迦者，莫尚于脱离生死，超然独存于世。今佛氏之书具载始末，谓释迦住世说法四十余年，寿八十二岁而没，则其寿亦诚可谓高矣；然舜年百有十岁，尧年一百二十岁，其寿比之释迦则又高也。佛能慈悲施舍，不惜头目脑髓以救人之急难，则其仁爱及物，亦诚可谓至矣，然必苦行于雪山，奔走于道路，而后能有所济。若尧、舜则端拱无为，而天下各得其所。惟"克明峻德，以亲九族"，则九族既睦；平章百姓，则百姓昭明；协和万邦，则黎民于变时雍；极而至于上下草木鸟兽，无不咸若。其仁爱及物，比之释迦则又至也。佛能方便说法，开悟群迷，戒人之酒，止人之杀，去人之贪，绝人之嗔，其神通妙用，亦诚可谓大矣，然必耳提面诲而后

210

能。若在尧、舜，则光被四表，格于上下，其至诚所运，自然不言而信，不动而变，无为而成。盖"与天地合其德，与日月合其明，与四时合其序，与鬼神合其吉凶"，其神化无方而妙用无体，比之释迦则又大也。若乃诅咒变幻，眩怪捏妖，以欺惑愚冥，是故佛氏之所深排极诋，谓之外道邪魔，正与佛道相反者。不应好佛而乃好其所相反，求佛而乃求其所排诋者也。陛下若以尧、舜既没，必欲求之于彼，则释迦之亡亦已久矣；若谓彼中学佛之徒能传释迦之道，则吾中国之大，顾岂无人能传尧、舜之道者乎？陛下未之求耳。陛下试求大臣之中，苟其能明尧、舜之道者，日日与之推求讲究，乃必有能明神圣之道，致陛下于尧、舜之域者矣。故臣以为陛下好佛之心诚至，则请毋好其名而务得其实，毋好其末而务求其本；务得其实而求其本，则请毋求诸佛而求诸圣人，毋求诸夷狄而求诸中国者，果非妄为游说之谈以诳陛下者矣。

陛下果能以好佛之心而好圣人，以求释迦之诚而求诸尧、舜之道，则不必涉数万里之遥，而西方极乐，只在目前；则不必糜数万之费，毙数万之命，历数年之久，而一尘不动，弹指之间，可以立跻圣地；神通妙用，随形随足。此又非臣之缪为大言以欺陛下，必欲讨究其说，则皆凿凿可证之言。孔子云："我欲仁，斯仁至矣。""一日克己复礼，而天下归仁。"孟轲云："人皆可以为尧、舜。"岂欺我哉？陛下反而思之，又试以询之大臣，询之群臣。果臣言出于虚缪，则甘受欺妄之戮。

臣不知讳忌，伏见陛下善心之萌，不觉踊跃喜幸，辄进其将顺扩充之说。惟陛下垂察，则宗社幸甚！天下幸甚！万世幸甚！臣不胜祝望恳切殒越之至！专差舍人某具疏奏上以闻。

辞新任乞以旧职致仕疏 十一年十月，时升南赣佥都御史。

臣原任南京鸿胪寺卿，去岁四月尝以不职自劾求退，后至八月，又以旧疾交作，复乞天恩赦回调理，皆未蒙准允。黾勉尸素，因循日月，至今年九月十四日，忽接吏部咨文，蒙恩升授前职。闻命惊惶感泣之余，莫知攸措。窃念臣才本庸劣，性复迂疏，兼以疾病多端，气体羸弱，待罪鸿胪闲散之地，犹惧不称；况兹巡抚重任，其将何才以堪！夫因才器使，朝廷之大政也；量力受任，人臣之大分也。朊仕显官，臣心岂独不愿？一时贪幸苟受，后至溃政偾事，臣一身戮辱，亦奚足惜！其如陛下之事何！况臣疾病未已，精力益衰，平居无事，尚尔奄奄，军旅驱驰，岂复堪任！臣在少年，粗心浮气，狂诞自居，自后涉渐历久，稍知惭沮；逮今思之，悔创靡及。人或未考其实，臣之自知，则既审矣，又何敢崇饰旧恶，以误国事？伏愿陛下念朝廷之大政不可轻，地方之重寄不可苟，体物情之有短长，悯凡愚之所不逮；别选贤能，委以兹任。悯臣之愚，不加谪逐，容令仍以鸿胪寺卿退归田里，以免负乘之诛。臣虽颠殒，敢忘衔结！

臣自幼失慈，鞠于祖母岑，今年九十有七，旦暮思臣一见为诀。去岁乞休，虽迫疾病，实亦因此。臣敢辄以蝼蚁苦切之情控于陛下，冀得便道先归省视岑疾，少伸反哺之私，以俟矜允之命。臣衷情迫切，不自知其触昧条宪。臣不胜受恩感激，渎冒战惧，哀恳祈望之至！

谢恩疏 十二年正月二十六日

臣原任南京鸿胪寺卿，正德十一年九月十四日，准吏部咨，为缺官事，该部题："奉圣旨，王守仁升都察院左佥都御史，巡抚南、赣、汀、漳等处地方，写敕与他。钦此。"钦遵。臣自以菲才多病，惧不胜任，以致偾事，当具本乞恩辞免，容令原职致仕。随于十月二十四日节该钦奉敕谕："尔前去巡抚江西南安、赣州，福建汀州、漳州，广东南雄、韶州、惠州、潮州各府及湖广郴州地方。抚安军民，修理城池，禁革奸弊。一应地方贼情、军马、钱粮事宜，小则径自区画，大则奏请定夺。钦此。"钦遵外，十一月十四日续准兵部咨，为紧急贼情事，内开都御史文森迁延误事，见奉敕书切责："乃敢托疾避难，奏回养病。见今盗贼劫掠，民遭荼毒。万一王守仁因见地方有事，假托辞免，不无愈加误事？"该本部题："奉圣旨，既地方有事，王守仁着上紧去，不许辞避迟误，钦此。"闻报忧惭，不遑宁处。一面扶疾候旨，至浙江杭州府地方，于十二月初二日复准吏部咨："该臣奏为乞恩辞免新任仍照旧职致仕事，奏奉圣旨：王守仁不准休致。南、赣地方见今多事，着上紧前去，用心巡抚，钦此。"备咨到臣，感恩惧罪之余，不敢冒昧复请。随于本月初三日起程，至次年正月十六日，已抵赣州接管巡抚外，伏念臣气体羸弱，质性迂疏，聊为口耳之学，本非折冲之才。鸿胪闲散，尚以疾病而不堪；巡抚繁难，岂其精力之可任！但前官以辞疾招议，适踵效尤之嫌；而圣旨以多事为言，恐蹈避难之罪。遂尔冒于负乘，不暇虚于覆竦。黾勉莅事，忽已逾旬。受恩思效，每废寝食。顾兵粮耗竭之余，加之以师旅，而盗贼残破之后，方苦于疮痍。尚尔一筹之未展，敢云期月而可观？况炎毒旧侵，惧复中于瘴疠，尪衰日积，忧不任于驱驰。心有余而才不逮，足欲进而力不前；徒切感恩之报，莫申效死之诚。臣敢不勉其智之所不足，竭砥砺于己；尽其力之所可为，付利钝于天。亮

212

无补于河岳，亦少至其涓埃。稍俟狐鼠巢穴之平，终遂麋鹿山林之请。臣不胜受恩感激！

给由疏 十二年二月二十五日

臣见年四十六岁，系浙江绍兴府余姚县民籍。由进士，弘治十三年二月内除授刑部云南清吏司主事。弘治十五年八月内告回原籍养病。弘治十七年七月内病痊赴部，改除兵部武选清吏司主事。正德元年十二月内，为宥言官去权奸以彰圣德事，蒙恩降授贵州龙场驿驿丞。正德五年三月内，蒙升江西吉安府庐陵县知县；本年十月内，升南京刑部四川清吏司主事。正德六年正月内，调吏部验封清吏司主事；本年十月内升本部文选清吏司员外郎。正德七年三月内升本部考功清吏司郎中；本年十二月初八日，蒙升南京太仆寺少卿，正德八年十月二十二日到任，至正德九年四月二十一日止，历俸六个月。本日到任吏部札付，蒙升南京鸿胪寺卿，本月二十五日到任，至正德十一年九月十四日止，连闰历俸二十九个月零十二日。本日准吏部咨，蒙恩升都察院右佥都御史，巡抚南、赣、汀、漳等府，于正德十二年正月十六日前到地方行事，支俸起扣，至本月二十五日止，又历俸十日。连前共辏历俸三十六个月。三年考满，例应给由。缘臣系巡抚官员，见在福建漳州等府地方督调官军，夹剿漳浦等处流贼，未敢擅离。缘系三年给由事理，为此具本奏闻。

参失事官员疏 十二年三月十五日

据江西按察司整饬兵备带管分巡岭北道副使杨璋呈："据赣州府信丰县及信丰守御千户所各报称，正德十二年二月初七日，有龙南强贼突来地名崇仙屯扎。已经差委兴国县义民萧承会同信丰、龙南官兵相机剿捕。续据申报，强贼突来本县小河住扎，离县约有四十余里，乞要发兵策应。又据申报，本月初九日，有龙南流贼六百余人突至城下，除严督军兵固守城池，缘本所县无兵御敌，诚恐前贼攻城，卒难止遏，乞调峰山弩手并该县兵夫救护。又经差委南安府经历王祚、南康县县丞舒富统领弩手杀手，前去约会二县掌印官，并领官兵相机攻围去后。续据县丞舒富呈："本月初十日，蒙委统领杀手陈礼鲂、打手吴尚能等共五百名，经历王祚、义民萧承统领峰山、加善、双秀弩手各三百名，先后到于信丰县会剿。至十一日，止有该所管屯千户林节带兵四十余名出城。据乡导、马客等报称，止有强贼六百余人在地名花园屯扎。当同各官将兵分布扎定，只见前贼一阵，止有百十余徒先出。有前哨义民萧承领兵就与

213

敌杀，斩获贼级四颗，夺获白旗一面。顷刻，众贼出营，分为三哨，约有二千余徒。瞰知龙南反招贼首黄秀魁，纠合广东龙川县涮头贼首池大鬓、贼首池大安、新总兵池大昇，共为一阵，贼首杨金巢自为一阵，势甚猖獗。卑职督统本哨兵快，奋勇交锋，杀死贼徒二十余人。不意贼众一涌前冲，杀手陈礼魴、百长钟德昇等见势难当，俱各不听约束，先行漫散。有南康县报效义士杨习举等仍与前贼死敌不退，俱被戳伤身死。及有经历王祚上马不便，亦被执去。贼势得胜，仍要攻城，随与萧承、林节等收集众兵，退至南营山把截。遇蒙本道亲临该县督剿，各贼闻知，退至牛州，离城少远。至十二日，前贼差人告招。十三日，蒙本道差萧承前去招抚，就将经历王祚放回，贼往原巢去讫'"等因到道，备呈到臣。随据龙南县知县卢凤呈称："本县捕盗主簿周政，会同镇抚刘镗、千户洪恩，统领机兵旗军，于本月十八日前去信丰县截捕，探得强贼池大鬓、黄秀魁等从鸦鹊隘越过安远县住扎。本职督兵追截，前贼已往广东龙川县，复回原巢涮头去讫。"据安远县知县刘瑀禀称："于本月十九日统领水元、大石等保民兵弩手，前去龙泉等保截剿，各贼遁回原巢去讫，难以穷追，以此掣兵回县"缘由。

查得先据该道及信丰县所各禀报前事，已经批仰该道兵备等官急调招抚义官叶芳协同石背兵夫断贼归路；及调峰山弩手与南康打手人等，责委县丞舒富统领前后夹击。又看得此贼既离巢穴，利在速战，仍仰该府急行所属邻近官司，俱要乘险设伏，厚集以待；及于各乡村往来路径多张疑兵，使贼不敢轻易奔突。仍调安远县知县刘瑀星夜起集水元、大石等保民兵一千，横接龙南，邀其不备。若贼犹屯信丰，急自龙南直趋涮头，捣其巢穴。贼进无所获，退无所处，不过旬日，可以坐擒。仰各遵照施行去后，今据前因，参看得县丞舒富，承委督剿，不能相度机宜，轻率骤进，以致杀伤兵快。原其心虽出奋勇，责以师律，均为败事。经历王祚，临阵溃奔，为贼所执，后虽幸免，终系失机。信丰所县知县黄天爵、千户郑铎、巡捕副千户朱诚，惟知固城自守，不肯发兵应援。龙南知县卢凤、捕盗主簿周政、提备镇抚刘镗、千户洪恩，地当关隘，正可防遏，坐视前贼往来，略不出兵邀击。千户林节，即其兵力之寡，似难全责，究其失律之罪，亦宜分受。安远县知县刘瑀，承调追袭，缓不及事，俱属违法。南康县百长钟德昇等，临阵不前，故违约束，先行溃散，失误军机，应合处以军法。该道兵备副使杨璋、守备都指挥同知王泰，俱属提督欠严，但杨璋往来调度，卒能招抚前贼，计其功劳，可以赎罪。及照广东龙川县掌印、捕盗等官，明知首贼池大鬓等在彼地方为巢，却亦不行时尝巡逻，纵其过境劫掠，又各不行乘机追捕，俱属故违。

所据前项失事官员，俱属遵奉敕谕事理，即行提问。但前项贼徒，拥众数千，变诈百出，命虽阳受招抚，其实阴怀异图。况其党与根连三省，万一乘间复出，为患必大。正系紧关用人堤备之际，除将百长钟德昇等查勘的确，处以军法，及方面军职另行参究外，其余前项各官，且量加督责，姑令戴罪堤备，各自相机行事，勉图后功，以赎前罪。仍一面委官前去信丰县地方，查勘前项杀死兵快数目，及有无隐匿别项事情，另行参奏。缘系地方紧急贼情及参失事官员事理，未敢擅便，为此具本请旨。

闽广捷音疏 十二年五月初八日

据福建按察司整饬兵备兼管分巡漳南道佥事胡琏呈："会同分守右参政艾洪、经理军务左参政陈策、副使唐泽、将领都指挥佥事李胤，督据河头等哨委官指挥徐麒、知县施祥、知事曾瑶等呈称，各职统领军兵五千余人进至长富村等处，见得贼众地险，巢穴数多，兼且四路装伏，势甚猖獗。克期于正德十二年正月十八日等各分哨路，从长富村至阔竹洋、新洋、人丰、五雷、大小峰等处与贼交锋。前后大战数合，擒斩首从贼犯黄烨等，共计四百三十二名颗，俘获贼属一百四十六名口，烧毁房屋四百余间，夺获马牛等项。被贼杀死老人许六、打手黄富璘等六名。余贼俱各奔聚象湖山拒守，各职又统官兵追至莲花石与贼对扎。诚恐贼众我寡，呈乞添兵策应等因到道。行据大溪哨指挥高伟呈报，统兵约会莲花石官兵攻打象湖山，适遇广东委官指挥王春等领兵亦全彼境大伞地方。卑职与指挥覃桓、县丞纪镛，领兵前去会剿。不意大伞贼徒突出，卑职等奋勇抵战。覃桓、纪镛马陷深泥，与军人易成等七名、兵快李崇静等八名，俱被贼伤身死，卑职亦被戳二枪。势难抵敌，只得收兵暂回听候。缘象湖山系极高绝险，自来官兵所不能攻，今贼势日盛，若不添调狼兵，稍俟秋冬会举夹攻，恐生他变。通行呈禀间，续奉本院纸牌，为进兵方略事，备行各职遵奉密谕，佯言犒众退师，俟秋再举。密切部勒诸军，乘懈奋击。依蒙密差义官曾崇秀爪探虚实，乘贼怠弛，会选精兵一千五百名当先，重兵四千二百名继后，分作三路。各职统领俱于二月十九日夜衔枚直趋，三路并进，直捣象湖山，夺其隘口。各贼虽已失险，但其间贼徒类皆骁勇精悍，犹能凌堑绝谷，超跃如飞。复据上层峻险，四面飞打滚木礌石，以死拒敌。我兵奋勇鏖战，自辰至午，呼声震天，撼摇山谷。三司所发奇兵，复从间道鼓噪突登，贼始惊溃大败。我兵乘胜追杀，擒斩大贼首黄猫狸、游四并广东大贼首萧细弟、郭虎等

215

二百九十一名颗，俘获贼属一百三十三名口；其间坠崖堕壑死者不可胜计。夺回水黄牛、赃银、枪刀等物，烧毁房屋五百余间。余贼溃散，复入流恩山冈等巢，与诸贼合势，亦被各贼杀死头目赖颐、打手杨缘等一十四名。次早，各职分兵追剿，指挥高伟、推官胡宁道亦由大丰领兵来会。仍与前贼交锋大战，擒斩首从贼犯巫姐旺等一百六十三名颗，俘获贼属一百六名口。余贼败走，各遁入广东交界黄蜡溪、上下漳溪大山去讫。"又据金丰三团哨委官指挥王铠、李诚、通判龚震等各呈称："贼首詹师富等恃居可塘洞山寨，聚粮守险，势甚强固。各职依奉会议，分兵五路，连日攻打，生擒大贼首詹师富、江嵩、范克起、罗招贤等四名，余贼败走，复入竹子洞等处大山啸聚。随又分兵追袭，与贼连战，擒首从贼犯范兴长第二百三十五名颗，俘获贼属八十二名口，夺回被房男妇五名口，夺获马牛等物。亦被各贼杀死老人胡文政一名，戳伤乡夫叶永旺等五名。"又据指挥徐麒等呈称："黄蜡溪、上下漳溪与广东饶平县并本省永定县，山界相连。遵依约会，广东官兵并金丰哨指挥韦鉴、大溪哨推官胡宁道等，于三月二十一日子时发兵，齐至黄蜡；广东义民饶四等领兵亦至；会合我兵，三路进攻。贼出，拒战甚锐，我兵奋勇大噪而前，擒斩首从贼犯温宗富等九十一名颗，俘获贼属一十三名口，余贼败走。各兵乘胜追至赤石岩，仍与大战良久，贼复大败；又擒斩首从贼犯游宗成等一百四十六名颗，俘获贼属九十名口。"又据中营委官指挥张钺、百户吕希良等呈称："领兵追赶黄蜡溪等处逃贼，至地名陈吕村遇贼拒战，当阵擒斩首从贼犯朱老叔等六十六名颗，俘获贼属八名口。"各另呈解到道，转解审验纪功外，续据委官知府钟湘呈称："蒙调官兵，先后两月之间，攻破长富村等处巢穴三十余处，擒斩首从贼犯一千四百二十余名颗，俘获贼属五百七十余名口，夺回被房男妇五名口，烧毁房屋二千余间，夺获牛马赃仗无算。即今胁从余党，悉愿携带家口出官投首，听抚安插。本职遵照兵部奏行勘合并巡抚都察院节行案牌事理，出给告示，发委知县施祥、县丞余道招抚胁从贼人朱宗玉、翁景璘等一千二百三十五名，家口二千八百二十八名口，俱经审验安插复业。"缘由呈报到道，转呈到臣。及据广东按察司分巡岭东道兵备佥事等官顾应祥等会呈："遵依本院案验，委官统领军兵，会同福建克期进剿。随奉本院进兵方略，当即遵依，扬言班师，一面出其不意，从牛皮石、岭脚隘等处分为三哨，鼓噪并进。贼瞻顾不暇，望风瓦解。节据指挥杨昂、王春、通判徐玑、陈策、义官余黄孟等各报称，于本年正月二十四等日克破古村、未窖、禾村、大水山、柘林等巢，生擒大贼首张大背、刘乌嘴、萧乾爻、范端、萧王即萧五显、蓟钊、苏瑢、赖

隆等，并擒斩首从贼犯。乘胜前进，会同福建官军克期夹攻。间探知大伞贼
徒溃围，杀死指挥覃桓、县丞纪镛等情，当即进兵策应。各贼畏我兵势，烧
巢奔走。生擒贼首罗圣钦，余贼退入箭灌大寨，合势乘险，并力拒敌。蒙委
知县张戬督同指挥张天杰分哨，由别路进兵，攻破白土村、赤口岩等巢，直
捣箭灌大寨。诸贼迎战，我兵奋勇合击，遂破箭灌。当阵斩获首从贼犯共计
二百二十四名颗，俘获贼属八十四名口及牛马赃仗等物。各寨贼党闻风奔窜，
已散复聚，愈相连结，各设机险，以死拒守。各职统兵分兵并进，于三月二十
等日攻破水竹、大重坑、苦宅溪、靖泉溪、白罗、南山等巢，直捣洋竹洞、
三角湖等处。前后大战十余，生擒贼首温火烧、张大背、雷振、蔡晟、赖英
等，并擒斩贼犯共一千四十八名颗，俘获贼属八百三十八名口，夺获马牛、赃
银、铜钱、衣帛、器仗、蕉纱等物。前后共计生擒大贼首一十四名，擒斩贼犯
一千二百五十八名颗，俘获贼属九百二十二名口，夺获水黄牛、马一百三十九
头匹，赃仗衣布等物共二千一百五十七件匹，葛蕉纱九十六斤一两，赃银
三十二两四钱八分，铜钱一百四十二文，各开报到道收审。"缘由呈报前来。
卷查先为急报贼情事，准兵部咨，该本部题："已经福建、广东总镇巡按等衙
门都御史陈金、御史胡文静等会议区画，各该守巡兵备等官钦遵。"整备粮
饷，起调军兵，约会进剿间，臣于本年正月十六日始抵赣州地方行事。先于本
月初三日于南昌地方据两省各官呈禀，师期不同，事体参错，诚恐彼此推调，
致误军机。当臣备遵该部咨来事理，具开进兵方略，行仰各官协同上紧，密切
施行去后，续据福建右参政等官艾洪等会呈："指挥覃桓、县丞纪镛被大伞贼
众突出，马陷深泥，被伤身死。"及据各哨呈称："贼寨险恶，天气渐暄，我
兵遭挫，贼势日甚，乞要奏添狼兵，候秋再举。"备呈到臣。参看得各官顿兵
不进，致此败衄，显是不奉节制，故违方略。及照奏调狼兵，非惟日久路遥，
缓不及事，兼恐师老财费，别生他虞。且胜败由人，兵贵善用。当此挫折，各
官正宜协愤同奋，因败求胜，岂可辄自退阻，倚调狼兵，坐失机会？臣当日即
自赣州起程，亲率诸军进屯长汀、上杭等处。一面督令各官密照方略，火速进
剿，立功自赎，敢有支吾推调，定以军法论处；一面查勘失事缘由，另行参奏
间，随据各呈捷音到臣，参照闽广贼首詹师富、温火烧等恃险从逆已将十年，
党恶聚徒，动以万计。鼠狐得肆跳梁，蛇豕渐无纪极；劫剽焚驱，数郡遭其荼
毒；转输征调，三省为之骚然。臣等奉行诛剿，三月之内，遂克奸取渠魁，扫
荡巢穴，百姓解倒悬之苦，列郡获再生之安。此非朝廷威德，庙堂成算，何以
及此！及照福建领兵各官，始虽疏于警备，稍损军威，终能戮力协谋，大致克

捷；论过虽有，计功亦多。其间福建如佥事胡琏、参政陈策、副使唐泽、知府钟湘，广东如佥事顾应祥、都指挥佥事杨懋、知县张戬，才调俱优，劳勤尤著。伏乞俯从惟重之典，以作敢战之风。除将二省兵快量留防守，其余悉令归农。及将功次另行勘报外，原系捷音事理，为此具本题奏。

申明赏罚以励人心疏 十二年五月初八日

据江西按察司整饬兵备带管分巡岭北道副使杨璋呈："伏睹《大明律》内该载'失误军事'条：'领兵官已承调遣，不依期进兵策应，若承差告报军期而违限，因而失误军机者，并斩。''从军违期'条：'若军临敌境，托故违期三日不至者，斩。''主将不固守'条：'官军临阵先退，及围困敌城而逃者，斩。'此皆罚典也。及查得原拟直隶、山东、江西等处征剿流贼升赏事例，一人并二人为首，就阵擒斩以次剧贼一名者，五两；二名者，十两；三名者，赏实授一级，不愿者，赏十两；阵亡者升一级，俱世袭，不愿者，赏十两。擒斩从贼六名以上至九名者止，升实授二级，余功加赏；不及六名，除升一级之外，扣算赏银。三人四人五人以上共擒斩以次剧贼一名者，赏银十两均分；从贼一名者，赏五两均分。领军把总等官自斩贼级，不准升赏；部下获功七十名以上者，升署一级；五百名者，升实授一级；不及数者，量赏；一人捕获从贼一名者，赏银四两；二名者，赏八两；三名者，升一级；以次剧贼一名者，升署一级。俱不准世袭，不愿者，赏五两。此皆赏格也。赏罚如此，宜乎人心激劝，功无不立；然而有未能者，盖以赏罚之典虽备，然罚典止行于参提之后，而不行于临阵对敌之时；赏格止行于大军征剿之日，而不行于寻常用兵之际故也。且以岭北一道言之，四省连络，盗贼渊薮。近年以来，如贼首谢志珊、高快马、黄秀魁、池大鬓之属，不时攻城掠乡，动辄数千余徒。每每督兵追剿，不过遥为声势，俟其解围退散，卒不能取决一战者，以无赏罚为之激劝耳。合无申明赏罚之典，今后但遇前项贼情，领兵官不拘军卫有司，所领兵众有退缩不用命者，许领兵官军前以军法从事；领兵官不用命者，许总统兵官军前以军法从事。所统兵众，有能对敌擒斩功次，或赴敌阵亡，从实开报，覆勘是实，转达奏闻，一体升赏。至若生擒贼徒，鞫问明白，即时押赴市曹，斩首示众。庶使人知警畏，亦与见行事例决不待时，无相悖戾。如此，则赏罚既明，人心激励，盗贼生发，得以即时扑灭。粮饷可省，事功可见矣。"具呈到臣。

卷查三省贼盗，二三年前，总计不过三千有余；今据各府州县兵备守备等官所报，已将数万，盖已不啻十倍于前。臣尝深求其故。寻诸官僚，访诸父老，采诸道路，验诸田野，皆以为盗贼之日滋，由于招抚之太滥；招抚之太滥，由于兵力之不足；兵力之不足，由于赏罚之不行；诚有如副使杨璋所议者。臣请因是为陛下略言其故。

盗贼之性虽皆凶顽，固亦未尝不畏诛讨。夫惟为之而诛讨不及，又从而招抚之，然后肆无所忌。盖招抚之议，但可偶行于无辜胁从之民，而不可常行于长恶怙终之寇；可一施于回心向化之徒，而不可屡施于随招随叛之党。南、赣之盗，其始也，被害之民恃官府之威令，犹或聚众而与之角。鸣之于官，而有司者以为既招抚之，则皆置之不问。盗贼习知官府之不彼与也，益从而雠胁之。民不任其苦，知官府之不足恃，亦遂靡然而从贼。由是，盗贼益无所畏，而出劫日频，知官府之必将己招也；百姓益无所恃，而从贼日众，知官府之必不能为己地也。夫平良有冤苦无伸，而盗贼乃无求不遂；为民者困征输之剧，而为盗者获犒赏之勤；则亦何苦而不彼从乎？是故近贼者为之战守，远贼者为之乡导；处城郭者为之交援，在官府者为之间谍；其始出于避祸，其卒也从而利之。故曰"盗贼之日滋，由于招抚之太滥"者，此也。

夫盗贼之害，神怒人怨，孰不痛心！而独有司者必欲招抚之，亦岂得已哉？诚使强兵悍卒，足以歼渠魁而荡巢穴，则百姓之愤雪，地方之患除；功成名立，岂非其所欲哉？然而南、赣之兵素不练养，类皆脆弱骄惰，每遇征发，追呼拒摄，旬日而始集；约束赍遣，又旬日而始至；则贼已稇载归巢矣。或犹遇其未退，望贼尘而先奔，不及交锋而已败。以是御寇，犹驱群羊而攻猛虎也，安得不以招抚为事乎？故凡南、赣之用兵，不过文移调遣，以苟免坐视之罚；应名剿捕，聊为招抚之媒。求之实用，断有不敢。何则？兵力不足，则剿捕未必能克；剿捕不克，则必有失律之咎，则必征调日繁，督责日至；纠举论劾者四面而起，往往坐视而至于落职败名者有之。招抚之策行，则可以安居而无事，可以无调发之劳，可以无戴罪杀贼之责，无地方多事不得迁转之滞。夫如是，孰不以招抚为得计！是故宁使百姓之荼毒，而不敢出一卒以抗方张之虏；宁使孤儿寡妇之号哭，颠连疾苦之无告，而不敢提一旅以忤反招之贼。盖招抚之议，其始也，出于不得已；其卒也，遂守以为常策。故曰"招抚之太滥，由于兵力之不足"者，此也。

古之善用兵者，驱市人而使战，收散亡之卒以抗强虏。今南、赣之兵尚足以及数千，岂尽无可用乎？然而金之不止，鼓之不进，未见敌而亡，不待战而北。何者？进而效死，无爵赏之劝；退而奔逃，无诛戮之及；则进有必死而退有幸生也，何苦而求必死乎？吴起有云："法令不明，赏罚不信，虽有百万，何益于用？凡兵之情，畏我则不畏敌，畏敌则不畏我。"今南、赣之兵，皆"畏敌而不畏我"，欲求其用，安可得乎！故曰"兵力之不足，由于赏罚之不行"者，此也。

今朝廷赏罚之典固未尝不具，但未申明而举行耳。古者赏不逾时，罚不后事。过时而赏，与无赏同；后事而罚，与不罚同。况过时而不赏，后事而不罚，其亦何以齐一人心而作兴士气？是虽使韩、白为将，亦不能有所成；况如臣等腐儒小生，才识昧劣，而素不知兵者，亦复何所冀乎？议者以南、赣诸处之贼，连络数郡，蟠据四省，非奏调狼兵，大举夹攻，恐不足以扫荡巢穴。是固一说也。然臣以为狼兵之调，非独所费不赀，兼其所过残掠，不下于盗。大兵之兴，旷日持久，声势彰闻；比及举事，诸贼渠魁，悉已逃遁；所可得者，不过老弱胁从无知之氓。于是乎有横罹之惨，于是乎有妄杀之弊。班师未几，而山林之间复已呼啸成群。此皆往事之已验者。臣亦近拣南、赣之精锐，得二千有余，部勒操演，略有可观。诚使得以大军诛讨之赏罚而行之平时，假臣等以便宜行事，不限以时而惟成功是责，则比于大军之举，臣窃以为可省半费而收倍功。臣请以近事证之。臣于本年正月十五日抵赣，卷查兵部所咨申明律例：今后地方但有草贼生发，事情紧急，该管官司即便依律调拨官军乘机剿捕；应合会捕者，亦就调拨策应；但系军情，火速差人申奏。敢有迟延隐匿，巡抚巡按三司官即便参问，依律罢职充军等项发落。虽不系聚众草贼，但系有名强盗肆行劫掠，贼势凶恶，或白昼拦截，或明火持杖，不拘人数多少，一面设法缉捕，即时差人申报合干上司，并具申本部知会处置。如有仍前朦胧隐蔽，不即申报，以致聚众滋蔓，贻患地方，从重参究，决不轻贷等因，题奉钦依，备行前来。时以前官久缺，未及施行，臣即刊印数千百纸，通行所属，布告远近。未及一月，而大小衙门以贼情来报者接踵，亦遂屡有斩获一二人或五六人七八人者。何者？兵得随时调用，而官无观望执肘，则自然无可推托逃避，思效其力。由此言之，律例具存，前此惟不申明而举行耳。今使赏罚之典悉从而申明之，其获效亦未必不如是之速也。伏望皇上念盗贼之日炽，哀民生之日蹙；悯地方荼毒之愈甚，痛百姓冤愤之莫伸；特敕兵部俯采下议，特假臣等令旗令牌，使得便宜行事。如是而兵有不精，贼有不灭，臣等亦无以逃其死。夫任不专，权不重，赏罚不行，以至于偾军败事，然后选重臣，假以总制之权而往拯之，纵善其后，已无救于其所失矣。

臣才识浅昧，且体弱多病，自度不足以办此，行从陛下乞骸骨，苟全余喘于林下。但今方待罪于此，心知其弊，不敢不为陛下尽言。陛下从臣之请，使后来者得效其分寸，收讨贼之功，臣亦得以少逭死罪于万一。缘系申明赏罚以励人心事理，为此具本请旨。

攻治盗贼二策疏 十二年五月二十八日

据江西按察司整饬兵备带管分巡岭北道副使杨璋呈奉臣批："据南安府申大庾县报，正德十二年四月内，被峯贼四百余人前来打破下南等寨，续被上犹、横水等贼七百余徒截路打寨，劫杀居民。又据南康县报，峯贼一伙突来龙句保房劫居民；续被峯贼三百余徒突来坊民郭加琼等家，掳捉男妇八十余口，耕牛一百余头。又有峯贼一阵掳劫上长龙乡耕牛三百余头，男妇子女不知其数。又据上犹县申，被横水等村峯贼纠同逃民，四散房劫人财。续据三门总甲萧俊报，峯贼与逃民约有数百，在于地名梁滩房牵人牛。本月十六日，准本县捕盗主簿利昱牒报，峯贼劫打头里、茶坑等处，驻扎未散，已关统兵官县丞舒富等前去追剿，贼已退回横水等巢"去讫。各申本院批兵备道议处回报。案照四月初五日，据南康府呈同前事，彼时本院见在福建漳州督兵未回，未知前贼向往，行查未报。续据龙南县禀，广东浰头等处强贼池大鬂等三千余徒，突来攻围总甲王受寨所，又经会委义官萧承调兵前去会剿。随据本县呈前贼退去讫等因，又查得先据南康县申呈上犹贼首谢志珊纠合广东贼首高快马，统众二千余徒，攻围南康县治，杀损官兵。已经议委知府邢珣等查勘失事缘由呈报外，续该兵部题咨："巡抚都御史孙燧会同南赣都御史王守仁，将前项贼犯谢志珊等，量调官军，设法剿捕，务期尽绝。应该会同两广镇巡官行事，照例约会施行。题奉钦依。"转行查勘前贼见今有无出没及曾否集有兵粮，相度机宜，即今可否剿捕。惟复应会两广调集军马，待时而动，务要查议明白，处置停当，具由呈报。仍督各该地方牢固把截，用心防守，以备不虞等因。随奉本院案验，议照前贼连络三省，盘据千里，必须三省之兵克期并进，庶可成功。但今湖广已有偏桥苗贼之征，广东又有府江瑶僮之伐，虽欲约会夹攻，目今已是春深，雨水连绵，草木茂盛，非惟缓不及事，抑且虚縻粮饷。合无一面募兵练武，防守愈严，积谷贮粮，军需大备；告招者抚顺其情，暂且招安；肆恶者乘其间隙，量捣其穴。候三省约会停当，然后大举，庶有备无患，事出万全。通行呈详去后，今奉前因，随会同分守左参议黄宏、守备都指挥同知王泰，查勘得南安府所属大庾、南康、上犹三县，除贼巢小者未计，其大者总计三十余处，有名大贼首有谢志珊、志海、志全、杨积荣、赖文英、蓝瑶、陈曰能、蔡积昌、赖文聪、刘通、刘受、萧居谟、陈尹诚、简永广、蔡积庆、蔡西、薛文高、洪祥、徐华、张祥、刘清才、谭曰真、苏景祥、蓝清奇、朱积厚、黄金瑞、蓝天凤、蓝文亨、钟鸣、钟法官、王行、雷明聪、唐洪、刘元满，所统贼众约有八千余徒，且与湖广之桂阳、桂东、鱼黄、聂水、老虎、神仙、秀才等巢，广东之乐昌，巢穴相联盘据，流劫三省，为害多年。赣州之龙南，因与广东之龙川、浰头贼巢接境，被贼首池大鬃、大安、大升纠合龙南贼首黄秀魁、赖振禄、钟万光、王金巢、钟万贵、古兴凤、陈伦、钟万璇、杜思碧、孙福荣、黄万珊、黄秀珏、罗积善、王金、曾子奈、王金奈、王洪、罗凤璇、黎用璇、黄本瑞、郑文钺、陈秀玹、陈珪、刘经、蓝斌、黄积秀等，所统贼众约有五千余徒，不时越境流劫信丰、龙南、安远等县。已经夹攻三次，俱被漏网。所据前贼，占据居民田土数千万顷，杀虏人民，尤难数计。攻围城池，敌杀官兵，焚烧屋庐，奸污妻女。其为荼毒，有不忍言。神人之所共怒，天讨所当必加者也。今闻广、湖二省用兵将毕，夹攻之举，亦惟其时，但深山茂林，东奔西窜，兼之本道兵粮寡弱，必须那借京库折银三万余两，动调狼兵数千前来协力，约会三省并进夹攻，庶可噍类无遗等因。又据广东乐昌县知县李增禀称："本年二月内，有东山贼首高快马等八百余徒，在地名柜头村行劫。"又据乳源县禀报："贼徒千余在洲头街等处打劫。"备申照详。及据湖广整饬郴桂等处兵备副使陈璧呈称："本年二月内，据黄砂保走报，广东强贼三百余徒突出攻劫。"又据宜章所飞报："乐昌县山峒苗贼二千余众出到九阳等处搜山捉人，未散；又报东西二山首贼发票会集四千余徒，声言要出桂阳等处攻城。又报江西长流等峒峯贼六百余徒，又一起四百余徒，各出劫掠。"及据桂东县申报："强贼一起七百余徒，前到本县杀人祭旗，捉掳男妇，未散。"又据桂阳县报："强贼六百余徒，声言要来攻寨"等因，各禀报到道。看得前项苗贼四山会集，报到之数将及万余。我兵寡弱，防守尚且不足，敌战将何以支！况郴桂所属永兴等县，原无城池，防守地方重计，实难为处。伏望轸念荼毒，请军追捕等因。又据郴州桂阳县申："本县四面，俱系贼巢。正德三年以来，贼首龚福全等作耗，杀死守备都指挥邓旻；虽蒙征剿，恶党犹存。正德七年，兵备衙门计将贼首龚福全招抚，给与冠带，设为瑶官；贼首高仲仁、李宾、黎稳、梁景聪、扶道全、刘付兴、李玉景、陈宾、李聪、曹永通、谢志珊，给与巾衣，设为老人。未及两月，已出要路劫杀军民。动辄百千余徒，号称'高快马'、'游山虎'、'金钱豹'、'过天星'、'密地蜂'、'总兵'等名目，随处流劫。正德十一年七月内，龚福全张打旗号，僭称'廷溪王'，李

222

宾、李稳、梁景聪僭称'总兵'、'都督'、'将军'名目，各穿大红，虏民抬轿，展打凉伞，摆列头踏响器，其余瑶贼，俱乘马匹。千数余徒，出劫乐昌及江西南康等县，拒敌官军。后蒙抚谕，将贼首高仲仁、李宾给与冠带，重设瑶官。未宁半月，仍前出劫。本年正月十六日，一起八百余徒出劫乐昌县，虏捉知县韩宗尧，劫库劫狱；又一起七百余徒，打劫生员谭明浩家；一起六百余徒，从老虎等峒出劫；一起五百余徒，从兴宁等县出劫。切思前贼阳从阴背，随抚随叛。目今瑶贼万余，聚集山峒，声言要造吕公大车，攻打州县城池。官民傍徨，呈乞转达，请调三省官军夹剿"等情，各备申到臣。除备行江西、广东、湖广三省该道守巡、兵备、守备等官，严督各该府州县所掌印、巡捕、巡司、把隘、堤备等官，起集兵快人等，加谨防御，相机截捕去后。查得先因地方盗贼日炽，民被荼毒，窃计兵力寡弱，既不足以防遏贼势，事权轻挠，复不足以齐一人心。乞要申明赏罚，假臣等令旗令牌，使得便宜行事，庶几举动如意，而事功可成。已经具题间，今复据各呈申前因，臣等参看得前项贼徒，恶贯已盈，神怒人怨。譬之疽瘫之在人身，若不速加攻治，必至溃肺决肠。

然而攻治之方亦有二说。若陛下假臣等以赏罚重权，使得便宜行事，期于成功，不限以时，则兵众既练，号令既明，人知激励，事无掣肘，可以伸缩自由，相机而动，一寨可攻则攻一寨，一巢可扑则扑一巢。量其罪恶之浅深而为抚剿，度其事势之缓急以为后先。如此亦可以省供馈之费，无征调之扰；日剪月削，使之渐尽灰灭。此则如昔人拨齿之喻，日渐动摇，齿投而儿不觉者也。然而今此下民之情，莫不欲大举夹功，以快一朝之忿，盖其怨恨所激，不复计虑其他。必须南调两广之狼达，西调湖湘之土兵，四路并进，一鼓成擒，庶几数十年之大患可除，千万人之积怨可雪。然此以兵法"十围五攻"之例，计贼二万，须兵十万，日费千金。殆于道路不得操事者七十万家，积粟料财，数月而事始集；刻期举谋，又数月而兵始交；声迹彰闻，贼强者设险以拒敌，黠者挟类而深逃，迫于锋刃所加，不过老弱胁从。且狼兵所过，不减于盗；转输之苦，重困于民。近年以来，江西有姚源之役，疮痍甫起；福建有汀漳之寇，军旅未旋；府江之师方集于两广，偏桥之讨未息于湖湘。兼之杼柚已轻，种不入土；而营建所输，四征未已；诛求之刻，百出方新。若复加以大兵，民将何以堪命？此则一拨去齿而儿亦随毙者也。夫由前之说，则如臣之昧劣，实惧不足以堪事，必择能者任之而后可。若大举夹攻，诚可以分咎而薄责，然臣不敢以身谋而废国议。惟陛下择其可否，断而行之。缘系地方紧急贼情事理，为此具本请旨。

类奏擒斩功次疏 十二年五月二十八日

据江西按察司整饬兵备带管分巡岭北道副使杨璋呈："正德十二年二月二十等日，据赣州府龙南县申总甲王受等呈，蒙差各役领兵与同已招大贼首黄秀玑等前往安远截捕流贼赖振禄等，行至地名湖江背，不料黄秀玑反招，主令伊弟黄大满、黄细满等沿途打抢民财，放火烧毁民人刘必甫等房屋，仍与贼首赖振禄等连谋行劫。本役督率兵快人等前到地名黎坑际下与贼对敌，当阵杀获贼首黄秀玑、黄大满、黄细满、黄积瑜首级四颗，夺获黄黑旗二面，杀死贼徒三十余名。本年四月初九日，又有广东洌头老贼首池大鬓串同反招贼首黄秀魁、陈秀显等，纠众四百余徒，打劫千长何甫等家。本役又率兵夫至地名陈坑水，与贼交锋，杀获首从贼人陈秀显等一十二颗，夺获红旗一面，大小黄牛五头，余贼归巢去讫。及据南安府申，据大庾县隘长张德报称：湖广桂阳县鱼黄峒峇贼首唐飞剑、总兵严宗清、千总赖必等纠众劫虏，当起兵夫追至界首南流拗，与贼对敌，杀获唐飞剑、严宗清首级二颗。及南安县申，准县丞舒富关峇贼三百余人出劫，当有保长王万湖等带领乡兵擒捕，杀获贼级一颗，生擒贼二名，夺回被虏人口三名口，夺获黄牛二头，各解报到道，审验明白"等因。

又据广东按察司分巡岭南道佥事黄昭呈："韶州府乳源县知县沈渊申称，本年二月十八日，有东山瑶贼首高快马等众，突来城外并附近乡村打劫，欲行攻陷南城。当即起集乡兵及打手民壮固守城池及相机与敌，射伤贼徒三名，各贼退在北城外札营，随调深峒等处土兵协力，奋勇与贼交锋，射伤贼徒二十余名，射死贼徒一十六名，夺回被虏人口三十二名口。又据捕盗老人梁真等杀获贼级二颗，生擒贼徒一名。及据乐昌县知县李增申，强贼六百余徒出劫，当集打手兵壮前去截捕，到地名云门寺与贼交锋，斩获贼级二十四颗，生擒贼徒二名，夺获马七匹。又据曲江县瑶总盘宗兴等擒获贼徒一名，夺获马一匹。各呈解到道，审验是实"等因。并据潮州府揭阳县申："流贼劫长乐、海丰等县黄义官等家，随调兵快，行至地名长门径，与贼对敌，擒获贼徒张宏福、王木四等一十六名，俘获贼妇二口。"及据惠州府申："准捕盗通判徐玑牒称，流贼一伙约有八十余徒，围劫新地屯徐百户等家，当督兵快打手追杀至地名马骡径，擒获贼徒杜栋等四名，杀获贼级一颗；又督总甲郑全等在地名葵头障擒获贼徒张仔等一十二名；及千长彭伯璿等率兵擒获贼徒黄贵等一十五名，杀获贼级一颗，俘获贼妇一口。又有总甲黄廷珠追获贼徒雷进保等八名。俱解赴岭东道审验"等因。及据湖广郴桂等处兵备副使陈璧、守备指挥同知李璋各呈，广东苗贼一千余徒出劫兴宁等处，当起郴州杀手，令闲住千户孔世杰等管领，追袭至地名大田桥遇贼，当阵擒斩首从贼人庞广等三十二名颗，夺获赃仗四十七件，马骡五匹，夺回被房人口二百五十名口；并据老人刘宣等捕获贼徒雷克怒等六名，俘获妇女三口。申报到道，审验明白。各备由呈申开报到臣。

先为巡抚地方事，节该钦奉敕："命尔巡抚江西南安、赣州、福建汀州、漳州、广东南雄、韶州、惠州、潮州各府及湖广郴州地方，但有贼盗生发，即便设法剿捕。钦此。"钦遵。已经备行各道守巡、兵备、守备等官，严督府、卫、所、州、县掌印、捕盗等官，集起父子乡兵及顾募打手、杀手、弩手人等，各于贼行要路去处加谨防御，遇有盗兵出杀，就便相机截捕，获功呈报，以靖地方。今据各呈，除行各该兵备等官将斩获贼级阅验明白，发仰枭首、生擒贼犯，问招回报，俘获贼属并牛马赃物俱变卖价银入官，与器械俱贮库，被房人口给亲完聚，获功人员照例量行给赏外，缘系擒获功次事理，为此具本题知。

添设清平县治疏 十二年五月二十八日

据福建按察司兵备佥事胡琏呈："奉本院批，据漳州府呈：'准知府钟湘关据南靖县儒学生员张浩然等连名呈称，南靖县治僻在一隅，相离卢溪、平和、长乐等处地里遥远，政教不及，小民罔知法度，不时劫掠乡村，肆无忌惮，酿成大祸。今日动三军之众，合二省之威，虽曰歼厥渠魁，扫除党类，此特一时之计，未为久远之规。乞于河头、中营处添设县治，引带汀、潮，喉襟清、宁。人烟辏集，道路适均；政教既敷，盗贼自息。考之近日，龙岩添设漳平而寇盗以靖，上杭添设永定而地方以宁，此皆明验。今若添设县治，可以永保无虞等情。又据南靖县义民乡老曾敦立、林大俊等呈称，河头地方北与卢溪流恩山岗接境，西南与平和象湖山接境，而平和等乡又与广东饶平县大伞、箭灌等乡接境，皆系穷险贼巢。两省居民，相距所属县治各有五日之程，名虽分设都图，实则不闻政教。往往相诱出劫，一呼数千，所过荼毒，有不忍言。正德二年，虽蒙统兵剿捕，未曾设有县治；不过数月，遗党复兴。今蒙调兵剿抚，虽少宁息，诚恐漏网之徒复蹈前弊，呈乞添设县治，以控制贼巢；建立学校，以移风易俗，庶得久安长治等因。蒙漳南道督同本职，与南靖县知县施祥带领耆民曾敦立等，并山人洪钦顺等，亲诣河头地方，踏得大洋陂背山面水，地势宽平，周围量度可六百余丈，西接广东饶平，北联三团卢溪，堪以建设县治。合将南靖县清宁、新安等里，漳浦县二三等都，分割管摄，随地粮差。及看得卢溪枋头坂地势颇雄，宜立巡检司以为防御，就将小溪巡检司移建，仍量加编弓兵，点选乡夫，协同巡逻。遇有盗贼，随即扑捕。再三审据通都民人合词，执称南靖地方极临边境，盗贼易生，上策莫如设县。况今奏凯之后，军饷钱粮尚有余剩，各人亦愿凿山采石，挑土筑城，砍伐树木，烧造砖瓦，数月之内，工可告成。为照南靖县相离卢溪等处委的窎远，难以提防管束，今欲于河头添设县治，枋头坂移设巡检司，外足以控制饶平邻境，内足以压服卢溪诸巢。又且民皆乐从，不烦官府督责，诚亦一劳永逸，事颇相应。具呈到道，呈乞照详'等因。奉批：'看得开建县治，控制两省瑶寨，以奠数邑民居，实亦一劳永逸之图。但未经查勘奏请，仍仰该道会同始议各官，再行该府拘集父老子弟及地方新旧居民，审度事体，斟酌利害。如果远近无不称便，军民又皆乐从，事已举兴，势难中辍。即便具由呈来，以凭奏请定夺。仍一面俯顺民情，相度地势，就于建县地内预行区画街衢井巷，务要均适端方，可以永久无弊；听从愿徙新旧人民，各先占地建屋，任便居住；其县治、学校、仓场及一应该设衙门，姑且规留空址，待奏准命下之日，以次建立；仍一面通行镇巡等衙门公同会议。此系设县安民、地方重事，各官务要计处周悉，经画审当，毋得苟且雷同，致贻后悔。批呈作急勘报'等因。依蒙拘集坊郭父老及河头新旧居民再三询访，各交口称便。有地者愿归官丈量，以建城池；有山者愿听上砍伐，以助木石；有人力者又皆忻然相聚，挑筑土基，业已垂成。惟恐上议中止，下情难遂"等情，具呈到臣。

为照建立县治，固系御盗安民之长策，但当大兵之后继以重役，窃恐民或不堪。臣时督兵其地，亲行访询父老，诹咨道路，众口一词，莫不举首愿望，仰心乐从，旦夕皇皇，惟恐或阻。臣随遣人私视其地，官府未有教令，先已伐木畚土，杂然并作，裹粮趋事，相望于道。究其所以，皆缘数邑之民积苦盗贼，设县控御之议，父老相沿已久，人心冀望甚渴，皆以为必须如此，而后百年之盗可散，数邑之民可安，故其乐事劝工，不令而速。臣观河头形势，实系两省贼寨咽喉。今象湖、可塘、大伞、箭灌诸巢虽已破荡，而遗孽残党，亦宁无有逃遁山谷者？旧因县治不立，征剿之后，浸复归据旧巢，乱乱相承，皆原于此。今诚于其地开设县治，正所谓抚其背而扼其喉，盗将不解自散，行且化为善良。不然，不过年余，必将复起。其时再举两省之兵，又糜数万之费，图之，已无及矣。臣窃以为开县治于河头，以控制群巢，于势为便。虽使民甚不欲，犹将强而从之，况其祝望欣趋若此，亦何惮而不为！至于移巡司于枋头坂，亦于事势有不容已。盖河头者，诸巢之咽喉；枋头者，河头之唇齿，势必相须。兼其事体已有成规，不过迁移之劳，所费无几。臣等皆已经画区处，大略已备，不过数月，可无督促而成。民之所未敢擅为者，惟县治学校，须命下之日乃举行耳。伏愿陛下俯念一方荼毒之久，深惟百姓永远之图，下臣等所议于该部，采而行之。设县之后，有不如议，臣无所逃其责。今新抚之民，群聚于河头者二千有余，皆待此以息其反侧。若失今不图，众心一散，不可以复合；事机一去，不可以复追。后有噬脐之悔，徒使臣等得以为辞，然已无救于事矣。缘系添设县治永保地方事理，为此具本请旨。

疏通盐法疏 　十二年六月十五日

据江西按察司整饬兵备带管分巡岭北道副使杨璋呈："奉巡抚江西右副都御史孙燧案验，准兵部咨：'行移各该巡抚官员，今岁俱免赴京议事，各要在彼修举职业。若有重大军务，应议事件，益于政体，便于军民者，明白条陈，听会官计议奏请'等因，已经行仰所属查访去后。随据吉安、临江、袁州等府，万安、泰和、清江、宜春等县商民彭拱、刘常、郭闰、彭秀连名状告：'正德六年，蒙上司明文行令赣州府起立抽分盐厂，告示商民，但有贩到闽、广盐课，由南雄府曾经折梅亭纳过劝借银两，止在赣州府发卖者，免其抽税；愿装至袁、临、吉三府卖者，每十引抽一引。闽盐自汀州过会昌羊角水，广盐自黄田江、九渡水来者，未经折梅亭，在赣州府发卖，每十引抽一引；愿装至袁、临、吉三府发卖，每十引又抽一引。疏通四年，官商两便。正德九年十月内，又蒙赣州府告示，该奉勘合开称，广盐止许南、赣二府发卖，其袁、临、吉不系旧例行盐地方，不许越境。以致数年广盐禁绝，淮盐因怯河道逆流，滩石险阻，止于省城三府。居民受其高价之苦，客商阻塞买卖之源。乞赐俯念吉、临等府与赣州地里相连，自昔至今惟食广盐，一向未经禁革。况广盐许于南、赣二府发卖，原亦不系洪武旧制，乃是正统年间为建言民情事，奉总督两广衙门奏行新例。如蒙将广盐查照南、赣事例，照旧疏通下流发卖，万民幸甚'等因。又据赣州府抽分厂委官照磨汪德进呈：'近奉勘合禁止广盐、止许南、赣发卖，不许下流。但赣州、吉安地理相连，水路不过一日之程。今年夏骤雨泛涨，虽有桥船阻隔，水势汹恶，冲断桥索，以致奸商计乘水势，聚积百船，执持凶器，用强越过。后虽拿获数起，问罪不过十之一二。又有投托势要官豪，夹带下流发卖者；又有挑担驮载，从兴国、赣县、南康等处小路越过发卖者。其弊多端，不禁则违事例，禁止则势所难行，呈乞议处'等因。卷查正德六年奉总制江西等处地方军务左都御史陈金批：'据江西布政司呈，准本司右布政使任汉咨称，查得江西十三府俱系两淮行盐地方，湖西、岭北二道滩石险恶，淮盐因而不到。商人往往越境私贩广盐，射利肥己。先蒙总督衙门奏准广盐许行南、赣二府发卖，仰令南雄照引追米纳价，类解梧州军门，官商两便，军饷充足。当时止是奏行南、赣，不曾开载袁、临、吉三府。合无遵照敕谕，便宜处置，暂许广盐得下袁、临、吉三府地方发卖，立厂盘掣，以助军饷。及据江西按察司兵备副使王秩亦呈前事。随该三司布政等官刘杲等议得委果于事有益，于法无碍。呈详批允，前来遵照立厂，照例抽税'外，正德九年十月内，准户部咨，该巡抚都御史周南题，该本部覆议，内开广东盐课，仍照正德三年题奉钦依事理。有引官盐，许于南、赣二府发卖，不许再行抽税。袁、临、吉不系旧例行盐地方，不许到彼。如有犯者，不分有引无引，俱照律例问罪没官。又经行仰禁革去后，今据前因，随查得正德六年十一月二十七日设立抽分厂起，至正德九年五月终止，共抽过税银四万八百四十余两。陆续奉抚镇衙门，明文支发三省夹攻大帽山等处赏功军饷，并犒劳过狼兵官军土兵口粮，并取赴饶州征剿姚源军前应用，及起造抽分厂厅浮桥，修理城池，买谷上仓，预备赈济，及遵巡抚军门批申，借支赣州卫官军月粮等项，支过税银三万八千二百九十余两。由此观之，则地方粮饷之用，岁费不赀而仰给于商税独重。前项商税所入，诸货虽有，而取足于盐利独多。及查得近为紧急贼情事，该兵部题奉钦依，转行议处停当，具由呈报。该本道会同分守守备衙门议得贼首谢志珊有名大寨三十余处，拥众数万，盘据三省，穷凶极恶，神怒人怨。已经呈详转达奏闻，动调三省官兵会剿去后，及议得本省动调官兵以三万为率，半年为期，粮饷等费，约用数万。查得赣州府库收贮前项税银，除支用外，止余二千九百余两。又是节催起解赴部之数，续收银两止有一千六百余两。但恐不日命下，克期进剿，军行粮食，所当预处。及查得广东所奏前项盐法，准行南、赣二府贩卖，果系一时权宜，不系洪武年间旧例，合无查照先年总制都御史陈金便宜事例，一面行令前商，许于袁、临、吉三府贩卖，所收银两，少为助给；一面别行议处，以备军饷。庶使有备无患，不致临期缺乏。候事少宁，另行具题禁止。庶袁、临、吉三府无乏盐之苦，南、赣二府军门得军饷之利，而关津把截去处免阻隔意外之变，诚为一举而三得矣等因。已经备由呈奉巡抚都御史孙燧批：'看得所议盐税，既不重累商人，抑且有裨军饷，舆情允协，事体颇宜。但其至赣州府十取其一，吉、临等府十而取二，似乎过重。仰行再加详议，斟酌适中回报。'依奉访得商民贩盐，下至三府发卖者，倍取其利，既许越境贩卖，乃其心悦诚服，并无税重之辞。又经呈详，奉批：

'看得所议盐税事情，商贾疏通，军饷有赖，一举两得，合遵照钦奉敕谕便宜处置事理，仰行各道并该府县遵奉。仍禁革奸徒，不许乘机作弊，因而瞒官射利，扰害地方。'具由缴申。今照本院抚临，理合再行呈请照详"等因，据呈到臣。

看得赣、南二府，闽、广喉襟，盗贼渊薮。即今具题夹攻，不日且将命下；粮饷之费，委果缺乏；计无所措，必须仰给他省。但闻广东以府江之师，库藏渐竭；湖广以偏桥之讨，称贷既多；亦皆自给不赡，恐无羡余可推。若不请发内帑，未免重科贫民。然内帑以营建方新，力或不逮；贫民则穷困已极，势难复征。及照前项盐税，商人既已心服，公私又皆两便，庶亦所谓不加赋而财足，不扰民而事办。臣除遵照敕谕，径自区画事理，批行该道，暂且照议施行。候地方平定之日，将抽过税银、支用过数目，另行具奏。抽分事宜，照例仍旧停止外，缘系地方事理，为此具本题知。

卷十　别录二

奏疏二

议夹剿兵粮疏　正德十二年七月初五日

　　准兵部咨，该本部题，职方清吏司案呈奉本部送兵科抄出，巡抚湖广地方兼赞理军务都察院右副都御史秦金题称："会同巡按御史王度督同都、布、按三司掌印署都指挥佥事文恭、左布政使周季凤、副使恽巍等，议照湖广郴、桂等处所属地方，与广东乐昌、江西上犹等处县瑶贼密尔联络。彼处有名贼首龚福全、高仲仁、李斌、庞文亮、蓝友贵等，素恃巢穴险固，聚众行劫。先年用兵征剿，各贼漏殄未除，遂致祸延今日。臣等仰体皇上好生之心，设法抚处，冀图靖安，以成止戈之武。奈犬羊之性，变诈不同；豺狼之心，贪噬无厌；阳虽听招，阴实肆毒。今乃攻打县堡，虏官杀人，穷凶极恶，神人共愤。虽经各官兵擒斩数辈，稍惧归巢，缘其种类繁多，出没尚未可料。若非三省合兵，大彰天讨，恶孽终不殄除，疆宇何由宁谧！所据各官会呈，乞要大举。臣等再三筹议，非敢轻启兵端，但审时度势，诚有不容已者。况彼巢峒既多，贼党亦众，东追西窜，此出彼藏。必须调发本省土汉官军民兵杀手人等，共三万员名，分立哨道，刻期进剿。其两广、南、赣，仍须各调官军狼兵把截夹攻，协济大事。臣等计算兵粮重大，区处艰难，抑且本省兵荒相继，财力匮乏，前项合用钱粮，预须计处。今将应调土汉官军数目，供给粮饷事宜，及战攻方略，开坐具奏。"该本部覆称："阃外兵权，贵在专委；征伐事宜，切忌遥制。今郴、桂瑶贼为害日炽，既该湖广镇巡三司官会议兵不可已，要行克期进剿，朝廷若复犹豫不决，往返会议，必致误事。但七月进兵，天气尚炎；况今五月将中，三省约会，期限太迫。再请敕两广总督等官左都御史陈金等，及请敕巡抚南赣左佥都御史王守仁，各照议定事理，钦遵会合行事，不许违期失误。及改拟九月中取齐进兵，庶三省路远，不误约会。"本年五月十一日，少保兼太子太保本部尚书王琼等具题奉钦依。备咨到臣。除钦遵外，卷查先据江西岭北道副使杨璋及湖广郴、桂兵备副使陈璧，并广东韶州府各呈申前事，臣参看得前贼恶贯已盈，神怒人怨，天讨在所必加。但近年以来，江西有桃源之役，疮痍甫起；福建有汀、漳之寇，军旅未旋。府江之师方集于两广，偏桥之讨未息于湖、湘；若复继以大兵，惟恐民不堪命。合无申明赏罚，容臣等徐为之图。惟复约会三省，并举夹攻，已经开陈两端，具本上请去后。今准前因，则巡抚湖广右副都御史秦金所题夹攻事理，既奉有成命矣。臣谨将南、赣二府议处兵粮事宜开坐。缘系地方紧急贼情事理，为此具本请旨。

计开：

一、南安府所属大庾、南康、上犹三县，各有贼巢，联络盘据，有众数千，西接湖广桂阳等县，南接广东韶州府乐昌等县。三省夹攻，必须湖广自桂阳、桂东等处进，广东自乐昌县进；在南安者，必须三县地方并进。赣州府所属，惟龙南县贼巢与广东惠州府龙川县浰头接境。浰头系大贼池大鬓等巢穴，有众数千，比之他贼，势尤猖獗。前此二次夹攻，俱被漏网。龙南虽有贼徒数伙，除之稍易。但其倚借浰头兵力以为声援，攻之则奔入浰头，兵退则复出为害。必须广东兵自龙川进，赣州兵自龙南进，庶可使无奔溃。

一、上犹去龙南几四百里，两处进兵，必须一时并举，庶无惊溃之患。大约计之，亦须用兵一万二千名。今拟调南康、上犹二县机兵、打手一千二百名；大庾县机兵、打手一千二百名；赣州府所属，除石城县外，宁都、信丰二县机兵、打手各一千名；其余七县，机兵、打手三千名；龙泉县机兵、打手一千名；安远县招安义民叶芳、老人梅南春等，龙南县招安新民王受、谢钺等兵共二千名；汀州府上杭县打手一千名；潮州府程乡县打手一千名；共辏一万二千之数。但广、湖两省之兵，皆狼土精悍，贼所素畏，势必偏奔江西；江西之兵，最为怯懦，望贼而溃，乃其素习。今所拟调，皆新习未练。若使严以军法处治，庶几人心齐一，事功可成。

一、兵一万二千余名，每名日给米三升，一日该米三百七十余石；间日折支银一分五厘，一日该银一百八十余两；以六个月为率，约用米三万三千余石，用银二万余两。领哨、统兵、旗牌等官并使客合用廪给及赏功犒劳牛酒、银牌、花红、鱼、盐、火药等费，约用银二万余两。通前二项，约共用银五万两。二府商税银两，集兵以来，日有所费，见存银止有四千余两。二府并赣县、大庾、南康、上犹四县积谷，约计有七八万石；但贮积年久，恐春米不及其数。见在前银不足支用，就欲别项区处，但恐缓不及事。查得江西布政司并各府县别无蓄积，止有该解南京折粮银两贮库未解，并一应纸米赃罚银两，合无行巡抚江西都御史孙燧转行布政司并行各府照数借给应用。候事宁之日，或

231

将以后抽掣商税，或开中盐引，另为计处，奏请补还，庶克有济。

一、合用本省巡按御史随军纪功，管理钱粮。及统兵、领哨官员，除本省三司分守、分巡、兵备、守备并南、赣二府官员临时定委外，访得九江府知府汪赖、吉安府知府伍文定、汀州府知府唐淳、惠州府知府陈祥，俱各才识练达；程乡县知县张戬、抚州府东乡县知县黄堂、建昌府新城县知县黄文鹭、袁州府萍乡县知县高桂、吉安府龙泉县知县陈允谐，俱有才名，俱各堪以领兵。候命下之日，听臣等取用。

臣等窃照师期已迫，自今七月上旬至九月中旬，仅余两月，中间合用前项钱粮器仗及拟调兵快、应委官员之类，悉皆百未有措；又事干各省，道途相去近者半月，远者月余，万一各官之中违抗推托，不肯遵依约束，临期误事，罪将安归！乞照湖广巡抚都御史秦金所奏该部题准事理，各官之中敢有抗违失误者，许臣等即以军法从事，庶几警惧，事可易集。

南赣擒斩功次疏 十二年七月初五日

据江西按察司整饬兵备带管分巡岭北道副使杨璋呈："据统兵等官南安府知府季敩呈：解生擒大贼首一名陈曰能、从贼林杲等二十七名，斩获首级十六颗，俘获贼属男女十三口，及马牛等物。并开称：捣过禾沙坑、船坑、石圳、上龙、狐狸、朱雀、黄石等贼巢七处，烧死贼徒不计其数，并房屋禾仓三百余间。南康县县丞舒富呈：解生擒大贼首一名钟明贵、从贼曾能志等二十一名，斩获贼级四十五颗，杀死未取首贼一百一十七名，俘获贼属男女一十六名口，及牛、马、驴等物。并开称：捣过石路坑、白水峒、杞州坑、旱坑、茶潭、竹坝、皮袍、樟木坑等贼巢八处，烧死贼徒三百四十六名，并烧毁房屋禾仓四百七十余间。赣县义官萧庚呈：解生擒大贼首一名唐洪、从贼蒲仁祥等六名，斩获首级并射死贼徒一百三十八名，烧毁贼巢房屋禾仓一百二十七间，乃俘获牛羊、器械等物。并开称：捣过长龙、鸡湖、杨梅、新溪等处贼巢四处。各缘由到道。随据统兵官员并乡导人等各呈称：自本年正月蒙本院抚临以来，募兵练卒；各贼探知消息，将家属妇女什物俱各寄屯山寨林木茂密之处，其各精壮贼徒，昼则下山耕作，夜则各遁山寨。依奉本院方略，于六月二十日子时，各哨克期进剿。每巢止有二三十人或四五十人看守巢穴，见兵举火奋击，俱各惊溃；间有射伤药弩，即时身死，坠于深岩。及据县丞舒富、义官萧庚各回呈：止有上犹县白水峒、石路坑二巢，南康县鸡湖一巢险峻，巢内贼属颇多，被兵四面放火进攻，贼无出路，烧死数多。天明看视，止存骸骨，头面烧

232

毁莫辨，以此难取首级等因。案照先为紧急贼情事，据上犹县申称，四月间被畲巢贼徒不时虏掠耕牛人口，请兵追剿，乡民稍得莳插。今早谷将登，又闻各巢修整战具出劫，乞为防遏，庶得收割聊生等因。并据县丞舒富及南安府呈：大庾县申同前事。该本道查得上犹县邻近巢穴，则有旱坑、茶潭、杞州坑、樟木坑、石路坑、白水峒、竹潭、川坳、阴木潭等巢，南安县则有长龙、鸡湖、杨梅、新溪等巢，大庾县则有狐狸坑、船坑、禾沙坑、石圳、上龙、朱雀、黄石坑等巢，多则三五百名，少则七八十名。合无将本院选集之兵，委官统领，分投剿遏等因。已经呈奉本院批：'看得各贼名号日渐僭拟，恶毒日加纵肆，若果遂其奸谋，得以乘虚入广，其为患害，关系匪轻。除密行南、韶等府分兵防截外，仰该道即便部勒诸军，定哨分委。仍密召各巢附近被害知因之人堪为乡导者，前来分引各兵，出城之时，不得张扬。今正当换班之月，就令俱以下班为名，昼伏夜行，克期各至分地，掩贼不备，同时举事。分领各官，务要严密奋勇，竭忠以副委托。如或推托误事，及军士之中敢有后期退缩者，悉以军法从事，决不轻贷。该道亦要亲帅重兵，随后继进，密屯贼巢要害处所，相机接应，以防不测。一应机宜，务须慎密周悉。仍要严缉各兵所获真正贼徒，不许滥加良善'等因。遵奉统领各兵刻期进剿及加谨防遏。今据复呈前因，通查得各哨共计生擒大贼首三名，首从贼徒五十四名；斩获首级六十八颗；杀死射死贼徒二百四十余名；烧死贼徒二百余名；捣过巢穴一十九处；烧毁房屋禾仓八百九十余间；俘获贼属男女二十九名口，水黄牛、马、骡、羊一百四十四头匹只。所据各该领兵等官所报擒斩之贼，数固不多，而巢穴已空，无可栖身；积聚已焚，无可仰给。就使屯集横水、桶冈人巢，将来人多食少，大举夹攻，为力已易"等因，转呈到臣。

卷查先据副使杨璋呈称："据南安府并上犹等县及县丞舒富各呈申：访得大贼首谢志珊号'征南王'，纠率大贼首钟明贵、萧规模、陈曰能、唐洪、刘允昌等约会乐昌高快马等，大修战具，并造吕公车，欲先将南康县打破。闻知广东官兵尽调征剿府江，就行乘虚入广"等因，已经批仰该道部勒诸军，酌量贼巢强弱，派定哨分，选委谋勇属官统兵，密召知因乡导引领，昼伏夜行，刻定于六月二十日子时，入各贼巢，同时举火，并力奋击，务使噍类无遗去后。今据前因，覆勘得前项贼巢，委果荡平殆尽，蓄积委果焚毁无遗。获功解报虽少，杀伤烧死实多，猖獗之势少摧，不轨之谋暂阻；居民得以秋获，地方亦为一宁。此皆遵依兵部申明律例事理，仰仗天威，官兵用命之所致，非臣之知谋所能及也。

233

臣惟南、赣之兵，素不练养，见贼而奔，则其常态。今各官乃能夜入贼巢，奋勇追击，在他所未为可异之功，于南、赣则实创见之事。及照副使杨璋，区画赞理，比于各官，劳勋尤多。今夹攻在迩，伏乞皇上特加劝赏，以作兴勇敢之风。庶几日后大举，臣等得以激励人心。除将获功人员量加犒赏，生擒贼徒监候审决，首级枭示，俘获贼属领养，牛马赏兵，有功人员查审的确，造册奏缴外，缘系斩获功次事理，为此具本题知。

议夹剿方略疏 十二年九月十五日

据江西岭北道副使杨璋呈："奉臣案验，准兵部咨，该巡抚湖广都御史秦金题，为紧急贼情事，备行计处兵粮，约会三省，将上犹县等处贼巢克期九月中进剿等因，遵依。随将本道兵粮事宜计呈本院转达奏闻定夺外，随据南安府上犹、大庾等县申称：各县乡民早谷将登，各巢鸷贼修整战具，要行出劫。并据南康县县丞舒富呈：访得大贼首谢志珊号'征南王'，纠率桶冈等巢贼首钟明贵等，约会广东大贼首高快马等，大修战具并吕公车，欲要先将南康县打破。闻知广东官兵尽调府江，就行乘虚入广流劫，乞要早为扑剿等因。已经呈蒙本院密受方略，行委知府季斅、县丞舒富等领兵分剿。共生擒大贼首陈曰能等三名，首从贼徒五十四名，斩获贼首级六十八颗，杀死射死贼徒二百四十余名，烧死贼徒二百余名，捣过巢穴一十九处，烧毁房屋禾仓八百九十余间，俘获贼属二十九名口，水黄牛、马、羊、骡一百四十四头匹，通经呈报。又蒙本院虑贼必将乘间复出，行委知府季斅、指挥来春等统兵屯南安，指挥姚玺、县丞舒富统兵屯上犹，指挥谢昶、千户林节统兵屯南康，各于要害去处往来防剿。至七月二十五日，贼首谢志珊果复统众一千五百余徒，攻打南安府城。各官督兵迎敌，生擒贼犯杨銮等七名，斩获首级四十五颗，贼众大败而去。八月二十五日，贼首谢志珊又统领二千余徒，复来攻打南安府城。各官督兵迎敌，生擒贼犯龙正等四十二名，斩获首级一百五十七颗，贼又大败而去。即今贼势少挫，若乘此机会直捣其巢，旬月之间，可期扫荡。但闻湖广之兵既已齐集，而广东因府江班师未久，复调狼兵，未有定期。谨按地图，江西之南安有上犹、大庾、桶冈等处贼巢，与湖广桂东、桂阳接境；夹攻之举，止该江西与湖广会合，而广东止于仁化县要害把截，夹攻不与焉。赣州之龙南有浰头贼巢，与广东龙川接境；夹攻之举，止该江西与广东会合，而湖广不与焉。广东乐昌乳源贼巢，与湖广宜章县接境；惠州贼巢，与湖广临武县接境；仁化县贼巢，与湖广桂阳县接境；夹攻之举，止该湖广、广东二省会合，而江西止于大庾县要害把截，夹攻不与焉。名虽三省大举，其实自有先后，举动次第，不相妨碍。若不此之察，必欲通待三省之兵齐集，然后进剿，则老师废财，为害匪细。合将前项事宜约会三省，以次渐举，庶兵力不竭，粮饷可省"等因，据呈到臣。看得三省夹攻，必须彼此克期定日，同时并举，斯乃事体之常。然兵无定势，谋贵从时，苟势或因地而异便，则事宜量力以乘机。三省贼巢，连络千里，虽声势相因，而其间亦自有种类之分、界限之隔。利则争趋，患不相顾，乃其性习。诚使三省之兵皆已齐备，约会并进，夫岂不善？但今广东狼兵方自府江班师而归，欲复调集，恐非旬月所能。两省之兵既集，久顿而不进，贼必惊疑，愈生其奸，悍者奔突，黠者潜逃；老师费财，意外之虞，乘间而起，虽有智者，难善其后。诚使先合湖广、江西之兵，并力而举上犹诸贼；逮事之毕，广东之兵亦且集矣，则又合湖广、广东之兵，并力而举乐昌诸处；逮事之毕，江西之兵又得以少息矣，则又合广东、江西之兵，并力而举龙川。方其并力于上犹，则姑遣人佯抚乐昌诸贼，以安其心。彼见广东既未有备，而湖广之兵又不及己，苟幸旦夕之生，必不敢越界以援上犹。及夫上犹既举，而湖广移兵以合广东，则乐昌诸贼，其势已孤，二省兵力益专，其举之益易。当是之时，龙川贼巢相去辽绝，自以为风马牛不相及，彼见江西之兵又撤，意必不疑。班师之日，出其不意，回军合击，蔑有不济者矣。臣窃以为因地之宜，先后合击之便，除臣遵照兵部咨来题奉钦依，会兵征剿，亦听随宜会议施行事理，已将前项事宜移咨广东、湖广总督、巡抚等官知会，一面相机行事外，缘系地方紧急贼情事理，为此具本题知。

换敕谢恩疏 十二年九月十五日

近准兵部咨，为申明赏罚以励人心事，该臣奏，该本部覆题节奉圣旨："是，王守仁著提督南、赣、汀、漳等处军务，换敕与他，钦此。"备咨到臣。本年九月十一日，节该钦奉敕谕："江西南安、赣州地方，与福建汀、漳二府，广东南、韶、潮、惠四府及湖广郴州桂阳县，壤地相接，山岭相连，其间盗贼不时生发，东追则西窜，南捕则北奔。盖因地分各省，事无统属，彼此推调，难为处置。先年尝设有都御史一员，巡抚前项地方，就令督剿盗贼。但责任不专，类多因循苟且，不能申明赏罚以励人心，致令盗贼滋多，地方受祸。今因所奏及该部覆奏事理，特改命尔提督军务，抚安军民，修理城池，禁革奸弊。一应军马钱粮事宜，俱听便宜区画，以足军饷。但有盗贼生发，即便设法调兵剿杀，不许踵袭旧弊，招抚蒙蔽，重为民患。其管领兵快人等官员，不问文职武职,若在军前违期并逗遛退缩者,俱听军法从事。生擒盗贼,鞫问明白,亦听就行斩首示众。斩获贼级,行令各该兵备守巡官即时纪验明白,备行江西按察司造册奏缴,查照升赏激劝。钦此。"俱钦遵外,窃念臣以凡庸,缪膺重寄。思逃罪责,深求祸源,始知盗贼之日炽,由于招抚之太滥;招抚之太滥,由于兵力之不足;兵力之不足,由于赏罚之不明。辄敢忘其僭妄,为陛下一陈其梗概。其实言不量力,请非其分,方虞戮辱之及,陛下特采该部之议,不惟不加咎谪,而又悉与施行;不惟悉与施行,而又隆以新命。是盖曲从试可之请,不忍以人废言也。

敕谕宣布之日,百姓填衢塞道,悚然改观易虑,以为圣天子明见万里,动察幽微;占群策之毕举,知国议之有人。莫不警惧振发,强息其暴,伪息其奸;怯者思奋而勇,后者思效而前;三军之气自倍,群盗之谋自阻。所谓舞干格苗,运于庙堂之上,而震乎蛮貊之中者也。

夫过其言而不酬,有志者之所耻也;冒宠荣而不顾,自好者不为也。臣固谫劣,亦宁草木无知,不思鞭策以报知遇!虽其才力有所难强,而蝼蚁之诚,决能自尽;虽于利钝不可逆睹,而狐兔之穴断期扫平。臣不胜感恩激切之至!

交收旗牌疏 十二年九月二十五日

准工部咨,该本部题称:"看得兵部咨开都御史王守仁奉敕提督军务,应合照例给与旗牌以振军威一节,既查有例,又奉钦依,合无于本部收有内给与旗牌八面副,就令原来百户尹麟前去交与本官督军应用,务加爱惜,不得轻易损坏。候到,先将收领过日期号数,径自奏报查考等因,具题奉圣旨:是,钦此。"钦遵。备咨到臣。随于本年九月十六日,据百户尹麟领赍令旗令牌八副面前来,除照数收领,调度军马应用,务加爱惜,不敢轻易损坏外,缘系交收旗牌事理,为此今将收领过日期、缘由并号数开坐,具本题知。

议南赣商税疏 十二年九月二十五日

据江西按察司分巡岭北道兵备副使杨璋呈:"奉巡抚江西地方右副都御史孙燧案验,备行各道兵备等官,有地方重大军务,益于政体,便于军民,果系应议事件,即便条列呈报,以凭施行等因,随据南安府呈缴本年春季分析梅亭抽分商税循环文簿,看得该府造报册内,某日共抽税银若干,不见开有某商人某货若干、抽银若干,中间不无任意抽报情弊,及看得一季总数,倍少于前。原其所自,盖因抽分官员止是典史、仓官、义民等项,不惜名节,惟嗜贪污；兼以官职卑微，人心玩视，以致过往客商或假称权要而挟放，或买求官吏而带过；及被店牙通同客商，买求书算，以多作少，以有作无，奸弊百端。卷查前项抽分，创于巡抚都御史金泽，一则苏大庾过山之夫，一则济南赣军饷之用。题奉钦依，遵行年久。及查赣州龟角尾设立抽分厂，建白于总制都御史陈金，自正德六年十一月二十七日起，至九年七月终止，共抽过商税银四万二千六百八十六两六钱三分七毫五忽。本省大帽山、姚源、华林盗贼四起，大举夹攻，一应军饷，俱仰给于此，并未奏动内帑之积，亦未科派小民之财。以此而观，则商税之有益地方多矣。缘赣州之税，正德十一年该给事中黄重奏称，广货自南雄经南安折梅亭，已两税矣，赣州之税，不无重复，已经勘明停止赣河之税。近复大举夹攻，军饷仰给，全在折梅亭之税。今所入如此，非惟军饷无益，实惟奸宄是资。随会同分守左参议黄宏议照，合将南安之税移于龟角尾抽分，既有分巡道之监临，又有巡抚之统驭；访察数多，奸弊自少。其大庾县雇夫银两，合令该县每季具印信领状赴道，批行赣州府支领；支尽查算，准令复支。如此，非惟大庾过岭之夫不缺，而军饷之用大增。合就会案呈详”等因，据呈到臣。

看得南、赣二府商税，皆因给军饷、裕民力而设。折梅亭之税，名虽为夫役，而实以给军饷；龟角尾之税，事虽重军饷，而亦以裕民力。两税虽若二事，其实殊途同归。但折梅亭虽已抽分，而龟角尾不复致诘，未免有脱漏之弊；若折梅亭既已抽分，而龟角尾又复致诘，未免有留滞之扰。况监司既远，胥猾得以恣其侵渔；头绪既多，彼此得以容其奸隙。若革去折梅亭之抽分，而总税于龟角尾，则事体归一，奸弊自消，非但有资军饷，抑且便利客商。盖分合虽异，而于商税事体无改纤毫；转移之间，而于民商利害相去倍蓰。除臣钦遵节奉敕谕“一应军马钱粮事宜，俱听便宜区画”事理，将副使杨璋等所议行令该府，一面查照施行外，缘系地方事理，为此具本题知。

升赏谢恩疏 正德十二年十月初口日

节该钦奉敕："得尔奏，该福建兵备佥事等官胡琏等统领军兵，各分哨路，于今年正月十八等日，先后攻破长富村、象湖山、可塘洞等处巢穴，擒斩首从贼级一千四百二十九名颗；及该广东兵备佥事等官顾应祥等统领军兵，分哨并进，于今年正月二十四等日，克破古村、箭灌、水竹等寨，斩贼级一千二百七十二名颗；各俘获贼属、夺回人口、头畜、器械等数多。贼害既除，良民安堵。盖由尔申严号令，处置有方，以致各该官员奉行成算，有此成功。捷奏来闻，朕心嘉悦。除有功官军民快人等待查勘至日升赏外，升尔俸一级，赏银二十两，纻丝二表里。仍降敕奖励。尔其益竭心力，大展才猷，修明武备，多方计画；务使四省交界之区，数年啸聚之党，抚剿尽绝。地方永获安靖，斯称朕委任之意。毋或狃于此捷，遽生怠玩，致有他虞。钦此。"钦遵。

臣惟赏及微劳，则有功者益劝；罚行亲昵，则有罪者益警。近者闽、广之师幸而成功，其方略议于该部，成算出于朝廷，用命存于诸将，戮力因于士卒。臣不过申严号令，敷布督促之而已，曾有何功？而乃冒蒙褒赏，增其禄秩，锡以金币，臣实不胜惭汗惶恐之至！然臣尝有申明赏罚之奏矣，尝有愿陛下俯从惟重之典，以作敢勇之风之请矣。臣之微劳，惧不免于罪，而陛下曲从该部之议，特赐优渥之恩者，所谓赏及微劳，将以激劝有功也。昔人有云："死马且买之，千里马将至矣。"臣敢畏避冒赏之戮，苟为逊让，以仰辜陛下激励作兴之盛心乎？受命之余，感惧交集，誓竭犬马之力，以效涓埃之报！臣不胜受恩感激之至！

横水桶冈捷音疏 十二年闰十二月初二日

据江西布、按二司巡守岭北道兵备副使杨璋、左参议黄宏会呈："据一哨统兵赣州府知府邢珣呈：'督同兴国县典史区澄等官兵，于十月十二等日，攻破磨刀坑等巢；十一月初一等日，攻破桶冈洞等巢；二十三日，会兵击贼于上新地寨；共十四处。共擒斩大贼首雷鸣聪、蓝文亨、梁伯安等六名颗，贼从王礼生等二百四十一名颗，俘获贼属，并夺回被虏男妇二百五十七名口，烧毁贼巢房屋一百七十七间，及夺马牛赃仗等项。'二哨统兵福建汀州府知府唐淳呈：'督同上杭县县丞陈秉等官兵，于十月十二等日，攻破左溪等巢；十一月初一等日，攻破十八磊等巢；共十二处。共擒斩大贼首蓝天凤、蓝八、苏景祥等四名颗，贼从廖欧保等二百六十四名颗，俘获贼属，并夺回被虏男妇五百四十四名口，烧毁贼巢房屋七百一十二间，及夺获马牛、器械、赃银等项。'三哨统兵南安府知府季斅呈：'督同同知朱宪、推官徐文英等官兵，于十月十二等日，攻破稳下等巢；十二月初三日，击贼于朱雀坑等巢；共八处。生擒大贼首高文辉、何文秀等五名，擒斩贼从杨礼等三百六十一名颗，俘获贼属，并夺回被虏男妇一百七十一名口，烧毁贼巢房屋五百七十八间，夺获牛马赃仗等物。及先于七月二十五等日，二次被贼拥众攻打本府城池，统领本营官兵会同指挥来春、冯翔，与贼对敌。本职下官兵舍人共擒斩贼从龙正等一百三名颗，来春下官兵擒斩贼从王伯崇等二十五名颗，冯翔下官兵擒斩贼从刘保等一百三十五名颗。'四哨统兵江西都司都指挥佥事许清开称：'督领千户林节等官兵，于十月十二等日，攻破鸡湖等巢，共九处。共擒斩大贼首唐洪、刘允昌、叶志亮、谭祐、李斌等共一十名颗，贼从王志成等一百四十六名颗，俘获贼属，并夺回被掳男妇一百二名口，烧毁贼巢房屋二百间，及夺获牛马赃仗等物。'五哨统兵守备南、赣二府地方以都指挥体统行事指挥使郑文呈：'督领安远县义官唐廷华官兵，于十月十二等日，攻破狮子寨等巢，二十三日，会兵击贼于上新地寨。斩获首贼蓝文昭等三名颗，擒斩贼从许受仔等一百六十六名颗，俘获贼属，并夺回被掳男妇九十八名口，烧毁贼巢房屋四百一十二间，及夺获牛马器械等项。'六哨统兵赣州卫指挥余恩呈：'统领龙南县新民王受等兵，于十月十二等日，攻破长流坑等巢，共五处。擒斩大贼首陈贵诚、薛文高、刘必深三名颗，贼从郭彦秀等一百七十七名颗，俘获贼属，并夺回被掳男妇九十九名口，烧毁贼巢房屋五百一十七间，及夺获马驴、器械、赃银等物。'七哨统兵宁都县知县王天与呈：'督同典史梁仪等官兵，于十月十二等日，攻破樟木坑等巢，共三处。擒斩大贼首邓崇泰、王孔洪等八名颗，擒斩贼从陈荣汉等一百三十九名颗，俘获贼属，并夺回被掳男妇二百七十五名口，烧毁贼巢房屋一百六间，及夺获牛马赃物等项。'八哨统兵南康县县丞舒富呈：'统领上犹县义官胡述等兵，于十月十二等日，攻破箬坑等巢，共五处。擒斩贼从康仲荣等四百一十九名颗，俘获贼属，并夺回被掳男妇一百八十三名口，烧毁贼巢房屋九百九十三间，及夺获牛马赃银等项。及先于九月二十一等日，大贼首谢志田等攻打白面寨，随督发寨长廖惟道等，擒斩首从贼徒谢志田等三十五名颗。'九哨统兵广东潮州府程乡县知县张戬呈：'统领本县新民等兵，于十月二十四日等，攻破杞州坑等巢；十一月初一等日，攻破西山界、桶冈等巢；共九处。擒斩大贼首萧贵富、钟得昌等六名颗，贼从何景聪等二百五十七名颗，俘获贼属，并夺回被掳男妇一百五十七名口，及夺获牛马、器械、赃银等物。'十哨统兵吉安府知府伍文定呈：'统领庐陵县等官兵刘显等，于十月二十四等日，攻破寨下等巢；十一月初一等日，攻破上池等巢；二十日击贼于稳下等巢；共十二处。擒斩大贼首谢志珊、叶三等二十名颗，贼从王福儿等二百三十八名颗，俘获贼属，并夺回被掳男妇二百八十四名口，烧毁贼巢房屋一百三十三间，及夺获赃仗等物。'中营随征参随等官推官危寿、指挥谢昶等各呈：'蒙提督军门亲统各职等官兵，于十月十二等日，攻破长龙、横水大巢及庵背等巢，共七处。生擒大贼首萧贵模等一十四名，擒斩贼从萧容等四百六十五名颗，俘获贼属，并夺回被掳男妇二百四十八名口，烧毁贼

239

巢房屋二百二间，及夺获牛马、金银、赃仗等项。'各呈报到道。

　　查得先为地方紧急贼情事，节奉提督军门案验备仰本道计处兵粮，约会三省官兵，将上犹等处贼巢克期进剿。奏请定夺外，本年六月初五日，据大庾、上犹等县申，并据南康县县丞舒富呈称：'大贼首谢志珊号"征南王"，纠率桶冈等巢贼首钟明贵等，约会广东大贼首高快马等，大修战具，并造吕公车，欲要先将南康县打破，就行乘虚入广，乞早为扑捕。'等因，备呈本院。行委知府季斅等分兵剿捕，获功呈报奏闻讫。又经本院行委知府季斅、指挥来春、姚玺、谢昶、冯翔、县丞舒富、千户林节，各于要害防遏。擒斩功次，俱发仰本道纪验，解送本院枭示外，随该本道会同分守参议黄宏，议照江西地方惟桶冈一处该与湖广约会夹攻，龙川一县该与广东约会夹攻。其余三县腹心之贼，不时奔冲，难以止遏，合无以次剿捕等因，具呈本院。移文广东、湖广镇巡衙门，约会以次攻剿间，随奉本院分定哨道，指授方略。将知府邢珣等刻期进剿，备仰各道不妨职事，照旧军前纪验赞画等因，依奉催督各营官兵进攻去后。今呈前因，除将擒斩贼徒首级俱类送巡按衙门会审纪验明白，生擒仍解提督军门处决，并贼级照例枭示，被虏人口给亲完聚，贼属男女并牛马骡变卖银两，收候赏功支用，器械赃物俱发赣县贮库外，职等议照上犹等县横水等巢大贼首谢志珊、谢志田、谢志富、谢志海、萧贵模、萧贵富、徐华、谭曰志、雷俊臣，桶冈大贼首蓝天凤、蓝八苏、蓝文昭、胡观、雷明聪、蓝文亨，鸡湖大贼首唐洪，新溪大贼首刘允昌，杨梅大贼首叶志亮，左溪大贼首薛文高、高诵、冯祥，朱雀坑大贼首何文秀，下关大贼首苏景祥，义安大贼首高文辉，密溪大贼首高玉瑄、康永三，丝茅坝大贼首唐曰富、刘必深，长河坝大贼首蔡积富、叶三梅，伏坑大贼首陈贵诚，鳖坑大贼首蓝通海，赤坑大贼首谭曰荣，双坝大贼首谭祐、李斌等，冥顽凶毒，恃险为恶，僭拟王号，伪称总兵；聚集党类数千，肆行流毒三省；攻围南安、南康府县城池，杀害千户主簿等官；流劫湖广桂阳、酃县、宜章，吉安府龙泉、万安、泰和、永新等县。良民子女，被其奴戮；房屋仓廪，被其焚烧；道路田土，被其阻荒占夺者，以千万顷；赋税屯粮，负累军民陪纳者，以千万石。其大贼首谢志珊、蓝天凤，各又自称'盘皇子孙'，收有传流宝印画像，蛊惑群贼，悉归约束。即其妖狐酷鼠之辈，固知决无所就；而原其封豕长蛇之心，实已有不可言。比之姚源之王浩八，华林之胡雪二，东乡之徐仰四，建昌之徐九龄，均为贼首，而奸雄实倍之。今则渠魁授首，巢穴荡平，擒斩既多，俘获亦尽。数十年之祸害已除，三省之冤愤顿释。悉皆仰仗朝廷怜念地方之荼毒，大兴征讨之王师，并提督军门指授成算，号令严明，亲临督阵，身先士卒，以致各哨官兵用命争先，捐躯赴敌，或臻是捷。拟合会案呈详施行"等因，据呈到臣。

卷查先准兵部咨，为申明赏罚以励人心事，该本部覆议请敕："南赣等处都御史假以提督军务名目，给与旗牌应用，以振军威。一应军马钱粮事宜，径自便宜区画；文职五品以下，武职三品以下，径自拿问发落。如遇盗贼入境，即便调兵剿杀，不许踵袭旧弊招抚，重为民患。所部官军，若在军前违期逗遛退缩，俱听以军法从事。题奉圣旨：是，王守仁著提督南、赣、汀、漳等处军务，换敕与他。其余事宜，各依拟行。钦此。"及为地方紧急贼情事，准兵部咨："看得所奏攻治贼盗二说，合无行文交与都御史王守仁，悉依前项申明赏罚事理，便宜行事，期于成功，不限以时等因。题奉圣旨：是，这申明赏罚事宜，还行于王守仁知道。钦此。"又准兵部咨，该巡抚湖广都御史秦金题，该本部覆题："看得郴、桂等处与广东、江西所辖瑶峒密迩联络，若非三省会兵夹攻，贼必遁散。合无请敕两广并南赣总督、巡抚等官会同行事，克期进兵等因。节奉圣旨：是，都依拟行。钦此。"又该巡按江西监察御史屠侨奏，要会同湖广、江西抚镇等官，各量起兵，约会克期夹剿。又该本部覆题："奉圣旨：是，这南赣地方贼情，只照依惩部里原拟事宜，著都御史王守仁自行量调官军，设法剿捕。如有该与江西、两广巡抚、总督等官会兵征剿的，听随会议施行。钦此。"续准兵部咨，该臣题开计处南、赣二府兵粮事宜，及合用本省巡按、御史纪功缘由，该本部覆题："奉圣旨：是，都依拟行。钦此。"俱钦遵。陆续备咨到臣，俱经行江西、广东、湖广各道兵备、守巡等官一体钦遵，调取官军兵快，克期夹攻。及咨巡抚江西都御史孙燧，并行巡按御史屠侨各查照外，续据领兵县丞舒富等呈称：各鸷贼首闻知湖广土兵将到，集众据险，四出杀掠，猖炽日甚，乞为急处等因到臣。当将进兵机宜，督同兵备副使杨璋、分守参议黄宏、统兵知府等官邢珣等，议得桶冈、横水、左溪诸贼，荼毒三省，其患虽同，而事势各异。以湖广言之，则桶冈诸巢为贼之咽喉，而横水、左溪诸巢为之腹心；以江西言之，则横水、左溪诸巢为贼之腹心，而桶冈诸巢为之羽翼。今不先去横水、左溪腹心之患，而欲与湖广夹攻桶冈，进兵两寇之间，腹背受敌，势必不利。今议者纷纷，皆以为必须先攻桶冈，而湖广克期乃在十一月初一日，贼见我兵未集，而师期尚远，且以为必先桶冈，势必观望未备。今若出其不意，进兵速击，可以得志。已破横水、左溪，移兵而临桶冈，破竹之势，蔑不济矣。于是，臣等乃决意先攻横水、左溪，密切分布哨道，使都指挥佥事许清率兵千余，自南康县所溪入；知府邢珣率兵千余，自上犹县石

241

人坑入；知县王天与率兵千余，自上犹县白面入；令其皆会横水。使守备指挥郑文率兵千余，自大庾县义安入；知府唐淳率兵千余，自大庾县聂都入；知府季敩率兵千余，自大庾县稳下入；县丞舒富率兵千余，自上犹县金坑入；令其皆会左溪。知府伍文定、知县张戬，候各兵齐集，令其亦从上犹、南康分入，以遏奔冲。臣亦亲率兵千余，自南康进屯至坪，期直捣横水，以与诸军会；而使兵备副使杨璋、分守参议黄宏，监督各营官兵，往来给饷，以促其后。分布既定，乃于十月初七日夜，各哨齐发。初九日，臣兵至南康；初十日，进屯至坪。使间谍四路分探，皆以为诸贼不虞官兵猝进，各巢皆鸣锣聚众，往来呼噪奔走，为分投御敌之状，势甚张皇，然已于各险隘皆设有滚木礌石。度此时贼已据险，势未可近。臣兵乘夜遂进。十一日小饷，未至贼巢三十里，止舍，使人伐木立栅，开堑设堠，示以久屯之形。夜使报效听选官雷济、义民萧庚，分率乡兵及樵竖善登山者四百人，各与一旗，赍铳炮钩镰，使由间道攀崖悬壁而上，分列远近极高山顶觇贼。张立旗帜，爇茅为数千灶；度我兵且至险，则举炮燃火相应。十二日早，臣兵进至十八面隘。贼方据险迎敌，骤闻远近山顶炮声如雷，烟焰四起，我兵复呼噪奋逼，铳箭齐发。贼皆惊溃失措，以为我兵已尽入破其巢穴，遂弃险退走。臣预遣千户陈伟、高睿分率壮士数十，缘崖上夺贼险，尽发其滚木礌石。我兵乘胜骤进，声震天地。指挥谢昶、冯廷瑞兵由间道先入，尽焚贼巢。贼退无所据，乃大败奔溃。遂破长龙巢，破十八面隘巢，破先鹅头巢，破狗脚岭巢，破庵背巢，破白蓝、横水大巢。

先是，大贼首谢志珊、萧贵模等，皆以横水居众险之中，倚以为固。闻官兵四进，仓卒分众扼险，出御甚力。至是，见横水烟焰障天，铳炮之声撼摇山谷，亦各失势，弃险走。各哨官兵乘之，皆奋勇力战而入。知府邢珣遂破磨刀坑巢，破茶坑巢，破茶潭巢；知县王天与破樟木坑巢，破石王巢；都指挥许清破鸡湖巢，破新溪巢，破杨梅巢；俱至横水。知府唐淳破羊牯脑巢，破上关巢，破下关巢，破左溪大巢；守备指挥郑文破狮寨巢，破义安巢，破苦竹坑巢；指挥余恩破长流坑巢，破牛角窟巢，破鳖坑巢；县丞舒富破箬坑巢，破赤坑巢，破竹坝巢；知府季敩破上西峰巢，破狐狸坑巢，破铅厂巢；俱至左溪。守巡各官亦随后督兵而至。是日，擒斩首从贼人、贼级并俘获贼属男妇、夺回被掳人口、牛马、赃仗数多，其余自相蹂践，堕岸填谷而死者，不可胜计。当是时，贼路所由入，皆刊崖倒树，设阱埋签，不可行。我兵昼夜涉深涧，蹈丛棘。遇险绝，则挂绳崖树，鱼贯而上，猿臂而下，往往失足堕深谷。幸而不死，经数日始能出。各兵已至横水、左溪，皆困甚，不复能驱逐。会日已暮，遂令收兵屯扎。次日，大雾，雨，咫尺不辨；连数日不开。乃令各营休兵享士，而使乡导数十人分探溃贼所往，并未破巢穴动静。十五日，得各乡导报，谓诸贼分阵，预于各山绝险崖壁立有栅寨，为退保之计，有复合聚于未破之巢者，俱不意我兵骤入，未及搬运粮谷。若分兵四散追击，可以尽获。臣等窃计，湖、广夹攻在十一月初一，期已渐迫。此去桶冈尚百余里，山路险峻，三日始能达。若此中之贼围之不克，而移兵桶冈，势分备多，前后瞻顾，非计之得。乃今各营皆分兵为奇正二哨，一攻其前，一袭其后，冒雾速进，分投急击。十六日，知府邢珣攻破旱坑巢、鸾井巢，知府季敩、守备指挥郏文攻破稳下巢、李家巢。十七日，知府唐淳攻破丝茅坝巢。十八日，都指挥许清攻破朱雀坑巢、村头坑巢、黄竹坳巢、观音山巢。十九日，指挥余恩攻破梅伏坑巢、石头坑巢。二十日，知府邢珣又攻破白封龙巢、芒背巢；知县王天与攻破黄泥坑巢、大富湾巢。二十二日，县丞舒富攻破白水洞巢。本日，知府伍文定、知县张戬兵亦至。二十四日，知府伍文定攻破寨下巢，知县张戬攻破杞州坑巢。二十五日，知县张戬又破朱坑巢，知府伍文定破杨家山巢。二十六日，知府季敩又破李坑巢，都指挥许清又破川坳巢。二十七日，守备指挥郏文又破长河洞巢。连日各擒斩首从贼人、贼级并俘获贼属男妇，夺回被虏人口、牛马、赃仗数多。

是日，各营官兵请乘胜进攻桶冈。臣复议得桶冈天险，四面青壁万仞，中盘百余里，连峰参天，深林绝谷，不睹日月。中所产旱谷、薯蓣之类，足饷凶岁。往者亦尝夹攻，坐困数月，不能俘其一卒，竟以招抚为名而罢。及询访乡导，其所由入，惟锁匙龙、葫芦洞、茶坑、十八磊、新地五处，然皆架栈梯壑，黉悬绝壁而上。贼使数人于崖巅，坐发礌石，可无执兵而御我师。惟上章一路稍平，然深入湖广，迂回取道，半月始至。湖兵既从彼入，而我师复往，事皆非便。今横水、左溪余贼皆已奔入其中，同难合势，为守必力。善战者，其势险，其节短。今我欲乘全胜之锋，兼三日之程，长驱百余里而争利，彼若拒而不前，顿兵幽谷之底，所谓强弩之末，不能穿鲁缟矣。今若移屯近地，休兵养锐，振扬威声，先使人谕以祸福，彼必惧而请服。其或有不从者，乘其犹豫，袭而击之，乃可以逞。乃使素与贼通戴罪义官李正岩、医官刘福泰，释其罪，并纵所获桶冈贼钟景，于二十八日夜悬壁而入，期以初一日早，使人于锁匙龙受降。贼方甚恐，见三人至，皆喜，乃集众会议。而横水、左溪奔入之贼，果坚持不可，往复迟疑，不暇为备。臣遣县丞舒富率数百人屯锁匙龙，促使出降；而使知府邢珣入茶坑，知府伍文定入西山界，知府唐淳入十八磊，知县张戬入葫芦洞，皆于三十日乘夜，各至分地。遇大雨，不得进；初一日早，冒雨疾登。大贼首蓝天凤方就锁匙龙聚议，闻各兵已入险，皆惊愕散乱，犹驱其众男妇千余人，据内隘绝壁，隔水为阵以拒。知府邢珣之兵渡水前击，张戬之兵冲其右，伍文定之兵自张戬右悬崖而下，绕贼傍击。贼不能支，且战且却。及午，雨霁；各兵鼓奋而前，乃败走。县丞舒富、知县王天与所领兵，闻前山兵已入，亦从锁匙龙并登。各军乘胜擒斩，贼悉奔十八磊。知府唐淳之兵复严阵迎贼，又败。然会日晚，犹扼险相持。次早，诸军复合势并击，大战良久，遂大败。知府邢珣破桶冈大巢，破梅伏巢，破乌池巢；知县张戬破西山界巢、锁匙龙巢，破黄竹坑巢；知府唐淳破十八磊巢；知府伍文定破铁木里巢，破土池巢，破葫芦洞巢；知县王天与破员分巢，破背水坑巢；县丞舒富破太王岭巢。擒斩首从贼人、贼级并俘获贼属男妇、夺回被掳人口、牛马、赃仗数多。贼大势虽败，结阵分遁者尚多。是日，闻湖广土兵将至，臣使知府邢珣屯葫芦洞，知府唐淳屯十八磊，知府伍文定屯大水，守备指挥郏文屯下新地，知县张戬屯磜头，县丞舒富屯茶坑，指挥姚玺、知县王天与屯板岭；而副使杨璋巡行磜头、茶坑诸营，监督进止，以继其粮饷。又使知府季斅分屯聂都，以防贼之南奔；都指挥许清留屯横水，指挥余恩留屯左溪，以备腹心遗漏之贼；而使参议黄宏留扎南安，给粮饷，以为聂都之继。臣亦躬率帐下屯茶寮，使各营分兵，与湖兵相会，夹剿遁贼。初五日，知府邢珣又破上新地巢，破中新地巢，破下新地巢。初七日，知府唐淳又破杉木坳巢，破原陂巢，破木里巢。十一日，知县张戬破板岭巢，破天台庵巢；十三日，又破东桃坑巢，破龙背巢。连日各擒斩俘获数多。其间岩谷溪壑之内，饥饿病疹颠仆死者，不可以数。于是，桶冈之贼略尽。臣以其暇，亲行相视形势，据险立隘，使卒数百，斩木栈崖，凿山开道。又使典史梁仪领卒数百，相视横水，创筑土城；周围千余丈，亦设隘以夺其险。议以其地请建县治，控制三省诸瑶，断其往来之路，事方经营。十六日，据防遏推官徐文英呈称：广东鱼黄等巢被湖兵攻破，贼党男妇千余，突往鸡湖、新地、稳下、朱雀坑等处。臣复遣知府季斅分兵趋朱雀坑等处，知府伍文定趋稳下、鸡湖等处，守备指挥郏文、知府邢珣趋上新等处，各相机急剿。二十日，知府伍文定兵，击贼于稳下寨、西峰寨、苦竹坑寨、长河坝巢、黎坑巢。二十三日，守备指挥郏文、知府邢珣击贼于上新地巢，知府伍文定又追击于鸡湖巢。十二月初三日，知府季斅击贼于朱雀坑寨、狐狸坑巢。擒斩首从贼徒、俘获贼属、夺获赃仗数多。于是奔遁之贼始尽。然以湖、广二省之兵方合，虽近境之贼悉以扫荡，而四远奔突之虞，难保必无。

乃留兵二千余，分屯茶寮、横水等隘，而以是月初九日回军近县，以休息疲劳；候二省夹攻尽绝，然后班师。两月之间，通计捣过巢穴八十余处，擒斩大贼首谢志珊、蓝天凤等八十六名颗，从贼首级三千一百六十八名颗，俘获贼属二千三百三十六名口，夺回被虏男妇八十三名口，牛马骡六百八只匹，赃仗二千一百三十一件，金银一百一十三两八钱一分；总计首从贼徒、贼属、牛马、赃仗共八千五百二十五名颗口只件。俱经行令转解纪功官处，审验纪录去后。

今呈前因，参照大贼首蓝天凤、谢志珊等，盘据千里，荼毒数郡，僭拟王号，图谋不轨，基祸种恶，且将数十余年。而虐焰之炽盛，流毒之惨极，亦已数年于兹。前此亦尝夹剿，曾不能损其一毛；屡加招抚，适足以长其桀骜。今乃驱卒不过万余，用费不满三万，两月之间，俘获六千有奇，破巢八十有四；渠魁授首，噍类无遗。此岂臣等能贤于昔人，是皆仰仗朝廷威德之被，庙堂处置得宜；既假臣以赏罚之权，复专臣以提督之任。故臣等得以伸缩自由，举动如志，奉成算以行事，循方略而指挥。将士有用命之美，进止无掣肘之虞，则是追获兽兔之捷，实由发纵指示之功。臣等偶叨任使，亦安敢冒非其绩！夫谋定于帷幄之中，而决胜于千里之外，命出于庙堂之上，而威行于百蛮之表。臣等敢为朝廷国议有人贺，且自幸其所遭，得以苟免覆𫗧之戮也。及照监军副使杨璋、参议黄宏、领兵都指挥佥事许清、都指挥使行事指挥使郑文、知府邢珣、季斅、伍文定、唐淳、知县王天与、张戬、指挥余恩、冯翔、县丞舒富、随征参谋等官指挥谢昶、冯廷瑞、姚玺、明德、同知朱宪、推官危寿、徐文英、知县陈允谐、黄文鸾、宋瑢、陆瓘、千户陈伟、高睿等，以上各官，或监军督饷，或领兵随征，悉皆深历危险，备尝艰难，各效勤苦之力，共成克捷之功。俱合甄录，以励将来。伏愿皇上普彰庙堂之大赏，兼收行伍之微劳。激劝既行，功庸益集，自然贼盗寝息，百姓安生，则地方幸甚！臣等幸甚！

立崇义县治疏 十二年闰十二月初五日

据江西巡守岭北道兵备副使杨璋、左参议黄宏会呈："据南安府知府季斅呈：'备所属致仕省祭义官监生杨仲贵等呈称，上犹等县横水、左溪、长流、桶冈、关田、鸡湖等处，贼巢共计八十余处，界乎三县之中，东西南北相去三百余里，号令不及，人迹罕到。其初峚贼，原系广东流来。先年，奉巡抚都御史金泽行令安插于此，不过砍山耕活。年深日久，生长日蕃，羽翼渐多；居民受其杀戮，田地被其占据。又且潜引万安、龙泉等县避役逃民并百工技艺

245

游食之人杂处于内，分群聚党，动以万计。始渐虏掠乡村，后乃攻劫郡县。近年肆无忌惮，遂立总兵，僭拟王号，罪恶贯盈，神人共怒。今幸奏闻征剿，蒙本院亲率诸军，捣其巢穴，擒其首恶，妖氛为之扫荡，地方为之底宁。三县之民欢欣鼓舞，如获更生。访得各县流来之贼，自闻夹攻消息，陆续逃出颇众。但恐大兵撤后，未免复聚为患。合无三县适中去处，建立县治，实为久安长治之策'等因到道。随取各县乡导，于军营研深。查得前项贼巢，系上犹、大庾、南康三县所属。上犹县崇义、上保、雁湖三里，先年多被贼杀戮，田地被其占据。大庾县义安三里，人户间被杀伤，田地贼占一半；南康县至坪一里，人户皆居县城，田地被贼阻荒。总计贼占田地六里有半。随蒙本院委领兵知府邢珣、知县王天与、黄文鹭亲历贼巢踏勘，三县之中适均去处，无如横水。原系上犹县崇义里地方，山水合抱，土地平坦，堪以设县。随会同分守左参议黄宏，议得合无于此建立县治，尽将三县贼人占据阻荒田地，通行割出。缘里分人户数少，查得南康县上龙一里、崇德一里，亦与至坪相接，缘至坪三都虽非全里，然而地方广阔，钱粮数多，堪以拆作一里，合割并属新县。其间人户数少者，田粮尚存，招人佃买，可以复全。县治既设，东去南康尚有一百二十里，要害去处则有长龙；西去湖广桂阳县界二百余里，要害去处则有上保；南去大庾县一百二十余里，要害去处则有铅厂；俱该设立巡检司。查得上犹县过步巡检司，路僻无用，宜改移上保，备由呈详。奉批：'看得横水开建县治，实亦事不容已。但未经奏请，须候命下，方可决议。兼之工程浩大，一时恐未易就。今贼势虽平，漏殄尚有，且宜遵照本院钦奉敕谕随宜处置事理，先于横水建立隘所，以备目前不测之虞。除委典史梁仪等一面竖立木栅，修筑土城，修建营房外，查得横水附近隘所，如至坪、雁湖、赖塘等处，盗贼既平，已为虚设。其附近村寨，如白面、长潭、杰坝、石玉、过步、果木、鸟溪、水眼等处居民，访得多系通贼窝主；及各县城郭村寨，亦多有通贼之人。合将各隘隘夫悉行拨守横水，其通贼人户，尽数查出，编充隘夫，永远把守；其不系通贼者，量丁多寡，抽选编金，轮班更替，务足一千余名之数。责委属官一员统领，常川守把。遇有残党啸聚出没，即便相机剿捕。候县治既立，人烟辏集，地方果已宁靖，再行议处裁损。其开建县治，本院亲行踏勘，再四筹度，固知事不可已。但举大事，须顺民情，兵革之后，尤宜存恤。仰该道会同分守等官，再行拘集地方父老子弟，多方询访，必须各县人民踊跃鼓舞，争先趋事，然后兴工，庶几事举而人有子来之美，工成而民享偕乐之休。仍呈抚按等衙门公同计议施行'等因。依奉会同参议黄宏遵照批呈事理，先于横水设立隘所，

246

防范不虞。及行该府再行拘集询访外，随据府县各申，拘集父老到官，各交口欢欣，鼓舞趋事，别无民情不便等因，备呈到道。"覆审无异，转呈到臣。会同巡抚江西等处地方都察院右副都御史孙燧、巡按江西监察御史屠侨，议照前项地方，大贼既已平荡，后患所当预防。今议立县治并巡司等衙门，惩前虑后，杜渐防微，实皆地方至计。及查得横水议建县治处所，原系上犹县崇义里，因地名县，亦为相应。如蒙皇上悯念地方屡遭荼毒，乞敕该部俯顺民情，从长议处，早赐施行，并儒学巡司等衙门一体铨选官员，铸给印信。如此，则三省残孽，有控制之所而不敢聚，三省奸民，无潜匿之所而不敢逃。变盗贼强梁之区为礼义冠裳之地，久安长治，无出于此。

卷十一　别录三

奏疏三

乞休致疏 正德十三年三月初四日

臣以菲才，遭逢明盛，荷蒙陛下涤垢掩瑕，曲成器使；既宽尸素之诛，复冒清显之职；增其禄秩，假以赏罚；念其行事之难，授以提督之任，言行计听。感激深恩，每思捐躯以效犬马。奈何才蹇福薄，志欲前而力不逮，功未就而病已先。臣自待罪鸿胪，即尝以病求退；后惧托疾避难之诛，辄复黾勉来此。驱驰兵革，侵染瘴疠，昼夜忧劳，疾患愈困。自去岁二月往征闽寇，五月旋师；六月至于九月，俱有地方之警；十月攻横水，十一月破桶冈，十二月旋师；未几，今年正月又复出剿浰贼。前后一岁有余，往来二三千里之内，上下溪涧，出入险阻，皆扶病从事。然而不敢辄以疾辞者，诚以朝廷初申赏罚之请，再下提督之命，惟恐付托不效，以辜陛下听纳之明，负大臣荐扬之举。且其时盗贼方炽，坐视民之荼毒而以罪累后人，非仁也；已逃其难而遗人以艰，非义也；徒有其言而事之不酬，非忠也。故宁委身以待罪，忍死以效职。

今赖陛下威德，庙堂成算，上犹、南康之贼既已扫荡，而浰寇残党亦复不多，旬日之间，度可底定，决不至于重遗后患；则臣之罪责，亦既可以少逭于万一。但惟臣病月深日亟，百疗罔效，潮热咳嗽，疮痍痛肿，手足麻痹，已成废人。昔人所谓绵弱之才，不堪任重；福薄之人，难与成功；二者臣皆有焉。伏惟陛下覆载生成，不忍一物失所，悯臣舆病讨贼所备尝之苦，哀臣忍死待罪不得已之情，念福薄之有限，怜疾疗之无期，准令旋师之日，放归田里。岂曰保全余息，尚图他日之效。苟遂丘首，臣亦感恩地下，能忘衔结之报乎？臣不胜哀恳祈望之至！

移置驿传疏 正德十三年二月二十五日

据江西按察司分巡岭北道兵备副使杨璋呈："奉臣批，据南安府大庾县峰山里民朱仕玳等连名告称：'本里先因敌御䝙贼，正德十一年被贼复仇，杀害本里妇男一百余命。各民惊惶，自愿筑砌城垣一座，搬移城内。告申上司，蒙给官银修理三门。今幸完成，居民无虞。正德十二年六月十九日，奉调本里百长谢玉山等五百名前去本府剿贼，已获功次解报，未蒙发回。今风闻䝙贼又要前来复雠，但本城缺兵防守，乞赐裁革宰屋、龙华二隘人夫，前来守城。其赤口巡检司缺官，就乞委官署掌印信，督兵防遏。及愿出地，迁移小溪驿进城，城池驿舍，俱保无虞'等情。奉批岭北道议处。依奉，会同左参议黄宏，议将宰屋、龙华二隘人夫拨付该城防守，该府照磨邓华空闲，合委署掌印信，提督该司弓兵并该城兵众，并力防遏。其小溪驿迁移峰山城内一节，合行该府查勘，应否迁移；过往使客，有无便益；南北水路，有无适均；移驿之费，计算几何。缘由呈详本院，奉批：'去隘委官，俱准议行；移驿事，仰行该府作急勘报'等因，已经行据南安府呈：'蒙二隘人夫拨付峰山守城，行委照磨邓华署掌赤石巡检司印信。及查，议得小溪旧驿，止有人烟数家孤处河边，且与鸡湖等贼巢相近，曾被强贼来驿，执房官吏，烧毁公厅。见今贼势猖獗，使客辄受惊惶，不敢停歇。往年亦曾建议迁驿，奈小溪人民俱各包当该驿夫役，积年射利得惯，官吏被其钤制，往往告称移驿不便。况移驿处所虽在城中，离河不远，工程所费亦不过四五十两。如此一举，委果水陆俱便，不惟该驿可保无虞，而往来使客宿歇，亦无惊恐'等因，回报到道，覆议相同。"据呈到臣，簿查先为前事，已经批仰该道议处，回报去后。今据前因，看得小溪旧驿屡被贼患，移置峰山城内，委果相应。如蒙乞敕该部查议相同，俯从所请，则一劳永逸，实为地方之幸！

浰头捷音疏 十三年四月二十日

据江西按察司分巡岭北道兵备副使杨璋呈："据一哨统兵守备南、赣二府地方以都指挥体统行事指挥使郏文呈称：'统领远安县义民孙洪舜等兵，于本年正月初七日，攻破曲潭等巢，十一日，攻破半径等巢，共五处。二月二十六日，与贼战于水源等处。擒斩大贼首吴积祥、陈秀谦、张秀鼎等七名颗，贼从陈希九等一百二十六名颗，俘获贼属男妇五十六名口，烧毁贼巢房屋禾仓二百五十三间，及夺获器械等物。'二哨统兵赣州府知府邢珣呈称：'督同同知夏克义、知县黄天与、典史梁仪、老人叶秀芳等官兵，于正月初七等日，攻破方竹湖等巢；初九日，攻破黄田坳等巢；共四处。二十五等日，覆贼于白沙；二月十六日，与贼战于芳竹湖等处。擒斩大贼首黄佐、张廷和、王蛮师、刘钦等一十名颗，贼从黄密等二百六十名颗，俘获贼属男妇八十三名口，烧毁贼巢房屋禾仓二百二拾二间，及夺获赃仗牛马等项。'三哨领兵广东惠州府知府陈祥呈称：'督同通判徐玑、新民卢琢等官兵，于正月初七等日，攻破热水等巢，初九等日，攻破铁石障等巢，共五处。二十五等日，覆贼于五花障等处；二月初二等日，与贼战于和平等处。擒斩大贼首陈活鹍、黄弘闰、张玉林等十一名颗，贼从李廷祥四百三十一名颗，俘获贼属男妇二百二十名口，烧毁贼巢房屋禾仓五百七十二间，及夺获器械、赃银、牛马等项。'四哨统兵南安府知府季敩呈称：'统领训导蓝铎、百长许洪等官兵，于正月初三等日，攻破右坑等巢，十一日攻破新田径等巢，共四处。二十七等日，覆贼于北山，又与战于风门奥等处。擒斩大贼首刘成珍等四名颗，贼从胡贵琢等一百三十名颗，俘获贼属男妇一百六十五名口，烧毁贼巢房屋禾仓七十三间，及夺获赃银等物。'五哨统兵赣州卫指挥佥事余恩呈称：'统领新民百长王受、黄金巢等兵，于正月初七日，会同推官危寿、千户孟俊，攻破上、中、下三洌大巢；十一日，攻破空背等巢；共四处。二十五日，覆贼于银坑水等处。擒斩大贼首赖振禄、王贵洪、李全、邹一惟等九名颗，贼从赖贱仔等三百五十名颗，俘获贼属男妇六十二名口，烧毁贼巢房屋禾仓三百二十一间，及夺获器械牛马等项。'六哨统兵赣州卫指挥佥事姚玺呈称：'统领新民梅南春等兵，于正月初七日，攻破淡方等巢；初九日，攻破岑冈等巢；共四处。二十七日，覆贼于乌龙镇。擒斩大贼首谢銮、曾用奇等五名颗，贼从卢任龙一百九十九名颗，俘获贼属男妇一百一十二名口，烧毁贼巢房屋禾仓三百七十间，及夺获器械牛马等项。'七哨统兵赣州府推官危寿呈称：'统领义官叶方等兵，于正月初七日，会同指挥余恩、千户孟俊，攻破上、中、下三洌大巢；初十等日，攻破镇里寨等巢；共四处。二十七日，覆贼于中村等处。擒斩大贼首池仲宁、高允贤、池仲安、朱万、林根等十二名颗，贼从黄稳等二百一十一名颗，俘获贼属男妇三十三名口，烧毁贼巢房屋禾仓三百二十三间，及夺获赃仗牛马等项。'八哨统兵赣州卫千户孟俊呈称：'统领义官陈英、郑志高、新民卢珂等兵，于正月初七等日，会同指挥余恩、推官危寿，攻破上、中、下三洌大巢；初十等日，攻破大门山等巢；共六处。擒斩大贼首谢凤经、吴宇、张廷与、石荣等九名颗，贼从张角子等一百九十二名颗，俘获贼属男妇一百四十三名口，烧毁贼巢

250

房屋禾仓一百七十三间，及夺获器械、牛马、赃银等项。'九哨统兵南康县县丞舒富呈称：'统领义民赵志标等兵，于正月十一等日，攻破旗领等巢，共二处。二月十四日，与贼战于乾村等处。擒斩贼从刘三等一百七名颗，俘获贼属男妇二十一名口，烧毁贼巢房屋禾仓五十三间，及夺获器械等物'等因，各呈报到道。

查得先为地方紧急贼情事，据信丰县所呈称：'正德十二年二月初七日，龙南县贼首黄秀魁纠合广东贼首池仲容等，突来本县杀人放火。见今攻城不退，乞要发兵救援'等因。该本道议，委经历王祚、县丞舒富领兵剿捕。斩获贼级四颗，被贼杀死报效义士杨习举等十名，执去经历王祚。随该本道亲诣该县，暂将各贼招安，拨回原巢，经历王祚送出。参将失事知县王天爵、卢凤、千户郑铎、朱诚、洪恩、主簿周镇、镇抚刘铠等，俱各有罪。及将前贼应剿缘由，呈详转达具奏外，正德十三年正月初三日，奉提督军门纸牌：'议照上犹等县贼巢既平，广东龙川县浰头等处贼巢，奉有成命，应该会剿。其大贼首池仲容等，本院已行计诱擒获。见今军势颇振，若不乘此机会，出其不意，捣其不备，坐视以待广兵之来，未免有失事机之会。本院除遵奉敕谕内自行量调官军设法剿捕事理，部勒兵众，分布哨道，行仰守备指挥并知府等官郑文、陈祥等统领，各授进止方略外，备行本职前去军前纪验功次，及催各哨官兵上紧依期进剿。仍行巡按衙门前来核实施行'等因，随呈巡按江西监察御史屠侨批行本道：'先行纪验明白，通候核实施行。'依奉督率各省官兵依期进剿去后。今据前因，除将前项功次俱类巡按衙门会审纪验明白，生擒贼犯解赴提督军门斩首枭示，贼属男妇变卖银两，器械、赃仗、赃银俱贮库外，参照浰头大贼首池仲容、池仲宁、池仲安、高允贤、李全等，盘据一方，历有岁年，僭称王号，伪设官职；广东翁源、龙川、始兴、江西龙南、信丰、安远、会昌等县，屡被攻围城池，杀害官军，焚烧村寨，房杀男妇，岁无虚日。曾经狼兵夹攻数次，俱被漏网。是乃众贼奸雄之巨擘，三省群盗之根源也。今幸天夺其魄，仲容束手就擒，仲宁、仲安等一时授首，各巢贼从擒斩殆尽。此皆仰仗朝廷德威远播，庙堂成算无遗，提督军门赏罚以信而号令严明，师出以律而机宜慎密，身先士卒而艰险之不辞，洞见敌情而抚剿之有道。以是数十年之巨寇，一旦削平；连四省之编氓，永期安辑。呈乞照详转达"等因，据呈到臣。

卷查先为地方紧急贼情事，准兵部咨，该巡按江西监察御史屠侨奏，该本部覆题："节奉圣旨：是，这地方贼情，著都御史王守仁自行量调官军，设法剿捕。钦此。"及为申明赏罚以励人心事，准兵部覆题："请敕南、赣等处都御史假以提督军务名目，给与旗牌应用，以振军威。一应军马钱粮事宜，径自便宜区画。如遇盗贼入境，即便调兵剿杀，不许踵袭旧弊招抚，重为民患。所部官军，若在军前违期逗遛退缩，俱听以军法从事。生擒盗贼，亦听斩首示众。贼级听本处兵备会同该道守巡官，即时纪验明白，备行江西按察司造册奏缴，查照剿杀南方蛮贼见行旧例，议拟升赏等因，具题：奉圣旨：是，王守仁著提督南、赣、汀、漳等处军务，换敕与他。其余事宜，各依拟行。钦此。"又为地方紧急贼情事，准兵部覆题："看得所奏攻治盗贼二说，就令差来人赍文，交与都御史王守仁，悉依前项申明赏罚事理便宜行事。期于功成，不限以时，相机攻剿等因，具题：节该奉圣旨：是。钦此。"陆续备咨到臣。俱经通行抚属四省各道守巡、兵备、守备等官一体钦遵，并咨总督两广左都御史陈金查照外，续该臣看得南、赣盗贼，其在南安之横水、桶冈诸巢，则接境于湖郴；在赣州之浰头、桶冈诸巢，则连界于闽、广。接境于湖郴者，贼众而势散，恃山溪之险以为固；连界于闽、广者，贼狡而势聚，结党与之助以相援。臣等遵奉敕谕，及查照兵部咨示方略，初议先攻横水，次攻桶冈，而末乃与广东会兵，徐图浰头；如攻坚木，先其易者，后其节目。自正德十二年九月，臣等议将进兵横水，恐浰贼乘虚出扰，思有以沮离其党。臣乃自为告谕，具述祸福利害，使报效生员黄表、义民周祥等往谕各贼，因皆赐以银布。一时贼党亦多感动，各寨酋长黄金巢、刘逊、刘粗眉、温仲秀等，遂皆愿从表等出投。惟大贼首池仲容即池大鬓，独愤然谓其众曰："我等做贼已非一年，官府来招亦非一次，此亦何足为凭！待金巢等到官后，果无他说，我等遣人出投亦未为晚。"其时臣等兵力既未能分，意且羁縻，令勿出为患，胡亦不复与较。金巢等至，臣乃释其罪，推诚厚抚，各愿出力杀贼立效。于是，藉其众五百余，悉以为兵，使从征横水。十月十二日，臣等已破横水，仲容等闻之始惧。计臣等必且以次加兵，于是集其酋豪池仲宁、高飞甲等谋，使其弟池仲安率老弱二百余徒，亦赴臣所投招，求随众立效；意在援兵，因而窥觇虚实，乘间内应。臣逆知其谋，阳许之。及臣进攻桶冈，使领其众截路于上新地，以远其归途；内严警御之备，以防其衅；外示宽假之形，以安其心。阴使人分召邻贼诸县被贼害者，皆诣军门计事，旬日之间，至者数十。问所以攻剿之策，皆以此贼狡诈凶悍，非比他贼，其出劫行剽，皆有深谋，人不能测。自知恶极罪大，国法难容，故其所以扞拒之备，亦极险谲。前此两经夹剿，皆狼兵二三万，竟亦不能大捷。后虽败遁，所杀伤亦略相当。近年以来，奸谋愈熟，恶焰益炽。官府无

252

可奈何，每以调狼兵恐之。彼辄谩曰："狼兵易与耳。纵调他来，也须半年；我纵避他，只消一月。"其意谓狼兵之来不能速，其留不能久也，是以益无忌惮。今已僭号设官，奸计逆谋，尤非昔比。必欲除之，非大调狼兵，事恐难济。臣以为兵无常势，在因敌变化而制胜。今各贼狃于故常，且谓必待狼兵而后敢攻，此所以不必狼兵而可以攻之也。乃为密画方略，使数十人者各归部集，候我兵有期，则据隘遏贼。

十一月，贼闻臣等复破桶冈，益惧，为战守备。臣使人至贼所，赐各酋长牛酒，以察其变。贼度不可隐，则诈称龙川新民卢珂、郑志高等将掩袭之，是以密为之防，非敢虞官兵也。臣亦阳信其言，因复阳怒卢珂、郑志高等擅兵雠杀，移檄龙川，使廉其实；且趣各贼伐木开道，将回兵自浰头取道，往讨之。贼闻，以为臣等实有为之之意，又恐假道伐之，且喜且惧。因遣来谢，且请无劳官兵，当悉力自防御之。卢珂、郑志高、陈英者，皆龙川旧招新民，有众三千余。远近皆为仲容所胁，而三人者独与之抗，故贼深雠忌之。十二月望，臣兵回至南康，卢珂、郑志高等各来告变，谓池仲容等僭号设官，今已点集兵众，号召远近各巢贼首，授以"总兵"、"都督"等伪官，使候三省夹攻之兵一至，即同时并举，行其不轨之谋。及以伪授卢珂等官爵"金龙霸王"印信文书一纸黏状来首。臣先已谍知其事，及珂等来，即阳怒，以为尔等擅兵仇杀投招之人，罪已当死；今又造此不根之言，乘机诬陷；且池仲容等方遣其弟领兵报效，诚心向化，安得有此。遂收缚珂等，将斩之。时池仲安之属方在营，见珂等入首，大惊惧；至是皆喜，罗拜欢呼，竞诉珂等罪恶。臣因亦阳令具状，谓将并拘其党属，尽斩之。于是遂械系卢珂，而使人密喻以阳怒之意，欲以诱致仲容诸贼。且使卢珂等先遣人归，集其众，候珂等既还，乃发。臣又使生员黄表、听选官雷济往喻仲容，使勿以此自疑。密购其所亲信，阴说之，使自来投诉。二十日，臣兵已还赣，乃张乐大享将士。下令城中，今南安贼巢皆已扫荡，而浰头新民又皆诚心归化，地方自此可以无虞。民久劳苦，亦宜暂休为乐。遂散兵，使各归农，示不复用。而使池仲安亦领众归，助其兄防守，且云卢珂等虽已系于此，恐其党致怨，或掩尔不虞。仲安归，具言其故，贼众皆喜，遂弛备。臣又使指挥余恩赍历往赐仲容等，令毋撤备，以防卢珂诸党，贼众亦喜。黄表、雷济因复说仲容："今官府所以安辑劳来尔等甚厚，何可不亲往一谢！况卢珂等日夜哀诉反状，乞官府试拘尔等，若拘而不至者，即可以证反状之实；今若不待拘而往，因面诉珂等罪恶，官府必益信尔无他，而谓珂等为诈，杀之必矣。"所购亲信者复从力赞，仲容然之，乃谓其众曰："若要仲，先用屈。赣州伎俩，亦须亲往勘破。"遂定议，率其麾下四十余人，自诣赣。臣使人探知仲容已就道，乃密遣人先行属县勒兵，分哨道，候报而发。又使千户孟俊先至龙川，督集卢珂、郑志高、陈英等兵；然以道经涮巢，恐摇诸贼，则别赍一牌，以拘捕卢珂等党属为名。各贼闻俊往，果遮迎问故，俊出牌视之，乃皆罗拜，相争导送出境。俊已至龙川，始发牌部勒卢珂等兵。众贼闻之，皆以为拘捕其属，不复为意。

闰十二月二十三日，仲容等至赣，见各营官兵皆已散归，而街市多张灯设戏为乐，信以为不复用兵。密赂狱卒，私往觇卢珂等，又果械系深固。仲容乃大喜，遣人归，报其属曰："乃今吾事始得万全矣！"臣乃夜释卢珂、郑志高等，使驰归发兵；而令所属官僚次设羊酒，日犒仲容等，以缓其归。正月三日，度卢珂等已至家，所遣属县勒兵当已大集，臣乃设犒于庭，先伏甲士，引仲容入，并其党，悉擒之。出卢珂等所告状，讯鞫皆伏，遂置于狱。而夜使人趋发属县兵，期以初七日同时入巢。于是，知府陈祥兵从龙川县和平都入，指挥姚玺兵从龙川县乌虎镇入，千户孟俊兵从龙川县平地水入，指挥余恩兵从龙南县高沙保入，推官危寿兵从龙南县南平入，知府邢珣兵从龙南县太平保入，守备指挥郑文兵从龙南县冷水径入，知府季斆兵从信丰县黄田冈入，县丞舒富兵从信丰县乌径入；臣自率帐下官兵，从龙南县冷水径直捣下涮大巢；而使各哨分路同时并进，会于三涮。

先是，贼徒得池仲容报，谓赣州兵已罢归，他已弛备，散处各巢。至是，骤闻官兵四路并进，皆惊惧失措。乃分投出御，而悉其精锐千余，据险设伏，并势迎敌于龙子岭。我兵聚为三冲，犄角而前。指挥余恩所领百长王受兵首与贼遇，大战良久，贼败却。王受等奋追里许，贼伏兵四起，奋击王受。推官危寿所领义官叶芳兵鼓噪而前，复奋击贼伏兵后；千户孟俊兵从傍绕出冈背，横冲贼伏，与王受合兵。于是贼乃大败奔溃，呼声震山谷。我兵乘胜逐北，遂克上、中、下三涮。各哨官兵遥闻三涮大巢已破，皆奋勇齐进，各贼皆溃败。知府陈祥兵遂破热水巢、五花障巢；指挥姚玺兵遂破淡方巢、石门山巢、上下陵巢；知府邢珣兵遂破芳竹湖、白沙巢；守备指挥郑文兵遂破曲潭巢、赤唐巢；知府季斆兵遂破布坑巢、三坑巢。是日，擒斩首从贼人、贼级、俘获贼属男妇、牛马、器仗数多，其余堕崖填谷死者不可胜计。是夜，贼复奔聚未破巢穴。次日早，乃令各哨官兵探贼所往，分投急击。初九日，知府陈祥兵破铁石障巢、羊角山巢，获贼首"金龙霸王"印信旗袍；知府邢珣兵破黄田坳巢；指挥姚玺兵破岑冈巢；指挥余恩兵破塘含洞巢、溪尾巢。初十日，千户

254

孟俊兵破大门山巢，推官危寿兵破镇里寨巢。十一日，知府邢珣兵破中村巢；守备郏文兵破半径巢、都坑巢、尺八岭巢；知府季斅兵破新田径巢、古地巢；指挥余恩兵破空背巢；县丞舒富兵破旗岭巢、顿冈巢。十三日，千户孟俊兵破狗脚坳巢、水晶洞巢、五湖巢、蓝州巢。十六日，推官危寿兵破风盘巢、茶山巢。连日，各擒斩首从贼人、贼级并俘获贼属男妇、牛马、器仗数多。然各巢奔散之贼，其精悍者尚八百余徒，复哨聚九连大山，扼险自固。当臣看得九连山势极高，横亘数百余里，四面斩绝；我兵既不得进，而其内东接龙门山后诸处，贼巢若百数。以我兵进逼，贼必奔往其间；诱激诸巢，相连而起，势亦难制。然彼中既无把截之兵，欲从傍县潜军，断其后路，必须半月始达，缓不及事。止有贼所屯据崖壁之下一道可通，然贼已据险，自上发石滚木，我兵百无一全。于是，乃选精锐七百余人，皆衣所得贼衣，佯若奔溃者，乘暮直冲贼所据崖下涧道而过。贼以为各巢败散之党，皆从崖下招呼，我兵亦佯与呼应；贼疑，不敢击。已度险，遂扼断其后路。次日，贼始知为我兵，并势冲敌。我兵已据险，从上下击，贼不能支，乃退败。臣度其必溃，预令各哨官兵四路设伏以待。贼果分队潜遁。二十五日，知府陈祥兵覆贼于五花障，知府邢珣兵覆贼于白沙，指挥余恩兵覆贼于银坑水。二十七日，指挥姚玺兵覆贼于乌虎镇，推官危寿兵覆贼于中村，知府季斅兵覆贼于北山，又战于风门奥。其余奔散残党尚三百余徒，分逃上下坪、黄田坳诸处，各哨官兵复黏踪会追。二月初二日，知府陈祥兵复与贼战于平和；初五日，复战于上坪、下坪。初八日，推官危寿、指挥余恩兵复与贼战于黄坳。十二日，知府陈祥兵复与贼战于铁障山。十四日，县丞舒富兵复与贼战于乾村，又战于梨树。十四日，知府邢珣、季斅兵复与贼战于芳竹湖。二十三日，县丞舒富兵复与贼战于北顺，又战于和洞。二十六日，守备郏文兵复与贼战于水源，战于长吉，战于天堂寨。连日擒斩首从贼人、贼级数多。三月初三日，据乡导人等四路爪探，皆以为各巢积恶凶狡之贼，皆已擒斩略尽；惟余党张仲全等二百余徒，其间多系老弱，及远近村寨一时为贼所驱胁、从恶未久之人，今皆势穷计迫，聚于九连谷口，呼号痛哭，诚心投招。臣遣报效生员黄表往验虚实，果如所探。因引其甲首张仲全等数人前来投见，诉其被胁不得已之情。臣量加责治，随遣知府邢珣往抚其众，籍其名数，遂安插于白沙。

初七日，据知府邢珣等呈称："我兵自去岁二月从征闽寇，迄今一年有余，未获少休。今幸各巢贼已扫荡，余党不多，又蒙俯顺招安；况今阴雨连绵，人多疾疫，兼之农功已动，人怀耕作，合无俯顺下情，还师息众。"及义官叶芳等并各村乡居民亦告前情。臣因亲行相视险易，督同副使杨璋、知府陈祥等经理立县设隘，可以久安长治之策，留兵防守而归。

盖自本年正月初七日起，至三月初八日止，前后两月之间，通共捣过巢穴三十八处；擒斩大贼首二十九名颗，次贼首三十八名颗，从贼二千零六名颗；俘获贼属男妇八百九十名口；夺获牛马一百二十二只匹，器械、赃仗二千八百七十件把，赃银七十两六钱六分；总计擒斩、俘获、夺获共五千九百五十五名颗口只匹件把。俱经行令兵备等官审验纪录，仍行纪功御史核实施行，具由呈报去后。今据前因，臣等会同江西巡按御史屠侨、广东巡按御史毛凤，参照大贼首池仲容等，荼毒万民，骚扰三省，阴图不轨，积有年岁，设官僭号，罪恶滔天；比之上犹诸贼，尤为桀骜难制。盖上犹诸贼，虽有僭窃不轨之名，而徒惟劫掠焚烧是嗜；至于浰头诸贼，虽亦剽劫掳掠是资，而实怀僭拟割据之志。故其招致四方无籍，隐匿远近妖邪；日夜规图，渐成奸计。兼之贼首池仲容、池仲安等，又皆力搏猛虎，捷竟飞猱；凶恶之名久已著闻，四方贼党素所向服；是以负固恃顽，屡征益炽。前此知其无可奈何，亦惟苟且招安，以幸无事；其实无救荼毒之惨，益养奸宄之谋。今乃臣等驱不练之兵，资缺乏之费，不逾两月，而破奸雄不制之虏，除三省数十年之患。此非朝廷威德，庙堂成算，何以及此！臣等切惟天下之事，成于责任之专一，而败于职守之分挠。就今事而言，前此尝夹攻二次，计剿数番；以兵，则前者强，而今者弱，前者数万，而今者数千；以时，则前者期年，而今者两月；以费，则前者再倍，而今者什一；以任事之人，则前者多知谋老练之士，而今者乃若臣之迂疏浅劣。然而计功较绩，顾反有加于昔，何哉？实由朝廷之上，明见万里，洞察往弊，处置得宜。既假臣以赏罚之权，复改臣以提督之任；既以兵忌遥制，而重各省专征之责，又虑事或牵狃，而抑守臣干预之请；授之方略而不拘以制，责其功成而不限以时。以故诏旨一颁，而贼先破胆夺气；咨文一布，而人皆踊跃争先。效谋者知无沮挠之患，而务竟其功；希赏者知无侵削之弊，而毕致其死。是乃所谓"得先胜之算于庙堂，收折冲之功于樽俎"，实用兵之要道，制事之良法也。事每如此，天下之治有不足成者矣。

臣等偶叨任使，何幸滥竽成功！敢是献捷之余，拜手稽首以贺，伏愿皇上推成功之所自，原发纵之有因，庶无僭赏，以旌始谋。及照兵备副使杨璋，监军给饷，纪功督战，备历辛勤，宜加显擢；守备指挥郑文、知府陈祥、邢珣、季斅、推官危寿、指挥余恩、姚玺及千户孟俊、县丞舒富等，皆身亲行阵，屡立战功，俱合奖擢，庶示激扬，以为后劝。

臣本凡庸，缪当重任；偶逢事机之会，幸免覆𬪩之诛。然功非其才，福已逾分，遂沾痿痹之疾，既成废弃之人。除已别行请罪乞休外，缘系捷音，及该兵部议拟期于成功，不限以时，题奉钦依事理，为此具本题知。

添设和平县治疏 十三年五月初一日

据江西按察司分巡岭北道兵备副使杨璋、广东按察司分巡岭东道兵备佥事朱昂会呈："据赣州府知府邢珣、惠州府知府陈祥呈，奉臣案验，据广东惠州龙川、河源等县省祭监生、生员、耆老陈震、余世美、黄宸等连名呈称：'浰头、岑冈等处叛贼池大鬓等，魁首动以百十，徒党不下数千，始则占耕民田，后遂攻打郡县。谢玉璘、邹训等倡乱于弘治之末，而此贼已为之先锋，徐允富、张文昌继乱于正德之初，而此贼复张其羽翼，荼毒三省。二十余年以来，乃为三省遁逃之主，遂称群贼桀骜之魁。捉河源县之主簿，虏南安府之经历，绑龙南县之县官，戮信丰所之千户，肆然无忌。规图渐广，凶恶日增，僭称王号，伪建元帅、总兵、都督、将军等名目。虽屡蒙上司动调官兵，多方征剿，俱被漏网为患。今蒙提督军门亲捣贼巢，扫荡残党，除数郡之荼毒，雪万姓之冤愤。若不趁此机会，建立县治，以控制三省贼冲之路，切恐流贼复聚，祸根又萌。切见龙川和平地方，山水环抱，土地坦平，人烟辏集，千有余家。东去兴宁、长乐、安远，西抵河源，南界龙川，北际龙南，各有数日之程。其间山林阻隔，地里辽远，人迹既稀，奸宄多萃。查得父老相传，原系循州一州龙川、雷乡二县，后因地方扰乱，人民稀少，除去循州、雷乡两处，止存龙川一县。洪武初间，龙川尚有五十五里，其后州县既除，声教不及。洪武十九等年，贼首谢仕真等相继作乱，将前项居民尽行杀戮，数百里内，人烟断绝。自此，贼巢日多，民居日耗，始将龙川县都图并作七里。迄于近年，民遭荼毒，遂至此极。如蒙怜念，于和平地方设建县治，以控制瑶洞；兴起学校，以移易风俗；及将和平巡检司改立浰头，屯兵堤备，庶几变盗贼之区为冠裳之地，实为保安至计'等因，据呈到院。看得东南地方，但系盗贼盘据，即皆深山穷谷，阻险辽绝之区，是以征剿之后，其民类皆愿立县治以控制要害，敷施政教而渐次化导之。故东南弭盗安民，则建立县治，亦其一策。近该本院亲剿浰贼，见今住军九连大山，往来浰头、和平等处，备阅山溪形势，讲求贼情民俗，深思善后之图，实有如各役所呈者。但开建县治，置立屯所，必须分割都图，创起关隘。城池宫室之费，力役输调之赀，未经查勘议处，难便奏闻。案：'仰本道即行副使杨璋会同佥事朱昂，督同府县掌印官拘集各该地方乡里甲人等，备勘和平、浰头两处，某处可以建筑城池，某地宜以添设巡逻，某县都图相近可以分割，某里村寨接连堪以拨补，某所巡司可以移镇，某乡丁户可以编金；其移民以就田，调兵以守隘，一应工役所需，作何区处；再行考求图籍，谘诹耆老，必求至当归一。具由呈来，以凭议处定夺，仍呈总督、总镇、巡按衙门公同计议施行'等因。各职遵依，督同龙川县署县事主簿陈甫、河源县署县事县丞朱炜，就近拘集龙川县通县并河源县惠化都里老沙海、钟秀山等，与原呈陈震等到职会勘。和平峒地方原有二千余家，因贼首池大鬢等作耗，内有八百余家投城居住，尚存一千余家。本峒羊子一处，地方宽平，山环水抱，水陆俱通，可以筑城立县于此；招回投城之人，复业居住。分割龙川县和平都、仁义都并广三图共三里，及割附近河源县惠化都，与接近江西龙南县邻界，亦折一里前来，共辖一县。及将先年各处流来已成家业寓民，尽数查出，责令立籍，拨补绝户图眼，一体当差。其和平巡检司宜立浰头，以控制险阻。仍于本县并龙南县量编隘夫几百名，委官管领，兼同该司弓兵巡逻，使盗贼不得盘据。其盖造衙门大小竹木，和平、浰头各山产有，俱派本处人户采办，不用官钱。其余砖石灰瓦、匠作工食之费，须查支官库银两。及差委公正府佐贰官一员，清查浰头、岑冈等处田土，除良民产业被贼占耕者照数给主外，中间有典与新民，得受价银者，量追价银一半入官，其田给还管业；其余同途上盗田土，尽数归官卖价，以助筑修城池官廨之用。其龙川县分割三图，止存五图在彼，路通冲要，答应繁难。查得邻界长乐县所属清化都，正与龙川连近，乞于该都分割一图，补凑管辖，庶为适均等因。又据龙南县太平等保里老赖本立等呈称：'本县东南与广东龙川、河源二县，西南与广东始兴县连界，多深山穷谷，向因各处流贼过境劫掠，太平保设有横冈、角嶂二隘，上蒙、高沙二保设有牛冈、阳陂二隘，就于各保金点隘夫乡兵守把。后因池大鬢等不时出劫，各隘烧毁一空。今征剿既平，宜将前项隘所修筑把守，可保四境无虞。及照本县止有四里半，邑小民寡，递年逋负追并；况与龙川县又系隔省窎远，乞免分割，以苏民困'等因。各职并行会议得贼平之后，经久良图，诚无逾于添设县治者。今龙川县里老人等，愿于和平峒羊子铺添设县治，及分割都图，清卖贼田，移置巡司，量金隘夫等情，俱相应俯顺。惟称又要分拆江西赣州府龙南县附近都图，缘系两省地方，相隔愈远，未免影射差役，两无归著，难以准行。止该于龙南县该管图保，修筑旧隘；其新兴地方，系通始兴县要路，宜添设一隘；各于邻近地方多金乡夫守把。及看得修筑城池、学校、仓场、铺舍等项，中间有碍百姓田庐税粮，亦该委官丈量，照数除豁。相距龙川县二百里之程，该量设铺舍十处。一应工程，除大小竹木派令人户采办，其余砖石、灰瓦等项物料，各色匠作工食，猝难料计，应合委官估计，通该银若干，扣除前项田价银两若干，余于惠州府库相应官银支给；尚有不敷，另行申请。合用人工，该起龙川县与河源县惠化都民夫答应。其移置浰头巡检司，应隶新县管辖。该司弓兵四十名，额数寡少，合于龙川县和平、仁义、广三图量编四百名，龙南县量编二百名，俱令该县掌印官编金造册，分为二班，半年一换。俱各委官管领，兼同该司官巡逻，遇有盗贼生发，即随扑获。隘夫限满，亦须该班者交代方还。各府、州、县巡捕官，俱要不时往来巡点。其清卖贼田，修筑城池等项，俱各委官分投干办，方得集事。再照新县里粮数少，官员应该减裁；且系偏僻之地，驿递不必添设。遇有使客往来，总于龙川县雷乡驿应付。前项居民，被贼残害，疮痍未苏，加以创县劳费，困苦可矜。成县之日，凡遇一应杂泛差役，坐派钱粮物料等项，俱各酌量减省；期待三年之后，方与各县一体差科。庶几舆情允惬，事体允当'等因到道。会同佥事朱昂覆议相同，合就会案呈详"等因，据呈到臣。会同钦差巡按广东监察御史毛凤，议照前项地方实系山林深险之所，盗贼屯聚之乡；当四县交界之隙，乃三省闰余之地；是以政教不及，人迹罕到。其间接连闽、广，反覆贼巢，动以百数。据而守之，真足以控诸贼之往来，杜奸宄之潜匿；弃而不守，断为狐鼠之窟穴，终萃逋逃之渊薮。况前此本亦州县旧区，始以县存，而民犹恃为保障；后因县废，而贼遂据以陆梁，是又往事之明验矣。当贼猖獗之日，地方父老屡有取复县治之议，然其时贼方盘据，势有不能。今赖朝廷威德，巢穴荡平，若不乘此机会，复建县治以扼其要害，将来之事，断未可知。臣等班师之日，胁从投招者尚不满百，今未两月，远近牵引而至且二百矣。若县治不立，制驭阔疏，不过一年，泛然投招之人必皆复化为盗；其时又复兴师征剿，剿而复聚，长此不已，乱将安穷！夫盗贼之患，譬如病人，兴师征剿者，针药攻治之方；建县抚辑者，饮食调养之道。徒恃针药之攻治，而无饮食以调养之，岂徒病不旋踵，将元气遏绝，症患愈深，后虽扁鹊、仓公，无所施其术矣。臣等窃以设县移司，实为久安长治之策。伏愿皇上鉴往事之明验，为将来之永图；念事机之不可失，哀民困之不可再；俯采臣等所议，特敕该部早赐施行。及照建县之所，地名和平；以地名县，以为得宜。乞从所奏，并将该设职官印信即与铨选铸给。简员以省费，均地以平徭；移巡司以据险要，宽赋役以苏穷民。如此，则夷险为易，化盗为良，可计日而效。不惟臣等得以幸逃日后之谴责，朝廷亦免再役之勤，百姓永享太平之乐矣。

三省夹剿捷音疏 十三年六月十五日

具广东按察司等衙门整饬兵备监统佥事等官王大用等呈："正德十二年九月内，具乐昌县知县李增禀称：'贼首龚福全、高快马等不时出没为患。近蒙军门案验，内开三省会兵进剿，缘照官兵未到，诚恐各贼探知，自分必死，群合四出攻劫，不惟居民受害，抑恐患及城池。议要从宜设法，以缓其势；待军兵到日，另行遵奉号令'等因。本职看得各贼俱系先前大征漏网，招亡纳叛，踪迹诡秘。为今之计，必先诱其腹心以为我用，然后以次剪其羽翼，庶以贼攻贼，彼势可孤而我患可保。已经呈奉军门议处，设法诱致去后。续据知县李增报称：'歧田山贼犯龙贵等十二名、天塘贼犯陈满等十名，各挈家赴县首，愿擒获同伴解官。于本年十一月二十八日，督同龙贵等，计诱贼犯萧缘等六十名；十二月初二日，陈满等计诱贼犯李廷茂等二十三名'等因。及据通判邹级、仁化县知县李莩呈称：'大贼首高快马带从贼一十五名、贼妇二口，潜往地名癞痢寨深坑，结巢藏住。随统民壮兵夫谭志泽等，于闰十二月初一日戌时，进兵围寨。至初二日早擒捕，本贼突出山头迎敌，追至始兴县界，各军奋勇同前，生擒大贼首高快马即高仲仁、从贼三名、贼妇贼女各一口，及行凶器械并被伤兵夫刘廷珍等'，开报到道。节据知府姚鹏等呈称：'督率军兵夫快抵巢与贼交锋，陆续擒斩首从贼犯李万山、赖永达等一千三百二十名颗，俘获贼属男妇七十六名口，夺回被掳男妇一十三名口，及赃仗、牛马等物。'又据知县李增呈：'缉得贼首李斌，亡命在湖广乌春山躲住。飞报到职，当就发遣捕盗老人李攻瓒等，星夜潜至地名姜阳峒，藏踪缉探，始擒本贼，余党俱各奔遁。'缘由各开到道，参称贼首李斌节与高快马、龚福全等，纠众流毒三省，屡劳征讨；各遵奉军门号令，穷追深入，一旦就擒，各照悬示重赏。而知县李增，督兵设策，屡有奇功，亦合奖劳，以励将来"等因，备呈转报到臣。

亦据整饬兵备兼分巡岭东道监统佥事等官顾应祥等呈："据领哨通判莫相等呈称：'统领汉达、官军、民壮、打手人等，照依刻期，进剿上下横溪、阙峒、深峒等巢。贼党坚立排栅，统众迎敌，杀伤兵夫。彼时军兵协谋，奋勇斗战，当将各巢攻破。陆续擒斩贼犯吴瑄、邓仲玉等共六百九十名颗，俘获贼属男妇三百九十五名口，夺回被掳男妇七口，及牛马、器械等物，解送前来会审。又发兵搜斩贼级一十二颗，生擒贼人三名，并俘获贼属等项。'随据本官禀称：'横溪大贼首吴瑄，招集亡命，遁住地名东田村深山结巢。即禀蒙监督金事顾应祥出给重赏，指示方略，密切发兵，抵吴巩，四面围攻。被巩等乱用乐弩射出拒敌，我兵冒伤奋勇进剿，先用铳箭将吴巩打倒，贼势少却。我兵呼噪大进，将吴巩等首从并贼属尽数擒斩，共十三名颗，俘获贼属六口，夺回被房妇女二口。阵亡兵夫六口。'缘由呈解到道。看得贼首吴巩，系是稔恶巨寇，流劫两省，拒敌官军。而通判莫相，设法防捕，致缚前凶，应合奖劳"等因，备呈开报到臣。

查得先准兵部咨，为地方紧急贼情事，该巡抚湖广都御史秦金奏，该本部覆题："看得郴、桂等处与广东、江西诸峒联络，若非三省会兵夹攻，贼必逃散他处。合无请敕两广并南、赣总督、巡抚等官，会同克期进兵"等因，具题："节奉圣旨：是，都依拟行。钦此。"续为申明赏罚以励人心事，臣节该钦奉敕谕："但有盗贼生发，即便严督各该兵备、守备、守巡并军卫有司，设法剿杀。其领兵官员，不问文职武职，若在军前违期并逗遛退缩者，俱听以军法从事。仍要选委廉能属官，密切体访，或金所在大户，量加粮赏，或购令贼徒自相斩捕，皆听尔随宜处置。钦此。"又准兵部咨，为地方紧急贼情事，内开："节据乐昌县知县李增禀称，贼首高快马等八百余徒，在地名柜头村行劫。又据乳源县禀称，贼徒千余人在洲头街流劫。及据湖广郴州申，贼首龚福全、高仲仁等，虽蒙征剿，党恶犹存。正德七年，兵备衙门招抚龚福全，给与冠带，设为瑶官；高仲仁等给与衣巾，设为老人。未及两月，已出要路，劫杀军民，号称'高快马'、'游山虎'、'金钱豹'、'过天星'、'密地蜂'、'总兵'等官名目。正德十一年七月内，流劫乐昌及江西南康等县。后蒙抚谕，将高仲仁、李斌给与冠带，重设瑶官。未宁半月，一起八百余徒出劫乐昌，房捉知县韩宗尧；一起七百余徒出劫生员谭明浩等家；一起六百余徒，从老虎峒等处出劫；一起五百余徒，从兴宁县出劫。呈乞转达，请军夹剿，等因，各报到臣。看得前项盗贼，恶贯已盈，神怒人怨。譬之疽痈之在身，若不速加攻治，必至溃肺决肠。而攻治之方，亦有二说等因，该本部覆题："看得所奏攻治盗贼二说，大意谓事权隆重，若无意于近功，而实足为攻取之几；征调四集，虽可以分笞，而不免为地方之累。穷究根本，辩析详明，言虽两端，意实有在。合无本部行文，就令差来人赍回，交与都御史王守仁，悉依前项申明赏罚事理，便宜行事。期于成功，不限以时，相机攻剿"等因，具题："节该奉圣旨：是，钦此。"钦遵。节经通行各省及各该道守巡、兵备等官一体钦遵，勘处调集兵粮，克期攻剿，以靖地方。续据广东布政司等衙门左布政使等官吴廷举等会呈，奉臣并总督两广军务兼理巡抚、太子太保、都察院左都御史

261

陈金案验，各准兵部咨，备行钦遵，查勘计处呈报等因，遵依。会同都、布、按三司等官欧儒等并岭东道兵备佥事等官王大用等，议将应剿贼巢，起调汉达官军士兵员名，分定哨道，监统把截。进攻道路及合用粮饷等项，备开呈详。随据监督兵备佥事王大用等，各将进兵机宜呈详到臣。

参看得两广总督总兵等官，虽已奉命行取回京，然军马钱粮调度方略，悉经区画，会有成案。本院见督官兵征剿浰头等贼，未能亲往督战。除分兵设策，督令副使杨璋等四面防截外，仰各官查照原议，上紧依期进剿，毋得迟疑参错，致误事机。一应临敌制度，俱在各官相机顺应。若贼势难为，兵力不逮，或先散离其党与，或阴诱致其腹心；声东击西，阳背阴袭，勿拘一议，惟求万全。军门遥远，不必一一呈禀，反成牵滞。又经牌仰上紧相机督剿去后。今据前因，除将各道呈报前项擒斩首从贼、人贼级共二千八百九名颗，俘获贼属并夺回被虏男妇五百四名口，夺获器械赃物一百三十二件把、牛马八十三只匹：总计二千八百八名颗口只匹件把。行仰各道径送巡按纪功御史审验纪录，造册奏缴外，参照大贼首高仲仁、李斌、吴玑等，荼毒三省，稔恶多年，敌杀官兵，攻劫郡县。即其奸计，虽亦不过妖狐黠鼠之谋；就其虐焰，乃已渐成封豕长蛇之势。今其罪贯既盈，神怒人怨；数月之间，克遂歼殄；雪百姓之冤愤，解地方之倒悬。此皆仰仗天威，庙堂有先胜之算，帷幄授折冲之谋，贼徒破胆，将士用命之所致也。臣等获睹成功，岂胜庆幸！及照巡按纪功御史毛凤，振扬风纪，作励将士，既尽纪验之职，复多调度之方，比于常格，劳绩尤异。佥事王大用、顾应祥等，监统督调，备效勤劳，懋著经营之略，共收克捷之功。其都指挥王英、欧儒、知府姚鹏、通判邹级、莫相、知县李增、李莩，或领兵督哨，或追剿防截，类皆身亲行阵，且历艰难，均合甄收，普加旌擢。伏望皇上既行大赏于朝，复沛覃恩于下，庶示激奖，以劝后功。

臣以凡庸，兼复多病，缪膺地方之责，属征调四出，不能身亲督战；然赖总督诸臣先已布授方略，领哨诸将得以遵照奉行；戮力效死，竟收完绩。真所谓碌碌因人成事，虽无共济之功，实切同舟之幸。除先已具本请罪告病乞休外，缘系捷音事理，为此具本题知。

辞免升荫乞以原职致仕疏 十三年六月十八日

臣于六月初六日准兵部咨，为捷音事，该臣题，该本部覆题："节该奉圣旨：王守仁升右副都御史，荫子一人做锦衣卫，世袭百户，写敕奖励。钦此。"钦遵。臣闻命惊惶，莫知攸措；感极而惧，若坠冰渊。切念臣以章句腐儒，过蒙朝廷涤瑕掩垢，收录于摈弃之余；既又求长于短，拔之闲散之中，授以巡抚之寄。其时，臣以抱病在告，两疏乞休；偶值前官有托疾避难之嫌，该部论奏之义甚严，朝廷督责之旨又切，遂不遑他计，狼狈就途。莅事之后，兵耗财匮，盗炽民穷；缩手四顾，莫措一筹。朝廷悯念地方之颠危，虑臣才微力弱，必致倾偾，谓其责任之不专，无以连属人心；赏罚之不重，无以作兴士气；号令之不肃，无以督调远近。于是，该部议假臣以赏罚，朝廷从而假之以赏罚；议给臣以旗牌，朝廷从而给之以旗牌；议改臣以提督之任，朝廷从而改之以提督之任；授之方略而不拘以制，责其成功而不限以时。由是，臣以赏罚之柄，而激励三军之气；以旗牌之重，而号召远近之兵；以提督之权，而纪纲八府一州之官吏；伸缩如志，举动自由。于是兵威渐振，贼气先夺，成军而出，一鼓而破横水，再鼓而灭桶冈；全师克捷，振旅复举，又一鼓而破三浰，再鼓而下九连。皆役不再借，兵无挫刃。分巡官属赍执旗牌以麾督两广夹剿之师，亦莫不畏威用命，咸奏成功。由是言之，其始捉臣之来莅事者，该部之议，朝廷之断也；旗牌之能号召者，该部之议，朝廷之断也；提督之能纪纲者，该部之议，朝廷之断也；方略之所分布，举动之得展舒者，该部之议，朝廷之断也。臣亦何功之有，而敢冒承其赏乎？譬之驽骀之马而得良御，齐辑乎辔衔之际，而缓急乎唇吻之和，内得于人心，外合于马志，故虽驽下，亦能尽日之力而至百里。人见其驽而百里，因谓之能；不知其能至此，皆御马者驱策之力；不然，将数里而踣，或十数里而止矣。马之疲劳，或诚有之，而遂以归功于马，其可乎？况臣驱逐之余，疾病交作，手足麻痹，渐成废人。前在贼巢，已尝具本请罪，告病乞休；日夜伏候允报，庶几生还畎亩。乃今求退而获进，请咎而蒙赏，虽臣贪冒垂涎，忍耻苟得，其如朝廷赏功之典何！伏望皇上推原功之所始，无使赏有滥及，收回成命。臣苟有微劳，不加罪戮，容令仍以原职致仕，延余喘于田野。如此，则上无滥恩，下无奸赏，宣力受任者，得免于覆𫗧之诛，量能度分者，获遂其知止之愿。臣无任感恩惧罪，恳切祈望之至！

再议崇义县治疏 十三年十月十一日

据江西按察司分巡岭北道兵备副使杨璋呈："奉臣案验，准户部咨，覆题建立县治以期久安事。卷查先该本道议横水地方应行事宜，开列条款，备呈提督军门，议委南康县县丞舒富，将大庾、南康、上犹三县机快，各点集三百名，分作三班，专委本官统领，来往巡视。如有余党复集，即便擒拿。

有功一体转达升赏。及于三县起人夫各一百名，分作三班，就委本官不妨往来巡逻，兼督采办木植，烧造砖瓦等役。俱经备行本官，将开去事宜查照施行外，随奉提督军门批：'据县丞舒富呈称，依奉前去横水建立县治处所，将县治公廨，儒学殿庑堂斋，布按分司及府馆、旌善、申明等亭，仓廒、牢狱、养济、仓场等房，并城中街道，带同地理阴阳曾成伦等，定立向止，分处停当，已经画图贴说呈报外，合用木植，督令义官李玉玺前去地名左溪、关田等处采运。随拘各项木作，于正德十三年四月初六日起手兴工。即今先将县治并儒学起造将完，各司等衙门料物皆备，亦皆陆续起造；但砖瓦灰泥等匠工食，应该估计，不若包工论价，庶使工程易完。已经督同备估，共该银一千零七十一两七钱九分四厘。请给钱粮支用'等因，批行本道，再与详审。看得所呈修理次第，已是停当；所议包工论价，亦为有见。合行赣州府将大征支剩银两照数支给应用。及照衙门既已建立，必须城池保障，合无仍行通行计处城墙周围高阔丈尺、工食，或先筑土城，待后包砌，或应一时兼举，就行本官会同各县掌印官，查照里分粮数多寡，均派修筑，与夫城门城楼之费，一并估修。已经备由通行呈奉抚按衙门依拟施行，俱行赣州府照数查发，及行县丞舒富遵照支散估修外，续据县丞舒富呈称：'量计新县城墙周围五百丈，即今新筑土城，高一丈七尺，面阔七尺五寸，脚阔一丈。若令三县里甲自行修筑，不无延捱，必须顾倩泰和县上工数百，先筑土城。自七月十一日起工，扣至八月终，土城可以通完；然后用砖包砌，庶得坚久。其三县征收工价解给，庶得实用。并将城门、城楼、城墙筑砌砖石工食，共计估该银八千四十五两六钱七分二厘，备由开呈'等因。奉批：'仰分巡道再加议看施行。'查得大庾等县，共计仅五十二里，而估计银两颇多，疲弊之民，诚所不堪。及照大征变卖贼属牛马赃银二千六百七十一两四钱九分，及本道问过赃罚纸米价银一千余两，见在合查商税银凑补三百七十四两八分二厘，共四千四十五两六钱之数，先行给发，止余四千两。查将三县丁粮通融分派，责委公正官员征收监督，禁革侵渔骚扰等因，备由呈奉提督军门，批：'役三县而建横水，似亦动众劳民；建横水而屏三县，实乃一劳永逸。但当疲困之余，务以节省为贵。议该并县最合事宜，非独民减科扰，抑且财获实用。仰悉照议施行。仍行各县，痛禁里胥，不得侵渔骚扰；晓谕居民，各宜乐事劝工；毋忘既往之患，共为久安之图。'呈缴依奉遵照查支分派修理去后，今照前项县治、学校、分司、各该衙门，盖造将完，而土城扣至八月终亦可完，官民住坐，可保无虞。烧砖包砌，计亦不难；其街道市廛，俱有次第；商贾往来，渐将贸易。缘县名未立，官员未除，所辖里分之民心，罔知趋向；所安新民之版籍，尚未归著。及照县治既建，凡百草创，为县官者若非熟知地方与凡捕盗安民之术，民情土俗之宜，皆能洞晓，举而用之，鲜不败事。随会同江西布政司分守岭北道左参政吴大有，议得县丞舒富，先因前贼攻围该县，戮力拒贼，得以保全；后因大征领哨，获功居多，贼首谢志山独为所获；续委巡视三县，招安新民六百余名，帖然安堵；复委督修前项县治衙门城池，半年俱各就绪；今委署掌上犹县事，百废俱兴。及访本官存心刚直，行事公平，历官已及四年，未有公私过犯；虽未出身学校，经义亦能通晓。合无念新县草创之功，百务鼎新之始，转达具奏，升以新知县职事。然而升授正官，或于事例有碍，合无量授府州佐贰之职，令其署掌新县县事；候数年后地方安妥，另行改选，庶官得其人，事得其理，而地方可得无虞"等因，据呈到臣。

卷查先据副使杨璋、参议黄宏会呈："上犹等县群贼猖獗为害，幸蒙提督军门躬督诸军荡平巢穴，三县之民欢欣鼓舞，如获更生。但恐大兵撤后，余党未免啸聚，要于横水等处建立县治，并巡司等衙门，以绝后患，实为久安长治之策"等因。已经批仰该道重覆查勘无异，会同江西巡抚都御史孙燧、巡按江西监察御史屠侨，处议明白，各具本奏请定夺去后，随准户部咨，该本部覆题："看得添设县治，既该府按官员会议，相应依拟，合咨提督南、赣、汀、漳军务左佥都御史王守仁同抚按官会委该道守巡官，选委府县佐贰能干官员，先将添设县治合用一应材木砖瓦等物料先为措置收买，并顾觅人夫工匠价银逐一估计辏处，就便兴修，务使工日就而民力不劳，物咸备而财用不乏。候城池、公宇、县治、学校、仓廒、街道、居民吏舍等项，粗有规制，另为会奏，以凭上请定拟县名，及咨吏、礼二部选官铸印施行"等因，具题："奉圣旨：是。钦此。"及准兵部覆题："议得勘乱于已发，固为有功；弭乱于未然，尤为有见。今都御史王守仁与巡抚、巡按及守巡官深谋远虑，议建县治、巡司以控制无统之民，事体民情，俱各顺当。及先编金隘夫，委官守把，事在必行，不可犹豫。合无本部将开设县治一节移咨户部，奏请定立县名，速行遵守。仍依所奏，添设长龙、铅厂二巡检司，及将过步巡检司行移吏、礼二部，选调官员，铸换印信、条记，并行江西布政司查拨吏役，编金弓兵。中间一应事宜，悉听都御史王守仁会同巡抚都御史孙燧查照原拟，从宜处置。务在事体稳当，贼害绝除，期副委任"等因，具题："奉圣旨：是。钦此。"钦遵。备行守巡该道一体钦遵施行。仍呈抚按衙门知会外，今呈前因。臣会同巡抚江西等处地方都察院右副都御史孙燧、巡按江西监察御史屠侨，议照该道所呈前项县治、学校、分司等衙门，盖造不日通完；而城池砌筑，亦已将备。惟称新县草创之初，百务鼎新，必须熟知民情土俗之宜者以为县官。及会访县丞舒富才力堪任，乞要量升府州佐贰之职，令其署掌新县一节，实小酌量时宜，保土安民之意。伏望皇上悯念远土凋敝之余，小邑草创之始，乞敕该部俯采会议原由，再加审察，将县丞舒富量为升职，管理新县；或别行谘访谙晓夷情，熟知土俗，刚果有为者，前来开创整理。庶几疮痍之民可以渐起，而反覆之地得以永宁矣。

再议平和县治疏 十三年十月十五日

据福建布政司呈称："漳州府知府钟湘关称：正德十二年四月撤兵之时，蒙福建参政陈策、副使唐泽批，据南靖县儒学生员张浩然等，及据本县清宁、河头社义民乡老曾敦五、林大俊等各呈，要于河头地方添设县治，以控制贼巢；建立学校，以易风俗；改移小溪巡检司，以防御缓急。行仰本职踏勘。随即呈蒙漳南道兵备佥事胡琏督同本职并南靖县知县施祥等踏勘，河头大洋陂一处堪设县治，枋头板一处堪设巡检司；委果人心乐从，一劳永逸。议将南靖县清河、宁里二图，新安里三图，漳浦县二都二图、三都十图，计一十二图，十班人户，查揭册籍，割属新设县治管摄。其南靖县止有一十八图，应当里役，邑小事繁，办纳不前。又查龙溪县原有一百五十二图，内有二十一都并二十五图地方，与南靖密迩，相应拨补管辖，截长补短，里甲便于应当，钱粮易于催办，事颇相应。转呈镇巡抚按等衙门，各具本题奉钦依，准于前项地方添设县治，及改移巡司衙门。其县名并该设官吏印信，令行布政司径自奏请，给赐铨拨铸降。合用木石灰瓦等料，先尽本府并所属县分在库赃罚银两支给买办；若有不敷，从宜处置；不许动支军饷钱粮及科取小民等因。随即呈委南靖县知县施祥、漳平县知县徐凤岐，董工兴作。于正德十二年十二月初九日，本职督同各官亲到河头，告祀社土，伐木兴工；至次年五月内，据知县徐凤岐呈报，外筑城垛俱已完备，惟表城因风雨阻滞，期在九月工完。及据知县施祥呈报，县堂、衙宇、幕厅、仪门、六房，及明伦堂俱各坚完；惟殿庑、分司、府馆、仓库、城隍、社稷坛，亦因风雨阻滞，次第修举，期在仲冬工完。又据南靖县县丞余道呈称，带同木石匠陈恩钦等，前到漳汀枋头板地方丈量土城，周围一百一十丈，顾募乡夫春筑完固；给发官银，砍办木植，督造巡司公馆、前厅各一座、仪门一座、鼓楼一座、后堂各一座，各盖完备。惟土城公馆、巡司厢房欠瓦，暂将茅覆，候秋成农隙修举等因。随于正德十三年三月初六日，行令小溪巡检郭森前去到任前去地方。今据各委官员呈报，功已垂成，势不容缓。照得县名须因土俗，本职奉委亲历诸巢，询知南靖县河头等乡，俱属平河社，以此议名平和县。及割南靖县清宁里七图、新安里五图，共计粮三千九百九石六斗七升四合七勺五抄，计一十二里，合为裁减县分，一知一典治之。原议漳浦县二都二图、三都十图，地方隔远，民不乐从，今议不必分割。再照新县所属多系新民，须得廉能官员，庶几开新创始，事不烦而民不扰。其学校教官，合无止选一员署印，先行提学道，将清宁、新安二里见在府县儒学生员，就便拨补廪增之数；其有不足，于府县学年深增附内，量拨充补；又或不足，于新民之家选取俊秀子弟入学，使其改心易虑，用图自新。及照南靖县邑小事繁，分割一十二里，添设新县办纳，愈见不堪。合无亦作裁减县分，以一知一典治之。又查得龙溪县一百五十二图内，将二十一都七图、二十五都五图，共计一十二图，计粮一千六百八十一石七斗七升三合八勺三抄，拨辖南靖县抵纳粮科。又照南靖小溪巡检司既已改立漳汀，合改漳汀巡检司印信，奏请改铸；并新县儒学、医、阴阳等衙门，俱例该铸印信。缘由备申到司。"转呈到臣。

卷查先据福建漳南道兵备佥事胡琏呈，前事已经查勘无异，具由奏请定夺去后。续据该道呈，备知府钟湘呈，将分割南靖等县都图随近新设县治管摄，以办粮差；并估计过城垣、城楼、窝铺等项工料银两数目。及查府库各项官银，实有一万余两，堪以支用，要行委官择日兴工筑砌。缘由备呈到臣。

看得开设县治，既以事体相应，已行具奏，及令该府一面俯顺民情，动支银两兴工外，其间分割都图、议估工价一应事务，军门路远，难以遥断；皆须该道及该府亲民各官自行查勘的确，果已宜于民情，便于事体，无他私弊，即便就行定议，以次举行。候奏准命下之日，应奏闻者。若更繁文往复，从尔迟误日月，无益于事。又经批仰著实干理，仍行镇守巡按衙门知会间，随准户部覆题："内开前项情节，既该本官勘处停当，具奏前来，相应依拟。合无本部仍行左佥都御史王守仁再查无异，准于前项地方添设县治及改移巡检司衙门"等因，具题："奉圣旨：是。这添设县治事宜，各依拟行。钦此。"钦遵。备咨前来，节经行仰福建布政司及分巡漳南道转行该府一体钦依施行去后。今据前因，参看得所呈新设县治，既已议名平和，小溪巡检司改名漳汀巡检司，及学校例该一正二副，今称草创之初，止乞选官一员掌管，并拨补廪增生员等项，俱于事体相应。除行该司径自具奏外，为照南靖县原系全设衙门，今既分割都图添补新县，委系邑小费繁，似应裁减；止用一知一典，已足敷治。又龙

267

溪县一百五十二图，将二十一都七图、二十五都五图，共计一十二图拨辖南靖抵纳粮差，揆于事体，颇亦均平。伏望皇上俯顺下情，乞敕该部议处裁拨，庶几量地制邑，得繁简之宜；而兴事任功，从远近之便。缘系裁减官员及拨都图事理，为此具本请旨。

再请疏通盐法疏 十三年十月二十二日

据江西按察司分巡岭北道兵备副使杨璋呈："备赣州府呈：'蒙备仰本府即将正德十二年正月起，至九月终止，抽过税银及上犹、龙川两次用兵支过军饷并今剩余银两查报等因。依蒙查得正德十一年十二月终止，旧管银三千五百七十四两三钱一厘二丝一忽九微；并新收正德十二年正月起至正德十三年九月终止，共抽过商税银一万六千七百八十八两五钱八分七厘七毫五丝；两次用兵共用过银四万七千二百八十七两二钱二分八厘四毫三丝八忽六微，米九千九百四十九石五斗六升九合四勺四抄，谷五百三十九石四斗；内除提督南、赣、汀、漳等处军务都察院左佥都御史王守仁查发纸米价银八十九两六钱，巡抚江西等处地方都察院右副都御史孙燧查发纸米价银二千两，本道查发纸米价银七千八百二十两二钱七分八厘六毫，南、赣二府查出在库赃罚缺官柴薪等项银一万九千五十九两四分六厘六毫八忽三微外，实支用过商税银一万八千三百一十八两三钱三厘三毫三丝三微；见今余剩银二千四十四两五钱八分五厘七毫五丝一忽六微'等因，开报到道。案查先为比例请官专管抽分以杜奸弊事，准户部咨，该巡抚右副都御史周南题：'备仰本道照奉钦依事理，即将所收商税再行参酌，从轻定议则例，仍严加稽考，务使税课所入，随多寡以为数，而不以多取为能。其广东盐课，许于南、赣二府发卖，不许再行抽税。袁、临、吉三府不系旧例行盐地方，不许到彼发卖。所抽分商税，除军饷听巡抚都御史动支外，其余不许擅动。年终差人解部，辖支光禄寺赊欠铺行厨料果品支用，以省加派小民。仍将再议过缘由，呈报施行'等因。行据赣州府呈称：'依奉将贡水该抽诸货从轻定拟则例，及开称广东盐引不许放过袁、临、吉三府发卖'等因，备呈本院，详允出给禁约。及将余剩银二千九百六十七两一钱八分二厘二毫三丝一忽九微，行令起解间，随据该府呈，奉巡抚江西等处地方都察院右副都御史陈金批：'看得该府连年用兵之费，所积不多，近又定拟除减，所入亦少。况地方盗贼不时窃发，别无堪动钱粮，将余剩税银暂且存留在库，以备军饷'等因。已该前兵备副使陈良珊，将自正德六年十一月二十七日立厂抽分起至正德十二年终止，造册，差舍人王鼎，续该本职将正德十一年正月起至本年十二月终止，造册，差舍人屠贤，各奏缴讫。本年九月二十六日，抄奉提督军门案验：'准户部咨，备行本道照奉钦依事理，将广东官盐暂许袁、临、吉三府发卖，自今为始，至正德十三年终止。仍将先次未解并今次抽税过银两、支用过数目，缘由造册，径自奏缴，及造清册赍送该部并本院查考。'除遵奉外，查得正德十三年将终，及上犹、龙川两处征剿事毕，所据商税收支，应该造册解缴。备行该府查报去后。今据前因，查得南、赣地方两次用兵，中间商税实为军饷少助；然而商税之中，盐税实有三分之二。为照南、赣二府与广东翁源等县壤地接连，近该两广具奏征剿，前贼乘虚越境，难保必无。见今府库空虚，民穷财尽，将来粮饷绝无仰给。况此盐利一止，私贩复生，虽有禁约，势所难遏。与其利归于奸人，孰若有助于军国！合无转达，将前项盐税著为定例，许于袁、临、吉三府地方发卖；照旧抽税，以供军饷；每年终依期造报，余剩之数解部，转发光禄寺支用，以省加派小民。如此，则奸弊可革，军饷有赖，光禄寺供用亦得少资，诚所谓一举而数得矣。呈乞照详转达"等因，具呈到臣。

查得接管卷内，先为处置盐铁以充军饷事，江西布政司呈，奉总制江西左都御史陈金批："查得广西、岭北二道滩石险恶，淮盐不到，商人往往私贩广盐，射利肥己。先蒙总督衙门奏准，广盐许行南、赣二府发卖，仰令南雄照引追纳米价，类解梧州军门，官商两便，军饷充足。当时止是奏行南、赣，不曾开载袁、临、吉三府，合无遵照敕谕，便宜处置，暂将广盐许下三府发卖，立厂盘掣，以助军饷。"随该布政司管官刘果等议称："委果于事有益，于法无碍，具呈详允，批行遵照立厂抽税"等因。续该户部覆议，内开"广东盐课，许令南、赣二府发卖，不许到于袁、临、吉三府，备行禁革"外，正德十二年正月十五日，臣抚临赣州，随据副使杨璋呈称："奏调三省官兵夹剿上犹等巢，粮饷所费，约用数万石，若不早行计处，必致有误军机。查得前项盐法，准行南、赣二府贩卖，果系一时权宜，不系洪武年间旧例，合无查照先年便宜事例，行令前商，许令袁、临、吉三府贩卖；所收银两，少备军饷，候事少宁，另行具题禁止"等因，呈详到臣。看得即今调兵夹剿，粮饷缺乏，遵照敕谕径自区画事理，批行该道暂且照议施行，候平定之日照旧停止。其题去后，随准户部覆议："将广东官盐暂于袁、临、吉三府发卖，至正德十三年终止。行该道官照前抽分，将税课供给军饷，不许多取妄用，至期照旧停止"等因，具题："奉圣旨：是。钦此。"钦遵。已经转行该道一体钦遵去后。

今呈前因，为照袁、吉等地方，溪流湍悍，滩石峻险。淮盐逆水而上，动经旬月之久；广盐顺流而下，不过信宿之程。故民苦淮盐之难，而惟以广盐为便。自顷奉例停止，官府但有禁革之名，其实私盐无日不行。何者？因地势之便，从民心之欲，非但不能禁之于私，每遇水发，商舟动以百数，公然蔽河而下，如发机之弩。官府逻卒寡不敌众，袖手岸傍，立视其过，孰得而沮遏之！故广盐行则商税集，而用资于军饷，赋省于贫民；广盐止则私贩兴，而弊滋于奸宄，利归于豪右，此近事之既验者。今南、赣盗贼，虽已仰仗天威，克平巢穴，然漏殄残党，难保必无。且地连三省，千数百里之内，连峰参天，深林蔽日；其间已招之新民，尚怀反覆；未平之贼垒，多相勾联；乘间窥窃，不时而有。方图保成之策，未有撤兵之期。况后山、从化等处，见在调兵征剿，臣亦缪承方略之命，师行粮食，势所必然。今府库空虚，民穷财尽，若盐税一革，军饷之费，苟非科取于贫民，必须仰给于内帑。夫民已贫而敛不休，是驱之从盗也；外已竭而殚其内，是复残其本也。矧内帑之发，非徒缓不及事，抑恐力有未敷。臣窃以为宜开复广盐，著为定例；籍其税课，以预备军饷不时之急；积其羡余，以少助内府缺乏之需；实夹公私两便，内外兼资。夫聚敛以为功，臣之所素耻也；掊克以招怨，臣之所不忍也。况臣废疾日深，决于求退，已可苟避地方之责，但其事势，不得不然。若已毕而复举，是遗后人以所难，而于职守为不忠矣。愿皇上悯地方之疮痍，哀民贫之已甚，虑军资之乏绝，察臣心之无他，特敕该部俯采所议，酌量裁处，早赐施行，则地方幸甚！

升荫谢恩疏 十四年正月初二日

正德十三年六月初六日，准兵部咨："为捷音事，该臣题，该本部覆题：'节该奉圣旨：王守仁升右副都御史，荫子一人做锦衣卫，世袭百户，写敕奖励。钦此。'备咨钦遵。"臣窃自念功微赏重，深惧冒滥之诛，已于本月十八日具本乞恩，辞免升荫，容照原职致仕。复蒙圣旨："王守仁才望素著，屡次剿贼成功，升官荫子，宜勉遵成命，不准休致。该部知道。钦此。"备咨钦遵。臣闻命自天，局身无地。窃惟因劳而进秩者，朝廷赏功之典，量能而受禄者，人臣自守之节，故功宜惟重。虽圣帝之宽仁，而食浮于行，尤君子所深耻。陛下之赐，行其赏功之典也；臣之不敢当者，亦惟伸其自守之节而已。军志有之："该罚而请不罚者，有诛；该赏而请不赏者，有诛。"古之人君执其赏罚，坚如金石，信如四时，是以令之所播如轰霆，兵之所加无坚敌，而功之所成无惌期。今日之事，兵事也。汉臣赵充国云："兵事，当为后法。"臣诚自知贪冒之耻，然亦安敢狥一己之小节，以乱陛下之军政乎！但荫子实非常典，私心终有所未安。黾勉受命，忧惭交集。自恨疾病之已缠，深惧图报之无日；感激洪恩，莫知攸措。除别行具本请罪乞休外，为此具本称谢！

乞放归田里疏 十四年正月十四日

正德十三年十月初二日，准吏部咨："该臣奏为久病待罪，乞恩休致事。奉圣旨：'王守仁帅师讨贼，贤劳懋著，偶有微疾，著善调理，以副委任。所辞不允。该部知道。钦此。'备咨钦遵。"又于本年十二月二十九日，准吏部咨："该臣奏为乞恩辞免升荫容照原职致仕事。奉圣旨：'王守仁才望素著，累次剿贼成功，升官荫子，宜勉遵成命，不准休致。该部知道。钦此。'备咨钦遵。"除已具本谢恩外，窃惟圣主之任官也，因才而器使，不强人以其所不能，是以上无废令，而下无弃才；人臣之受职也，量力而成事，不强图其所不任，是以言有可底之绩，而身无鳏旷之诛。历考往昔，盖未有不如此而可以免于愆谴者也。臣以狂愚，收录摈废，缪蒙推拔，授寄军旅。当时极知叨非其分，不敢冒膺，辞避未伸，而迫于公议，仓卒就道。既已抵任，则复黾勉从事，私计迂怯，终将偾败。遭际圣明，德威震赫；扶病策驽，仰遵成算，不意偶能集事。苟免颠覆，实皆出于臆料之外。然此侥幸之事，岂可恃以为常者哉？庙堂之上，不暇深察其所以，增其禄秩，将遂举而委之。人苦不自知耳。臣之自量，则既审且熟，深惧戮亡之无日也。譬之懦夫，驾破败之舟以涉险，偶遇顺风安流，幸而获济。舟中之人既已狼狈失措，而岸傍观者尚未之知，以为是或有能焉，且将使之积重载，冲冒风涛而试洪河大江之中，几何其不沦溺也已！

今四方多故，銮舆远出，大小臣工，惶惶旦暮。臣虽鄙劣，竭忠效命，以死国事，亦其素所刻心。安忍托故，苟求退遁！顾力纤负巨，如以蒿支栋，据非其任，遂使殒身，徒以败事，亦何益矣！且臣比年以来，百病交攻；近因驱驰贼垒，瘴毒侵陵，呕吐潮热，肌骨羸削；或时昏眩，偃几仆地，竟日不惺，手足麻痹，已成废人；又以百岁祖母卧病床褥，切思一念为诀。悲苦积郁，神志耗眊，视听恍惚，隔宿之事，不复记忆。以是求延旦夕之生，亦已难矣，而况使之当职承务，从征讨之后，其将能乎！夫豢畜牛羊，细事耳，亦且求良牧而付之，况于军务重任，生灵休戚之所关，乃以疾废眊眊之人，覆败之孽，臣无足论，其如陛下一方之寄何！伏愿陛下念四省关系之大，不可委于匪人；察病废枯朽之才，不宜付以重任。怜桑榆之短景，而使得少遂其乌鸟之私；录犬马之微劳，而使得苟延其蝼蚁之息。别选贤能，委以兹任。放臣暂归田里，就医调治。倘存余喘，尚有报国之日。臣不胜感恩待罪恳切哀望之至！

天人国学·心学图

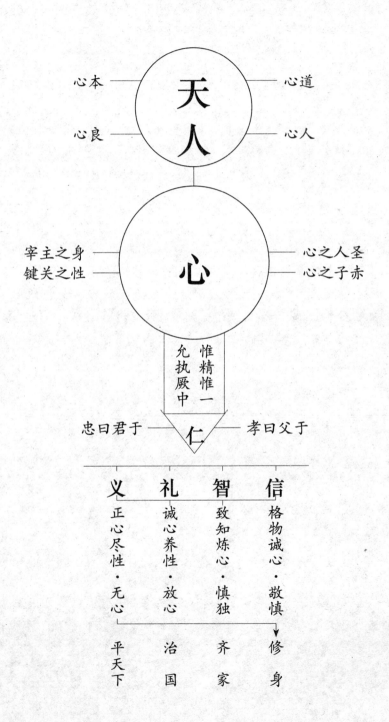

心本 —— 天人 —— 心道

心良 —— —— 心人

宰主之身 —— 心 —— 心之人圣

键关之性 —— —— 心之子赤

惟精惟一
允执厥中

忠曰君于 —— 仁 —— 孝曰父于

义　礼　智　信

正心尽性·无心　诚心养性·放心　致知炼心·慎独　格物诚心·敬慎

平天下　治国　齐家　修身

王阳明全集

[明] 王守仁 著

徐 枫 等 点校

【贰】

天津社会科学院出版社

阳明先生手迹

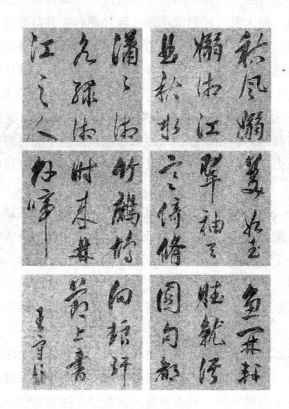

阳明先生手迹

目　录

卷十六 别录八

3

5

卷十八　别录十

卷二十　外集二

15

20

卷二十一　外集三

22

卷二十二　外集四

卷二十三　外集五

卷十二　别录四

奏疏四

飞报宁王谋反疏 十四年六月十九日

正德十四年六月初五日，节该钦奉敕："福州三卫军人进贵等胁众谋反，特命尔暂去彼处地方会同查议处置，参奏定夺，钦此。"钦遵，臣于本月初九日，自赣州启行，至本月十五日行至丰城县，地名黄土脑。据该县知县等官顾佖等禀称，本月十四日宁府称乱，将孙都御史、许副使并都司等官杀死；巡按及三司、府、县大小官员不从者俱被执缚，不知存亡；各衙门印信尽数收去，库藏搬抢一空；见监重囚俱行释放；舟楫蔽江而下，声言直取南京，一面分兵北上。各官皆来沮臣不宜轻进。其时臣尚未信，然逃乱之民果已四散奔溃，人情汹汹，臣亦自顾单旅危途，势难复进。方尔回程，随有兵卒千余已夹江并进，前来追臣。偶遇北风大作，臣亦张疑设计，整舟安行；兵不敢逼，幸而获免。

本月十八日，回至吉安府，据知府伍文定等禀称，地方无主，乞留暂回区画。远近军民亦皆遮拥呼号。随据临江府并新淦、丰城、奉新等县各差人飞报，宁府遣兵四出攻掠，拘收印信，及拿掌印官员，调取兵快，水兑粮船尽被驱胁而去等因。臣奉前旨，欲遂径往福建。但天下之事莫急于君父之难，若彼顺流东下，万一南都失备，为彼所袭，彼将乘胜北趋，旬月之间，必且动摇京辅。如此，则胜负之算未有所归，此诚天下安危之大机。虑念及此，痛心寒骨，义不忍舍之而去。故遂入城抚慰军民，督同知府等官伍文定等调集兵粮，号召义勇。又约会致仕乡官右副都御史王懋中、养病评事罗侨等，与之定谋设策，收合涣散之心，作起忠义之气；相机乘间，务为蹑后之图，共成犄角之势，牵其举动，而使进不得前，捣其巢穴，而使退无所据。日望天兵之速至，庶解东南之倒悬。伏望皇上省愆咎己，命将出师。因难兴邦，未必非此。

臣以弱劣多病，屡疏乞休，况此地方之责，本亦非臣之任。今兹扶病赴

1

闽，实亦意图便道归省。临发之前，已具哀恳。赍奏之人去才数日，适当君父之急，不忍失此事机，姑复暂留，期纾国难。候区画少定，各官略可展布，朝廷命师一临，亦遂遵照前旨，入闽了事，就彼归看父疾。进不避嫌，退不避罪，惟民是保，而利于主，臣之心也。直行其报国之诚而忘其缓命之罪，求伸其哀痛之情而甘冒弃职之诛，臣之罪也。

窃照都御史王懋中，评事罗侨，忠义自许，才识练达；知府伍文定，果捷能断，忠勇有谋。累立战功，皆抑而不赏，久淹外郡，实屈而未伸。今江西阖省见无一官，若待他求，缓无所及；乞遂将各官授以紧要职任，庶可责之拯溺救焚。其余若裁革兵备副使罗循，养病副使罗钦德，郎中曾直，御史周鲁，同知郭祥鹏，省亲进士郭持平，驿丞李中、王思等，虽皆本土之人，咸秉忠贞之节，况亦见在同事，当多难之日，事宜从权，庶克有济。

再照宁府逆谋既著，彼若北趋不遂，必将还取两浙，南扰湖、湘，窥留都以断南北，收闽、广以益军资。若不即为控制，急遣重兵，必将噬脐无及。

又照抚州府知府陈槐，临江府知府戴德孺，赣州府知府邢珣，袁州府知府徐琏，宁都县知县王天与，丰城县知县顾佖，新淦县知县李美，奉新县知县刘守绪，泰和县知县李楫，南安府同知朱宪，赣州府同知夏克义，龙泉县知县陈允谐，及阖省各官今见在者，乞敕吏部就于其中推补本省方面知府兵备等官，庶可速令供职。其有城守之责者，亦各量升职衔，重其权势，使可展布。

又照南、赣军饷，惟资盐商诸税。近因户部奏革，顾募之兵无所仰给，悉已散遣。今未两月，即遇此变，复欲召募，将倚何资？辄复遵依敕旨，便宜事理，仍旧举行。然亦缓不及济，必须先于两广积储军饷数内量借一十余万，庶几军众可集，地方有赖，国难可平。

缘系飞报地方谋反重情事理，为此具本专差舍人来仪亲赍，谨题请旨。

再报谋反疏 十四年六月二十一日

节该钦奉敕福州三卫云云，缘系飞报地方谋反重情事理，为此具本，先于本月十九日专差舍人来仪奏报外；但叛党方盛，恐中途为所拦截，合再具本专差舍人任光亲赍，谨题请旨。

乞便道省葬疏 十四年六月二十一日

臣以父老祖丧，屡疏乞休，未蒙怜准。近者奉命扶疾赴闽，意图了事，即从此地冒罪逃归。旬日之前，亦已具奏。不意行至中途，遭值宁府反叛。此系

2

国家大变，臣子之义不容舍之而去。又阖省抚巡方面等官，无一人见在者。天下事机间不容发，故复忍死暂留于此，为牵制攻讨之图。俟命师之至，即从初心，死无所避。

臣思祖母自幼鞠育之恩，不及一面为诀，每一号恸，割裂昏殒，日加尪瘵，仅存残喘。母丧权厝祖墓之侧，今葬祖母，亦欲因此改葬。臣父衰老日甚，近因祖丧，哭泣过节，见亦病卧苦庐。臣今扶病，驱驰兵革，往来于广信、南昌之间。广信去家不数日，欲从其地不时乘间抵家一哭，略为经画葬事，一省父病。

臣区区报国血诚上通于天，不辞灭宗之祸，不避形迹之嫌，冒非其任以勤国难，亦望朝廷鉴臣之心，不以法例绳缚，使臣得少伸乌鸟之痛。臣之感恩，死且图报。抢攘哀控，不知所云。

缘系恳乞天恩便道省葬事理，为此具本奏闻。

奏闻宸濠伪造檄榜疏 十四年七月初五日

正德十四年七月初一日，据吉安府知府伍文定申准领哨通判杨昉，千户萧英，在于墨潭地方捉获宁府赍檄榜官赵承芳等二十员名解送到臣。看得檄榜妄言惑众，讥讪主上，当即毁裂。又以事合闻奏，随即固封以进，审据赵承芳供系南昌府学教授。

六月十三日宁府生日，次日各官谢宴，突起反谋，杀死孙都御史、许副使，囚死黄参议、马主事，其余大小职官胁从不遂者俱被监禁，追夺印信，放囚劫库，邀截兑米，分遣通寇四散摽掠。声言要取南京，就往北京。十六日亲出城外迎取安福县举人刘养正，十七日迎取致仕都御史李士实，该入府内，号称军师、太师名目。二十一日将原禁各官放回各司，差人看守。二十二日令承芳并参政季敩代赍伪檄榜文，赴丰城、吉安、赣州、南安并王都御史及广东、南雄等处，俱各不写正德年号，止称大明己卯岁。比承芳等不合怕死，及因妻子被拘，旗校管押，只得依听，赍至墨潭地方。蒙本院防哨官兵将承芳等拿获。

随审季敩，供系先任南安府知府，近升广西参政，装带家小由水路赴任，行至省城，适遇宁王生日，传令庆贺。次日随众谢宴，变起仓卒，俱被监禁。比敩自分死国，因妻女在船，写书令妻要死夫、女俱死母。后因看守愈严，求死不遂。至二十一日放回本船，懵死良久方苏。二十二日，又将妻女拘执，急呼敩进府，将前伪檄榜差旗校十二人督押敩与承芳代赍。敩计欲投赴军门，脱

3

身报效，不期官兵执送前来等因。

案照先为飞报地方谋反重情事，已经二次差人具奏去后，今审据前因，参照宁王不守藩服，敢此称乱，睥睨神器，指斥乘舆，擅杀大臣，放囚劫库，稔不蕝之罪，犯无将之诛。致仕都御史李士实恩遇四朝，实托心膂，举人刘养正旧假恬退之名，新叨录用之典，今皆反面事雠，为之出谋发虑，既同狗彘之行，难逭斧钺之诛。参政季敩，教授赵承芳，义未决于舍生，令已承于捧檄，但暴虐之威恐动于中，鹰犬之徒钤制于外，在法固所当罪，据情亦有可悯。除将赵承芳、季敩监禁，一面檄召兵民，随机应变，竭力讨贼，一应事宜，陆续奏闻处置外。

臣闻多难兴邦，殷忧启圣。陛下在位一十四年，屡经变难，民心骚动，尚尔巡游不已，致宗室谋动干戈，冀窃大宝。且今天下之觊觎，岂特一宁王；天下之奸雄，岂特在宗室。言念及此，懔骨寒心。昔汉武帝有轮台之悔，而天下向治；唐德宗下奉天之诏，而士民感泣。伏望皇上痛自刻责，易辙改弦，罢出奸谀以回天下豪杰之心，绝迹巡游以杜天下奸雄之望，定立国本，励精求治，则太平尚有可图，群臣不胜幸甚。为此具本，并将伪檄一纸封固，专差舍人秦沛亲赍，谨题请旨。

留用官员疏 十四年七月初五日

照得江西宁府谋反，据城练兵，分兵攻劫，囚禁方面官员，有操戈向阙之势。此君父之大难，臣子愤心之日也。臣在吉安地方调兵讨贼，四路阻绝，并无堪用官员。适遇钦差两广清军御史谢源，刷卷御史伍希儒各赴京复命，道经该府，不能前进。各官奋激，思效力讨贼以报朝廷，臣亦思军务紧急，各官俱有印敕，方便行事，遂留军前，同心戮力，经济大难。待事宁之日，赴京复命。

缘系留用官员事理，未敢擅便，为此具本请旨。

江西捷音疏 十四年七月三十日

照得先因宁王图危宗社，兴兵作乱，已经具奏，请兵征剿外。随看得宁王阴谋不轨，已将十年，畜养死士二万余人，招诱四方盗贼渠魁亦以万数。举事之日，复驱其护卫党与并胁从之徒又六七万人，虐焰张炽。臣以百数疲弱之卒，势不敢轻举骤进，乃退保吉安，姑为牵制之图。

时远近军民劫于宁王之积威，道路以目，莫敢出声。臣一面督率吉安府知府伍文定等调集军民兵快，召募四方报效义勇之士，会计一应解留钱粮，支给粮赏，造作军器战船，奏留公差回任监察御史谢源、伍希儒分职任事。一面约会该府乡官先任右副都御史致仕王懋中，养病痊可编修邹守益，刑部郎中曾直，评事罗侨，丁忧监察御史张鳌山，先任浙江佥事今赴部调用刘蓝，省亲进士郭持平，军门参谋驿丞王思、李中，先任福建按察使致仕刘逊，先任参政致仕黄绣，先任嘉兴府知府闲住刘昭等，相与激发忠义，譬谕祸福，移檄远近，布朝廷之深仁，暴宁王之罪恶。于是豪杰响应，人始思奋。区画旬日，官兵稍稍四集。

时宁王声言先取南京。臣虑南京尚未有备，恐一时为彼所袭，乃先张疑兵于丰城，示以欲攻之势。故宁王先遣兵出攻南康、九江诸处，而自留居省城以御臣。至是七月初二日，探知臣等兵尚未集，乃留兵万余，属其心腹、宗支、郡王、仪宾、内官并伪授都督、都指挥等官使守江西省城，而自引兵向阙。

臣昼夜促各郡兵，期以本月十五日会临江之樟树，而身督知府伍文定等兵径下。于是知府戴德孺引兵自临江来，知府徐琏引兵自袁州来，知府邢珣引兵自赣州来，通判胡尧元、童琦引兵自瑞州来，通判谭储、推官王暐、徐文英，新淦知县李美，泰和知县李楫，宁都知县王天与，万安知县王冕，亦各以其兵来赴。

十八日遂至丰城，分布哨道：使知府伍文定为一哨，攻广润门入；知府邢珣为二哨，攻顺化门入；知府徐琏攻惠民门入；知府戴德孺攻永和门入；通判胡尧元、童琦攻章江门入；知县李美攻德胜门入；都指挥余恩攻进贤门入；通判谭储、推官王暐、知县李楫、王天与、王冕等各以其兵乘七门之衅，傍夹攻击，以佐其势。是日得谍报宁王伏兵千余于新旧坟厂，以备省城之援。臣乃遣奉新知县刘守绪、典史徐诚领兵四百，从间道夜袭破之，以摇城中。

十九日发市汊。臣乃大誓各军，申布朝廷之威，再暴宁王之恶，约诸将一鼓而附城，再鼓而登，三鼓而不克诛伍，四鼓而不克斩将。已誓，莫不切齿痛心，踊跃激愤。薄暮齐发。二十日黎明，各至信地。

先是城中为备甚严，滚木、灰瓶、火炮、石弩、机毒之械无不毕具。及臣所遣兵已破新旧坟厂，败溃之卒皆奔告城中，城中已惊惧。至是复闻我师四面骤集，皆震骇夺气。我师乘其动摇，呼噪并进，梯堄而登。城中之兵土崩瓦解，皆倒戈退奔。城遂破。擒其居守宜春王拱樤及伪太监万锐等千有余人。宁王宫中眷属闻变，纵火自焚，延及居民房屋。臣当令各官分道救火，抚定居民，散释胁从，封府库，谨关防，搜获原被劫收大小衙门印信九十六颗，三司胁从官布政使胡濂，参政刘斐，参议许效廉，副使唐锦，金事赖凤，都指挥王玘等，皆自首投罪。除将擒斩功次发御史谢源、伍希儒权令审验纪录，一应事宜，查审明白，陆续具奏；及一面分兵四路，追蹑宁王向往，相机擒剿，另行奏报外。

窃照宁王逆焰熏天，众号一十八万，屠城破郡，远近震慑。今其猖獗已一月有余，而四方赴难之师尚未有一人应者。前项领哨各官及监军御史，本主养病、丁忧、致仕等官，皆从臣起于颠沛危急之际，并心协谋，倡率义勇，陷阵先登，以克破此坚城，据其巢穴。此虽臣子职分当然，亦其激切痛愤之本心。但当此物情暌贰动摇之日，非赏罚无以鼓士气。今逆贼杀人如草芥，又挟其厚货，赏赉所及，一人动以千万。伏愿皇上处变从权，速将前项各官量加升赏，以励远近。事势难为之日，覆宗灭族之祸，臣且不避，况敢避邀赏之嫌乎？

缘系捷音事理，为此具本，专差千户詹明亲赍，谨具题知。

擒获宸濠捷音疏 十四年七月三十日

照得先因宁王图危宗社，兴兵作乱，已经具奏请兵征剿外。随看得宁王虐焰张炽，臣以百数疲弱之卒，未敢轻举骤进，乃退保吉安，姑为牵制之图。时远近军民劫于宁王之积威，道路以目，莫敢出声。臣一面督率吉安府知府伍文定等调集军民兵快，召募四方报效义勇之士，奏留监察御史谢源、伍希儒分职任事，一面约会该府乡官都御史王懋中，编修邹守益，郎中曾直，评事罗侨，监察御史张鳌山，金事刘蓝，进士郭持平，参谋驿丞王思、李中，按察使刘逊，参政黄绣，知府刘昭等，相与激发忠义，移檄远近，布朝廷之深仁，暴宁王之罪恶。于是豪杰响应，人始思奋。时宁王声言先取南京。臣虑南京尚未有备，恐为所袭，乃先张疑兵于丰城，示以欲攻之势。故宁王先遣兵出攻南康、九江，而自留居省城以御臣。至七月初二日，探知臣等兵尚未集，乃留兵万余，使守江西省城，而自引兵向阙。臣昼夜促兵，期以本月十五日会临江之樟树；而身督知府伍文定等兵径下。于是知府戴德孺、徐琏、邢珣，通判胡尧元、童琦、谈储，推官王暐、徐文英，知县李美、李楫、王天与、王冕各以其兵来赴。十八日遂至丰城，分哨道：使知府伍文定等进攻广润等七门。是日得谍报，宁王伏兵千余于新旧坟厂，以援省城。臣乃遣奉新知县刘守绪等从间道夜袭破之，以摇城中。十九日，发市汊。大誓各军，申布朝廷之威，再暴宁王之恶，莫不切齿痛心，踊跃激愤；薄暮出发。二十日黎明，各至信地。先是城中为备甚严，滚木、灰瓶、火炮、机械无不毕具。臣所遣兵已破新旧坟厂，败

6

溃之卒皆奔告城中，城中皆已惊惧。至是复闻我师四面骤集，益震骇夺气。我师乘其动摇，呼噪并进，梯絙而登。城中之兵皆倒戈退奔，城遂破；擒其居首宜春王拱㮲及伪太监万锐等千有余人。宁王宫中眷属闻变，纵火自焚，延及居民房屋。臣当令各官分道救火，散释胁从，封府库，谨关防，以抚军民。除将擒斩功次发御史谢源、伍希儒权令审验纪录，及一面分兵四路追蹑宁王向往，相机擒剿，于本月二十二日已经具题外。当于本日据谍报及据安庆逃回被虏船户十余人报称，宁王于十六日攻围安庆未下，自督兵夫运土填堑，期在必克。是日有守城军门官差人来报，赣州王都堂已引兵至丰城，城中军民震骇，乞作急分兵归援。宁王闻之大恐，即欲回舟。因太师李士实等阻劝，以为必须径往南京，既登大宝，则江西自服。宁王不应。次日，遂解安庆之围。移兵泊阮子江，会议先遣兵二万归援江西，宁王亦自后督兵随来等因。

先是臣等驻兵丰城，众议安庆被围，宜引兵直趋安庆。臣以九江、南康皆已为贼所据，而南昌城中数万之众，精悍亦且万余，食货充积，我兵若抵安庆，贼必回军死斗，安庆之兵仅仅自守，必不能援我于湖中，南昌之兵绝我粮道，而九江、南康之贼合势挠蹑，四方之援又不可望，事难图矣。今我师骤集，先声所加，城中必已震慑；因而并力急攻，其势必下。已破南昌，贼先破胆夺气，失其根本，势必归救。如此则安庆之围自解，而宁王亦可以坐擒矣。至是得报，果如臣等所料。

当臣督同领兵知府会集监军及倡义各乡官等官议所以御之之策，众多以宁王兵势众盛，气焰所及有如燎毛。今四方之援尚未有一人至者，彼凭其愤怒，悉众并力而萃于我，势必不支。且宜敛兵入城，坚壁自守，以待四邻之援，然后徐图进止。臣以宁王兵力虽强，军锋虽锐，然其所过，徒恃焚掠屠戮之惨，以威劫远近，未尝逢大敌，与之奇正相角，所以鼓动扇惑其下者，全以进取封爵之利为说。今出未旬月，而辄退归，士心既已携沮，我若先出锐卒，乘其惰归，要迎掩击，一挫其锋，众将不战自溃，所谓"先人有夺人之气，攻瑕则坚者瑕"也。是日抚州府知府陈槐兵亦至。

于是遣知府伍文定、邢珣、徐琏、戴德孺合领精兵伍百，分道并进，击其不意。又遣都指挥余恩以兵四百往来湖上，以诱致贼兵。知府陈槐，通判胡尧元、童琦、谈储，推官王暐、徐文英，知县李美、李楫、王冕、王轼、刘守绪、刘源清等，使各领兵百余，四面张疑设伏，候伍文定等兵交，然后四起合击。分布既定，臣乃大赈城中军民。虑宗室郡王将军或为内应生变，亲慰谕之，以安其心。又出给告示，凡胁从皆不问，虽尝受贼官爵，能逃归者，皆免

7

死。斩贼徒归降者给赏。使内外居民及乡道人等四路传播，以解散其党。

二十三日，复得谍报，宁王先锋已至樵舍，风帆蔽江，前后数十里，不能计其数。臣乃分督各兵乘夜趋进，使伍文定以正兵当其前，余恩继其后，邢珣引兵绕出贼背，徐琏、戴德孺张两翼以分其势。二十四日早，贼兵鼓噪乘风而前，逼黄家渡，其气骄甚。伍文定、余恩之兵伴北以致之。贼争进趋利，前后不相及。邢珣之兵前后横击，直贯其中，贼败走。文定、恩督兵乘之，琏、德孺合势夹攻，四面伏兵亦呼噪并起，贼不知所为，遂大溃。追奔十余里，擒斩二千余级，落水死者以万数。贼气大沮，引兵退保八字脑，贼众稍稍遁散。宁王震惧，乃身自激励将士，赏其当先者以千金，被伤者人百两。使人尽发九江、南康守城之兵以益师。

是日建昌府知府曾玙引兵亦至。臣以九江不破则湖兵终不敢越九江以援我，南康不复则我兵亦不能逾南康以蹴贼。乃遣知府陈槐领兵四百，令饶州知府林城之兵乘间以攻九江，知府曾玙领兵四百，合广信知府周朝佐之兵乘间以取南康。

二十五日，贼复并力盛气挑战。时风势不便，我兵少却，死者数十人。臣急令人斩取先却者头。知府伍文定等立于铳炮之间，火燎其须，不敢退，奋督各兵，殊死并进。炮及宁王舟。宁王退走，遂大败。擒斩二千余级，溺水死者不计其数。贼复退保樵舍，连舟为方阵，尽出其金银以赏士。臣乃夜督伍文定等为火攻之具，邢珣击其左，徐琏、戴德孺出其右，余恩等各官分兵四伏，期火发而合。

二十六日，宁王方朝群臣，拘集所执三司各官，责其间以不致死力，坐观成败者，将引出斩之；争论未决，而我兵已奋击，四面而集，火及宁王副舟，众遂奔散。宁王与妃嫔泣别。妃嫔宫人皆赴水死。我兵遂执宁王，并其世子、郡王、将军、仪宾及伪太师、国师、元帅、参赞、尚书、都督、都指挥、千百户等官李士实、刘养正、刘吉、屠钦、王纶、熊琼、卢珩、罗璜、丁馈、王春、吴十三、凌十一、秦荣、葛江、刘勋、何镗、王信、吴国七、火信等数百余人。被执胁从宫太监王宏，御史王金，主事金山，按察使杨璋、金事王畴、潘鹏，参政程果，布政梁辰，都指挥郏文、马骥、白昂等。擒斩贼党三千余级，落水死者约三万余。弃其衣甲器仗财物，与浮尸积聚，横亘若洲焉。于是余贼数百艘四散逃溃，臣复遣各官分路追剿，毋令逸入他境为患。二十七日，及之于樵舍，大破之。又破之于吴城，擒斩复千余级，落水死者殆尽。二十八日，得知府陈槐等报，亦各与贼战于沿湖诸处，擒斩各千余级。

臣等既擒宁王而入，阖城内外军民聚观者以数万，欢呼之声震动天地，莫不举首加额，真若解倒悬之苦而出于水火之中也。除将宁王并其世子、郡王、将军、仪宾、伪授太师、国师、元帅、都督、都指挥等官各另监羁候解，被执胁从等官并各宗室别行议奏，及将擒斩俘获功次一万一千有奇，发御史谢源、伍希儒暂令审验纪录，另行造册缴报外。

照得臣节该钦奉敕谕："但有盗贼生发，即便严督各该兵备、守备、守巡并各军卫有司设法调兵剿杀。其管领兵快人等官员，不问文职武职，若在军前违期并逗遛退缩者，俱听以军法从事。生擒盗贼，鞫问明白，亦听就行斩首示众。斩获贼级，行令各该兵备、守巡、守备官即时纪验明白，备行江西按察司造册缴报，查照事例升赏激劝，钦此。"及准兵部题称："今后但草贼生发，事情紧急，该管官司即便依律调拨官军乘机剿捕，应合会捕者，亦即调发策应"等因。节奉钦依备咨前来。又节该奉敕："如或江西别府报有贼情紧急，移文至日，尔亦要及时遣兵策应，毋得违误，钦此。"俱经钦遵外。

窃照宁王忝淫奸暴，腥秽彰闻，贼杀善类，剥害细民，数其罪恶，世所未有。不轨之谋，已逾一纪；积威所劫，远被四方。士夫虽在千里之外，皆蔽目摇手，莫敢论其是非。小人虽在幽僻之中，且吞声饮恨，不敢诉其冤抑。兼又招纳叛亡，诱致剧贼渠魁如吴十三、凌十一之属，牵引数千余众，召募四方武艺骁勇、力能拔树排关者亦万有余徒。又使其党王春等分赏金银数万，阴置奸徒于沧州、淮扬、山东、河南之间，亦各数十。比其起事之日，从其护卫姻族，连其党与朋私，驱胁商旅军民，分遣其官属亲昵，使各募兵从行，多者数千，少者数百，帆樯蔽江，众号一十八万。其从之东卜者，实亦不卜八九万余。且又矫称密旨，以胁制远近；伪传檄谕，以摇惑人心。故其举兵倡乱一月有余，而四方震慑畏避，皆谓其大事已定，莫敢抗义出身，与之争衡从事。抱节者仅坚城而自守，忠愤者惟集兵以俟时，非知谋忠义之不足，其气焰使然也。

臣以孱弱多病之质，才不逮于凡庸，知每失之迂缪，当兹大变，辄敢冒非其任，以行旅百数之卒，起事于颠沛危疑之中。旬月之间，遂能克复坚城，俘擒元恶。以万余乌合之兵，而破强寇十万之众，是固上天之阴骘，宗社之默佑，陛下之威灵。而庙廊谋议诸臣消祸于将萌而预为之处，见几于未动而潜为之制；改臣提督，使得扼制上流，而凛然有虎豹在山之威；申明律例，使人自为战，而翕然有臂指相使之形；敕臣以及时策应，不限以地，而隐然有常山首尾之势；故臣得以不俟诏旨之下，而调集数郡之兵，数郡之民，亦不待诏旨之

9

督，而自有以赴国家之难，长驱越境，直捣穷追，不以非任为嫌，是乃伏至险于无形之中，藏不测于常制之外，人徒见犪奚之多获，而不知王良之善御有以致之也。

然则今日之举，庙廊诸臣预谋早计之功，其又孰得而先之乎？及照御史谢源、伍希儒监军督哨，谋画居多，倡勇宣威，劳苦备尝。领哨知府伍文定、邢珣、徐琏、戴德孺、陈槐、曾玙、林城、周朝佐，署都指挥佥事余恩，分哨通判胡尧元、童琦、谈储，推官王暐、徐文英，知县李楫、李美、王冕、王轼、刘源清、刘守绪、傅南乔，随哨通判杨昉、陈旦，指挥麻玺、高睿、孟俊，知县张淮、应恩、王庭、顾佖、万士贤、马津等，虽效绩输能亦有等列，然皆首从义师，争赴国难，协谋并力，共收全功。其间若伍文定、邢珣、徐琏、戴德孺等冒险冲锋，功烈尤懋。乡官都御史王懋中，编修邹守益，御史张鳌山，郎中曾直，评事罗侨，佥事刘蓝，进士郭持平，驿丞王思、李中，按察使刘逊，参政黄绣，知府刘昭等，仗义兴兵，协张威武，连筹赞画，夹辅折冲，以上各官功劳，虽在寻常征剿，亦已甚为难得，况当震恐摇惑，四方知勇莫敢一膺其锋，而各官激烈忠愤，捐身殉国，乃能若此。

伏愿皇上论功朝锡之余，普加爵赏旌擢，以劝天下之忠义，以励将来之懦怯。仍诏示天下，使知奸雄若宁王者，蓄其不轨之谋已十有余年，而发之旬月，辄就擒灭；于以见天命之有在，神器之不可窥，以定天下之志。尤愿皇上罢息巡幸，建立国本，端拱励精，以承宗社之洪休，以绝奸雄之觊觎，则天下幸甚，臣等幸甚。

缘系捷音事理，为此具本，专差千户王佐亲赍，谨具题知。

奏闻益王助军饷疏 十四年七月三十日

近蒙益府长史司呈："该本司启，案查宁藩有变，已经启行外，今照见奉提督都御史王案验内称：'本院已于七月初九日领兵前往丰城县市汉等处住扎，刻日进攻省城，牌差百户杨锐前来建昌府守取掌印官亲自统兵，毋分日夜，兼程前进，期本月十五、十六日俱赴军门，面授约束，并势追剿。'及照知府曾玙报称即日领兵起程，前赴军门听调进攻等因。看得国家之事，莫大于戎。今宁藩不轨，惊动多方，提督都御史等官倡义，协谋进攻，愤忠思剿，上以纾朝廷南顾之忧，下以解生民荼毒之苦。况我殿下国朝分封至亲，理宜助饷军门，共纾国难。具本启奉令旨：发银一千两，差官胡敬仪，卫副陆澄，书办官并旗校官等，前去提督军务王都御史处犒赏，敬此。"敬遵，除将银两差官管送前来外，合行备由呈乞施行等因到臣。

为照宁王谋叛，稔衅多年，积威所劫，无不萎靡。况其举事之初，擅杀重臣，众号一十八万，肆然东下；虽平日士夫号称忠义，莫敢指斥。今益王殿下乃心宗社，出私帑以给军饷，非忠义奋发，急于讨贼，岂能倡言助正，以作兴军士之气如此。伏望皇上特敕奖励，以激宗室之义，以永益王殿下为善之心，以夹辅帝室，天下臣民不胜幸甚。

除将原发白银一千两唱名给散军士外，缘系宗室出私帑以给军饷事理，为此具本请旨。

旱灾疏 十四年七月三十日

据吉安等一十三府所属庐陵等县各申称："本年自三月至于秋七月不雨，禾苗未及生发，尽行枯死。夏税秋粮，无从办纳，人民愁叹，将及流离。理合申乞转达、宽免"等因到臣。节差官吏、老人踏勘。委自三月以来，雨泽不降，禾苗枯死。续该宁王谋反，乘衅鼓乱，传布伪命，优免租税。小人惟利是趋，汹汹思乱。臣因通行告示，许以奏闻优免税粮，谕以臣子大义，申祖宗休养之德泽，暴宁王诛求无厌之恶。由是人心稍稍安集，背逆趋顺，老弱居守，丁壮出征，团保馈饷，邑无遗户，家无遗夫。就使雨旸时若，江西之民亦已废耕耘之业，事征战之苦；况军旅干旱，一时并作，虽富室大户不免饥馑，下户小民得无转死沟壑，流散四方乎？设或饥寒所迫，征输所苦，人自为乱，将若之何？如蒙乞敕该部，暂将江西正德十四年分税粮通行优免，以救残伤之民，以防变乱之阶。伏望皇上罢冗员之俸，损不急之赏，止无名之征，节用省费，以足军国之需，天下幸甚。

请止亲征疏 十四年八月十七日

正德十四年八月十六日，准兵部咨：

该本部等衙门题，内开南京守备参赞官连奏十分紧急军情，相应急为议处，合无请命将官一员，挂平贼将军印，充总兵官，关领符验旗牌，挑选各营精锐官军三千余名，各给赏赐银两布匹，交兑正驮马匹，关给军火器械，上紧前去南京，相机战守；再有的报，就便会合各路人马征进；再请敕都御史王守仁选调堪用官军民快，亲自督领，于江西东南要路住扎把截，相机行事；仍委浙江布政司左参政闵楷选募处州民兵，统领定拟住扎地方，听调策应剿捕；再请敕一道，赍付都御史王守仁，不妨提督军务原任，兼巡抚江西地方。前项所

11

报军情，如果南京守备差人体勘，再有的报，听前项领军官出给榜文告示，遍发江西地方张挂，传说晓谕，但有能聚集义兵，擒杀反逆贼犯者，量其功绩大小，封拜侯伯，及升授都指挥千百户等官世袭，贼伙内有能自相擒斩首官者，与免本罪。具奏定夺等因，具题："节该奉圣旨这江西宁王谋为不法事情重大，你部里既会官议处停当，朕当亲率六师，奉天征讨，不必命将；王守仁暂且准行，钦此。"

钦遵，备咨到臣。案查先为飞报地方谋反重情事，属者宁王宸濠杀害守臣，举兵谋逆，臣于六月十九日具本奏闻之后，调集军兵，择委官属，激励士气，振扬武勇。七月二十日，先攻省城，墟其巢穴。本月二十四等日，兵至鄱阳湖，与贼连日大战。至二十六日，宸濠遂已就擒。谋党李士实等，贼首凌十一等，俱已擒获。贼从俱已扫荡，闽、广赴调兵士俱已散还，地方惊扰之民俱已抚帖。臣一念忠愤，誓不与贼共生；而迂疏薄劣之才，实亦何能办此：是皆祖宗在天之灵，我皇上圣武之懋昭，本兵谋略之素定，官属协力，士卒用命所致。臣已节次具本奏报外。窃惟宸濠擅作辟威，虐焰已张于远，睥睨神器，阴谋久蓄于中。招纳叛亡，辇毂之动静，探无遗迹；广致奸细，臣下之奏白，百无一通。发谋之始，逆料大驾必将亲征，先于沿途伏有奸党，期为博浪、荆轲之谋。今逆不旋踵，遂已成擒，法宜解赴阙门，式昭天讨。然欲付之部下各官押解，诚恐旧所潜布之徒，尚有存者，乘隙窃发，或致意外之虞，臣死且有遗憾。况平贼献俘，固国家之常典，亦臣子之职分。臣谨于九月十一日亲自量带官军，将宸濠并逆贼情重人犯督解赴阙外，缘系献俘馘，以昭圣武事理，为此具本，专差舍人金昇亲赍，谨具题知。

奏留朝觐官疏 十四年八月十七日

正德十四年八月十六日，臣驻军江西省城，据各领哨知府吉安府伍文定，赣州府邢珣，袁州府徐琏，临江府戴德孺，抚州府陈槐，尧州府林城，广信府周朝佐，建昌府曾玙，连名呈称正德十五年正月初一例应朝觐。近因宁王谋反，蒙臣督委各职并各县掌印正官领兵征讨，今虽扫平，尚留在省防御，及安辑地方，未得回任。其各县掌印官，虽未曾领兵，缘各在任防御城池，措办粮饷。况布、按二司及南昌府知府郑瓛、瑞州府宋以方，俱自本年六月内先被拘执，未经复职管事。南康、九江二府亦被残破，近方收复。前项文册，多未成造，缘查旧规，行期在即，恐致迟误，合行呈乞奏知，及通行各府、州、县将册造完，行委佐贰守领官员赍缴应朝，及布、按二司，亦乞裁处施行等因到臣。据此为照三年述职系朝廷大典，例该掌印正官赴京应朝。但今叛乱虽平，地方未辑，征调尚存，疮痍之民须抚；旱荒犹炽，意外之患当防。况各官在省，方图防守之规，未有还任之日。若不查例奏留，未免顾此失彼，后悔无及。合准所呈，欲候奏请命下之日，行令各府、州、县佐贰首领官赍册应朝，复恐迟误。除一面通行各府、州、县造册完备，行委佐贰首领依期启行，其布、按二司，候有新任官员及南昌府行见在通判陈旦，各造册赴朝，其九江、南康府县并南康、新建二县，委系官俱戴罪，听候吏部径自裁处外，缘系朝觐事理，未敢擅便，为此具本请旨。

奏闻淮王助军饷疏 十四年八月十七日

近该淮府长史司呈："该本司启，案查宁藩有变，已经启行外，今照见奉提督都御史王案验内称：'本院已于七月初九日领兵前往丰城县市汊等处住扎，克日进攻省城，牌差百户任全善前来饶州府守取掌印官亲自统兵，毋分雨夜，兼程前进，期本月十五、十六日俱赴军门，面授约束，并势追剿。'及照知府林城报称即日领兵起程，前赴军门听调进攻等因。看得宁王敢为逆谋，肆奸天纪。提督都御史王首倡忠义，作率智勇，身任国家之急，事关宗社之虞。殿下藩翰之亲，忧心既切，馈饷之助，于理为宜。具本启奉令旨：长史司将发下银伍百两差官胡祥等速赍前去，少资提督军门之用，敬此。"敬遵，除将银两差官管送前来外，合行备由呈乞施行等因到臣。照得先该益府出帑饷军，助义效忠，已经具题外，今淮王殿下亦能不靳私帑，以助军饷，良由身同休戚之情，心切门庭之寇所致。伏望皇上特敕奖励，以彰淮王殿下助正之心，以为宗藩为善之劝，天下臣民不胜幸甚。

恤重刑以实军伍疏 十四年八月二十五日

据江西按察司呈：

"据本司经历司呈，蒙巡按两广监察御史谢源、伍希儒各纸牌前事，俱奏本院送发，犯人裘良辅等二百六十六名，转送本司问报等因。依蒙问得犯人裘良辅招系南昌府新建县三十二都民，纳粟监生，给假在家。正德九等年月日不等，与同在官南昌前左二卫舍余杨滋、杨富，军余董俞、周大贵及指挥何镗等家人何祥、曹成等，各不合出入王府，生事害人，向未事发。正德十四年六月十四日，宁王谋反，良辅与杨滋等各因畏惧宁王威恶，各不合知情，从逆做兵，领受盘费二银，米一石，跟同前去安庆等处攻打城池，各将银米费用讫。

13

于七月十二等日行至湖口等县，思系叛逆，惧怕官兵，就行四散逃回。各被南昌等府县统兵知府等官并地方人等陆续拿获，解赴提督王都御史处。蒙将良辅等一百八十四名转送谢御史，将夏景、周大贵、熊受等八十二名转送伍御史，俱发按察司审问。蒙将良辅等研审前情明白。取问罪犯杨滋等二百六十五名，各招与裘良辅、杨滋、杨富、王伟、夏景、黄俞、周大贵、何祥、曹成、丁进受、杨庆童、杨贵、万徐七、万羊七、徐四保、孙住保、周江、胡胜福、朱泼养、宋贵、王明、熊明、秦兰、王仲鉴、张雄、朱其、添喜、萧崇真、朱祥、彭隆保、徐仕贵、郭宣、舒銮、万岳、萧述、罗俊、江潮汉、魏凤、万三、罗秀、熊福、萧曰贵、萧胜、雷天富、萧文、尹天受、胡进保、李銮、郑凤、黄信、刘胜、殷醮仔、甘奇、余福童、郭进福、沈仕英、李洪珊、许凤、李景良、江銮、江仁、李钦、邓伦、胡福受、谭黑仔、赵正七、朱环二、邹秋狗、陈良二、聂景祥、魏仲华、王福、李寿、余珏、王贯、刘松、牛才、陈珂、陈兴、陈钊、刘添凤、余似虎、甘朴、谢天凤、郑贵、沈昌容、万清、向楚秀、郭銮、丁胜福、万全、龚受、熊六保、陈谏、何晚仔、王杰一、王琪、胡宣、杨正、曾受、王凤、王明、雷清、皮志渊、邹奎高、冯轩四、毛守松、熊天祥、李伯锦、杨子秀、陈天一、廖进禄、魏绍、魏天孙、吴富、陈昭弟、李伯奇、姜福、廖奇四、夏奇莫、陈善五、罗胜七、郭谨、罗玺、朱长子、陈瑞、竹汉、王宽、江天友、陈良善、召一、陈子政、卢萧胜、马龙、陈大伦、陈子伦、李钱、陈九信、徐义、徐钊、刘仪、熊孟华、王尚文、王天爵、傅十三、徐受、万奇、赵仕奇、郑朴、冯轩二、冯进录、周孟贞、周江、刘朋、唐朝贤、欧阳南、马兴、周兴、王毛子、秦进兴、罗兴、李保一、万元、林三十八、马爵、张进孙、高四、谭受、吴俊、万镗、熊守贵、钱龙、胡通、金万春、曹太、喻钦、刘后济、胡二、王世通、魏友子、杨章、熊录、熊克名、童保子、余景、陈四保、许虎保、熊受、萧文荣、杨廷贵、罗富、丁关保、江仕言、刘贵、丁朋、欧阳正、王引弟、熊富、唐天禄、王贵、周受、邱松、胡秀、李福、洪江、曾兴、邱桂、刘镇、邓山、萧清、夏胜四、夏由、孙甘继、张锦、谢鲁仙、熊华、谢凤、夏龙、娄奇、陆仲英、余胜虎、李进、胡胜、阮天祥、张全、彭天祥、洪经仔、徐受、乐福、张奇、冯进隆、冯诏、马喜子、杨烨、揭文兴、万孔湖、易忠、黄延、曹天右、徐大贵、萧曰高、萧曰广、李銮、吴显二、李贵、陈英、陈昇、李胜祖、萧天佐、陆九成、郭钦、杨顺、丁祖、李万杜、杨銮、袁富、杨黄子、吴文、张銮、方灿、万天銮、胡进童、黄胜德、涂祖、唐历所犯除不应轻罪外，合依谋反知情故纵者律，斩决不待时。

但宁王平昔威恶惨毒，上下人心罔不震慑，各犯从逆，虽是可恶，原情终非得已。及照南昌前卫军余多系胁从被杀，见今军伍缺人，合无将各犯免其前罪，俱编发本卫永远充军，庶使情法交申，卫所填实。"

呈详到臣，参看得裘良辅等俱曾从逆，应该处斩。但该司参称宁王平昔威恶惨毒，上下人心罔不震慑；据法在所难容，原情亦非得已。宥之则失于轻，处斩似伤于重，合无俯顺舆情，乞敕该部查照酌量，或将各犯免其死罪，令其永远充军。不惟情法得以两尽，抑且军伍不致缺人。

缘系恤重刑以实军伍事理，为此具本请旨。

处置官员署印疏 十四年八月二十五日

照得先因宁王图危宗社，兴兵作乱，劫夺江西都、布、按三司并南昌府县大小衙门印信。臣随调集各府官军民快于本年七月二十日攻复省城，当于府内搜获前项印信，共计一百六颗到臣收候，已经捷报外，今照宁王已擒，余党诛戮，地方幸已稍宁，所有三司府县衙门，俱系钱粮刑名军马城池等项重务，关涉匪轻。况今兵乱之后，人民困苦，不可一日缺官干办抚辑。但三司等官俱系被胁有罪人数，若待别除官员到日，非惟人心惶惑，抑且事无统纪。臣遵照钦奉敕谕便宜事理，将三司印信，布政司暂令布政使胡濂，按察司暂令按察使杨璋，各戴罪护管，随该新任参议周文光，按察使伍文定先后到任，各已替管外，其都司暂令都指挥马骥，提学道关防令副使唐锦，南昌道印信令佥事王畴，南昌府印信令知府郑瓛，南、新二县印信令知县陈大道、郑公奇，各戴罪暂且管理外，及照南昌前、左二卫并各抚所衙门印信，俱各无官管理。除用木匣收盛，封发按察司，仍候事宁有官之日，该司径发掌管外，缘系处置官员署印以安地方事理，为此具本题知。

二乞便道省葬疏 十四年八月二十五日

照得先准吏部咨："该臣奏称：'以父老祖丧，屡疏乞休，未蒙怜准。近者奏命扶疾赴闽，意图了事，即从彼地冒罪逃归。旬日之前，亦已具奏。不意行至中途，遭值宁府反叛，系国家大变，臣子之义，不容舍之而去。又阖省抚巡方面等官，无一人见在者，天下事机，间不容发，故复忍死，暂留于此，而为牵制攻讨之图；俟命帅之至，即从初心，死无所避。臣思祖母自幼鞠育之恩，不及一面为诀，每一号恸，割裂昏殒，日加尪瘠，仅存残喘。母丧权厝祖墓之侧，今葬祖母，亦欲因此改葬。臣父衰老日甚，近因祖丧，哭泣过节，

15

见亦病卧苦庐。臣今扶病，驱驰兵革，往来于广信、南昌之间。广信去家不数日，欲从其地不时乘间抵家一哭，略为经画葬事，一省父病。臣区区报国血诚上通于天，不辞灭宗之祸，不避形迹之嫌，冒非其任，以勤国难，亦望朝廷鉴臣此心，不以法例绳下。使臣得少伸乌鸟之痛，臣之感恩，死且图报，抢攘哀控，不知所云'等因。具本奏奉圣旨：'王守仁奉命巡视福建，行至丰城，一闻宸濠反叛，忠愤激烈，即便倡率所在官司起集义兵，合谋剿杀，气节可嘉，已有旨著督兵讨贼，兼巡抚江西地方。所奏省亲事情，待贼平之日来说。该部知道，钦此。'"

　　备咨到臣，除钦遵外，近照宁王逆党皆已仰赖皇上神武，庙堂神算，悉就擒获。地方亦已平靖，百姓室家相庆，得免征调之苦，复有更生之乐，莫不感激洪恩，沾被德泽。独臣以父病日深，母丧未葬之故，日夜哀苦，忧疾转剧。犬马驱驰之劳，不足齿录，而乌鸟迫切之情，实可矜悯。已蒙前旨，许"待贼平之日来说"，故敢不避斧钺，复伸前请。伏望皇上仁覆曲成，容臣暂归田里，一省父病，经纪葬事，臣不胜哀恳苦切祈望之至！

处置从逆官员疏 十四年八月二十五日

　　正德十四年七月二十三日，据南昌府知府郑巘自宁王贼中逃出投到；本月二十六日，又据领兵官临江府知府戴德孺等临阵夺获先被宁王胁去巡按监察御史王金，户部公差主事金山，左布政使梁宸，参政程杲，按察使杨璋，副使贺锐，佥事王畴、潘鹏，都指挥同知马骥、许清，都指挥佥事白昂，守备南赣都指挥佥事郑文并胁从用事参政王纶，及据先被胁从令赴九江用事佥事师夔，先被胁从贼败脱走镇守太监王宏，各投送到臣。

　　照得先因宁王宸濠于六月十四日杀害巡按右副都御史孙燧，副使许逵，将各官绑缚迫胁。时臣奉命福建勘事，行至丰城闻变。顾惟地方之责，虽职各有专，而乱贼之讨，实义不容避。遂连夜奔还吉安，督同知府伍文定等调集南、赣等府军兵，捐躯进剿。至七月二十日，攻破省城，捣其巢穴。随有被胁在城右布政使胡濂，参政刘斐，参议许效廉，副使唐锦，佥事赖凤，都指挥佥事王纪，各投首到臣。彼时军务方殷，暂将各官省候，督兵擒获宸濠，并逆党李士实、刘吉、凌十一等，臣已先后具本奏报去后。

　　本年八月二十三日，会集知府伍文定等将各事情逐一研审，得布政梁宸等各执称本年六月十三日，宁王生日，延待各官酒席，次日进府谢酒，不期宁王谋逆，喝令官校多人将前各官并先存后监。故户部公差主事马思聪，参议黄

16

宏，原任参议今升陕西参政杨学礼等，俱各背绑要杀。当将孙都御史、许副使押出斩首，其余各官俱粗镣发仪卫司等处监禁。王纶留府用事，知府郑瓛先被宁王诬奏见监，按察司瑞州府知府宋以方缘事在省，本日俱拿监仪卫司，差人将各衙门印信搜夺入府。后参议黄宏，主事马思聪各不食，相继在监身故。宁王差人入监疏放各官粗镣，王畴、郑瓛二人不放。本月二十一日，将梁宸、胡濂、刘斐、贺锐各放回本司。本日宁王传檄各处，令人写成布政司咨呈备云檄文，转呈府部，自将搜去印信印使付与梁宸金押。梁宸不合畏死听从金押讫。本月二十三日，宁王告庙出师祭旗，加授王纶赞理军务，与刘吉等一同领兵。王纶不合畏死听从。本日又差柴内官等带领人众，将两司库内官银强搬入府，梁宸、贺锐在司署印，不合畏死，不行阻当。本日将杨璋仍拘仪卫司，各官改监湖东道。本月二十六七等日，宁王差仪宾李琳等将伊收积米谷给散省城军民以邀人心，著令程杲、潘鹏监放。各不合畏死，到彼看放。二十七日，宁王因先遣承奉屠钦等带领贼兵往攻南京，各贼屯扎鄱阳湖上，久候宁王不出，自行攻破南康、九江，掠取财物，二府人民走散，宁王要得招抚以收人心，押令师夔前去晓谕，不合畏死，往彼安抚。本月二十八日，宁王因要起程往取南京，恐省城变动，欲结人心，又差伪千户朱镇送银五百两与布政司梁宸、胡濂、刘斐、程杲、许效廉。各不合畏死，暂收入己。又将银七百两送按察司杨璋、唐锦、贺锐、王畴、师夔、潘鹏、赖凤，亦不合畏死，暂收入己。又押令刘斐、王玘替伊巡守，并押令许效廉、赖凤替伊接管放粮。各不合畏死，守城放米。七月初一日，差人将胡濂、唐锦送还本司，杨学礼放令之任，将梁宸、程杲、杨璋、贺锐、王畴、潘鹏、马骥、许清、白昂、郑文、郑瓛、宋以方胁拘上船，随行分投差拨仪宾等官张嵩等带领舍校看守，又将银二百两差伪千户吴景贤分送梁宸、胡濂、刘斐、许效廉等，及差万锐送银三百两分送杨璋、唐锦、贺锐、师夔、潘鹏、赖凤。各又不合畏死，暂收入己。本月初八日，至安庆，见攻城不克，因潘鹏系安庆人，差今逃引礼、白泓押同。潘鹏不合畏死听从，赍捧檄文，到彼招降。本月十五日，宁王因闻提督王都御史兵将至省，回兵归救省城。行至鄱阳湖地方，屡战屡败。至二十六日早，蒙大兵突至，宁王被擒，各官因得脱走前来。知府宋以方不知存亡等因。

随据布、按二司呈开布政司梁宸、胡濂、刘斐、程杲、许效廉，按察使杨璋、唐锦、贺锐、王畴、师夔、潘鹏、赖凤，各令家人首送前银，各在本司贮库等因。

尤恐不的，吊取见监擒获逆党刘吉、屠钦、凌十一等，各供称相同。

为照参政王纶胁受赞理，佥事潘鹏、师夔被胁招降抚民，情罪尤重，王纶、师夔又该直隶、湖广抚按等衙门各具本参奏，知府郑已经别案问结奏请，俱合候命下之日遵奉另行外。参照布政梁宸、参政刘斐、程杲，参议许效廉、副使贺锐，佥事赖凤，都指挥王玘，或行咨抚守，或盘库放粮，势虽由于迫胁，事已涉于顺从。镇守太监王宏，御史王金，主事金山，布政胡濂，按察使杨璋，副使唐锦，佥事王畴，都指挥马骥、许清、白昂、郑文，或被拘于城内，或胁随于舟中，事虽涉于顺从，势实由于迫胁，以上各官甘被囚房而不能死，忍受贼贿而不敢拒，责以人臣守身之节，皆已不能无亏；就其情罪轻重而言，尚亦不能无等。伏愿皇上大奋乾刚，取其罪犯之显暴者，明正典刑，以为臣子不忠之戒；酌其心迹之堪悯者，量加黜谪，以存罪疑惟轻之仁。庶几奸谀知警，国宪可明。

处置府县从逆官员疏 十四年八月二十五日

正德十四年七月二十日，该臣兴举义兵，剿除逆贼，攻开省城。本日进城之后，随据都、布、按三司首领等官邢清等，南昌府等衙门同知等官何维周等，各投首到臣。于时逆贼未获，军务方殷，暂将各官省候。

本月二十六日，宸濠就缚，逆党尽擒，除已奏报去后，随拘邢清等到官。审得各供称本年六月十四日宁王谋反，将镇巡三司等官俱各被绑胁，当将孙都御史、许副使杀害。随差人将南昌府同知何维周，通判张元澄，检校曹楫，南昌县知县陈大道，县丞王儒，新建县知县郑公奇，南浦驿驿丞王洪，南浦递运所大使张秀，俱拿枷镣发监仪卫司。随将各官行李并各掌印俱搜检入府。彼有邢清与本司都事翟瓒，检校董俊，理问张裕，案牍陈学，司狱张达，广济库大使胡玉，副使姚麟，织染局大使秦尚夔，副使戴璘，按察司经历尹鹃，知事张澍，照磨雷燮，都指挥使司断事章璠，吏目周鹤，司狱沈海，南昌前卫署指挥佥事夏继春，经历周孟礼，镇抚忻伟、吕昇，正副千户徐贤、郑春、张斌、傅英、唐荣、杜昂、李瀚、陈伟、姚钺、吴耀，百户徐隆、陈韬、张纲、王春、龚昇、陈诏、冯淮、黄鉴、李钦、梅樗、茆富、陈瓒、王昇、吕辅、赵昂、董钰、姚芳、刘璘、李琇、李祥、陆奇，南昌府儒学训导张桓、瞿云、汪潭，税课司大使杨纯，广济仓大使左仪副使王大本、李谱，守支大使卓文正、陈琳，副使邓谔、李彬，南昌县主簿张誉，典史方汝实，儒学训导达宾，新建县县丞刘万钟，主簿熊辟，典史杨儒，儒学训导区宾、金清，俱各闻风逃躲，不曾被拿。后宁王临行，将何维周等释放，又将知事张澍拘拿上船，至今未知存亡。

18

本年七月二十日，蒙大兵征剿，攻入省城，邢清等方得奔走军门投首等因。

据此，除将各官羁候，其镇巡并三司堂上官南昌府知府另已参奏外，参照邢清等被执不死，全无仗节之忠；闻变即逃，莫知讨贼之义，俱合重罪。但责任既轻，贼势复盛，力难设施，情可矜悯。合无行抚按衙门依律问拟，以为将来之戒，惟复别有定夺。

收复九江南康参失事官员疏 十四年九月初十日

据委官江西抚州府知府陈槐，饶州府知府林城，建昌府知府曾玙，广信府知府周朝佐，各呈先因宁王谋反，奉臣案验备行各府起兵擒剿，各遵依先后会集市汉等处。刻期破城之后，又奉臣牌照得九江、南康二府，先被宁王攻破，分留逆党据守城池，西扼湖兵之应援，南遏我师之追蹑。仰赖宗社威灵，幸已克复省城。除遣知府伍文定、邢珣、徐琏、戴德孺分布哨道，邀击宁贼，务在得获所据，逆党占据府县，应合分兵剿复。牌仰知府陈槐、林城前去九江，曾玙、周朝佐前去南康，相机行事，务要攻复城池，以扼贼人之咽喉，平靖反侧，以剪逆党之羽翼。居民人等不幸被胁，或因而逃窜者，就行出给告示，分投抚谕，使各回生理。务将人民加意赈恤，激以忠义，抚以宽仁，权举有司之职以理庶事，查处仓库之积以足军资。一面分兵邀诱宁贼，毋令东下。仍备查各官弃城逃走，致贼焚掠屠戮之故，具由回报，以凭参拿究治等因。

依奉陈槐选带知县傅南乔、陶谓等，林城选带知县马津、赵荣显等，曾玙选带检校典节知县余莹、县丞陈全等，周朝佐选带知县谭缙、杜民表等各兵快一千余名，由水路分哨剿贼。十月二十四等日，宁贼回援省城，舟至鄱阳湖等处，与吉、赣等官兵相遇大战。职等各行领兵，连日在湖策应，与贼对敌。抚州府官兵擒斩贼犯共二百九十余名颗，饶州府擒斩贼犯共五百余名颗，建昌府擒斩贼犯共四百八十余名颗，广信府擒斩贼犯共五百余名颗，陆续各解本院，转送监察御史谢源、伍希儒处核实处决审发讫，各官随各统兵直至九江、南康府地方，照臣牌内行事。

知府陈槐、林城呈称，先该九江兵备副使曹雷同该府知府汪颖等亦行督发瑞昌等县兵快，与同九江卫掌印指挥刘勋等收召操军前来，声复城池。被贼探知官兵齐集，先行望风逃遁。九江军兵至城守扎，仍又分兵追至湖口等处剿杀贼党。职等入城，抚回逃窜男妇万余名口，复业生理。会案行拘九江府卫里老旗军，查访得副使曹雷先于六月初二日，带同通判张云鹏前往彭泽县水次兑粮；知府汪颖先因疟痢兼以母病不能视事，于十五日暂将印信牒行推官陈深署

19

掌，库藏未经交盘。至十七日丑时，德化县老人罗伦口报宁王谋反，杀害巡抚等官，彼有汪颖会同陈深并刘勋等点集城内官军机兵火夫上城，照依原分南门迤东由盘石门、福星门城上朵子军卫把守，南门迤西由溢浦门至望京门城上朵子有司把守，东门把守官指挥丁睿等三十四员，南门把守官指挥萧纲等二十一员，西门把守官指挥孙璋等二十员，九江门把守官指挥董方等十二员，福星北门把守官指挥李泮等十八员，共一百零五员。该卫军人先因放操回屯数多，一时不能齐集。十八日卯时，逆党涂承奉等领船二百余只，装载兵至福星北门外扎营，就临城下喝叫开门。指挥李泮等不从，各贼忿怒，分兵烧毁西门外军民房屋浔阳驿官厅等处；杀死房来四人，临门祭旗；随用铳炮火枪火箭等器并力攻打，至辰时，贼遂梯援上城。泮等俱各逃散，被贼将锁钥打脱，拥入。口称省城、南康等府俱已收服，巡抚等官俱各被害，官民不必逃散，只将印信来降。时汪颖、陈深、刘勋等俱在各把门首，因见力不能支，同德化县知县徐志道并前各门把守指挥千户镇抚及府县儒学训导仓场局务大小官员各怀印信从南门逃避去讫。内九江卫左千户所百户白昇、马贵各遗失本所铜印一颗。随被各贼将大盈库银九千一百七十两零，德化县寄库银二百六十三两零，湖口县寄库银四百五十九两零，钞厂寄库银三千余两，司狱司囚重犯十二名，轻犯二十九名，广盈仓粮米二千四百四十石零，尽行劫取释放。又将军器库盔甲刀枪劫去，共一十一万九千二百二十四件。九江卫被贼劫去军器二千六百三十九件，演武厅军器一万六百三十件，并响器八十余件，镇抚监贼犯蔡日奇等七名，尽行劫取释放。及烧毁大哨船五只，军舍房屋七十六间。驾去大哨船二只，小哨船十一只。德化县被贼将县库银共三百二两零，预备仓稻谷一万七千二百石零，县监轻重囚犯二十名，尽行劫放。及烧毁官民房屋七百五十九间，杀死男妇一十五名。浔阳驿被贼烧毁官厅一座，耳房二间，及站船铺陈等物。惟指挥刘勋将兵备衙门赏功支剩银三十两六钱及赃罚银三十二两并运军行粮折银二十九两六钱收贮私家，捏开在卫被劫，事涉侵欺。

及查九江府钞厂寄库银两行，拘库子皮廷贵等审供侵分料银一千一百零六两四钱，情由在官，将各犯送府监候，拘齐未到人犯追问回报。

及查得佥事师夔持奉伪檄，前至九江安抚。因见府卫等官不从伪命，驾船去讫。

续查得该府所属湖口县于六月十七日酉时，被逆党熊内官等押兵到县，因无城池，知县章玄梅等带印暂避县后岭背集兵。次日对敌，杀死逆党魏清等，被贼杀死民快壮丁共一百二十名，杀死居民一十一名，放出县监重囚三名，轻

20

犯一十一名，烧毁房屋二十间，民房一千八百三十五间。本县官库银两先已窖藏，及各衙门印信，俱各见在，止被劫去在仓米一百五十九石，在库皮盔铁铳弓弩三百件，铁弹子三十二斤，及衣服靴钞等物，并将远近年分卷册，俱各毁坏。

彭泽县于六月十八日卯时被贼蜂拥上街，延烧房屋吏舍一百余间，并无掳掠男妇。当有知县潘琨督同巡捕官兵守保，印信仓库钱粮文卷俱全。

德化县于六月十七日被从逆护卫指挥丁纲等统带旗校到屯，点取军丁，致被惊散乡村男妇。该县严督兵快人等保守城池，俱各无虞。

除重复查勘明白，将湖口、彭泽二县被害人民，行令该府斟酌被害重轻，将见在钱粮加意赈恤。其德化县被害之家，缘无钱可支，已行该府径申本院，请发钱粮赈恤，使被害残民得以存济。职等仍行多方抚谕，激以忠义，戒以勤俭，人皆感服遵听，遂有更生之乐等因。

又据知府曾玙、周朝佐呈称，查勘得南康府六月十六日夜，被贼船一千余只冲入本府。彼有该府通判俞椿，推官王诩，公出未回，知府陈霖，同知张禄，通判蔡让，因见城池新筑未完，民兵寡少，同附郭星子县掌印佐贰并府县儒学仓场局务等官各带印信潜避庐山，贼遂入城，杀死官舍名快刘大等一十二名，被搬劫府库金一两五钱零，紫阳遗惠仓原贮谷一千七石零，劫放府狱重轻囚犯一百一十一名，烧毁六房卷宗黄册，及掠劫居民房屋家财。知府陈霖等潜往各乡集兵，陆续擒斩贼犯共二百三十余名颗。至二十七日，余贼五百余人奔来河下。知府陈霖同州县各官督兵擒斩贼犯一百余名颗。适遇委官知府曾玙、周朝佐各带官兵自王家渡一路追贼到府，协力剿杀各起余贼，又擒杀贼共三百二十余名颗，各解审讫。

查得星子县知县王渊之被贼追跌致死，署印县丞曹时中当将印信付与吏熊正背负，同主簿杨本禄俱入庐山，曹时中逃躲不知去向，兵快胡碧玉等五名被贼杀死，及劫虏居民男妇徐仲德等五十八名口，焚烧房屋并劫掠居民共五百三十六人家。劫放狱囚弓正道等四十四名，县廊库银九十七两零，及赃物钞贯俱被劫去，止有银二百一十三两四钱八分系库子戴汶泗收藏回家，首出还官。陆续擒获贼犯颜济等二十名。

又查得都昌县原无城池，闻贼入境，署印主簿王鼎，典史王仲祥，率兵迎敌，保守仓库，俱不曾被劫。被贼杀死、溺死兵快居民段容等三十一名，焚烧劫掠居民共一千二百一十六家。

又查建昌县原无城池，逆党仪宾李世英等带领贼兵三百余名来县，知县方铎，县丞钱惠，主簿王钺，同儒学教谕唐汶等见势不敌，各带印信潜避集兵。

当被李世英将狱禁囚犯熊澄等八十四名尽行劫放，并无劫掠焚烧仓库钱粮官民房屋。随被方铎陆续擒获李世英等一百七十五名口，解报讫。

又查访勘得安义县新创，城池未完，被逆党旗校火信等领兵到县，将官厅烧毁三间，六房文卷俱被弃毁。知县王轼因见贼势众多，退避集兵。主簿董国宣因男董茂隆投入宁府，惧罪逃走。儒学训导陈仕端等亦随县官避出。其仓库狱禁居民房屋俱不曾被焚劫。王轼同各官前后领兵擒斩贼共一千余名颗，转解讫。抚回南康府各属县复业逃民一万二千四百余家。遵奉通行各属，暂令管事及赈恤事宜，另行申请等因，各呈到臣，会同各官访勘相同。

臣等议得九江、南康府卫所县大小官员均有守土之寄，俱犯失事之律。欲将各官通革管事待罪，缘地方残破之余，又系朝觐年分，无官可委更代，姑从权宜，暂行管事。其各府县被害人民，并缺乏军资，已于先取见在钱粮内量数查发，前去赈给外。

参照九江地方当水陆之冲，据湖、湘之要，朝廷以其控带南圻，屏蔽江右，实为要地，故既有府卫之守，又特为兵备之设。其城池三面临水，地势四围险固，平时守备若严，临变必难骤破。各该守备官员安于承平，宽纵军士，虽预知贼报，而仓皇无备，及一闻贼至，而望风奔走。指挥刘勋除监守自盗官钱外，与李泮等弃城先遁，致贼残破。知府汪颖、推官陈深、知县徐志道等，因见守战无兵，亦各怀印逃难。百户白昇等一印不保，安望守城。副使曹雷职专兵备，防守不严，虽城破之日，偶幸不与，而失事之责，终为有因。

再照南康地方固称土瘠民稀，然亦负山阻水，虽新创之城尚尔修筑未完，而守土之职惟当效死勿去。该府知府陈霖，同知陈禄，通判蔡让，星子县主簿杨永禄等，畏缩无备，逃难弃城。湖口、建昌二县知县章玄梅、方铎闻贼先遁，致残县治。安义县知县王轼，贼党在境，不知先事之图，后虽有功，无救地方之变。彭泽县知县潘琨，都昌县主簿王鼎等，印信仓库虽获无虞，而都昌被贼杀死兵快，彭泽被贼烧劫居民，失事之责，亦有攸归。星子县县丞曹时中，安义县主簿董国宣，一则脱逃不首，一则纵子投贼。至于各该府县首领儒学仓场局务等官，虽无守土之责，俱有弃职之罪。

以上各官，求情固有轻重，揆义俱犯宪条；虽有后获之功，难掩先失之罪。又照近年以来，士气不振，兵律欠严，盖由姑息屡行，激励之方不立，规利避害者获免，委身效职者难容，是以偷靡成习，节义鲜彰。伏望皇上大奋乾刚，肃清纲纪，乞敕法司参详情罪轻重，通将各官究治如律。虽或量功末减，亦必各示惩创，庶有作新之机，足为将来之警。

卷十三 别录五

奏疏五

乞宽免税粮急救民困以弭灾变疏 十五年三月二十五日

照得正德十四年七月内，节据吉安等一十三府所属庐陵等县各申，为旱灾事，开称本年自三月至于秋七月不雨，禾苗未及发生，尽行枯死，夏税秋粮，无从办纳，人民愁叹，将及流离，申乞转达宽免等因到臣。节差官吏、老人踏勘前项地方，委自三月以来，雨泽不降，禾苗枯死。续该宁王谋反，乘衅鼓乱，传播伪命，优免租税。小人惟利是趋，汹汹思乱。臣因通行告示，许以奏闻优免税粮。谕以臣子大义，申祖宗休养生息之泽，暴宁王诛求无厌之恶，由是人心稍稍安集，背逆趋顺，老弱居守，丁壮出征，团保馈饷，邑无遗户，家无遗夫。就使雨旸时若，江西之民亦已废耕耘之业，事征战之苦；况军旅旱干，一时并作，虽富室大户，不免饥馑，下户小民，得无转死沟壑，流散四方乎？设或饥寒所迫，征输所苦，人自为乱，将若之何？如蒙乞敕该部暂将正德十四年分税粮通行优免，以救残伤之民，以防变乱之阶。伏望皇上罢冗员之俸，损不急之赏，止无名之征，节用省费，以足军国之需，天下幸甚。

缘由于本年七月三十日具题请旨，未奉明降。

随蒙大驾亲征，京边官军前后数万，沓至并临，填城塞郭。百姓戍守锋镝之余，未及息肩弛担，又复救死扶伤，呻吟奔走，以给厮养一应诛求；妻孥鬻于草料，骨髓竭于征输。当是之时，鸟惊鱼散，贫民老弱流离弃委沟壑；狡健者逃窜山泽，群聚为盗；独遗其稍有家业与良善守死者十之二三，又皆颠顿号呼于梃刃捶挞之下。郡县官吏，咸赴省城与兵马住屯之所奔命听役，不复得亲民事。上下汹汹，如驾漏船于风涛颠沛之中，惟惧覆溺之不暇，岂遑复顾其他，为日后之虑，忧及税赋之不免，征科之未完乎！当是之时，虽臣等亦皆奔走道路，危疑仓皇，恐不能为小民请一旦之命，岂遑为岁月之虑，忧及赋税之不免，征课之未完，而暇为之复请乎！

23

若是者又数月，京边官军始将有旅归之期，而户部岁额之征已下，漕运交兑之文已促，督催之使，切责之檄，已交驰四集矣。流移之民闻官军之将去，稍稍胁息延望，归寻其故业。足未入境，而颈已系于追求者之手矣！大荒旱极矣，而又因之以变乱；变乱极矣，而又竭之以师旅；师旅极矣，而又竭之以供馈，益之以诛求，亟之以征敛。当是之时，有目者不忍睹，有耳者不忍闻，又从而朘其膏血，有人心者而尚忍为之乎！

今远近军民号呼匍匐，诉告喧腾，求朝廷出帑藏以赈济，久而未获，反有追征之令。哄然兴怨，谓臣等昔日蠲赋之言为绐己。窃相伤嗟，谓宸濠叛逆，独知优免租税以要人心。我辈朝廷赤子，皆尝竭骨髓、出死力以勤国难，今困穷已极，独不蒙少加优恤，又从而追征之，将何以自全。是以令之而益不信，抚之而益愤愤，谕之而益呶呶，甫怀收复之望，又为流徙之图。计穷势迫，匿而为奸，肆而为寇，两月以来，有司之以鼠窃警报者，月无虚日。无怪也，彼无家业衣食之资，无父母妻子之恋，而又旁有追呼之苦，上有捶剥之灾，自非礼义之士，孰肯闭口枵腹，坐以待死乎？

今朝廷亦尝有宽恤之令矣，亦尝有赈济之典矣，然宽恤赈济，内无帑藏之发，外无官府之储，而徒使有司措置。措置者岂能神输而鬼运？必将取诸富民，今富民则又皆贫民矣！削贫以济贫，犹割心胷肉以啖口，口未饱而身先毙。且又有侵克之毙，又有渔猎之奸，民之赖以生者，不能什一，民之坐而死者，常十九矣。故宽恤之虚文，不若蠲租之实惠；赈济之难及，不若免租之易行。今不免租税，不息诛求，而徒曰宽恤赈济。是夺其口中之食，而曰："吾将疗汝之饥"；剜其腹肾之肉，而曰："吾将救汝之死。"凡有血气，皆将不信之矣。

夫户部以国计为官，漕运以转输为任，今岁额之催，交兑之促，皆其职之使然。但民者邦之本，邦本一摇，虽有粟，吾得而食诸？伏望皇上轸念地方涂炭之余，小民困苦已极，思邦本之当固，虑祸变之可忧，乞敕该部速将正德十四、十五年该省钱粮悉行宽免；其南昌、南康、九江等府残破尤甚者，重加宽贷，使得渐回喘息，修复生理。非但解江西一省之倒悬，臣等无地方变乱之祸，得免于诛戮，实天下之大幸，宗社之福也。

夫免江西一省之粮税，不过四十万石，今吝四十万石而不肯蠲，异时祸变卒起，即出数百万石，既已无救于难矣。此其形迹已见，事理甚明者。臣等上不能会计征敛以足国用，下不能建谋设策以济民穷，徒痛哭流涕，一言小民疾苦之状，惟陛下速将臣等黜归田里，早赐施行，以纾祸变。

缘系宽免税粮，急救民困，以弭灾变事理，为此具本请旨。

计处地方疏 十五年五月十五日

臣惟财者民之心也，财散则民聚；民者邦之本也，本固则邦宁。故文帝以赐租致富乐之效，太宗以裕民成给足之风。君民一体，古今同符。

臣会同巡按江西监察御史唐龙议照宁贼宸濠志穷荒度，谋肆并吞，其于民间田地山塘房屋等项，或用势强占，或减价贱卖，或因官本准折，或撼别事抄收。有中人之家者，一遭其毒，即无栖身之所。有上农之田者，一中其奸，即无用锄之地。尤且虚填契书，以杜人言，私置簿籍，以增租额。利归一己，害及万家。故先有副使胡世宁直言指陈，续该科道等官交章举发，言皆有据，事非无征。近奉诏书曰："宸濠天性凶恶，自作不靖，强夺官民田产，动以万计。"则陛下明以烛奸，深知宸濠田产皆夺诸百姓者也。又曰："占夺田产悉还本主。"则陛下仁以悯下，尽欲举百姓之田产而给还之也。圣言犹在，昭如日星，国信不移，坚如金石。

始者，宸濠既败，该臣等已行守巡等官，将该府及各贼党田地房屋，许令府县等官俱抄没在官，造报在册矣。但委官查勘之时，正事变抢攘之际，业主惊散，俱未宁家，上司督责，急欲了事，依契涸查，凭人浪报，多寡是较，占买未分。明诏虽有给主之条，小民犹抱失业之恨，昔之居，不得而居也，昔之田，不得而食也。泽未下究，怨徒上归。况屋无主则毁，地不耕则荒。故兵马之后，瓦柱仅存，田野之间，草莱渐长。兼以势室豪强，恣行包侵之计，奸徒私窃，动开埋没之端。及今审处不早，将来遗失益多。

再照前项田产，多在南昌、新建二县，受害独深，人人被其诛求，家家被其检括；且贼师起事，抄掠尤惨，官兵破围，伤残未苏；财尽已极，民困莫加。查得二县额派兑军淮安京库三项粮米共十一万九千石有零，淮、益二府禄米共四千二石，节奏宽免，未奉停征。运官守催，旗校逼取，势急若火，案积如山，民纳不前，官宜为处。

及照一方之统会在于省城，各府之钱粮并于司库。查得本布政司官库，先被贼兵劫抢，继因军饷动支，官吏徒守乎空柜，纸笔亦赊于铺家。大兵必有荒年，民穷必有盗贼，万一变生无常，衅起不测，则寸兵尺铁皆无所需，束刍斗粮亦不能办，公私失恃，缓急可忧。

再照省城各门城楼窝铺及诸司衙门，先是王府占据，多属疏隘，近因兵火蔓延，半遭荡焚。夫城楼者，一方防御之所关，衙门者，诸司政令之所出，托始创新，固无民力，因陋就简，见有官房。

如蒙乞敕该部查议，将前项抄没过宁府及各贼党下田地山塘房屋等项，行令布政司会同按察司各掌印官及分守分巡官并府县官从实覆行查勘明白，委系占夺百姓者，遵照诏书内事理，给还本主管业。及将于内官房酌量移改城楼窝铺衙门，余外无碍田地山塘房屋，仍令各官公同照依时估变价银入官，先尽拨补南、新二县兑军淮安京库折银粮米及王府禄米，外有羡余，收贮布政司官库，用备缓急。仍禁约势豪之家，不得用强占买，各委官亦不得畏势市恩，致招物议。凡拨给变卖事情，若有势豪强占强买及委官畏势市恩各情弊，许抚按衙门指实纠劾惩究。施行事完，该司将各项数目径自造册奏报，并呈该部查考。是盖以百姓之业，纳百姓之粮，以地方之财，还地方之用。民沾惠而国不费，事就绪而财不伤。《书》曰"守邦在众"，《易》曰"聚人曰财"，惟陛下留意焉。

缘系计处地方事理，未敢擅便，为此具本请旨。

水灾自劾疏 十五年五月十五日

臣惟有官守者，不得其职则去。受人之牛羊而为之牧者，求牧与刍而不得，则反诸其人。

臣以匪才，缪膺江西巡抚之寄，今且数月，曾未能有分毫及民之政。而地方日以多故，民日益困，财日益匮，灾变日兴，祸患日促。自春入夏，雨水连绵，江湖涨溢，经月不退。自赣、吉、临、瑞、广、抚、南昌、九江、南康沿江诸郡，无不被害，黍苗沦没，室庐漂荡，鱼鳖之民聚栖于木杪，商旅之舟经行于间巷，溃城决限，千里为壑，烟火断绝，惟闻哭声。询诸父老，皆谓数十年来所未有也。除行各该司府州县修省踏勘具奏外。夫变不虚生，缘政而起，政不自弊，因官而作。官之失职，臣实其端，何所逃罪？

夫以江西之民，遭历宸濠之乱，脂膏已竭。而又因之以旱荒，继之以师旅，遂使丰稔连年，曲加赈恤，尚恐生理未易完复，今又重以非常之灾，危亟若此，当是之时，虽使稷、契为牧，周、召作监，亦恐计未有措。况病废昏劣如臣之尤者，而界之伈然坐尸其间，譬使盲夫驾败舟于颠风巨海中，而责之以济险，不待智者，知其覆溺无所矣。又况部使之催征益急，意外之诛求未已。在昔，一方被灾，邻省尚有接济之望，今湖、湘连岁兵荒，闽、浙频年旱潦，两广之征剿未息，南畿之供馈日穷，淮、徐以北，山东、河南之间，闻亦饥馑相属。由此言之，自全之策既无所施，而四邻之济又已绝望，悠悠苍天，谁任

26

其咎！

静言思究，臣罪实多！何者？

宸濠之变，臣在接境，不能图于未形，致令猖突，震惊远迩，乃劳圣驾亲征，师徒暴于原野，百姓殆于道路。朝廷之政令因而阔隔，四方之困惫由是日深。臣之大罪一也。徒避形迹之嫌，苟为自全之计，隐忍观望，幸而脱祸。不能直言极谏以悟主听，臣之大罪二也。徒以逢迎附和为忠，而不知日陷于有过；徒以变更迁就为权，而不知日紊于旧章；徒以掇拾罗织为能，而不知日离天下之心；徒以聚敛征索为计，而不知日积小民之怨。此臣之大罪三也。上不能有裨于国，下不能有济于民，坐视困穷，沦胥以溺，臣之大罪四也。且臣忧悸之余，百病交作，尪羸衰眊，视息仅存。以前四者之罪，人臣有一于此，亦足以召灾而致变，况备而有之，其所以速天神之怒，深下民之愤，而致灾沴之集，又何疑乎。

伏惟皇上轸灾恤变，别选贤能，代臣巡抚。即以臣为显戮，彰大罚于天下，臣虽陨首，亦云幸也。即不以之为显戮，削其禄秩，黜还田里，以为人臣不职之戒；庶亦有位知警，民困可息，人怒可泄，天变可弭；而臣亦死无所憾。

重上江西捷音疏 十五年七月十七日遵奉大将军钧帖

照得先因宸濠图危宗社，兴兵作乱，已经具奏请兵征剿。间蒙钦差总督军务威武大将军总兵官后军都督府太师镇国公朱钧帖，钦奉制敕，内开："一遇有警，务要互相传报，彼此通知，设伏剿捕，务俾地方宁靖，军民安堵。"

蒙此，臣看得宸濠虐焰张炽，臣以百数疲弱之卒，未敢轻举骤进，乃退保吉安。一面督率吉安府知府伍文定等调集军民兵快，召募四方报效义勇之士，会计一应解留钱粮，支给粮饷，造作军器战船，责留回任监察御史谢源、伍希儒分职任事；一面约会该府乡官致仕都御史王懋中，养病痊可编修邹守益，刑部郎中曾直，评事罗侨，丁忧御史张鳌山，先任浙江金事、今赴部调用刘蓝，依亲进士郭持平，军门参谋驿丞王思、李中，致仕按察使刘逊，参政黄绣，闲住知府刘昭等，相与激发忠义。

七月初二日，宸濠探知臣等兵尚未集，乃留兵万余，属其心腹、宗支、郡王、仪宾、内官并伪授都督、都指挥等官使守江西省城，而自引兵向阙。臣昼夜促各郡兵，期以本月十五日会临江之樟树；而严督知府等官伍文定等各领兵，于十八日遂至丰城。分布伍文定等攻广润等七门。是日得报，宸濠伏兵千

27

余于新旧坟厂，以备省城之援。臣遣知县刘守绪等领兵从间道夜袭破之。十九日，申布朝廷之威，再暴宸濠之恶，约诸将二十日黎明各至信地。我兵四面骤集，遂破江西，擒其居守宜春王拱橑及伪太监万锐等千有余人。宸濠宫中眷属闻变，纵火自焚，延及居民房屋。臣当令各官分道救火，抚定居民，散释胁从，搜获原被劫收大小衙门印信九十六颗，三司胁从布政使胡濂，参政刘斐，参议许效廉，副使唐锦，佥事赖风，都指挥王玘等，皆自首投罪。除将擒斩功次，发御史谢源、伍希儒权令审验纪录，及一面分兵四路追蹑宸濠向往，相机擒剿。

二十二日，臣等驻兵省城，督同知府伍文定等各领兵分道并进，击其不意；都指挥余恩领兵往来湖上，诱致贼兵。知府等官陈槐等各领兵四面设伏。二十三日，复得谍报宸濠先锋已至樵舍，风帆蔽江，前后数十里，不能计其数。二十四日早，贼兵鼓噪乘风而前，逼黄家渡。臣督各兵四面击贼，遂大溃，擒斩二千余级，落水死者万数。二十五日，又督各兵殊死并进，炮及宸濠舟。宸濠退走，遂大败。擒斩二千余级，溺水死者不计其数。

二十六日，臣夜督伍文定等为火攻之具，四面兜集，火及宸濠副舟，众遂奔败。宸濠与其妃嫔泣别，妃嫔宫人皆赴水死。我兵遂执宸濠，并其世子、郡王、将军、仪宾及伪太师、国师、元帅、参赞、尚书、都督、都指挥、指挥、千百户等官李士实、刘养正、刘吉、屠钦、王纶、熊琼、卢珩、罗璜、丁瞶、王春、吴十三、秦荣、葛江、刘勋、何镗、王信、吴国七、火信等数百余人，被执胁从太监王宏，御史王金，主事金山，按察使杨璋，佥事王畴、潘鹏，参政程杲，布政梁宸，都指挥郏文、马骥、白昂等，擒斩贼党三千余，落水死者万余，弃其衣甲器仗财物，与浮尸积聚，横亘十余里。余贼数百艘，四散逃溃。二十七日，战樵舍等处，又复擒斩千余，落水死者殆尽。二十八日，知府陈槐等各与贼战于沿湖诸处，擒斩各千余级。除将宸濠并其世子、郡王、将军、仪宾、伪授太师、国师、元帅、参赞、尚书、都督、都指挥、指挥等官各另监羁候解，被执胁从等官并各宗室别行议奏，及将擒斩俘获功次一万一千有奇发御史谢源、伍希儒暂令审验纪录，另行造册缴报外。

照得臣节该钦奉敕谕："但有盗贼发生，即便严督各该兵备、守备、守巡各军卫有司设法调兵剿杀，其管领兵快人等官员，不问文职武职，若在军前违期，并逗遛退缩，俱听以军法从事。生擒盗贼，鞫问明白，亦听就行斩首示众。斩获贼级，行令各该兵备、守备、守巡官即时纪验明白，备行江西按察司造册奏缴，查照升赏激劝，钦此。"及准兵部咨："为飞报贼情事，该本部题称：合无本部通行申明，今后但有草贼生发，事情紧急，该管官司即便依律调拨官军，乘机剿捕；应合会捕者，亦就调发策应。如有仍前朦胧隐蔽，不即申报，以致聚众滋蔓，贻害地方，从重参究，决不轻贷"等因，题奉钦依，备咨前来。

又蒙钦差总督军门发遣太监张永前到江西查勘宸濠反叛事情，安边伯朱泰，太监张忠，左都督朱晖，各领兵亦到南京、江西征剿。

续蒙钦差总督军务威武大将军总兵官后军都督府太师镇国公朱统率六师，奉天征讨，及统提督等官司礼监太监魏彬，平虏伯朱彬等，并督理粮饷兵部左侍郎等官王宪等，亦各继至南京。

臣续又节该奉敕："如或江西别府报有贼情紧急，移文至日，尔要及时遣兵策应，毋得违误，钦此。"俱经钦遵外。

臣窃照宸濠烝淫奸暴，腥秽彰闻，数其罪恶，世所未有。不轨之谋，已逾一纪，积威所劫，远被四方。而旬月之间，遂克坚城，俘擒元恶，是皆钦差总督威德、指示、方略之所致也。及照御史谢源、伍希儒监军督哨，谋画居多；知府伍文定、邢珣、徐琏、戴德孺、陈槐、曾玙、林城、周朝佐，署都指挥佥事余恩，通判胡尧元、童琦、谈储，推官王玮、徐文英，知县李楫、李美、王冕、王轼、刘源清、刘守绪、傅南乔，通判杨昉、陈旦，指挥麻玺、高睿、孟俊，知县张淮、应恩、王庭、顾佖、万士贤、马津等，虽效绩输能亦有等列，然皆首从义师，共收全功。其伍文定、邢珣、徐琏、戴德孺等，冒险冲锋，功烈尤懋。乡官都御史王懋中，编修邹守益，御史张鳌山，郎中曾直，评事罗侨，佥事刘蓝，进士郭持平，驿丞王思、李中，按察使刘逊，参政黄绣，知府刘昭等，仗义兴兵，协张威武。以上各官，功劳虽在寻常，征剿亦已难得。伏望皇上论功朝锡之余，普加爵赏旌擢，以劝天下之忠义，以励将来之懦怯。

缘系捷音事理，为此具本请旨。

四乞省葬疏 十五年闰八月二十日

照得先准吏部咨："该臣奏称：'以父老祖丧，屡疏乞休，未蒙怜准。近者奉命扶疾赴闽，意图了事，即从彼地冒罪逃归。旬月之前，亦已具奏。不意行至中途，遭值宁府反叛。此系国家大变，臣子之义，不容舍之而去。又阃省巡抚方面等官，无一人见在者，天下事机，间不容发，故复忍死，暂留于此，为牵制攻讨之图；俟命师之至，即从初心，死无所避。臣思祖母自幼鞠育之恩，不及一面为诀，每一号痛，割裂昏殒，日加尪瘠，仅存残喘。母丧权厝祖母之侧，今葬祖母，亦欲因此改葬。臣父衰老日甚，近因祖丧，哭泣过节，见亦病卧苦庐。臣今扶病，驱驰兵革，往来于广信、南昌之间。广信去家不数日，欲从其地不时乘间抵家一哭，略为经画葬事，一省父病。臣区区报国血诚，上通于天，不辞灭宗之祸，不避形迹之嫌，冒非其任，以勤国难，亦望朝廷鉴臣此心，不以法例绳缚，使臣得少伸乌鸟之痛，臣之感恩，死且图报，抢攘哀控，不知所云'等因。具本奏奉圣旨：'王守仁奉命巡视福建，行至丰城，一闻宸濠反叛，忠愤激烈，即便倡率所在官司起集义兵，合谋剿杀，气节可嘉。已有旨著督兵讨贼兼巡抚江西地方。所奏省亲事情，待贼平之日来说。该部知道，钦此。'"

备咨到臣，除钦遵外，近照宁王逆党皆已仰赖皇上神武，庙堂成算，悉就擒获；地方亦已平靖；百姓室家相庆，得免征调之苦，复有更生之乐，莫不感激洪恩，沾被德泽。独臣以父病日深，母丧未弊之故，日夜哀苦，忧病转剧。犬马驱驰之劳，不足齿录，而乌鸟迫切之情，实可矜悯。已蒙前旨，许"待贼平之日来说"，故敢不避斧钺，复申前请。伏望皇上仁覆曲成，容臣暂归田里，一省父病，经纪葬事，臣不胜苦切祈望之至等因。又经具本，于正德十四年八月二十五日，差舍人来仪赍奏去后，迄今已逾八月，未奉明旨。

臣旦暮惶惶，延颈以待，内积悲病之郁，外遭窘局之苦，新患交乘，旧病弥笃，方寸既乱，神气益昏，目眩耳聩，一切世事皆如梦寐。今虽抑情强处，不过闭门伏枕，呻吟喘息而已。岂能供职尽分，为陛下巡抚一方乎？夫人臣竭忠委令以赴国事，及事之定，乃故使之不得一省其亲之疾，是沮义士之志，而伤孝子之心也。且陛下既以许之，又复拘之，亦何以信于后？臣素贪恋官爵，志在进取，亦非高洁独行，甘心寂寞者。徒以疾患缠体，哀苦切心，不得已而为此。今亦未敢便求休退，惟乞暂回田里，一省父疾，经营母葬，臣亦因得就医调理，少延喘息。苟情事稍伸，病不至甚，即当奔走赴阙，终效犬马，昔人所谓报刘之日短，尽忠于陛下之日长也。臣不胜哀痛、号呼、恳切、控吁之至。具本又于正德十五年三月二十五日差舍人王霁赍奏去后，迄今复六月，未奉明旨。

臣之痛苦，刻骨剜心，忧病缠结，与死为邻，已无足论；而臣父衰疾日亟，呻吟床席，思臣一见，昼夜涕演，每得家书，号恸颠殒，苏而复绝。夫虎狼恶兽，尚知父子；乌鸟微禽，犹怀反哺。今臣父病狼狈至此，惟欲望臣一归，而臣乃依依贪恋官爵，未能决然逃去，是禽兽之不若，何以立身于天地乎！夫人之大伦，内则父子，外则君臣。事君以忠，事父以孝；不忠不孝，为

30

天下之大戮。纵复幸免国宪，然既辱于禽兽，则生不如死。臣之归省父疾，在朝廷视之，则一人之私情，自臣身言之，则一生之大节。往者宁藩之变，臣时欲归省父疾。然宗社危急，呼吸之间，存亡攸系，故臣捐九族之诛，委身以死国难。时则君臣之义为重。今国难已平，兵戈已息，臣待罪巡抚，不过素餐尸位，以苟岁月。而臣父又衰老病笃若此，尚尔贪恋禄位而不去，此尚可以为子乎！不可以为子者，尚可以为臣乎！臣今待罪巡抚，若不请而逃，窃恐传闻远迩，惊骇视听。夫人臣死君之难，则捐其九族之诛而不恤，至其急父之危，则亦捐其一身之戮而不顾。今复候命不至，臣必冒死逃归。若朝廷悯其前后悬迫之情，赦而不戮，臣死且图衔结。若遂正以国典，臣获一见老父而死，亦瞑目于地下矣。

臣不胜痛陨苦切，号控哀祈之至，除冒死一面，移疾舟次，沿途问医，待罪候命外，缘系四乞天恩，归省父疾，回籍待罪事理，为此具本奏闻。

开豁军前用过钱粮疏 十五年九月初四日

照得先因宁王变乱，该臣备行南、赣等府，起调各项官军兵快人等追剿，合用粮饷等项，就仰听将在官钱粮支给间。随据吉安府申为处置军饷事，开称动调兵快数万，本府钱粮数少，乞为急处等情。已经通行各府，速将见贮不拘何项钱粮，以三分为率，内将二分解赴军前接济外。续为地方事，臣又看得各处军兵虽已起调，但前项事情系国家大难，存亡所关，诚恐兵力不敷，未免误事，又行牌仰各该官司即选父子乡兵在官操练，听将官钱支作口粮，候臣另有明文一至，随即启行去后。续照前项首恶并其谋党，俱已擒斩。原调各处军兵，久已散归。就经备行江西布政司通将各府州县自用兵日起，至于掣兵日止，用过一应在官钱粮等项，逐一查明造报，以凭施行，未报查催间。

又据江西按察司呈，为紧急军情事，开称先准江西布政司照会，正德十四年十月初一日该蒙户部员外郎黄著案验，内开蒙本部题奉钦依，差在军前整理粮草。今照各哨官军俱集江西省城，又闻圣驾亦将征讨，跟随官军未知数目，驻扎月日未知久近，所有粮料草束，合仰备行本司掌印等官从长设法处置，或支动在官银两，选委能干官员趁早多买粮草，预备支应，庶无失误等因到司。

彼时，巡按御史唐龙未到，本院押解逆犯宸濠等在途，查得江西省城司府及南、新二县并南、康二府库藏，俱被宁贼抢劫空虚，无从措置。诚恐临期失误，就经会同江西布政司一面议借军门发候解京赃银，及南昌府县追到官本等银给发，委官汪宪等各领买办粮草供应；一面议将各府派银接济，缘由会呈本院奉批俱准议，造册缴报查考等因。依奉除南康、九江、南昌三府县残破未派，备行抚州等十府，动支在官银两接济。续因起解首恶宸濠等并逆党宫眷等项，及补还原借解京赃银官本等银紧急，又经会呈议行各该府县，暂借在官银两，前来应济，共计用过银九千七百七十一两四钱。其余见存银两，俱系该解之数，悉行各府差人领回，听其收解外，呈乞施行等因到臣。

看得所呈前项供应粮料、买办草料，及自臣起兵以来费用过钱粮，中间多系京库折银及兑准粮米等项，俱系支给赏劳兵快人等，及供应北来官军并犒赈军民紧急支用，计出无聊，事非得已，别无浪费分文，据法似应措补。但今兵荒残破之余，库藏无不空虚，小民无不凋敝，远近人情汹汹，方求公帑赈济，若复派补，必致变生不测。其听解贼赃官本等银，实系宁贼抢劫官库积蓄，刻剥小民脂膏，相应存留，以救困竭。今又尽数解京，地方空匮，委果已极。查得各处用兵请给内帑，或借别省钱粮接济。迩者宁贼非常之变，事起仓卒，虽欲请给内帑，势有不及。后蒙该部议准，许于广东军饷银内支取十万。随幸贼势平定，前项准借银两亦遂停止，分毫不曾取用。

伏望皇上悯念地方师旅饥馑之余，民穷财尽，困苦已极。近又加以水灾为患，流离益甚。乞敕该部查照，转行江西布、按二司，将自用兵以来支取用费过各该府县京库折银及兑准粮米等项，通行查明，各计若干，照数开豁，免行追补。乃仰备造文册，缴部查考。庶军民得以少苏，而地方可免于意外之虞矣。

征收秋粮稽迟待罪疏 十五年十二月初十日

据江西布政司呈："准布政使陈策等咨，照得正德十四年税粮，先准参议周文光奉户部勘合派属征解，随因圣驾南巡，各府州县官俱集省城听用，前项钱粮不暇追征。正德十五年正月初二日，蒙巡按江西监察御史唐龙案验，为乞救兵燹穷民以固邦本事，该巡抚苏松，都御史李充嗣题称：江西变乱，南昌、南康、九江等府首被烧劫，其余府县，大军临省，供应浩繁，要将该年税粮尽行停免等因，备行分守南昌五道，勘议得：南昌府南、新二县被害深重，应免粮差三年；其余州县，并瑞州等一十二府属县，俱应免粮差二年。回报到司，即转呈本院具题外。本年二月内，续蒙钦差户部员外郎龙诰案验，为偿运粮储事，备行本司督催该年兑准钱粮交兑，遵依节行催征间。本年三月初五日，漕运衙门照札坐到兑军本色米八万石，折色米三十二万石，改兑米一十七万石，每石连耗折银七钱，备行作急征完起运。本月二十八日，又蒙抚按衙门案验，

32

为地方极疲，速赐恩恤以安邦本事，该南京工科给事中王纪等奏奉钦依，自正德十四年以前，一应钱粮果系小民拖欠未完的，俱准暂且停征，还着各该官司设法赈济，毋视虚文。钦遵通行外，又蒙员外郎龙诰案牌将粮里严加杖并，急如星火。小民纷纷援例，赴司告豁。呈蒙抚按衙门批行本司给示晓谕，纳粮人户先将兑军征解，小民方肯完纳。转行参议魏彦昭督运。续因本官去任，又经呈批参政邢珣暂管督兑。本官于五月二十日遍历催儹，通将征完本色米八万石兑完起运讫。其折色银两，催据广信等府属县陆续征解。近于十一月十三等日抄奉漕运衙门照札备行本司，将兑运折色银三十四万三千两务要征完足数，差官协同运官解部等因。依奉通行外，今照该年税粮，委因事变兵荒经理不前，及专管提督官员更代不常，况奉部院明文征免不一，小民不服输纳，官府掣肘难行，因而稽延。若不预将前情转达，诚恐查究罪及未便"等因，备呈到臣。

窃照江西钱粮，小民所以不肯输纳，与有司所以难于追征者，其故各有三，而究其罪归则责实在臣。何者？

宸濠之叛，首以伪檄除租要结人心。臣时起兵旁郡，恐其扇惑，即时移文远近，宣布朝廷恩德，蠲其租赋，许以奏免，谕以君臣之分，激其忠义之心，百姓丁壮出战，老弱居守。既而旱灾益炽，民困益迫，然而小民不即离散者，以臣既为奏请，虽明旨未下，皆谓朝廷必能免其租税，尚可忍死以待也。夫危急之际，则哄之免租以竭其死力，事平之后，又罔民而刻取之，人怀怨忿不平，此其不肯输纳之故一也。

及宸濠之乱稍定，而大军随至，供馈愈烦，诛求愈急，其颠连困踣之状，臣于前奏已略言之。百姓不任其苦，强者窜而为寇，弱者匿而为奸。继而水灾助祸，千里之民皆为鱼鳖，号哭载途，喧腾求赈。其时臣等既无帑藏之储，又无仓廪可发，所以绥劳抚定之者，更无别计，惟以奏免租税为言。百姓明明胥谇，谓命在旦夕，不能救我而徒曰免税，免税岂可待邪？盖其心以为免税已不待言，尚恨其无以赈之也。已而既不能赈，又从而追纳之，人怨益深，不平愈甚，此其不肯输纳之故二也。

当大军之驻省，臣等趋走奔命，日不暇给，亦以为既有前奏，则赋税必在所免，不复申请。其时巡抚苏松等处都御史李充嗣奏称江西首被宸濠之害，乞将该年税粮军需等项俱行停免。该户部覆题："奉圣旨：是，各被害地方，着抚按官严督所属用心设法赈济，钦此。"又该给事中王纪奏本部覆题："奉圣旨：是，这地方委的疲困已极，自正德十四年以前一应钱粮，果系小民拖欠未完的，俱准暂且停征，还着各该官司设法赈济，毋视虚文，钦此。"俱钦遵，

33

该部备咨前来，臣等正苦百姓嗷嗷，咨文一至，如解倒悬，即时宣布。百姓闻之，欢声雷动，递相传告，旦夕之间，深山穷谷，无不毕达。自是而后，坚守蠲免之说，虽部使督临，或遣人下乡催促，小民悉以为诈妄，群起而驱缚之。催征之令不复可行，此其不肯输纳之故三也。

郡县之官，亲见百姓之困苦，又当震荡颠危之日，惧其为变，其始惟恐百姓不信免租之说，指天画地，誓以必不食言。既而时事稍平，则尽反其说而征之，固已不能出诸其口矣，况从而鞭笞捶挞之，其遽忍乎！此其难于追征之故一也。

三司各官，旧者既被驱胁，新者陆续而至，至则正当扰攘，分投供应，四出送迎，官离其职，吏失其守，纠结纷挈，事无专责，如群手杂缲于乱丝之中，东牵西绊，莫知端绪。既而部使骤临，欲于旬月之间督并完集，神输鬼运，有不能矣。此其难于追征之故二也。

夫背信而行，势已不顺，若使民间尚有可征之粟，必不得已，剜剥而取之，忍心者尚或能办也。而民之疮痍已极矣，实无可输之物矣，别夫离妇，弃子鬻女，有耳者不忍闻，有目者不忍睹也。如是而必欲驱之死地，其将可行乎！此其难于追征之故三也。

夫小民之不肯输纳既如彼，而有司之难于追征又如此，后值部使身临坐并，急于风火，百姓怨谤纷腾，汹汹思乱，复如将溃之堤。臣于其时虑恐变生不测，谓各官与其激成地方之祸，无益国事，身膏草野，以贻朝廷之忧，孰若姑靖地方，宁以一身当迟慢之戮乎。因谕各官追征毋急，以纾民怨。各官内迫于部使，外窘于穷民，上调下辑，如居颠屋之下，东撑则西颓，前支则后圮，强颜陵诟之辱，掩耳怨懟之言，身营闾阎之下，口说田野之间，晓以京储之不可缺，谕以国计之不得已，或转为借贷，或教之典拆，忍心于捶骨剥脂之痛而浚其血，闭目于析骸食子之惨而责其逋。共计江西十四年分兑军本色米八万石，折色米三十二万石，改兑米一十七万石。臣始度其势，以为决无可完之理，其后数月之间，亦复陆续起解完纳，是皆出于意料之外，在各官诚窘局艰苦，疲瘁已极，亦可谓之劳而有功矣。今闻部使参奏，且将不免于罪，臣窃冤之。

昔之人固有催科政拙，而自署下考者，亦有矫制发廪，而愿受其辜者。各官之以此获罪，固亦其所甘心。但始之因叛乱旱荒而为之奏免者臣也；继之因水灾兵困而复为申奏者臣也；又继之因朝廷两有停征赈贷之旨，而为之宣布于众者，亦臣也；又继之虑恐激成祸变，而谕令各官从权缓征者，又臣也；是各

34

官之罪，皆臣之罪也。今使各官当迟慢之责，而臣独幸免，臣窃耻之。

夫司国计者，虑京储之空匮，欲重征收后期者之罪，而有罚俸降级之议，此盖切于谋国，忠于事君者之不得已也。亦岂不念江西小民之困苦，与各官之难为哉？顾欲警众集事，创前而戒后，固有不得不然者，正所谓救焚身之患，不遑恤毛发之焦，攻心腹之疾，不得避针灼之苦耳。

伏望皇上悯各官之罪，出于事势之无已，特从眚灾肆赦之典，宽而宥之，则法虽若屈，而理亦未枉。必谓行令之始，不欲苟挠，则各官之罪实由于臣，即请贬削臣之禄秩，放还田里，以伸国议。如此，则不惟情法两得，而臣亦可以藉口江西之民免于欺上罔下之耻矣。臣不胜惶惧待罪之至！

缘系征收秋粮，稽迟待罪事理，为此具本请旨。

巡抚地方疏 十五年四月二十五日

据江西布政司呈：奉臣案验，照得本院前任巡抚衙门近遭兵火废毁，兼以地址僻隘低洼，每遇淋雨，潢潦浸灌。见今本院在于都司贡院诸处衙门寄驻，迁徙不常，居无定止，人无定向。妨政失体，深为未便，合行议取，为此仰抄案回司，即便会同都、按二司官从长议查省城居民没官房屋及革毁一应衙门，可以拆修改造者。会议停当，呈来定夺，毋得违错等因。依奉会同都指挥金事王继善，按察使伍文定，议得前项衙门，先年建于永和门内，僻在一隅，地势低洼，切近东湖，一遇淫雨，辄遭浸漫。近因大军驻扎，人马作践，俱各倒塌。及查巡按衙门亦皆年久朽烂，逼侧俱难居住。欲择地盖造，缘今地方兵荒之后，取之于官则官库空竭，敛之于民则民穷财尽，反覆思惟，无从措置。查得承奉司并织造机房各一所，系是没官之数，俱各空闲，地势颇高，规模颇广。合无呈请将承奉司暂改为都察院衙门，机房改为巡按衙门，委官相度，趁时修理。如此则工费不繁，民力少节，实为两便。

缘由呈详到臣，查得先为计处地方事，该臣会同巡按御史唐龙议奏，乞将抄没宁府及各贼党田地房屋，令布、按二司掌印及守巡并府县官员从实覆查，委系占夺百姓，遵照诏书内事理，各给还本主管业。及将于内官房酌量移改城楼窝铺衙门，余外田地山塘房屋，仍令各官公同照依时估变卖价银入官。先尽拨补南、新二县兑军淮安京库折银粮米及王府禄米，外有余羡，收贮布政司官库，用备缓急。缘由会本具题去后，未奉明旨。今呈前来，为照各项衙门果已废毁，当兹兵火之余，民穷财尽，改创实难。今该司议将前项没官房屋暂改，不费于官，不劳于民，工省事易，诚亦两便，似应准议。除行该司，一面委官

35

趁时修改，暂且移驻，以便听理。候民困日苏，财用充给之日，力可改创，再行议处。

剿平安义叛党疏 十六年五月十五日

据江西按察司按察使伍文定关称：奉臣批，据南康府通判林宽，安义县知县熊价，奉新县典史徐诚呈开，俱奉本院纸牌及巡按御史唐龙、朱节等计委追剿逆贼杨本荣等。依奉前后诱捕，及于沿湖各处敌战，擒斩共一百二十六名颗，并于杨子桥巢内搜获伊原助逆领授南昌护卫中千户所印信一颗，合就解呈。奉批仰按察司会同都、布二司官将解到贼级纪验，贼犯鞫审明白，解赴军门，以凭遵照钦奉敕谕事理，就行斩首示众；有功员役分别等第，呈来给赏施行。并蒙巡按江西临察御史唐龙批："按察司会同各掌印官审究，及将有功官役并阵亡之人查明，具招呈报。"又蒙巡按江西临察御史朱节批："看得各犯罪恶贯盈，致勤提督衙门调兵擒剿，事情重大。按察司会勘明白，中间如有事出胁从，情可矜疑者，通具呈报"等因。

依奉会同都指挥佥事高厚，左布政使陈策等，议得贼犯杨正贤等累世穷凶，鄱湖剧患，近复从逆，幸而漏网，啸聚劫囚，敌杀官兵，滔天之罪，远近播闻。通判林宽等克承方略，首事缉捕，虽有小衄，竟收成功。知县熊价到任甫及半月，仓卒偶当其冲，终能有备，多所擒获。典史徐诚奉调领兵破贼，适中机会。署都指挥佥事冯勋鼓勇而前，贼遂奔溃。其典史周祐阴谋散党，隐然之迹，未可泯弃。合无呈乞钧裁，将署都指挥佥事冯勋，通判林宽，知县熊价，典史徐诚，俱优加犒奖；林宽、熊价仍旌其除暴安民之劳；典史周祐另行赏赉；随征南昌前卫千户马喜，新建县县丞黄仲仁，南昌县主簿陈纪，安义县主簿崔锭，建昌县税课局大使江象，安义县领哨义官杨震七协守县，治安义县县丞何全，典史陈恒昭，把截九里三渡南昌前卫指挥梁端，千户周镇，俱量行犒劳；其余获贼吏兵哨长保长总小甲人等，查照近日告示事理，分别等第，一一给赏；阵亡阵伤义兵程碧、程魁七等，俱各优恤其家，给赏汤药之费。如此，庶使有功者录而人知所劝，死事者酬而人无所憾矣。仍行该府县将逆贼杨正贤等妻男财产估变价银，修筑县城，尤为便益。

缘由同查过功次文册关缴到司，备由转呈到臣，簿查正德十五年十一月初十日，据江西按察司副使陈槐关称：原问犯人胡顺并杨子桥等家属财产通该查抄解报，呈详已批该司查照施行，务得的实，毋致亏枉外，续据安义县申称：依奉拿获杨子桥妻周氏，男杨华五、华七、华八、月保并伊同居亲弟杨子楼收

36

监、起解间，十二月二十二日辰时，不期子楼未获男杨本荣统集百十余徒，各持枪刀冲县。当同巡捕主簿崔锭督领机兵防御。彼贼势勇，打入狱门，劫去杨华五等，并原监杨正江、杨绍鉴及别犯胡清等一十八名，烧毁总甲张惟胜房屋，劫掠铺户傅甫七等货物。随即起集哨长陈魁四等屯兵设法擒获杨华五等，仍旧收监。一面追获余贼杨子楼等，合行申报等情。

又据通判林宽呈称首恶杨本荣、杨华二等照旧立寨啸聚，批仰按察司会同各官议处。随据该司呈称：依奉会同署都指挥佥事王继善，左布政使陈策，副使顾应祥等议得杨本荣等罪恶，据法即当督兵擒捕；但访得杨姓一族，稔恶从乱者有数，若使兵刃一加，未免玉石未辨。合行该县再谕杨本荣等作急投首，庶几杨绍鉴等之罪可辨，杨本荣之情可原。若使负固不服，即将稔恶贼党指实，申来议处。

呈详到臣，照得本院前年驻兵省城，擒剿叛贼之后，即欲移兵扑灭逆党杨子桥等。彼因访得各犯亲族亦多良善连居，若大兵一临，未免玉石俱焚，方尔迟疑。当据杨子桥等自行投赴军门，本院仰体朝廷好生之德，正欲保全一方之生灵，当即遵照诏书黄榜事理，将子桥等量加杖责，释放回家，谕令改恶迁善，其余党恶，悉不根究外。后因解京逆党刘吉、陈贤等供攀不已，朝廷之意，将复发兵加诛，则恐失信于下；将遂置而不问，则一般从逆之人乃至极刑抄没，而子桥等独不略加惩创，亦何以警戒将来。故照旧释其党从以示信，独行拘子桥以明罚。其迁徙抄没，亦止及于子桥一身。朝廷之处，可谓仁至义尽矣。为之亲族党与者，正宜感激朝廷浩荡再生之恩，皆宜争出到官，输诚效款，自相分别，洗涤其既往之愆，而显明其维新之善。却乃略不改创，辄敢抗逆官府，冲县劫囚，自求诛灭。据法论情，已在必诛无赦。但念中间良善尚多，止因杨子桥同居稔恶之徒，缪以危言激诱，族党扇惑鼓动，以至于此，恐亦非其本心。今据三司各官呈议，亦与所访略同。准依所议，姑且未即加兵，就经批行该道守巡官先行分别善恶，令其亲族非同恶者自行告明官司，各另屯住。其被胁之人，若能投首到官，亦准免罪。有能并力擒捕首恶送官者，仍一体给赏。俱限一月之内投首输服。若过期不出，即将各犯背叛情由备细呈来，以凭发兵剿灭。一面行仰该县及各附近官司整集兵快义勇，固守把截，听候本院进止。仍备出告示，晓谕远近外。

续据通判林宽呈称：遵照明文，密唤杨姓良善户丁杨庸、杨邦、十五等七名到职，示以祸福，给以犒赏。着令分别良善，止捕冲县逆贼送官。随该杨庸等诱擒逆贼九名到县，又获贼犯一十七名。随给牌面，令通县老人分投抚谕，而各贼仍前立寨不服。续又擒获贼犯四名。后闻官司要捣巢穴，连夜鼓挟邻族，约有百十余徒，掳船奔入鄱阳湖。欲即率兵追剿，缘该县空虚，诚恐贼计中途回锋冲突，未可轻出。除差人飞报沿河保长，立寨防剿，一面牒府督率星子、建昌、都昌兵沿湖巡捕外，呈乞施行等因。

据呈，臣会同巡按御史等官看得贼既入湖，良善已分，正可四面合兵追剿，除行南昌守巡兵备点选兵快，就行都司冯勋统领，星夜前去跟踪贼踪，设法剿捕，就经批仰按察司，即便通行该道守巡官及沿湖各该官司地方保甲人等一体集兵防剿追捕，毋令远窜贻患。臣等又虑安义县治单弱，恐各贼乘虚归劫，另行牌调奉新县典史徐诚选兵四百，密从间道星夜前去该县，会同知县熊价协力防剿。又行牌仰各官于九姓良善之中，挑选义勇武艺，及于沿湖诸处，起集习水壮健惯战之人，各官身自督领，密取知因乡导，四路爪探，或蹑贼踪，或截要路，或归防县治，张疑设伏，声东击西。一应事机，俱听从宜施行；合用粮赏，就于司府库内原贮军饷银内支给。及差官赍执令旗、令牌前去督押行事。军兵人等但有军前不听号令，及退缩逗遛，侵扰良善者，遵照敕谕事理，就以军法从事。各官俱要竭忠尽力，慎重勇果，杀贼立功，以靖地方。若畏避轻忽，致贼滋蔓，贻患地方，军令俱存，决难轻贷。完日通将擒斩功次获功人员等项一并开报，以凭施行去后。

今呈前因，照得臣先节该钦奉敕谕："但有盗贼生发，即便设法调兵剿杀，听尔随宜处置，钦此。"钦遵，除将前项有功官员支兵人等及阵亡被伤等项，俱准议于南昌府动支本院贮库支剩军饷银两，除已犒奖给赏优恤外，其未经奖犒给赏优恤者，批仰该司查照等第，逐一补给。贼属男妇估价变卖银两，亦准修筑该县城垣支用。擒获贼犯，鞫问明白，仍解军门斩首示众。斩获贼级，行令造册缴报，并行巡按衙门知会外。

臣等议照叛党杨正贤等肆其凶犷之习，恃其族类之繁，稔恶一方，流劫远近。既积有世代，比复兴兵助逆，脱漏诛殄，略无悔创，乃敢攻县劫狱，聚众称乱。恶贯满盈，天怒人怨，遂尔一旦扫灭。在朝廷固犹疥癣之搔爬，在江西实亦疽痈之溃决。巡按御史唐龙、朱节运谋监督，而按察使伍文定，布政使陈策等相与协议赞画，都指挥冯勋及通判林宽、知县熊价等又各趋事效命，并力于下。论各劳绩，皆宜旌录。臣守仁卧病待罪之余，仅存喘息，幸赖诸臣，苟免咎愆。

缘系剿平叛党事理，为此具本题知。

乞便道归省疏

臣于正德十六年六月十六日钦奉敕旨："以尔昔能剿平乱贼，安靖地方，朝廷新政之初，特兹召用。敕至，尔可驰驿来京，毋或稽迟，钦此。"

钦遵，已于本月二十日驰驿起程外，窃念臣自两年以来，四上归省之奏，皆以亲老多病，恳乞暂归省视，实皆出于人子迫切之至情。而其时复以权奸当事，谗嫉交兴，非独臣之愚悃无由自明，且虑变起不测，身罹暧昧之祸，冀得因事退归，父子苟全首领于牖下，故其时虽以暂归为请，而实有终身丘壑之念矣。既而宗社有灵，天启神圣，入承大统，革故鼎新，亲贤任旧，向之为谗嫉者皆已诛斥略尽，阳德兴而公道显。臣于斯时，固已欣然改易其退遁之心矣。当明良之会，圣人作而万物睹，天下之士孰不颙然有观光之愿，而况臣之方在忧危，骤获申雪者，若出陷阱而登之春台，其为喜幸感激何啻百倍，岂不欲朝发夕至，以一快其拜舞踊跃之私，归戴向往之诚乎。顾臣父既老且病，顷遭谗构之厄，危疑震恐，汹汹朝夕，常有父子不及相见之痛。今幸脱洗殃咎，复睹天日，父子之情，固思一见颜面，以叙其悲惨离隔之怀，以尽菽水欢欣之乐。况臣取道钱塘，迂程乡土止有一日。此在亲交之厚，将不能已于情，而况父子天性之爱，重以连年苦切之思乎。故臣之此行，其冒罪归省，亦情理之所必不容已者。然不以之明请于朝而私窃行之，是欺君也；惧稽延之戮，而忍割情于所生，是忘父也。欺君者不忠，忘父者不孝。世固未有不孝于父而能忠于其君者也，故臣敢冒罪以请。伏望皇上以孝为治，范围曲成，特宽稽命之诛，使臣得以少伸乌鸟之私，臣死且图衔结。臣不胜惶惧恳切之至！

辞封爵普恩赏以彰国典疏 嘉靖元年正月初十日

南京兵部尚书王守仁谨奏，为辞免封爵，普恩赏以彰国典事：

臣于正德十六年十二月十九等日，节准兵部、吏部咨，俱为捷音事，节该题奉圣旨："江西反贼剿平，地方安定，各该官员功绩显著，你部里既会官集议，分别等第明白，王守仁封伯爵，给与诰券，子孙世世承袭，照旧参赞机务，钦此。""王守仁封新建伯，奉天翊卫推诚宣力守正文臣，特进光禄大夫柱国，还兼南京兵部尚书，照旧参赞机务，岁支禄米一千石，三代并妻一体追封，钦此。"前后备咨到臣，俱钦遵外，臣闻命惊惶，莫知攸措。

窃念臣以凡庸，误受国恩，在正德初年，以狂言被谴。先帝察无其他，随加收录，荐陟清显，缪膺军旅之寄，猥承巡抚之令。后值宁藩肇变，臣时适婴祸锋，义当死难，不量势力，与之犄角。赖朝廷威灵，幸无覆败。既而谗言朋兴，几陷不测，臣之心事，未及自明。先帝登遐，无阶控吁。乃幸天启神圣，陛下龙飞，开臣于覆盆之下，而照之以日月。悯恻慰劳，至勤诏旨，怜其乌鸟之情，使得归省，推大孝之仁，优之以存问。超历常资，授以留都本兵之任。恳疏辞免，慰旨益勤。在昔名臣硕辅，鲜有获是于其君者，而况于臣之卑鄙浅劣，亦将何以堪此乎？今又加以封爵之崇，臣惧功微赏重，无其实而冒其名，忧祸败之将及也。夫人主于嚬笑之微，不以假于匪人，而况爵赏之重乎？人臣之事君也，先其事而后其食，食且不可，而况于封爵乎？且臣之所以不敢受爵，其说有四，然亦不敢不为陛下一陈其实矣：

宁藩不轨之谋，积之十数年矣，持满应机而发，不旬月而败，此非人力所及也。上天之意，厌乱思治，将启陛下之神圣，以中兴太平之业，故蹶其谋而夺之魄。斯固上天之为之也，而臣欲冒之，是叨天之功矣。其不敢受者一也。

先宁藩之未变，朝廷固已阴觉其谋，故改臣以提督之任，假臣以便宜之权，使据上游以制其势。故臣虽仓卒遇难，而得以从宜调兵，与之从事。当时帷幄谋议之臣，则有若大学士杨廷和等，该部调度之臣，则有若尚书王琼等，是皆有先事御备之谋，所谓发纵指示之功也。今诸臣未蒙显褒，而臣独冒膺重赏，是掩人之善矣。其不敢受者二也。

变之初起，势焰焰炽，人心疑惧退沮。当时首从义师，自伍文定、邢珣、徐琏、戴德孺诸人之外，又有知府陈槐、曾玙、胡尧元等，知县刘源清、马津、傅南乔、李美、李楫及杨材、王冕、顾佖、刘守绪、王轼等，乡官都御史王懋中，编修邹守益，御史张鳌山、伍希儒、谢源等，诸人臣今不能悉数，其间或摧锋陷阵，或遮邀伏击，或赞画谋议，监录经纪。虽其平日人品，或有清浊高下，然就兹一事而言，固亦咸有捐躯效死之忠，戮力勤王之绩，所谓同功一体者也。今赏当其功者固已有之，然施不酬劳之人尚多也。其帐下之士，若听选官雷济，已故义官萧禹，致仕县丞龙光，指挥高睿，千户王佐等，或诈为兵檄以挠其进止，坏其事机，或伪书反间以离其心腹，散其党与，阴谋秘计，盖有诸将士所不与知，而辛苦艰难，亦有诸部领所未尝历者。臣于捷奏本内，既不敢琐琐烦渎，今闻纪功文册，复为改造者多所删削。其余或力战而死于锋镝，或犯难而委于沟渠，陈力效能者尤不可以枚举。是皆一时号召之人，臣于颠沛抢攘之际，今已多不能记忆其姓名籍贯。复有举人冀元亨者，为臣劝说宁濠，反为奸党构陷，竟死狱中。以忠受祸，为贼报雠。抱冤赍恨，实由于臣。虽尽削臣职，移报元亨，亦无以赎此痛。此尤伤心惨目，负之于冥冥之中者。

40

夫倡义调兵，虽起于臣，然犹有先事者为之指措。而戮力成功，必赖于众，则非臣一人之所能独济也。乃今诸将士之赏尚多未称，而臣独蒙冒重爵，是袭下之能矣。其不敢受者三也。

夫周公之功大矣，亦臣子之分所当为。况区区犬马之微劳，又皆偶逢机会，幸而集事者，奚足以为功乎？臣世受国恩，虀身粉骨，亦无以报。缪当提督重任，承乏戎行，苟免螺旷，况又超擢本兵，既已叨冒逾分。且臣近年以来，忧病相仍，神昏志散，目眩耳聋，无复可用于世。兼之亲族颠危，命在朝夕。又不度德量分，自知止足，乃冒昧贪进，据非其有，是忘己之耻矣。其不敢受者四也。

夫殃莫大于叨天之功，罪莫甚于掩人之善，恶莫深于袭下之能，辱莫重于忘己之耻。四者备而祸全，故臣之不敢受爵，非敢以辞荣也，避祸焉尔已。

伏愿陛下鉴臣之辞出于诚恳，收还成命，容臣以今职终养老亲，苟全余喘于林下，以所以滥施于臣者普于众，以明赏罚之典，以彰大小之功，以慰不均之望，以励将来效忠赴义之臣，臣死且不朽矣。不胜受恩感激，恳切愿望之至！

缘系辞免封爵，普恩赏以彰国典事理，谨具本题。

再辞封爵普恩赏以彰国典疏 嘉靖元年

臣于正德十六年十二月节准兵部、吏部咨，节该题奉圣旨："江西反贼剿平，地方安定，各试官员功绩显著，你部里既会官集议，分别等第明白，王守仁封伯爵，给与诰券，子孙世世承袭，照旧参赞机务，钦此。""王守仁封新建伯，奉天翊卫推诚宣力守正文臣，特进光禄大夫柱国，还兼南京兵部尚书，照旧参赞机务，岁支禄米一千石，三代并妻一体追封，钦此。"臣闻命惊惶，窃惧功微赏重，祸败将及，已经具本辞免去后。随于嘉靖元年七月十九日准吏部咨，该臣奏前事，节奉圣旨："论功行赏，古今令典，诗书所载，具可考见。卿倡义督兵，剿除大患，尽忠报国，劳绩可嘉，特加封爵，以昭公义。宜勉承恩命，所辞不允。该部知道，钦此。"钦遵。

臣以积恶深重，祸延先人，臣方茕然瘝疚，仅未殒绝。闻命悸栗，魂魄散乱。已而伏块沉思，臣以微劳，冒膺重赏，所谓叨天之功，掩人之善，袭下之能，忘己之耻者，臣于前奏已具陈之矣。然而圣旨殷优，独加于臣，余皆未蒙采录者，岂以江西之功果臣一人之所能独办乎？朝廷爵赏，本以公于天下，而臣以一身掠众美而独承之，是臣拥阏朝廷之大泽，而使天下有不均之望也，罪

41

不滋重已乎？夫庙堂之赏，朝廷之议也，臣不敢僭及。至于臣所相与协力同事之人，则有不得不为一申白者。古者赏不逾时，欲人速得为善报也。今效忠赴义之士延颈而待，已三年矣。此而更不一言，事日已远，而意日已衰，谁复有为之论列者。故臣辄敢割痛忍哀，冒斧钺而控吁，气息奄奄之中，忽不自觉其言之躁妄，亦其事有所感于昔，而情有所激于其中也。

窃惟宸濠之变，实起仓卒，其气势张皇，积威凌劫，虽在数千里外，无不震骇失措，而况江西诸郡县近切剥床，触目皆贼兵，随处有贼党。当此之时，臣以逆旅孤身，举事其间，虽仰仗威灵以号召远近，然而未受巡抚之命，则各官非统属也；未奉讨贼之旨，其事乃义倡也；若使其时郡县各官果怀畏死偷生之心，但以未有成命，各保土地为辞，则臣亦可何如哉。然而闻臣之调即皆感激奋励，或提兵而至，或挺身而来，是非真有捐躯赴难之义，戮力报主之忠，孰肯甘粉齑之祸，从赤族之诛，蹈必死之地，以希万一难冀之功乎？然则凡在与臣共事者，皆有忠义之诚者也。夫均秉忠义之诚以同赴国难，而功成行赏，臣独当之，人将不食其余矣。此臣所为不敢受也。且宸濠之变，天实阴夺其魄而摧败之速，是以功成之后，不复以此同事诸人者为庸。使其时不幸而一蹶涂地，则粉身灭族之惨，亦同事诸人者自当之乎？将犹可以藉众议之解救而除免之乎？夫下之人犯必死之难以赴义，则上之人有必行之赏以报功。今臣独崇爵，而此同事诸人者乃或赏或否，或不行其赏而并削其绩，或赏未及播而罚已先行，或虚受升职之名而因使退闲，或冒蒙不忠之号而随以废斥。由此言之，亦何苦捐身赴义，以来此呶呶之口，而自求无实之殃乎？乃不若退缩引避，反可以全身远害，安处富贵，而逭于众口之诽也。夫披坚执锐，身亲行伍，以及期赴难，而犹不免于不忠之罚，则容有托故推奸，坐而观望者，又将何以加之？今不彼之议，而独此之察，则已过矣。

昔人有蹊田而夺牛者，君子以为蹊田固有责，而夺牛则已甚。今人驱牛以耕我之田，既种且获矣，而追究其耕之未尽善也，复从而夺之牛，无乃太远于人情乎？方今议者，或以某也素贪而鄙，某也素躁而狂，故虽有功而当抑其赏，虽有劳而不赎其罪。噫！是亦过矣。

当宸濠之变，抚按三司等官咸被驱缚，或死或从；其余大小之职，近者就縻，远者逃溃矣。当此之时，苟知有从我者，皆可以为忠义之士，尚得追论其平时邪！况所谓若贪与鄙者，或出于谗嫉之口而未皆真邪？若居常处易，选择而使，犹不免于失人，况一时乌合之众；而顾以此概之，其责于人终无已乎？夫考素行，别贤否，以激扬士风者，考课之常典；较功力，信赏罚，以振作士气者，军旅之大权。故鄙猥之行，平时不耻于士列，而使贪使诈，军事有所不废也。急难呼吸之际，要在摧锋克敌而已，而暇逆计其他乎？当此之时，虽有御人国门之寇，苟能效其智力以协济吾事，亦将用之；用之而事果有成，亦必赏之。况乎均在士人之列，同有勤事之忠者乎？人于平居无事，扼腕抵掌而谈，孰不曰我能临大节，死大难。及当小小利害，未必至于死也，而或有仓皇失措者有矣。又况矢石之下，剑刃之间，前有必死之形，而后有夷灭之祸，人亦何不设以身处其地而少亮之乎？

夫考课之典，军旅之政，固并行而不相悖；然亦不可以混而施之。今人方有可录之功，吾且遂行其赏可矣。纵有既往之愆，亦得以今而赎。但据其显然可见者，毋深求其隐然不可见者赏行矣。而其人之过犹未改也，则从而行其黜谪。人将曰：昔以功而赏，今以罪而黜，功罪显而劝惩彰矣。今也将明军旅之赏，而阴以考课之意行于其间，人但见其赏未施而罚已及，功不录而罪有加，不能创奸警恶，而徒以阻忠义之气，快谗嫉之心。譬之投杯醪于河水，而曰："是有醪焉，亦可饮而醉也"，非易牙之口将不能辨之矣，而求饮者之醉可得乎？

人臣于国家之难，凡其心之可望，力之可为，涂肝脑而膏髓骨，皆其职分所当。然则此同事诸臣者，遂敢以此自为之功而邀赏于其上乎？顾臣与之同事同功，今赏积于臣，而彼有未逮，臣复抗颜直受而不以一言，是使朝廷之上果以其功独归于臣，而此诸人者之绩因臣之为蔽而卒无以自显于世也。且自平难以来，此同事诸人者，非独为已斥诸权奸之所诬构挫辱而已也，群憎众嫉，惟事指摘搜罗以为快，曾未见有鸣其不平而伸其屈抑者。幸而陛下龙飞，赫然开日月之光，英贤辅翼，廓清风而鼓震电，于是阴气始散而魑魅潜消。然而覆盆之下，尚或有未能自露者也。故臣敢不避矜夸僭妄之戮，而辄为诸臣者一诉其艰难抑郁之情。

昔汉臣赵充国破羌而归，人有讽之谦让功能者。充国曰："吾老矣，爵位已极，岂嫌伐一时事以欺明主哉？兵政国之大事，当为后法，老臣不以余命，一为主上明言其利害，卒死，谁当复言之者？"卒以实对。夫人之忠于国也，杀身夷族有不避，而乃避其自矜功伐之嫌乎？臣始遇变于丰城也，盖举事于仓卒茫昧之中，其时岂能逆睹其功之必就，谓有今日爵赏之荣而为哉？徒以事关宗社，是以不计成败利钝，捐身家，弃九族，但以输忠愤而死节，是臣之初心也。至于号告三军，则虽激之以忠义，而实歆之以爵禄延世之荣；励之以名节，而复动之以恩赏绚耀之美。是非敢以虚言诱之也，以为功而克成，则此爵禄恩赏亦有国之常典，理所必有也。今臣受殊赏而众有未逮，是臣以虚言罔诱其下，竭众人之死而共成之，掩众人之美而独取之，见利忘信，始之以忠信，终之以贪鄙，外以欺其下，而内失其初心，亦何颜面以视其人乎？故臣之不敢独当殊赏者，非不知封爵之为荣也，所谓有重于封爵者，故不为苟得耳。

伏愿陛下鉴臣之言，不以为夸也，而因以察诸臣之隐；允臣之辞，不以为伪也，而因以普诸臣之施。果以其赏在所薄与，则臣亦不得而独厚；果以其赏或可厚与，则诸臣亦不得而遂薄也。江西同事诸臣，臣于前奏亦已略举；且该部具有成册可查，不敢复有所尘渎。臣在衰绖忧苦之中，非可有言之日，事不容已而有是举，不胜受恩感激，含哀冒死，战栗惶惧，恳切祈祷之至！

卷十四　别录六

奏疏六

辞免重任乞恩养病疏 嘉靖六年六月

臣自正德十四年江西事平之后，身罹谗构，危疑汹汹，不保朝夕。幸遇圣上龙飞，天开日朗，鉴臣蝼蚁之忠，下诏褒扬洗涤，出臣于覆盆之下；进官封爵，召还京师。因乞便道归省，随蒙赐敕遣官奖劳慰谕，锡以银币，犒以羊酒。臣感激天恩，虽粉骨碎身，云何能报。不幸遭继父丧，未获赴阙陈谢。服满之后，又连年病卧，喘息奄奄，苟避形迹。皇上天高地厚之恩，迄今六年于此矣，尚未能一睹天颜，稽首阙廷之下，臣实瞻戴恋慕，昼夜热中，若身在芒刺。迩者曾蒙谢恩之召，臣之至愿；惟不能即时就道，顾乃病卧呻吟，徒北望感泣，神魂飞驰而已。

今年六月初六日，兵部差官赍文前到臣家，内开奏奉钦依，以两广未靖，命臣总制军务，督同都御史姚镆等勘处者。臣闻命惊惶，莫知攸措。伏自思惟，臣于君命之召，当不俟驾而行，矧兹军旅，何敢言辞？顾臣病患久积，潮热痰嗽，日甚月深，每一发咳，必至顿绝，久始渐苏。乃者谢恩之行，轻舟安卧，尚未敢强，又况兵甲驱劳，岂复堪任。夫委身以图报，臣之本心也。若冒病轻出，至于偾事，死无及矣。

臣又伏思两广之役，起于土官雠杀，比之寇贼之攻劫郡县，荼毒生灵者，势尚差缓。若处置得宜，事亦可集。姚镆平日素称老成慎重，一时利钝前却斯亦兵家之常，要在责成，难拘速效。御史石金据事论奏，是盖忠于陛下，将为国家宏仁覆久远之图，所以激励镆等，使之集谋决策，收之桑榆也。

臣本书生，不习军旅，往岁江西之役，皆偶会机宜，幸而成事。臣之才识，自视未及姚镆，且近年以来，又已多病。况兹用兵举事，镆等必尝深思熟虑，得其始末条贯，中事少沮，辄以臣之庸劣参与其间，行事之际，所见或有同异，镆等益难展布。

夫军旅之任，在号令严一，赏罚信果而已。慎择主帅，授钺分阃，当听其所为。臣以为两广今日之事，宜专责镇等，隆其委任，重其威权，略其小过，假以岁月，而要其成功。至于终无底绩，然后别选才能，兼于民情土俗素相谙悉，如南京工部尚书胡世宁，刑部尚书李承勋者往代其任。

夫朝廷用人，不贵其有过人之才，而贵其有事君之忠，苟无事君之忠，而徒有过人之才，则其所谓才者，仅足以济其一己之功利，全躯保妻子而已耳。如臣之迂疏多病，徒持文墨议论，未必能济实用者，诚宜哀其不逮，容令养疾田野。俟病痊之后，不终弃废，或可量置闲散之地，使自得效其涓埃。则朝廷于任贤御将之体，因物曲成之仁，道并行而不相背矣。臣不敢苟冒任使以欺国事，不胜感恩激义，恳切祈望之至！

赴任谢恩遂陈肤见疏 <small>六年十二月初一日</small>

臣于病废之余，特蒙恩旨起用，授以两广军旅重寄。臣自惟朽才病质，深惧不任驱使，以误国事，具本辞免。过蒙圣旨："卿识敏才高，忠诚体国，今两广多事，方藉卿威望抚定地方，用纾朕南顾之怀。姚镆已致仕了，卿宜星夜前去，节制诸司，调度军马，抚剿贼寇，安戢兵民，勿再迟疑推诿，以负朕望。还差官铺马裹赍文前去敦趣赴任行事，该部知道，钦此。"钦遵，兵部移咨到臣，捧读感泣，莫知攸措。

伏念世受国恩，粉骨齑骸，亦无能报。又况遭逢明圣，温旨勤拳若是，何能复顾其他。已于九月初八日扶病起程，沿途就医，服药调理，昼夜前进。奈秋暑旱涩，舟行甚难，至十一月二十日，始抵梧州。思恩、田州之事，尚未及会同各官查审区处。然臣沿途涉历，访诸士夫之论，询诸行旅之口，颇有所闻，不敢不为陛下一言其略。

臣惟岑猛父子固有可诛之罪，然所以致彼若是者，则前此当事诸人亦宜分受其责。

盖两广军门专为诸瑶、僮及诸流贼而设，朝廷付之军马钱粮事权，亦已不为不专且重，若使振其军威，自足以制服诸蛮。然而因循怠弛，军政日坏，上无可任之将，下无可用之兵，一有惊急，必须倚调土官狼兵，若猛之属者而后行事。故此辈得以凭恃兵力，日增其桀骜。今夫父兄之于子弟，苟役使频劳，亦且不能无倦；况于此辈夷犷之性，岁岁调发，奔走道途，不得顾其家室，其能以无倦且怨乎？及事之平，则又功归于上，而彼无所与。兼有不才有司，因而需索引诱，与之为奸，其能以无怒且慢乎？既倦且怨，又怒以慢；始而征发

46

愆期，既而调遣不至。上嫉下愤，日深月积，劫之以势而威益亵，笼之以诈而术愈穷；由是谕之而益梗，抚之而益疑，遂至于有今日，加以叛逆之罪而欲征之。

夫即其已暴之恶征之，诚亦非过，然所以致彼若是，已非一朝一夕之故。且当反思其咎，姑务自责自励，修我军政，布我威德，抚我人民，使内治外攘而我有余力，则近悦远怀而彼将自服，顾不复自反而一意愤怒之！

夫所可愤者，不过岑猛父子及其党恶数人而已，其下万余之众，固皆无罪之人也。今岑猛父子及其党恶数人既云诛戮，已足暴扬，所遗二酋，原非有名恶目，自可宽宥者也。又不胜二酋之愤，遂不顾万余之命，竭两省之财，动三省之兵，使民男不得耕，女不得织，数千里内骚然涂炭者两年于兹。然而二酋之愤，至今尚未能雪也。徒尔兵连祸结，征发益多，财馈益殚，民困益深，无罪之民死者十已六七。山瑶海贼乘衅摇动，穷迫必死之寇既从而煽诱之，贫苦流亡之民又从而逃归之，其可忧危何啻十百于二酋者之为患。其事已兆而变已形，顾犹不此之虑，而汲汲于二酋，则当事者之过计矣。

今当事者之于是役，其悴心憔思亦可谓勤且至矣。特发于愤激而狃为其难，是以劳而未效。夫二酋者之沮兵拒险，亦不过畏罪逃死，苟为自全之计；非如四方流劫之贼攻城堡，掠乡村，虏财物，杀良民，日为百姓之患，人人欲得而诛之者。今驱困惫之民，使裹粮荷戈，以征不为民患、素无雠怨之虏，此人心之所以不奋，而事之所以难济也。

又今狼达土汉官兵亦不下数万，与万余畏罪逋诛之虏相持已三月有余，而未能一决者，盖以我兵发机太早，而四面防守太密，是乃投之无所往，而示之以必不活，益使彼先虑预备，并心协力，坚其必死之志以抗我师。就使我师将勇卒奋，决能取胜，亦必多杀士众，非全军之道，又况人无战志，而徒欲合围待毙，坐收成功，此我兵之所以虽众而势日以懈，贼虽寡而志日以合，备日密而气日以锐者也。夫当事者之意，固无非欲计出万全，然以用兵而言，亦已失之巧迟，所谓强弩之末，不能穿鲁缟矣。

臣愚以为且宜释此二酋者之罪，开其自新之路。而彼犹顽梗自如，然后从而杀之，我亦可以无憾。苟可曲全，则且姑务息兵罢饷，以休养疮痍之民，以绝觊觎之奸，以弭不测之变。迨于区处既定，德威既洽，蛮夷悦服之后，此二酋者遂能改恶自新，则我亦岂必固求其罪。若其尚不知悛，执而杀之，不过一狱吏之事，何至兵甲之烦哉？

或者以为征之不克，而遽释之，则纪纲疑于不振。臣窃以为不然。夫天子于天下之民物，如天覆地载，无不欲爱养而生全之，宁有蕞尔小丑，乃与之争愤求胜，而谓之振纪纲者？惟后世贪暴诸侯，强凌弱，众吞寡，则必务于求胜而后已，斯固五霸之罪人也。昔苗顽不即工，舜使禹、益徂征，三旬，苗民逆命，禹及班师振旅。夫以三圣人者为之君帅，以征一顽苗，谓宜终朝而克捷。顾历三旬之久，而复至于班师以归，自今言之，其不振甚矣；然终致有苗之格，而万世称圣；古之所谓振纪纲者，固若是耳。

臣以匪才，缪膺重命，得总制四省军务，以从事于偏隅之小丑，非不知乘此机会，可以侥幸成功，苟免于怯懦退避。然此必多调军兵，多伤士卒，多杀无罪，多费粮饷，又不足以振扬威武，信服诸夷，仅能取快于二酋之愤，而忘其遗患于两省之民，但知徼功于目前，而不知投艰于日后。此人臣喜事者之利，非国家之福，生民之庇，臣所不忍也。

臣又闻两广主计之吏，谓自用兵以来，所费银两已不下数十万，梧州库藏所遗，不满五万之数矣；所食粮米已不下数十万，梧州仓廪所存，不满一万之数矣。由是言之，尚可用兵不息，而不思所以善后之图乎？

臣又闻诸两省士民之言，皆谓流官之设，亦徒有虚名而反受实祸。诘其所以，皆云思恩未设流官之前，土人岁出土兵三千以听官府之调遣；既设流官之后，官府岁发民兵数千以防土人之反覆。即此一事，利害可知。且思恩自设流官以来，十八九年之间，反者五六起，前后征剿，曾无休息，不知调集军兵若干，费用粮饷若干，杀伤良民若干。朝廷曾不能得其分寸之益，而反为之忧劳征发。浚良民之膏血而涂诸无用之地，此流官之无益，亦断然可睹矣。但论者皆以为既设流官而复去之，则有更改之嫌，恐启人言而招物议，是以宁使一方之民久罹涂炭，而不敢明为朝廷一言，宁负朝廷而不敢犯众议。甚哉！人臣之不忠。苟利于国而庇于民，死且为之矣，而何人言物议之足计乎！

臣始至，地方虽未能周知备历，然形势大略亦可概见。田州切邻交趾，其间深山绝谷，皆瑶、僮之所盘据，动以千百。必须仍存土官，则可藉其兵力，以为中土屏蔽。若尽杀其人，改土为流，则边鄙之患，我自当之，自撤藩篱，非久安之计，后必有悔。思恩、田州处置事宜，俟事平之日，遵照敕旨，公同各官另行议奏。但臣既有所闻见，不敢不先为陛下一言，使朝廷之上早有定处，臣等得一意奉行，不致往复查议，失误事机，可以速安反侧，实地方之幸，臣等之幸。臣不胜受恩感激，竭忠愿效之至！

辞巡抚兼任举能自代疏 七年正月初二日

嘉靖六年十二月初二日，准本院咨，节该吏部题奉圣旨："王守仁暂令兼理巡抚两广等处地方，写敕与他，钦此。"钦遵外，臣闻命之余，愈增惶惧。

窃念臣以迂疏多病之躯，缪承总制四省军务之命，既已有不胜其任之忧矣。方尔昼夜驱驰，图其所以仰副朝廷之重委者，而尚未知所措。今又加巡抚之责，岂其所能堪乎。况两广地方，比于他处，尤繁且难：蛮夷瑶、僮之巢穴，处处而是，攻劫抢掳之警报，日日而有；近年以来，加之以师旅，因之以饥馑，郡县之凋敝日甚，小民之困苦益深。巡抚之任，非得才力精强者，重其事权，渐其官阶，而久其职任，殆未可求效于岁月之间也。盖非重其事权则不可以渐其官阶，非渐其官阶则不可以久其职任，非久其职任则凡所举动，多苟且目前之计，而不为日后久长之谋，邀一时之虚名，而或遗百年之实祸。膏泽未洽于下，而小民无爱戴感恋之诚；德威未敷于远，而蛮夷无信服归向之志。此巡抚两广之任，虽才能相继，而治效之所以未究也。

切见致仕副都御史伍文定质性勇果，识见明达，往岁宁藩之变，尝从臣起兵讨逆，臣备知其能。今年力未衰，置之闲散，诚有可惜。若起而用之，以为巡抚，其于经略之方，抚绥之术，必能不负所委。及照刑部左侍郎梁材，新升南赣副都御史汪铉，亦皆才能素著，抑且旧在两广，备谙土俗民情，皆足以堪斯任。乞敕吏部于三人之中选择而使之。臣之驽劣多病，俾得专意思、田之役，幸而了事，容令照旧回还原籍调理。非独巡抚得人，地方有所倚赖，而臣之不肖，亦苟免于覆悚之消矣。

奏报田州思恩平复疏 七年二月十三日

嘉靖七年正月二十七日，据广西田州府目民卢苏、陆豹、黄笋、胡喜、邢相、卢保、罗黄、王陈、罗宽、戴庆等连名具状，为悔罪投降，陈情乞恩事，投称：先因本府土官岑猛与泗城州屡年互相雠杀，获罪上司，于嘉靖五年六月内，致蒙奏请官兵征剿临境。岑猛自思原无反叛情由，意得招抚，先自同道士钱一真及亲信家人逃躲归顺州界，苏等俱各畏避，四散逃入山林；止有各处寄住客户千余，躲避不及，冒犯官军，俱蒙杀剿，目民人等俱不敢抵抗官军；惟有陆绥不曾远遁，当被擒斩；其余韦好、罗河等俱蒙官军陆续搜山杀死。暨于当年九月内，归顺土官岑璋书报岑猛见在该州，前月已将道士钱一真功次假作岑猛解报军门，尔可作急平定地方，来迎尔主。苏等听信，遣人节送衣服槟榔等件。岑璋一一收受，言说岑猛不可轻易见人，官府得知累我。续于十月内，岑猛又差人促令邀同王受招复乡村，因见府治空虚，乘便入城休息。又遣迎岑猛，岑璋回说，尔今地方未定，姑候来春，我当发兵三十余营送尔主来，且替尔防守。苏等因此逃命屯聚，以候岑猛，并无叛心。嘉靖六年正月，有人传说岑猛于天泉岩内急病身死，尸骨被岑璋烧毁，金银尽被收获。随遣人去归顺探问，又被岑璋杀死。苏等痛悔无由，窃思官男岑邦彦先已齐村病故，今闻岑猛又死，无主可靠，欲出投诉。切见四方军马充斥，声言务要尽剿，又恐飞虫附火，必损其身；又蒙上司阴使王受图杀卢苏，又使卢苏图杀王受，反覆难信，投降无路，日切苦痛。今幸朝廷宽赦，钦命总制天星体天行道，按临在此，神鬼信服，苏等方敢舍命求生，率领阖府目民男子大小人等共计四万余名口尽数投降。伏乞悯念生灵草命，赦死立功，以赎前罪。哀乞怜悯岑猛原无反叛情罪，存其一脉，俯顺夷情，办纳粮差，实为万幸等情。

并据思恩府头目王受、卢苏、黄容、卢平、韦文明、侣马、黄留、黄石、陆宗、覃鉴、潘成等，亦连名具状，告同前事，投称：本府原系土官，自改立流官，开图立里，土俗不便，奈缘小人冥顽，不谙汉法，屡次攘乱不定。受等同辞恳乞上司仍立目甲，不意反致官府嗔怪。近又蒙官兵征剿田州，要将受等一概诛灭，必要穷追逐捕，只得逃遁山林。兼以八寨蛮子原以剽掠为生，乘机假受姓名，每每攻图城邑，劫房乡村，虚名受祸。受等即欲挺身投诉，见得四方军马把截，兼闻阴使卢苏图杀王受，又使王受图杀卢苏，反覆难信，以此连年抱苦，控诉无由。且受等颇知利害，岂敢自速灭亡。今幸朝廷宽恩，命总制天星按临在此，神鬼信服，受等方敢率领所部目民男女大小人等共计三万余名口舍命投降，伏乞详情赦死，以全草命。更望俯顺夷情，仍复目甲，使得办纳粮差，实为万幸等因。各投诉到臣。

据此照得先于嘉靖六年七月初七日，为地方事，节奉敕谕："先该广西田州地方逆贼岑猛为乱，已令提督两广等官都御史姚镆等督兵进剿。随该各官奏称岑猛父子悉已擒斩，巢穴荡平，捷音上闻，已经降敕奖励，论功行赏。续该各官复奏恶目卢苏倡乱复叛，王受攻陷思恩。及节据石金所奏，前项地方卢苏、王受结为死党，互相依倚，祸孽日深，将来不可收拾。又参称先后抚臣举措失当，姚镆等攘夷无策，轻信寡谋，图田州已不可得，并思恩胥复失之，要得通行查究追夺。兵部议奏，以各官先后所论事宜，意见不同，且兵连两广调遣，事干邻境地方，必得重臣前去总制，督同议处，方得停当。今特命尔提督两广及江西、湖广等处地方军务，星驰前去彼处，即查前项夷情，田州因

50

何复叛，思恩因何失守。督同姚镆等斟酌事势，将各夷叛乱未形者可抚则抚，反形已露者当剿即剿，一应主客官军，从宜调遣，主副将官及三司等官，悉听节制。公同计议应设土官、流官，何者经久利便。并先今抚镇等官，有功有过，分别大小轻重，明白奏闻区处。事体十分重大者，具奏定夺。朕以尔勋迹久著，才望素隆，特兹简任。尔务以体国为心，闻命就道，竭忠尽力，大展谋猷，俾夷患殄除，地方安靖，以纾朕西南之忧。仍须深虑却顾，事出万全，一劳永逸，以为广人久远之休。毋得循例辞避，以孤众望，钦此。"

钦遵，随于九月内节该兵部咨，为辞免重任乞恩养病事，臣奏奉圣旨："卿识敏才高，忠诚体国，今两广多事，方借卿威望抚定地方，用纾朕南顾之怀。姚镆已致仕了，卿宜星夜前去，节制诸司，调度军马，抚剿贼寇，安戢兵民，勿再迟疑推诿，以负朕望。还差官铺马裹赍文前去敦趣赴任行事。该部知道，钦此。"钦遵，当即启行，至十一月二十一日抵梧州莅任。

十二月内，续准兵部咨，为地方大计紧急用人事，该礼部右侍郎方献夫奏，节奉圣旨："方献夫所奏关系地方大计，郑润、朱麟与姚镆事同一体，姚镆已着致仕，郑润等因贼情未宁，暂且留用。今既这等说，郑润取回，代替的朕自简用。朱麟应否去留，着兵部会议并堪任更代的，推举相应官两员来看。田州应否设都御史在彼住札，还着王守仁议处，具奉定夺，钦此。"备咨前来知会，俱经钦遵外，本月初五日进至平南县地方，与都御史姚镆交代。二十等日，太监郑润，总兵官朱麟陆续各回梧州、广州等处，听候新任。

总兵、太监交代去讫，当臣公同巡按纪功御史石金，右布政林富，参政汪必东、邹轼，副使祝品、林大辂，佥事汪溱、张邦信、申惠、吴天挺，参将李璋、沈希仪、张经及旧任副总兵今闲住都指挥同知张祐，并各见在军前用事等官，会议得思恩、田州之役，兵连祸结两省，荼毒已逾二年，兵力尽于哨守，民脂竭于转输，官吏罢于奔走。即今地方已如破坏之舟，漂泊于颠风巨浪中，覆溺之患，汹汹在目，不待智者而知之矣。今若必欲穷兵雪愤，以收前功，未论其不克，纵复克之，亦有十患。何者？

今皇上方推至孝以治天下，恻怛之仁，覆被海宇，惟恐一物不得其所，虽一夫之狱，犹虑有所亏枉，亲临断决，况兹数万无辜之赤子，而必欲穷搜极捕，使之噍类不遗，伤伐天地之和，亏损好生之德，其患一也。

屯兵十万，日费千金，自始事以来，所费银米各已数十余万。前岁之冬，二酋复乱，至今且余二年。未尝与贼交一矢，接一战，而其费已若此；今若复欲进兵，以近计之，亦须数月，省约其费，亦须银米各十余万。计今梧州仓库

51

所余银不满五万，米不满一万矣，兵连不息，而财匮粮绝，其患二也。

调集之兵，远近数万，屯戍日久，人怀归思。兼之水土不服，而前岁之疫死者一二万人，众情忧惑。自顷以来，疾病死者不可以数，无日无之。溃散逃亡，追捕斩杀而不能禁。其未敌而已若此，今复驱之锋镝之下，必有土崩瓦解之势，其患三也。

用兵以来，两省之民，男不得耕，女不得织，已余二年；衣食之道日穷，老稚转乎沟壑。今春若复进兵，又将废一年之耕，百姓饥寒切身，群起而为盗，不逞之徒，因而号召之，其祸殆有甚于思、田之乱者，其患四也。

论者皆以不诛二酋则无以威服土官，其殆不然。今所赖以诛二酋者，乃皆土官之兵，而在我曾无一旅可恃之卒。又不能宣布主上威德，明示赏罚，而徒以市井狙狯之谋相欺相诱，计穷诈见，益为彼所轻侮。每一调发旗牌之官，十余往反，而彼犹鸷然不出，反挟此以肆其贪求，纵其吞噬。我方有赖于彼，纵之而不敢问。彼亦知我之不能彼禁也，益狂诞而无所忌。岑猛之僭妄，亦由此等积渐成之。是欲诛一二逃死之遗孽，而养成十数岑猛，其患五也。

两广盗贼，瑶、僮之巢穴动以数千百计，军卫有司营堡关隘之兵，时尝召募增补，然且不敷。今复尽取而聚之思、田之一隅，山瑶海寇，乘间窃发，遂至无可捍御。近益窥我空虚，出掠愈频，为患愈肆。今若复闻进兵，彼知事未易息，远近相煽蜂起，我兵势难中辍，救之不能，弃之不可，其为惨毒可忧，尤有甚于饥寒之民，其患六也。

军旅一动，馈运之夫，骑征之马，各以千计。每夫一名，顾直一两；马一匹，四两；马之死者则又追偿其主之直；是皆取办于南宁诸属县。百姓连年兵疲，困苦已极，而复重之以此，其不亡而为盗者，则亦沟中之瘠矣，其患七也。

两省土官于岑猛之灭，已各怀唇齿之疑，其各州土目于苏、受之讨，又皆有狐兔之憾，是以迟疑观望，莫肯效力。所凭恃者，独湖兵耳。然前岁之疫，湖兵死者过半，其间固多借倩而来，兵回之日，死者之家例有偿命银两，总其所费，亦以万数。今兹复调，踣顿道途。不得顾其家室，亦已三年，劳苦怨郁，潜逃而归者，相望于道，诛之不能，止因一隅之小愤，而重失三省土人之心，其间伏忧隐祸，殆难尽言，其患八也。

田州外捍交趾，内屏各郡，其间深山绝谷，又皆瑶、僮之所盘据。若必尽诛其人，异时虽欲改土设流，亦已无民可守。非独自撤藩篱，势有不可，抑亦藉膏腴之田以资瑶、僮，而为边夷拓土开疆，其患九也。

52

既以兵克，必以兵守，岁岁调发，劳费无已。秦时胜、广之乱，实兴于闾左之戍。且一夫制驭，变乱随生，反覆相寻，祸将焉极，其患十也。

故为今日之举，莫善于罢兵而行抚；抚之有十善。

活数万无辜之死命，以明昭皇上好生之仁，同符虞舜有苗之征，使远夷荒服无不感恩怀德，培国家元气以贻燕翼之谋，其善一也。息财省费，得节缩赢余以备他虞，百姓无椎脂刻髓之苦，其善二也。久戍之兵得遂其思归之愿，而免于疾病死亡脱锋镝之惨，无土崩瓦解之患，其善三也。又得及时耕种，不废农作，虽在困穷之际，然皆获顾其家室，亦各渐有回生之望，不致转徙自弃而为盗，其善四也。罢散土官之兵，各归守其境土，使知朝廷自有神武不杀之威，而无所恃赖于彼，阴消其桀骜之气，而沮愒其僭妄之心，反侧之奸自息，其善五也。远近之兵，各归旧守，穷边沿海，咸得修复其备御，盗贼有所惮而不敢肆，城郭乡村免于惊扰劫掠，无虚内事外、顾此失彼之患，其善六也。息馈运之劳，省夫马之役，贫民解于倒悬，得以稍稍苏复，起呻吟于沟壑之中，其善七也。土民释兔死狐悲之憾，土官无唇亡齿寒之危，湖兵遂全师早归之愿，莫不安心定志，涵育深仁而感慕德化，其善八也。思、田遗民得还旧土，招集散亡，复其家室，因其土俗，仍置酋长，彼将各保其境土而人自为守，内制瑶、僮，外防边夷，中土得以安枕无事，其善九也。土民既皆诚心悦服，不须复以兵守，省调发之费，岁以数千，官军免蹭顿道途之苦，居民无往来骚屑之患，商旅通行，农安其业，近悦远来，德威罩被，其善十也。

夫进兵行剿之患既如彼，罢兵行抚之善复如此，然而当事之人乃犹往往利于进兵者，其间又有二幸四毁焉。卜之人幸有数级之获，以要将来之赏；上之人幸成一时之捷，以盖日前之愆；是谓二幸。始谋请兵而终鲜成效，则有轻举妄动之毁；顿兵竭饷而得不偿失，则有浪费财力之毁；聚数万之众，而竟无一战之克，则有退缩畏避之毁；循土夷之情，而拂士夫之议，则有形迹嫌疑之毁；是谓四毁。二幸蔽于其中，而四毁惕于其外，是以宁犯十患而不顾，弃十善而不为。夫人臣之事君也，杀其身而苟利于国，灭其族而有裨于上，皆甘心焉；岂以侥幸之私，毁誉之末，而足以挠乱其志者！今日之抚，利害较然，事在必行，断无可疑者矣。于是众皆以为然。

二十六日，臣至南宁府，乃下令尽撤调集防守之兵，数日之内，解散而归者数万有余。湖兵数千，道阻且远，不易即归，仍使分留南宁、宾州，解甲休养，待间而发。

初，卢苏、王受等闻臣奉命前来查勘，始知朝廷亦无必杀之意，皆有投生之念，日夜悬望，惟恐臣至之不速。已而闻太监、总兵等官复皆相继召还，至是又见防守之兵尽撤，其投生之念益坚，乃遣其头目黄富等十余人于正月初七日先付军门诉苦，愿得扫境投生，惟乞宥免一死。臣等谕以朝廷之意正恐尔等有所亏枉，故特遣大臣前来查勘，开尔等更生之路，尔等果能诚心投顺，决当贷尔之死。因复开陈朝廷威德，备写纸牌，使各持归省谕卢苏、王受等。大意以为：

岑猛父子纵无叛逆之谋，即其凶残酷暴，慢上虐下，自有可诛之罪。今其父子党与俱已伏其辜，尔等原非有名恶目，本无大罪，至于部下数万之众，尤为无辜。今因尔等阻兵负险，致令数万无辜之民破家失业，父母死亡，妻子离散，奔逃困苦，已将两年；又上烦朝廷兴师命将，劳扰三省之民，尔等之罪固已日深。但念尔等所以阻兵负险者亦无他意，不过畏罪逃死，苟为自全之计，其情亦有可悯。方今圣上推至孝之仁，以子爱黎元，惟恐一物不得其所，虽一夫之狱，尚恐或有亏枉，亲临断决，何况尔等数万之命，岂肯轻意剿杀。故今特遣大臣前来查勘，开尔更生之路，非独救此数万无辜之民，亦使尔等得以改恶从善，舍死投生。牌至，尔等部下兵夫即可解散，各归复业安生。尔等即时出来投到，决当宥尔之死，全尔身家。若迟疑观望，则天讨遂行，后悔无及。限尔二十日内；尔若不至，是朝廷必欲开尔生路，而尔必欲自求死路，进兵杀尔，亦可以无憾矣。

苏、受等得牌，皆罗拜踊跃，欢声雷动。当即撤守备，具衣粮，尽率其众扫境来归，本月二十六日，俱至南宁府城下，分屯为四营。明日，苏、受等皆囚首自缚，各与其头目数百人赴军门投见。号哀控诉，各具投状，告称前情，乞免一死，愿得竭力报效。

臣等看得苏、受等所诉情节，亦与臣等前后所闻所访大略相同，其间虽有饰说，亦多真情，良可哀悯，因复照前牌谕所称，谕以朝廷恩德。以为朝廷既已赦尔等之死，许尔投降，宁肯诱尔至此，又复杀尔，亏失信义；尔之一死，决当宥尔矣，尔可勿复忧疑。但尔苏、受二人拥众负险，虽由畏死，然此一方为尔之故，骚扰二年有余，至上烦九重之虑，下疲三省之民，若不略示责罚，亦何以舒泄军民之愤。于是下卢苏、王受于军门，各杖之一百。众皆合辞扣首，为之请命，乃解其缚，谕以："今日宥尔一死者，是朝廷天地好生之仁；杖尔一百者，乃我等人臣执法之义。"于是众皆扣首悦服。臣亦随至其营，抚定余众，皆莫不感泣欢呼，皆谓朝廷如此再生之恩，我等誓以死报。

及据状末告"乞怜悯岑猛原无反叛情罪，存其一脉，俯顺夷情，办纳粮差"一节,自臣奉命而来,沿途询诸商贾行旅,访诸士夫军民,莫不以为宜从夷俗,仍立土官,庶可永久无变;不然,反覆之患终恐不免。及臣至此,又公同大小各官审度事势,屡经酌量议处,亦皆以为治夷之道,宜顺其情。臣于先次谢恩本内,已经略具奏闻,至是因其控告哀切,当即遵照敕谕便宜事理,许以其情奏请。且谕以朝廷之意无非欲生全尔等,尔等但要诚心向化,改恶从善,竭忠报国,勿虑朝廷不能顺尔之情,于是又皆感激欢呼,皆谓朝廷如此再生之恩,我等誓以死报,且乞即愿杀贼立功以赎前罪。臣因谕以朝廷之意惟愿生全尔等,今尔方来投生,岂忍又驱之兵刃之下。尔等逃窜日久,家业破荡,且宜速归,完尔家室,及时耕种,修复生理。至于各处盗贼,军门自有区处,不须尔等剿除;待尔家事稍定,徐当调发尔等。于是又皆感激欢呼,皆谓朝廷如此再生之恩,我等誓以死报。臣于是遂委右布政林富,旧任总兵官张祐分投省谕,安插其众,俱于二月初八日督令各归复业去讫。

地方之事幸遂平定,皆皇上至孝达顺之德,感格上下,神武不杀之威,震慑鬼神,风行于庙堂之上,而草偃于百蛮之表,是以班师不待七旬,而顽夷即尔来格,不折一矢,不戮一卒,而全活数万生灵,是所谓"绥之斯来,动之斯和"者也。臣以謇劣,缪承任使,仰赖鸿休,得免罪责,快睹盛明,岂胜庆幸。

除将设立土官及地方一应经久事宜,遵照敕旨,公同各官再行议处,另行具奏外,缘系奏报平复地方事理,为此具本,专差冠带舍人王洪亲赍,谨具题知。

地方紧急用人疏 七年二月十五日

先该礼部右侍郎方献夫奏前事,节奉圣旨:"田州应否设都御史在彼住札,还着王守仁议处,具奏定夺,钦此。"兵部备咨前来知会,除钦遵外,随于今年正月二十七日该思恩、田州二府土目卢苏、王受等各率众数万自缚归降,该臣遵照敕谕事理,悉已抚定。当遣广西右布政林富,旧任副总兵张祐,分投督领各夷,各归原土复业安生。已经具本奏报外。

照得思恩、田州连年兵火杀戮之余,官府民居悉已烧毁破荡,虽蔀屋寻丈之庐,亦遭翻艺发掘,曾无完土,荒村僻坞,不遗片瓦尺橼,伤心惨目,诚不忍见。各夷近已诚心投服,毁弃兵戈,卖刀买牛,见已各事田作;自后反侧之患,以臣料之,或已可免。但其风景凄戚,生意萧条,忧惶困苦之余,无以自存,必得老成宽厚之人抚恤绥柔之,臣等见其悲惨无聊之状,诚亦未忍一旦弃去而不顾。况思、田去梧州军门水路一月之程，一时照料，有所不及。近又与各官议欲于田州建立流官府治，以制御土官；修复城池廨宇等项，必须劳民动众，自非素得夷情者为之经理区画，各夷凋弊之余，岂复堪此骚屑；况议设知府等官皆未曾到，一应事务，莫有任其责者。

看得右布政林富慈祥恺悌，识达行坚，素立信义，见在思、田地方安插各夷。合无准如方献夫所奏，将林富量改宪职，仍听臣等节制，暂于思、田地方往来住札，抚循缉理，其于事理，亦甚相应。

臣又看得思、田地方原系蛮夷瑶、僮之区，不可治以中土礼法，虽流官之设，尚且不可，又况常设重臣，住札其地，岂其所堪；则其供馈之费，送迎之劳，必且重贻地方异日之扰，斯亦不可不预言之者。合无将本官廪给口粮一应合用之费，及往来夫马一应合用之人，俱于南宁府卫取办，银两于库贮军饷内支给，一不以干思、田之人；俟一年之后，各夷生理渐复，府治城郭廨宇渐以完备，则将林富量移别处任用；而思、田止存知府理治，或设兵备官一员于宾州住札，或就以南宁兵备兼理，不时往来抚循。如此，则目前既可以得抚定绥柔之益，而日后又可以免困顿烦劳之扰。臣之愚见，所议如此，惟复别有定夺，均乞圣明裁处。

地方急缺官员疏 七年二月十八日

先据广西副总兵李璋呈前事，看得柳、庆地方新任参将王继善既已病故，地方盗贼生发，不可一日缺官，乞暂委相应官一员前去代理等因到臣。该臣看得柳、庆地方，近因思、田用兵不息，瑶贼乘间出掠；参将王继善既已病故，而该道守巡兵备等官又以思、田之役皆在军门督饷督哨，地方重寄，委无一官之托。为照参将沈希仪虽系专设田州住札官员，然田州之事，臣与各官见驻南宁，自可分理。本官旧在柳、庆，夷情土俗，备能谙悉，而谋勇才能，足当一面，求可委用，无逾本官者。该臣遵照钦奉敕谕便宜事理，就行暂委本官前去管理参将行事，听候奏请外。

近该思恩、田州土目卢苏、王受等率众归降，该臣行委右布政林富，闲住副总兵张祐，分投督领各夷各归原土复业安生，今各夷见已卖刀买牛，争事农作，度其事势，将来或可以无反侧之患；则前项驻札参将，似亦可以无设。但今议于田州修复流官府治以控制土官，则城郭廨宇之役，未免劳民动众；疮痍大病之后，各夷岂复堪此。臣等议调腹里安靖地方官军、打手之属约二千名，隐然有屯戍之形，而实以备修建之役，庶几工可速就而又得免于起夫之扰。然非统驭得人，则于各夷或亦未免有所惊疑。除布政林富已另行议奏外，看得闲住总兵张祐才识通敏，计虑周悉，将略堪折冲之任，文事兼抚绥之长，今又见在思、田地方安插各夷，皆能得其欢心。乞敕兵部俯从臣议，将张祐复其旧职，暂委督令前项各兵，经理修建之役。仍令与布政林富更互往来于思、田之间，省谕安抚诸夷。其合用廪给夫马之类，悉照议处林富事例，于南宁府卫取办。俟一二年后，各夷生理尽复，府治城郭廨宇悉已完备，则将张祐量改他处任用，而田州止存知府理治，仍乞将沈希仪或就改驻柳、庆地方守备。惟复别有定夺，均乞圣明裁处。

处置平复地方以图久安疏 七年四月初六日

臣闻傅说之告高宗曰："明王奉若天道，建邦设都，树后王君公，承以大夫师长，不惟逸豫，惟以乱民。"今天下郡县之设，乃有大小繁简之别，中土边方之殊，流官土袭之不同者，岂故为是多端哉？盖亦因其广谷大川风土之异气，人生其间，刚柔缓急之异禀，服食器用，好恶习尚之异类，是以顺其情不违其俗，循其故不异其宜，要在使人各得其所，固亦惟以乱民而已矣。

臣以迂庸，缪膺重命，勘处兵事于兹土，节该钦奉敕谕，谓"可抚则抚，当剿即剿"。是陛下之心，惟在于除患安民，未尝有所意必也。又节该钦奉敕谕，谓"贼平之后，公同议处，应设土官流官，何者经久利便"。是陛下之心，惟在于安民息乱，未尝有所意必也。始者思、田梗化，既举兵而加诛矣，因其悔罪来投，遂复宥而释之。固亦莫非仰体陛下不嗜杀人之心，倦倦忧悯赤子之无辜也。然而今之议者，或以为流官之设，中土之制也，已设流官而复去之，则嫌于失中土之制；土官之设，蛮夷之俗也，已去土官而复设之，则嫌于从蛮夷之俗。二者将不能逃于物议，其何以能建事而底绩乎！

是皆不然。夫流官设而夷民服，何苦而不设流官乎？夫惟流官一设，而夷民因以骚乱，仁人君子亦安忍宁使斯民之骚乱，而必于流官之设者。土官去而夷民服，何苦而必土官乎？夫惟土官一去而夷民因以背叛，仁人君子亦安忍宁使斯民之背叛，而必于土官之去者。是皆虞目前之毁誉，避日后之形迹，苟为周身之虑，而不为国家思久长之图者也。其亦安能仰窥陛下如天之仁，固平平荡荡，无偏无党，惟以乱民为心乎！

臣于思恩、田州平复之后，即已仰遵圣谕，公同总镇、镇巡、副参、三司等官、太监张赐、御史石金等议应设流官土官，何者经久利便，不得苟有嫌疑避忌，而心有不尽，谋有不忠。乃皆以为宜仍土官以顺其情，分土目以散其党，设流官以制其势。盖蛮夷之性，譬犹禽兽麋鹿，必欲制以中土之郡县，而绳之以流官之法，是群麋鹿于堂室之中，而欲其驯扰帖服，终必触樽俎，翻几席，狂跳而骇掷矣。故必放之闲旷之区，以顺适其犷野之性；今所以仍土官之旧者，是顺适其犷野之性也。然一惟土官之为，而不思有以散其党与、制其猖獗，是纵麋鹿于田野之中，而无有乎墙墉之限，獭牙童梏之道，终必长奔直窜而无以维絷之矣。今所以分立土目者，是墙墉之限，獭牙童梏之道也。然分立土目而终无连属纲维于其间，是畜麋鹿于苑囿，而无守视之人以时守其墙墉，禁其群触，终将逾垣远逝而不知，践禾稼，决藩篱，而莫之省矣。今所以特设流官者，是守视苑囿之人也。

议既佥同，臣犹以为土夷之心未必尽得，而穷山僻壤或有隐情也，则亦安能保其必行乎？则又备历田州、思恩之境，按行其村落而经理其城堡，因而以其所以处之之道询诸其目长，率皆以为善。又以询诸其父老子弟，又皆以为善。又以询诸其顽钝无耻，厮役下贱之徒，则又亦皆以为善。然后信其可以久行，而庶或幸免于他日之戮也矣。夫然后敢具本以请，亦恃圣明在上，洞见万里，而无微不烛，故臣得以信其愚忠，不复有所顾忌。然犹反覆其辞而更互其说者，非敢有虞于陛下不能亮臣之愚，良以今之士人，率多执己见而倡臆说，亦足以摇众心而偾成事，故臣不避颊舌之腾者，亦欲因是以晓之也。烦渎圣听，臣不胜战栗惶惧之至！

缘系处置平复地方以图久安长治事理，未敢擅便，为此开坐具本请旨。

计开：

一，特设流官知府以制土官之势。

臣等议得：思、田初服，朝廷威德方新，今虽仍设土官，数年之间，决知可无反侧之虑。但十余年后，其众日聚，其力日强，则其志日广，亦将渐有纵肆并兼之患。故必特设流官知府以节制之。其御之之道，则虽不治以中土之经界，而纳其岁办租税之人，使之知有所归效；虽不莅以中土之等威，而操其袭授调发之权，使之知有所统摄；虽不绳以中土之礼教，而制其朝会贡献之期，使之知有所尊奉；虽不严以中土之法禁，而申其冤抑不平之鸣，使之知有所赴诉；因其岁时伏腊之请，庆贺参谒之来，而宣其间隔之情，通其上下之义；矜其不能，教其不逮，寓警戒于温恤之中，消倔强于涵濡之内，使之日驯月习，忽不自知其为善良之归。盖含洪坦易以顺其俗，而委曲调停以制其乱，此今日知府之设，所以异于昔日之流官，而为久安长治之策也。

臣等看得田州故地宽衍平旷，堪以建设流官衙门。但其冲射凶恶，居民弗宁。今拟因其城垣略加改创修理，备立应设衙门。地僻事简，官不必备。环府之田二甲，皆以属之府官。府官既无民事案牍之扰，终岁可以专力于农，为之辟其荒芜，备其旱潦，通其沟洫；丁力不足，则听其募人耕种，官给牛具种子。岁收其入三分之一以廪官吏，而其余以食佃人，城之内外，渐置佃人庐舍，而岁益增募招徕以充实之。田州旧有商课，仍许设于河下薄取其税，以资祭祀宾旅柴薪马夫之给。凡流官之所须者，一不以及于土夷。如此，则虽草创之地，而三四年后，亦可以渐为富庶之乡。若其经营之始，则且须仰给于南宁府库。逮其城郭府治完备，事体大定，然后总会其土夷之所输，公田之所入，商税之所积，每岁若干，而官吏之所需者每岁若干，斟酌通融，立为经久之计。又必上司之制用者务从宽假，无太苛削，官吏其土者得以优裕展布，无局促牵制之繁，此又体悉远臣绥柔荒服之道也。至于思恩旧已设有流官，但因开图立里，绳以郡县之法，是以其民遂乱。今宜照旧仍设流官知府，听其土目各以土俗自治；而其连属制御之道，悉如臣等前之所议，庶可经久无患。均乞圣明裁处。

一，仍立土官知州以顺土夷之情。

臣等议得：岑氏世有田州，其系恋之私恩久结于人心。今岑猛虽诛，各夷无贤愚老少，莫不悲怆怀思，愿得复立其后。故苏、受之变，翕然蜂起，不约而同。自官府论之，则皆以为苗顽逆命之徒；在各夷言之，则皆自以为婴、臼存孤之义。故自兵兴以来，远近军民往往亦有哀怜其志，而反不直官府之为者。况各夷告称其先世岑伯颜者，尝钦奉太祖高皇帝敕旨："岑、黄二姓五百年忠孝之家，礼部好生看他，着江夏侯护送岑伯颜为田州府土官知府，职事传授子孙，代代相继承袭，钦此。"钦遵，其后如岑永通、岑祥、岑绍、岑鉴、岑镛、岑溥皆尝著征讨之绩，有保障之功。猛之暴虐骚纵，罪虽可戮，而往岁姚源之役，近年刘召之剿，亦皆间关奔走，勤劳在人。各夷告称官兵未进之先，猛尚遣人奉表朝贺贡献，又遣人赍本赴京控诉；官兵将进之时，猛遂率众远遁，未尝敢有抗拒。以此言之，其无反叛之谋，踪迹颇明。今欲仍设土官以顺各夷之情，而若非岑氏之后，彼亦终有未服。故今日土官之立，必须岑氏子孙而后可。

臣等看得田州府城之外，西北一隅，地形平坦，堪以居民。议以其地降为田州，而于旧属四十八甲之内，割其八甲以属之，听以其土俗自治。立岑猛之子一人，始授以署州事吏目；三年之后，地方宁靖，效有勤劳，则授以判官；六年之后，地方宁靖，效有勤劳，则授以为同知；九年之后，地方宁靖，效有勤劳，则授以为知州，使承岑氏之祀而隶之流官知府。其制御之道，则悉如臣等前之所议。如此，则朝廷于讨猛之罪，记猛之劳，追录其先世之忠，俯顺其下民之望者，兼得之矣。昔文武之政，罪人不孥，兴灭继绝，而天下之民归心。远近蛮夷见朝廷之所以处岑氏者若此，莫不曰猛肆其恶而举兵加诛，法之正也；明其非叛而不及其孥，仁之至也；录其先忠而不绝其祀，德之厚也；不利其土而复与其民，义之尽也；矜其冥顽而曲加生全，恩之极也。即此一举，而四方之土官莫不畏威怀德，心悦诚服，信义昭布，而蛮夷自此大定矣。此今日知州之设，所以异于昔日之土官，而为久安长治之策也。

臣等又看得岑猛之子，存者二人，其长者为岑邦佐，其幼者为岑邦相。邦佐自幼出继武靖州为知州；前者徒以诛猛之故，有司奏请安置于漳州。然彼实无可革之罪，今日田州之立，无有宜于邦佐者。但武靖当瑶贼之冲，而邦佐素得其民心，其才足能制御；迩者武靖之民以盗贼猖炽，州民无主之故，往往来告，愿得复还邦佐为知州，以保障地方。臣等方欲为之上请，如欲更一人，诸夷未必肯服，莫若仍以邦佐归之武靖，而立邦相于田州。用其强立有能者于折冲捍御之所，而存其幼弱未立者于安守宗祀之区，庶为两得其宜。至于思恩，则岑濬之后已绝，自不必复有土官之设矣。均乞圣明裁处。

一，分设土官巡检以散各夷之党。

臣等议得：土官知州既立，若仍以各土目之兵尽属于知州，则其势并力众，骄恣易生，数年之后，必有报雠复怨，吞弱暴寡之事，则土官之患，犹如故也。且土目既属于土官，而操其生杀予夺之权，则彼但惟土官之是从，宁复知有流官知府者！则流官知府虽欲行其控御节制之道，施其绥怀抚恤之仁，亦无因而与各土目者相接矣。

故臣等议以旧属八甲割以立州之外，其余四十甲者，每三甲或二甲立以为一巡检司，而属之流官知府；每司立土巡检一员，以土目之素为众所信服者为之，而听其各以土俗自治；其始授以署巡检司事土目，三年之后，而地方宁靖，效有勤劳，则授以冠带；六年之后，而地方宁靖，效有勤劳，则授以为土巡检；其粮税之入，则径纳于流官知府，而不必转输于州之土官，以省其费；其军马之出，亦径调于流官知府，而不必转发于州之土官，以重其劳。其官职土地，各得以传诸子孙，则人人知自爱惜，而不敢轻犯法；其袭授予夺，皆必经由于知府，则人人知所依附，而不敢辄携贰。势分难合，息朋奸济虐之谋；地小易制，绝恃众跋扈之患。如此，则土官既无羽翼爪牙之助，而不敢纵肆于为恶；土目各有土地人民之保，而不敢党比以为乱。此今日巡检之设，所以异于昔日之土目，而为久安长治之策也。

至于思恩事体，悉与田州无异，亦宜割其目甲，分立以为土巡检司，听其以土俗自治，而属之流官知府；其办纳兵粮与连属制御之道，一如田州。则流官之设，既不失朝廷之旧，巡司之立，又足以散土夷之党，而土俗之治，复可以顺远人之情，一举而两得矣。均乞圣明裁处。

一，田州既改流官，亦宜更其府名。

初，岑猛之将变，忽有石自田州江心浮出，倾卧岸侧。其时民间有"田石倾，田州兵。田石平，田州宁"之谣。猛甚恶之，禁人勿言，密起百余人夜平其石。旦即复倾。如是者屡屡，已而果有兵变。今年二月，卢苏等既有投顺，归视其石，则已平矣。皆共喜异，传以为祥。臣至田州，亲视其石，闻土人之言如此。民间多取"田宁"二字私拟其名。臣等欲乞朝廷遂以此意命之；虽非大义所关，亦足以新耳目而定人心之一端也。

其该府所设官员，臣等拟于知府之外，佐贰则同知或通判一员，首领则经历知事各一员，吏胥略具而已。今见在者，已有通判张华，知事林光甫，照磨李世亨；其知府亦已选有一员陈能，然至今尚未到任。臣尝访询其故，咸谓陈能原奉朝旨，升广西布政司右参政，管田州府事，又赐之敕旨，以重其权。吏部奏有钦依令其先赴该司到任，然后往莅田州。该司左布政严纮谓其既掌府事，即系属官，不得于该司到任。陈能遂竟还原籍，至今亦不复来。参照严纮妄自尊大，但知立上司之体势，而辄敢慢视敕旨，蔑废部移，固已深为可罪。陈能则褊狭使气，徒欲申一己之小愤，而遂尔委朝命于草莱，弃职任如敝屣；使为人臣者而皆若是，则地方之责焉所寄托，而朝廷威令何以复行乎！臣等所访如此，但未委虚的。乞将二人通行提究，重加惩戒，以警将来。臣观陈能气性悻悻若此，亦非可使以绥柔新附之民者。看得广东化州知州林宽，旧任南康通判，剪缉安义诸贼，甚得调理；且其才识通敏，干办勤励，臣时巡抚江西，深知其有可用；近因田州改建府治，修复城垣，地方无官可任，已经行文委令经理其事。即若升以该府同知，而使之久于其职，其所建立，必有可观。迨其累有成绩，遂擢以为知府，使终身其地，彼亦欣然过望，必且乐为不倦；为益地方，决知不少矣。

大抵田州之乱起于搜剔太甚，今其归附，皆出诚心，原非以兵力强取而得者。故不必过为振厉驾抑，急其机防，反足生变；但与之休养生息，略施控御其间可矣。夫走狗逐兔，而捕鼠以狸，人之才器，各有所宜也。伏乞圣明采择。

一，思恩府设立流官，亦宜如田州之数。

其知府一员吴期英见在，但已屡有奔逃之辱，难以复临其下。然未有可去之罪，且宜改用于他所，姑使之自效可矣。看得柳州府同知桂鏊，督饷宾州，思恩之人闻其行事，颇知信向；近以修复思恩府治，委之经理，其所谋猷，虽未见有大过于人，然皆平实详审，不为浮饰，似于思恩之人为宜。苟未能灼知超然卓异之才，举而用之，以一新政化，则得如鏊者器而使之，姑且修弊补罅，休劳息困，以与久疲之民相安于无事，当亦能有所济也。乞敕吏部再加裁酌而改用之。

一，田州各甲，今拟分设为九土巡检司；其思恩各城头，今拟分设为九土巡检司；各立土目之素为众所信服者管之。其连属之制，升授之差，俱已备有前议。但各甲、城头既已分析，若无人管理，复恐或生弊端。臣等遵照敕谕便宜事理，已先行牌仰各头目暂且各照分掌管，办纳兵粮，候奏请命下，然后钦遵施行。

一，田州凌时甲、完冠砦陶甲、腮水源坤官位甲、旧朔勒甲兼州子半甲共四甲半，拟立为凌时土巡检司，拟以土目龙寄管之；缘龙寄先来投顺，故分甲比众独多。

一，田州砦马甲、略罗博、温甲共三甲，拟立为砦马土巡检司，拟以土目卢苏管之。

一，田州大田子甲、那带甲、锦养甲共三甲，拟立为大田土巡检司，拟以土目黄富管之。

一，田州万洞甲、周甲共二甲，拟立为万洞土巡检司，拟以土目陆豹管之。

一，田州阳院右邓甲、控讲水册槐并畔甲共二甲，拟立为阳院土巡检司，拟以土目林盛管之。

一，田州思郎那召甲、舍甲共二甲，拟立为思郎土巡检司，拟以土目胡喜管之。

一，田州累彩甲、子轩忧甲、笃忏下甲共三甲，拟立为累彩土巡检司，拟以土目卢凤管之。

一，田州怕何甲、速甲共二甲，拟为怕何土巡检司，拟以土目罗玉管之。

一，田州武龙甲、里定甲共二甲，拟立为武龙巡检司，拟以土目黄笋管之。

一，田州栱甲、白石甲共二甲，拟立为栱甲土巡检司，拟以土目邢相管之。

一，田州床甲、砦例甲共二甲，拟立为床甲土巡检司，拟以土目卢保管之。

一，田州婓凤甲、工尧降甲共二甲，拟立为婓凤土巡检司，拟以土目黄陈管之。

一，田州下隆甲、周甲共二甲，拟立为下隆土巡检司，拟以土目黄对管之。

一，田州县甲、环甫蛙可甲共二甲，拟立为县甲土巡检司、拟以土目罗宽管之。

一，田州篆甲、炼甲共二甲，拟立为篆甲土巡检司，拟以土目王莱管之。

一，田州砦桑甲、义宁江那半甲共一甲半，拟立为砦桑土巡检司，拟以土目戴德管之。

一，田州思幼东平夫棒甲、尽甲子半甲共一甲半，拟立为思幼土巡检司，拟以土目杨赵管之。

一，田州侯周怕丰甲一甲，拟立为侯周土巡检司，拟以土目戴庆管之。

一，思恩兴隆七城头兼都阳十城头，拟立为［兴隆］土巡检司，拟以土目韦贵管之；缘韦贵先来向官，故授地比众独多。

一，思恩白山七城头兼丹良十城头，拟立为白山土巡检司，拟以土目王受管之。

一，思恩定罗十二城头，拟立为定罗土巡检司，拟以土目徐五管之。

一，思恩安定六城头，拟立为安定土巡检司，拟以土目潘良管之。

一，思恩古零、通感、那学、下半四堡四城头，拟立为古零土巡检司，拟以土目覃益管之。

一，思恩旧城十一城头，拟立旧城土巡检司，拟以土目黄石管之。

一，思恩那马十六城头，拟立为那马土巡检司，拟以土目苏关管之。

一，思恩下旺一城头，拟立为下旺土巡检司，拟以土目韦文明管之。

一，思恩都阳中团一城头，拟立为都阳土巡检司，拟以土目王留管之。

右各目之内，惟田州之龙寄，思恩之韦贵、徐五，事体于各目不同，而韦贵又与徐五、龙寄稍异。盖韦于事变之始即来投顺官府，又尝效有勤劳，宜不待三年，而即与之以实授土巡检以旌其功；徐五亦随韦贵投顺，而效劳不及，龙寄虽无功劳，而投顺在一年之前，二人者宜次韦贵，不待三年而即与之以冠带，三年而即与之以实授土巡检。如此，则功罪之大小，投顺之先后，皆有差等，而劝惩之道著矣。或又以卢苏、王受不当与各土目并立者。臣等又以为不然。方其率众为乱，则苏、受者固所谓罪之魁矣；及其率众来降，则苏、受者又所谓功之首也。况二府目民又皆素服二人，今若立各土目，而二人不与，非但二人者未能帖然于众目之下，众目固亦未敢安然而处其上，非所以为定乱息争之道也。故臣等仍议以卢苏、王受为众目之首，庶几事体稳帖，而人心允服矣。

一，田州、思恩各官目人等见监家属男妇，初拟解京，今各目人等即已投顺，则其家属男妇相应给还领养。均乞圣明裁允。

一，田州新服，用夏变夷，宜有学校。但疮痍逃窜之余，尚无受廛之民，焉有入学之士。况斋膳廪饩，俱无所出，即欲建学，亦为徒劳。然风化之原，终不可缓。臣等议欲于附近府州县学教官之内，令提学官选委一员，暂领田州学事。听各学生徒之愿改田州府学及各处儒生之愿来田州附籍入学者，皆令寄名其间。所委教官，时至其地相与讲肄游息，或于民间兴起孝弟，或倡远近举行乡约，随事开引，渐为之兆。俟休养生息一二年后，流移尽归，商旅凑集，民居已觉既庶，财力渐有可为，则如学校及阴阳医学之类，典制之所宜备者，皆听该府官以次举行上请，然后为之设官定制。如此，则施为有渐而民不知扰，似亦招徕填实之道，鼓舞作新之机也。均乞圣明裁处。

一，思、田去梧州水陆一月之程，军门隔远，难于控驭调度；兼之府治虽立，而规制未成，流官虽设，而职守未定；且疮痍未复，人心忧惶，须得重臣抚理。臣等已经具题，乞将右布政林富量升宪职，存留旧任；副总兵张祐，使之更迭往来于二府地方，绥缉经理；仍乞赐以便宜规敕书，将南宁、宾州等府卫州县及东兰、南丹、泗城、那地、都康、向武等土官衙门俱听林富等节制。臣等所议地方经久事宜，候奏请命下之日，悉以委之林富等，使之钦遵，以次施行，庶几事无隳堕，而功可责成矣。

卷十五　别录七

奏疏七

征剿稔恶瑶贼疏 七年四月十五日

据留抚田州、思恩等处地方，广西布政司右布政林富，原任副总兵都指挥同知张祐等会呈前事，开称："田州、思恩平复，居民悉已各安生理，土夷亦皆各事农耕，地方实已万幸。但惟八寨瑶贼，积年千百成徒，流劫州县乡村，杀害良民，虏掠子女生口财物，岁无虚月，月无虚旬。民遭荼毒冤苦，屡经奏告，乞要分兵剿灭者，已不知几百十番。为因地方多事，若要进兵，未免重为民困，是以官府隐忍抚谕，冀其悔罪改过。而彼乃悍然不顾，愈加凶横，出劫益频。盖缘此贼有众数万，盘据山谷，凭恃险阻，南通交趾等夷，西接云、贵诸蛮，东北与断藤、牛肠、仙台、花相、风门、佛子及柳、庆、府江、古田诸处瑶贼回旋连络，延袤周遭二千余里，东掠西窜，南摽北突。近因思、田扰攘，各贼乘机出攻州县乡村，远近相煽，几为地方大变。仰赖朝廷威令传播，苟幸未动。缘此瑶贼之与居民，势不两立，若瑶贼不除，则居民决无安生之理。乞要乘此军威，速加征剿，庶不贻患地方。缘由呈乞照详施行"等因。

据此行间，随据左江道守巡守备等官，左参议汪必东，金事吴天挺，参将张经等会呈，为请兵征剿积年穷凶极恶瑶贼，以除民患事，开称："断藤峡、牛肠、六寺、磨刀等处瑶贼，上连八寨诸蛮，下通白竹、古陶、罗凤、仙台、花相、风门、佛子等峒各贼，累年攻劫郡县乡村，杀人放火，虏掠子女财畜，民遭荼毒，逃窜死亡，抛弃田业，居民日少，村落日空，延袤千百里内，皆已变为盗贼之区。各处被害军民，累奏请兵诛剿，为因地方多事，兵力不敷，官府隐忍招抚，期暂少息，而各贼愈肆猖獗。近因思、田用兵，遂与八寨及白竹、古陶、罗凤等贼乘势朋比连结，杀虏抢劫，月无虚旬；扇惑摇动，将成大变。仰赖神武传播，幸未举发。近幸思、田之诸夷感慕圣化，悉已自缚归降，远近向服；各山瑶、僮，亦皆出来投抚，请给告示，愿求自新，从此不敢为

65

恶。虽其诚伪未可逆料，然皆尚有畏惧之心。独此断藤各巢逆贼，自知罪在不赦，恃险如故，截路劫村，略无忌惮。若不乘此军威，进兵剿灭，将来祸患，焉有纪极。”缘由会案呈详到臣。

照得臣近因思、田之役，奉命前来，驻军南宁府地方，与八寨瑶贼相去六日之程。朝廷德威宣布，虽外国远夷皆知震慑向慕，输情纳款；而此瑶贼独敢拥众千百，四出劫掠武缘等处乡村，杀人放火，略无忌惮，此臣所亲知；即此焻炽桀骜，平时抑又可知。及照牛肠、六寺、磨刀、古竹、古陶、罗凤、仙台、花相、风门、佛子等巢稔恶各贼，自弘治、正德以来，至于今日，二三十年之间，节该桂平等县被害人户李子太等前后控奏，乞行剿除民害，不下数十余次，皆有部咨行令勘议计剿；若不及今讨伐，其为地方之患，终无底极，诚有如各官所呈者。况臣驻札南宁，小民纷纷诉苦，请兵急救荼毒，皆为朝不谋夕。各贼之恶，委已数穷贯满，神怒人怨，难复逋诛。即欲会案奏请，俟命下之日行事，切恐声迹昭彰，反致冲突奔窜，则虽调十数万之众，以一二年为期，亦未易平荡了事。照得臣节该钦奉敕谕：“但遇贼寇生发，即便相机，可抚则抚，可捕则捕，钦此。”钦遵，为照思、田变乱之时，该前都御史等官姚镆等奏调湖广永、保二司土兵前来南宁等处听用，近幸地方悉已平靖，各兵正在班师放回之际，归途所经，正与各贼巢穴相去不远；况思、田二府新附，土目卢苏、王受等感激朝廷生全之恩，屡乞杀贼报效。俱各遵奉敕谕事理，除一面量调官军，协同前项各兵，行委左江道守巡参将等官监统永、保二司宣慰官男领各头目土兵人等分道进剿牛肠、六寺、仙台、花相等贼，并行留抚思、田布政及右江分巡兵备守备等官监统思、田土目兵夫分道进剿八寨等贼，所获功次，俱仰该道分巡兵备官收解、纪功御史纪验、造册奏报，及行总镇太监张赐密切公同行事，并密行镇巡等官知会外，缘系征剿积年稔恶瑶贼，以除民患，以安地方事理，为此具本题知。

举能抚治疏 七年五月二十五日

案照先该礼部右侍郎方献夫奏前事，节奉圣旨：“田州应否设都御史在彼住札，还着王守仁议处具奏定夺，钦此。”兵部备咨前来知会，随钦遵外，随于今年正月二十七日，该思恩、田州二府土目卢苏、王受等各率众数万，自缚归降，该臣遵照敕谕事理，悉已抚定。当遣广东右布政林富，旧任副总兵张祐，分投督领各夷，各归原土复业安生。已经具本奏报外，为照思恩、田州连年兵火杀戮之余，官府民居，悉已烧毁破荡，虽蔀屋寻丈之庐，亦遭翻挖发掘，曾无完土，荒村僻坞，不遗片瓦尺椽，伤心惨目，诚不忍见。各夷近已诚心投服，毁弃兵戈，卖刀买牛，见已各事田作；自后反侧之患，以臣料之，或已可免。但其风最凄戚，生意萧条，忧惶困苦之余，无以自存，非得老成宽厚之人抚恤绥柔之，臣等见其悲惨无聊之状，诚亦未忍一旦弃去而不顾。况思、田去梧州军门水路一月之程，一时照料，有所不及。近又与各官议欲于田州建立流官府治，以制御土官；修复城池廨宇等项，必须劳民动众，自非素得夷情者为之经理区画，各夷凋弊之余，岂复堪此骚屑；况议设知府等官，皆未曾到，一应事务，莫有任其责者。该臣看得右布政林富，慈祥恺悌，识达行坚，素立信义，见在思、田地方安插各夷，皆能得其欢心。合无准如方献夫所奏，将林富量升宪职，仍听臣等节制，暂于思、田地方往来住札，抚循缉理，其于事理，亦甚相应。俟一二年后，各夷生理渐复，府治城郭廨宇渐已完备，则将林富量移别处任用，而思、田止存知府理治，或设兵备官一员于宾州住札，或就以南宁兵备兼理，不时往来抚循。如此，则目前既可以得抚定绥柔之益，而日后又可以免困顿劳烦之扰。已经具本于本年二月十五日差舍人汤祥赍奏请旨。

续为处置平复地方，以图久安长治事，节该臣看得思恩、田州二府地方，府治虽立而规制未成，流官虽设而职守未定，且疮痍未服，人心忧惶，乞将右布政林富量升宪职，及存留旧任副总兵张祐，使之更迭往来于二府地方绥缉经理；仍乞赐以便宜敕书，将南宁、贵州等府卫州县及东兰、南丹、泗城、那地、都康、向武等土官衙门俱听林富等节制。臣等所议地方经久事宜，候奏请命下之日，悉以委之林富等，使之钦遵，以次施行，庶几事无隳堕而功可责成。又经条陈具本于本年四月初六日差承差杨宗赍奏请旨，俱未奉明示。

本年五月二十二日，本官已蒙钦升都察院右副都御史，抚治湖广郧阳等处地方去讫，所有思、田二府抚循缉理官员，尚未奉有成命。如蒙皇上轸念边方，俯从臣等所请，乞于两广及邻省附近地方各官内选用，庶可令其作速到任，不致久旷职业。臣本昧于知人，不敢泛然僭举。切照广东右布政使王大用，湖广按察使周期雍，皆才识过人，可以任重致远。臣往年巡抚南、赣，二臣皆在属司，为兵备佥事，与之周旋兵革之间，知其皆肯实心干事。江西未叛一年之前，臣尝与周期雍密论宸濠之恶，不可不为之备，期雍归去汀、漳，即为养兵蓄锐以待。及臣遇变丰城，传檄各省，独期雍与布政席书闻变即发。当是时，四方援兵皆莫敢动，迄宸濠就擒，竟无一人至者，独席书行至中途，复受臣檄，归调海沧打手，又行至中途，闻事平而止。其先后引领至江西省城者，惟周期雍、王大用两人而已。当时以捷奏既上，随复谗言朋兴，各臣之忠勤，遂不及一白，臣为之每怀歉然。即是而观，其能竭忠赴义，不肯上负国家，亦可知矣。乞敕吏部酌臣所议，于二臣之内选用其一，非惟地方付托得人，永有所赖，而臣等亦可免于身后之戮，地方幸甚。

边方缺官荐才赞理疏 七年七月初六日

迩者思恩、田州之变，诸夷感慕圣化，悔罪求生。已蒙浩荡之仁，宥纳而抚全之，地方亦即宁定矣。但凋弊之余，必须得人以时绥缉。况两府设立流官衙门及修筑城池营堡等项，百务并举，若无专官夙夜经理催督，则事无统纪，功难责成。已经臣等具题，乞将右布政林富等升职留抚；随蒙将林富升任去讫。又经臣等仍乞推选相应官员替任，俱未奉明旨。

臣看得今岁例当朝觐，各该掌印官员不久皆将赴京，而广西布、按二司等官适多迁转去任者，右布政林富升郧阳副都御史，参政黄芳升江西布政副使，李如圭升陕西按察使，参政龙诰、参议汪必东、佥事吴天挺等督押湖兵出境，往复之间，即须半年，参议邹轼、佥事申惠皆赍捧表笺进京，其余虽有一二新任官员，皆未到任，止存左布政严纮，按察使钱宏各掌司印，佥事张邦信分巡桂林，李杰分巡苍梧，而臣在南宁、思、田等处舆疾往来调度，再无一官随从赞理者。近日止有兵备副使翁素来管右江道事，缘其才性乃慈祥恺悌之人，用之中土，分理司事，足为循良；而置之边方瘴疬多事之乡，则其禀质稍弱，不耐崎险，易生疾病，似于风土亦非所宜。臣看得为民副使陈槐，平生奋志忠节，才既有为，而又能不避艰险。致仕知府朱衮，年力壮健，才识通敏。去任副使施儒，学明气充，忠信果断。闲住副使杨必进，晓练军务，识达事机。此四人者皆堪右江兵备之任。施儒旧为兵备于潮、惠，杨必进旧为兵备于府江，皆尝著有成绩，两地夷民至今思念不忘。若于四人之中选用其一，其余地方之事必有所济。

及照田州新附之地，知府陈能尚未到任。该臣看得化州知州林宽，旧在江西，知其才能足充任使，已经具奏行委，见在该府管事。但其禀质乃亦不禁炎瘴，于风土非宜，莅事以来，终月卧病，呻吟床席，躯命且不能保，又何能经理地方之事乎？臣又访得潮州府推官李乔木者，才力足以有为，而又熟知土俗夷情，服于水土；但系梧州籍贯，稍有乡里之嫌。臣看得广西军卫有司衙门所属官员及各学教职，亦皆多用本省士人，今田州虽设流官知府，而其所属乃皆土夷，自无乡里之嫌可避，亦与各教职无异者。乞敕吏部改用林宽于别地，俯采臣议，将李乔木改升田州同知；庶可使之久于其任，以责成功，则地方之幸，臣之幸也。

臣惟任贤图治，得人实难，其在边夷绝域反覆多事之地，则其难尤甚。何者？反覆边夷之地，非得忠实勇果通达坦易之才，固未易以定其乱。有其才矣，使不谙其土俗而悉其情性，或过刚使气，率意径行，则亦未易以得其心。得其心矣，使不耐其水土，而多生疾病，亦不能以久居于其地，以收积累之效，而成可底之绩。故用人于边方，必兼是三者而后可。即如右江一兵备，此臣之所最切心者，臣窃为吏部私计其人，终夜不寝，而思之竟未见有快心如意者，盖兼是三者而求之也。如前所举四人者，固皆可用之才，今乃皆为时例所拘，弃置不用，而更劳心远索，则亦过矣。

臣近于南宁、思、田诸处，因无可用之才，调取其发身科第以迁谪而至者三四人，其志向才识果自不群，足可任用。但到未旬日而辄以患病告归，皆相继狼狈扶携而去矣。不得已，就其见在者而使之，则皆庸劣陋下，素不可齿于士类者。然无可奈何，则略其全体之恶而用其一肢之能，既其终事，所就不能以尺寸，而破坏则寻丈矣。用是观之，亦何怪乎斯土之民愈困，乱愈积，而祸日以深也哉！是固相沿积习之弊，不及今一洗而改革之，边患未见其能有瘳也。

夫今之以朝觐考察而去者，固多贪暴不才之人矣；其间乃有虽无过人之才，而亦无显著之恶，尚在可用不可用之间者，皆未暇论；至其平生磊落自负，卓然思有所建立，而其学识才能果足以有为者，乃为一时爱憎毁誉之所乱，亦遂忿然就抑而去，斯固天下之所共为不平，公论弥彰者，孰得而终掩之。陛下何不使在位大臣一时各举十余人之可用者，陛下合而考之：若一人举之而九人不举，未可也；三人举之而七人不举，已在所察矣；五人举之而五人不举，其察又宜详矣；或七人八人举之而一二人不举，则其人之可用亦断在不疑者矣。若此者，亦在朝觐二次三次之后，或七年、或十年而后一举，夫身退十年之后，则是非已明，公论已定，虽有党比，自不能容。今边方绝域，无可用之人，至取其庸劣陋下者而使之，以滋益地方之苦弊。其豪杰可用之才，乃为时例所拘，弃置而不用。夫所谓时例者，固朝廷为之也，可拘而拘，不可拘而不拘，无不可者。陛下何忍一方之祸患日深月积，乃惜破例而用一人以救之乎？夫考察而去者，果皆贪恶庸陋之徒，则固营营苟苟，无时而不侥幸以求进。若磊落自负，有过人之见者，则虽屈抑而退，自放于山水田野之间，亦足以自乐。今若用之于边夷困弊之地，殆亦未必其所欲。但为朝廷爱惜人才，则

69

当此宵旰侧席，遑遑求贤之日，而使有用之才废弃终身，乃不得已至取其庸劣陋下者而用之，以益民困，岂不大可惜乎？臣因地方缺人，心切其事，不觉其言之烦渎。伏望陛下恕其愚妄，下臣议于吏部，采择而去取之。臣不胜渎冒恐惧之至！

八寨断藤峡捷音疏 七年七月初十日

据湖广按察司分巡上湖南道监军金事汪溱，广西按察司分巡左江道监军金事吴天挺，分巡右江道监军副使翁素等会呈，节据广西领哨浔州卫指挥马文瑞、王勋、唐宏、卞琚、张缙、千户刘宗本，永顺统兵宣慰彭明辅、官男彭宗舜，保靖统兵宣慰彭九霄，及辰州等卫部押指挥彭飞、张恩等各呈前事，职等遵奉统领各该军兵，依期于本年四月初二日密到龙村埠登岸。当蒙统督参将张经，都指挥谢珮，督同宣慰彭明辅，分布官男彭宗舜，头目彭明弼、彭杰，领土兵一千六百名；随同领哨指挥马文瑞，头目向永寿、严谨，领土兵一千二百名；随同领哨指挥王勋，又督同宣慰彭九霄等，分布官男彭荩臣，下报效头目彭志明，领土兵六百名；随同领哨指挥唐宏，头目彭九皋，领土兵六百名；随同领哨指挥卞琚，头目彭辅，领土兵六百名；随同领哨指挥张缙，头目贾英，领土兵六百名；随同领哨千户刘宗本，并各哨官员，领浔州等卫所及武靖州汉土官兵乡导人等，共一千余名；永顺进剿牛肠，保靖进剿六寺等贼巢，刻定初三日寅时一齐抵巢。

各贼先防湖兵经过，各将家属生畜驱入巢后大山潜伏；贼首胡缘二等各率徒党团结防拒。然访知本院住扎南宁，寂无征剿消息，又不见调兵集粮，而湖兵之归，又皆偃旗息鼓，略无警备，遂皆怠弛，不以为意。至是突遇官兵，四面攻围，各贼仓惶失措，然犹恃其骁悍，蜂拥来敌。当有彭明辅、彭九霄、彭宗舜并头目田大有、彭辅等，督率目兵，奋不顾身，冲突矢石，敌杀数合，贼锋摧败。当阵生擒斩获首贼并次从贼徒贼级六十九名颗，俘获男妇及夺回被虏人口、牛只、器械等项数多。余贼退败，复据仙女大山，凭险结寨。各兵追围，攀木缘崖，设策仰攻，至初四日，复破贼寨，当阵生擒斩获首贼并次从贼徒贼级六十二名颗。初五日，复攻破油碎、石壁、大陂等巢，生擒斩获首贼及次从贼徒贼级七十九名颗，俘获男妇、牛只、器械等项数多。余贼奔至断藤峡、横石江边，因追兵紧急，争渡覆溺死者，约有六百余徒。官兵复从后奋勇追杀，当阵生擒获斩首贼及次从贼徒贼级六十五名颗，俘获男妇、牛畜、器械等项数多。各贼间有一二漏网，亦皆奔窜他境。官兵追杀，至于本月初十日，遍搜山峒无遗。禀蒙收兵，回至浔州府住札间。随蒙本院密切牌谕，复令职等移兵进剿仙台等贼。

就于本月十一日黄夜仍前分布各哨官兵，遵照牌内方略，永顺于盘石、大黄江登岸，进剿仙台、花相等处；保靖于乌江口、丹竹埠登岸，进剿白竹、古陶、罗凤等处。刻定于十三日寅时一齐抵巢。各贼闻知牛肠等巢破灭，方怀疑惧，谋欲据险自固。贼首黄公豹、廖公田等各率徒党，沿途设伏埋签，合势出拒。官兵骤进，翕如风雨。各贼虽已夺气，然犹舍死冲敌，比之牛肠等贼凶恶尤甚。各该官兵奋勇夹击，争先陷阵，生擒斩获首贼及次从贼徒贼级四百九十名颗，俘获贼属男妇、牛畜、器械等项数多。各贼奔入永安边界，地名立山，恃险结寨。当蒙摘调指挥王良辅并目兵彭恺等于本月二十四日亦各分路并进，奋勇争先，四面仰攻。贼乃败散，当阵生擒斩获首贼及次从贼徒贼级一百七十二名颗，俘获男妇、牛畜、器械数多。余贼远窜，追杀无遗。

又据把截邀击参将沈希仪解报擒斩首从贼徒贼级八十六名颗。把截头目邓宗七，抚瑶老人陈嘉猷，旗军洪狗驴等，及贵县典史苏桂芳，把隘指挥孙龙官舍覃锘，浔州府捕盗通判徐俊，平南知县刘乔等，亦各呈解擒斩首从贼徒贼级八十一名颗，俘获男妇器械等项数多。

又该督兵右布政林富，旧任副总兵张祐等，遵奉本院方略，分督田州府报效头目卢苏等目兵及官军人等三千名，思恩府报效头目王受等目兵及官军人等二千名，韦贵等目兵及官军乡款人等一千一百名，照依分定哨道，进剿八寨稔恶瑶贼，刻期于本年四月二十三日卯时一齐抵巢。先于二十二日晚，于新墟地方集各土目人等申布本院密授方略，乘夜衔枚速进，所过村寨，寂然不知有兵。黎明各抵贼寨，遂突破石门天险，我兵尽入。贼方惊觉，皆以为兵从天降，震骇溃窜，莫知所为。我兵乘胜追斩，各贼且奔且战。薄午，四远各寨骁贼聚众二千余徒，各执长标毒弩，并势呼拥来拒，极其猛悍。我兵鼓噪奋击而前，声震岩谷，无不一当十。贼既失险夺气，而我兵俞战益奋，贼不能支，遂大奔溃。当阵生擒斩获首贼及次从贼徒贼级二百九十一名颗，俘获男妇、畜产、器械数多。贼皆分阵聚党，奔入极高大山，据险立寨。我兵亦分道追蹑围剿，然岩壁峻绝，我兵自下仰攻，战势不便；贼从巅崖发石滚木，多为所伤。于是多方设策，夜发精锐，掩其不备。二十四日，我兵复攻破古蓬等寨，生擒斩获首贼及次从贼徒贼级共一百三名颗，俘获数多。二十八日复攻破周安等寨，生擒斩获首贼及次从贼徒贼级共一百四十六名颗，俘获数多。五月初一日，复攻破古钵等寨，生擒斩获首从贼徒贼级一百二十七名颗，俘获数多。初十日，复攻破都者峒等寨，斩获首从贼徒贼级一百四名颗，俘获数多。

本月十二等日，复据参将沈希仪解到督领指挥孙继武等官军及迁江土目兵夫人等于高径、洛春、大潘等处追剿邀击各寨奔贼，斩获首从贼徒贼级九十八名颗；都指挥高崧解到督领指挥程万全等官军及土目兵夫人等于思卢、北山等处搜剿截捕各寨奔贼，斩获首从贼徒贼级九十一名颗；又据同知桂整监督思恩土目韦贵、徐五等目兵分剿铜盆等寨，斩获首从贼徒贼级一百九十二名颗，俘获数多；又据通判陈志敬督领武缘、应虚等处乡兵搜剿大鸣等山奔贼，斩获首从贼徒贼级八十六名颗。

又于本月十七等日，卢苏、王受等复攻破黄田等寨，斩首从贼徒贼级三百六十二名颗，俘获数多。六月初七等日，复攻破铁坑等寨，斩获首从贼徒贼级二百五十三名颗，俘获数多。又据指挥康寿松、千黉、王俊等督领官兵于绿茅等处把隘搜截，斩获首从贼徒贼级四十八名颗。

各贼始虽败溃，然犹或散或合，至是见其渠魁骁悍，悉就擒斩，遂各深逃远窜。其稍有强力者尚一千余徒，将奔往柳、庆诸处贼巢。我兵四路夹追，及之于横水江。各贼皆已入舟离岸，兵不能及。然贼众船小，皆层叠而载，舟不可运；复因争渡，自相格斗，适遇飓风大作，各船尽覆，浮迫登岸得不死者，仅十二余徒而已。我兵既无舟渡，又风雨益甚，遂各归营。既晴，我兵仍分路入山搜剿，各贼茫无踪迹。又复深入，见崖谷之间，颠堕而死者不可胜计，臭恶薰蒸，不可复前。远近岩峒之中，林木之下，堆叠死者男妇老少大约且四千有余。盖各贼皆仓卒奔逃，不曾赍有禾米，大雨之中，饥饿经旬，而既晴之后，烈日焚炙，瘴毒蒸炽，又且半月有余，故皆糜烂而死。八寨之贼略已荡尽，虽有脱网，亦不能满数十余徒矣。

本院议于八寨之中，据其要害，移设卫所，以控制诸蛮，复于三里设县，以迭相引带。亲临相视思恩府基，景定卫县规则。其时暑毒日甚，山溪水涨，皆恶流臭秽，饮者皆成疫痢。本院因见各贼既已扫荡，而我兵又多疾疫死亡，乃遂班师而出。

照得各职于本年三月二十三等日，先奉本院钧牌："据左江道守巡、守备等官呈称断藤峡等处瑶贼，上连八寨，下通仙台、花相等峒，累年攻劫郡县乡村，杀害军民，累奏请兵诛剿，乞要乘此兵威剿灭等因，行仰各职监统各该官兵进剿各贼。谕令未至信地三日之前，停军中途，候约参将张经，与同守巡各官集议，先将进兵道路之险夷远近，各巢贼徒之多寡强弱，及所过良民村分之经由往复，面同各乡导人等逐一备细讲究明白，务要彼此习熟，若出一人；

72

然后刻定日时，偃旗息鼓，寂若无人，密至信地，乘夜速发，务使迅雷不及掩耳，将各稔恶贼魁尽数擒剿，以除民害，以靖地方。除临阵斩获外，其余胁从老弱，一切皆可宥免。今兹之举，惟以定乱安民为事，不以多获首级为功。各官务要仰体朝廷忧悯困穷之心，俯念地方久罹荼毒之苦，仍要禁约军兵人等，所过良民村分，毋得侵扰一草一木，有犯令者，当依军法斩首示众。各官既有地方责任，兼复素怀忠义，当兹委任，务竭心力以祛患安民。事完之日，通将获过功次开报纪功御史纪验，以凭奏报。”奉此各职会同参议汪必东，佥事汪溱、吴天挺，参将张经，都指挥谢珮，遵照军门成算，分布各哨官兵，申明纪律，严督依期进剿前项各贼巢穴，获功解报间。

随准参将张经手本密奉本院钧牌：“仰候牛肠事毕，即便移兵进剿古陶诸贼。就使各贼先已闻风逃遁，亦须整兵深入，扫其巢穴，以宣声罪致讨之威。若其遂能悔罪效顺，亦宜姑与招安。如其仍前凭险纵恣，两征不已至于三，三征不已至于四，务在殄灭，以绝祸根。各官就彼分定哨道，永顺进剿仙台诸处，保靖进剿白竹诸处，各分乡导人等引路进兵，务在计虑周悉，相机而行，各毋偏执己见，致有误事。彼中事势，参将张经久于其地，必能知悉，仍要本官勇当力任，断决而行，不得含糊两可，终难辞责。”又经遵照方略，依期进剿，获功解报间。

又于四月初五等日，各职先奉本院密切钧牌：“据右布政林富，副总兵张祐等呈称八寨瑶贼，毒害万民，千百里内，涂炭已极。乞要乘此军威，急除一方大患等因。本院看得八寨之贼，既极骁猛，而石门天险，自来兵不能入，此可以计取，未易以兵力图者。迩者思、田既附，湖兵尚留，彼贼心怀疑惧，必已设有备御。今各州狼兵悉已罢散，而思、田新附之民方归事农耕，湖兵又已撤回，彼必以我为无复有意于彼，是以近日稍稍复出剽掠，是殆以此探望官府举动。今我若罔闻知，且听其出没，彼亦放纵懈弛，谓我不复能为。此正天亡之时，机不可失。前者思、田各目感激朝廷再生之恩，求欲立功报效。当时许其休息三月，然后调用。今已及期，仰右布政林富，副总兵张祐照牌事理，即便分投密切起调各目兵夫，迂路前到南宁面听约束行事。”各职遵奉起调，行至新墟地方，又密奉进兵方略，刻定日期。当即遵奉连夜分哨速进，遂克攻破巢穴，连战皆捷，斩获功次解报间。

职等各蒙巡按广西监察御史石金案验：“为纪获功次事，案行该道，各不妨监督，如遇参将张经，旧任副总兵张祐等官各解到擒斩贼人贼级并俘获贼属男妇牛马，俱要就彼审验真的，事完通查获功员役，分别首从功次多寡，缘

73

由造册赍报，以凭覆审奏报"等因。除遵奉外，今据进剿断藤峡谷，各哨土目官兵解到生擒斩获首从贼徒贼级一千一百四名颗，俘获贼属五百六十八名口；进剿八寨，各哨土目官兵解到生擒斩获首从贼徒贼级一千九百一名颗，俘获贼属五百八十七名口。两处共计擒斩获三千五名颗，俘获贼属一千一百五十五名口。除遵照案验事理，再行验实造册另报外，其各哨解到生擒、斩获、俘获等项功次数目，合先开报。

职等会同参照断藤峡诸贼连络数十余巢，盘亘三百余里，彼此犄角结聚，凭险稔恶，流劫郡县乡村。自国初以来，屡征不服；至天顺年间，该都御史韩雍统兵二十余万来平两广，然后破其巢穴。兵退未久，各贼复攻陷浔州，据城大乱。后复合兵攻剿，兼行招抚，然后退还巢穴。自是而后，官府曲加抚处，或时暂有数月之安，而稍不如意，辄复猖獗，杀掠愈毒。盖其祖父以来，狠戾相承，凶恶成性，不可改化。近年以来，官府剿抚之计益穷，各贼残毒之害日甚，盖已至于不可支持矣。至于八寨诸贼，尤为凶悍猛恶，利镖毒弩，莫当其锋；且其寨壁天险，进兵无路。自国初韩都督尝以数万之众围困其地，亦不能破，竟从招抚；其后屡次合剿，一无所获，反多挠丧；惟成化年间，土官岑瑛能慑服诸瑶，尝合各州狼兵一入其巢穴，斩获二百余级；已而贼势大涌，力不能支，当遂退兵，亦以招安而罢。自是而后，莫可谁何，流劫远近，岁无虚月，民遭荼毒，冤苦无所控吁。自思、田多事，两地之贼相连煽动，将有不可明言之变，千里之间，方尔汹汹朝夕。今幸朝廷威德宣扬，军门方略密授，因湖广之回兵而利导其顺便之势，作思、田之新附而善用其报效之机，翕若雷霆，疾如风雨，事举而远近不知有兵兴之役，敌破而士卒莫测其举动之端。两地进兵，各不满八千之众，而三月报绩，共已逾三千之功，盖其劳费未及大征十之一，而其斩获加于大征三之二，远近室家相庆，道路欢腾，皆以为数十年来未见其斯举也。

职等承乏任使，虽冲冒炎毒，攀援险阻，不敢不竭力效命；但仅遵奉方略，安能仰赞一筹。照得宣慰彭明辅、彭九霄，官男彭宗舜等扶病冒暑，督兵剿贼，颠顿崖谷，仆而益奋，遂能扫荡巢穴，殄灭渠党。即其忠义激发，诚亦人所难能。其思、田报效头目卢苏、王受等，感激再生之恩，共竭效死之报，自备资粮，争先首敌，遂破贼险，捣自昔不到之巢，斩自来难敌之寇。盖有仰攻险寨堕崖而碎首者，犹曰："我死不憾"；亦有仰受贼弩挂树而裂肢者，犹曰："我死甘心。"民间传诵，以为卢苏、王受昔未招抚，惟恐其为地方之患，今既招抚，乃复为地方除患，啧啧称叹，谓其竭忠报德之诚，虽子弟之

74

于父兄，亦不能是过矣。再照督兵、督哨、防截、给饷等项，凡有事于军前各官，虽其职有崇卑，功有大小，然皆冲冒矢石炎瘴，备历险阻艰难，比之往来大征，合围守困，坐待成功，其为利害劳逸，相去倍蓰。均乞录奏，以劝将来等因到臣。

照得先该各官呈称前项各巢各贼积年穷凶稔恶，千百里内，被其惨毒，万姓冤苦，朝不保夕，乞要乘此军威，急救一方涂炭等因。其时臣方驻札南宁，目睹其害，诚不忍坐视斯民之苦，一至此极。及查兵部屡次咨来题奉钦依事理，要将前项各贼即行发兵计剿，以除民患，正亦臣等职所当尽之责。但虑贼众势大，连络千里，可以计破，难以力攻。欲俟再行奏请，命下然后举行，必致形迹昭闻，虽用十万之师，图以岁年，亦未可克。故遂仰遵钦奉敕谕："但有贼盗生发，当抚则抚，可剿则剿"及"便宜行事"事理，一面密切相机行事，及密行总镇太监张赐知会，随该镇守两广丰城侯李旻亦相继到任，又经转行知会外。

今据各呈前因，该臣等会同总镇太监张赐，总兵李旻，及镇巡三司等官，看得八寨、断藤、牛肠、六寺、磨刀、古陶、白竹、罗凤、龙尾、仙台、花相等贼巢穴连络，盘据千百余里，凶悍骁猛，酷虐万姓，流毒一方，自来征剿所不能克；果已贯盈罪极，神怒人怨，委有如各官所呈者。是诚两广盗贼之渊薮根柢，此而不去，两广盗贼终未有衰息之渐也。乃今于三月之内，止因湖广便道之归师，及用思、田报效之新附，两地进兵，不满八千，而斩获三千有奇，巢穴扫荡，一洗万民之冤，以除百年之患。此岂臣等知谋才略之所能及，皆是皇上除患救民之诚心，默赞于天地鬼神，而神武不杀之威，任人不疑之断，震慑远迩，感动上下；且庙廊诸臣咸能推诚举任，公同协赞，惟国是谋，与人为善。故臣等得以展布四体，无复顾虑，信其力之所能为，竭其心之所可尽，动无不宜，举无弗振，诸将用命，军士效力，以克致此。虽未足为可称之功，而朝廷之上所以能使臣等获成是功者，实可以为后世行事之法矣。不然，则兵耗财竭，凋弊困苦之余，仅仅自守，尚恐未克，而况敢望此意外之事哉？

照得宣慰彭明辅、彭九霄、官男彭宗舜等，皆冲犯暑毒，身亲陷阵，事竣之后，狼狈扶病而归，生死皆未可必。其官男彭荩臣者，亦遣家丁远来报效。两年之间颠顿道途，疾疫死亡，诚有人情所不能堪者。而彭明辅等忠义奋发，略无悔怠，即其一念报国之诚，殊有所不可泯者。至于思、田报效头目卢苏、王受等，感激朝廷再生之恩，自备资粮，力辞军饷，实能舍死破敌，争先陷阵，惟恐功效不立，无以自白其本心。谓子弟之于父兄，亦不过是，诚非虚言。此皆臣所亲见者也。

及照留抚思、田右布政林富，已闻都御史之擢，而忠义激发，犹且不计体面，必欲督兵入巢，破贼而后出。是尤人所难能。旧任副总兵张祐，参将张经、沈希仪，湖广督兵佥事汪溱，广西督兵佥事吴天挺，参议汪必东，副使汪素，湖广督兵都指挥谢珮，广西都指挥高崶，及各督哨、督押、指挥等官马文瑞、王勋、唐宏、卞琚、张缙、彭飞、张恩、周彻宗、赵璇、林节、刘镗、武銮、千户刘宗本等，督剿县丞林应聪，主簿李本，并防截、搜捕、调度、给饷等项官员知府程云鹏、蒋山卿，同知桂鳌、史立诚、舒柏，通判陈志敬、徐俊，知州林宽、李东，谕召知县刘乔，县丞杜桐、萧尚贤，经历周奎等，虽其才猷功绩各有大小等级之殊，而利害勤苦亦有缓急久暂之异，然当兹炎毒暑雨之中，瘴疫薰蒸，经冒锋镝之场，出入崎险之地，固皆同效捍患勤事之绩，均有百死一生之危者也。

伏望皇上明昭军旅之政，既行庙堂协赞举任之上赏，亦录诸臣分职供事之微劳，及将宣慰彭明辅等特加升奖，官男彭宗舜、彭荩臣免其赴京，就彼袭替，以旌其报国之义。土目卢苏、王受等，亦曲赐恩典，或不待三年而遂锡之冠带，以励其报效之忠。如此，庶几功无不赏，而益兴忠义之心，赏当其功，而自息侥幸之望矣。

臣以懦劣迂疏，缪蒙不世之知遇，授以军旅重任，言无不录，计无不行，且又慰以温旨，使之不必顾忌。臣伏读感泣，自誓此生鞠躬尽死以报深恩。今兹之役，本无足言，然亦自幸苟无覆败，以免戮辱。但恨身婴危疾，自后任劳颇难，已具本告回养病，乞赐俯允，俾得全复余生，尚有图报之日，臣不胜愿望！

处置八寨断藤峡以图永安疏 嘉靖七年七月十二日

照得臣于去岁奉命勘处思、田两府，皆蒙皇上天地好生之仁，悉从宽宥。两府人民今皆复业安居，化为无事宁靖之地，自此可以永无反覆之患，而免于防守屯息之劳矣。惟是八寨及断藤峡诸贼，积年痛毒生民，千百里内，涂炭已极。臣既目睹其害，不忍坐视而不救，遂遵奉敕谕事理，乘机举兵征剿。仰赖神武威德，幸已剪灭荡平；一方倒悬之苦，略已为之一解。但将来之患，不可以不预防，而事机之会，亦不可以轻失。臣因督兵，亲历诸巢，见其形势要害，各有宜改立卫所，开设县治，以断其脉络而扼其咽喉者。若失今不为，则数年之间，贼以渐复，归聚生息，不过十年，又有地方之患矣。臣以多病之故，自度精神力量断已不能了此；但已心知其事势不得不然，不敢仰负陛下之托，俯贻地方之忧，辄已遵奉敕谕便宜事理，一面相度举行，不避烦渎之诛，开陈上请，乞赐采择施行，实地方之幸，臣等之幸。

计开：

一，移筑南丹卫城于八寨。

臣等看得八寨之贼实为柳、庆诸贼之根柢。盖其东连柳州陇蛤、三都岭、三北四等处贼峒以数十，北连庆远忻城、东欧、莫往、八仙等处贼峒亦以数十，西连东兰等州及夷江、土者等处贼峒以十数，南接思恩及宾州上林县诸处贼村亦以十数。各处贼巢虽多，其小者仅百数人，大者不过数百人及千人而止。各贼巢穴皆有山溪之限，险厄之守，不相通和。至期有急，或欲有所攻劫，纠合会聚，然后有一二千之众，多至数千者。惟八寨之贼每寨有众千余，四山环合，同据一险；无事则分路出劫，有警急奔入其巢；数千之众皆不纠而聚，不约而同，不谋而合。故名虽为"八"实则一寨，此八寨之贼所以势众力大，而自来攻之有不能克者也。各巢之贼皆倚恃八寨为逋逃主，每有缓急，一投八寨，即无所致其穷诘。八寨为之一呼，则群贼皆应声而聚。故群贼之于八寨，犹车轮之有轴，树木之有本。若八寨不除，则群贼决无衰息之期也。今幸八寨悉已破荡，正宜乘此平靖之时，据其要害，建置卫所，以控驭群贼。

臣等看得周安堡正当八寨之中，四方贼巢道路之所，会议于其地创筑一城，度可以居数千之众者，而移设南丹一卫于其间。盖南丹卫旧在南丹州地方，为广西极边穷苦之地，非中土之人所可居者。故自先年屡求内徙，今已三迁而全宾州，遂为中土富乐之乡。宾州既有守御千户一所官军，而又益以南丹一卫，自远来徙，无片田尺土之籍，但惟安居坐食，取给于宾州。州城之内，皆职官旗舍之居；州民反避处于四远村寨；每遇粮差徭役，然后入城。故州官号令不行于城中，而政事牵沮，地方益弊。今计一卫之官军虽不满五百之数，盖尽移其家众则亦不下二千。以二千之众，而屯聚于一城，其气势亦已渐盛，足充守御。遂清理屯田之在八寨者，使之屯种，又分拨各贼占据之田，使各官军得以为业，以稍省俸给月粮之费，彼亦无不乐从。且宾州之城既空，又可以还聚居民，修复有司之治，亦事之两便者也。

臣等又看得迁江八所皆土官、指挥、千、百户等职，旧有狼兵数千，以分制八寨瑶贼之势。后因贼势日盛，各官皆不敢复入，反遂与之交通结契，及为之居停指引，分其劫掠之所得，共为地方之害，已非一日。官府察知其奸，欲加惩究，则又倚贼为重，不可根极。近臣督兵其地，悉将各官遵照敕谕事理，绑赴军门，议欲斩首示众，以警远近。而各官哀求免死，愿得杀贼立功自赎。然其时贼势已平，遂许其各率土兵入屯八寨，就与该卫官军分工效力，助筑城垣。待城完之日，就与城外别筑营堡，与南丹卫官军犄角而守。亦各分拨贼田，使之耕种，以资衣粮。今八所土兵虽已比旧衰耗，然亦尚有四千余众；若留其微弱者四所于外，以分屯其所遗之田，而调其强盛者四所于内，合南丹一卫之众以守，亦且四千有余，隐然足为柳、庆之间一巨镇矣。此镇一立，则各贼之脉络断，咽喉绝，自将沮丧震慑，其势莫敢轻动；稍有反侧者，据险出兵而扑之，夕发而旦至，各贼之交，自不能合，如取机上之肉，下箸无弗得者；此真破车轮之轴，而诸辐自解，伐树木之本，而众干自枯。不过十年，柳、庆诸贼不必征剿，皆将效顺而服化矣。伏乞圣明裁允。

一，改筑思恩府城于荒田。

臣等看得思恩旧治，原在寨城山内，尚历高山数十余里。其后土官岑濬始移出，地名桥利，就岩险垒石为城而居，四面皆斩山绝壁，府治亦在礌确之上，芒利砼砑之石冲射抵触，如处戈矛剑戟之中。自岑濬被诛，继是二十余年，反者数起，曾不能有一岁之安。人皆以为风气所使，虽未可尽信，然顽石之上，不生嘉禾，而阴崖之下，必有狐鼠，要亦事理之有然者。况其地瘴雾昏塞，薄午始开，中土之人来居，辄生疾疫。自春初思、田归附之后，臣时即已经营料理其事，竟未能有相应之地。近因督剿八寨，复亲往相度，乃于未至桥利六十里外地名荒田者，其地四野宽衍，皆膏腴之田，而后山起伏蜿蜒，敷为平原，环抱涵蓄，两水夹绕后山而出，合流于前，屈曲数十里，入武缘江水达于南宁，四面山势重叠盘回，皆轩豁秀丽，真可以建立府治。臣因信宿其地，为之景定方向，创设规则。诸夷来集，莫不踊跃欢喜，争先趋事赴工。遂令署府事同知桂鳌督令各役择日兴工。

盖思恩旧治皆在万山之中，水道不通，故各夷所须鱼盐诸货类，皆远出展转鬻买，往反旬月，十不致一，常多匮绝。旧府既地险气恶，又无所资食，故各夷终岁不一至府治，情益疏离，易生嫌隙。今府治既通江水，商货自集，诸夷所须，皆仰给于府，朝夕络绎，自然日加亲附归向。而武缘都里，旧尝割属思恩者，其始多因路险地隔，不供粮差；今荒田就系武缘止戈乡一图二图之地，四望平野，坦然大道，朝往夕反，无复阻隔；则该府之官自可因城头巡检之制，循土俗以顺各夷之情，又可开图立里，用汉法以治武缘之众。夷夏交和，公私两便，则改筑思恩府成于荒田者，是亦保治安民，势不容已之事。伏乞圣明裁允。

一，改凤化县治于三里。

臣等勘得思恩旧有凤化一县，然无城郭县治廨宇；选来知县等官，多借居民村，或寄其家眷于宾州诸处，而迁徙无常，如流寓者然。上司怜其无所依泊，则委之管理别印，或以公务差遣，往来于外，以苟岁月。故凤化之在思恩，徒寄虚名，而实无县治。臣近督剿八寨，看得上林县地名三里者，乃在八寨之间。其地平广博衍，东西数里外，石山周围，如城自厚，极高；石山之间，独抽土山一脉，起顿昂伏，分为两股，环抱而前，遂有两水夹流土山之外，当心交合，出水之口，石山十余重，错互回盘，转折二三十里，极外；石山合为城门，水从此出，是为外隘。其间多良田茂林，村落相望，前此居民十余家，皆极饶富，后为寨贼所驱杀占据，遂各四散逃亡，不敢归视其土者，已二十余年。今各贼既灭，遂空其地。不及今创设县治以据其险，或有漏殄之贼潜回其间，日渐生息结聚，后阻石门之险，前守外隘之塞，不过数年，又将渐为地方之梗矣。故臣以为宜割上林上、下无虞乡三里之地属之思恩，而移设凤化县治于其内。量为筑立城垣廨宇，选委才能之官兴督其役。远近闻之，不过三四月，而逃亡之民将尽来归，各修复其田业，供其粮差，蔚然遂可以成一方之保障。且其南通南丹新卫五六十里，南丹在石门之内，凤化当石门之外，内外声势连合，而石门之险亡。西至思恩一百余里，取道于那学，沿途村寨，荒塞日久，因此两地之人往来络绎，而道途益通。又上林旧在大鸣山与八寨各贼之间，势极孤悬，今得凤化为之唇齿，气势日益，虽割三里之地以与凤化，而绿茅、绿篆等村寨旧所亡失土田，皆将以次归复，则亦失之于东而收于西矣。

及照思恩虽已设立流官知府，然其所属皆土日巡检，旧属凤化一县亦皆徒寄空名，实未尝有，今割武缘止戈一图二图之地改筑思恩府城，而又割上林上、下无虞三里之地改设凤化县治，固于思恩亦已稍有资辅。但自凤化三里至于思恩一百五六十里，中间尚隔上林一县。臣以为并割上林一县而通以属之思恩，似于事势为便，而于体统尤宜。何者？

柳州一府所属二州十县，宾州盖柳州所属者，且有上林、迁江两县，今思恩既设流官知府，固亦一府之尊，而反不若柳州所属之一州也，其于体统亦有所未称矣。况宾州自有十五里，而又有迁江一县，虽割上林以与思恩，其地犹倍于思恩，未为遽损也。上林之属宾州与属思恩，均之为一属邑，亦未有所加损也。然以之属于思恩，则思恩始可以成一府之规模，而其间有无相须，缓急相援，气势相倚，流官之体统益尊，则土俗之归向益谨，郡县之政化日新，则夷民之感发易，固有不可尽言之益也。

夫立新县以扼据地险，改属县以辅成府治，是皆所以乂安地方者也。伏乞圣明裁允。

一，添设流官县治于思龙。

照得南宁自宣化县至于田宁，逆流十日之程。宣化所属如思龙十图等处，相去尚有五日六日，其间错以土夷村寨，地既隔越，而穷乡小民，畏见官府，故其粮差多在县之宿奸老蠹与之包团，因而以一科十，小民不胜迫胁，往往逃入夷寨，土夷又从而暴之，地日凋残，盗贼日起。近年以来，思龙之图乡民屡次奏乞添设县治以便粮差。盖亦内迫于县民之奸，外苦于土夷之暴，不得已而然。臣因入抚田宁，亲历其所。民之拥道控告者以千数，因停舟其地，为之经理相度。得村名那久者，其地亦宽平深厚，江水萦回环匝；傍有一江来会，亦正于此合流。沿江民居千余家，竹树森翳，烟火相接，且向武各州道路皆经由其傍，亦为四通之地。若于此分割宣化县思龙一、五、六、七、八、九、十、十二及西乡之六、八图共十里之地而设立一县治，则非独以便穷乡小民之粮差赋役，亦足以镇据要害，消沮盗贼。其间小民村居，如那茄、马坳、三颜、那排之类，未可悉数，皆久已沦入于夷，今若县治一立，则此等村寨诸夷自不得而隐占，皆将渐次归复流官，而其地遂接比于田宁，固可以所设之县而遂以属之田宁矣。

夫南宁一府所属一州三县。而宣化一县自有五十二里，今虽分割十里之地以与田宁，而宣化尚有四十二里，一县之地，犹四倍于一府也。况田宁又系新创流官府治，所统皆土目巡检，今得此一属县为之傍辅，又自不同。臣于前割上林以属思恩之议，已略言之矣。且左江一带，自苍梧以达南宁，皆在流官腹里之地；自南宁以达于田宁，自田宁以通于云、贵、交趾，则皆夷村土寨。稍有疑传，易成阔隔。今田宁、思恩二府既皆改设流官，与南宁鼎峙而立，而又得此新创一县以疏附交连于其间，平居无事，商货流通，厚生利用，一旦或有境外之役，道路所经，皆流官衙门，从门庭中度兵，更无阻隔之患。此亦安民经国之事，势所当为者也。伏乞圣明裁允，仍定赐县名，选官给印，地方幸甚。

一，增筑守镇城堡于五屯。

照得断藤峡诸贼既平，守巡各官议调土、汉官兵数千于浔州，以防不测。该臣看得各贼既灭，纵有一二漏网，其势非三四年亦未能复聚。为今之计，正宜剿抚并行。盖破灭穷凶各贼者，所以惩恶，而抚恤向化诸瑶者，所以劝善。今惩恶之余，即宜急为劝善之政，使军卫有司各官分投遍历向化村寨，慰劳而存恤之，给以告示，赐以鱼盐，因而为之选立酋长；谕以朝廷所以征剿各巢者，为其稔恶也，今尔等向化村寨，自安心乐业，益坚为善之志；但有反侧悖乱者，即宜擒送官府，自当重赏，以酬尔劳；其漏殄诸贼，果能诚心悔恶，亦皆许其归附，待以良民。夫使向化者益劝于为善而日加亲附，则恶党自孤，贼势自散，不复能合；纵遗一二，终将屈而顺服矣。乃今则不然，贼既破剿而犹屯兵不散，使漏殄之徒得以藉口摇惑远近；其向化村分又略不加恤，奸恶之民复乘机而驱胁虐害之。彼见贼已破灭而复聚兵，已心怀惊疑矣，而又外惑于贼党之扇摇，内激于奸民之驱胁，遂勾结相连而起也；近年以来所以乱始平而变复作，皆迷误于相沿之弊而不察也。今各贼新破，势决未敢轻出，虽屯数千之众，不过困顿坐食，徒秽扰民居，耗竭粮饷，而实无益于事。今始一解其倒悬，又复自聚无用之兵以重困之，此岂计之得者哉？惟于各寨之中，相其要害之地，创立一镇以控制之，此则事理之所当行，亦正宜乘此扫荡之余而速图之者。

其在断藤、牛肠诸处，则既切近浔州府卫，不必更有所设。至于四方各寨，遍历其要害险阻，则惟五屯正当风门、佛子诸巢穴，而西通府江，北接荔浦各处瑶贼，最为紧要之区，宜设一镇，以控御远迩。而旧已有千户所统率官兵，亦几及一千之数，困于差徭，日渐躲避于附近土目村寨，官司失于清理，止有五百，其后上司不闻地方之艰难，又于五百之中分调哨守于他所，而所余遂不满二百。既而贼乱四起，守御缺乏，则又取调潮州之兵数百以来协守五屯。事既纷乱，人无所遵，兼以统驭非人，故地方遂致大坏；且其屯堡墙垣亦甚卑隘，不足以壮威设险。今宜开拓其地，增筑高城，度可以居二千之众，而设守备衙门于其内；取回五百之中分调哨守于他所之兵，其自潮州调来协守者，则尽数发还原卫，以免两地各兵背离乡土之苦，往复道路之费；仍于附近土寨目兵之中，清查拣补其原避差役者，务足原数一千；选委智略忠勇之官一员重任而专责之，使之训练抚摩，敷之以威信，而怀之以仁恩；务在地险既设而士心益和，自然动无不克而行无不利。参将兵备各官，又不时亲至其地经理而振作之，或案行其村寨，或劝督其农耕，或召其顽梗而曲示训惩，或进其善良而优加奖赐，或救恤其灾患，或听断其是非，如农夫之去稂莠而养嘉禾，渐次耕耨而耘锄之。无事之时，随意取调附近土官兵款或百人或七八十人，以协同哨守为名，使之两月一更班，而络绎往来于道路，以惯习远近各巢之耳目。自后我兵出入，自将无所惊疑。果有凶梗，当事举动，然后密调精悍可用土目一二千名，如寻常哨守然，以次潜集城中，畜力养锐，相机而发。夫无事而屯数千之兵，则一月粮饷费逾千金，若每一年无屯军之费，用之以筑城设险，犒赏兵士，招来远人，亦何军不行，何工不就？此增筑城堡以据要害，所谓谋成而敌自败，城完而寇自解，险设而敌自摧，威霸而奸自伏，正宜及今为之，而亦事势之不可已焉者也。伏乞圣明裁允。

查明岑邦相疏 七年七月十九日

准兵部咨，该本部题节奉钦依："岑邦佐仍武靖知州，岑邦相着王守仁再查明白具奏，钦此。"钦遵，照得先该臣等具题前事，内一件"仍立土官知州以顺土夷之情"。臣等议得岑氏世有田州，久结于人心，岑猛虽没，诸夷莫不愿得复立其后；议于开设流官知府之外，就于该府四十八甲之内，割其八甲，降设田州，立岑猛之子一人，始授以署州事吏目；三年之后，地方宁靖，效有勤劳，则授以为判官；六年之后，地方宁靖，效有勤劳，则授以为同知；九年之后，地方宁靖，效有勤劳，则授以为知州。使承岑氏之祀而隶之流官知府。

当时臣等通拘该府大小土目及乡老人等审问，岑猛之子应该承立者何人。乃众口一词，以为岑猛四子，长子岑邦佐系正妻张氏所出，次子岑邦彦系庶姜林氏所出，三子岑邦辅系外婢所生，四子岑邦相系次姜韦氏所出。猛嬖溺林氏，而张氏失爱，故邦佐自幼出继武靖，而以邦彦承袭官职。今邦彦既死，应该承立者莫宜于邦佐。

臣等当看得武靖地方正当瑶贼之冲，而邦佐自幼出继，该州之民信服归戴已久；况其才力，足能制御各瑶，近日该州土目人等又相继悬恩来告，愿得复还邦佐；今欲改立一人，亦未有可以代邦佐者。臣恐一失武靖各目之心，则于地方又多生一事；莫若仍还邦佐于武靖，一以御地方之患，一以顺各夷之情。至于田州新立，不过苟以无绝岑氏之祀，此其才否优劣，固有不必深论者。因论以邦佐出继武靖既久，朝廷事体已定，不可复还，宜立其次者，岑邦辅则可。于是各目人等又众口一词，以为邦辅名虽岑猛外婢所生，其实来历不明，阖府之民，皆不欲立。惟邦相则次姜所生，实系岑猛的亲骨血；况其质貌厚重谨实，众心归服；立继岑氏，庶不绝其真正一脉。臣等议得仍立土官者，专为不绝岑氏之后，以顺诸夷之情也。今众心若此，亦合俯顺。故当时直断邦辅谓非岑猛之子，而止谓岑猛之子存者二人，亦所以正名慎始，杜日后之纷争也。但具奏之时，因本内事体多端，文以繁琐，若再加详说，诚恐有渎圣听，故遂简略其词。

今蒙朝廷明见万里，洞彻细微，复命臣等查奏；闻命惶惧，无所措躬。因思岑邦辅尚存，当时奏内不曾详开所以不立邦辅之故，而直言岑猛之子存者二人，果系情节脱落，事体欠明；臣等疏漏之罪，万死有不容赦者矣。臣等近复通拘该府土目乡老人等再加审问，而众口一词，执说如前，陈请益笃。臣等反覆思惟，其事诚亦必须如此，而后稳帖无弊；故仍照原议上请。盖此等关系地方之事，臣等言虽或有所不敢尽，而心已无所不用其极，必求事出万全，永久无患，然后乃敢具奏。伏乞圣明宥其疏漏万死之诛，仍敕该部俯从原议，立岑邦相于田州，以曲顺各夷之情。其岑邦辅者，听其以官族名目随住。如此，则名正事成，而人心允服，实地方之幸，臣等之幸。

奖励赏赍谢恩疏 七年九月二十日

准兵部咨为奏报平复地方事，该臣题该本部覆题，节奉圣旨："王守仁受命提督军务，莅任未久，乃能开诚布恩，处置得宜，致令叛夷畏服，率众归降，罢兵息民，其功可嘉。写敕差行人赍去奖励，还赏银五十两，纻丝四表里，布政司买办羊酒送用，钦此。"随于本年九月初八日，该行人冯恩赍捧敕书并前项彩币银两等项，到于广州府地方奉迎入城，当除望阙谢恩，钦遵收领外，臣时卧病床褥，已余一月，扶疾兴伏，感激惶惧，颠顿昏眩，莫知攸措。已而渐复苏息，伏自念思恩、田州数万赤子，皆畏死逃生，本无可诛之罪。而前此当事者议欲剿灭，故皆汹汹思乱，既已陷之必死之地，而无复生全之心矣。仰赖皇上好生之仁，轸念远夷，惟恐一物不得其所，特遣臣来勘处。臣亦何能少效一筹，不过宣扬深仁，敷昭神武，而旬月之间，遂皆回心向化，舍死投生，面缚来归。是皆皇上圣德格天，至诚所感，不疾而速，是以绥之斯来，动之斯和，有莫知其所以然而然者，此岂臣等知谋才力能致毫发于其间哉？今乃误蒙洪恩，重颁大赏，且又特遣行人赍敕远临，事尤出于常格之外。臣亦何功，而敢当此；臣亦何人，而敢望此。祗受之余，战悚惶惑，徒有感泣，惟誓此生鞠躬尽瘁，竭犬马之劳，以图报称而已。臣病日亟，自度此生恐不复能奔走阙廷，一睹天颜，以少馨其蝼蚁葵藿之诚，臣不胜刻心镂骨，感激恋慕之至！

乞恩暂容回籍就医养病疏 七年十月初十日

臣以忧病，踉伏田野，六年有余。蒙陛下赐之再生之恩，锡之分外之福，每思稽首阙廷，一睹天颜，以申其蝼蚁感激之诚，遂其葵藿倾戴之愿。既困疾病，复畏讥谗，六年之间，瞻望太息，竟未敢一出门庭。夫蒙人一顾之恩，尚必思其所以为酬，受人一言之知，亦必图其所以为报，何况君臣大义，天高地厚之恩！上之所以施于其下者，如雨露之沾濡，无时或息，而下之所以承乎其上者，乃如顽石朽株，略无生动，此虽禽兽异类，稍有知觉者，亦不能忍于其心。是以每一念及，则哽咽涕下，徒日夜痛心惕骨，行吁坐叹而已。

迩者缪蒙陛下过采大臣之议，授以军旅重寄。自知才不胜任，病不任劳，辄乃触冒上陈辞谢。又蒙温旨眷覆，慰谕有加。伏读感泣，不复能顾其他，即日矢死就道。既而沿途备访其所以致此变乱之由，熟思其所以经理斡旋之计，乃甚有牴牾矛盾者。而其事势既已颠覆破漏，如将倾之屋，半溺之舟，莫知所措。其惟恐付托不效，以孤陛下生成之德，以累大臣荐举之明，于是始益日夜危惧，而病亦愈甚。乃不意到任以来，旬月之间，不折一矢，不戮一卒，而两顽民帖然来服；千里之内，去荆棘而行成坦途。其间虽有数处强大贼巢，素为广西众贼之渊薮根株，屡尝征讨而不克者，亦就湖广撤回之兵而乘其取道之便，用两广新附之民而鼓其报效之勇，财力不至于大费，小民不及于疲劳，遂皆歼厥渠魁，荡平巢穴，而远近略已宁靖。是皆陛下好生之至德昭格于上下，不杀之神武幽赞于神明，是以不言而信，不怒而威，阴宥默相，以克有此；固非愚臣意望之所敢及，岂其知谋才力为能办此哉？窃自喜幸，以为庶得藉此以免于覆败之戮，不为诸臣荐扬之累，足矣。而臣之病势乃日益增剧，百疗无施。臣又思之，是殆功过其事，名浮其实，福逾其分，所谓小人而有非望之获，必有意外之灾者也。

臣自往年承乏南赣，为炎毒所中，遂患咳嗽之疾，岁益滋甚。其后退伏林野，虽得稍就清凉，亲近医药，而病亦终不能止，但遇暑热，辄复大作。去岁奉命入广，与旧医偕行，未及中途，而医者先以水土不服，辞疾归去。是后，既不敢轻用医药，而风气益南，炎毒益甚。今又加以遍身肿毒，喘嗽昼夜不息，心恶饮食，每日强吞稀粥数匙，稍多辄又呕吐。当思恩、田州之役，其时既已力疾从事，近者八寨既平，议于其中移卫设所，以控制诸蛮，必须身亲相度，方敢具奏；则又冒暑舆疾，上下岩谷，出入茅苇之中，竣事而出，遂尔不复能兴。今已舆至南宁，移卧舟次，将遂自梧道广，待命于韶、雄之间。

新任太监、总兵亦皆相继莅任，各能守法奉公，无地方骚扰之患，两省巡按等官，又皆安靖行事，创涤往时烦苛搜刻之弊，方务安民。今日之两广，比之异时，庶可谓无事矣。臣虽病发而归，亦可以无去后之忧者。

夫竭忠以报国，臣之素志也；受陛下之深恩，思得粉身碎骨以自效，又臣近岁之所日夜切心者也。病日就危，尚求苟全以图后报，而为养病之举，此臣之所大不得已也。惟陛下鉴臣一念报主之诚，固非苟为避难以自偷安，能悯其濒危垂绝不得已之至情，容臣得暂回原籍就医调治，幸存余息，鞠躬尽瘁，以报陛下，尚有日也。臣不胜恳切哀求之至！

卷十六　别录八

公移一　提督南赣军务征横水桶冈三浰

巡抚南赣钦奉敕谕通行各属 正德十二年正月

节该钦奉敕谕："江西、福建、广东、湖广各布政司地方交界去处，累有盗贼生发。因地连各境，事无统属，特命尔前去巡抚江西南安、赣州，福建汀州、漳州，广东南雄、韶州、惠州、潮州各府，及湖广彬州地方；安抚军民，修理城池，禁革奸弊，一应地方贼情，军马钱粮事宜，小则径自区画，大则奏请定夺。但有盗贼生发，即便严督各该兵备守御守巡，并各军卫有司设法剿捕，选委廉能属官，密切体访，及签所在大户，并被害之家，有智力人丁，多方追袭，量加犒赏；或募知因之人，阴为乡导；或购贼徒，自相斩捕；或听胁从并亡命窝主人等，自首免罪。其军卫有司官员中政务修举者，量加旌奖；其有贪残畏缩误事者，径自拿问发落。尔风宪大臣，须廉正刚果，肃清奸弊，以副朝廷之委任。钦此。"钦遵。

照得抚属地方，界连四省；山溪峻险，林木茂深，盗贼潜处其间，不时出没剽劫；东追则西窜，南捕则北奔，各省巡捕等官，彼此推调观望，不肯协力追剿；遂至延蔓日多。当职猥以菲才，滥膺重寄，大惧职业隳废，仰负朝廷委托。为照前项地方，延袤广远，未能遍历其间；绥抚之方，随时殊制；攻守之策，因地异宜；若非的确询访，难以臆见裁度。为此仰抄案回司，著落当该官吏，照依案验内事理，即行本司该道分巡、分守、兵备、守备等官，并所属大小衙门各该官吏，公同逐一会议：要见即今各处城堡关隘，有无坚完；军兵民快，曾否操练；某处贼方猖獗，作何擒剿；某处贼已退散，作何抚缉；某贼怙终，必须扑灭；某贼被诱，尚可招徕；何等人役，堪为乡导；何等大户，可令追袭；军不足恃，或须别募精强；财不足用，或可别为经画；某处或有闲田，可兴屯以足食；某处或多浮费，可节省以供军；何地须添寨堡，以断贼之往来；何地堪建城邑，以扼贼之要害；姑息隐忍，固非久安之图；会举夹攻，果

85

得万全之策；一应足财养兵弭寇安民之术，皆宜悉心计虑，折衷推求。山川道路之险易，必须亲切画图；贼垒民居之错杂，皆可按实开注；近者一月以里，远者一月以外，凡有所见，备写揭帖，各另呈来，以凭采择。非独以匡当职之不逮，亦将以验各官之所存，务求实用，毋事虚言。

各该官吏俱要守法奉公，长廉远耻，祛患卫民，竭诚报国。毋以各省而分彼此，务须协力以济艰难，果有忠勇清勤绩行显著者，旌劝自有常典，当职不敢蔽贤；其或奸贪畏缩志行卑污者，黜罚亦有明条，当职亦不敢同恶。深惟昧劣，庶赖匡襄，凡我有官，各宜知悉。

选拣民兵

照得府属地方，界连四省；山谷险隘，林木茂深，盗贼所盘，三居其一；乘间劫掠，大为民害。本院缪当巡抚，专以弭盗安民为职。钦奉敕谕，一应军马钱粮事宜，得以径自区画。莅任以来，甫及旬日，虽未遍历各属，且就赣州一府观之，财用耗竭，兵力脆寡，卫所军丁，止存故籍；府县机快，半应虚文；御寇之方，百无足恃，以此例彼，余亦可知。夫以羸卒而当强寇，犹驱群羊而攻猛虎，必有所不敢矣。是以每遇盗贼猖獗，辄复会奏请兵；非调土军，即倩狼达，往返之际，辄已经年；糜费所须，动逾数万；逮至集兵举事，即已魍魉潜形，曾无可剿之贼；稍俟班师旋旅，则又鼠狐聚党，复皆不轨之群。良由素不练兵，倚人成事；是以机宜屡失，备御益弛，征发无救乎疮痍，供馈适增其荼毒，群盗习知其然，愈肆无惮。百姓谓莫可恃，竟亦从非。

夫事缓则坐纵乌合，势急乃动调狼兵，一皆苟且之谋，此岂可常之策？古之善用兵者，驱市人而使战，假间戍以兴师。岂以一州八府之地，遂无奋勇敢战之夫？事豫则立，人存政举。近据江西分巡岭北道兵备副使杨璋呈，将所属各县机快，通行拣选，委官统领操练，即其处分，当亦渐胜于前。但此等机快，止可护守城郭，堤备关隘；至于捣巢深入，摧锋陷阵，恐亦未堪。为此案仰四省各兵备官，于各属弩手、打手、机快等项，挑选骁勇绝群、胆力出众之士，每县多或十余人，少或八九辈；务求魁杰异材，缺则悬赏召募。大约江西、福建二兵备，各以五六百名为率；广东、湖广二兵备，各以四五百名为率。中间若有力能扛鼎、勇敌千人者，优其廪饩，署为将领。召募犒赏等费，皆查各属商税赃罚等银支给。各县机快，除南、赣兵备已行编选外，余四兵备仍于每县原额数内拣选精壮可用者，量留三分之二；就委该县能官统练，专以守城防隘为事；其余一分拣退疲弱不堪者，免其著役，止出工食，追解该道，

86

以益召募犒赏之费。所募精兵，专随各兵备官屯札，别选素有胆略属官员分队统押。教习之方，随材异技；器械之备，因地异宜；日逐操演，听候征调。各官常加考校，以核其进止金鼓之节。本院间一调遣，以习其往来道途之勤。资装素具，遇警即发，声东击西，举动由己；运机设伏，呼吸从心。如此，则各县屯戍之兵，既足以护防守截；而兵备募召之士，又可以应变出奇。盗贼渐知所畏而格心，平良益有所恃而无恐，然后声罪之义克振，抚绥之仁可施，弭盗之方，斯惟其要。本院所见如此，其间尚有知虑未周，措置犹缺者，又在各官酌量润色，务在尽善，期于可久；亮爱民忧国之心既无不同，则拯溺救焚之图自不容缓。案至，即便举行，或有政务相妨，未能一一亲诣，先行各属，精为选发。先将召募所得姓名，及措置支费银粮，陆续呈报。事完之日，通造文册，以凭查考。

十家牌法告谕各府父老子弟

本院奉命巡抚是方，惟欲剪除盗贼，安养小民。所限才力短浅，智虑不及；虽挟爱民之心，未有爱民之政。父老子弟，凡可以匡我之不逮，苟有益于民者，皆有以告我，我当商度其可，以次举行。今为此牌，似亦烦劳。尔众中间固多诗书礼义之家，吾亦岂忍以狡诈待尔良民。便欲防奸革弊，以保安尔良善，则又不得不然，父老子弟，其体此意。自今各家务要父慈子孝，兄爱弟敬，夫和妇随，长惠幼顺，小心以奉官法，勤谨以办国课，恭俭以守家业，谦和以处乡里，心要平恕，毋得轻意忿争，事要含忍，毋得辄兴词讼，见善互相劝勉，有恶互相惩戒，务兴礼让之风，以成敦厚之俗。吾愧德政未敷，而徒以言教，父老子弟，其勉体吾意，毋忽！

轮牌人每日仍将告谕省晓各家一番。

十家牌式：

某县某坊。

某人某籍。

某人某籍。

某人某籍。

某人某籍。

某人某籍。

某人某籍。

某人某籍。

某人某籍。

某人某籍。

某人某籍。

右甲尾某人。

右甲头某人。

此牌就仰同牌十家轮日收掌，每日酉牌时分，持牌到各家，照粉牌查审：某家今夜少某人，往某处，干某事，某日当回；某家今夜多某人，是某姓名，从某处来，干某事；务要审问的确，乃通报各家知会。若事有可疑，即行报官。如或隐蔽，事发，十家同罪。各家牌式：

某县某坊民户某人。

某坊都里长某下，甲首军户则云，某所总旗小旗某下。匠户则云，某里甲下，某色匠。客户则云，原籍某处，某里甲下，某色人，见作何生理，当某处差役，有寄庄田在本县某都，原买某人田，亲征保住人某某。若官户则云，某衙门，某官下，舍人，舍余。

若客户不报写庄田在牌者，日后来告有庄田，皆不准。不报写原籍里甲，即系来历不明，即须查究。

男子几丁

某。某项官，见任，致仕，在京听选，或在家。　某。某处生员，吏典。

某。治何生业，成丁，未成丁，或往何处经营。　某。见当某差役。

某。有何技能，或患废疾。　某。

某。　某。

见在家几丁。　若人丁多者，牌许增阔，量添行格填写。

一，妇女几口。

一，门面屋几间。系自己屋，或典赁某人屋。

一，寄歇客人。某人系某处人，到此作何生理，一名名开写浮票写帖，客去则揭票；无则云无。

案行各分巡道督编十家牌

照得本院巡抚地方，盗贼充斥；因念御外之策，必以治内为先。顾莅事未久，尚昧土俗；永惟抚缉之宜，懵然未有所措。访得所属军民之家，多有规图小利，寄住来历不明之人，同为狡伪欺窃之事；甚者私通峦贼，而与之传递消息；窝藏奸宄，而为之盘据黉缘；盗贼不靖，职此其由。合就行令所属府县，

88

在城居民，每家各置一牌；备写门户籍贯，及人丁多寡之数，有无寄住暂宿之人，揭于各家门首，以凭官府查考。仍编十家为一牌，开列各户姓名，背写本院告谕，日轮一家，沿门按牌审察动静；但有面目生疏之人，踪迹可疑之事，即行报官究理。或有隐匿，十家连罪，如此庶居民不敢纵恶，而奸伪无所潜形。为此，仰抄案回道，即行各属府县，著落各掌印官，照依颁去牌式，沿街逐巷，挨次编排，务在一月之内了事。该道亦要严加督察，期于著实施行，毋使虚应故事。仍令各将编置过人户姓名造册缴院，以凭查考；非但因事以别勤惰，且将旌罚以示劝惩。

告谕各府父老子弟

告谕父老子弟，今兵荒之余，困苦良甚，其各休养生息，相勉于善。父慈子孝，兄友弟恭，夫和妇从，长惠幼顺，勤俭以守家业，谦和以处乡里，心要平恕，毋怀险谲，事贵含忍，毋轻斗争。父老子弟曾见有温良逊让、卑己尊人而人不敬爱者乎？曾见有凶狠贪暴、利己侵人而人不疾怨者乎？夫嚣讼之人争利而未必得利，求伸而未必能伸，外见疾于官府，内破败其家业，上辱父祖，下累儿孙，何苦而为此乎？此邦之俗，争利健讼，故吾言恳恳于此。吾愧无德政，而徒以言教，父老其勉听吾言，各训戒其子弟，毋忽！

剿捕漳寇方略牌 正月

据福建、广东布、按二司参议等官张简等各呈剿捕事宜，已经行仰遵照案验施行。所有方略，恐致泄露，不欲备开案内。为此另行牌仰广东岭东、福建汀、漳等处兵备佥事顾应祥、胡琏，密切会同守巡纪功赞画等官，于公文至日，便可扬言。

本院新有明文，谓：天气向暖，农务方新，兼之山路崎险，林木蓊翳，若雨水涔至，瘴雾骤兴，军马深入，实亦非便。莫若于要紧地方，量留打手机兵，操练堤备。其余军马，逐渐抽回；待秋收之后，风气凉冷，然后三省会兵齐进。或宣示远近，或晓谕下人，此声既扬，却乃大犒军士，阳若犒劳给赏，为散军之状；实则感激众心，作兴士气；一面亦将不甚紧关人马抽放一处两处，以信其事；其实所散人马，亦可不远，而复预遣间谍，探贼虚实；有间可乘，即便赍粮衔枚，连夜速发，当此之时，却须舍却身家，有死无生，有进无退，若一念转动，便成大害；劲卒当前，重兵继后，伺至其地，鼓噪而入。仍戒当先之士，惟在摧锋破阵，不许斩取首级；后继重兵，止许另分五六十骑，沿途收斩；其余亦不得辄乱行次，违者就便以军法斩首。重兵之后，纪功赞画等官各率数队，相继而进，严整行伍，务令鼓噪之声连亘不绝，使诸贼逃遁山谷者闻之，不得复聚。若贼首未尽，探其所如，分兵速蹑，不得稍缓，使贼复得为计。已获渠魁，其余解散党与，平日罪恶不大，可招纳者，还与招纳；不得贪功，一概屠戮。乘胜之余，尤要肃旅如初；遇敌不得恃胜懈弛，恐生他虞。归途仍将已破贼巢，悉与扫荡，经过寨堡村落，务禁摽掠，宜抚恤者，即加抚恤；宜处分者，即与处分；毋速一时之归，复遗他日之悔。本院奉命而来，专以节制四省沿边军职为务。即今进兵，一应机宜，悉宜禀听本院，庶几事有总领，举动齐一。授去方略，敢有故违，悉以军法论处。各官知会之后，即连名开具遵依揭帖，密切回报。

案行广东福建岭兵官进剿事宜

据福建、广东按察司等衙门备呈到院。看得两省剿捕事宜，设施布置，颇已详备；诚使诸将齐心，军士用命，并举夹攻，已有必克之势。但事干各省，举动难一，顿兵既久，变故旋生，则谋算机宜，旬日顿异，亦难各守初议，执为定说。

照得福建军务，整缉既久；兼有海沧、演城、政和诸处打手，足可济事；诸将咸有以功赎罪之心，意气颇锐，当道亦皆协谋并力，期收克捷之功，利在速战；若当集谋之始，掩贼不备，奋击而前，成功可必。今既旷日持久，声势彰闻，各巢贼党，必有连络纠合，阻阱设械以御我师；其为奸党，当亦日加险密，至于今日，已为持久之师，且宜示以宽懈，待间而发；而犹执其乘机之说，张皇于外，以坚贼志，是谓知吾卒之可击，而不知敌之未可击也。

广东之兵，集谋稍缓，声威未震，意在倚重狼达土军，然后举事，利于持久，是亦慎重周悉之谋；谋贼闻之，虽相结聚，尚候土兵之集，以卜战期，其备必犹懈弛。若因而形之以缓，乘此机候，正可奋怯为勇，变弱为强，而犹执其持重之说，必候土军之至，以坐失事机；是徒知吾卒之未可击，而不知敌之正可击也。

善用兵者，因形而借胜于敌；故其战胜不复，而应形于无穷；胜负之算，间不容发，乌可执滞。除江西南、赣地方，凡通贼关隘，已行兵备副使杨璋委官堤备截杀，及将进剿方略，各另差人封付福建佥事胡琏，广东佥事顾应祥，会同守巡等官，密切遵依行事外，仰抄案回司，即行各官，务要同心协德，乘间而动，毋得各守一见，縻军债事；一应举止，不必呈禀，以致误事。领军等官，随机应变，就便施行，一面呈报。如复彼此偏执，失误军机，定行从重参拿，决不轻贷。其军马钱粮、纪功给赏等项，已行有成规，不再更定。

案行漳南道守巡官戴罪督兵剿贼

据福建漳南道右参政艾洪等呈："准左参政陈策、副使唐泽手本，该三司遵依议委各职，随军纪功，运谋经略，依蒙前诣南靖县小溪中营住札，查理军情，审验功次。大约贼众以四分为率：一分就擒，一分听抚，俱已审验查处明白；一分远遁广东境界，一分深藏本处山谷。狼子野心，绝岩峻岭，易以计破，难以兵碎，必须通将调募见在官军二万二千余名，再加议处，减冗兵以省费，留精兵以守险，待贼饥疲，随加抚剿，庶几军饷不缺，农业不废。节据各哨委官连日禀报，各贼恃居险阻，公然拒敌官军，不听招抚，合无继处本省钱粮，以坚自守之谋，催请广东狼兵，以助夹攻之计"等因。随据参政陈策等呈："据镇海卫指挥高伟呈，指挥覃桓，县丞纪镛，被大伞贼众突出，马陷深泥，被伤身死"等因到院。簿查先据参政陈策等呈，已经批各官酌量事机，公同会议如是：贼虽据险而守，尚可出其不趋，掩其不备，则用邓艾破蜀之策，从间道以出奇。若果贼已盘据得地，可以计困，难以兵克，则用充国破羌之谋，减冗兵以省费。务在防隐祸于显利之中，绝深奸于意料之外，万全无失，佥谋皆同，然后呈来定夺去后。

今据前因，参照指挥高伟既奉差委督哨，自合与覃桓等相度机宜，协谋并进；若乃孤军轻率，中贼奸计，虽称督兵救援，先亦颇有斩获，终是功微罪大，难以赎准。广东通判陈策，指挥黄春，千百户陈洪、郑芳等，既与覃桓等面议夹攻，眼见摧败，略不应援，挫损军威，坏事匪细，俱属违法。各该领兵守备、兵备、守巡等官，督提欠严，亦属有违，合就通行参究；但在紧急用人之际，姑且记罪，查勘督剿。

及查添调狼兵一节，案查该省节呈：兵粮预备已久，惟俟克日进攻。今始成军而出，一遇小挫，辄求济师；况动调狼兵，往返数月；非但临渴掘井，缓不及事，兼据见在官兵二千有余，数已不少；兵贵善用，岂在徒多；况称粮饷缺乏，正宜减兵省费，安可益军匮财。

除广东坐视官员，及应否动调狼兵另行查议外。仰抄案回道，查勘指挥覃桓，县丞纪镛，是否领兵夹攻，被伤身死；各官原领军兵若干，见在若干，其指挥仲钦，推官胡宁，道知事曾瑶，知县施祥等缘何不行策应，是否畏避退缩？俱要备查明白，从实开报。其覃桓等所统军兵，就仰高伟管领，戴罪杀贼，立功自赎。仍仰福建布政司作急查处，堪以动支银两，就呈镇巡衙门知会，差官领解军前接济，一面备数呈来，以凭查考，不许稽迟，致误军机。各该官员俱要奋勇协心，乘机进剿，毋顿兵遥制，以失机宜；毋坐待狼兵，以自懈弛；务须连营犄角，以壮我军之威；更休迭出，以蓄我军之锐；多方以误贼人之谋，分攻以疲贼人之守，扫荡巢穴，靖安地方，则东隅可收于桑榆，大捷不计其小挫，事完之日，通查功罪呈来，以凭酌量参奏。

案行领兵官搜剿余贼

据福建左参政陈策，副使唐泽会案呈："准漳南道参政艾洪，佥事胡琏手本，督据委员指挥徐麒等呈称，督领军兵，黏踪追贼，至象湖山贼寨，连营拒守，遵奉本院密谕，佯言犒众退兵，俟秋再举，密切部勒诸军，乘懈奋击云云。除将擒斩功次，审验监候枭挂外，呈乞照详"等因到院。

卷查先准兵部咨前事，已经备行福建、广东二省漳南、岭东二道守巡、兵备、守备等官，钦遵调兵上紧相机剿抚，并将进兵方略，行仰各官密切遵照施行，敢有故违，悉以军法论处去后。

续据福建布、按二司守巡漳南道右参政等官艾洪等呈："据委指挥高伟呈称，督同指挥等官覃桓等领兵克期夹攻，不意大伞贼众突出，陷入深泥，被伤身死；广东官兵在彼坐视，不行策救。"呈详到院。参看得各官顿兵日久，老师费财，致此败衄；显是不奉节制，故违方略，正行查勘参提间。随据广东按察司等衙门佥事顾应祥等官会呈前事，开称："约会福建官兵克期进攻间，爪探福建官军被大伞贼徒杀死指挥覃桓等情，各职随即统兵策应，当获贼人一名，审系贼首罗圣钦，执称余贼潜入箭灌巢内。率领官兵直抵地名白上村，遇贼交战，斩获贼级，俘获贼属"等因，呈报前来。

看得象湖、箭灌最为峻绝，诸巢贼首，悉遁其间；贼之精悍，尽聚于此。自来兵卒所不能攻，今各官虽有前挫，随能密遵方略，奋勇协力，竟破难克之寨，以收桑榆之功，计其大捷，足盖小挫。但象湖虽破，而可塘犹存；贼首颇已就擒，而余狲尚多逃遁；若不乘此机会速行剿扑，薙草存根，恐复滋蔓；狡兔入穴，获之益难。除将功次另行查奏外，为此仰抄案回道，查照先行方略，乘此胜锋，急攻可塘；破竹之势，不可复缓。仍一面分兵搜斩余狲，毋令复聚为奸；罪恶未稔，可招纳者，还与招纳，毋纵贪功，一概屠戮；务收一篑之功，勿为九仞之弃。

本院即日自漳州起程前来各营督战，仍与各官备历已破诸贼巢垒，共议经久之策。抄案。

奖励福建守巡漳南道广东守巡岭东道领兵官

据福建参政陈策、艾洪，副使唐泽，佥事胡琏，都指挥佥事李胤，广东参议张简，佥事顾应祥，都指挥佥事杨懋各呈称："据委官知府通判等官钟湘、徐玑等，率领军兵夹攻象湖、可塘、箭灌、大伞等处贼巢，前后擒斩贼首詹师富、罗宗旺等共计一千五百余名颗，及俘获贼属牛马器械等数"到院。看得象湖、箭灌诸寨，皆系极险最深贼巢，自来官兵所不能下，今各官乃能运谋设策，协力夹攻，旬月之间，擒斩贼首，扫荡巢穴，谋勇显著，功劳可嘉。除将功次查奏外，通合先行奖励。为此牌仰汀州府上杭县，即便动支商税银两，买办彩缎银花羊酒，委官分投领赉，备用鼓乐，迎送各官处，用旌勤劳，以明奖励之典。其余领哨有功官员知府钟湘等，就行该道照依定去赏格，酌量轻重，径自支给官钱，买办花红等项，一体赏劳。仍具由回报，以凭查考。

告谕新民

尔等各安生理，父老教训子弟，头目人等抚绥下人，俱要勤尔农业，守尔门户，爱尔身命，保尔室家，孝顺尔父母，抚养尔子孙，无有为善而不蒙福，无有为恶而不受殃，毋以众暴寡，毋以强凌弱，尔等务兴礼义之习，永为良善之民。子弟群小中或有不遵教诲，出外生事为非者，父老头目即与执送官府，明正典刑，一则彰明尔等为善去恶之诚，一则剪除莨莠，免致延蔓，贻累尔等良善。

吾今奉命巡抚是方，惟欲尔等小民安居乐业，共享太平。所恨才识短浅，虽怀爱民之心，未有爱民之政。近因督征象湖、可塘诸处贼巢，悉已擒斩扫荡，住军于此，当兹春耕，甚欲亲至尔等所居乡村，面问疾苦；又恐跟随人众，或至劳扰尔民，特遣官赍谕告，及以布匹颁赐父老头目人等，见吾勤勤抚恤之心。余人众多，不能遍及，各宜体悉此意。

钦奉敕谕切责失机官员通行各属

照得本院于本年六月十五日节该钦奉敕："近该巡按福建监察御史程昌奏，今年正月内，被漳州南靖地方流贼杀死领军指挥覃桓，县丞纪镛，射死军人打手一十五名。参称指挥高伟、参政陈策、艾洪、副使唐泽、佥事胡琏、都指挥李胤失机误事，俱各有罪。及称尔膺兹重寄，责亦难辞等因，下兵部议，谓前项贼情，自去年七月已敕彼处抚巡等官，相机抚剿，日久未见成功；今反堕贼计，丧师失事；欲将高伟、陈策等姑免提问，各令住俸，戴罪杀贼；并降敕切责，令尔立效赎罪。朕皆从之。敕至，尔宜亲诣潮、漳二府地方，申严号令，详审机宜，督同守巡领军等官，调集官军民快打手人役，儹运粮饷，指授方略，随贼向往，设法剿捕。其福建、广东、江西官员，悉听尔节制，有急督令互相策应，约会夹攻，不许自分彼此，执拗误事；如有不用命，及迟误供军者，宜照原奉敕内事理，径自拿问施行。事有应与两广并江西巡抚等官议处者，公同计议而行；务要处置得宜，贼徒殄灭，以靖地方，钦此。"钦遵外。

照得本院于本年正月十六日抵赣莅事，当据福建参政陈策、佥事胡琏等呈："为急报贼情事，已经密具方略，行各官遵照，约会广东官兵，克期夹攻；随据各官呈称，指挥覃桓，县丞纪镛，在广东大伞地方，遇贼突出，抵战身死；又称象湖、可塘等寨，系极高绝险，自来官兵所不能攻，乞添调狼兵俟秋再举"等因到院。参看各官顿兵不进，致此败衄，显是不奉节制，故违方略，正宜协愤同奋，因败求胜，岂可辄自退阻，倚调狼兵，坐失机会。本院即于当日选兵二千，自赣起程，进军汀州，一面督令各官密照方略，火速进剿，立功自赎，一面查勘失事缘由，另行参奏间。

随据各官续呈，遵奉本院纸牌密谕，佯言犒众班师，乘贼怠弛，衔枚直捣，攻破象湖等寨。又经行令各官，乘此胜锋，速攻可塘，破竹之势，不可复缓，仍一面分兵搜擒余猾，毋令复聚为奸。本院亦自汀州进军上杭，期至贼寨，亲自督战。随据各官复呈，为捷音事，开称："攻破贼巢三十余处，擒斩首从贼人一千四百二十余名颗，俘获贼属五百七十余名口，烧毁房屋二千余间，夺获牛马赃仗无算；即今余党，悉愿听抚，出给告示，招抚得胁从贼人一千二百三十五名，家口二千八百二十八名口；乞要班师"等因。已经具本奏报去后。

今奉敕谕切责，不胜惶恐待罪，然犹幸其因人成事，偶获收功，愧虽难当，罪或可免。随又访得各贼徒党，尚多逃遁，诸巢余蘖，又复萌芽，果尔则忧患方兴，罪累日重，深思其故，恐是各官急于成功，不能扫荡，或是惮于久役，为此隐瞒。本院闻此，实切惭惧，即欲遵奉敕谕事理，亲至漳州体勘查处。但今南、赣盗贼猖獗，方奉钦依来剿，师期紧迫，军马钱粮，必须调度，势难远出。又前项事情，出于传闻，未委虚的，合行查勘。为此仰抄捧回司，照依备奉敕谕，及查照先今案验内事理，即委本司公正堂上官一员，会同守巡该道官，亲诣漳州地方，督同知府等官，将已破贼巢，逐一查勘，前项强

94

贼，曾否尽绝，所获贼首，是否真正，徒党有无逃遁，余孽有无萌芽，是否各官苟且隐瞒，惟复别贼，各另生发。若贼首果已擒获，巢穴果已扫荡是实，取具各官不致遗患重甘结状，具由呈来。如或有所规避欺蔽，俱要明白声说，以凭参究施行。若有脱漏残党，或是别项流贼，乘间啸聚，事出意外，亦要从实开报，就将防剿机宜，作急议处停当；相机行事，一面呈来定夺。无得畏难推诿，以致贻患地方，国典具存，取罪愈大，俱无违错迟延。

兵符节制 五月

先据该道具呈，计处武备，以便经久事。议将原选听调人役，如宁都杀手廖仲器之属，尽行查出，顶补各县选退机兵，通拘赣城操演，以备征调，已经批仰施行去后。看得习战之方，莫要于行伍；治众之法，莫先于分数；所据各兵既集，部曲行伍，合先预定。为此仰抄案回道，照依定去分数，将调集各兵，每二十五人编为一伍，伍有小甲；五十人为一队，队有总甲；二百人为一哨，哨有长、协哨二人；四百人为一营，营有官、有参谋二人；一千二百人为一阵，阵有偏将；二千四百人为一军，军有副将。偏将无定员，临阵而设。小甲于各伍之中选材力优者为之，总甲于小甲之中选材力优者为之，哨长于千百户义官之中选材识优者为之。副将得以罚偏将，偏将得以罚营官，营官得以罚哨长，哨长得以罚总甲，总甲得以罚小甲，小甲得以罚伍众。务使上下相维，大小相承，如身之使臂，臂之使指，自然举动齐一，治众如寡，庶几有制之兵矣。编选既定，仍每五人给一牌，备列同伍二十五人姓名，使之连络习熟，谓之伍符。每队各置两牌，编立字号，一付总甲，一藏本院，谓之队符。每哨各置两牌，编立字号，一付哨长，一藏本院，谓之哨符。每营各置两牌，编立字号，一付营官，一藏本院，谓之营符。凡遇征调，发符比号而行，以防奸伪。其诸缉养训练之方，旗鼓进退之节，要皆逐一讲求，务济实用，以收成绩。事完，备造花名手册送院，以凭查考发遣。

预整操练

案照先经批仰将听调人役，查拘操演，以备征调。即今兵威士气，已觉渐有可观；但诸色人内尚有遗才，亦合通拘操演。看得龙南等县捕盗老人叶秀芳等部下兵众，亦多经战阵；况各役向化日久，皆有竭忠报效之心。但其勇力虽有，而节制未谙；向慕虽诚，而情意未洽；一时调用，亦恐兵违将意，将拂士情，信义既未交孚，心志岂能齐一。为此仰抄案回道，通将所属向化义民人等，悉行查出，照依先行定去分数，行令各选部下骁勇之士，多者二三百人，少者一百人，或五十人，顺从其便，分定班次。各役若无别故，自行统领，或有事故相妨，许令推选亲属为众所服者代领，前来赣城，皆于教场内操演。除耕种之月，放令归农，其余农隙，俱要轮班上操。仍于教场起盖营房，使各有栖息之地；人给口粮，使皆无供馈之劳；效有功勤者，厚加犒赏；违犯约束者，时与惩戒。如此则号令素习，自然如身、臂、手指之便；恩义素行，自然兴父兄子弟之爱；居则有礼，动则有威，以是征诛，将无不可矣。

选募将领牌

看得所属地方，盗贼充斥，一应抚剿事宜，各该兵备等官，既以地方责任，势难频来面议；若专以公文往来，非惟事情不能该悉，兼恐机宜多致泄漏。为此牌仰郴州兵备道即于所属军卫有司官，或义官耆老，推选素有胆略，才堪将领，熟知贼寨险夷，备晓盗情向背，忠慎周密，可相信任者一二人前来军门，凡遇地方机务，即与密切商度，往来计议，庶事可周悉，机无疏虞。

批留岭北道杨璋给由呈

据副使杨璋呈给由事。看得朝廷设官，本因保障；臣子尽职，匪专给由。副使杨璋才力精敏，识见练达，久在军中，习知戎务。见今盗贼猖炽，方尔请兵会剿，一应军马钱粮，皆倚赞画，方有次第。若因给由，遽尔轻动，更代之人，岂免事多生疏，交承之际，必至弊乘间隙，遂有出柙之虞，何益噬脐之悔。仰本官勿以循例给由为急，惟以效忠尽职为先，益展谋猷，仍旧供职。地方安靖，足申体国之勤，懋绩彰闻，岂俟天曹之考。仍行抚按衙门知会。呈缴。

批广东韶州府留兵防守申

看得本院募兵选士，欲弭盗安民，正恐地利不能齐一，措置或有未周，故期各官酌量润色，务求尽善可久。今据该府各县所呈，非惟不能弭盗，而适以启盗；非徒不能安民，而又以扰民；此岂本院立法之初意哉？行仰各县掌印官，务体本院立法不得已之意，各要酌量事势，通融审处，苟无不尽之心，自无难处之事，兵法谓："守则不足，攻则有余。"今各县所留之兵，止于防守；而兵备所选之士，将以剿袭。防守之兵，虽老弱皆可以备数；而张威剿袭之士，非精锐不可以摧锋而陷阵。况各县所留尚有三分之二，而兵备所取止得三分之一，其于大势未便亏损。今取三分之一，而遂以为地方不复可守，假使原数止此，亦将别无措置之方耶？又况剿袭之兵既集，则兵威日振，声东击西，倏来忽往，贼将瞻前顾后，自然不敢轻出；各县防守愈易为力，此于事理亦皆明白易见。各官类皆狃于因循，惮于振作，惟知取私便之为利，而不知妨大计之为害。宜各除去偏小之见，共为公溥之谋。若复推调迟延，夹攻在迩，已经奏有成命，苟误军机，定以军法从事。

咨报湖广巡抚右副都御史秦防贼奔窜 八月

准巡抚湖广都御史奏咨云云，已经一体钦遵施行。续据江西岭北道副使杨璋看得朱广寨等处，系桂阳、乐平二县界内贼奔要路，今夹攻在迩，要行各道预发精兵把截。又经备行广东、湖广各官，起集骁勇机快，父子乡兵，选委素有能干官员统领，各于贼行要路，昼夜严加把截，或遇前贼奔逃，就便详察险易，相机截捕。或先于朱广、鱼黄贼所潜逃诸山寨，多张疑兵，使贼不敢奔往。务要虑出万全，不得堕贼奸计。各道仍须分投爪探，出奇设伏，先事预防，但得贼中虚实，差人飞报军门。大抵防寇如水，四面堤防既固，但有一处渗漏，必致并力溃决。贼所奔逃，尚恐不止前项诸处，仍行各道，再加询访，但有罅隙，即便行文知会，互相关防，必使皆无蚁穴之漏，庶可全收草薙之功。

今准前因，为照前项各贼，屡经夹攻，狡猾有素，今闻大举，预将妻子搬寄，此亦势所必有。照得咨开，龚福全、李斌，皆已搬送妻子，近往桶冈亲识人家。除行岭北道密行擒拿，一面行文湖广各官，将前项窝户姓名，密切知会，或住近桂阳，或住近上犹，就仰各该守把官兵，相机剿捕外，拟合咨报云云。

钦奉敕谕提督军务新命通行各属 九月

正德十二年九月十一日节该钦奉敕谕：

江西南安、赣州地方，与福建汀、漳二府，广东南、韶、潮、惠四府，及湖广郴州桂阳县壤地相接，山岭相连，其间盗贼不时生发，东追则西窜，南捕则北奔，盖因地方各省，事无统属，彼此推调，难为处置。先年以此之故，尝设有都御史一员，巡抚前项地方，就令督剿盗贼。但责任不专，类多因循苟且；不能申明赏罚，以励人心；致令盗贼滋多，地方受祸。今因尔所奏，及该部覆奏事理，特改命尔提督军务，常在赣州或汀州住札，仍往前各处抚安军民，修理城池，禁革奸弊，一应军马钱粮事宜，俱听便宜区画，以足军饷，但有盗贼生发，即便严督各该兵备、守备、守巡，并各军卫有司，设法调兵剿杀，不许踵袭旧弊，招抚蒙蔽，重为民患。其管领兵快人等官员，不拘文职武职，若在军前违期，并逗遛退缩者，俱听以军法从事。生擒盗贼，鞫问明白，亦听就行斩首示众。斩获贼级，行令各该兵备、守备官即时纪验明白，备行江西按察司造册奏缴，查照南方剿杀蛮贼事例，升赏激劝，仍要选委廉能官员，密切体访，或金所在大户，并被害之家，及素有智力人丁，多方追袭，量加粮赏。或募知因之人，阴为乡导；或购令贼徒，自相斩捕；或许令胁从并亡命窝主人等，自行出首免罪；皆听尔随宜处置，不必执定一说。其应捕人员，尤要严加戒约，不许妄拿平人，及容贼挟雠攀引，因而吓诈财物，扰害良善。军卫有司官员中政务修举者，量加奖劝；其有贪残畏缩误事者，文职五品以下，武职三品以下，径自拿问发落。事有应与各该镇巡官计议者，亦须计议而行。尔为风宪大臣，受兹新命，尤宜廉能刚果，肃清积弊，以副朝廷委任之意，如违，责亦有所归焉。尔其钦承之毋忽，故敕，钦此。

钦遵，拟合通行。为此仰抄捧回司，照依案验备奉敕谕内事理，并行该道守巡、兵备、守备等官，及府卫等官，及府、卫、所、县大小衙门一体钦遵施行。都司呈镇守，布政司呈巡抚，按察司呈巡按衙门各查照施行。

咨报湖广巡抚右副都御史秦夹攻事宜

准巡抚湖广都御史秦咨内开："夹攻江西，该分哨道，并把截之路，及各该官军，不无追剿往来过境，必须各给旗号识别，以防错误；凡遇贼势纵横，及攻坚去处，各领哨官即便发兵策应，同舟共济。"又称："各省窝贼之家，今既各有指实，必须从长计处，绝其祸本，以收全功。烦为参酌行止，并将合行事宜咨报，以凭转行各该领兵等官遵守"等因，准此。

先该本院访得大庚、南康、上犹三县近附，贼巢良民村寨甚多，往年大征，不曾分别善恶，给与良民旗号，及拨兵护守；以致狼、土、官兵贪功妄杀，玉石不分。亦有一二良民村寨，给与旗号，拨兵护守；又被不才领兵官员，并良民寨主，受贼重贿，及将有名贼首隐藏其家，事定仍复还巢，至今贻患。及有吉安府龙泉、万安、泰和三县，并南安府所属大庚等三县居民，无籍者往往携带妻女，入峯为盗；行劫则指引道路，征剿则通报消息，尤为可恶。即今闻有大兵夹攻，俱各潜行回家，遇有盘诘，辄称被虏逃归，因而得脱诛戮。若不通行挨究，将来事定，仍复入巢，地方之患，何时可已？就预行上犹等三县，著落当该掌印官员，查出附近贼巢居民村寨通计若干，图画申报，以凭每寨给与良善旗号，临期拨兵护守，仍取各寨主并地方总甲甘结在官。如有应剿贼徒来投，希图隐匿者，许其擒斩送官，照例重赏；容隐者事发，一寨之人通行坐以奸细重罪。其大庾、龙泉等六乡，各给告示晓谕乡村里老人等，但有平昔入峕为盗，即今潜出，许其举首，亦行照例给赏；容隐事发，本家并四邻一体坐罪。如此庶良善免于玉石俱焚，而盗贼得以根株悉拔。俱经牌仰该道遵照施行外。

又据委官知府等官季敩等呈称，依奉本院方略，分兵于上犹、南康等处防遏，被贼两次纠众出攻南安，俱幸我兵克捷。即今贼势略已衰败，若乘此机会，直捣其巢，旬月之间，可期扫荡云云。本院看得三省夹攻事宜，集兵有先后，期约有迟速，如上犹、大庾之贼，江西先与湖广夹攻，止今广东之兵于仁化把截。候广东兵力已齐，听湖广、广东约会夹攻，江西之兵止于大庾把截。通候广东、湖广夹攻已毕，广东之兵移于惠州，江西之兵移于龙南，又行约会夹攻。如此庶先后有序，事机不失，兵力不竭，粮饷可省。又经移咨贵院查照施行外。

今准前因，看得官军过境，必须各给旗号识别，以防错误。攻坚去处，必须各领哨官即便发兵策应，庶得成功。持论既极公平，所处又甚详悉。除行领哨等官遵照施行外，惟守备指挥李璋所呈窝贼之家，传闻之言，未必皆实，已行该道再行查访，务求的实，拔绝祸源。其进攻次第，惟桶冈一处，该与湖广之兵会合；若长流坑、左溪等处，皆深入南安府所属三县腹心之内，见今不次拥众奔冲，势难止遏。本院欲将前项贼巢，以次相机剿扑；候贵治之兵齐集，会合夹攻桶冈。如此则江西腹心之害已除，而二省夹攻之举，得以并力从事。拟合移咨前去，烦为查照定处，咨报施行。

征剿横水桶冈分委统哨牌

据守把金坑等处领兵县丞舒富等申称："探得各峕贼首闻知湖广土兵将到，集众劫掠，猖炽日甚，凿山开堑，为备益坚。又闻于桶冈后山，陡绝崖壁，结构飞梯，自此直入范阳大山，延袤千里，自来人迹所不能到，今皆搬运粮谷，设有机隘，意在悉力拒战，战而不胜，即奔入此中，截断飞梯，虽有十万之众，亦无所施其力，乞要急为区处"等因到院。随将各峕擒获贼徒，备细研审，亦与所呈略同。

照得先经具题，及备行两省，将各处贼巢以次攻剿；先约湖广官兵，会攻上犹诸贼，未报。但南、赣兵力，自来疲弱，为贼所轻，必资湖广土兵，然后行事。贼见土兵未至，必以为夹攻尚远。莫若出其不意，奋兵合击，先以一哨急趋其后，夺其隘口，贼既失势，殆可尽殄。若必俟土兵之至，果如各官所呈，陷贼计中，老师费财，复为他日之患，追悔何及。本院节准兵部咨，题奉钦依："南、赣地方贼情，著都御史王守仁自行量调官军，设法剿捕；及近奉敕谕云云，俱听军法从事。钦此。"钦遵。除监督守巡官员外，令分投先往上犹、大庾等处调度催督外，本院身督中军，直捣横水大巢。所据各哨官兵，合就分委督发，依期进剿。

一，仰赣州府知府邢珣，统领后开官兵，自上犹石坑进，由上稍、石溪入磨刀坑，过白封龙，一面分兵搜茶潭、鸢井、杞州坑，正兵经过朱坑、早坑入杨梅村，攻白蓝、横水，与都司许清，指挥谢昶、姚玺，知县王天与等兵会合，共结为一大营；及各选精锐，用乡导兵引，赍干粮三日，四搜附近各山寨，如茶潭、鸢井、杞州坑、寨下等处：多方爪探，务期尽绝，互相援应，毋致疏虞。左溪诸贼既尽，然后分哨起营过背乌坑，穿牛角窟，逾梅伏坑，过长流坑，涉果木口，搜芒背，上思顺，过乌地，入上新地、中新地、下新地，攻桶冈峒诸贼，与知府唐淳，指挥余恩、谢昶等兵合势夹击，贼既败散，遂会各营连络犄角，为一大营；各营精锐，开合纵横，分布搜扒，必噍类无遗，候有班师期日，方许回兵。领哨各官及兵快人等，敢有临阵退缩，违犯号令者，仰遵照本院钦奉敕谕内事理，听以军法从事。本官务要竭忠效命，益展才猷，严督诸军，奋勇前进，荡除群丑，以靖地方。如或怠忽乖缪，致有疏虞，国典具存，罪难轻贷。本院即日进屯南康，亲临督战，一应进止机宜，密切差人俱赴营所禀白。牌候事完日缴。

计开：

安远县新民义官某某等名下打手八百名。乾字营哨长赵某某等名下机兵四百名，弓箭手一队，铳手八名，乡导二十名。火药八十斤。地图一张，军令八十张。号色布一千五百件。兵旗大小九十面。令字蓝绢大旗一面。奇兵搜扒用为先导，寻常皆卷，遇各营兵始开。令字黄绢大旗一面。正兵行动用为先导，寻常皆卷，遇各营兵始开。

军令：失误军机者斩。临阵退缩者斩。违犯号令者斩。经过宿歇去处，敢有搅扰居民，及取人一草一木者斩。札营起队，取火作食，后时迟慢者照军法治；因而误事者斩。安营住队，常如对敌，不许私相往来，及辄去衣甲器仗，违者照军法治；因而误事者斩。凡安营讫，非给有各队信牌，及非营门而辄出入者皆斩。守门人不举告者同罪。其出营樵牧汲水方便，而擅过营门外者杖一百。军中呼号奔走惊众者斩。虽遇贼乘暗攻营，将士辄呼动者斩。军中卒遇火起，除奉军令救火人外，敢有喧呼，及擅离本队者斩。军中守夜巡夜之人每夜各有号色，号色不应者，即便收缚。军中不许私议军机，及妄言祸福休咎，惑乱众心，违者皆斩。凡入贼境哨探，可往而畏难不往，托故推调，及回报不实者斩。军行遇敌人往冲，及有埋伏在傍者，不许辄动，即便整队向贼牢把，相机杀剿，违者斩。军行遇贼众乞降，恐有奸谋，即要驻军严备，一面飞禀中军，令其远退，自缚来投，不许辄与相近；遇有自称官吏，及地方里老来迎接者，亦不许辄与相近，即便驻军严备，一面飞禀中军，审实发落，违者皆斩。贼使入营，及来降之人，将士敢与私语，及问贼中事宜，凡漏泄军情者斩。凡临阵对敌，一队失，全伍皆斩。邻队不救，邻队皆斩。贼败追奔，不得太远，一听号令：闻鼓方进，闻金即止，违者斩。贼巢财物，并听杀贼已毕，差官勘验给赏，敢有临阵擅取者斩。乘胜逐贼，不许争取首级；路有遗下金银宝物，不许低头拾取，违者皆斩。

一，仰统兵官汀州府知府唐淳，统领后开官兵，前往南安府，自百步桥、浮江、合村等处进屯聂都；会同把隘推官徐文英将点集守把乡夫，于内选取堪为乡导者一百名，分引哨路，进袭上关，破下关，乃分兵为三哨：中一大哨逾相见岭，扑密溪，径攻左溪。右一小哨从下关分道搜丝茅坝，复从中大哨于密溪进攻左溪。左一小哨自密溪搜羊牯脑山，复自密溪从中大哨进攻左溪。三哨复合为一，与本院会于横水，遂会同守备郏文，知府季敩，指挥余恩，县丞舒富等兵，五营掎角合为一大营；乃各选精锐，用乡导分引，赍干粮二三日，四搜山寨，多方爪探，务期尽绝，互相援应，毋致疏虞。左溪诸贼既尽，听候本院再授方略，然后分哨起营，复自密溪回关田。推官徐文英仍于关田厚集营阵，以待奔窜遗贼，勿轻散动。本官自关田率兵由古亭进屯上保，复自上保历茶坑，由十八磊依期进于木坳，攻桶冈诸贼，与知府邢珣，指挥余恩等兵合势夹击。贼既败散，遂会各营连络掎角为一大营；各选精锐，开合纵横，分布搜扒，必使噍类无遗，候有班师之日，方许回兵。领哨各官及兵快人等敢有临阵退缩违犯号令者，仰即遵照本院云云。

计开：云云，下同。

一，仰南安府知府季敩，统领后开官兵，自南安府石人背进破义安，分兵搜朱雀坑，入西峰；分兵搜狐狸坑，进船厂；分兵搜李家坑，屯稳下；分兵搜李坑，遂逾狗脚岭，搜阴木坑，攻左溪；与本院会于横水，遂与守备郏文，知府邢珣、唐淳，指挥余恩，县丞舒富等兵合连为一大营；乃各选精锐，赍干粮三日，用乡导分引，四搜附近山寨，多方爪探，务期尽绝，互相援应，毋致疏虞。左溪诸贼既尽，然后分哨起营，过密溪，搜羊牯脑，逾相见岭，历上关、下关、关田，经古亭，分屯上保、茶坑，断胡芦洞等处贼路，四面设伏，以待桶冈奔贼，为都指挥许清之继，探候缓急，相机应援，必使根株悉拔，嚼类无遗，候有班师期日，方许回兵。领兵各官及兵快人等敢有临阵退缩违犯号令者，仰即遵照本院云云。

一，仰江西都司都指挥佥事许清，统领后开官兵，自南康进破溪湖，扑新地，袭杨梅坑，攻白蓝；与本院会于横水，遂与知府邢珣等兵会合共结为一大营；乃各选精锐，用乡导分引，赍干粮二三日，四搜附近各山寨，多方爪探，务期尽绝，互相援应，毋致疏虞。横水诸贼既尽，听候本院再授方略，然后分哨起营，自横水穿牛角窟，搜川坳、阴木潭，会左溪，入密溪，过相见岭，历下关、上关、关田、上华山，过鳞潭，屯左泉，分断西山界、胡芦洞等贼路，四面设伏，以待桶冈奔贼。仍归屯横水，控制诸巢，遥与知府季斆相机应援。必使根株悉拔，嚼类无遗，候有班师日期，方许回兵。领哨各官及兵快人等敢有临阵退缩违犯号令者，仰即遵照本院云云。

一，仰守备南、赣二府地方以都指挥体统行事指挥使郏文，统领后开官兵，前往南安府，自石人坑度汤瓶岭，破义安，上西峰，过铅厂，破苦竹坑，剿长河洞，搜狐狸坑，攻左溪，与本院会于横水，遂与知府唐淳、季斆，指挥余恩，县丞舒富等兵，五营连络为一大营；乃各选精锐，用乡导分引，赍干粮二三日，四搜附近山寨，如天台巷、狮子山、丝茅坝等处，多方爪探，务期尽绝，互相援应，毋致疏虞。左溪附近诸贼既尽，听候本院再授方略，然后分哨起营，自左溪过密溪，分兵搜丝茅坝，会下关，入关田，过古亭，逾上保，搜茶坑，屯于十八磊，分兵断下章，设伏以待桶冈奔贼，为知府唐淳之继。使人探候消息，相机应援，必使远近各贼嚼类无遗，候有班师期日，方许回兵。领兵各官及兵快人等敢有临阵退缩违犯号令者，仰即遵照本院云云。

一，仰赣州卫指挥余恩，统领后开官兵，自上犹官隘逾独孤岭，至营前，进金坑，屯过步，破长流坑，分兵入梅伏坑，破牛角窟，扑川坳、阴木潭，与正兵合攻左溪，与本院会于横水，遂与县丞舒富，知府唐淳、季斆，守备郏文等兵连络为一大营；乃各选精锐，赍干粮二三日，用乡导分引，四搜附近各山寨，多方爪探，务期尽绝，互相援应，毋致疏虞。左溪诸贼既尽，听候本院再授方略，然后分哨起营，过密溪，搜羊牯脑，逾相见岭，历下关、上关、关田，经华山、鳞潭、网夹里，从左溪入西山界，攻桶冈诸贼，与知府邢珣、唐

102

淳，指挥谢昶等兵合势夹击。贼既败散，遂会各营连络犄角为一大营，各选精锐，开合纵横，分布搜扒，必使噍类无遗，候有班师期日，方许回兵。领兵各官及兵快人等敢有临阵退缩违犯号令者，仰即遵照本院云云。

一，仰宁都县知县王天与，督同典史梁仪，统领后开官兵，自上犹官隘、员坑过琴江口，由白面寨至长潭，经杰坝，屯石玉，分兵搜樟木坑。正兵自黄泥坑过大湾，入员分，与本院会于横水，遂与知府邢珣、都司许清等兵会合四营，共结为一大营；乃合选精锐，用乡导分引，赍干粮二三日，四搜附近各山寨，多方爪探，务期尽绝，互相援应，毋致疏虞。横水等处诸贼既尽，听候本院再授方略，然后分哨起营，过背乌坑、牛角窟、梅伏坑、涉长流渡、果木口，搜芒背，上思顺，入乌地，经上新地、中新地，分屯下新地，分兵搜扒，断绝要路，四面设伏，以待桶冈之贼，为知府邢珣之继。使人探候缓急，乃与县丞舒富声息相接应援，必使噍类无遗，候有班师期日，方许回兵。领兵各官及兵快人等敢有临阵退缩违犯号令者，仰即遵照本院云云。

一，仰南康县县丞舒富，统领后开官兵，自上犹营前、金坑进屯过步，破长流坑，径攻左溪，与本院会于横水，遂与知府邢珣、唐淳、季敩、守备郏文等兵合四营，共结为一大营；乃分选精锐，赍干粮，用乡导分引，四搜附近贼巢，如鳖坑、箬坑、赤坑、观音山、奄场、仙鹤头、源陂、左溪等处。诸贼既尽，听候本院再授方略，然后分哨起营，复自长流坑过果木口，搜芒背，搜铁木里，徇上池，遍搜东桃坑、山源、竹坝泉、大王岭、板岭诸巢，遂屯锁匙龙外，四面埋伏，以待桶冈奔贼。仍与知县王天与声息相接，彼此相机应援，必使噍类无遗，候有班师期口，方许回兵。领兵各官及兵快人等敢有临阵退缩违犯号令者，仰即遵照本院云云。

一，仰吉安府知府伍文定，统领后开官兵，前去屯札稳下，会同守备郏文并谋协力，搜剿稽芜等处贼巢；进屯横水，听候本院再授方略，然后进攻桶冈诸峒。本官仍须详察地理险易，相度机宜，协和行事，毋得尔先我后，力散势分，致失事机。国典具存，决不轻贷。其领哨各官及兵快人等敢有临阵退缩违犯号令者，许即以军法从事。军中一应事宜，亦应随宜应变，应呈报者，仍呈军门施行。

一，仰广东潮州府程乡县知县张戬，统领部下新民、打手、乡夫人等，搜剿稽芜、黄雀坳、新地等处贼巢，进屯横水，听候本院再授方略，然后进攻桶冈诸峒。本官仍须详察云云。

一，仰中军营参随官。

案行分守岭北道官兵戴罪剿贼

参看稽芜大山不系进兵隘路，若使郏文、季敩等遵依本院方略，直趋左溪，与诸军连营合势，兵威既振，然后分兵四剿，则稽芜等巢自然闻风而靡。今乃不遵约束，顿兵僻路，以攻险绝坚小之寇，反致损威挫锐，非但有乖节制，抑且违误师期；若使各哨官兵皆若季敩等后期不进，则左溪、横水贼巢根本腹心之地，何由攻破；诸军何由得有今日之胜！论情定罪，俱合处以军法。但今各营皆已乘胜追逐，贼徒四散奔溃，正系紧关搜剿之际，姑令戴罪剿绝，以赎前辜。为此仰抄案回道，速督各官，分投把截搜剿；俱要励志奋勇，毋徒退缩以自全，毋以小挫而自馁，务奋渑池之翼，以收桑榆之功。如复仍前畏缩违误，军令具存，难再容恕。仍将阵亡千户刘彪，及被伤兵夫人等，查验纪录，量加优恤。

搜剿余党牌

照得本院于本月十二日亲督诸军进破横水等巢，诸军皆奋勇敢死，夺险陷阵，贼乃大败，擒斩功次数多，良已可嘉。但闻余党往往复相啸聚，千百为群，设栅阻险，复为抗拒官兵之备；所据各兵进攻之日，攀崖缘壁，下上险阻，疲困疲极，兼之阴雨，连日瘴雾，咫尺不辨，故且容令各兵暂尔休息。今天气渐开，兵力已苏，若不乘此破竹之势，疾速急击，使诸贼声势复得连络，用力益难。为此牌仰该道官吏，严督各营官兵，星夜速进，务在三日之内扫荡余孽，必使噍类无遗。敢有狃于一胜，怠忽因循，逗遛不进，致误军机者，仰即遵照敕谕事理，当时以军法从事。该道亦要身督各官，奋勇前进，毋亏一篑，务在万全。

奖励湖广统兵参将史春牌

据副使杨璋呈称："遵奉本院牌案，监督各营官兵，照依二省刻定日期，于十一月初十日午时攻破桶冈大峒，贼徒皆已擒斩，巢穴悉已扫荡。但湖广官兵未知，恐仍复前来，非但无贼可剿，抑且徒劳远涉，乞将湖广官兵留屯彼地，免其过境，实为彼此两便"等因到院。

看得桶冈天险，先经夹剿，围困半年，终不能下；乃今一鼓而破，斯固诸将用命，军士效力；实亦湖广兵威大震，有以慑服其心，故破巢之日，不敢四散奔溃，以克收兹全功。访得湖广统兵参将史春，纪律严明，行阵肃整，故能远扬威武，致兹克捷，虽兵不接刃而先声以张，相应差官奖励。为此牌差千户高睿赍领后开花红礼物，前去湖广郴州亲送本官营内，传布本院奖励之意，以彰本官不显之功。

设立茶寮隘所

照得抚属上犹等县所辖桶冈天险，四面青壁万仞，中盘二百余里，连峰参天，深林绝谷，不睹日月，贼众屯据其间，东出西没，游劫殆遍，人民遭其荼毒，地方受其扰害，先年亦尝用兵夹剿，坐困数月，不能俘其一卒，竟以招抚为名而罢。近该本院奉命征剿，伏赖天威，悉已扫荡。但恐官兵撤后，四方流贼，乘间复聚；必须于紧关去处，设立隘所，分拨军兵，委官防御，庶使地方得以永宁。

本院见屯茶寮，亲督知府邢珣、唐淳等遍历各处险要，相视得茶寮正当桶冈之中，自来盗贼据以为险，西通桂东、桂阳，南连仁化、乐昌，北接龙泉、永新，东入万安、兴国，堪以设隘保障。当因湖广官兵未至，各营屯兵坐候，因以其暇，责委千户孟俊等督领兵夫，先行开填基址，伐木立栅，起盖营房。见今规模草创已具，本院即欲移营上犹，必须委官督工，庶几垂成之功不致废弛。及照茶寮既设隘所，就合摘拨官兵防御，查得皮袍洞隘兵，原非紧要，合改移茶寮，及于邻近上保、古亭、赤水、鲜潭、金坑编选隘夫，兼同防守，庶一劳永逸，事可经久。为此仰抄案回道，坐委能干县官一员，前去茶寮督工完造，务要坚固永久，不得因循迟延。一面查照本院钦奉敕谕随宜处置事理，即将原拨守把皮袍洞隘官兵，尽数移就茶寮住札；一面于上保、赤水、古亭、鲜潭、金坑等寨，量丁多寡，每寨抽选精壮者一二百名，兼同防御。其合用匠作工食等项，行令上犹、南康、大庾三县量支官钱给用，完日具数，及起拨官兵数目，一并回报查考。仍呈抚镇巡按衙门知会。

牌行招抚官 正德十三年二月

据县丞舒富禀称："横水等处新民廖成、廖满、廖斌等前来投招；随又招出别山余党唐贵安等一百四十二名口，俱称原系被胁无辜，乞要安插，照例粮差"等因到院。照得横水、桶冈诸贼，已经本院亲调官兵，将贼首蓝天凤等悉已擒剿，奏捷去后。近准兵部咨，奏奉敕旨："横水、桶冈等处贼首谢志山、蓝天凤、萧贵模等，既已擒剿，地方宁靖。有功官兵俱升一级，不愿升者，照例给赏。此后但有未尽余党，务要曲加招抚，毋得再行剿戮，有伤天地之和。其横水建立县治，俱依所奏施行。"备咨准此。除查照通行外。

看得新民廖成等诚心投抚，意已可嘉；又能招出余党，非但洗其既往之罪，亦当录其图新之功。况今奉有敕旨，方欲大普弘仁，而廖成等投顺，适当其时，相应量加升赏，一以见朝廷之宽仁，一以励将来之向化。为此牌仰县丞舒富，即将新民廖成授以领哨义官，廖满、廖斌等各与巡捕老人名目，令其分统招出新民，编立牌甲，听候调遣杀贼，更立新效，以赎旧愆；就于横水新建县城内立屋居住，分拨田土，令其照例纳粮当差。本官务加抚恤，毋今失所，有亏信义。仍仰谕各新民俱要洗心涤虑，永为良善，毋得听信雠家恐吓，妄生惊疑，自取罪累。及照见今农时已逼，新民人等牛具田种，尚未能备，今特发去商税银一百两，就仰本官置买耕牛农器，分给各民，督令上紧趁时布种。其有见缺食用者，亦与量给盐米。一应抚安绥来之策，有可施行，俱仰本官悉心议处呈来。

批留兵搜捕呈

看得乐昌等处贼徒，构怨连年，流毒三省；今兵备佥事王大用等，乃能身历险阻，设谋调度，数月之内，致此克平，论厥功劳，良可嘉尚。除具本奏报，及一面先行犒奖外。所据各哨贼徒穴巢，虽已底定，而漏殄难保必无；况闻湖兵撤后，各该巢穴，多复啸聚；河源、龙川诸处残贼，亦复招群集党，连结渐多；逆其将来，必复炽盛。今虽役久兵疲，且宜班师息众，但留兵搜捕，亦不可苟。毋谓斩木之不蘖，死灰之不然，苟涓涓之不塞，将江河之莫御。其狼兵既已罢散，难复追留。若机快乡兵之属，暂令归休，即可起集为轮番迭出之计，务使搜剿之兵，若农夫之耘耨，庶几盗贼之种，如莨莠之可除。该道仍备行搜捕各官，务体此意，悉拔根苗，无遗后患。批呈缴。

批将士争功呈

据兵备佥事王大用呈，乐昌县知县李增缉获大贼首李斌等，审验明白。续据湖广永州府推官王瑞之呈称，广东差人邀夺等情，已拘知县见在人役，追出原得获李斌金簪银两荷包见在，显是湖广兵快计擒，不得妄报掩饰。

看得迩者大征之举，湖广实首其谋，江、广亦协其力，既名夹攻，事同一体，湖兵有失，是亦广兵之罪，广人有获，斯亦湖人之功。况今贼首既擒，则湖广领哨之官亦复何咎；虽云因虞得鹿，而广东计诱之人亦非无功；但求共成厥事，何必已专其伐，矧各呈词，亦无相远；就如湖广各官所呈，即广人乘机捕获之功居然自见；就如广东各官所呈，则湖官运谋驱逐之劳亦自不掩；获级者匹夫之所能，争功者君子之大耻。仰该道备行湖广守巡等官，彼此同心易气，各自据实造册。

告谕浰头巢贼 正德十二年五月

本院巡抚是方，专以弭盗安民为职。莅任之始，即闻尔等积年流劫乡村，杀害良善，民之被害来告者，月无虚日。本欲即调大兵剿除尔等，随往福建督征漳寇，意待回军之日剿荡巢穴。后因漳寇即平，纪验斩获功次七千六百有余，审知当时倡恶之贼不过四五十人，党恶之徒不过四千余众，其余多系一时被胁，不觉惨然兴哀。因念尔等巢穴之内，亦岂无胁从之人。况闻尔等亦多大家子弟，其间固有识达事势，颇知义理者。自吾至此，未尝遣一人抚谕尔等，岂可遽尔兴师剪灭；是亦近于不教而杀，异日吾终有憾于心。故今特遣人告谕尔等，勿自谓兵力之强，更有兵力强者，勿自谓巢穴之险，更有巢穴险者，今皆悉已诛灭无存。尔等岂不闻见？

夫人情之所共耻者，莫过于身被盗贼之名；人心之所共愤者，莫甚于身遭劫掠之苦。今使有人骂尔等为盗，尔必怫然而怒。尔等岂可心恶其名而身蹈其实？又使有人焚尔室庐，劫尔财货，掠尔妻女，尔必怀恨切骨，宁死必报。尔等以是加人，人其有不怨者乎？人同此心，尔宁独不知；乃必欲为此，其间想亦有不得已者，或是为官府所迫，或是为大户所侵，一时错起念头，误入其中，后遂不敢出。此等苦情，亦甚可悯。然亦皆由尔等悔悟不切。尔等当初去从贼时，乃是生人寻死路，尚且要去便去；今欲改行从善，乃是死人求生路，乃反不敢，何也？若尔等肯如当初去从贼时，拼死出来，求要改行从善，我官府岂有必要杀汝之理？尔等久习恶毒，忍于杀人，心多猜疑。岂知我上人之心，无故杀一鸡犬，尚且不忍；况于人命关天，若轻易杀之，冥冥之中，断有还报，殃祸及于子孙，何苦而必欲为此。我每为尔等思念及此，辄至于终夜不能安寝，亦无非欲为尔等寻一生路。惟是尔等冥顽不化，然后不得已而兴兵，此则非我杀之，乃天杀之也。今谓我全无杀尔之心，亦是诳尔；若谓我必欲杀尔，又非吾之本心。尔等今虽从恶，其始同是朝廷赤子；譬如一父母同生十子，八人为善，二人背逆，要害八人；父母之心须除去二人，然后八人得以安生；均之为子，父母之心何故必欲偏杀二子，不得已也；吾于尔等，亦正如此。若此二子者一旦悔恶迁善，号泣投诚，为父母者亦必哀悯而收之。何者？不忍杀其子者，乃父母之本心也；今得遂其本心，何喜何幸如之；吾于尔等，亦正如此。

闻尔等辛苦为贼，所得苦亦不多，其间尚有衣食不充者。何不以尔为贼之勤苦精力，而用之于耕农，运之于商贾，可以坐致饶富而安享逸乐，放心纵意，游观城市之中，优游田野之内。岂如今日，担惊受怕，出则畏官避雠，入则防诛惧剿，潜形遁迹，忧苦终身；卒之身灭家破，妻子戮辱，亦有何好？尔等好自思量，若能听吾言改行从善，吾即视尔为良民，抚尔如赤子，更不追咎尔等既往之罪。如叶芳、梅南春、王受、谢钺辈，吾今只与良民一概看待，尔等岂不闻知？尔等若习性已成，难更改动，亦由尔等任意为之；吾南调两广之狼达，西调湖、湘之土兵，亲率大军围尔巢穴，一年不尽至于两年，两年不尽至于三年。尔之财力有限，吾之兵粮无穷，纵尔等皆为有翼之虎，谅亦不能逃于天地之外。

呜呼！吾岂好杀尔等哉？尔等若必欲害吾良民，使吾民寒无衣，饥无食，居无庐，耕无牛，父母死亡，妻子离散；吾欲使吾民避尔，则田业被尔等所侵夺，已无可避之地；欲使吾民贿尔，则家资为尔等所掳掠，已无可贿之财；就使尔等今为我谋，亦必须尽杀尔等而后可。吾今特遣人抚谕尔等，赐尔等牛酒银钱布匹，与尔妻子，其余人多不能通及，各与晓谕一道。尔等好自为谋，吾言已无不尽，吾心已无不尽。如此而尔等不听，非我负尔，乃尔负我，我则可以无憾矣。呜呼！民吾同胞，尔等皆吾赤子，吾终不能抚恤尔等而至于杀尔，痛哉痛哉！兴言至此，不觉泪下。

进剿浰贼方略

照得抚属龙川县地名浰头积年老贼池大鬓等，不时纠众突出河源、翁源、安远、龙南、信丰等处，攻打城池，杀掳人口。先年亦尝征剿，皆因预失防御，以致漏网；后虽阳为听招，其实阴图不轨，班师未几，肆出劫掠，数年以来，民受荼毒，控告纷纭，有不忍言；若不趁时计剿，地方何以宁谧？为此仰抄案回道，会同分守守备等官，即行该府知府陈祥，速将合用粮饷等项，一面从长议处，一面即于所属选集精壮骁勇曾经战阵机快兵壮人等三千名，少或二千名，各备锋利器械，编成队伍，坐委素能谋勇官员统领。一面密行龙川、河源等附近贼巢等县，亦各选募惯战杀贼兵快二千名，委官分押督同近巢知因、被害、义官、新民、头目人等，分截要路；就仰知府陈祥总督诸军，亲至贼巢去处，指画方略，克期进剿。仍行先取知因乡导数十人，令其备将贼巢道路险易，画图贴说：要见某处平坦，人马可以直捣；某处险阻，可以把截；某处系贼必遁之路，可以设伏邀击；某处贼所不备，可以间道扑掩。各要一一详察停当，务尽机宜，具由连图差人马上赍报。以凭差官赍执令旗令牌，克期并力进攻，必使根株悉拔，噍类无遗，以靖地方。

克期进剿牌 正德十三年正月

案照浰头老贼池大鬓等，不时纠众攻打城池，杀掳人口，屡征屡叛，近年以来，阴图不轨，恶焰益炽。除将贼首池仲容设计擒获外，其余在巢贼党，若不趁机速剿，不无祸变愈大，地方何由安息。本院已先密切分布哨道，行仰知府陈祥统领典史姚思衡，驿丞何春，巡检张行，报效生员陈经世，新民卢琢等官军，从何平入攻热水巢，五花障巢，钱石障巢，直捣中浰大巢。知府邢珣统领知县王天与，典史梁仪，并老人叶秀芳、黄启济，义官吴明等官兵，从太平入攻芳竹湖巢，白沙巢，黄田坳巢，中村巢，直捣上浰大巢。指挥姚玺统领新民梅南春等兵，从乌虎镇入攻淡方巢，石门由巢，直捣岑冈大巢。指挥余恩统领百长王受、黄金巢等兵，从龙子岭入攻溪尾巢，塘涵洞巢，古地巢，空背巢，直捣下浰大巢。千户孟俊统领义官陈英、郑志高，新民卢琢等官兵，从和平入攻平地水巢，大门山巢，黄狗坳巢，直捣中浰大巢。推官危寿统领义民叶芳，百长孙洪舜等官兵，从南步入攻脱头石巢，镇里寨巢，羊角山巢，直捣中浰大巢。知府季斅兵，从信丰县黄田冈入攻新山径巢，古地巢。县丞舒富兵，从信丰县乌径入攻旗岭巢，顿冈巢。及行仰守备指挥郏文，监督指挥姚玺、余恩，千户孟俊等三哨官兵，分路进剿。本院亦自行督领帐下随征官属兵快人等，从冷水径直捣下浰大巢，亲自督战，刻期俱于本年正月初七日寅时四路并进外。牌仰兵备副使杨璋，不妨本道事务，遵照本院钦奉敕谕事理，前去军前，纪验功次，处置粮饷，及行催督各哨官兵，依期进剿，所获功次，务要审验明白，从实纪录。仍候巡按纪功御史至日覆实，照例造册奏缴。及造清册一本，送院查考。其军中一应进止机宜，俱仰密切呈来定夺。

批汀州知府唐淳乞休申

据知府唐淳申称："患病乞赐放归。"看得知府唐淳，沉勇多智，精敏有为，兼之持守能谨，制事以勤。近因本院调委领兵征剿南安诸贼，效劳备至，斩获居多，虽克捷之奏已举，而赏功之典未颁。况汀州所属，多系新民，投招未久，反侧无常，正赖本官威怀绸抚，以为保障；纵有微疾，不便起居，即其才能，岂妨卧治。仰该府即行本官，不妨养疾，照旧管事，安心职务，善求药饵，务竭委身之忠，勿动乞休之念。申缴。

告谕

告谕百姓，风俗不美，乱所由兴。今民穷苦已甚，而又竞为淫侈，岂不重自困乏。夫民习染既久，亦难一旦尽变，吾姑就其易改者，渐次诲尔：

吾民居丧不得用鼓乐，为佛事，竭赀分帛，费财于无用之地，而俭于其亲之身，投之水火，亦独何心！病者宜求医药，不得听信邪术，专事巫祷。嫁娶之家，丰俭称赀，不得计论聘财妆奁，不得大会宾客，酒食连朝。亲戚随时相问，惟贵诚心实礼，不得徒饰虚文，为送节等名目，奢靡相尚。街市村坊，不得迎神赛会，百千成群。凡此皆靡费无益。有不率教者，十家牌邻互相纠察；容隐不举正者，十家均罪。

尔民之中岂无忠信循理之人，顾一齐众楚，寡不胜众，不知违弃礼法之可耻，而惟虑市井小人之非笑，此亦岂独尔民之罪，有司者教导之不明与有责焉。至于孝亲敬长、守身奉法、讲信修睦、息讼罢争之类，已尝屡有告示，恳切开谕，尔民其听吾诲尔，益敦毋怠！

仰南安赣州印行告谕牌

照得有司之政，风俗为首，习俗侈靡，乱是用生。本院近因地方多盗，民遭荼毒，驱驰兵革，朝夕不遑，所谓救死不赡，奚暇责民以礼义哉？今幸盗贼稍平，民困渐息，一应移风易俗之事，虽亦未能尽举，姑先就其浅近易行者开道训诲。为此牌仰本府官吏，即将发去告谕，照式翻刊，多用纸张，印发所属各县，查照十家牌甲，每家给与一道。其乡村山落，亦照屯堡里甲分散，务遵依告谕，互相戒勉，共兴恭俭之风，以成淳厚之俗。该府仍行各县，于城郭乡村推选素行端方、人所信服者几人，不时巡行晓谕，各要以礼优待，作兴良善，以励末俗，毋得违错。

禁约榷商官吏

照得商人比诸农夫固为逐末，然其终岁弃离家室，辛苦道途，以营什一之利，良亦可悯！但因南、赣军资无所措备，未免加赋于民，不得已而为此，本亦宽恤贫民之意。奈何奉行官吏，不能防禁奸弊，以致牙行桥子之属，骚扰客商，求以宽民，反以困商，商独非吾民乎？除另行访拿禁约外。仰抄案回道，即便备行收税官吏，今后商税，遵照奏行事例抽收，不许多取毫厘；其余杂货，俱照旧例三分抽一，若资本微细，柴炭鸡鸭之类，一概免抽。桥子人等止许关口把守开放，不得擅登商船，假以查盘为名，侵凌骚扰，违者许赴军门口告，照依军法拿问。其客商人等亦要从实开报，不得听信哄诱，隐匿规避，因小失大，事发照例问罪，客货入官。及照船税一事，亦被总甲侵扰，今后官府合行船只，俱要实价给顾，就行抽分厂查给票帖，以防诈伪。该道仍将应抽、免抽逐一查议则例呈来。

批赣州府赈济石城县申

看得所申赈济，既该府议许中户籴买，下户给散，准如所议施行。今出籴之数止及二千，而坐济之民不知几许，附郭者得遂先获之图，远乡者必有不沾之惠，近日赣县发仓，其弊可见。仰行知县林顺会同先委县丞雷仁先，选该县殷实忠信可托者十数辈，不拘生员耆老义民，各给斗斛，候远乡之民一至，即便分曹给散。仍选公直廉明之人数辈在傍纠察，如有夤缘顶冒，即时擒拿，昭议罚治，庶几小民得蒙救急之惠，而远乡可免久候之难。

议处河源余贼

看得河源等处贼情，本院屡经批仰该道会同守巡等官，从长计议，相机剿捕。今复据呈，看得贼势渐盛，民患日深，该道既以兵力劳惫，势未能克，即须会同守巡守备等官，或亲至贼巢，或于附近贼巢处所屯札，选差知因通贼晓事人役，赍执告示榜文，权且抚谕各贼，委曲开譬。或姑赐以牛酒、银布、耕具、种子之类，令其收众入巢，趁时耕作，因使吾民亦得暂免防截之役，及时尽力农亩；一面选兵励士，密切分布哨道，候收敛已毕，各巢亦积有粮米，然后的探虚实，克期并举，出其不趋，掩其不备，是乃籍兵于民，因粮于贼，非独可以稍纾目前之急，亦因得以永除日后之患矣。今若兵力不足，既未能剿，又不从权抚插，任其出没往来，则非惟民不安生，穷困愈甚；抑且贼亦失其农业，衣食不给，若非掳掠，何以为生？是所谓益重吾民之苦，而愈长群贼之奸，兵粮日耗，后欲图之，功愈难矣。仰该道会同守巡守备等官，上紧议处施行回报，毋复徒事往复，致酿后艰。其各该官司兵快人等，不论或抚或剿，俱要时时操练整束，密切堤备，不得纵弛，致有疏虞。

告谕父老子弟 正德十四年二月

顷者顽卒倡乱，震惊远迩，父老子弟甚忧苦骚动。彼冥顽无知，逆天叛伦，自求诛戮，究言思之，实足悯悼！然亦岂独此冥顽之罪，有司者抚养之有缺，训迪之无方，均有责焉。虽然，父老之所以倡率饬励于平日，无乃亦有所未至欤？今倡乱渠魁，皆就擒灭；胁从无辜，悉已宽贷；地方虽已宁复，然创今图后，父老所以教约其子弟者，自此不可以不预。故今特为保甲之法，以相警戒联属，父老其率子弟慎行之！务和尔邻里，齐尔姻族，道义相劝，过失相规，敦礼让之风，成淳厚之俗。本院奉命抚巡兹土，属有哀疚，未遑匍匐来问父老疾苦，廉有司之不职，究民之利弊而兴除之；故先遣谕父老子弟，使各知悉。方春，父老善相保爱，督子弟，及时农作，毋惰！

行龙川县抚谕新民

先据推官危寿并龙川县各申：依奉本院钧牌，将新民卢源、陈秀坚、谢凤胜等安插和平，及拨田地耕种；并拘仇家当面开释，各安生理，毋相构害缘由。近访得各民因闻广东征剿从化等贼，自生疑惑，东逃西窜，致令和平居民因而惊扰，似此互相扇惑，地方何时宁靖！本当拿究为首之人，绑赴军门，斩首示众；但念各民意亦无他，姑且记罪晓谕。为此牌仰龙川县掌印官，即将投城居民，谕以前项听抚新民，俱已改恶从善；止因广东调兵征剿，居民素怀仇隙者，因而假此恐吓，致令东奔西窜；各民意在避兵，本非叛招出劫，尔等毋得妄生惊疑。及差人拘集新民卢珂、陈秀坚等，谕以广东官兵征剿，各有界限，尔等缘何轻信恐吓，妄自惊窜，俱各着令回原村寨，安居乐业，趁此春和，各务农作。仍谕卢源、陈秀坚、谢凤胜等，各要严束手下甲众，各念死中得生之幸，悔罪畏法，保尔首领。如或面从心异，外托惊惧之名，内怀反覆之计，自求诛戮，悔后何及。

优奖致仕县丞龙韬牌

访得赣县致仕县丞龙韬，平素居官清谨，迨其老年归休，遂致贫乏不能自存，薄俗愚鄙，反相讥笑。夫贪污者乘肥衣轻，扬扬自以为得志，而愚民竞相歆羡；清谨之士，至无以为生，乡党邻里，不知以为周恤，又从而笑之；风俗薄恶如此，有司者岂独不能辞其责。孟子曰："使饥饿于我土地，吾耻之！"是亦有司者之耻也。为此牌仰赣州府官吏，即便措置无碍官银十两，米二石，羊酒一付，掌印官亲送本官家内，以见本院优恤奖待之意。仍仰赣县官吏，岁时常加存问，量资柴米，毋令困乏。

呜呼！养老周贫，王政首务，况清谨之士，既贫且老，有司坐视而不顾，其可乎？远近父老子弟，仍各晓谕，务洗贪鄙之俗，共敦廉让之风。具依准拜措送过。缴牌。

卷十七　别录九

公移二　巡抚江西征宁藩

牌行赣州府集兵策应　正德十四年六月十八日

照得本院奉敕前往福建公干，于六月初九日自赣州启行，由水路十五日至丰城县地名黄土脑，节据知县顾佖等并沿途地方总甲等禀报，江西省城突然变乱，抚巡三司等官俱遭拘执杀害，远近军民甚是惊惶，再三阻遏本院且勿前进。本院原未带有官军，势难轻进，欲驰还赣州起兵，则地里相去益远；已暂回吉安府就近住扎；一面调集兵粮，号召义勇，一面差人分投爪探的确另行外。为此牌仰本府官吏，照牌事理，并行附近卫所，各行所属，起集父子乡兵军余人等，昼夜加谨固守城池，以保不测。仍仰知府邢珣查将贮库钱粮尽数开具印信手本，先行呈报，毋得隐匿。一面行取安远等县原操不论上下班次官兵，各备锋利器械，通到教场，日逐操练，重加犒饷，选委谋勇官员管领，听候本院公文一至，即刻就便发行。敢有违误，定以军法处治，决不轻贷。

咨两广总制都御史杨共勤国难

节该钦奉敕："福州三卫军人进贵等胁众谋反，特命尔暂去彼处地方，会同查议处置，参奏定夺。钦此。"钦遵，于六月初九日自赣启行，于本月十五日行至丰城县地名黄土脑；据知县顾佖等禀称："本月十四日，宁府将巡抚孙都御史、许副使等官杀死，巡按及三司府县大小官员不从者俱被执缚，各衙门印信尽数收去，库藏搬抢一空，声言直取南京，一面分兵北上。"各官竞阻本职，不宜轻进。本职自顾单旅危途，势难复进，方尔回程，随有兵卒千余已夹江并进来追，偶遇北风大作，本职亦张疑设计，整舟安行，兵不敢逼，幸而获免。

本月十八日回至吉安府。据知府伍文定等禀称："地方无主，乞留暂为区画。"远近居民，亦皆遮拥呼号。随又据临江府并新淦、丰城、奉新等县各差人飞报宁府遣兵四出攻掠，拘收印信等因。本职奉有前旨，欲遂径往福建，但天下之事，莫急于君父之难；若彼顺流东下，万一南都失备，为彼所袭，彼将乘胜北趋，动摇京辅，如此则胜负之算，未有所归；此诚天下安危之大机。虑念及此，痛心寒骨，义不忍舍之而去，故遂入城，抚慰军民，督同知府伍文定等调集兵粮，号召义勇，定谋设策，收合涣散之心，作起忠义之气，牵其举动而使进不得前，捣其巢穴而使退无所据，庶几叛逆可擒，大难可靖。

本职自惟弱劣多病，屡疏乞休；况地方之责，亦非本职原任；今兹扶疾赴闽，实亦意图便道归省，适当君父之急，不忍失此事机，姑复暂留，期纾国难。除具奏外，为照前项事情，系国家大难，存亡所关；虽经起调吉安等府兵快，非惟武艺无素，尤恐兵力不敷，必须添调兵马，方克济事。

照得南、韶、惠、潮等府，各有惯战精兵，堪以调用，拟合移咨督发，为此合咨贵院，烦为选取骁勇精壮兵快夫款打手人等大约四五千名，各备锋利器械，选委谋勇胆略官员，或就委岭南道兵备金事王大用监统，给与各兵行粮，不分雨夜，兼程前来，共勤国难。谅贵院素秉忠孝之节，久负刚大之气，闻此，必将奋袂而起，秉钺长驱，当在郭汾阳之先，肯居祖士远之后哉。纷扰之中，莫罄恳切，惟高明速图之！

案行南安等十二府及奉新等县募兵策应 六月二十六日

切照叛逆天下之大恶，讨贼天下之大义。国家优礼藩封，恩德隆重；乃敢辄萌异图，以干宪辟，上逆天道，下犯众怒，灭亡之期，计日可待。本院职任虽非专责，危难安忍坐视，仗顺伐逆，鼓率忠义，豪杰四起，发谋协力。除行吉安等府县，起调兵快，防守地方；及行广东、福建、湖广等处各调兵策应外。照得本省所属各府、州、县、卫、所，见今巡、抚、都、布、按等衙门俱各缺官，事无统束，拟合通行。为此仰抄案回府，即行所属县分并卫所衙门，各起调官军乡兵，固守城池，保障地方。仍一面分调兵快，散布关隘，严加把截；一面选募骁勇精兵，大县约四五千名，小县约二三千名以上，各备锋利器械；供给粮草，择委能干勇力官员管领操练，其各项钱粮费用，听将在官钱粮动支，随申本院查考。其滨江去处，多备船只，听候本院差官赍捧旗牌至日，即刻依期启行进攻。仍选差惯便人役，多方探听消息，不时飞报，以凭区画。此系守土官员切责，而臣子效忠致身正在今日，各宜奋发义气，鼓动军民，共成灭贼之功，以输报国之念，毋得迟违观望，失误军机，自取罪戾。

宽恤禁约

照得江西省城，近遭变乱；各府州县，兵戈骚动，供亿劳费，兼值天时亢旱，秋成无望；人民窘迫，言之痛心，中间恐有无赖之徒，乘机窃发，惊扰地方，理合宽恤禁约。但巡抚衙门见今缺官，本院驻军境内，不容坐视，合就权宜处置通行。为此除一面奏闻外，仰抄案回府，照依案验内事理，并行所属各县官员，务须轸念地方，痛恤民隐，凡一应不急词讼工役，俱各停止。其军事合用兵夫粮草，各官俱要持廉秉公，亲自编派，毋得因而科扰，及听信下人受财作弊。仍严加晓谕军民人等，务要各守本分，安居田里，不许扇惑搬移妄生事端。大户毋逼债负，小民毋激仇嫌。乡落居民各自会推家道殷实、行止端庄一人，充为约长，二人副之，将各人户编定排甲，自相巡警保守，各勉忠义，共勤国难。敢有抗违生事惊扰地方者，就便拿解赴官，治以军法。约长若有乘机侵害众户，及受财不举，许被害之人告发重治。仍仰各县将前项宽恤禁约事宜，翻刻告示，发仰乡村张挂晓谕，俟巡抚官员到日，再行议处，无违错。

奖瑞州府通判胡尧元擒斩叛党 六月二十七日

据瑞州府通判胡尧元报称："擒获从叛仪宾李蕃，斩获叛党九十四名"等因，看得逆贼称乱，天怒人怨，诛灭非久，然今势焰正张，本官乃能独奋忠勇，首挫贼锋，远近闻之，义气自倍，合行奖劳，以励人心。为此牌仰瑞州府官吏，即行动支官钱，买办花红羊酒，委官率领官吏师生送至本官，用见本院奖劝之意。其余有功人员，分别等第，量加犒赏，被伤兵夫，给与汤药，阵亡者厚恤其家；候功成之日，通行造册申报升赏。仍一面起调骁勇精兵，固守城池，听候本院调发，毋得违误。

策应丰城牌

据丰城县知县顾佖禀称："本县起调乡兵，固守城池，惟恐兵力不敷，必须请兵策应，庶保无虞"等因，看系地方重务，已经调发龙泉、安福、永新等县，并吉安千户所机快军兵，陆续前去策应。照得发去官兵，必须选委谋勇胆略官员统领，庶几调度得宜。为此仰通判杨昉，即将后开军兵名数，督同千户萧英监统，协同知县顾佖等，计议攻守方略，相度险夷要害，远斥堠以防奸，勤训练以齐众，探知敌人入境，即便设奇布伏，以逸待劳，击其不意，务在先发制人，毋令乘间抵隙。军兵人等务要严为约束，毋令侵扰，敢有违犯退缩，许以军法从事，各官尤要同心并力，协和行事，共效忠贞之节，以纾国家之难，如或执拗参错，观望逗留，违犯节制，致有疏虞，军令具存，决难轻贷。

调取吉水县八九等都民兵牌

访得吉水县八九等都民人王益题、曾思温、易弘爵、王昭隆等各户下人丁，素习武勇，人多尚义，前任知县周广曾经起调征进，皆系骁勇惯战之人，今兹逆党倡乱，民遭荼毒，应合调取，以赴国难。为此访差致仕县丞龙光赍牌前去吉水县，着落当该官吏，即将各户义兵，照数调集，各备锋利器械，编成行伍，金选百长总小甲管领，就该县查支官钱，给与口粮，暂且就屯本县操演武艺，听本院指日东下，随军进剿。

照得江西一省人民，久被宁府毒害，侵肌削骨，破家荡产，冤困已极，控诉无门；今其恶贯满盈，天假义兵，为民除暴，尚闻愚昧之徒，阻避宁府威势，不敢举动。殊不知宁府未叛之前，尚为亲王，人不敢犯；今逆谋既著，即系反贼，人人得而诛之，复何所惮！尔等义民，正宜感激忠义，振扬威武，为百姓报雠泄愤，共立不世之勋，以收勤王之绩，毋得稽迟观望，自取军法重究。差去官员不许假此扰害，妄生事端，体访得出，罪不轻贷。

预备水战牌

案照已经行仰起调军马前来策应，日久尚未见到。近据探报，逆党南下，将攻南都。计此时南都必已有备，各逆党进无所获，必退保九江，如此则水战之具为急，不可不备。为此牌仰福建布政司即行选募海沧打手一万名，动支官库不拘何项银两，从厚给与衣装行粮，各备锋利器械；就仰左布政使席书，兵备金事周期雍自行统领，星夜前赴军门，相机前进，并力擒剿。仍行巡抚等衙门，同心协力，后先监督应援。

此系叛逆，谋危宗社，天下荼毒，所关呼吸存亡，旦暮成败，间不容发，非比寻常贼情，不得迟违观望，有亏臣节。呜呼！主忧臣辱，主辱臣死，凡有血气，孰无是心；况各官忠义自任，刚大素闻，必将奋臂疾驱，有不容已。兵快及领兵人等敢有违犯节制有误军机者，仰即遵照本院钦奉敕谕事理，许以军法从事，无得姑息。

咨都察院都御史颜权宜进剿 七月初五日

节该钦奉云云。除具题及咨南京兵部知会外，为照前项事情，系国家大难，安危所关；已经起调吉安等府兵快前去征剿，并备行湖广、广东、福建各调兵策应外，照得南畿系朝廷根本重地，今宁王谋逆构乱，举兵北行，图据南都，必得四面合攻，庶克有济。及照贵院奉命行勘前事，即今逆迹已露，别无可勘事情，合咨前去，烦为随处行令所属，选取骁勇精兵，及民间忠义约二三万名，选委谋勇官员分领，会约邻近省郡，合势刻期进讨，仍烦贵院亲督兼程前来，共勤国难。谅贵院平日忠义存心，刚直自许，况今奉命查勘宁藩，正可权宜行事，号召远迩，主忧臣辱，主辱臣死，他复何言，纷扰之中，莫罄恳切，惟高明速图之！

权处行粮牌

据抚州府申称："建昌、抚州、广信、饶州四府，正德十三年兑军粮米不下十余万石，原蒙拨在龙窟，听与抚州、建安、铅山、广信、饶州五所军旗交兑；因运船阻冻回迟，于今年六月始行较斛开兑，其已兑者装载军船；未兑者仍在民艘；不意十五日省城有变，遂行停兑，至十八日逆党乘机劫夺，各船顺流放至饶州河下，得无惊扰。但今江河梗塞，难以兑运，节奏明文，动调大军，征讨叛逆；要将兑军淮粮，暂留以备军饷"，申详到院。

查得先据吉安等府申称，为各府官军将临，欲将官库纸米赃罚等钱，并京库等钱，及将兑淮粮米，从权给支借用等情，已经批仰依拟查取去后。今申前因，拟合准行，为此仰府官吏即行掌印官查将见在饶州湾泊兑军淮粮，准从权宜，坐委能干官员无分雨夜督运江西省城，听候支给各兵行粮，毋违时刻，候事平之日，备造印信文册缴报查照，仍今委官前去查照，免致下人因而侵欺未便。

牌行吉安府敦请乡士夫共守城池 七月初八日

照得宁府反叛，本院调兵进剿，即日启行，各府县掌印正官既该统兵前进，所据各该府县城池，虽已行委各佐贰官防守，但艰危之际事变不测，必须历练老成之人，相与维持镇定，庶几人心不致惊疑，政务有所倚赖。为此案行吉安府官吏，通行各县署印官员，径自以礼敦请老成乡宦，众所推服者一二员，在城以备紧急，协同行事。该府城池，关系尤重。查得致仕按察使刘逊素有才望，忠义奋激，就仰该府请至公馆，仍仰署印官待以宾师之礼，托以咨决之事，一应军机事宜，咨禀计议而行，以安人心，以济大事。仍行本官务以国家大难为心，尽心竭力，共图殄贼，毋以休致自嫌。谅朝廷报功之典，当亦自不相负；如误大事，咎亦有归，通无违错。

牌行各哨统兵官进攻屯守 _{七月十七日}

仰一哨统兵官吉安府知府伍文定，即统部下官军兵快四千四百二十一员名，进攻广润门；就留兵防守本门，直入布政司屯兵，分兵把守王府内门。

仰二哨统兵官赣州府知府邢珣，即统部下官军兵快三千一百三十余员名，进攻顺化门；就留兵防守本门，直入镇守府屯兵。

仰三哨统兵官袁州府知府徐琏，即统部下官军兵快三千五百三十员名，进攻惠民门；就留兵防守本门，直入按察司察院屯兵。

仰四哨统兵官临江府知府戴德孺，即统部下官军兵快，新、喻二县三千六百七十五员名，进攻永和门；就留兵防守本门，直入都察院提学分司屯兵。

仰五哨统兵官瑞州府通判胡尧元、童琦，即统部下官军兵快四千员名，进攻章江门；就留兵防守本门，直入南昌前卫屯兵。

仰六哨统兵官泰和县知县李楫，即统部下官军兵快一千四百九十二员名，夹攻广润门；直入王府西门屯兵守把。

仰七哨统兵官新淦县知县李美，即统部下官军兵快二千员名，进攻德胜门；就留兵防守本门，直入王府东门屯兵守把。

仰中军营统兵官赣州卫都指挥余恩，即统部下官军兵快四千六百七十员名，进攻进贤门；直入都司屯兵。

仰八哨统兵官宁都知县王天与，即统部下官军兵快一千余员名，夹攻进贤门；留兵防守本门，直入钟楼下屯兵。

仰九哨统兵官吉安府通判谈储，即统部下官军兵快一千五百七十六员名，夹攻德胜门；直入南昌左卫屯兵。

仰十哨统兵官万安县知县王冕，即统部下官军兵快一千二百五十七员名，夹攻进贤门；就守把本门，直入阳春书院屯兵。

仰十一哨统兵官吉安府推官王暐，即统部下官军兵快一千余员名，夹攻顺化门；直入南、新二县儒学屯兵。

仰十二哨统兵官抚州通判邹琥、知县傅南乔，即统部下官兵三千余员名，夹攻德胜门；就留兵防守本门，随于城外天宁寺屯兵。

承委官员务要竭忠奋勇，擒剿叛逆，以靖国难；如或退缩观望，违犯节制，定以军法论处。军兵人等敢有临阵退缩者，就仰本官遵照本院钦奉敕谕事理，就于军前斩首示众。牌候事完日缴。

告示在城官兵 七月十八日

照得宁王造谋作乱，神人共愤，法所必诛，在城宗支郡王仪宾皆被逼胁，如钟宁王无罪削爵，建安王父子俱死，军民人等或覆宗灭族，或荡家倾产，或勒取子女，皆恨入骨髓，敢怒而不敢言，今日之事，岂其本心。本院仰仗朝廷威灵，调集两广并本省狼达汉土官兵二十余万，即日临城，亦无非因民之怨，惟首恶是问。告示至日，宗支郡王仪宾各闭门自保，商贾买卖如故，军民弃甲投戈，各归生理，无得惊疑。该府内臣校尉把守人员开门出首，或反兵助顺，擒斩首恶，一体奏闻升赏。其有怀奸稔恶从逆不悛者，必杀不赦。凡我良善军民，即便去恶从善，毋陷族灭，故示。

示谕江西都布按三司从逆官员

照得宁王悖逆天道，造谋作乱，杀戮大臣，都、布、按三司官员各悚于暴虐，保其妻子，以致临难之际不能自择；或俯首幽囚，或甘心降伏，贪生畏死，反而事仇，《春秋》之义虽严于无将之诛，而志图兴复者尚不忍于峻绝。探得各官见今在城闭门自讼者有之，临城巡间者有之，出入府库运筹画策者有之，此皆大义未分，孤立无助，揆之法理，固不容诛，推之人情，实为可悯。即今本院统集狼达汉土官军二十余万，后先临城，各官果能去逆归顺，尚可转祸为福。故今特遣牌谕，兵临之日，仰各开门出首，仍一面将本院发去告示给散张挂，抚谕良善百姓；宗支仪宾人等各闭门自保，毋轻出街市，横遭杀戮，该府把守内臣校尉人等亦各谕以大义，俾知背逆向顺，尚可免死；投甲释戈，蓬头面缚，候本院临审定夺。敢有从恶不悛，执迷不悟，拒敌官兵者，必杀无赦。仍具改正缘由，亲赍投首，以凭施行，毋得迟违，自取族灭。牌具依准缴来。

告示七门从逆军民 七月二十一日

督府示谕省城七门内外军民杂役人等，除身犯党逆不赦另议外。其原被宁府迫胁，伪授指挥、千、百户、校尉、护卫及南昌前卫一应从乱杂色人役家属在省城者，仰各安居乐业，毋得逃窜；有能寄声父兄子弟改过迁善，擒获首恶，诣军门报捷者，一体论功给赏，逃回报首者，免其本罪。仍仰各地方将前项人役一名名赴合该管门官处开报，今各亲属一名，每日一次打卯，其有收藏

119

军器，许尽数送官，各宜悔过，毋取流亡。

牌行江西二司安葬宁府宫眷

照得宁王造反，称兵向阙，行委伪官万锐等把守省城，音信不通，本院所行告示，负固不纳，以致讨贼安民之义，俱未知悉。及至统兵攻城，该府宫眷，一闻铳炮震响，闭门缢死，烧焚宫室。虽宁王背逆，罪在不赦，而朝廷惇睦之仁，何所不至。本院已同宗支，并原任布、按二司，及吉安等府知府等官伍文定等亲赴该府验看，未焚库藏，已封号讫；所据各宫眷身尸，相应埋葬。为此合行案仰布、按二司，即便启知建安王选委各郡王府老成内使火者三四员，会同南昌府南、新二县官，措置棺木，以礼安葬，毋得违错不便。

手本南京内外守备追袭叛首 七月二十三日

本年七月二十日准钦差南京内外守备揭帖内开："烦念南京根本重地，宗庙陵寝所在，作急整点精锐军兵数万名，择将统领，星夜兼程前来，黏踪追袭，攻击其后，保固根本重地。所统官军，烦沿途经过去处，应付廪给口粮马匹草料，事宁之日，获功官军，具奏升赏，请勿迟延"等因。

卷查先为飞报地方谋反重情事，照得本院奉敕前往福建地方公干，行至丰城县，闻宁府谋反，遂返吉安住扎；看系谋危宗社重情，随即具题，并行吉安、赣州等府起调官兵，俟衅而发；及咨南京兵部，并巡抚应天都御史李，烦为通行在京大小衙门，会谋集议，作急缮完城守，简练舟师，设伏沿江，旁檄列郡，先发操江之兵，声义而西，约会湖、湘，互为犄角；本院亦砥钝策驽，牵蹑其后，以义取暴，以直加曲，不过两月之间，断然一鼓可缚去后。

续据本院爪探人役回报，宁王已下南京，留有逆党内官，驱胁官民人等一万余员名，固守城池，虐焰昌炽，阻绝往来等因。又经节催府县兵快，分布哨道，亲自统领，刻期于七月二十日寅时直抵省城进攻；仍被逆党砌塞城门，分兵固拒；当幸官兵用命，奋勇攻破城门，各贼遂皆奔溃，当即分兵擒搜，及差人分投爪探叛首向往的确，并发官兵前去追袭外，今准前因，合用手本前去，烦为查照施行。

咨两广总督都御史杨停止调集狼兵

案照本院看得前项事情系国家大难，存亡所关，虽调各府兵快，非惟武艺无素，尤恐兵力不敷，即随备咨钦差总督右都御史杨，烦为选取骁勇兵快大约三五千名，就委岭南道兵备金事王大用监统，给与各兵行粮，兼程前来，共勤国难；及行广东布政司，转行各道，并呈镇守抚按等衙门一体查照知会去后。节据知县顾佖等报宁王已下南京，留有逆党内官，驱胁官民人等一万余员名，固守城池，阻绝往来等情。随该本院催督所调兵快，分有哨道，亲自统领，刻期于七月二十日寅时直抵省城进攻；仍被逆党砌塞城门，分兵固拒；当幸官兵用命，奋勇攻破城门，各贼遂皆奔溃，随即分兵搜擒外。今照前项事情，见该钦命京边官军二十余万前来会剿，及本院见统官兵五万余员名，俱在江西省城，即今分遣委员监督前去约会，并势追袭。所据原调广东土汉狼兵人等未审曾否齐集？但今南赣、吉安、南昌等处沿江人民，俱各畏惧狼兵，悉皆惊惶；及又访得狼达土兵，曾受宁王赃物，私许助谋效力；今调各兵，本以为国除害，惟恐返为民害，不无有误大事，拟合停止。为此合行移咨贵院，烦为查照，希将起调兵快停留本省应用施行。

牌行抚州府知府陈槐等收复南康九江 七月二十四日

照得宁王谋反，兴兵向阙，南康、九江见被攻破，分留逆党，据守二府城池，意图西扼湖兵之应援，南遏我师之追蹑。仰赖宗社威灵，克复省城，除遣知府伍文定等分布哨道，邀击宁贼，务在得获外，所据逆党占据府县，应合分兵剿复。为此牌仰知府陈槐等各选精兵，身自统领，星夜前去南康、九江地方，相机行事，务要攻复城池，平靖反侧。仍将地方人民加意赈恤，激以忠义，抚以宽仁，权举有司之职，以理庶事；查处仓库之积，以足军资；一面分兵邀诱宁贼，毋令东下；并差人爪探飞报军门。各官务要同心并力，协和行事，毋得人怀一心，彼此参错，致误事机；兵快人等敢有违犯节制者，仰照本院钦奉敕谕事理，以军法从事。一应事机，呈禀往复，虑有稽缓，俱听一面从宜区画，一面呈报军门。仍备查各官弃城逃走，致贼焚掠屠戮之故，具由申报，以凭参拿究治。

犒赏福建官军

据福建按察司整饬兵备兼管分巡漳南道金事周期雍呈称：依奉本院案验起取上杭等处军兵，共五千余名，分委指挥刘钦、知县邢暄等；及起取漳州府海沧打手三千余名，行委通判李一宁等管领；本道躬亲统督，先后启行前来等因到院。

案照先为飞报地方谋反重情事，看系国家大难，存亡所关，随即备咨南京兵部，及巡抚两广、湖广等衙门，并福建三司等官选取骁勇兵快，选委谋勇官员监统，兼程前来，共勤国难去后。

今据前因，看得逆贼已经成擒，余党悉渐殄灭，除将各该官兵先行发回外，切照福建漳南相距江西省城，约计程途有一千七八百里之遥；该道乃能不满旬月，调集各军兵快八千员名之众，首先各省而至。足见本官勇略多谋，预备有素，忠义之诚，足以感激人心，敏捷之才，足以综理庶务，故一呼而集，兼程赴难。除另行旌奖外，及照调来官兵，冲冒炎暑，远赴国难，忠义既有可嘉，劳苦尤为足悯，合加犒赏，以励将来。为此除将支出官银，差官领赍该道；仰抄案回司，即将原调领兵官员，并军兵乡夫人等酌量犒赏，用见本院奖劳之心，以为将来忠勤之劝。

仍仰该道备查各兵原系操练者，照旧在班操练，以备紧急调用。添募者，省令回还田里，各安生业，务为良善之民，共向太平之福，毋得分外为非，致招身家之累。备行巡按衙门知会。

释放投首牌

据吴国七、林十一等口称："闵念四等落水身死。"今访得闵念四等见在宁州界上，告要投招。前者已曾发有告示，许令胁从新民，俱准投首免死，给照复业生理；近日朝廷降有黄榜，亦准投首免死。今闻各地方居民，不体朝廷及本院好生之意，辄便起兵剿杀，激使不敢出身投首，反使朝廷及本院失信于人，本当绑拿重究，姑且再行诚谕，为此牌仰宁州知州汪宪探访前项一起投首之人，是否闵念四等正身，若果有投首真情，即便带领前赴军门发落，准与杨子桥等一例释放，给与执照，各自复业当差。如或聚众不散，星夜飞报军门，以凭发军剿灭，俱毋违错。

牌仰沿途各府州县卫所驿递巡司衙门慰谕军民

照得先因宁王谋反，请兵征剿。续该本院亲督各哨于七月二十日攻复省城，二十四等日在鄱阳湖连日与贼大战，至二十六日遂将宁王俘执，及其谋党李士实等，贼首林十一等，俱已前后擒获，余党荡平，地方稍靖，已于本月三十日具本奏捷讫。近因传报京军复来，愚民妄相逃窜，往往溺水自缢，本院亲行抚谕，尚未能息。殊不知朝廷出兵，专为诛剿宁贼，救民水火之中，况统兵将帅，皆系素有威望，老臣宿将，纪律严明，远近素所称服，纵使复来，亦必自无扰害。况今宁贼已擒，地方已靖，京军岂有无事远涉之理，愚民无知，转相惊惑，深为可悯。诚恐沿途一带居民，亦多听信传闻不实之言，而北来京军，尚或未知宁王已就擒获，合行差官沿途晓谕军民，及一面迎候北来官兵，烦请就彼回转。除将宁王反逆党与，本院亲自量带官兵，径从水路解赴京师外。仰沿途军卫有司驿递等衙门，照牌事理，即行抄牌备出告示，晓谕远近乡村军民人等，使知宁贼已擒，京军已转，免致为疑，酿成他变。差去官员，仍仰程程护送，同与迎候京军，坚请就彼回转，以免沿途百姓供亿之苦。仍谕以本院押解贼犯，量带官兵，皆自备行粮廪给，沿途经过有司等衙门，止备人夫牵拽船只，及略供柴草，给付各兵烧用；其他一无所扰，不得因此科害里甲军民。差去官员，昼夜前进，毋得在途迟滞。抄牌官吏，各俱依准，候本院经过日缴。

案行江西按察司停止献俘呈

据江西按察司呈："奉钦差提督军务御马监太监张札付内开：'会同钦差提督军务平贼将军充总兵官左都督朱，议得止兵息民，不为无见，但照奔溃党恶，见该各属日报啸聚流劫，亦非已靖；党恶闵念四等，又系职等行文之后，拿获之数，亦或尚多；抚按守臣，当此新乱之余，正宜留心抚绥地方，听候勘明解京，良由不知前因，固执一见，辄要自行获解，私请回师。再照妃媵系宗藩眷属，外官押解，恐有妨碍，设或越分擅为，咎归何人？职等体念民力不堪供给军饷，责令将官将所领官兵分布各府住扎听撑，当职止带合用参随执打旗号等项人员，径趋江西，公同巡抚等官查验巢穴，及遍给告示晓谕，抚安地方；一面具请定示另行，除差委锦衣卫都指挥佥事马骥前来外，札仰本司各该官吏照依札付内事理，即便遵照钧帖内事理，备行巡抚都御史王等将已获贼犯留彼，听候明旨钦遵施行'"等因，备呈到院。

卷查先为飞报地方谋反重情事云云，本职将宁王并其逆党，亲自量带官兵，径赴水路，照依原拟日期启行，解赴京师，已至广信地方，今准前因，为照前项逆党，俱已擒获；其余胁从，遵照钦降黄榜事例，俱已许令投首解散；宗藩眷属，俱系取到各将军府内便管伴监守，保无他嫌。今钦差提督赞画机密军务御用监太监张，及钦差提督军务御马太监张，钦差提督军务平贼将军充领兵官左都督朱，忧国爱民之心，素闻远近，况号令严明，秋毫无犯，今来体勘逆贼巢穴果已破平，百姓贫困颠连，必能大加抚谕安辑，以仰布朝廷怀惠小民之仁。本职纵使复回省城，亦安能少效一筹，不过往返道途，违误奏过程期，有损无益，为此仰抄案回司，着落当该官吏，照依案验内事理，即便备呈前去，烦请径自查照施行。

咨兵部查验文移

照得本职已将宁王宸濠并其党与及宫眷人等，照依原拟具奏日期起程亲自解赴阙下间。随据南康府申，并江西按察司呈，各"奉钦差提督军务御马监太监张札付内开：'访得宸濠已该本职擒获，克复省城等语，未曾亲到江西，又无堪信文移，止是见人传说，遽难凭据；况系宗藩人众，中间恐有拨置同谋，逆党未尽'"等因。及节准钦差提督赞画机密军务御用监太监张揭帖开称："将各犯委的当人员，用心防守，调摄饮食，献俘阙下，会官封记库藏，俱候按临地方区画"等因。又准钦差提督军务充总兵官安边伯朱手本开称："即查节次共擒斩叛贼级若干，内各处原奏报有名若干，无名若干，有名未获漏网并自首及得获马骡器械等项各若干，连获官军卫所职役姓名，备查明白，俱各存留江西省城，听候审验；仍查余党有无奔溃，及曾否殄灭尽绝缘由，通行开报，以凭回报"等因各到职。

为照宸濠并其同谋党与，俱已擒获，余孽亦就诛戮，虽有胁从，数亦不多，皆非得已，随即遵奉钦降黄榜，晓谕俱赴所在官司投首解散，其库藏等项，该本职会同多官，于未准揭帖之先，眼同封贮在官，听候命下定夺。官军兵快，擒斩功次，见该原经奏留两广监察御史谢源、伍希儒查造奏缴。及照宸濠并各重犯宫眷人等，见解广信地方，设若往返，恐致疏虞，及违误本职奏报原拟日期，除照旧督解前赴阙下献俘，以照圣武，及具揭帖各另回覆外。

今照前因，照得本职缪当军旅重寄，地方安危所关，三军死生攸系，一应事机，若非奉有御宝敕旨，及兵部印信咨文，安敢轻易凭信；今前项各官文移，既非祖宗旧章成宪，就便果皆出于上意，亦须贵部行有知会公文，万一奸人假托各官名目，乘间作弊，致有不测变乱，本职虽死，亦何所及？除奉钦差总督军务威武大将军总兵官后军都督府太师镇国公朱钧帖，曾奉朝旨，相应遵奉，其余悉遵旧章施行外。缘前项各官文移，未委虚的，俱合备行咨报贵部，为此备抄揭帖，黏连咨请查验施行。

案行浙江按察司交割逆犯暂留养病 十月初九日

照得当职先因患病，具本乞休间，奉敕扶病前往福建公干。六月十五日行至江西丰城地方，适遇宁王兴兵作乱，看系君父大难，义不忍去，复回吉安府督同知府伍文定等起调兵夫，招集义勇，扶病亲行统领，于七月二十日攻复省城，本月二十四、五、六等日于鄱阳湖连日大战，擒获宁王宸濠及逆党李士实、刘养正、王春等，贼首吴十三、凌十一、闵念四、吴国七、闵念八等，先后具本奏报外，随闻大驾南征，礼当解赴军门。又因宸濠连日不食，虑恐物故，无以献俘奏凯，彰朝廷讨贼之义，兼之合省内外，人情汹汹，或生他变，当具本题知，于九月十一日启行，将宸濠及逆党宫眷解赴军门。当职力疾，沿途医药，亲自押解，行至广信地方，又奉钦差总督军务钧帖："备仰照依制谕内事理，即便转行所属司、府、卫、所、州、县、驿、递等衙门钦遵施行"等因，遵依通行间。续准钦差提督军务御马太监张照会，及准钦差总督军务充总兵官安边伯朱手本，各遣官邀回本职，并将所解宸濠等逆犯回省听候会审。

　　本职看得，既奉总督军门钧帖，自合解赴面受节制，若复退还省城，坐待驾临，恐涉迟缓，且误奏过程期。又复扶病日夜前进，行至浙江杭州府地方，前病愈加沉重，不能支持，请医调治间，适遇钦差提督赞画机密军务御用监太监张奉命前来江西体勘宸濠等反逆事情，及查理库藏、宫眷等事，当准钧帖开称："宸濠等待亲临地方，覆审明白，具奉军门定夺"等因。

　　为照本职先因父老祖丧，累疏乞休，未蒙俞允，随扶病赴闽，意图了事，即从彼地冒罪逃归，旬日之前，亦已具奏，不意行至中途，遭值宁王反叛，此系国家大变，臣子之义，不容舍之而去；又阖省巡抚地方等官无一人见在，天下事机，间不容发，故复忍死暂留，为牵制攻讨之图，候命师既至，地方稍靖，即从初心，死无所避。臣区区报国血诚，上通于天，不辞灭宗之祸，不避形迹之嫌，冒非其任，以勤国难，亦望朝廷鉴臣此心，不以法例绳缚，使得少申乌鸟之私等情具奏外。今照前事，本职自度病势日重，猝未易愈，前进既有不能，退回愈有不可，若再迟延，必成两误。除本职暂留当地，请医调治，俟稍痊可，一面仍回省城，或仍前进，沿途迎驾，一面具本乞恩养病另行外。所据原解逆犯，合就查明交割，带回省城，听候驾临审处通行。为此仰抄案回司，着落官吏备呈钦差提督军务赞画机密军务御用监太监张，烦请会同监军御史，公同当省都、布、按三司等官，将见解逆首宸濠及逆党刘吉等各犯，并宫眷马匹等项，逐一交查明白，仍请径自另委相应官员兵快人等管押，带回省城，从宜审处施行。仍备呈兵部查照知会，抄案依准，并行过日期，先行呈来。

告谕军民 十二月十五日

　　告谕军民人等，尔等困苦已极，本院才短知穷，坐视而不能救，徒含羞负

125

愧，言之实切痛心。今京边官军，驱驰道路，万里远来，皆无非为朝廷之事，抛父母，弃妻子，被风霜，冒寒暑，颠顿道路，经年不得一顾其家，其为疾苦，殆有不忍言者，岂其心之乐居于此哉。况南方卑湿之地，尤非北人所宜，今春气渐动，瘴疫将兴，久客思归，情怀益有不堪。尔等居民，念自己不得安宁之苦，即须念诸官军久离乡土，抛弃家室之苦，务敦主客之情，勿怀怨恨之意，亮事宁之后，凡遭兵困之民，朝廷必有优恤。今军马塞城，有司供应，日不暇给；一应争斗等项词讼，俱宜含忍止息；勿辄告扰，各安受尔命，宁奈尔心。本院心有余而力不足，聊布此苦切之情于尔百姓，其各体悉无怨。

钦奉诏书宽宥胁从

节该伏睹诏书："朕亲统六师，正名讨罪，除首恶宸濠，并同谋有名逆贼不赦外，其余胁从之徒，尽行宽宥释放，钦此。"钦遵。

照得先因宁府作乱，该本院出给告示，官兵临城之日，惟首恶是问，宗支郡王仪宾人等，各闭门自保，商贾买卖如故，军民弃甲投戈，各归生理，毋得惊疑；其有怀奸稔恶不悛者，必杀无赦，胁从人等，但能赴官投首，即与释放免罪等情，已经发仰远近张挂晓谕外。后宸濠既擒，被胁之徒，前后赴官投首，不下千余，皆经查审释放。其间尚有欲赴首官司，多被地方拦阻；本院随又督解逆犯出外，以是一向迟疑，未即出投。续该钦差提督军务各衙门临省，前项被胁之人，始各赴官投首，就与本院事体一同，即是去恶从善之民。近访得有等无籍之徒，用言扇惑，乘机诈害，致使惊疑，未安生理。除访拿究问外，仰按察司抄捧回司，即便大书出给告示，发仰人烟辏集去处，常川张挂晓谕，自破城以后，但有被胁旗校军民人等，改恶迁善，已经赴官投首，验有执照者，皆系良善，俱仰遵照前项诏书内事理，尽行宽宥释放，各安生理，毋得信人恐吓，自生猜疑。地方里邻总甲人等敢有怀挟私雠，罗织扰害，诳言扇惑，诈骗财物者，仰即赴院告理，以凭拿问发遣。仍取各首到官姓名，并给过告示晓谕缘由呈报。

批追征钱粮呈

据江西布政司呈，看得江西一省，重遭大患，民困已极，屡经奏免粮税，日久未奉明旨；近因南科奏停，随复部使催督，一以为蠲免，一以为追征，非惟下民无所遵守，亦且官府难于施行。今该司议谓兑淮起运，系京储额数；而王府禄米，亦岁月难缺；要行所属，先纳兑淮，次及京库折银，次及南京仓

126

米，次及王府禄米，其余俱候明降等因。此亦深睹民患，欲济不能，委曲调停，计出无奈，仰司即如所议，备行各该府州县查照施行。后有恩旨，当亦止免十五年以后钱粮，其十四年以前拖欠，必须带征，终有不免，莫若速了为便，各府州县宜以此意备晓下民，姑忍割肉之痛，以救燃眉之急。

呜呼！目击贫民之疾苦而不能救，坐视征求之患迫而不能止，徒切痛楚之怀，曾无拯援之术，伤心惨目，汗背赧颜，此皆本院之罪，其亦将谁归咎！各府州县官务体此意，虽在催科，恒存抚字，仍备出告示，使各知悉。此缴。

再批追征钱粮呈

据江西布政司呈，看得本省十四年以前，一应钱粮，已经给事等官奉奏明旨："果系小民拖欠，俱准暂且停征，还着各该官司设法赈济，毋视虚文。"此朝廷之深仁厚德，悯念穷民，诚爱恻怛之所发，小民莫不欢欣鼓舞，臣子所当遵守奉行。乃今停征之令甫下，而催并之檄复行，赈济之仁未布，而棰挞之苦已加，法令如此，有司何以奉行，下民何所取信？夫为人臣者，上有益于国，下有益于民，虽死亦甘为之。今日所行，上使朝廷失信于民，下使百姓归怨于上，重贫民之困，益地方之灾，纵使钱粮果可立办，忍心害理，亦不能为；况旬月之间，而欲追并了绝，便使神输鬼运，亦于事势不能，徒使敛怨殃民，何益于事。除本院身为巡抚，不能为国为民，自行住俸待罪外。仰布政司行各该府县官，以理劝化小民，且谕以今日之举，非关朝廷失信，实由京储缺乏，司国计者势不得已，兴起其忠君亲上之心，勉令渐次刻期完纳，果克济事，两月之后，亦未为迟。其各该官员，本非其罪，不必住俸，革去冠带；行令照旧尽心职业，勿因事变之难，有灰爱民之志。后有违慢之戮，本院自当其罪。仍呈提督漕运行督粮官及巡按衙门知会。此缴。

批南昌府追征钱粮呈

据南昌府所申凋弊征求之苦，本院缪当斯任，实切忧惭！部堂诸公，非无恤民之念，但身司国计，不得不以空乏为虞；在外有司，非无国计之忧，但目击民瘼，不能不以抚恤为重。若使平民尚堪朘削，一时忍痛并征，以输国用，岂非臣子之心；但恐徒尔虐民，无济国事，非徒无济，兼恐生虞，斟酌调停，事在善处。仰布政司会同二司各官将该府所申事理，即加酌议：或先征新粮，将旧粮减半带征；或尽其力量可及，分作几限，令民依期逐渐办纳；但可通融调摄，皆须悉心议处，务使穷民不致重伤，而国用终亦无损。一面备行各该府县查照施行，一面具由呈来，以凭咨奏。此缴。

褒崇陆氏子孙 正德十五年正月

据抚州府金谿县三十六都儒籍陆时庆告，看得宋儒陆象山先生兄弟，得孔孟之正传，为吾道之宗派，学术久晦，致使湮而未显，庙堂尚缺配享之典，子孙未沾褒崇之泽，仰该县官吏陆氏嫡派子孙差役，查照各处圣贤子孙事例，俱与优免。其间有聪明俊秀堪以入学者，具名送提学官处选送学肄业。务加崇重之义，以扶正学之衰，俱依准缴。

告谕安义等县渔户

告谕安义县等渔户，及远近军民人等，地方不幸，近遭大变，加以师旅征输，人民困苦已极，府官思欲休养赈恤而无由。近闻渔户人等曾被宁王驱胁者，虑恐官府追论旧恶，心不自安，往往废弃生业，询其所以，皆由雠家煽动，意在激使为恶，因而陷之死地，以快其愤；不知朝廷已屡有榜文，凡被宁贼驱胁者，一概释而不问；况访得安义等处渔户，各系诗礼大家，素敦良善，虽或间有染于非僻，及为王府所胁诱者，然乡里远近，自有公论，善恶终不可混。

近据通判林宽禀称："各户痛惩既往，已将渔船拆卸，似此诚心改行，亦复何所忧惧。"为此特仰南康府通判林宽，将本院告谕，真写翻刊，亲赍各户，逐一颁谕，务使舍旧图新，各安生理，不得轻信人言，妄有疑猜，自求罪累；其素敦诗礼良善者，愈加劝勉，务益兴行礼让，讲信修睦，以为改恶从善者之倡。族党之中，果有长恶不悛，不听劝谕者，众共拘执送官，明正典刑，以安善类，毋容莨莠，致害嘉禾。若旧虽为显恶，今能诚心改化者，亦不得怀记旧雠，搜求罗织，激使为非，事发究竟，责有所归。

呜呼！吾民同胞，不幸陷于罪戮，恻然尚不忍见，岂有追寻旧恶，必欲置之死地之理。本院旧在南赣，曾行十家牌式，军民颇安，盗贼颇息。除各该地方行分巡分守官编置外。前项渔户人等，就仰通判林宽照式逐一编置，务在着实举行，以收成效，特兹告谕，各宜知悉。

批按察使伍文定患病呈

据江西按察使呈，看得按察使伍文定茂著戎功，新膺宪命，当其众难交攻，尚以一身独任，偶兹微恙，岂妨供职；谅本官自切百姓疮痍之忧，当遑一身痛痒之顾。仰该司即行本官照旧管事，果有疾患，一面调理，毋得再呈辞，致旷职业。缴。

批临江府耆民建立生祠呈

据临江府清江县耆民董惟谦等呈立知府戴德孺生祠，看得知府戴德孺素坚清白之守，久著循良之政，今其去任，而郡民建祠报德，此亦可见天理之在人心，自不容已。仰该府县官俯顺民情，量行拨人看守，非徒激励后人，俾有所兴；且以成就民德，使归于厚。缴。

批吉安府救荒申

据吉安府申，备庐陵县申，看得所申要将陈腐仓谷，赈给贫民。此本有司之事，当兹灾患，正宜举行。但诚于爱民者，不徒虚文之举，忠于谋国者，必有深长之思，故目前之灾，虽所宜恤，而日后之患，尤所当防，以今事势而观后患，决有难测。近据崇仁县知县祝鳌申，要将预备仓谷，凶荒之时则倍数借给，以济贫民；收成之日则减半还官，以实储蓄；颇有官民两便，已经本院批准照议施行。看得各县事体，不甚相远，此议或可通行，仰布政司再加裁酌议处施行。各属遇灾地方，凡积有稻谷者，俱查照此议而行。仍仰各该掌印官务要身亲给散，使贫民得实惠之沾，官府无虚出之弊乃可。其一应科派物料等项，当兹兵乱之余，加以水灾，民不聊生，岂堪追并，仰布政司酌量缓急，分别重轻，略定征收先后之次，备行各属，以渐而行，庶几用一缓二之意，少免医疮剜肉之苦，通仰该司定议施行回报。

批抚州府同知汪嵩乞休呈

据抚州府同知汪嵩呈，看得同知汪嵩久存恬退，遇难复留，以尽报国之忠，仍坚归田之请，出处得宜，诚可嘉尚。但本官政素获民，年未甚老，已经勉留照旧供职，而本官称疾愈笃，求退益恳，仰府再行查看，如果病势难留，准令就彼致仕，该府以礼起送还乡，仍备行原籍官司，岁时以礼优待，务奖恬退，以励鄙薄。此缴。

批提学佥事邵锐乞休呈

据江西按察司呈，看得提学佥事邵锐求归诚切，坚守《考槃》之操；而按察使伍文定挽留恳至，曲尽《缁衣》之情；是亦人各有志，可谓两尽其美。然

129

求归者虽亦明哲保身，使皆洁身而去，则君臣之义或几乎息；挽留者虽以为国惜贤，使皆觍颜在位，则高尚之风亦日以微；况本院自欲求退而未能，安可沮人之求退。仰该司备行本官，再加酌量，于去就之间，务求尽合于天理之至，必欲全身远害，则挂冠东门，亦遂听行所志。若犹眷顾宗国，未忍割情独往，且可见危受命，同舟共艰，稍须弘济，却遂初心，则临难之义，既无苟免于抢攘之日；而恬退之节，自可求伸于事定之余；兴言及此，中心怆切！

礼取副提举舒芬牌

照得当职奉命提督军务，兼理巡抚，深虑才微责重，无以仰称任使；合求贤能，以资赞翼。访得福建市舶提举司副提举舒芬志行高古，学问深醇，直道不能趋时，长才足以济用，合就延引，以匡不及。为此牌仰福建布政司官吏，即行泉州府措办羊酒礼币，赍送本官，用见本院优礼之意。仍照例起关应付，前赴军门，以凭谘访。本官职任，就委别官暂替。

南赣乡约

咨尔民，昔人有言："蓬生麻中，不扶而直；白沙在泥，不染而黑。"民俗之善恶，岂不由于积习使然哉！往者新民盖常弃其宗族，畔其乡里，四出而为暴，岂独其性之异，其人之罪哉？亦由我有司治之无道，教之无方。尔父老子弟所以训诲戒饬于家庭者不早，薰陶渐染于里闾者无素，诱掖奖劝之不行，连属叶和之无具，又或愤怨相激，狡伪相残，故遂使之靡然日流于恶，则我有司与尔父老子弟皆宜分受其责。呜呼！往者不可及，来者犹可追。故今特为乡约，以协和尔民，自今凡尔同约之民，皆宜孝尔父母，敬尔兄长，教训尔子孙，和顺尔乡里，死丧相助，患难相恤，善相劝勉，恶相告戒，息讼罢争，讲信修睦，务为良善之民，共成仁厚之俗。呜呼！人虽至愚，责人则明；虽有聪明，责己则昏。尔等父老子弟毋念新民之旧恶而不与其善，彼一念而善，即善人矣；毋自恃为良民而不修其身，尔一念而恶，即恶人矣；人之善恶，由于一念之间，尔等慎思吾言，毋忽！

一，同约中推年高有德为众所敬服者一人为约长，二人为约副，又推公直果断者四人为约正，通达明察者四人为约史，精健廉干者四人为知约，礼仪习熟者二人为约赞。置文簿三扇：其一扇备写同约姓名，及日逐出入所为，知约司之；其二扇一书彰善，一书纠过，约长司之。

一，同约之人每一会，人出银三分，送知约，具饮食，毋大奢，取免饥渴

130

而已。

一，会期以月之望，若有疾病事故不及赴者，许先期遣人告知约；无故不赴者，以过恶书，仍罚银一两公用。

一，立约所于道里均平之处，择寺观宽大者为之。

一，彰善者，其辞显而决，纠过者，其辞隐而婉；亦忠厚之道也。如有人不弟，毋直曰不弟，但云闻某于事兄敬长之礼，颇有未尽；某未敢以为信，姑案之以俟；凡纠过恶皆例此。若有难改之恶，且勿纠，使无所容，或激而遂肆其恶矣。约长副等，须先期阴与之言，使当自首，众共诱掖奖劝之，以兴其善念，姑使书之，使其可改；若不能改，然后纠而书之；又不能改，然后白之官；又不能改，同约之人执送之官，明正其罪；势不能执，戮力协谋官府请兵灭之。

一，通约之人，凡有危疑难处之事，皆须约长会同约之人与之裁处区画，必当于理济于事而后已；不得坐视推托，陷人于恶，罪坐约长约正诸人。

一，寄庄人户，多于纳粮当差之时躲回原籍，往往负累同甲；今后约长等劝令及期完纳应承，如蹈前弊，告官惩治，削去寄庄。

一，本地大户，异境客商，放债收息，合依常例，毋得磊算；或有贫难不能偿者，亦宜以理量宽；有等不仁之徒，辄便捉锁磊取，挟写田地，致令穷民无告，去而为之盗。今后有此告，诸约长等与之明白，偿不及数者，劝令宽舍；取已过数者，力与追还；如或恃强不听，率同约之人鸣之官司。

一，亲族乡邻，往往有因小忿投贼复雠，残害良善，酿成大患；今后一应斗殴不平之事，鸣之约长等公论是非；或约长闻之，即与晓谕解释；敢有仍前妄为者，率诸同约呈官诛殄。

一，军民人等若有阳为良善，阴通贼情，贩买牛马，走传消息，归利一己，殃及万民者，约长等率同约诸人指实劝戒，不悛，呈官究治。

一，吏书、义民、总甲、里老、百长、弓兵、机快人等若揽差下乡，索求赍发者，约长率同呈官追究。

一，各寨居民，昔被新民之害，诚不忍言；但今既许其自新，所占田产，已令退还，毋得再怀前雠，致扰地方，约长等常宜晓谕，令各守本分，有不听者，呈官治罪。

一，投招新民，因尔一念之善，贷尔之罪；当痛自克责，改过自新，勤耕勤织，平买平卖，思同良民，无以前日名目，甘心下流，自取灭绝；约长等各宜时时提撕晓谕，如蹈前非者，呈官惩治。

一，男女长成，各宜及时嫁娶；往往女家责聘礼不充，男家责嫁妆不丰，遂致愆期；约长等其各省谕诸人，自今其称家之有无，随时婚嫁。

一，父母丧葬，衣衾棺椁，但尽诚孝，称家有无而行；此外或大作佛事，或盛设宴乐，倾家费财，俱于死者无益；约长等其各省谕约内之人，一遵礼制；有仍蹈前非者，即与纠恶簿内书以不孝。

一，当会前一日，知约预于约所洒扫张具于堂，设告谕牌及香案南向。当会日，同约毕至，约赞鸣鼓三，众皆诣香案前序立，北面跪听约正读告谕毕；约长合众扬言曰："自今以后，凡我同约之人，祇奉戒谕，齐心合德，同归于善；若有二三其心，阳善阴恶者，神明诛殛。"众皆曰："若有二三其心，阳善阴恶者，神明诛殛。"皆再拜，兴，以次出会所，分东西立，约正读乡约毕，大声曰："凡我同盟，务遵乡约。"众皆曰："是。"乃东西交拜，兴，各以次就位，少者各酌酒于长者三行，知约起，设彰善位于堂上，南向置笔砚，陈彰善簿；约赞鸣鼓三，众皆起，约赞唱："请举善！"众曰："是在约史。"约史出就彰善位，扬言曰："某有某善，某能改某过，请书之，以为同约劝。"约正遍质于众曰："如何？"众曰："约史举甚当！"约正乃揖善者进彰善位，东西立，约史复谓众曰："某所举止是，请各举所知！"众有所知即举，无则曰："约史所举是矣！"约长副正皆出就彰善位，约史书簿毕，约长举杯扬言曰："某能为某善，某能改某过，是能修其身也；某能使某族人为某善，改某过，是能齐其家也；使人人若此，风俗焉有不厚？凡我同约，当取以为法！"遂属于其善者；善者亦酌酒酬约长曰："此岂足为善，乃劳长者过奖，某诚惶怍，敢不益加砥砺，期无负长者之教。"皆饮毕，再拜会约长，约长答拜，兴，各就位，知约撤彰善之席。酒复三行，知约起，设纠过位于阶下，北向置笔砚，陈纠过簿；约赞鸣鼓三，众皆起，约赞唱："请纠过！"众曰："是在约史。"约史就纠过位，扬言曰："闻某有某过，未敢以为然，姑书之，以俟后图，如何？"约正遍质于众曰："如何？"众皆曰："约史必有见。"约正乃揖过者出就纠过位，北向立，约史复遍谓众曰："某所闻止是，请各言所闻！"众有闻即言，无则曰："约史所闻是矣！"于是约长副正皆出纠过位，东西立，约史书簿毕，约长谓过者曰："虽然姑无行罚，惟速改！"过者跪请曰："某敢不服罪！"自起酌酒跪而饮："敢不速改，重为长者忧！"约正副史皆曰："某等不能早劝谕，使子陷于此，亦安得无罪！"皆酌自罚。过者复跪而请曰："某既知罪，长者又自以为罚，某敢不即就戮，若许其得以自改，则请长者无饮，某之幸也！"趋后酌酒自罚。约正副咸曰："子

132

能勇于受责如此，是能迁于善也，某等亦可免于罪矣！"乃释爵。过者再拜，约长揖之，兴，各就位，知约撤纠过席，酒复二行，遂饭。饭毕，约赞起，鸣鼓三，唱："申戒！"众起，约正中堂立，扬言曰："呜呼！凡我同约之人，明听申戒，人孰无善，亦孰无恶；为善虽人不知，积之既久，自然善积而不可掩；为恶若不知改，积之既久，必至恶积而不可赦。今有善而为人所彰，固可喜；苟遂以为善而自恃，将日入于恶矣！有恶而为人所纠，固可愧；苟能悔其恶而自改，将日进于善矣！然则今日之善者，未可自恃以为善；而今日之恶者，亦岂遂终于恶哉？凡我同约之人，盍共勉之！"众重曰："敢不勉。"乃出席，以次东西序立，交拜，兴，遂退。

旌奖节妇牌

访得吉水县民人陈文继妻黄氏，庐陵县生员胡衮妻曾氏，俱各少年守制，节操坚厉，远近传扬，士夫称叹，当兹风俗颓靡之时，合行旌奖，以励浇薄。为此仰府官吏即行吉水、庐陵二县掌印官，支给无碍官钱，买办礼仪，前去各家，盛集乡邻老幼之人，宣扬本妇志节之美，务使姻族知所崇重，里巷知所表式，用奖贞节，以激偷鄙。仍备述各妇节操志行始末，及将奖励过缘由，同依准随牌缴报，以凭施行。

兴举社学牌

看得赣州社学乡馆，教读贤否，尚多淆杂；是以诗礼之教，久已施行；而淳厚之俗，未见兴起。为此牌仰岭北道督同府县官吏，即将各馆教读，通行访择；务学术明正，行止端方者，乃与兹选；官府仍籍记姓名，量行支给薪米，以资勤苦；优其礼待，以示崇劝。以各童生之家，亦各通行戒饬，务在隆师重道，教训子弟，毋得因仍旧染，习为偷薄，自取愆咎。

颁定里甲杂办

据龙南县申称："先年里甲使用，俱系丁粮分派，照日应当，以致多寡不均；要将正德十六年里甲通行查审，除逃绝人丁外，将一年使用，春秋祭祀，军需岁报，使客夫马等项，俱于丁粮议处，每石出银若干，陆续称收贮库；推举老人，公同里长，使用注簿，傥有余剩，照多寡给还"等因到院。簿查，先该赣州府知府盛茂，同知夏克义议过赣县里长额办杂办，已经批仰岭北道再加酌议。

续据副使王度呈称："查算本县额办使用，该银三千七百三十一两七分二厘四毫九丝；原辖里长一百一十里内除十里逃绝，止有一百里；十六年分每粮一石算一分，人丁二丁算一分，一年丁粮共该一千一百二十六分半，每分该出银三两三钱一分二厘一毫一丝一忽；合行该县印钤收银文簿一扇，将各都该办银两，分为二次查追贮库；又置文簿二扇，一写本县支出数目，一发支用人役注附；每月选有行止老人二名，公同直日里长，赴县支领；每月备具用过揭帖三本，一送都察院，一分巡道，一本府，各不时稽察，年终羡余，并听上司查处，以补无名征需，府县不得擅支。仍将各里该纳分数，刷印告谕，遍张乡村晓谕；如有官吏额外科派，及收银人役多取火耗秤头，并里甲恃顽不办，许各呈告，以凭拿问，呈乞照详。又经批仰照议即行该县，永永查照，仍备刻告示，遍行晓谕；及多行刷印，颁给各里收照，以防后奸。"

今申前因，看与本院新定则例相同，及照宁都等九县，及南安所属大庾等县事体民情，当不相远，合就通行查编。为此仰抄案回道，即便速行各县，俱查本院近定规则，各照丁粮多寡，派编银两，追收贮库，选委行止端实老人，公同该日里长支用，置簿稽察，刊榜晓谕，禁约事宜，悉照原议施行。敢有违犯者，就便拿问呈详。通取各县派定过缘由，类报查考。

批江西布政司设县呈

据江西布政司呈将新淦县知县田邦杰建言设县缘由。看得近来各处设县，皆因穷山绝谷，盗贼盘据，人迹罕通，声教不及，不得已而为权宜之计；若腹里平衍，四通五达之区，止宜减并，不贵增添。盖增一县，即增一县之事，官吏供给，学校仓库，囹狱差徭，一应烦费，未易悉举；且又有彼此推避之奸，互相牵制之患，计其为利，不偿所害。古人谓省吏不如省官，省官不如省事，凡今作事，贵在谋始。仰布政司再行会同二司各官从长计议，设县之外，果无别策，可以致理，具议呈夺。缴。

议处官吏廪俸

照得近来所属各州、县、卫、所、仓、场等衙门，大小官吏以赃问革者相望，而冒犯接踵，究询其由，皆云家口众多，日给不足；俸资所限，本以凉薄，而近例减削，又复日甚；加有上下接应之费，出入供送之繁，穷窘困迫，计出无聊。中间亦有甘贫食苦刻励自守者，往往狼狈蓝缕，至于任满职革，债负缠结，不得去归其乡。夫贪墨不才，法律诚所难贷，而其情亦可矜悯！夫忠信重禄，所以劝士，在昔任人，既富方谷，庶民在官，禄足代耕，此古今之通义也。朝廷赋禄百司，厚薄既有等级，要皆使各裕其资养，免其内顾，然后可望以尽心职业，责以廉耻节义。今定制所限，既不可得而擅增，至于例所应得，又从而裁削之，使之仰事俯育，且不能遂；是陷之于必贪之地，而责之以必廉之守，中人之资，将有不能，而况其下者之众乎？所据前项事理，非独人情有所未堪，其于政体，亦有所损，合行会议查处，参酌事理轻重，及查在外官员，自二品至九品，并杂职吏胥等俸米，除本色外，其折色原例，每石作银若干，于何年月裁减，作银若干，应否复旧，或量行加增，务要议处停当，呈来定夺施行。

咨六部伸理冀元亨

照得湖广常德府武陵县举人冀元亨，忠信之行，孚于远迩；孝友之德，化于乡间。本职往年谪官贵州，本生曾从讲学。近来南赣，延之教子，时因宁藩宸濠潜谋不轨，虐焰日张，本职封疆连属，欲为曲突徙薪之举，则既无其由；将为发奸摘伏之图，则又无其实。偶值宸濠饰诈要名，礼贤求学，本职因使本生乘机往见宸濠，冀得因事纳规，开陈大义，沮其邪谋；如其不可劝喻，亦因得以审察动静，知其叛逆迟速之机，庶可密为御备。本生既与相见，议论大相矛盾，宸濠以本职所遣，一时虽亦含忍遣发，而毒怒不已，阴使恶党，四出访缉，欲加陷害；本生素性愿悫，初不之知，而本职风闻其说，当遣密从间道潜回常德，以避其祸。后宸濠既败，痛恨本职起兵攻剿，虽反噬之心无所不至；而天理公道所在，无因得遂其奸；乃以本生系本职素所爱厚之人，辄肆诋诬，谓与同谋，将以泄其雠愤。且本生既与同谋，则宸濠举叛之日，本生何故不与共事，却乃反回常德，聚众讲学？宸濠素所同谋之人如李士实、刘养正、王春之流，宸濠曾不一及，而独口称本生与之造始，此其挟雠妄指，盖有不待辩说行道之人皆能知者。但当事之人，不加详察，辄尔听信，遂陷本生一至于此。

本生笃事师之义，怀报国之忠，蹈不测之虎口，将以转化凶恶，潜消奸宄，论心原迹，尤当显蒙赏录；乃今身陷俘囚，妻子奴虏，家业荡尽，宗族遭殃。信奸人之口，为叛贼泄愤报雠，此本职之所为痛心刻骨，日夜冤愤不能自已者也。本职义当与之同死，几欲为之具奏伸理，而本生虽在拘囚，传闻不一，或以为既释，或以为候旨；兼虑当事之人，或不见谅，反致激成其罪，故复隐忍到今。又恐多事纷纭之日，万一玉石不分，竟使忠邪倒置，徒以沮义士之志，而快叛贼之心，则本职后虽继之以死，将亦无以赎其痛恨！为此合行具

135

咨贵部，烦请咨询鉴察，特赐扶持分辨施行。

奖励主簿于旺

看得近来所属下僚，鲜能持廉守法；访得兴国县主簿于旺，独能操持清白，处事详审，近委管理抽分，纤毫无玷，奸弊铲革，抚属小官之内，诚不多见，相应奖励，以劝其余。为此牌仰官吏即便支给商税银两，买办花红、彩段、羊酒各一事；并将本院发去官马一匹，带鞍一付，备用鼓乐，差官以礼送付本官，用见本院奖励之意。

申谕十家牌法

本院所行十家牌谕，近来访得各处官吏类多视为虚文，不肯着实奉行查考，据法即当究治，尚恐未悉本院立法之意，故今特述所以，再行申谕：

凡置十家牌，须先将各家门面小牌挨审的实，如人丁若干，必查某丁为某官吏，或生员，或当某差役，习某技艺，作某生理，或过某房出赘，或有某残疾，及户籍田粮等项，俱要逐一查审的实。十家编排既定，照式造册一本留县，以备查考；及遇勾摄及差调等项，按册处分，更无躲闪脱漏，一县之事，如视诸掌。每十家各令挨报甲内平日习为偷窃，及唆嗦教唆等项不良之人；同具不致隐漏重甘结状，官府为置舍旧图新簿，记其姓名；姑勿追论旧恶，令其自今改行迁善；果能改化者，为除其名；境内或有盗窃，即令此辈自相挨缉；若系甲内漏报，仍并治同甲之罪。又每日各家照依牌式，轮流沿门晓谕觉察；如此即奸伪无所容，而盗贼亦可息矣。十家之内，但有争讼等事，同甲即时劝解和释，如有不听劝解，恃强凌弱，及诬告他人者，同甲相率禀官，官府当时量加责治省发，不必收监淹滞；凡遇问理词状，但涉诬告者，仍要查究同甲不行劝禀之罪。又每日各家照牌互相劝谕，务令讲信修睦，息论罢争，日渐开导，如此则小民益知争斗之非，而词讼亦可简矣。

凡十家牌式，其法甚约，其治甚广。有司果能着实举行，不但盗贼可息，词讼可简，因是而修之，补其偏而救其弊，则赋役可均；因是而修之，连其伍而制其什，则外侮可御；因是而修之，警其薄而劝其厚，则风俗可淳；因是而修之，道以德而训以学，则礼乐可兴。凡有司之有高才远识者，亦不必更立法制，其于民情土俗，或有未备；但循此而润色修举之，则一邑之治真可以不劳而致。今特略述所以立法之意，再行申告；言之所不能尽者，其各为我精思熟究而力行之；毋徒纸上空言搪塞，竟成挂壁之虚文，则庶乎其可矣！

申谕十家牌法增立保长

先该本院通行抚属，编置十家牌式，为照各甲不立牌头者，所以防胁制侵扰之弊；然在乡村，遇有盗贼之警，不可以无统纪，合立保长督领，庶众志齐一。为此仰抄案回司，即行各道守巡兵备等官，备行所属各府州县，于各乡村推选才行为众信服者一人为保长，专一防御盗贼。平时各甲词讼，悉照牌谕，不许保长干与，因而武断乡曲；但遇盗警，即仰保长统率各甲设谋截捕。其城郭坊巷乡村，各于要地置鼓一面，若乡村相去稍远者，仍起高楼，置鼓其上，遇警即登楼击鼓；一巷击鼓，各巷应之，一村击鼓，各村应之，但闻鼓声，各甲各执器械齐出应援，俱听保长调度，或设伏把隘，或并力夹击；但有后期不出者，保长公同各甲举告官司，重加罚治。若乡村各家皆置鼓一面，一家有警击鼓，各家应之，尤为快便。此则各随财力为之，不在牌例之内，俱仰督令各县即行推选增置，仍告谕远近，使各知悉。各府仍要不时稽察，务臻实效，毋得虚文搪塞，查访得出，定行究治不贷。

颁行社学教条

先该本院据岭北道选送教读刘伯颂等，颇已得人；但多系客寓，日给为难，今欲望以开导训诲，亦须量资勤苦，已经案仰该道通加礼貌优待，给薪米纸笔之资。各官仍要不时劝励敦勉，令各教读务遵本院原定教条尽心训导，视童蒙如己子，以启迪为家事，不但训饬其子弟，亦复化喻其父兄；不但勤劳于诗礼章句之间，尤在致力于德行心术之本；务使礼让日新，风俗日美，庶不负有司作兴之意，与士民趋向之心，而凡教授于兹土者，亦永有光矣。仍行该县备写案验事理，揭置各学，永远遵照去后。今照前项教条，因本院出巡忙迫，失于颁给，合就查发，为此牌仰本道府即将发去教条，每学教读给与二张，揭置座右，每日务要遵照训诲诸生。该道该府官员亦要不时亲临激励稽考，毋得苟应文具，遂令日就废弛。

清理永新田粮

据参议周文光呈，看得江西田粮之弊，极于永新，相传已非一日；今欲清理丈量，实亦救时切务，但恐奉行不至，未免反滋弊端，依议定委通判谈储，推官陈相，指挥高睿，会同该县知县翁玑设法丈量。该道仍要再加区画，曲尽物情，务仰各官秉公任事，正己格物，殚知竭虑，削弊除奸，必能一劳永逸，方可发谋举事。如其虚文塞责，则莫若熟思审处，以俟能者。事完之日，悉照该道会议造册，永永遵守施行。缴。

批宁都县祠祀知县王天与申

据宁都县申，看得知县王天与旧随本院征剿横水、桶冈诸贼，屡立战功；后随本院讨平宁藩，竟死勤事；况其平日居官，政务修举，威爱兼行。仰该县即从士民之请，建祠报祀，用绅士夫之公论，以慰小民之遗思。

晓谕安仁余干顽民牌 正德十五年二月

照得安仁、余干各有梗化顽民数千余家，近住东乡，逃避山泽，沮逆王化，已将数年，即其罪恶，俱合诛夷无赦；但本院抚临未及，况查本院新行十家牌谕，各官因各民顽梗，尚未编查，若遽行擒剿，似亦不教而杀。为此牌仰抚州府同知陆俸，督同东乡县知县黄堂，及安仁县知县汪济民，余干县知县马津亲诣各民村都，沿门挨编，推选父老弟子知礼法者晓谕教饬，令各革心向化，自求生路，限在一月之内，仇者释其怨，愤者平其心，逋者归其负，罪者伏其辜，具由呈来，仍旧待以良善。若过限不改，不必再加隐忍姑息，徒益长奸纵恶，即便密切指实申来，以凭别有区处施行。

告谕顽民 十二月十五日

告谕安仁、余干、东乡等县父老子弟，自本院始至江西，即闻三县间有顽梗背化之民数千家，其时本院方事剿平闽、广、湖、郴诸蛮寇，且所治止于南赣，政教有所未及。自去岁征讨逆藩，朝廷复有兼抚是方之命，随因圣驾南巡，奔走道路，故亦未遑经理。今复还省城，备询三司府县各官，及远近士夫军民，皆谓尔民梗化日久，积恶深重，已在必诛无赦；夫朝廷威令，雷厉风行于九夷八蛮之外，而中土郡县之民，乃敢悖抗若此，不有诛灭，以示惩戒，亦将何以为国？欲即发兵剿捕，顾其间尚多良善，恐致玉石无辨；且前此有司所以处之，亦有未善，何者？

安仁、余干里分，本少于东乡，而地势又限以山谷；顾乃割小益大，以启尔民规避之端。其失一矣。既而两邑之民徭赋不平，争讼竞起，其时若尽改复旧，亦有何说；顾又使其近东乡者归安仁，近安仁者附东乡，以益尔民纷争之谤。其失二矣。及尔等抗拒之迹既成，尚当体悉尔等中间或有难忍之怨，屈抑不平之情，亦须为之申泄断理，或惩或戒，使两得其平；若终难化谕者，即宜断然正以国法。顾乃惮于身任其劳，一切惟事姑息，欲逃租赋，遂从而免其租赋；欲逃逋债，遂从而贷其逋债；于彼则务隐忍之政，而听其外附；于此又信一偏之词，而责其来归；纪纲不立，冠履倒置，长奸纵恶，日增月炽，以成尔民背叛之罪，而陷之必死之地。其失三矣。

然尔等罪恶，皆在本院未临之前；自本院抚临以来，尚未曾有一言开谕尔等。况查本院新行十家牌谕，以弭盗息讼劝善纠恶，而各该县官又因尔等怙顽梗化，皆未曾编查晓谕，尔等皆未知悉，其间或有悔创自新之愿，亦未可知；若遽行擒剿，是亦不教而杀，虽尔等在前之恶，受此亦不为过，然于吾心终有所未尽也。近日抚州同知陆俸来禀，尔等尚有可悯之情，各怀求生之愿，故特委同知陆俸亲赍本院告谕，往谕尔等父老子弟，因而查照本院十家牌式，通行编排晓谕，使各民互相劝戒纠察，痛惩已往之恶，共为维新之民。

尔等父老子弟，其间知识明达者盍亦深思熟虑之：世岂有不纳粮，不当差，与官府相对背抗，而可以长久无事终免于诛戮者乎？世岂有怙顽树党，结怨构仇，劫众拒捕，不伏其辜，而可以长久无事终免于诛戮者乎？就使尔等各有子弟奴仆，与尔抗拒背逆若此，尔等当何以处之？夫宁王宸濠挟奸雄之资，借宗室之势，谋为不轨，积十余年诱聚海内巨寇猾贼，动以万计，奋其财力甲兵之强，自以为无敌于天下矣，一旦称乱举事，本院奉朝廷威令，兴一旅之师，不旬日而破灭之，如虏匹雏。尔辈纵顽梗凶悍，自以为孰与宸濠？吾若声汝之罪，不过令一偏裨，领众数百，立斋粉尔辈如几上肉耳。顾念尔等皆吾赤子，其始本无背叛之谋，止因规利争忿，肆恶长奸，日迷日陷，遂至于此。夫父母之于子，岂有必欲杀之心；惟其悖逆乱常之甚，将至于覆宗灭户，不得已而后置之法；苟有改化之机，父母之心，又未尝不欲生全之也。前此官府免尔租税，蠲尔债负，除尔罪名，而遂谓尔可以安居复业，是终非所以生汝。吾今则不然，不免尔租赋，不蠲尔债负，不除尔罪名，尔能听吾言，改恶从善，惟免尔一死，限尔一月之内，释怨解仇，逃税者输其赋，负债者偿其直，有罪者伏其辜，吾则待尔如故。尔不听吾言，任汝辈自为之，吾心既无不尽，吾可以无憾矣！尔后无悔。

批江西都司掌管印信

看得三司各官推举该卫所掌印金书等官，颇已得宜；俱依议仰行按察司将本院原发贮库印信，看验明白，照议给领掌官。兹当该卫改革之初，仍行各官务在图新更始，端本澄源，共惟同心同德之美，以立可久可大之规，不独显功业于当时，必欲垂模范于来裔，上不负庙堂之特选，而下可副诸司之举任。其或庸碌浮沉，甚至欺公剥下，岂徒败其身名，亦难免于刑宪。其余空闲各官，观其才识，皆可器使；但以阙少人多，未及尽用；各官惟务持身励志，藏器待时，但恐见用而无才，勿虑有才而未用，若果囊中之锥，无不脱颖而出；毋谓上人不知，辄自颓靡，是乃自弃，非人弃汝矣。俱仰备行各官查照施行。

牌行崇义县查行十家牌法

看得新开崇义县治，虽经本院委官缉理经画，大略规模已具，终是草创之初，经制未习。该县官员若不假以威权，听其从宜整理，则招徕安习之功，亦未可责效。除行守巡兵备等衙门外。牌仰知县陈瓒上紧前去该县，首照十家牌谕，查审编排，连属其形势，辑睦其邻里，务要治官如家，爱民如子，一应词讼、差徭、钱粮、学校等项，俱听因时就事，从宜区处；应申请者申请，应兴革者兴革，一务畜众安民，不必牵制文法。大抵风土习尚虽或有异，而天理民彝则无不同，若使为县官者果能殚其心力，悉其聪明，致其恻怛爱民之诚，尽其抚辑教养之道，虽在蛮貊，无不可化，况此中土郡县之区，向附新民，本多善类，我能爱之如子，后亦焉有不爱我如父者乎？夫仁慈以惠良善，刑罚以锄凶暴，固亦为政之大端。若此新民之中，及各县分割都图人户，果有顽梗强横不服政化者，即仰遵照本院钦奉敕谕事理，具由申请，即行擒拿，治以军法；毋容纵恣，益长刁顽。

牌谕都指挥冯勋等振旅还师

牌谕都指挥冯勋、通判林宽、典史徐诚等，本月二十一日据知县熊价所禀，已知安义叛贼略平，所漏无几，俟余党一尽，各官即行振旅而还。就将所擒叛贼，通行牢固绑缚，分领解赴军门。各官在途，务要肃整行伍，申严纪律，禁缉军兵，不得犯人一草一木，今差参随官詹明赍执各官原领令旗令牌，监军而回。但有违令侵扰于人者，即行斩首示众。其奋命当先，被杀被伤义勇之士，及获功人役，各官务要从公从实开报，以凭优恤给赏；不得互分彼此，辄有偏私轻重。但能推功让美者，勤劳虽微，亦在褒赏；若有争功专利者，功迹虽茂，亦从摈抑。其奉新兵快，往年从征，多犯禁令，今既效有勤劳，尤宜保全始终，毋蹈前非，自取军法重罪。知县熊价不必解贼，且可在县抚安被扰军民，令各安居乐业。既行申严十家牌谕，互相保障，仍量留九姓义勇，分班守县，候事体定帖，以渐散回。

批瑞州知府告病申

看得知府胡尧元，始以忠义，兴讨贼之功；继以刚果，著及民之政；虽获上之诚，或有未孚；而守身之节，初无可议。据申告病情由，亦似意有所为，大抵能絜矩者，必推己及人；当大任者，在动心忍性。仰布政司即行本官，照旧尽心管理府事，毋因一朝之忿，遂忘三反之功，事如过激，欲抗弥卑，理苟不渝，虽屈匪辱。此缴。

赈恤水灾牌

据南康、建昌、抚州、宜黄等县申称：非常水灾，乞赐大施赈恤，急救生灵流移等情。看得横水非常，下民昏垫，实可伤悯！但计府县所积无多，实难溥赈，其地方被水既广，而民困朝不谋夕，若候查实报名，造册给散，未免旷日迟久，反生冒滥。已行二府各委佐贰官，及行所属被水各县掌印等官，用船装载谷米，分投亲至被水乡村，验果贫难下户，就便量行赈给。

为照南昌所属水灾尤剧，但居民稠杂，数多顽梗；若赈给之时，非守巡临督于上，或致腾踊纷争。为此仰分守巡南昌官吏，即便分督该府县官于预备仓内米谷，用船装运，亲至被水乡村，不必扬言赈饥，专以踏勘水灾为事，其间验有贫难下户，就便量给升斗，暂救目前之急。给过人户，略记姓名数目，完报查考，不必造册扰害。所至之地，就督各官申严十家牌谕，通加抚慰开导，令各相安相恤。仍督各官俱要视民如子，务施实惠，不得虚文搪塞，徒费钱粮，无救民患，取罪不便。

仰湖广布按二司优恤冀元亨家属

照得湖广常德府武陵县举人冀元亨，忠信之行，孚于远迩云云，已经备咨六部院寺等衙门详办去后。今照冀元亨该科道等官，交章申暴；各该官司，办无干碍，先已释放，不期复染疟痢身故。该部司属官员，及京师贤士大夫莫不痛悼，相与资给衣棺。本院亦已具舟差人扶柩归葬。但恐本生原籍官司，一时未知详悉，仍将家属羁监，未免枉受淹禁。除将本生节义，另行具本奏请褒录外。拟合通行，为此牌仰抄案回司，即行常德府速将举人冀元亨家属，通行释放；财产等项，亦就查明给还收管。仍将本生妻子，特加优恤，使奸人知事久论定之公，而善类无作德降殃之惑；其于民风土习，不为无补矣。

批江西按察司故官水手呈

看得佥事李素，处心和易，居官清谨，生既无以为家，死复无以为殓，寡妻弱妾，旅榇万里，死丧之哀，实倍恒情。该司议欲加拨长夫水手护送，非独僚友之情，实亦惇廉周急之义，准议行令各府佥拨长夫水手，照例起关，差人护送还乡。

仰南康府劝留教授蔡宗兖

据南康府儒学申，看得教授蔡宗兖，德任师儒，心存孝义，今方奉慈母而行，正可乐英才之化。况职主白鹿，当宋儒倡道之区；胜据匡庐，又昔贤栖隐之地；偶有亲疾，自可将调，辄兴挂冠之请，似违奉檄之心。仰布政司备行南康府掌印官，以礼劝留，仍与修葺学宫，供给薪水，稍厚养贤之礼，以见崇儒之意。缴。

批江西布政司礼送致仕官呈

据江西布政司呈："查勘新建知县李时，告送佥事李素丧归云南，任内无碍"缘由。看得知县李时所呈，量才能而知止，已见恬退之节；因友丧而求去，尤见交谊之敦；既经查勘明白，亦合遂其高致。仰司即行该府听令本官以礼致仕，动支无碍官银，置备彩帐羊酒，从厚送钱；加拨长夫水手，资送还乡。该司仍将本官致仕缘由，行原籍官司，用彰行谊之美，以为风俗之劝。缴。

卷十八　别录十

公移三 <small>总督两广　平定思田　征剿八寨</small>

钦奉敕谕通行 <small>嘉靖六年十月初三日</small>

嘉靖六年七月初十日，节该钦奉敕谕：

先该广西田州地方逆贼岑猛为乱，已令提督两广等官、都御史姚镆等督兵进剿，随该各官奏称，岑猛父子悉已擒斩，巢穴荡平，捷音上闻，已经降敕奖励，论功行赏，及将该设流官添设参将等事条陈，又经该部议拟覆奏施行去后。续该各官复奏，恶目卢苏倡乱复叛，王受攻陷思恩，又经切责各官计处不审，行令将失事官员戴罪督兵剿捕，及调江西峑兵，湖广永、保二司土兵，并力剿杀，务收全功；并敕巡按御史石金纪功外，但节据石金所奏前项地方，卢苏、王受结为死党，互相依倚，祸孽日深，将来不可收拾；又参称先后抚臣举措失当，姚镆等攘夷无策，轻信寡谋，图田州已不可得，并思恩胥复失之，要得通行查究追夺。朕以事难遥度，姚镆等前功难泯，后有疏虞，得旨切责之后，能自奋励，平寇有功，亦未可知，难遽别议。乃下兵部议奏，以各官先后所论事宜，意见不同；且兵连两广，调遣事干邻境地方，必得重臣前去，总制督同议处，方得停当。今特命尔提督两广，及江西、湖广等处地方军务，星驰前去彼处，即查前项夷情，田州因何复叛，思恩因何失守，督同姚镆等斟酌事势，将各夷叛乱未形者，可抚则抚，反形已露者，当剿则剿，一应主客官军，从宜调遣，主副将官及三司等官，悉听节制，治以军法，明示威信，务要计处合宜。仍令御史石金随军纪验功次，从实开报，以凭升赏。贼平之后，公同计处，应设土官流官，何者经久利便；并先今抚镇等官，有功有过，分别大小轻重，明白奏闻区处。凡用兵进止机宜，及一应合行之事，敕内该载未尽者，悉听便宜从长处置；事体十分重大者，具奏定夺。朕以尔勋绩久著，才望素隆，特兹简任，尔务以体国为心，闻命就道，竭忠尽力，大展谋猷，俾夷患珍除，地方安靖，以纾朕西南之忧；仍须深虑却顾，事出万全，一劳永逸，以为广人久远之休，毋得循例辞避，以孤众望。尔钦哉！故谕，钦此。

钦遵。照得当爵猥以菲才，滥膺重寄，多病之余，精力既已减耗；久废之后，事体又复阔疏；大惧弗堪，有负委托。及照两广之与江西、湖广，虽云相去辽远；而壤地相连，士夫军民，往来络绎；传闻既多，议论有素，况在无嫌之地，是非反得其真；且处傍观之时，区画宜有其当；合行谘询，以辅不逮。除委用职官，及调遣军马临时相机另行外，拟合通行。为此仰抄捧回司，照依案验备奉敕谕内事理，即行本司掌印佐贰及各道分巡兵备守备等官，并所属大小衙门各该官吏，凡有所见，勿惮开陈；其间或抚或剿，孰为得宜；设土设流，孰为便利；与凡积弊宿蠹之宜改于目前，远虑深谋之可行于久远者，备写揭帖，各另呈来，以凭采择。各该官吏俱要守法奉公，长廉远耻，祛患卫民，竭忠报国。毋以各省而分彼此，务在协力以济艰难，果有忠勇清勤绩行显著者，旌劝自有常典，当爵不敢蔽贤；其或奸贪畏缩志行卑污者，黜罚亦有明条，当爵亦不敢同恶。深惟昧劣，庶赖匡襄，凡我有司，各宜知悉。仍行镇守抚按等衙门知会，一体钦遵施行。

湖兵进止事宜 十月

据广西桂林道右参政龙诰、佥事申惠会禀："原调永、保二司宣慰官舍土兵共六千余员名，八月自辰州府起行，九月尽可到省城，各职即日起程前去全州、兴安等处接应督押；为照大兵进止，自有机宜；今未奉节钺抚临，莫知适从；查得旧规，兵至即发哨径趋宾州听遣；如至宾州而未用，恐接境思、田二府不无致生疑变，合无将各兵前赴梧州府屯扎，听候军门抚临调度"等因。照得本年八月二十四日先准兵部咨，该本爵看得先任总督巡抚都御史姚，已蒙钦准致仕，而本爵又以扶病就医，听候辞本命下，未即起程；况湖兵未至，秋暑尚深，遥计贼情正在懈弛，机有可乘，事宜从便，已经行仰各该失事带罪立功守巡参将，及各领兵督哨等官，务要相度机宜，若各叛目诚心投抚，中间尚有可怜之情，朝廷岂以必杀为事，且宜从权抚插，听候本爵督临查处；若是阳投阴叛，谲诈反覆，度其事势，终难曲全，则宜密切相机乘间行事，务在获厥渠魁，不得滥加无罪，各官务要协和行事，既无参错牴牾有乖共济之义，亦无贪功轻率仰戾好生之仁，又经行仰各遵照施行去后。

今据前因，看湖兵既至，势难中止；非徒无事漫行，有失远人之信；亦且师老财费，重为地方之忧；但闻诸道路，传诸商旅，皆谓各目投抚之诚，今已甚切；致乱之情，尚有可原；且朝廷以好生为德，下民无必死之雠，是以本爵尚尔迟疑，欲候督临，乃决进止。顾传闻未真，兵难遥度，各官身亲其事，必皆的知；况原任总督虽已致政，尚在统领，老成慎重，当无随策；若果事在不疑，即宜乘机速举，一劳永逸，以靖地方；如其尚有可生之道，亦且毋为必杀之谋，匪曰姑息，将图久安。及照各处流贼，素为民患，非止一巢，若用声东击西之术，则湖兵之来，未为徒行；各官俱密切慎图，务出万全。本爵亦已扶病昼夜速进，军中事宜，从便施行；一面呈禀抚镇巡按等衙门一体通行知会，俱毋违错。

牌谕安远县旧从征义官叶芳等 十一月

往年本爵提督南、赣、汀、漳等处军务，因地方盗贼未平，身亲军旅，四出剿除；尔叶芳等乃能率领兵夫，来随帐下奋勇杀贼，效劳为多。后遭宁藩之变，尔叶芳又能坚辞贼贿，一闻本爵起调牌到，当即统领曾德礼等，及部下兵众，昼夜前来，远赴国难，一念忠义，诚有可嘉，备历辛苦，立有战功，赏未酬劳，予心慊慊，尝欲表奏尔一官，以励忠勤，随因本爵守制还家，未及举行。今兹奉命总制四省军务，复临是境，看得旧时从征军士，多被忌功之徒，百般屈抑，心殊为之不平。念尔叶芳，旧劳未酬，合就先行奖励；故特差典史张缙将带花红羊酒，亲至尔家，用旌尔功。尔其益谨礼法，以缉下人，益殚忠勤，以报上德，省谕部下之人，务要各安生理，各守家业。人惟不为善，未有为善而不获善报者；人惟不为恶，未有为恶而不受恶殃者。闻尔所居之地，傍近各寨新民；虽云向化，其间尚多与尔为雠，尔宜高尔墙垣，严尔警备，以戒不虞。尔等尝与杜柏、孙洪舜等不和，各宜消释，讲信修睦，安集地方。吾所以惓惓诲谕尔等者，实念尔等辛勤从我日久，吾视尔等不啻如父子，虽欲已于言，情有所不容已也。吾今以军机重务，即赴两广，不得久留赣城，尔等但体吾教戒之意，各安室家，不必远来候见，徒劳无益。其曾德礼等，俱各谕以此意。

批南康县生员张云霖复学词

看得张云霖原系本院檄召起兵从征人数，立有功次，已经核实造报，皆本院所亲知。后因忌功之徒，搜求罗织，遂令此生屈抑至此，言之诚为痛愤。仰分巡岭北道即与查审教官费廷芳招案，有无干涉；功赏银两，曾否收给。仍行提学道收送复学。则有功之士，不至于抱冤愤；而本生仗义勤王之节，庶亦不负其初心矣。（批赣县生员雷瑞词同。）

放回各处官军牌 十二月二十五日

照得先因田州等处变乱，前任军门抽拨两省官军，及差官取调左右两江土官目兵前赴南宁等处驻扎，听候征剿。今照各夷皆来告，要诚心向顺，已渐有平复之机，且各处城池边隘缺人防守，往往来告盗贼乘间窃发，亦不可不为之虑。况今春气萌动，东作方兴，各兵屯顿日久，霜眠草宿，劳苦万端，应合放回。为此牌仰本官即将军门原调各处官军机兵打手，及土官目兵尽数撤散，放回休息，及时农种，防守城池。惟湖广永、保二司土兵，姑留听候，俟沿途夫马粮草完备，然后发回。各具由回报，毋得违错。

犒谕都康等州官男彭一等 十二月二十八日

看得广西某州县官孙族某，官男头目某等，统领土兵前来南宁宾州地方，屯哨日久，劳苦良多；即今岁暮天寒，各兵远离乡土，岂无室家之念，故今特加犒劳，通放归复业安生。本族官目务要严整行伍，经过地方，毋得侵扰人家一草一木，有犯令者，即时照依军法斩首。到家之后，仰本州县官仍要爱惜下人，辑和邻境，毋得恃强凌弱，倚众暴寡，越理逾分，自取罪累，遵守朝廷法制，保尔土地人民。牌仰本州县官执照遵守，到家之日，俱依准回报。

札付永顺宣慰司官舍彭宗舜冠带听调

据湖广永顺等处军民宣慰使司领征官带舍把彭明伦、田大有等呈称："统兵土舍彭宗舜系致仕宣慰彭明辅嫡生次男，伊兄彭宗汉身故，本舍应该袭替；嘉靖五年宗汉奉征田州，蒙军门札付冠带杀贼；惟本舍见统目兵听用，又自备家丁三千报效，窃恐未授官职，军威无所瞻肃；呈乞比照故兄彭宗汉事体授职便益"等因到爵。

为照军旅之政，非威严则不肃；等级之辨，非冠带无以章。今官舍彭宗舜于常调之外，自备家丁，随父报效，不避艰险，勤劳王事，固朝廷之所嘉与，况又勘系应袭次男，今以土舍领兵，于体统未肃，合就遵照敕谕便宜事理，给与冠带，以便行事。除事宁另行具奏外。为此札仰官舍彭宗舜先行冠带，望阙谢恩，仍须秉节持身，正己律下，申严约束，而使兵行所在，无犯秋毫；作兴勇敢，而使兵威所加，有如破竹。务竭忠贞，以图报称，功成之日，具奏旌赏，国典具存。先具冠带日期，依准缴报。仍行本省镇巡衙门知会，毋得违错。

146

批广西布按二司请建讲堂呈

据参政汪必东、佥事吴天挺呈请建讲堂号舍，以便生员肄业事。看得感发奋励，见诸生之有志；作兴诱掖，实有司之盛心。不有藏修之地，难成讲习之功，况境接诸蛮之界，最宜用夏变夷，而时当梗化之余，尤当敷文来远，虽亦俎豆之事，实关军旅之机，准如所议，动支军饷银两，即为起盖，务为经久之计，毋饰目前之观。完日，开数缴报。

批立社学师耆老名呈 嘉靖七年正月

据思明府申称："要令土人谭勋、苏彪加以社学师名号；乡老黄永坚加以耆老名号。"看得教民成俗，莫先于学。然须诚爱恻怛，实有视民如子之心，乃能涵育薰陶，委曲开导，使之感发兴起；不然则是未信而劳其民，反以为厉己矣。据本县所申，是亦良法，但须行以实心，节用爱民，施为有渐，不致徒饰一时之名，务垂百年之泽始可。该道守巡官仍加劳来匡直，开其不逮。备行该府查照施行。

议处江古诸处瑶贼

节据各道哨守官兵呈报，照得广西府江、古田、洛容诸处瑶贼，日来势益猖炽，皆由近年以来，大征之举既为虚文，而雕剿又复绝响，是以为彼所窥，肆无忌惮。今思、田事体渐就平息，湖兵西归有日，正可相机行事。为此牌行左布政严纮，密切会同参政龙诰，按察使钱宏，副使李如圭、翁素，将各稔恶贼巢，务访的确；密拘知因乡道，备询我兵所由道路险夷远近，及各贼巢所在，议谋既定，即可迎约湖兵决机行事；要在声东击西，后发先至，但诛其罪大恶极者一处两处，其余且可悉行宽抚，容令改恶从善，务在去暴除残，惩一戒百，不必广捕多杀，致令玉石无分，惊疑远迩，后难行事。若其事势连络广远，关系重大，亦且不宜轻动。本院尚驻南宁，彼中事机，势难遥度，谅各官平日素有深谋沉勇，秉义奋功，一切机宜，自能周悉。近报铲平之获，已见用心之勤，尚须后效，一并奏请。凡有申禀，密切封来。

批岭西道立营防守呈 二月

据佥事李香呈称："顾募打手，立营防守"缘由。看得所议既得其要略，但屯兵固不可分，而合兵又不宜顿，必须该道及统兵官时将屯聚之兵，督率于贼盗出没要害，往来巡视操演；因而或修复营堡，或开通道路，或戒饬反侧瑶寨，或抚安凋弊民村，巡行惯熟，远近不疑；择其长恶不悛者，间行雕剿，惩一戒百。如农夫之植禾，必逐渐而耕耨；如园丁之去草，必以次而芟除。庶屯聚之兵，无坐食之患，而有日新之功矣。仰备行各官查照施行。

犒送湖兵

　　照得先该军门奏调湖广永顺、保靖二宣慰司土官目兵前来征剿田州等处。今照各夷自缚归降，地方平靖。为照宣慰彭明辅、彭九霄虽未及冲冒矢石，摧坚破敌；然跋涉道途，间关山海，不但劳苦之备尝，且其勤事之忠，赴义之勇，不战而胜，全师以归，隐然之功，亦不可掩；所据宴劳之礼，相应照旧举行。其沿途该用廪给口粮等项，亦合计算总支；庶免阻滞，及省偏州下邑之扰。为此牌仰本官行会左参政龙诰，佥事吴天挺，参议汪必东督行南宁府，于赏功彩缎金银花枝银两内照依开数支出，赍送各宣慰，并给赏各舍目收领，以慰其劳。仍将永、保二司官舍头目人等合用廪给口粮等项，查取见在确数各有若干，亦行南宁府查自本府起，至梧州府止，计算几县，每驿扣算该银若干，就于军饷银内支给；又自梧州起，至桂林府止，查算县驿若干，亦就行该府支银应付；又自桂林府起，照前计算至全州止，银两亦行该府查给。其各州县止是应付人夫，再不许别项科派于民。仍通行南宁、浔州、梧州、平乐、桂林、全州各查照单内预行整办犒劳，下程听候各官舍目到彼，分送犒劳给赏施行。

批岭西道抚处盗贼呈

　　看得各处盗贼，全在抚处得宜，绥柔有道，使之畏威怀德，岁改月化，自然不敢为恶，乃为善策；虽雕剿之举，亦不得已而后一行。至于待其猖獗肆恶，然后悬金以购首级之获，掩袭以求斩捕之多，抑亦末矣。今后该道官务思抚处绥柔之长策，如驾舟之舵，御马之辔，操持有要，而运动由己；若舍舵与辔而广求驾御之术，虽极功巧习熟，终亦不免倾跌之虞。一应赏罚，量功大小以为多寡；军门原有旧规，军职累功升级，亦有见行事例；临阵退缩，仰遵敕谕事理，当时以军法从事。俱仰查照施行。缴。

禁革轻委职官

　　据广东布政司呈参："广州左等四卫掌印指挥王冕、海信、杜隆、冯凝，千户陆宗等，百户刘恺等，不修职业，委弃城池，远出经旬，肆无忌惮，应合

148

参问。"参看擅离职役，律有明条；今各处军卫有司官往往辄因私事，弃职远出；或因上司经由，过为趋谄，越境送迎，往回动经旬月，上下相安，恬不为异，仰布政司通行禁革究治。今后不系紧急军机重务，其余问候申请等项，虽亦公事，势有轻缓者止，役吏胥差使，不许轻委职官。非但廪给夫马，骚扰道途，劳费不少；抑且城池库狱，一有亏失，贻累匪轻。各该衙门首领官今后俱要置立文簿，凡遇掌印佐贰及带俸等官公事出入，俱要开记月日；因某事到某处送迎，或承何衙门到某处差委，某年月日回任，岁终缴报本院，以凭查究。

大抵天下之不治，皆由有司之失职；而有司之失职，非独小官下吏偷惰苟安侥幸度日，亦由上司之人，不遵国宪，不恤民事，不以地方为念，不以职业经心，既无身率之教，又无警戒之行，是以荡弛日甚，亦宜分受其责可矣。仰布政司备行各该守巡、各兵备、守备及府、州、县、卫、所等大小衙门，仰各查照施行。该卫掌印等官姑记未究。其陆宗、刘恺遵照本院钦奉敕谕事，先行提究，以警其将来。此缴。

分派思田土目办纳兵粮 四月

照得思恩、田州二府，各设流官知府治以土俗；其二府原旧甲分城头，除割田州八甲分立土官知府，以存岑氏之后。其余悉照旧规，不必开图立里；但与酌量分析，各立土目之素为众所信服者以为土官巡检，属之流官知府，听其各以土俗自治，照旧办纳兵粮，效有勤劳，递加升授；其袭授调发，必皆经由于知府；其官职土地，皆得各传其子孙。除具题外。为照各甲城头，既已分析，若不先令各自暂行分管，诚恐事无统纪，别生弊端。为此牌仰田州府土目龙寄等遵照后开甲分，每岁应该纳办官粮，查照开数，依期完纳，出办一应供役征调等项事情，悉听知府调度约束。本目仍要守法奉公，正己律下，爱养小民，保安境土，毋得放纵恣肆，逾分干纪，自取罪累，后悔无及，候奏请命下，仰各钦遵施行。

计开：

凌时甲。　每年纳夏税秋粮米八十八石八斗七升七合。　每调出兵三百八十四名。　每年表笺用银三钱二分。　须知一本，赴广西用银一钱一分。　须知二本，赴京用银八钱八分。　每年纳官猪等例银一十三两。　每年纳官禾四十担，重一百斤。　每年供皂隶禾七担。

完冠砦陶甲。

案行广西提学道兴举思田学校

照得田州新服，用夏变夷，宜有学校；但疮痍逃窜之余，尚无受廛之民，即欲建学，亦为徒劳；然风化之原，终不可缓云云。除具题外，拟合就行。为此仰抄案回道，著落当该官吏备行所属儒学遵照，但有生员，无拘廪增，愿改田州府学，及各处儒生愿附籍入学者，各赴告本道，径自查发，选委教官一员，暂领学事，相与讲肆游息，或兴起孝弟，或倡行乡约，随事开引，渐为之兆，俟休养生息一二年后，该府建有学校，然后将各生徒通发该学肄业，照例充补增廪，以次起贡，俱无违错。

揭阳县主簿季本乡约呈 四月

据揭阳县主簿季本呈为乡约事。足见爱人之诚心，亲民之实学，不卑小官，克勤细务，使为有司者，皆能以是实心修举，下民焉有不被其泽，风俗焉有不归于厚者乎！但本官见留军门听用，该县若无委官相继督理，未免一暴十寒；况本院近行十家牌谕，虽经各府县编报，然访询其实，类是虚文搪塞；且编写人丁，惟在查考善恶，乃闻加以义勇之名，未免生事扰众，已失本院息盗安民之意。访得潮州府通判张继芳持身端确，行事详审，仰该府掌印官将发去牌式，再行晓谕所属，就委张继芳遍历属县，督令各该县官勤加操演，务要不失本院立法初意。仍先将牌谕所开事理，再四绅绎，必须明白透彻，真如出自己心，庶几运用皆有脉络，而施为得其调理。该县乡约仰委县丞曹森管理，毋令废堕。

赈给思田二府

照得近因思、田二府攘乱，该前总镇等官奏调三省汉土官军兵快人等前来南宁府屯住防守，军民大小，男不得耕，女不得织，而湖兵安歇之家，骚扰尤甚；今虽地方平靖，湖兵已回，然疮痍未起，困苦未苏，况自三月已来，天道亢旱，种未入土，民多缺食，诚可悯念！已经行仰同知史立诚遍查停歇湖兵之家，开报相应量行赈给。为此牌仰南宁府著落当该官吏，专委同知史立诚即将十名以上七十一家，各给米二石，咸鱼二十斤；五名以上三百五十六家，各给米一石三斗，咸鱼十三斤；五名以下四百五十四家，各给米一石，咸鱼十斤；就于该府军饷米鱼内支给开报。其余大小军民之家，谕以本院心虽无穷，而钱粮有限；各宜安心生理，勤俭立家，毋纵骄奢，毋习游惰，比之丰亨豫大之日虽不足，而方之兵戈扰攘之时则有余矣。

牌行灵山县延师设教 六月

看得理学不明，人心陷溺，是以士习日偷，风教不振。近该本院久驻南宁，该府及附近各学师生前来朝夕听讲，已觉渐有奋发之志；但穷乡僻邑，本院既未暇身至其地，则诸生亦何由耳闻其说，合行委官，遍行训告。

看得原任监察御史，今降合浦县丞陈逅，理学素明，志存及物，见在军门，相应差委。除行本官外，为此牌仰灵山县当该官吏，即便具礼敦请本官于该县学安歇，率领师生，朝夕考德问业；务去旧染卑污之习，以求圣贤身心之功。该县诸生应该赴试者，临期起送；不该赴试者，如常朝夕听讲。或时出与经书策论题目，量作课程；不得玩易怠忽，虚应故事，须加时敏之功，庶有日新之益。该县仍要日逐供给薪米之类。候该县掌印官应朝之日，本官不妨训迪诸生，就行兼署该县印信。

牌行委官陈逅设教灵山

看得理学不明云云。除行廉州府及所属县外，牌仰本官即便前去该府及所属县，行各掌印官召集各该县师生，遍行开导训告，务行立志敦本，求为身心之学，一洗旧习之陋，度量道里，折中处所，于灵山县儒学住歇，令各县师生可以就近听讲。其诸生该赴试者，临期起送；不该赴试者，如常朝夕聚会，考德问业，毋令一暴十寒，虚应文具。亦或时出经书策论题目，量作课程；就与讲析义义，以无妨其举业之功。大抵学绝道丧之余，人皆骇于创闻，必须包蒙俯就，涵育薰陶，庶可望其改化；诚本官平日素能孜孜汲引，则此行必能循循善诱。该县掌印官应朝之日，本官不妨训迪诸生，就行兼署该县印信，待后县官应朝回日，方许交还。

牌行南宁府延师设教

看得理学不明，人心陷溺，是以士习益偷，风教不振。近该本院久住南宁，与该府县学师生朝夕开道训告，颇觉渐有兴起向上之志；本院又以八寨进兵，前往贵州等处调度，则兴起诸生，未免又有一暴十寒之患。看得原任监察御史，今降揭阳县主簿季本，久抱温故知新之学，素有成己成物之心，即今见在军门，相应委以师资之任。除行本官外，仰南宁府掌印官即便具礼率领府县学师生敦请本官前去新创敷文书院，阐明正学，讲析义理。各该师生务要专心

151

致志，考德问业，毋得玩易怠忽，徒应虚文。其应该赴省考试者，扣算程期，临时起送；不该赴试者，仍要如常朝夕质疑问难。或时出与经书题目，量作课程；务加时敏之功，以求日新之益，该府县仍要日逐量送柴米供给。

牌行委官季本设教南宁

看得理学不明，人心云云。除行该府掌印官率属敦请外，仰本官就于新创敷文书院内安歇。每日拘集该府县学诸生，为之勤勤开诲，务在兴起圣贤之学，一洗习染之陋。其诸生该赴考试者，临期起送；不该赴试者，如常朝夕聚会。考德问业之外，或时出与经书论策题目，量作课程；就与讲析文义，以无妨其举业之功。大抵学绝道丧之余，未易解脱旧闻旧见。必须包蒙俯就，涵育薰陶，庶可望其渐次改化。谅本官平素最能孜孜汲引，则今日必能循循善诱。诸生之中有不率教者，时行夏楚，以警其惰。本院回军之日，将该府县官员师生查访勤惰，以示劝惩。

批岭东道额编民壮呈 六月

据岭东道巡守官呈："议将各额编民壮存留，照旧守城；并追工食，雇募打手调用。"看得本院自行十家牌式，若使有司果能著实举行，则处处皆兵，家家皆兵，人人皆兵，防守之备既密，则追捕之兵自可以渐减省，以节民财，以宽民力。但今有司类皆视为虚文，未曾实心修举；一旦遂将额设民壮三分减一，则意外不测之虞，果亦有如各官所呈者。合且姑从所议，将各民壮照旧存留，备行该道所属查照施行。仍仰各官务要用心举行十家牌式，不得苟且因循，惟事支吾。目前徒倚繁难自弊之术以为上策，反视易简久安之法以为迂缓。噫！果有爱民之诚心，处官事如家事者，其忍言者之谆谆，而听之乃尔其藐藐耶？凡我各官戒之敬之！此缴。

裁革文移

据布政司呈："今后但有牌案行属者，则于备仰语后止令奉行官吏具遵行过缘由回报。"看得近来官府文移日烦，如造册依准等项，果系徒劳徒费，虚文无补，本院欲革此弊久矣，因军务纷剧，未及举行；据呈前因，可谓先得我心之同然者。自今事关本院，除例该奏报及仓库钱粮金帛赃罚纸价预备稻谷等项，仍于每岁终开项共造手册一本，送院查考外；其余一应不大紧要文册，及依准等项，通行裁革，务从简实，以省劳费。凡我有官皆要诚心实意，一洗从前靡文粉饰之弊，各竭为德为民之心，共图正大光明之治，通备行各该衙门查照施行。缴。

批右江道调和寨目呈

据副使翁素呈，湖润寨目兵径赴镇安取调，准议备出印信下帖，给与该府该司；各永永执照，以杜后争。湖润既已自知原属镇安，自此必益供事大之职；镇安既欲自求仍统湖润，自此必益施字小之仁；须要诚心协和，庶可永绝祸患。若徒追胁矫诬于一时，终必反覆变乱于日后，此自取灭亡，后悔何及。仰各知悉遵照毋违。此缴。

批南宁府表扬先哲申

据南宁府申称："北门外高岭原有庙宇，以祠宋枢密使狄武襄公青，经略使余公靖，枢密直学士孙公沔，邕州太守忠壮苏公缄，推官忠愍谭公必缘，年久倾颓，止存基址。今思、田既平，所宜修复，以系属人心，以耸示诸夷。"看得表扬先哲，以激励有位，此正风教之首；况旧基犹存，相应修复，准支在库无碍官银，重建祠宇；其牌位祭物等项，照旧修举。完日具由回报。此缴。

批增城县改立忠孝祠申

据增城县申称："参得广东参议王纲，字性常，洪武年间因靖潮寇，父子贞忠大孝，合应崇祀；于城南门外天妃庙改立忠孝祠。"看得表扬忠孝，树之风声，以兴起民俗，此最为政之先务；而该县知县朱道澜乃能因该学师生之请，振举废坠，若此则其平日职业之修，志向之正，从可知矣。仰行该县悉如所议施行，其神像牌位及祭物等项，俱听从官酌处。完日具由回报。此缴。

批参政张怀奏留朝觐官呈

据左参政张怀所呈，悯念兵荒，欲留府县正官，足见留心地方。但今岁应朝事体颇重，朝廷励精图治，必有维新之政；各该正官正宜一行，以快观感；似难通行奏留，仰各照例依期起程。况该道守巡既得贤能官员，各肯忧劳尽心；若此各府州县虽无正官，其各佐贰亦必警戒修省，自堪驱策。其间果有阘冗不才，不任委寄者，该道即行别委相应官员署管。仰即通行查照施行，毋再疑滞。缴。

经理书院事宜 八月

据参事吴天挺呈称："将南宁城东西二壕花利，通收府库；支与书院师生应用，剩银修理，仍置教官私宅号房，以为定规。"看得所呈事宜，足见该道官留心学校，兴起士习之美意，俱准照议施行。但事无成规，难垂久远，而管理非人，终归废坠。该道仍须置立文簿，将区处过事宜逐件开载，给付该府县学及管理书院官各收一本存照，相继查考举行，以防日后埋没侵渔之弊。仍于各教官内推举学行端方、堪为师范者呈来定委，专管书院诸务，训励诸生，庶几法立事行，人存政举，而今日书院之设为不虚矣。仍行提督学校官知会，一体查督举行；及备行该府县学官吏师生查照施行，俱毋违错。此缴。

牌行南宁府延师讲礼 八月

照得安上治民，莫善于礼，冠婚丧祭诸仪，固宜家谕而户晓者，今皆废而不讲，欲求风俗之美，其可得乎？况兹边方远郡，土夷错杂，顽梗成风，有司徒事刑驱势迫，是谓以火济火，何益于治？若教之以礼，庶几所谓小人学道则易使矣。近据福建莆田儒学生员陈大章前来南宁游学，进见之时，每言及礼。因而扣以冠婚乡射诸仪，果亦颇能通晓。看得近来各学诸生，类多束书高阁，饱食嬉游，散漫度日。岂若使与此生朝夕讲习于仪文节度之间，亦足以收其放心，固其肌肤之会，筋骸之束，不犹愈于博弈之为贤乎。为此牌仰南宁府官吏即便馆谷陈生于学舍，于各学诸生之中，选取有志习礼及年少质美者，相与讲解演习。自此诸生得于观感兴起，砥砺切磋，修之于其家，而被于里巷，达于乡村，则边徼之地，自此遂化为邹鲁之乡，亦不难矣。诸生讲习已有成效，该府仍要从厚措置礼币，以申酬谢。仍备由差人送至广西提督学校官以次送发各府州县，一体演习。其于风教，要亦不为无补。

札付同知林宽经理田宁

照得思、田二府平复，议将田宁府改设流官，见今无官管理。看得化州知州林宽才识通敏，干办勤励；本爵巡抚江西，知其可用，近因改建府治，修复城垣，已经委令经理；即若升以该府同知，而使久于其职，必有可观；已经具题奉有明旨。

续该本院看得南宁自宣化县至于田宁，逆流十日之程，其间错以土夷村寨，奸弊百出，本爵近因躬抚南宁思龙诸图，乡民拥道控告，愿立县治，因为经理。相度得村名那久者，宽平深厚，江水萦回，居民千余家，竹树森翳，且向武各州道路皆经由其傍，亦为四通之地，堪以设立县治，属之田宁；亦足以镇据要害，消沮盗贼，又经具题外。

为照新升知府张钺尚未到任，合就札仰本官即便管理府事，抚绥目民；其修筑城垣廨宇，及那久新立县治等项事宜，公同各该委官用心督理，务在修筑坚固，工程早完，以图经久。候知府张钺到任，仰本官专督思龙县治，务要清查所割图里钱粮明白，毋令奸民飞诡影射，致贻纷争。本官素有才识，志在建功立业，况奉新命，擢佐专城，远近土目人等侧耳注目，思有维新之政，本官务要竭心殚力，展布才猷，以仰答朝廷之恩，俯慰下民之望，中无负于军门之委托。如其因循玩愒，隳事废功，不但声名毁辱，抑且罪责难逃。

札付同知桂鏊经理思恩

照得思、田二府平复，已经具题将柳州府同知桂鏊经理思恩府事，休劳息困，当有所济。续该本爵看得岑溪新移府治，皆斩山绝壁，如处戈矛剑戟之中，况瘴雾昏塞，薄午始开。本爵近因督剿八寨，亲往相度，看得地名荒田，宽衍膏腴，可以建府治。而上林县地名三里者，乃在八寨之间，其地多良田茂林，村落相望，堪以移设凤化县治，量筑城垣廨宇，招抚逃亡，可以成一方之保障；仍将上林一县，通割以属思恩，似于事势为便等因，又经具题外。

为照署掌府印，迁筑府城，新创县治，及盖廨宇等项，皆不可缺人督理，合就札仰本官即便星驰前去思恩府署掌印信，抚绥目民，其迁筑府城于荒田，移设县治于三里，及创建廨宇等项一应事宜，公同各该委官用心督理云云。如其因循玩愒，隳事废功，岂徒身名毁辱，兼亦罪责难逃。

牌行南昌府保昌县礼送故官

照得保昌县县丞杜洞，久在军门，管理军赏，清介自持，贤劳茂著，郡属之中，实为翘然；今不幸病故，使人检其行囊，萧然无以为归殡之资，殊可伤悼！今寻常故官小吏，无洞一日之劳者，犹且有水手殡殓之例；况洞从征恶寇，跋涉险阻，冲冒瘴毒，又且平日才而且贤，所谓以死勤事者矣！焉可以不从厚待之，是贤不肖略无所辨也。为此牌仰本府官吏，即于库贮无碍官钱内给与水夫二名，棺殓银十两，就行照例起关，应付船只脚力，查照家属名数，给与口粮，务要从厚资送还乡开报。及仰保昌县官吏，即便金拨长行水手二名，棺殓银二十两，及将本官应得俸粮马夫银两，照数支给，交付伊男；及差的当

155

人役，护送还乡，毋致稽误。

调发土兵 十月

照得各州土兵，征调频数，本非良法，非但耗费竭财，抑且顿兵锉锐；必须各州轮年调发，一以省供馈之费，一以节各兵之劳，庶几土人稍有休息之期，而官府亦获精锐之用。已经行仰该司遵照备行南丹州官族莫振亨，即就拣选勇敢精锐目兵三千名，躬亲统领，照依克定日期前赴广西省城听调杀贼，果能输忠报效，立有奇功，即与具奏准袭该州官职，自今八月初一日为始，至下年八月初一日止，却调东兰州土兵依期更替。自今各州目兵，军门断不轻易调发，致令奔疲劳苦；亦决不姑息隐忍，纵令骄惰玩弛。但有稽抗迟误，违犯节制，轻则量行罚治，重则拿究，革去冠带，又重则贬级削地，又重则举兵诛讨，断不虚言，通行各土官兵目知悉，俱仰改心易虑，毋蹈前非，自贻后悔去后。

今据所呈，为照本院军今既出，难再轻改，失信下人。但本官呈称雕剿缺兵，固亦一时权宜，况称原系本州先年自愿报效，不在秋调之数，亦合姑从所请，暂准取调。为此牌仰本官即便会同镇守太监傅伦，行仰该州土官韦虎林，照数精选目兵，前赴省城，听各官调遣剿贼；待三两月间事毕，随即撤放回州，遵照军门批行事理，依期更班听调，不许久留失信。其所呈雕剿事宜，悉听会同三司掌印守巡兵备等官依拟施行。事完之日，通将获过功次，用过钱粮数目，开报查考，俱毋违错。仍行总镇总兵镇巡等衙门知会。

犒奖儒士岑伯高

照得思、田之乱，上廑九重，命将出师，动调四省军马钱粮，汹汹两年，功未告成，而变日不测。本院前来勘处，是固仰赖皇上好生之仁格于天地，至诚动物，不疾而速，是以宣布威德，而旬月之间诸夷即尔革心向化，翕然来归。然而奔走服役，固有效劳于下者，其间乃有深谋秘计之士，潜开默导，以会合事机，其功隐而难见，此惟主将知之，功成行赏，是所谓首功者也。

照得儒士岑伯高素行端介，立心忠直，积学待时；安贫养母。一毫无所苟取，而人皆服其廉；一言不肯轻发，而人皆服其信；游学横州、南宁之间，远近士夫，及各处土官土夷，莫不闻风向慕，仰其高节。本院抚临之初，即用此生，使之深入诸夷，仰布朝廷之德，下宣本院之诚，是以诸夷孚信之速，至于如此，本生实与有力焉。当时平复奏内，即欲具列本生之功；而事变方息，深

156

谋秘计，未欲张布于诸夷，但本生志在科第发身，不肯异途苟进，坚辞力请，本院不欲重违雅志，遂尔未及奏列。今思、田既已大定，凡有微劳于兹役者，莫不开列；而本生之功泯然未表，其于报功励忠之典，诚有未当。仰抄案回司，即于军饷银内动支一百两，及置买彩币羊酒礼送本生，以见本院慰赏犒劳之意。仍仰遵本院钦奉敕谕便宜事理，给与军功冠带，以荣其身。该司仍备给札付执照，并行原籍官司，以礼优待，免其杂泛差徭，明朝廷赏功之典，彰军门激励之道，既以遂其养母之愿，且以遂其高尚之心。是后本生志求科第，其冠带自不相妨。仍行两广总镇总兵镇巡等衙门知会。

征剿八寨断藤峡牌 七年三月。以下俱征八寨。

据留抚田州、思恩等处地方右布政使林富，原任副总兵都指挥同知张祐连名呈称：田州、思恩平复，居民悉已各安生理，土夷亦皆各事农耕，地方实已万幸；惟八寨瑶贼云云。合就仰遵敕谕事理，量拨官兵，协同卢苏、王受等土兵，分路进剿。除差官舍赍捧令旗令牌分投督押土兵，本院亲至宾州、思恩等处相机调度，面授方略外。为此牌仰右布政使林富、副总兵张祐即便督领官军，督发土目卢苏、王受等兵夫，从公尧、思恩取路进剿后开寨分，务要声言各贼累年杀害良民，攻劫州县乡村之罪，歼厥渠魁，及其党与罪恶显著者，明正天讨，以绝祸根。除临阵擒斩外，其余胁从老弱，一切皆可宥免。今兹之举，惟以定乱安民为事，不以黩武多获为功；各官务要仰体朝廷忧悯困穷之心，俯念地方久遭盗贼屠戮之苦，督各官兵目兵人等，务歼真正恶目，一洗民冤，永除民患，以靖地方。仍禁兵马所过乡村，毋得侵扰民间一草一木，有犯令者，仰即遵本院钦奉敕谕事理，当即处以军法，俱毋有违节制方略，自取罪戾。

牌行领兵官

牌行左参将署都指挥佥事张经，会同该道守巡守备官，及湖广督兵佥事汪溱，都指挥谢佩，督永顺宣慰彭明辅，统兵进剿牛肠诸贼云云。及监都保靖宣慰彭九霄，统兵进剿六寺、磨刀等寨诸贼云云。未至信地三日之前，停军中途，候约参将张经，与同守巡各官集议，先将进兵道路之险易远近，各巢贼徒之多寡强弱，及所过良民村分之经由往复，面同各乡道人等逐一备细讲究明白，务要彼此习熟通晓，若出一人。然后克定日时，偃旗息鼓，寂若无人，密至信地，乘夜速发，务使迅雷不及掩耳，将各稔恶贼魁，尽数擒剿，以除民害，以靖地方。除临阵斩获外，其余胁从老弱，一切皆可宥免。今兹之举，惟以定乱安民为事，不以多获首级为功；各官务要仰体朝廷忧悯困穷之心，俯念地方久罹荼毒之苦，仍要禁约军民人等，所过良民村分，毋得侵扰一草一木，有犯令者，当以军法斩首示众。本官既有地方责任，兼复素怀忠义，当兹委用，务竭心力，大展才猷，以祛患安民。一应机宜，牌内该载不尽者，听公同各官计议从便施行，一面呈报。事完之日，通将获过功次，开报纪功御史衙门纪验，以凭奏报。仍密行总镇镇巡等衙门知会，俱毋违错。

戒谕土目 五月

案照先经行委副总兵张祐，督率官土目兵人等进剿思恩八寨瑶贼，今据头目卢苏、王受等禀报，皆已攻破各寨，斩获贼级，虽未日久，苦亦无多；且又未见获有真正首恶，中间恐有容隐脱放情弊，合行戒谕督促。为此牌仰本官上紧亲行督谕各头目及土兵人等，俱要协力齐心，竭忠报效，务图剿灭，以绝祸根，庶可以表明各目尽忠图报之真心；若是少有纵容，复留遗孽，亦是徒劳一场，不足为功，适足为罪，非惟不能仰报朝廷再生之恩，其于本院所以勤勤恳恳，不顾利害是非，务要委曲成就尔等之意亦辜负矣。牌至，即以此意勉谕各目各兵，此举非独为除地方之害，亦为尔等建子孙久长之业，尽此一番辛苦，便可一劳永逸矣。发去良民，其榜可给则给，可止则止，一应事机，俱仰相机而行。其号色等项，已付思、田报效人役径自带回分俵，亦宜知悉。

追捕逋贼

据同知桂鏊禀报："领兵土目卢苏、王受等，各已屯兵八寨，斩获贼首贼从数多，巢穴悉已破荡，即今方在分兵四路搜剿。"及称："附近上林县一十八村，俱搬移上山躲住。又访得铁坑、那埋二堡贼村，界连迁江、洛春、高径、大潘、思卢、北三、向北夷僮村分，今皆逃往潜住。又访得八寨贼徒，我兵未进之前，陆续出劫乡村，今皆不敢回巢，散入宾州渌里，并贵县凉伞、叠纸等夷僮村分藏躲，合行分兵搜捕"等因。

看得八寨瑶贼，稔恶多年，攻劫乡村，杀害人民，掳掠财畜，百姓怨恨，痛入骨髓；今恶贯满盈，民怨神怒，巢穴破荡，分崩离析，如失林之枭，投置之兔，迷魄丧魂，正可搜猎而尽，是乃上天欲亡此贼之秋，若不乘此机会，奉行天讨，以雪百姓之冤，以舒神人之怒，以除地方之祸，存其遗孽，复为他日根芽，此岂为民父母之心乎？及访得平日哨守八寨官兵人等，往往与贼交通

158

者；据法俱应明正典刑，今且姑未拿究，容其杀贼报效，立功自赎。除各差官督剿外。为此牌仰指挥程万全，督率迁江所土官指挥黄禄、千户黄瑞、百户凌显等，各起集管下土兵人等，前去北三、思卢等处搜捕各贼。仍行晓谕各良善向化村寨，务将逃躲各贼，尽数擒斩，以泄军民之愤，获功解报，一体给赏。若是与贼通谋，容留隐蔽，访究得出，国宪难逃。如是各贼果有诚心悔罪，愿来投抚立功报效者，亦准免其一死，带来军门抚谕安插。各官务要尽忠竭力，上报国恩，下除民患，副军门之委托，立自己之功名。仍督平日与贼交通之人，令其向道追捕，痛加惩改，及此机会，立功自赎；果能奋不顾身，多获真正恶贼，非但免其既往之罪，抑且同受维新之赏。若犹疑贰观望，意图苟免，定行斩首示众，断不虚言。本院数日之后，亦且亲临地方，躬行赏罚，仰各上紧立功，毋自取悔。

牌行委官林应骢督谕土目 五月

看得田州、思恩领兵头目卢苏、王受等所领目兵，皆系骁勇惯战之人；今又各为身家子孙之计，自愿出力报效，立功赎罪，既已攻破贼巢，分屯其地，则其搜捕溃散之贼，当如探囊取物，数日可尽。今已半月有余，尚未见有成功，气势日见委靡，此必军中收有贼巢妇女等项，贪恋女色财物，不肯割舍脱离，奋勇杀贼，苟且偷安，遂致兵气日衰，军威不振，若诸贼闻此消息，乘此懈怠，掩袭不备，我军必致挠败。如此则是各目此举，本欲立功而反败事；本欲赎罪而反增罪；非惟不能仰报朝廷之德，抑且有损军门之威矣。正名定罪，后悔何及！

为此牌仰原任户部郎中、今降徐闻县县丞林应骢，赍执令旗令牌，会同总兵监军等官，公同署田州府事知州林宽，身督头目卢苏等，阅视各营，但有收得贼巢妇女财物者，通行搜出，俱各开纪名数，别立老营一所，选委老成头目，另拨谨实小心兵夫，昼夜管守。将各贪恋女色财物、不肯奋勇杀贼头目兵夫，姑且免其罚治，责令即出搜山，果能多有擒斩，旬日之内功成班师，仍将前项妇女财物，照名给还，亦不追失前罪。若有贪恋女赃，违犯军令，仍前不肯效力者，仰即遵照军门号令，当时斩首示众，断毋姑息容忍，致败三军大事。

盖前日之招抚，专以慈爱恻怛为念者，乃是本院怜悯两府之民无罪而就死地，乃是父母爱子之心，惟恐一民不遂其生也。至于今日用兵，却须号令严明，有功必赏，有罪必戮者，乃是本院欲安两府之民，使之立功赎罪，以定其良家，而因以除去地方之患，是乃帅师行军之道，不如此不足以取胜而成功也。差去旗牌官员务要星火催督，毋事姑息，若旬日之后，再无成功，本院亲临分地，定先将监军督军等官明正军法；其推托避事，不肯奋勇杀贼头目，通行斩首，决不虚言。

牌委指挥赵璇留剿余贼　六月

牌仰指挥赵璇，前去督哨副总兵张祐处，查审各寨稔恶瑶贼，曾否剿绝；各兵见在何处，闻已出屯三里，仰就各营土兵目夫，凡有疾病老弱者，俱令在营将息调理；其精壮骁勇目兵，仍仰本官务要三四日，或五六日，督令入山巡剿一番，出意外之奇，以示不测之武，须候各山果无潜遁之奸，各巢已无复归之贼，俟军门牌至，方许回兵。仍谕土目卢苏、王受等，以如此炎毒天气，如此暑雨连绵，各兵久在山中，辛勤劳苦，本院非不惓惓忧念；但一则欲为尔等立功，一则欲为地方除害，心虽不忍久劳尔等，而势有所不能已也。尔等其务体本院之意，再耐旬日之苦，以成百年之功，毋得欲速一时，致贻后悔。事完之日，通至宾州，本院亲行犒赏，就领牌札，仰各知悉。

牌行副总兵张祐搜剿余巢　七月

访得上林相近地方如渌茅等村，皆系阳招阴叛，与八寨诸贼里应外合，积年流毒地方，即其罪恶，尤有甚于八寨诸贼，若不剿灭，终遗祸根。为此今差指挥赵璇，赍牌前去督哨副总兵张祐处计议，仰即密召领兵头目卢苏、王受等，令各挑选精兵一千，或一千五百，以搜巡八寨为名，当日乘夜速发，分道夹剿后开各贼村分，务要歼除党与，荡平巢穴。若是各贼奔窜大名深山，各兵就可留屯其地，食其禾米六畜，分兵探贼向往追捕。本院先曾发有武缘乡兵，分搜大名诸山，遥计此时，各贼正回山下各村躲住，及今往剿，正合事机。仰谕各目，务要潜机速发，不得迟留隔宿，必致透漏消息，徒劳无功。发兵进剿之后，一面差人飞报。

计开：渌茅。　通亲。　渌小。　批头。　罗暖。

其余各巢，不能尽开，须要量其罪恶大小，可剿则剿，可抚则抚，相机而应。

犒劳从征土目　八月

照得思、田二府头目卢苏、王受等率领部下兵夫，自备衣粮，征剿八寨

160

瑶贼，渠魁殄灭，群党削平，即今地方宁靖，旋师奏凯，实由各目兵夫不避炎蒸，奋勇效劳。但进兵以来，妨废一年耕种，况今青黄不接之时，部下兵夫家属，未免缺乏，相应量为赈给，以慰人心。为此牌仰同知桂鍪即便会同南宁府掌印官，将该府军饷粮米鱼盐内照依开数支给各头目收领。但念思恩、南宁道里相去隔远，粮米搬运不便，合就于武缘县见贮军饷米内支给，与各领用，以见本院体恤之心。仍开给散过数目缴报查考，毋得违错。

绥柔流贼 五月

接左江道参议等官汪必东等呈称："古陶、白竹、石马等贼，近虽诛剿，然尚有流出府江诸处者，诚恐日后为患，乞调归顺土官岑㟄兵一千名，万承、龙英共五百名，或韦贵兵一千名，住扎平南、桂平冲要地方。"及该府知府程云鹏等亦申："量留湖兵，及调武靖州狼兵防守"等因。

始观论议，似亦区画经久之图；徐考成功，终亦支吾目前之计。盖用兵之法，伐谋为先；处夷之道，攻心为上；今各瑶征剿之后，有司即宜诚心抚恤，以安其心；若不服其心，而徒欲久留湖兵，多调狼卒，凭借兵力以威劫把持，谓为可久之计，则亦末矣。殊不知远来客兵，怨愤不肯为用，一也。供馈之需，稍不满意，求索誓詈，将无抵极，二也。就居民间，骚扰浊乱，易生雠隙，三也。困顿日久，资财耗竭，适以自弊，四也。欲借此以卫民，而反为民增一苦；欲借此防贼，而反为吾招一寇；各官之意，岂不虞各贼乘间突出，故欲振扬兵威，以苟幸目前之无事，抑亦不睹其害矣。前岁湖兵之调，既已大拂其情，乃今复欲留之，其可行乎？

夫刑赏之用当，而后善有所劝，恶有所惩；劝惩之道明，而后政得其安。今稔恶各瑶，举兵征剿，刑既加于有罪矣；然破败奔窜之余，即欲招抚，彼亦未必能信。必须先从其傍良善各巢，加厚抚恤，使为善者益知所劝，而不肯与之相连相比，则党恶自孤，而其势自定。使良善各巢传道引谕，使各贼咸有回心向化之机，然后吾之招抚可得而行，而凡绥怀御制之道，可以次而举矣。

夫柔远人而抚戎狄，谓之柔与抚者，岂专恃兵甲之盛，威力之强而已乎？古之人能以天地万物为一体，故能通天下之志。凡举大事，必须其情而使之，因其势而导之，乘其机而动之，及其时而兴之；是以为之但见其易，而成之不见其难，此天下之民所以阴受其庇，而莫知其功之所自也。今皆反之，岂所见若是其相远乎？亦由无忠诚恻怛之心以爱其民；不肯身任地方利害为久远之图；凡所施为，不本于精神心术，而惟事补裰掇拾，支吾粉饰于其外，以苟幸吾身之无事，此盖今时之通弊也。

合就通行计处，仰抄案回道，即行知府程云鹏，公同指挥周胤宗，及各县知县等官，亲至已破贼巢各邻近良善村寨，以次加厚抚恤，给以告示，犒以鱼盐，待以诚信，敷以德恩。喻以朝廷所以诛剿各贼者，为其稔恶不悛；若尔等良善守分村寨，我官府何尝轻动尔等一草一木，尔等各宜益坚向善之心，毋为彼所扇惑摇动。从而为之推选众所信服，立为酋长，以连属之；优其礼待，厚其犒赏，以渐绥来调习，使之日益亲附。又喻以稔恶各贼，彼若不改，一征不已，至于再，再征不已，至于三，至于四五，至于六七，必使灭绝而后已。此后官府若行剿除，尔等但要安心乐业，无有惊疑。若各贼果能改恶迁善，实心向化，今日来投，今日即待以良善，即开其自新之路，决不追既往之恶；尔等即可以此意传告开喻之，我官府亦未尝有必欲杀彼之心。若彼贼果有相引来投者，亦就实心抚安招来之，量给盐米，为之经纪生业，亦就为之选立酋长，使有统率，毋令涣散。一面清查侵占田土，开立里甲，以息日后之争；禁约良民，毋使乘机报复，以激其变。如农夫之植嘉禾而去莨莠，深耕易耨，芸菑灌溉，专心一事，勤诚无惰，必有秋获。夫善者益知所劝，则助恶者日衰；恶者益知所惩，则向善者益众；此抚柔之道，而非专有恃于兵甲者也。

至于本院近行十家牌谕，诚亦弭盗安民之良法，而今之有司概以虚文抵塞，莫肯实心推求举行，虽已造册缴报，而尚不知其间所属何意，所处地方。该道仍要用心督责整理，诚使此法一行，则不待调发，而处处皆兵；不待屯聚，而家家皆兵；不待蓄养，而人人皆兵；无馈运之劳，而粮饷足；无关隘之设，而守御固；习之愈久，而法愈精；行之弥广，而功弥大；其前项区处摘调之兵，有虚名而无实用；可张皇于暂时，而不可施行于永久者，劳逸烦简，相去远矣。惟有据该府议欲散撤雇倩机快等项，调取武靖州土兵，使之就近防守一节，区画颇当。然以三千之众，而常在一处屯顿坐食，亦未得宜；必须分作六班，每五百名为一班，每两个月日而更一次；若有雕剿等项，然后通行起调，然必须于城市别立营房，毋使与民杂处，然后可免于骚扰嫌隙。盖以十家牌门之兵，而为守土安民之本；以武靖起调之兵，而备追捕剿截之用；此亦经权交济相须之意，合就准行。仰该道仍将行粮等项，再议停当，备行该州土目人等遵照奉行。自今以后，免其秋调各处哨守等役，专在浔州地方听凭守备参将调用，凡遇紧急调取，即要星驰赴信地，不得迟违时刻。守巡各官仍要时加戒谕抚辑，毋令日久玩弛，又成虚应故事。

本院疏才多病，精力不足，不能躬亲细务；独其忧患地方，欲为建立久安长治一念，真切自不能已，是以不觉其言之叨叨。各官务体此意，毋厌其多言，而必务为绅绎；毋谓其迂远，而必再与精思；务竭其忠诚，务行其切实，同心协德，共济时艰。通行总镇、总兵、镇巡等衙门知会。仍行三司各道守巡守备等官，事有相类者，悉以此意推而行之。发去鱼盐，或有不足，再行计处定夺。

告谕村寨

近年牛肠等寨，积年稔恶，是以举兵征剿。尔等良善村寨，我官府自加抚恤，决无侵扰，各宜益坚为善之心，共享太平之乐。其间平日纵有罪犯，从今但能中心改过，官府决不追论旧恶，毋自疑沮，或为彼所扇惑，自取灭亡，后悔无及。就使已剿余党，果能悔罪自新，官府亦待以良善，一体抚恤。若是长恶不悛，一剿、十剿至于百剿，必加殄灭，断不虚言。尔等各寨，为善为恶，日后自见，各宜知悉。

议立县卫

看得八寨瑶贼，稔恶为患，巢穴连络千里，实为广西众贼之渊薮。近该本院进剿，扫荡巢穴，若不及今设置军屯卫县，据其心腹要害，以厄塞各贼呼吸之咽喉，断绝各贼牵引之脉络，不过数年，又将屯聚生息，祸根终未剪除。本院身亲督调各兵，看得周安堡正当八寨之中，而三里堡亦当八寨之隘，俱各山势回抱，堪以筑立城郭，移卫设县；但未经广询博访，详审水土之善恶，民情之逆顺，中间有无利害得失，拟合再行查访。为此牌仰分巡右江道兵备副使翁素，会同该道分守官，即便督同同知桂鳌，指挥孙纲等，带领高年知识，亲至其地，经营相度；若果风气包完，水土便利，即行料理规制，景定方向，各另画图贴说。仍要咨访父老子弟通晓贼情、习知民俗者，即今移立卫县，其于四远贼巢果否足能控制，民情有无便益妨损，务在人心乐顺，足为经长永久之计，然后备由呈来，以凭会奏。就将筑立城垣合用木石、砖灰、人夫、匠作、料价、工食等项，议估停当，具揭呈来，以凭先行，一面委官分督办理，及时兴工，毋得忽意苟且，玩愒迟延，致误事机。

抚恤来降 八月

据参将张经呈称："武靖州耕守黄璋等一十四名，被十冬总甲黄邓护等妄捏窝贼，乞行释放，仍给榜谕。"看得本院屡经牌仰该道该府等官，将各向

163

化良善村寨，加意抚恤怀柔，以收其散亡之势，而坚其向善之心，庶使远近知劝，而恶党自孤。各官略不体承本院勤勤恳恳之意，肆志妄行，轻信十冬奸民之言，辄便推求往事，为之报复旧雠，沮抑归向之望，惊疑反侧之心，听其所为，必成激变，后虽寸斩奸民之骨，固亦何救地方之患？所据违法各官，即合治以军法，姑且记罪，再行饬谕，仰将见监黄璋、李举等一十四名，即行释放；仍加慰谕，令其复业宁家。其十冬黄邓护等监候本院抚临，解赴军门发落。今后仍要备细开谕该府该县十冬里老人等，各要守法安分，务以宁靖地方为重，不得乘机挟势，侵剥新旧投抚之人，胁取财物，泄愤报怨，及至酿成变乱，却又贻累地方，劳烦官府；今后有违犯者，体访得出，或被人告发，决行拿送军门，治以军法，断不轻恕。仍将发去告示，即行刊刻，给赴十冬里老人等遵照奉行。具遵行过缘由缴报。

批广东市舶司提举 故官水手呈

看得广东市舶司提举已故钱邦用，平日果系清白自守，足称廉能，乃今客死远乡，情殊可悯！仰广州府即与量拨水手，起关资送还乡。其原领文凭，发该衙门转缴。此缴。

164

卷十九　外集一

赋·骚·诗

赋骚七首

太白楼赋　丙辰

岁丙辰之孟冬兮，泛扁舟余南征。凌济川之惊涛兮，览层构乎任城。曰太白之故居兮，俨高风之犹在。蔡侯导余以从陟兮，将放观乎四海。木萧萧而乱下兮，江浩浩而无穷；鲸敖敖而涌海兮，鹏翼翼而承风；月生辉于采石兮，日留景于岳峰；蔽长烟乎天姥兮，渺匡庐之云松。慨昔人之安在兮，吾将上下求索而不可。塞余虽非白之俦兮，遇季真之知我。羌后人之视今兮，又乌知其不果？吁嗟太白公奚为其居此兮？余奚为其复来？倚穹霄以流盼兮，固千载之一哀！

昔夏桀之颠覆兮，尹退乎莘之野；成汤之立贤兮，乃登庸而伐夏。谓鼎俎其要说兮，维党人之挤诉。曾圣哲之匡时兮，夫焉前枉而直后！当天宝之末代兮，淫好色以信谗。恶来妹喜其猖獗兮，众皆狐媚以贪婪。判独毅而不顾兮，爰命夫以仆妾之役。宁直死以顾领兮，夫焉患得而局促。开元之绍基兮，亦遑遑其求理。生逢时以就列兮，固云台麟阁而容与。夫何漂泊于天之涯兮？登斯楼乎延伫。信流俗之嫉妒兮，自前世而固然。怀夫子之故都兮，沛余涕之浽浽。庙堂之偓促兮，或非情之所好。唯不合于斯世兮，恣沉酣而远眺。

进吾不遇于武丁兮，退吾将颜氏之箪瓢。奚曲蘖其昏迷兮，亦夫子之所逃。管仲之辅纠兮，孔圣与其改行。佐璘而失节兮，始以见道之未明。睹夜郎之有作兮，横逸气以徘徊；亦初心之无他兮，故虽悔而弗摧。吁嗟其谁无过兮，抗直气之为难。轻万乘于褐夫兮，固孟轲之所叹。旷绝代而相感兮，望天宇之漫漫。去夫子其千祀兮，世益隘以周容。媒妇妾以驰骛兮，又从而为之呫哔。贤者化而改度兮，竞规曲以为同。

卒曰：峄山青兮河流泻，风飕飕兮澹平野。凭高楼兮不见，舟楫纷兮楼之下，舟之人兮俨服，亦有庶几夫子之踪者！

九华山赋 壬戌

循长江而南下，指青阳以幽讨。启鸿蒙之神秀，发九华之天巧。非效灵于坤轴，孰构奇于玄造！涉五溪而径入，宿无相之窈窕。访王生于邃谷，掏金沙之清潦。凌风雨乎半霄，登望江而远眺。步千仞之苍壁，俯龙池于深窅。吊谪仙之遗迹，跻化城之缥缈。钦钵盂之朝露，见莲花之孤标。扣云门而望天柱，列仙舞于晴昊。俨双椒之辟门，真人驾阳云而独跷。翠盖平临乎石照，绮霞掩映乎天姥。二神升于翠微，九子邻于积稻。炎燔起于玉甑，烂石碑之文藻。回澄秋于枕月，建少微之星旗。覆瓯承滴翠之余沥，展旗立云外之旌纛。下安禅而步逍遥，览双泉于松杪。逾西洪而憩黄石，悬百丈之灏灏。

濑流觞而萦纡，遗石船于洞道；呼白鹤于云峰，钓嘉鱼于龙沼；倚透碧之峣岏，谢尘寰之纷扰。攀齐云之巉削，鉴琉璃之浩漾。沿东阳而西历，殖九节之蒲草。樵人导余以冥探，排碧云之瑶岛。群峦翳其缪蔼，失阴阳之昏晓。垂七布之沉沉，灵龟隐而复佻。履高僧而屡招贤，开白日之杲杲。试明茗于春阳，汲垂云之渊湫；凌绣壁而据石屋，何文殊螺髻之蟠纠？梯拱辰而北盼，瞫遗光于拾宝。缁裳逛于黄匏，休圆寂之幽悄。鸟呼春于丛篁，和《云》《韶》之鹭鹭；唤起促余之晨兴，落星河于檐橑；护山嘎其惊飞，怪游人之太早。揽卉木之如濯，被晨辉而争姣。静镬声之剥啄，幽人斫参蔽于冥杳。碧鸡哕于青林，鸐翻云而失皓。隐捣药以樛萝，挟提壶饼焦而翔绕。凤凰承孟冠以相遗，饮沆瀣之仙醿；羞竹实以嬉翱，集梧枝之袅袅。岚欲雨而霏霏，鸣湿湿于芊葆；躐三游而转青峭，拂天香于茫渺。席泓潭以濯缨，浮桃泻而扬缟。淙渐渐而落荫，饮猿猱之捷狡。睨斧柯而升大还，望会仙于云表。悯子京之故宅，款知微之碧桃。倏金光之闪映，睫累景于穹坳。弄玄珠于赤水，舞千尺之潜蛟。并花塘而峻极，散香林之回飙。抚浮屠之突兀，泛五钗之翠涛。袭珍芳于绝巘，袅金步之摇摇。莎罗踯躅芬敷而灿耀，幢玉女之妖娇。搴龙须于灵宝，堕钵囊之飘飘。开仙掌于嵌嵌，散青馨之迢迢。披白云而躐崇寿，见参错之僧寮。日既夕而山冥，挂星辰于窿嶕。宿南台之明月，虎夜啸而罴嗥。鹿麇群游于左右，若将侣幽人之岑寂。迥高寒其无寐，闻冰窒之洞箫。

溪女厉晴泷而曝术，杂精苓之春苗。邀予觞以玉液，饭玉粒之琼瑶；溢辞予而远去，飒霞裾之飘飘。复中峰而怅望，或仙踪之可招。乃下见阳陵之蜿蜒，忽有感于子明之宿要。逝予将遗世而独立，采石芝于层霄。虽长处于穷僻，乃永离乎慝嚣。彼苍黎之缉缉，固吾生之同胞；苟颠连之能济，吾岂靳于一毛！矧狂胡之越獗，王师局而奔劳。吾宁不欲请长缨于阙下，快平生之郁陶？顾力微而任重，惧覆败于或遭；又出位以图远，将无诮于鷦鷯。嗟有生之迫隘，等灭没于风泡；亦富贵其奚为？犹荣蕣之一朝。旷百世而兴感，蔽雄杰于蓬蒿。吾诚不能同草木而腐朽，又何避乎群喙之呶呶！

已矣乎！吾其鞭风霆而骑日月，被九霞之翠袍。抟鹏翼于北溟，钓三山之巨鳌。道昆仑而息驾，听王母之云璈。呼浮丘于子晋，招句曲之三茅。长遨游于碧落，共太虚而逍遥。

乱曰：蓬壶之藐藐兮，列仙之所逃兮；九华之矫矫兮，吾将于此巢兮。匪尘心之足搅兮，念鞠育之劬劳兮。苟初心之可绍兮，永矢弗挠兮！

吊屈平赋 丙寅

正德丙寅，某以罪谪贵阳，取道沅、湘。感屈原之事，为文而吊之。其词曰：

山黯惨兮江夜波，风飕飕兮木落森柯。泛中流兮焉泊？湛椒醑兮吊湘累。云冥冥兮月星蔽晦，冰崚嶒兮霰又下。累之宫兮安在？怅无见兮愁予。高岸兮嵚崎，纷纠错兮樛枝。下深渊兮不恻，穴澒洞兮蛟螭。山岑兮无极，空谷谽谺兮迥寥寂。猿啾啾兮吟雨，熊罴嗥兮虎交迹。念累之穷兮焉托处？四山无人兮豺狐鼠；魈魅游兮群跳啸，瞰出入兮为累奸宄。嫉累正直兮反诋为殃，昵比上官兮子兰为臧。幽丛薄兮畴侣，怀故都兮增伤。望九疑兮参差，就重华兮陈辞。沮积雪兮涧道绝，洞庭渺邈兮天路迷。要彭咸兮江潭，召申屠兮使骖。娥鼓瑟兮冯夷舞，聊遨游兮湘之浦。乘回波兮泊兰渚，眷故都兮独延伫。君不还兮郢为墟，心壹郁兮欲谁语！郢为墟兮函崤亦焚，谗鬼逋戮兮快不酬冤。历千载兮耿忠愊，君可复兮排帝阍。望遁迹兮渭阳，箕罹囚兮其佯以狂。艰贞兮晦明，怀若人兮将予退藏。宗国沦兮摧腑肝，忠愤激兮中道难。勉低回兮不忍，溘自沉兮心所安。雄之谀兮谗喙，众狂稚兮谓累扬己。为魈为魅兮为谗媵妾，累视若鼠兮佞额有泚。累忽举兮云中，龙旂晻霭兮飘风。横四海兮倏忽，驷玉虬兮上冲。降望兮大壑，山川萧条兮济寥廓。逝远去兮无穷，怀故都兮蜷局。

乱曰：日西夕兮沅湘流，楚山嵯峨兮无冬秋。累不见兮涕泗，世愈隘兮孰知我忧！

思归轩赋 庚辰

阳明子之官于虔也，廨之后乔木蔚然。退食而望，若处深麓而游于其乡之园也。构轩其下，而名之曰"思归"焉。

门人相谓曰："归乎！夫子之役役于兵革，而没没于徽缠也，而靡寒暑焉，而靡昏朝焉，而发萧萧焉，而色焦焦焉。虽其心之固嚣嚣也，而不免于呶呶焉，哓哓焉，亦奚为乎！槁中竭外，而徒以劳劳焉为乎哉？且长谷之迢迢也，穷林之寥寥也，而耕焉，而樵焉，亦焉往而弗宜矣。夫退身以全节，大知也；敛德以亨道，大时也；怡神养性以游于造物，大熙也，又夫子之夙期也。而今日之归，又奚以思为乎哉？"则又相谓曰："夫子之思归也，其亦在陈之怀欤？吾党之小子，其狂且简，伥伥然若瞽之无与偕也，非吾夫子之归，孰从而裁之乎？"则又相谓曰："嗟呼，夫子而得其归也，斯土之人为失其归矣乎！天下之大也，而皆若是焉，其谁与为理乎？虽然，夫子而得其归也，而后得于道。惟夫天下之不得于道也，故若是其贸贸。夫道得而志全，志全而化理，化理而人安。则夫斯人之徒，亦未始为不得其归也。而今日之归又奚疑乎？而奚以思为乎？"

阳明子闻之，怃然而叹曰：吾思乎！吾思乎！吾亲老矣，而暇以他为乎？虽然，之言也，其始也，吾私焉；其次也，吾资焉；又其次也，吾几焉。乃援琴而歌之。歌曰：

归兮归兮，又奚疑兮！吾行日非兮，吾亲日衰兮。胡不然兮，日思予旋兮，后悔可追兮？归兮归兮，二三子之言兮！

咎言 丙寅

正德丙寅冬十一月，守仁以罪下锦衣狱。省愆内讼，时有所述。既出，而录之。

何玄夜之漫漫兮，悄予怀之独结。严霜下而增寒兮，皦明月之在隙。风呶呶以憎木兮，鸟惊呼而未息。魂营营以惝恍兮，目眔眔其焉极！懔寒飙之中人兮，杳不知其所自。夜展转而九起兮，沾予襟之如泗。胡定省之弗遑兮，岂荼甘之如荠？怀前哲之耿光兮，耻周容以为比。何天高之冥冥兮，孰察予之衷？予匪戚于累囚兮，牿匪予之为恫。沛洪波之浩浩兮，造云阪之蒙蒙；税予驾其安止兮，终予去此其焉从？孰瘿瘰之在颈兮，谓累足之何伤？熏目而弗顾兮，惟盲者以为常。孔训之服膺兮，恶讦以为直。辞婉娈期巷遇兮，岂予言之未力？皇天之无私兮，鉴予情之靡他！宁保身之弗知兮，膺斧锧之谓何。蒙出位之为慝兮，信愚忠者蹈巫。苟圣明之有禪兮，虽九死其焉恤！

乱曰：予年将中，岁月遒兮！深谷崆峒，逝息游兮；飘然凌风，八极周兮。孰乐之同，不均忧兮。匪修名崇仁之求兮，出处时从天命何忧兮！

守俭弟归曰仁歌楚声为别予亦和之

庭有竹兮青青，上乔木兮鸟嘤嘤；妹之来兮，弟与偕行。竹青青兮雨风，鸟嘤嘤兮西东！弟之归兮，兄谁与同？江云暗兮暑雨，江波渺渺兮愁予；弟别兄兮须臾，兄思弟兮何处？景翳翳兮桑榆，念重闱兮离居；路修远兮崎险，沮风波兮江湖。山有洞兮洞有云，深林窅窅兮洞道曛。松落落兮葛累累，猿啾啾兮鹤怨群。山之人兮不归，山鬼昼啸兮下上烟霏。风袅袅兮桂花落，草萋萋兮春日迟。葺予屋兮云间，荒予圃兮溪之阳；驱虎豹兮无践我藿，扰麋鹿兮无骇我场。解予绶兮钟阜，委予佩兮江湄。往者不可追兮，叹凤德之日衰；将沮溺其耦耕兮，孰接舆之避予。回予驾兮扶桑，鼓予枻兮沧浪。终携汝兮空谷，采三秀兮徜徉。

祈雨辞 正德丙子南赣作

呜呼！十日不雨兮，田且无禾；一月不雨兮，川且无波；一月不雨兮，民已为疴；再月不雨兮，民将奈何？小民无罪兮，天无咎民！抚巡失职兮，罪在予臣。呜呼！盗贼兮为民大屯，天或罪此兮赫威降嗔；民则何罪兮，玉石俱焚？呜呼！民则何罪兮，天何遽怒？油然兴云兮，雨兹下土。彼罪遏通兮，哀此穷苦！

归越诗三十五首 弘治壬戌年，以刑部主事告病归越并楚游作。

游牛峰寺四首 牛峰今改名浮峰

洞门春霭蔽深松，飞磴缠空转石峰。猛虎踞厓如出柙，断螭蟠顶讶悬钟。金城绛阙应无处，翠壁丹书尚有踪。天下名区皆一到，此山殊不厌来重。

萦纡鸟道入云松，下数湖南百二峰。岩犬吠人时出树，山僧迎客自鸣钟。凌飚陟险真扶病，异日探奇是旧踪。欲扣灵关问丹诀，春风萝薜隔重重。

偶寻春寺入层峰，曾到浑疑是梦中。飞鸟去边悬栈道，冯夷宿处有幽宫。溪云晚度千岩雨，海月凉飘万里风。夜拥苍厓卧丹洞，山中亦自有王公。

一卧禅房隔岁心，五峰烟月听猿吟。飞湍映树悬苍玉，香粉吹香落细金。翠壁年多霜藓合，石床春尽雨花深。胜游过眼俱陈迹，珍重新题满竹林。

又四绝句

翠壁看无厌，山池坐益清。深林落轻叶，不道是秋声。

怪石有千窟，老松多半枝。清风洒岩洞，是我再来时。

人间酷暑避不得，清风都在深山中。池边一坐即三日，忽见岩头碧树红。

两到浮峰兴转剧，醉眠三日不知还。眼前风景色色异，惟有人声似世间。

姑苏吴氏海天楼次邝尹韵

晴雪吹寒春事浓，江楼三月尚残冬。青山暗逐回廊转，碧海真成捷径通。风暖檐牙双燕剧，云深帘幕万花重。倚阑天北疑回首，想像丹梯下六龙。

山中立秋日偶书

风吹蝉声乱，林卧惊新秋。山池静澄碧，暑气亦已收。青峰出白云，突兀成琼楼。袒裼坐溪石，对之心悠悠。倏忽无定态，变化不可求。浩然发长啸，忽起双白鸥。

夜雨山翁家偶书

山空秋夜静，月明松桧凉。沿溪步月色，溪影摇空苍。山翁隔水语，酒熟呼我尝。褰衣涉溪去，笑引开竹房。谦言值暮夜，盘餐百无将。露华明橘柚，摘献冰盘香。洗盏对酬酢，浩歌入苍茫。醉拂岩石卧，言归遂相忘。

寻春

十里湖光放小舟，谩寻春事及西畴。江鸥意到忽飞去，野老情深只自留。日暮草香含雨气，九峰晴色散溪流。吾侪是处皆行乐，何必兰亭说旧游？

西湖醉中漫书二首

十年尘海劳魂梦，此日重来眼倍清。好景恨无苏老笔，乞归徒有贺公情。白凫飞处青林晚，翠壁明边返照晴。烂醉湖云宿湖寺，不知山月堕江城。

掩映红妆莫谩猜，隔林知是藕花开。共君醉卧不须到，自有香风拂面来。

170

九华山下柯秀才家

苍峰抱层嶂，翠瀑绕双溪。下有幽人宅，萝深客到迷。

夜宿无相寺

春宵卧无相，月照五溪花。掬水洗双眼，披云看九华。岩头金佛国，树杪谪仙家。仿佛闻笙鹤，青天落绛霞。

题四老围棋图

世外烟霞亦许时，至今风致后人思。却怀刘项当年事，不及山中一著棋。

无相寺三首

老僧岩下屋，绕屋皆松竹。朝闻春鸟啼，夜伴岩虎宿。

坐望九华碧，浮云生晓寒。山灵应秘惜，不许俗人看。

静夜闻林雨，山灵似欲留。只愁梯石滑，不得到峰头。

化城寺六首

化城高住万山深，楼阁凭空上界侵。天外清秋度明月，人间微雨结浮阴。钵龙降处云生座，岩虎归时风满林。最爱山僧能好事，夜堂灯火伴孤吟。

云里轩窗半上钩，望中千里见江流。高林日出三更晓，幽谷风多六月秋。仙骨自怜何日化，尘缘翻觉此生浮。夜深忽起蓬莱兴，飞上青天十二楼。

云端鼓角落星斗，松顶袈裟散雨花。一百六峰开碧汉，八十四梯踏紫霞。山空仙骨葬金椁，春暖石芝抽玉芽。独挥谈麈拂烟雾，一笑天地真无涯。

化城天上寺，石磴八星躔。云外开丹井，峰头耕石田。月明猿听偈，风静鹤参禅。今日揩双眼，幽怀二十年。

僧屋烟霏外，山深绝世哗。茶分龙井水，饭带石田砂。香细云岚杂，窗高峰影遮。林栖无一事，终日弄丹霞。

突兀开穹阁，氤氲散晓钟。饭遗黄稻粒，花发五钗松。金骨藏灵塔，神光照远峰。微茫竟何是？老衲话遗踪。

李白祠二首

千古人豪去，空山尚有祠。竹深荒旧径，藓合失残碑。云雨罗文藻，溪泉

171

系梦思。老僧殊未解，犹自索题诗。

谪仙栖隐地，千载尚高风。云散九峰雨，岩飞百丈虹。寺僧传旧事，词客吊遗踪。回首苍茫外，青山感慨中。

双峰

凌崖望双峰，苍茫竟何在？载拜西北风，为我扫浮霭。

莲花峰

夜静凉飙发，轻云散碧空。玉钩挂新月，露出青芙蓉。

列仙峰

灵峭九万丈，参差生晓寒。仙人招我去，挥手青云端。

云门峰

云门出孤月，秋色坐苍涛。夜久群籁绝，独照宫锦袍。

芙蓉阁二首

青山意不尽，还向月中看。明日归城市，风尘又马鞍。

岩下云万重，洞口桃千树。终岁无人来，惟许山僧住。

书梅竹小画

寒倚春霄苍玉杖，九华峰顶独归来。柯家草亭深云里，却有梅花傍竹开。

山东诗六首 弘治甲子年起复，主试山东时作。

登泰山五首

晓登泰山道，行行入烟霏。阳光散岩壑，秋容淡相辉。云梯挂青壁，仰见蛛丝微。长风吹海色，飘飘送天衣。峰顶动笙乐，青童两相依。振衣将往从，凌云忽高飞。挥手若相待，丹霞闪余晖。凡躯无健羽，怅望未能归。

二

天门何崔嵬，下见青云浮。泱漭绝人世，迥豁高天秋。暝色从地起，夜宿天上楼。天鸡鸣半夜，日出东海头。隐约蓬壶树，缥缈扶桑洲。浩歌落青冥，

172

遗响入沧流。唐虞变楚汉，灭没如风沤。藐矣鹤山仙，秦皇岂堪求？金砂费日月，颓颜竟难留。吾意在庞古，泠然驭凉飕。相期广成子，太虚恣遨游。枯槁向岩谷，黄绮不足俦。

三

穷厓不可极，飞步凌烟虹。危泉泻石道，空影垂云松。千峰互攒簇，掩映青芙蓉。高台倚巉削，倾侧临崆峒。失足堕烟雾，碎骨颠厓中。下愚竟难晓，摧折纷相从。吾方坐日观，披云笑天风。赤水问轩后，苍梧叫重瞳。隐隐落天语，阊阖开玲珑。去去勿复道，浊世将焉穷！

四

尘网苦羁縻，富贵真露草！不如骑白鹿，东游入蓬岛。朝登太山望，洪涛隔缥缈。阳辉出海云，来作天门晓。遥见碧霞君，翩翩起员峤。玉女紫鸾笙，双吹入晴昊。举首望不及，下拜风浩浩。掷我《玉虚篇》，读之殊未了；傍有长眉翁，一一能指道。从此炼金砂，人间迹如扫。

五

我才不救时，匡扶志空大。置我有无间，缓急非所赖。孤坐万峰颠，嗒然遗下块，已矣复何求？至精谅斯在。淡泊非虚杳，洒脱无蒂芥。世人闻予言，不笑即吁怪。吾亦不强语，惟复笑相待。鲁叟不可作，此意聊自快。

泰山高次王内翰司献韵

欧生诚楚人，但识庐山高。庐山之高犹可计寻丈，若夫泰山，仰视恍惚，吾不知其尚在青天之下乎？其已直出青天上？我欲仿拟试作《泰山高》，但恐培塿之见未能测识高大，笔底难具状。扶舆磅礴元气钟，突兀半遮天地东；南衡北恒西泰华，俯视伛偻谁争雄？人寰茫昧乍隐见，雷雨初解开鸿蒙。绣壁丹梯，烟霏霭霮；海日初涌，照耀苍翠。平麓远抱沧海湾，日观正与扶桑对。听涛声之下泻，知百川之东会。天门石扇，豁然中开；幽崖邃谷，黡积隐埋。中有遁世之流，龟潜雌伏，餐霞吸秀于其间，往往怪谲多仙才。上有百丈之飞湍，悬空络石穿云而直下，其源疑自青天来。岩头肤寸出烟雾，须臾滂沱遍九垓。古来登封，七十二主；后来相效，纷纷如雨；玉检金函无不为，只今埋没知何许？但见白云犹复起，封中断碑无字，天外日月磨；刚风飞尘过眼倏，超忽飘荡，岂复有遗踪！天空翠华远，落日辞千峰。鲁郊获麟，岐阳会凤；明堂既毁，閟宫兴颂。宣尼曳杖，逍遥一去不复来，幽泉鸣咽而含悲，群峦拱揖如相送。俯仰宇宙，千载相望，堕山乔岳，尚被其光；峻极配天，无敢颉颃。嗟予瞻眺门墙外，何能仿佛窥室堂？也来攀附摄遗迹，三千之下，不知亦许再拜占末行。吁嗟乎！泰山之高，其高不可极。半壁回首，此身不觉已在东斗傍。

京师诗八首 弘治乙丑年改除兵部主事时作

忆龙泉山

我爱龙泉寺，寺僧颇疏野。尽日坐井栏，有时卧松下。一夕别山云，三年走车马。愧杀岩下泉，朝夕自清泻。

忆诸弟

久别龙山云，时梦龙山雨。觉来枕簟凉，诸弟在何许？终年走风尘，何似山中住。百岁如转蓬，拂衣从此去。

寄舅

老舅近何如？心性老不改。世故恼情怀，光阴不相待。借问同辈中，乡邻几人在？从今且为乐，旧事无劳悔！

送人东归

五泄佳山水，平生思一游。送子东归省，莼鲈况复秋。幽探须及壮，世事苦悠悠。来岁春风里，长安忆故丘。

寄西湖友

予有西湖梦，西湖亦梦予。三年成阔别，近事竟何如？况有诸贤在，他时终卜庐。但恐吾归日，君还轩冕拘。

赠阳伯

阳伯即伯阳，伯阳竟安在？大道即人心，万古未尝改。长生在求仁，金丹非外待。缪矣三十年，于今吾始悔！

故山

鉴水终年碧，云山尽日闲。故山不可到，幽梦每相关。雾豹言长隐，云龙欲共攀。缘知丹壑意，未胜紫宸班。

忆鉴湖友

长见人来说，扁舟每独游。春风梅市晚，月色鉴湖秋。空有烟霞好，犹为尘世留。自今当勇往，先与报江鸥。

狱中诗十四首 正德丙寅年十二月，以上疏忤逆瑾，下锦衣狱作。

不寐

天寒岁云暮，冰雪关河迥。幽室魑魅生，不寐知夜永。惊风起林木，骤若波浪汹。我心良匪石，讵为戚欣动！滔滔眼前事，逝者去相踵。厓穷犹可陟，水深犹可泳。焉知非日月，胡为乱予衷？深谷自逶迤，烟霞日悠永。匡时在贤达，归哉盍耕垅！

有室七章

有室如簏，周之崇墉。窒如穴处，无秋天冬！

耿彼屋漏，天光入之。瞻彼日月，何嗟及之！

倏晦倏明，凄其以风。倏雨倏雪，当昼而蒙。

夜何其矣，靡星靡粲。岂无白日？癙寐永叹！

心之忧矣，匪家匪室。或其启矣，殒予匪恤。

氤氲其埃，日之光矣。渊渊其鼓，明既昌矣。

朝既式矣，日既夕矣。悠悠我思，曷其极矣！

读易

囚居亦何事？省愆惧安饱。瞑坐玩羲《易》，洗心见微奥。乃知先天翁，画画有至教。包蒙戒为寇，童牿事宜早；蹇蹇匪为节，虩虩未违道。《遯》四获我心，《蛊》上庸自保。俯仰天地间，触目俱浩浩。箪瓢有余乐，此意良匪矫。幽哉阳明麓，可以忘吾老。

岁暮

兀坐经旬成木石，忽惊岁暮还思乡。高檐白日不到地，深夜黠鼠时登床。峰头霁雪开草阁，瀑下古松闲石房。溪鹤洞猿尔无恙，春江归棹吾相将。

175

见月

屋罅见明月，还见地上霜。客子夜中起，旁皇涕沾裳。匪为严霜苦，悲此明月光。月光如流水，徘徊照高堂。胡为此幽室，奄忽逾飞扬？逝者不可及，来者犹可望。盈虚有天运，叹息何能忘！

天涯

天涯岁暮冰霜结，永巷人稀罔象游。长夜星辰瞻阁道，晓天钟鼓隔云楼。思家有泪仍多病，报主无能合远投。留得升平双眼在，且应蓑笠卧沧洲。

屋罅月

幽室不知年，夜长昼苦短。但见屋罅月，清光自亏满。佳人宴清夜，繁丝激哀管；朱阁出浮云，高歌正凄婉。宁知幽室妇，中夜独愁叹！良人事游侠，经岁去不返。来归在何时？年华忽将晚。萧条念宗祀，泪下长如霰。

别友狱中

居常念朋旧，簿领成阔绝。嗟我二三友，胡然此簪盍！累累囹圄间，讲诵未能辍。桎梏敢忘罪？至道良足悦。所恨精诚眇，尚口徒自蹶。天王本明圣，旋已但中热。行藏未可期，明当与君别。愿言无诡随，努力从前哲！

赴谪诗五十五首 正德丁卯年赴谪贵阳龙场驿作

答汪抑之三首

去国心已恫，别子意弥恻。伊迩怨昕夕，况兹万里隔！恋恋歧路间，执手何能默？子有昆弟居，而我远亲侧；回思菽水欢，羡子何由得！知子念我深，夙夜敢忘惕！良心忠信资，蛮貊非我戚。

北风春尚号，浮云正南驰。风云一相失，各在天一涯。客子怀往路，起视明星稀。驱车赴长阪，迢迢入岚霏。旅宿苍山底，雾雨昏朝弥。间关不足道，嗟此白日微。切磋怀良友，愿言毋心违！

闻子赋茆屋，来归在何年？索居间楚越，连峰郁参天。缅怀岩中隐，磴道穷扳缘。江云动苍壁，山月流澄川。朝采石上芝，暮漱松间泉。鹅湖有前约，鹿洞多遗篇。寄子春鸿书，待我秋江船。

阳明子之南也其友湛元明歌九章以赠崔子钟和之以五诗于是阳明子作八咏以答之

君莫歌九章，歌以伤我心。微言破寥寂，重以离别吟。别离悲尚浅，言微感逾深。瓦缶易谐俗，谁辨黄钟音？

其二

君莫歌五诗，歌之增离忧。岂无良朋侣？洵乐相遨游。譬彼桃与李，不为仓囷谋。君莫忘五诗，忘之我焉求？

其三

洙泗流浸微，伊洛仅如线；后来三四公，瑕瑜未相掩。嗟予不量力，跛鳖期致远。屡兴还屡仆，惴息几不免。道逢同心人，秉节倡予敢；力争毫厘间，万里或可勉。风波忽相失，言之泪徒泫。

其四

此心还此理，宁论己与人！千古一嘘吸，谁为叹离群？浩浩天地内，何物非同春！相思辄奋励，无为俗所分。但使心无间，万里如相亲；不见宴游交，征逐胥以沦？

其五

器道不可离，二之即非性。孔圣欲无言，下学从泛应。君子勤小物，蕴蓄乃成行。我诵穷索篇，于子既闻命；如何圜中士，空谷以为静？

其六

静虚非虚寂，中有未发中。中有亦何有？天之即成空。无欲见真体，忘助皆非功。至哉玄化机，非子孰与穷！

其七

忆与美人别，赠我青琅函。受之不敢发，焚香始开缄；讽诵意弥远，期我濂洛间。道远恐莫致，庶几终不惭。

其八

忆与美人别，惠我云锦裳。锦裳不足贵，遗我冰雪肠。寸肠亦何遗？誓言终不渝。珍重美人意，深秋以为期。

南游三首　元明与予有衡岳、罗浮之期；赋《南游》，申约也。

南游何迢迢，苍山亦南驰。如何衡阳雁，不见燕台书？莫歌澧浦曲，莫吊湘君祠。苍梧烟雨绝，从谁问九疑。

其二

九疑不可问，罗浮如可攀。遥拜罗浮云，奠以双琼环。渺渺洞庭波，东逝何时还？生人不努力，草木同衰残！

其三

洞庭何渺茫，衡岳何崔嵬！风飘回雁雪，美人归未归？我有紫瑜珮，留挂芙蓉台。下有蛟龙峡，往往兴云雷。

忆昔答乔白岩因寄储柴墟三首

忆昔与君约，玩《易》探玄微。君行赴西岳，经年始来归。方将事穷索，忽复当远辞。相去万里余，后会安可期？问我长生诀，惑也吾谁欺！盈亏消息间，至哉天地机。圣狂天渊隔，失得分毫厘。

其二

毫厘何所辨？惟在公与私。公私何所辨？天动与人为。遗体岂不贵？践形乃无亏。愿君崇德性，问学刊支离。无为气所役，毋为物所疑；恬淡自无欲，精专绝交驰。博弈亦何事，好之甘若饴？吟咏有性情，丧志非所宜。非君爱忠告，斯语容见嗤；试问柴墟子，吾言亦何如？

其三

柴墟吾所爱，春阳溢鬓眉；白岩吾所爱，慎默长如愚。二君廊庙器，予亦山泉姿。度量较齿德，长者皆吾师。置我五人末，庶亦忘崇卑。迢迢万里别，心事两不疑。北风送南雁，慰我长相思。

一日怀抑之也抑之之赠既尝答以三诗意若有歉焉是以赋也

一日复一日，去子日以远。惠我金石言，沉郁未能展。人生各有际，道谊尤所眷。尝嗤儿女悲，忧来仍不免。缅怀沧洲期，聊以慰迟晚。

其二

迟晚不足叹，人命各有常。相去忽万里，河山郁苍苍。中夜不能寐，起视江月光。中情良自抑，美人难自忘。

其三

美人隔江水，佛仿若可睹。风吹蒹葭雪，飘荡知何处？美人有瑶瑟，清奏含太古。高楼明月夜，惆怅为谁鼓？

梦与抑之昆季语湛崔皆在焉觉而有感因记以诗三首

梦与故人语，语我以相思。才为旬日别，宛若三秋期。令弟坐我侧，屈指如有为。须臾湛君至，崔子行相随。肴醑旋罗列，语笑如平时。纵言及微奥，会意忘其辞。觉来复何有？起坐空嗟咨！

其二

起坐忆所梦，默溯犹历历。初谈自有形，继论入无极。无极生往来，往来万化出；万化无停机，往来何时息！来者胡为信？往者胡为屈？微哉屈信间，子午当其屈。非子尽精微，此理谁与测？何当衡庐间，相携玩羲《易》。

其三

衡庐曾有约，相携尚无时。去事多翻覆，来踪岂前知？斜月满虚牖，树影何参差；林风正萧瑟，惊鹊无宁枝。邈彼二三子，恝焉劳我思。

因雨和杜韵

晚堂疏雨暗柴门，忽入残荷泻石盆。万里沧江生白发，几人灯火坐黄昏？客途最觉秋先到，荒径惟怜菊尚存。却忆故园耕钓处，短蓑长笛下江村。

赴谪次北新关喜见诸弟

扁舟风雨泊江关，兄弟相看梦寐间。已分天涯成死别，宁知意外得生还！投荒自识君恩远，多病心便吏事闲。携汝耕樵应有日，好移茅屋傍云山。

南屏

溪风漠漠南屏路，春服初成病眼开。花竹日新僧已老，湖山如旧我重来。层楼雨急青林迥，古殿云晴碧嶂回。独有幽禽解相信，双飞时下读书台。

卧病静慈写怀

卧病空山春复夏，山中幽事最能知。雨晴阶下泉声急，夜静松间月色迟。把卷有时眠白石，解缨随意濯清漪。吴山越峤俱堪老，正奈燕云系远思！

移居胜果寺二首

江上俱知山色好，峰回始见寺门开。半空虚阁有云住，六月深松无暑来。病肺正思移枕簟，洗心兼得远尘埃。富春咫尺烟涛外，时倚层霞望钓台。

病余岩阁坐朝曛，异景相新得未闻。日脚倒明千顷雾，雨声高度万峰云。越山阵水当吴峤，江月随潮上海门。便欲携书从此老，不教猿鹤更移文。

忆别

忆别江干风雪阴，艰难岁月两侵寻。重看骨肉情何限，况复斯文约旧深。贤圣可期先立志，尘凡未脱谩言心。移家便住烟霞壑，绿水青山长对吟。

泛海

险夷原不滞胸中，何异浮云过太空！夜静海涛三万里，月明飞锡下天风。

武夷次壁间韵

肩舆飞度万峰云，回首沧波月下闻。海上真为沧水使，山中又遇武夷君。溪流九曲初谙路，精舍千年始及门。归去高堂慰垂白，细探更拟在春分。

草萍驿次林见素韵奉寄

山行风雪瘦能当，会喜江花照野航。本与宦途成懒散，颇因诗景受闲忙。乡心草色春同远，客鬓松梢晚更苍。料得烟霞终有分，未须连夜梦溪堂。

玉山东岳庙遇旧识严星士

忆昨东归亭下路，数峰箫管隔秋云。肩舆欲到妨多事，鼓枻重来会有云。春夜绝怜灯节近，溪声最好月中闻。行藏无用君平卜，请看沙边鸥鹭群。

广信元夕蒋太守舟中夜话

楼台灯火水西东，箫鼓星桥渡碧空。何处忽谈尘世外？百年惟此月明中。客途孤寂浑常事，远地相求见古风。别后新诗如不惜，衡南今亦有飞鸿。

夜泊石亭寺用韵呈陈娄诸公因寄储柴墟都宪及乔白岩太常诸友

廿年不到石亭寺，惟有西山只旧青。白拂挂墙僧已去，红阑照水客重经。沙村远树凝春望，江雨孤篷入夜听。何处故人还笑语？东风啼鸟梦初醒。

怅望沙头成久坐，江洲春树何青青。烟霞故国虚梦想，风雨客途真惯经！白璧屡投终自信，朱弦一绝好谁听？扁舟心事沧浪旧，从与渔人笑独醒。

过分宜望钤冈庙

共传峰顶树，古庙有灵神，楚俗多尊鬼，巫言解惑人。望裡存旧典，捍御及斯民。世事浑如此，题诗感慨新！

杂诗三首

危栈断我前，猛虎尾我后，倒崖落我左，绝壑临我右。我足复荆榛，雨雪更纷骤。邈然思古人，无闷聊自有。无闷虽足珍，警惕忘尔守。君观真宰意，匪薄亦良厚。

其二

青山清我目，流水静我耳；琴瑟在我御，经书满我几。措足践坦道，悦心有妙理。顽冥非所惩，贤达何靡靡！乾乾怀往训，敢忘惜分暑？悠哉天地内，不知老将至。

其三

羊肠亦坦道，太虚何阴晴？灯窗玩古《易》，欣然获我情。起舞还再拜，圣训垂明明；拜舞讵逾节？顿忘乐所形。敛衽复端坐，玄思窥沉溟。寒根固生意，息灰抱阳精。冲漠际无极，列宿罗青冥。夜深向晦息，始闻风雨声。

袁州府宜春台四绝

宜春台上还春望，山水南来眼未尝。却笑韩公亦多事，更从南浦羡滕王。

台名何事只宜春？山色无时不可人。不用烟花费妆点，尽教刊落尽嶙峋。

持修江藻拜祠前，正是春风欲暮天。童冠尽多归咏兴，城南兼说有温泉。

古庙香灯几许年？增修还费大官钱。至今楚地多风雨，犹道山神驾铁船。

夜宿宣风馆

山石崎岖古辙痕，沙溪马渡水犹浑。夕阳归鸟投深麓，烟火行人望远村。天际浮云生白发，林间孤月坐黄昏。越南冀北俱千里，正恐春愁人夜魂。

萍乡道中谒濂溪祠

木偶相沿恐未真，清辉亦复凛衣巾。簿书曾屑乘田吏，俎豆犹存畏垒民。碧水苍山俱过化，光风霁月自传神。千年私淑心丧后，下拜春祠荐渚蘋。

宿萍乡武云观

晓行山径树高低，雨后春泥没马蹄。翠色绝云开远嶂，寒声隔竹隐晴溪。已闻南去艰舟楫，漫忆东归沮杖藜。夜宿仙家见明月，清光还似鉴湖西。

醴陵道中风雨夜宿泗州寺次韵

风雨偏从险道尝，深泥没马陷车箱。虚传鸟路通巴蜀，岂必羊肠在太行！远渡渐看连暝色，晚霞会喜见朝阳。水南昏黑投僧寺，还理羲编坐夜长。

长沙答周生

旅倦憩江观，病齿废谈诵。之子特相求，礼殚意弥重。自言绝学余，有志莫与共；手持一编书，披历见肝衷；近希小范踪，远为贾生恸；兵符及射艺，方技靡不综。我方惩创后，见之色亦动。子诚仁者心，所言亦屡中；愿子且求志，蕴蓄事涵泳。孔圣固惶惶，与点乐归咏；回也王佐才，闭户避邻哄。知子信美才，大构中梁栋；未当匠石求，滋植务培壅。愧子勤绻意，何以相规讽？养心在寡欲，操存舍即纵。岳麓何森森，遗址自南宋；江山足游息，贤迹尚堪踵。何当谢病来，士气多沉勇。

涉湘于迈岳麓是尊仰止先哲因怀友生丽泽兴感伐木寄言二首

客行长沙道，山川郁稠缪。西探指岳麓，凌晨渡湘流；逾冈复陟嵲，吊古还寻幽。林壑有余采，昔贤此藏修；我来实仰止，匪伊事盘游。衡云闲晓望，洞野浮春洲。怀我二三友，《伐木》增离忧。何当此来聚？道谊日相求。

其二

林间憩白石，好风亦时来。春阳熙百物，欣然得予怀。缅思两夫子，此地得徘徊。当年麇童冠，旷代登堂阶。高情诇今昔，物色遗吾侪。顾谓二三子，取瑟为我谐。我弹尔为歌，尔舞我与偕。吾道有至乐，富贵真浮埃！若时乘大化，勿愧点与回。陟冈采松柏，将以遗所思；勿采松柏枝，两贤昔所依。缘峰践台石，将以望所期；勿践台上石，两贤昔所跻。两贤去邈矣，我友何相违？吾斯未能信，役役空尔疲。胡不此簪盍，丽泽相遨嬉？渴饮松下泉，饥餐石上芝。偃仰绝余念，迁客难久稽。洞庭春浪阔，浮云隔九疑。江洲满芳草，目极令人悲。已矣从此去，奚必兹山为！恋系乃从欲，安土惟随时。晚闻冀有得，此外吾何知！

游岳麓书事

醴陵西来涉湘水，信宿江城沮风雨。不独病齿畏风湿，泥潦侵途绝行旅。人言岳麓最形胜，隔水溟蒙隐云雾；赵侯需晴邀我游，故人徐陈各传语；周生好事屡来速，森森雨脚何由住！晓来阴翳稍披拂，便携周生涉江去。戒令休遣府中知，徒尔劳人更妨务。橘洲僧寺浮江流，鸣钟出延立沙际。停桡一至答其情，三洲连绵亦佳处。行云散漫浮日色，是时峰峦益开霁。乱流荡桨济倏忽，系榄江边老檀树。岸行里许入麓口，周生道予勤指顾。柳溪梅堤存仿佛，道林林壑独如故。赤沙想像虚田中，西屿倾颓今冢墓。道乡荒址留突兀，赫曦远望石如鼓。殿堂释菜礼从宜，下拜朱张息游地。凿石开山面势改，双峰辟阙见江渚；闻是吴君所规画，此举良是反遭忌。九仞谁亏一篑功，叹息遗基独延仁！浮屠观阁摩青霄，盘据名区遍寰宇；其徒素为儒所摈，以此方之反多愧。爱礼思存告朔羊，况此实作匪文具。人云赵侯意颇深，隐忍调停旋修举；昨来风雨破栋脊，方遣圬人补残敝。予闻此语心稍慰，野人蔬蕨亦罗置；欣然一酌才举杯，津夫走报郡侯至。此行隐迹何由闻？遣骑候访自吾寓；潜来鄙意正为此，仓卒行庖益劳费。整冠出讶见两盖，乃知王君亦同御。肴羞层叠丝竹繁，避席兴辞恳莫拒。多仪劣薄非所承，乐阕觞周日将暮。黄堂吏散君请先，病夫沾醉须少憩。入舟暝色渐微茫，却喜顺流还易渡。严城灯火人已稀，小巷曲折忘归路。仙宫酣倦成熟寐，晓闻檐声复如注。昨游偶遂实天假，信知行乐皆有数。涉躐差偿夙好心，尚有名山敢多慕！齿角盈亏分则然，行李虽淹吾不恶。

次韵答赵太守王推官

诘朝事虔谒，玄居宿斋沐。积霖喜新霁，风日散清燠。兰桡渡芳渚，半涉见水陆；溪山俨新宇，雷雨荒大麓。皇皇弦诵区，斯文昔炳郁；兴废尚屯疑，使我怀悱懊。近闻牧守贤，经营亟乘屋。方舟为予来，飞盖遥肃肃。花絮媚晚筵，韶景正柔淑。浴沂谅同情，及兹授春服。令德倡高词，混珠愧鱼目！努力崇修名，迂疏自岩谷。

天心湖阻泊既济书事

挂席下长沙，瞬息百余里。舟人共扬眉，予独忧其驶。日暮入沅江，抵石舟果阺。补敝诘朝发，冲风遂龃龉。暝泊后江湖，萧条旁罾罦。月黑波涛惊，蛟鼍互睥睨。翼午风益厉，狼狈收断汜。天心数里间，三日但遥指。甚雨迅雷

183

电，作势殊未已。溟溟云雾中，四望渺涯涘。篙桨不得施，丁夫尽嗟噫。淋漓念同胞，吾宁忍暴使？馈粥且倾囊，苦甘吾与尔。众意在必济，粮绝亦均死。凭陵向高浪，吾亦讵容止。虎怒安可撄？志同稍足倚；且令并岸行，试涉湖滨沚。收舵幸无事，风雨亦浸弛。逡巡缘沚湄，迤逦就风势。新涨翼回湍，倏忽逝如矢。夜入武阳江，渔村稳堪舣。籴市谋晚炊，且为众人喜。江醪信漓浊，聊复荡胸滓。济险在需时，徼幸岂常理？尔辈勿轻生，偶然非可恃！

居夷诗

去妇叹五首 楚人有间于新娶而去其妇者。其妇无所归，去之山间独居，怀绻不忘，终无他适。予闻其事而悲之，为作《去妇叹》。

委身奉箕帚，中道成弃捐。苍蝇间白璧，君心亦何愆！独嗟贫家女，素质难为妍。命薄良自喟，敢忘君子贤？春华不再艳，颓魄无重圆。新欢莫终悖，令仪慎周还。

依违出门去，欲行复迟迟。邻姬尽出别，强语含辛悲。陋质容有缪，放逐理则宜；姑老籍相慰，缺乏多所资。妾行长已矣，会面当无时！

妾命如草芥，君身比琅玕。奈何以妾故，废餐怀愤冤？无为伤姑意，燕尔且为欢；中厨存宿旨，为姑备朝餐。畜育意千绪，仓卒徒悲酸。伊迩望门屏，盍从新人言。夫意已如此，妾还当谁颜！

去矣勿复道，已去还踟蹰。鸡鸣尚闻响，犬恋犹相随。感此摧肝肺，泪下不可挥。冈回行渐远，日落群鸟飞。群鸟各有托，孤妾去何之？

空谷多凄风，树木何潇森！浣衣涧冰合，采苓山雪深。离居寄岩穴，忧思托鸣琴。朝弹别鹤操，暮弹孤鸿吟。弹苦思弥切，巉岏隔云岑。君聪甚明哲，何因闻此音？

罗旧驿

客行日日万峰头，山水南来亦胜游。布谷鸟啼村雨暗，刺桐花暝石溪幽。蛮烟喜过青杨瘴，乡思愁经芳杜洲。身在夜郎家万里，五云天北是神州。

沅水驿

辰阳南望接沅州，碧树林中古驿楼。远客日怜风土异，空山惟见瘴云浮。耶浮有信从谁问？楚水无情只自流。却幸此身如野鹤，人间随地可淹留。

184

钟鼓洞

见说水南多异迹，岩头时有鼓钟声。空遗石壁千年在，未信金砂九转成。远地星辰瞻北极，春山明月坐更深。年来夷险还忘却，始信羊肠路亦平。

平溪馆次王文济韵

山城寥落闭黄昏，灯火人家隔水村。清世独便吾职易，穷途还赖此心存。蛮烟瘴雾承相往，翠壁丹厓好共论。畎亩投闲终有日，小臣何以答君恩？

清平卫即事

积雨山途喜乍晴，暖云浮动水花明。故园日与青春远，敝缊凉思白苎轻。烟际卉衣窥绝栈，时土苗方仇杀。峰头戍角隐孤城。华夷节制严冠履，漫说殊方列省卿。

兴隆卫书壁

山城高下见楼台，野戍参差暮角摧。贵竹路从峰顶入，夜郎人自日边来。莺花夹道惊春老，雉堞连云向晚开。尺素屡题还屡掷，衡南那有雁飞回？

七盘

鸟道萦纡下七盘，古藤苍木峡声寒。境多奇绝非吾土，时可淹留是谪官。犹记边峰传羽檄，近闻苗俗化衣冠。投簪实有居夷志，垂白难承菽水欢。

初至龙场无所止结草庵居之

草庵不及肩，旅倦体方适。开棘自成篱，土阶漫无级；迎风亦萧疏，漏雨易补缉。灵濑响朝湍，深林凝暮色。群獠环聚讯，语庞意颇质。鹿豕且同游，兹类犹人属。污樽映瓦豆，尽醉不知夕。缅怀黄唐化，略称茅茨迹。

始得东洞遂改为阳明小洞天三首

古洞閟荒僻，虚设疑相待。披莱历风磴，移居快幽垲。营炊就岩窦，放榻依石垒。穸室旋薰塞，夷坎仍扫洒。卷帙漫堆列，樽壶动光彩。夷居信何陋，恬淡意方在。岂不桑梓怀？素位聊无悔。

童仆自相语，洞居颇不恶。人力免结构，天巧谢雕凿。清泉傍厨落，翠雾还成幕。我辈日嬉偃，主人自愉乐。虽无荣戟荣，且远尘嚣聒。但恐霜雪凝，云深衣絮薄。

我闻莞尔笑，周虑愧尔言。上古处巢窟，抔饮皆污樽。沍极阳内伏，石穴多冬暄。豹隐文始泽，龙蛰身乃存。岂无数尺椽，轻裘吾不温。邈矣箪瓢子，此心期与论。

谪居绝粮请学于农将田南山永言寄怀

谪居屡在陈，从者有愠见。山荒聊可田，钱镈还易办。夷俗多火耕，仿习亦颇便。及兹春未深，数亩犹足佃。岂徒实口腹？且以理荒宴。遗穗及鸟雀，贫寡发余羡。出耒在明晨，山寒易霜霰。

观稼

下田既宜稌，高田亦宜稷。种蔬须土疏，种蓣须土湿。寒多不实秀，暑多有螟螣。去草不厌频，耘禾不厌密。物理既可玩，化机还默识；即是参赞功，毋为轻稼穑！

采蕨

采蕨西山下，扳援陟崔嵬。游子望乡国，泪下心如摧。浮云塞长空，颓阳不可回。南归断舟楫，北望多风埃。已矣供子职，勿更贻亲哀！

猗猗

猗猗涧边竹，青青岩畔松。直干历冰雪，密叶留清风。自期永相托，云壑无违踪。如何两分植，憔悴叹西东。人事多翻覆，有如道上蓬。惟应岁寒意，随处还当同。

南溟

南溟有瑞鸟，东海有灵禽；飞游集上苑，结侣珍树林；愿言饰羽仪，共舞箫韶音。风云忽中变，一失难相寻。瑞鸟既遭縻，灵禽投荒岑；天衢雨雪积，江汉虞罗侵。哀哀鸣索侣，病翼飞未任。群鸟亦千百，谁当会其心？南岳有竹实，丹溜青松阴；何时共栖息？永托云泉深。

溪水

溪石何落落，溪水何泠泠。坐石弄溪水，欣然濯我缨。溪水清见底，照我白发生。年华若流水，一去无回停。悠悠百年内，吾道终何成！

龙冈新构

诸夷以予穴居颇阴湿，请构小庐。欣然趋事，不月而成。诸生闻之，亦皆来集，请名龙冈书院，其轩曰"何陋"。

谪居聊假息，荒秽亦须治。凿巘薙林条，小构自成趣。开窗入远峰，架扉出深树。墟寨俯逶迤，竹木互蒙翳。畦蔬稍溉锄，花药颇杂莳。宴适岂专予，来者得同憩。轮奂非致美，毋令易倾敝。

营茅乘田隙，洽旬始苟完。初心待风雨，落成还美观。锄荒既开径，拓樊亦理园。低檐避松偃，疏土行竹根。勿剪墙下棘，束列因可藩；莫撷林间萝，蒙笼覆云轩。素缺农圃学，因兹得深论。毋为轻鄙事，吾道固斯存。

诸生来

简滞动罹咎，废幽得幸免。夷居虽异俗，野朴意所眷。思亲独疚心，疾忧庸自遣。门生颇群集，樽罍亦时展。讲习性所乐，记问复怀觍。林行或沿涧，洞游还陟巘。月榭坐鸣琴，云窗卧披卷。澹泊生道真，旷达匪荒宴。岂必鹿门栖，自得乃高践。

西园

方园不盈亩，蔬卉颇成列。分溪免瓮灌，补篱防豕蹢。芜草稍焚薙，清雨夜来歇。濯濯新叶敷，荧荧夜花发。放锄息重阴，旧书漫披阅。倦枕竹下石，醒望松间月。起来步闲谣，晚酌檐下设。尽醉即草铺，忘与邻翁别。

水滨洞

送远憩岨谷，濯缨俯清流。沿溪涉危石，曲洞藏深幽。花静馥常闷，溜暗光亦浮。平生泉石好，所遇成淹留。好鸟忽双下，儵鱼亦群游。坐久尘虑息，澹然与道谋。

山石

山石犹有理，山木犹有枝；人生非木石，别久宁无思！愁来步前庭，仰视行云驰；行云随长风，飘飘去何之？行云有时定，游子无还期。高粱始归燕，题鴂已先悲。有生岂不苦，逝者长若斯！已矣复何事？商山行采芝。

无寐二首

烟灯暖无寐，忧思坐长往。寒风振乔林，叶落闻窗响。起窥庭月光，山空游罔象。怀人阻积雪，崖冰几千丈。

穷厓多杂树，上与青冥连。穿云下飞瀑，谁能识其源？但闻清猿啸，时见皓鹤翻。中有避世士，冥寂栖其巅。繄予亦同调，路绝难攀缘。

诸生夜坐

谪居澹虚寂，眇然怀同游。日入山气夕，孤亭俯平畴。草际见数骑，取径如相求；渐近识颜面，隔树停鸣驺；投辔雁鹜进，携榼各有羞；分席夜堂坐，绛蜡清樽浮；鸣琴复散帙，壶矢交觥筹。夜弄溪上月，晓陟林间丘。村翁或招饮，洞客偕探幽。讲习有真乐，谈笑无俗流。缅怀风沂兴，千载相为谋。

艾草次胡少参韵

艾草莫艾兰，兰有芬芳姿。况生幽谷底，不碍君稻畦。艾之亦何益？徒令香气衰。荆棘生满道，出刺伤人肌；持刀忌触手，睨视不敢挥。艾草须艾棘，勿为棘所欺。

凤雏次韵答胡少参

凤雏生高厓，风雨摧其翼。养疴深林中，百鸟惊辟易。虞人视为妖，举网争弹弋。此本王者瑞，惜哉谁能识！吾方哀其穷，胡忍复相亟？鸥枭据丛林，驱鸟恣搏食。嗟尔独何心？枭凤如白黑。

鹦鹉和胡韵

鹦鹉生陇西，群飞恣鸣游。何意虞罗及？充贡来中州；金绦縻华屋，云泉谢林丘。能言实阶祸，吞声亦何求！主人有隐寇，窃发闻其谋。感君惠养德，一语思所酬。惧君不见察，杀身反为尤。

诸生

人生多离别，佳会难再遇。如何百里来，三宿便辞去？有琴不肯弹，有酒

188

不肯御。远陟见深情,宁予有弗顾?洞云还自栖,溪月谁同步?不念南寺时,寒江雪将暮?不记西园日,桃花夹川路?相去倏几月,秋风落高树。富贵犹尘沙,浮名亦飞絮。嗟我二三子,吾道有真趣。胡不携书来,茆堂好同住!

游来仙洞早发道中

霜风清木叶,秋意生萧疏。冲星策晓骑,幽事将有徂。股虫乱飞掷,道狭草露濡;倾暑物晨发,征夫已先途。淅米石间溜,炊火岩中庐。烟峰上初日,林鸟相嘤呼。意欣物情适,战胜癯色腴。行乐信宇宙,富贵非吾图!

别友

幽寻意方结,奈此世累牵。凌晨驱马别,持杯且为传。相求苦非远,山路多风烟。所贵明哲士,秉道非苟全。去矣崇令德,吾亦行归田。

赠黄太守澍

岁宴乡思切,客久亲旧疏。卧疴闭空院,忽来故人车。入门辨眉宇,喜定还惊吁。远行亦安适,符竹膺新除。荒郡号难理,况兹征索余!君才素通敏,窘剧宜有纡。蛮乡虽瘴毒,逐客犹安居。经济非复事,时还理残书。山泉足游憩,鹿麋能友予。澹然穷壤内,容膝皆吾庐。惟营垂白念,旦夕怀归图。君行勉三事,吾计终五湖。

寄友用韵

怀人坐沉夜,帷灯暖幽光。耿耿积烦绪,忽忽如有忘。玄景逝不处,朱炎化微凉。相彼谷中葛,重阴殒衰黄。感此游客子,经年未还乡。伊人不在目,丝竹徒满堂。天深雁书杳,梦短关塞长。情好矢无致,愿言觊终偿。惠我金石编,徽音激宫商。驰辉不可即,式尔增予伤!馨香袭肝膂,聊用心中藏。

秋夜

树暝栖翼喧,萤飞夜堂静。遥穿出晴月,低檐入峰影。宿然坐幽独,怵尔抱深警。年徂道无闻,心违迹未屏。萧瑟中林秋,云凝松桂冷。山泉岂无适?离人怀故境。安得驾云鸿,高飞越南景!

采薪二首

朝采山上荆，暮采谷中栗。深谷多凄风，霜露沾衣湿。采薪勿辞辛，昨来断薪拾。晚归阴壑底，抱瓮还自汲。薪水良独劳，不愧食吾力！

倚担青厓际，历斧厓下石。持斧起环顾，长松百余尺。徘徊不忍挥，俯略涧边棘。同行笑吾馁，尔斧安用历？快意岂不能？物材各有适。可以相天子，众稚讵足识！

龙冈漫兴五首

投荒万里入炎州，却喜官卑得自由。心在夷居何有陋？身虽吏隐未忘忧。春山卉服时相问，雪寨蓝舆每独游。拟把犁锄从许子，漫将弦诵止言游。

旅况萧条寄草堂，虚檐落日自生凉。芳春已共烟花尽，孟夏俄惊草木长。绝壁千寻凌杳霭，深厓六月宿冰霜。人间不有宣尼叟，谁信申韩未是刚？

路僻官卑病益闲，空林惟听鸟间关。地无医药凭书卷，身处蛮夷亦故山。用世谩怀伊尹耻，思家独切老莱斑。梦魂兼喜无余事，只在耶溪舜水湾。

卧龙一去忘消息，千古龙冈漫有名。草屋何人方管乐，桑间无耳听《咸英》。江沙漠漠遗云鸟，草木萧萧动甲兵。好共鹿门庞处士，相期采药入青冥。

归与吾道在沧浪，颜氏何曾击柝忙？枉尺已非贤者事，斫轮徒有古人方。白云晚忆归岩洞，苍藓春应遍石床。寄语峰头双白鹤，野夫终不久龙场。

答毛拙庵见招书院

野夫病卧成疏懒，书卷长抛旧学荒。岂有威仪堪法象？实惭文檄过称扬。移居正拟投医肆，虚席仍烦避讲堂。范我定应无所获，空令多士笑王良。

老桧

老桧斜生古驿傍，客来系马解衣裳。托根非所还怜汝，直干不挠终异常。风雪凛然存节概，刮摩聊尔见文章。何当移植山林下，偃蹇从渠拂汉苍。

却巫

卧病空山无药石，相传土俗事神巫。吾行久矣将焉祷？众议纷然反见迁。积习片言容未解，舆情三月或应孚。也知伯有能为厉，自笑孙侨非丈夫。

过天生桥

水光如练落长松，云际天桥隐白虹。辽鹤不来华表烂，仙人一去石桥空。徒闻鹊驾横秋夕，谩说秦鞭到海东。移放长江还济险，可怜虚却万山中。

南霁云祠

死矣中丞莫谩疑，孤城援绝久知危。贺兰未灭空遗恨，南八如生定有为。风雨长廊嘶铁马，松杉阴雾卷灵旗。英魂千载知何处？岁岁边人赛旅祠。

春晴

林下春晴风渐和，高岩残雪已无多。游丝冉冉花枝静，青壁迢迢白鸟过。忽向山中怀旧侣，几从洞口梦烟萝。客衣尘土终须换，好与湖边长芰荷。

陆广晓发

初日瞳瞳似晓霞，雨痕新霁渡头沙。溪深几曲云藏峡，树老千年雪作花。白鸟去边回驿路，青崖缺处见人家。遍行奇胜才经此，江上无劳羡九华。

雪夜

天涯久客岁侵寻，茆屋新开枫树林。渐惯省言因病齿，屡经多难解安心。犹怜未系苍生望，且得闲为白石吟。乘兴最堪风雪夜，小舟何日返山阴？

元夕二首

故园今夕是元宵，独向蛮村坐寂寥。赖有遗经堪作伴，喜无车马过相邀。春还草阁梅先动，月满虚庭雪未消。堂上花灯诸弟集，重闱应念一身遥。

去年今日卧燕台，铜鼓中宵隐地雷。月傍苑楼灯彩淡，风传阁道马蹄回。炎荒万里频回首，羌笛三更谩自哀。尚忆先朝多乐事，孝皇曾为两宫开。

家僮作纸灯

寥落荒村灯事赊，蛮奴试巧剪春纱。花枝绰约含轻雾，月色玲珑映绮霞。取办不徒酬令节，赏心兼是惜年华，如何京国王侯第，一盏中人产十家！

白云堂

白云僧舍市桥东，别院回廊小径通。岁古檜松存独干，春还庭竹发新丛。晴窗暗映群峰雪，清梵长飘高阁风。迁客从来甘寂寞，青鞋时过月明中。

来仙洞

古洞春寒客到稀，绿苔荒径草霏霏。书悬绝壁留僧偈，花发层萝绣佛衣。壶榼远从童冠集，杖藜随处宦情微。石门遥锁阳明鹤，应笑山人久不归。

木阁道中雪

瘦马支离缘绝壁，连峰窅窕入层云。山村树暝惊鸦阵，涧道雪深逢鹿群。冻合衡茅炊火断，望迷孤戍暮笳闻。正思讲习诸贤在，绛蜡清醅坐夜分。

元夕雪用苏韵二首

林间暮雪定归鸦，山外铃声报使车。玉盏春光传柏叶，夜堂银烛乱檐花。萧条音信愁边雁，迢递关河梦里家。何日扁舟还旧隐，一蓑江上把鱼叉。

寒威入夜益廉纤，酒瓮炉床亦戒严。久客渐怜衣有结，蛮居长叹食无盐。饥豺正尔群当路，冻雀从渠自宿檐。阴极阳回知不远，兰芽行见发春尖。

晓霁用前韵书怀二首

双阙钟声起万鸦，禁城月色满朝车。竟谁诗咏东曹桧？正忆梅开西寺花。此日天涯伤逐客，何年江上却还家？曾无一字堪驱使，谩有虚名拟八叉。

涧草岩花欲斗纤，溪风林雪故争严。连歧尽说还宜麦，煮海何曾见作盐。路断暂怜无过客，病余兼喜曝晴檐。谪居亦自多清绝，门外群峰玉笋尖。

次韵陆金宪元日喜晴

城里夕阳城外雪，相将十里异阴晴。也知造物曾何意？底是人心苦未平！柏府楼台衔倒景，茆茨松竹泻寒声。布衾莫谩愁僵卧，积素还多达曙明。

元夕木阁山火

荒村灯夕偶逢晴，野烧峰头处处明。内苑但知鳌作岭，九门空说火为城。天应为我开奇观，地有兹山不世情。却恐炎威被松柏，休教玉石遂同赪！

夜宿汪氏园

小阁藏身一斗方，夜深虚白自生光。梁间来下徐生榻，座上惭无荀令香。驿树雨声翻屋瓦，龙池月色浸书床。他年贵竹传异事，应说阳明旧草堂。

春行

冬尽西归满山雪，春初复来花满山。白鸥乱浴清溪上，黄鸟双飞绿树间。物色变迁随转眼，人生岂得长朱颜！好将吾道从吾党，归把渔竿东海湾。

村南

花事纷纷春欲酣，杖藜随步过村南。田翁开野教新犊，溪女分流浴种蚕。稚犬吠人依密槿，闲凫照影立晴潭。偶逢江客传乡信，归卧枫堂梦石龛。

山途二首

上山见日下山阴，阴欲开时日欲沉。晚景无多伤远道，朝阳莫更沮云岑。人归暝市分渔火，客舍空林依暮禽。世事验来还自领，古人先已得吾心。

南北驱驰任板舆，谪乡何地是安居？家家细雨残灯后，处处荒原野烧余。江树欲迷游子望，朔云长断故人书。茂陵多病终萧散，何事相如赋《子虚》。

白云

白云冉冉出晴峰，客路无心处处逢。已逐肩舆度青壁，还随孤鹤下苍松。此身愧尔长多系，他日从龙谩托踪。断鹜残鸦飞欲尽，故山回首意重重。

答刘美之见寄次韵

休疑迁客迹全贫，犹有沙鸥日见亲。勋业已辞沧海梦，烟花多负故园春。百年长恐终无补，万里宁期尚得身。念我不劳伤鬓雪，知君亦欲拂衣尘。

寄徐掌教

徐稚今安在？空梁榻久悬。北门倾盖日，东鲁校文年。岁月成超忽，风云易变迁。新诗劳寄我，不愧《鸟鸣》篇。

书庭蕉

檐前蕉叶绿成林，长夏全无暑气侵。但得雨声连夜静，不妨月色半床阴。
新诗旧叶题将满，老芰疏梧根共深。莫笑郑人谈讼鹿，至今醒梦两难寻。

送张宪长左迁滇南大参次韵

世味知公最饱谙，百年清德亦何惭！柏台藩省官非左，江汉滇池道益南。
绝域烟花怜我远，今宵风月好谁谈？交游若问居夷事，为说山泉颇自堪。

南庵次韵二首

隔水樵渔亦几家，缘冈石路入溪斜。松林晚映千峰雨，枫叶秋连万树霞。
渐觉形骸逃物外，未妨游乐在天涯。频来不用劳僧榻，已僭汀鸥一席沙。

斜日江波动客衣，水南深竹见岩扉。渔人收网舟初集，野老忘机坐未归。
渐觉云间栖翼乱，愁看天北暮云飞。年年岁晚长为客，闲杀西湖旧钓矶。

观傀儡次韵

处处相逢是戏场，何须傀儡夜登堂？繁华过眼三更促，名利牵人一线长。
稚子自应争诧说，矮人亦复浪悲伤。本来面目还谁识？且向樽前学楚狂。

徐都宪同游南庵次韵

岩寺藏春长不夏，江花映日艳于桃。山阴入户川光暮，林影浮空暑气高。
树老岂能知岁月，溪清真可鉴秋毫。但逢佳景须行乐，莫遣风霜著鬓毛。

即席次王文济少参韵二首

摇落休教感客途，南来秋兴未全孤。肝肠已自成金石，齿发从渠变柳蒲。
倾倒酒杯金谷罚，逼真词格《辋川图》。谪乡莫道贫消骨，犹有新诗了旧逋。

此身未拟泣穷途，随处翻飞野鹤孤。霜冷几枝存晚菊，溪春两度见新蒲。
荆西寇盗纡筹策，湘北流移入画图。莫怪当筵倍凄切，诛求满地促官逋。

赠刘侍御二首 蹇以反身，困以遂志。今日患难，阁下受用处也。知之，则处此当自别。病笔
不能多及，然其余亦无足言者。聊次韵。某顿首刘侍御大人契长。

相送溪桥未隔年，相逢又过小春天。忧时敢负君臣义？念别羞为儿女怜。

194

道自升沉宁有定，心存气节不无偏。知君已得虚舟意，随处风波只宴然。

夜寒

檐际重阴覆夜寒，石炉松火坐更残。穷荒正讶乡书绝，险路仍愁归梦难。
仙侣春风怀越峤，钓船明月负严滩。未因谪宦伤憔悴，客鬓还羞镜里看。

冬至

客床无寐听潜雷，珍重初阳夜半回。天地未尝生意息，冰霜不耐鬓毛催。
春添衮线谁能补？岁晚心丹自动灰。料得重闱强健在，早看消息报窗梅。

春日花间偶集示门生

闲来聊与二三子，单夹初成行暮春。改课讲题非我事，研几悟道是何人？
阶前细草雨还碧，檐下小桃晴更新。坐起咏歌俱实学，毫厘须遣认教真。

次韵送陆文顺佥宪

贵阳东望楚山平，无奈天涯又送行。杯酒豫期倾盖日，封书烦慰倚门情。
心驰魏阙星辰迥，路绕乡山草木荣。京国交游零落尽，空将秋月寄猿声。

次韵陆佥宪病起见寄

一赋《归来》不愿余，文园多病滞相如。篱边竹笋青应满，洞口桃花红
自舒。荷蒉有心还击磬，周公无梦欲删《书》。云间宪伯能相恩，尺素长题问
谪居。

次韵胡少参见过

旋管小酌典春裘，佳客真惭竟日留。长怪岭云迷楚望，忽闻吴语破乡愁。
镜湖自昔堪归老，杞国何人独抱忧！莫讶临花倍惆怅，赏心原不在枝头。

雪中桃次韵

雪里桃花强自春，萧疏终觉损精神。却惭幽竹节逾劲，始信寒梅骨自真。
遭际本非甘冷淡，飘零须信委风尘。从来此事还希阔，莫怪临轩赏更新。

舟中除夕二首

扁舟除夕尚穷途，荆楚还怜俗未殊。处处送神悬楮马，家家迎岁换桃符。江醪信薄聊相慰，世路多歧谩自吁！白发频年伤远别，彩衣何日是庭趋？

远客天涯又岁除，孤航随处亦吾庐。也知世上风波满，还恋山中木石居。事业无心从齿发，亲交多难绝音书。江湖未就新春计，夜半樵歌忽起予。

淑浦山夜泊

淑浦山边泊，云间见驿楼。滩声回远树，崖影落中流。柳放新年绿，人归隔岁舟。客途时极目，天北暮阴愁。

过江门崖

三年谪宦沮蛮氛，天放扁舟下楚云。归信应先春雁到，闲心期与白鸥群。晴溪欲转新年色，苍壁多遗古篆文。此地从来山水胜，它时回首忆江门。

辰州虎溪龙兴寺闻杨名父将到留韵壁间

杖藜一过虎溪头，何处僧房是惠休？云起峰头沉阁影，林疏地底见江流。烟花日暖犹含雨，鸥鹭春闲欲满洲。好景同来不同赏，诗篇还为故人留。

武陵潮音阁怀元明

高阁凭虚台十寻，卷帘疏雨动微吟。江天云鸟自来去，楚泽风烟无古今。山色渐疑衡岳近，花源欲问武陵深。新春尚沮东归楫，落日谁堪话此心？

阁中坐雨

台下春云及寺门，懒夫睡起正开轩。烟芜涨野平堤绿，江雨随风入夜喧。道意萧疏惭岁月，归心迢递忆乡园。年来身迹如漂梗，自笑迂痴欲手援。

霁夜

雨霁僧堂钟磬清，春溪月色特分明。沙边宿鹭寒无影，洞口流云夜有声。静后始知群动妄，闲来还觉道心惊。问津久已惭沮溺，归向东皋学耦耕。

僧斋

尽日僧斋不厌闲，独余春睡得相关。檐前水涨遂无地，江外云晴忽有山。远客趁墟招渡急，舟人晒网得鱼还。也知世事终无补，亦复心存出处间。

德山寺次壁间韵

乘兴看山薄暮来，山僧迎客寺门开。雨昏碧草春申墓，云卷青峰善卷台。性爱烟霞终是僻，诗留名姓不须猜。岩根老衲成灰色，枯坐何年解结胎？

沅江晚泊二首

去时烟雨沅江暮，此日沅江暮雨归。水漫远沙村市改，泊依旧店主人非。草深廨宇无官住，花落僧房有鸟啼。处处春光萧索甚，正思荆棘掩岩扉。

春来客思独萧骚，处处东田没野蒿。雷雨满江喧日夜，扁舟经月住风涛。流民失业乘时横，原兽争群薄暮号。却忆鹿门栖隐地，杖藜壶榼饷东皋。

夜泊江思湖忆元明

扁舟泊近渔家晚，茅屋深环柳港清。雷雨骤开江雾散，星河不动暮川平。梦回客枕人千里，月上春堤夜四更。欲寄愁心无过雁，披衣坐听野鸡鸣。

睡起写怀

江日熙熙春睡醒，江云飞尽楚山青。闲观物态皆生意，静悟大机人窅冥。道在险夷随地乐，心忘鱼鸟自流形。未须更觅羲唐事，一曲沧浪击壤听。

三山晚眺

南望长沙杳霭中，鹅羊只在暮云东。天高双橹哀明月，江阔千帆舞逆风。花暗渐惊春事晚，水流应与客愁穷。北飞亦有衡阳雁，上苑封书未易通。

鹅羊山

福地相传楚水阿，三年春色两经过。羊亡但有初平石，书罢惟笼道士鹅。礼斗坛空松影静，步虚台迥月明多。岩房一宿犹缘薄，遥忆开云住薜萝。

泗州寺

渌水西头泗洲寺，经过转眼又三年。老僧熟认直呼姓，笑我清癯只似前。每有客来看宿处，诗留佛壁作灯传。开轩扫榻还相慰，惭愧维摩世外缘。

再经武云观书林玉玑道士壁

碧山道士曾相约，归路还来宿武云。月满仙台依鹤侣，书留苍壁看鹅群。春岩多雨林芳淡，暗水穿花石溜分。奔走连年家尚远，空余魂梦到柴门。

再过濂溪祠用前韵

曾向图书识面真，半生长自愧儒巾。斯文久已无先觉，圣世今应有逸民。一自支离乖学术，竞将雕刻费精神。瞻依多少高山意，水漫莲池长绿蘋。

卷二十　外集二

诗

庐陵诗六首　正德庚午三月迁庐陵尹作

游瑞华二首
簿领终年未出郊，此行聊解俗人嘲。忧时有志怀先达，作县无能愧旧交。松古尚存经雪干，竹高还长拂云梢。溪山处处堪行乐，正是浮名未易抛。

其二

万死投荒不拟回，生还且复荷栽培。逢时已负三年学，治剧兼非百里才。身可益民宁论屈，志存经国未全灰。正愁不是中流砥，千尺狂澜岂易摧！

古道
古道当长阪，肩舆入暮天。苍茫闻驿鼓，冷落见炊烟。冻烛寒无焰，泥炉湿未燃。正思江槛外，闲却钓鱼船。

立春日道中短述
腊意中宵尽，春容傍晓生。野塘冰转绿，江寺雪消晴。农事沾泥犊，羁怀听谷莺。故山梅正发，谁寄欲归情？

公馆午饭偶书
行台依独寺，僧屋自成邻。殿古凝残雪，墙低入早春。巷泥晴淖马，檐日暖堪人。雪散小岩碧，松梢挂月新。

午憩香社寺
修程动百里，往往饷僧居。佛鼓迎官急，禅床为客虚。桃花成井落，云水接郊墟。不觉泥尘涩，看山兴有余。

京师诗二十四首 正德庚午年十月，升南京刑部主事。辛未年入觐，调北京吏部主事作。

夜宿功德寺次宗贤韵二绝
山行初试夹衣轻，脚软黄尘石路生。一夜洞云眠未足，湖风吹月渡溪清。
水边杨柳覆茅楹，饮马春流更一登。坐久逐忘归路夕，溪云正泻暮山青。

别方叔贤四首
西樵山色远依依，东指江门石路微。料得楚云台上客，久悬秋月待君归。
自是孤云天际浮，箧中枯蠹岂相谋。请君静后看羲画，曾有陈篇一字不？
休论寂寂与惺惺，不妄由来即性情。笑却殷勤诸老子，翻从知见觅虚灵。
道本无为只在人，自行自住岂须邻？坐中便是天台路，不用渔郎更问津。

白湾六章 宗岩文先生居白浦之湾，四方学者称曰白浦先生，而不敢以姓字。某素高先生，又辱为之僚，因为书"白湾"二字，并诗以咏之。
浦之湾，其白漫漫。彼美君子，在水之盘。
湾之浦，其白弥弥。彼美君子，在水之涘。
云之溶溶，于湾之湄。君子于处，民以为期。
云之油油，于湾之委。君子于兴，施及四海。
白湾之渚，于游以处。彼美君子兮，可以容与。
白湾之洋，于濯以湘。彼美君子兮，可以徜徉。

寄隐岩
每逢山水地，便有卜居心。终岁风尘里，何年沧海浔？洞寒泉滴细，花暝
石房深。青壁须留姓，他时好共寻。

香山次韵
寻山到山寺，得意却忘山。岩树坐来静，壁萝春自闲。楼台星斗上，钟磬
翠微间。顿息尘寰念，清溪踏月还。

夜宿香山林宗师房次韵二首

幽壑来寻物外情，石门遥指白云生。林间伐木时闻响，谷口逢僧不记名。天壁倒涵湖月晓，烟梯高接纬阶平。松堂静夜浑无寐，到枕风泉处处声。

久落泥涂惹世情，紫崖丹壑是平生。养真无力常怀静，窃禄未归羞问名。树隐洞泉穿石细，云回溪路入花平。道人只住层萝上，明月峰头有磬声。

别湛甘泉二首

行子朝欲发，驱车不得留。驱车下长阪，顾见城东楼。远别情已惨，况此艰难秋！分手诀河梁，涕下不可收。车行望渐杳，飞埃越层丘。迟回歧路侧，孰知我心忧！

我心忧以伤，君去阻且长。一别岂得已？母老思所将。奉命危难际，流俗反猜量。黄鹄万里逝，岂伊为稻粱？栋火及毛羽，燕雀犹栖堂。跳梁多不测，君行戒前途。达命谅何滞，将母能忘虞。安居尤阴攫，关路非歧岖。令德崇易简，可以知险阻。结茆湖水阴，幽期终不忘。伊尔得相就，我心亦何伤！世艰变倏忽，人命非可常。斯文天未坠，别短会日长。南寺春月夜，风泉闲竹房。逢僧或停楫，先扫白云床。

赠别黄宗贤

古人戒从恶，今人戒从善；从恶乃同污，从善翻滋怨；纷纷嫉媚兴，指谪相非讪。自非笃信士，依违多背面。宁知竟漂流，沦胥亦污贱。卓哉汪陂子，奋身勇厥践。拂衣还旧山，雾隐期豹变。嗟嗟吾党贤，白黑匪难辩！

归越诗五首 正德壬申年升南京太仆寺少卿，便道归越作。

四明观白水二首

邑南富岩壑，白水尤奇观；兴来每思往，十年就兹观。停驺指绝壁，涉涧缘危蟠。百源旱方歇，云际犹飞湍。霏霏洒林薄，漠漠凝风寒。前闻若未惬，仰视终莫攀。石阴署气薄，流触溯回澜。兹游讵盘乐？养静意所关。逝者谅如斯，哀此岁月残。择幽虽得所，避时时犹难。刘樊古方外，感慨有余叹！

千丈飞流舞白鸾，碧潭倒影镜中看。藤萝半壁云烟湿，殿角长年风雨寒。野性从来山水癖，直躬更觉世途难。卜居断拟如周叔，高卧无劳比谢安。

杖锡道中用张宪使韵

山鸟欢呼欲问名，山花含笑似相迎。风回碧树秋声早，雨过丹岩夕照明。雪岭插天开玉帐，云溪环碧抱金城。悬灯夜宿茅堂静，洞鹤林僧相对清。

又用曰仁韵

每逢佳处问山名，风景依稀过眼生。归雾忽连千嶂暝，夕阳偏放一溪晴。晚投岩寺依云宿，静爱枫林送雨声。夜久披衣还起坐，不禁风月照人清。

书杖锡寺

杖锡青冥端，洞壁环天险。垂岩下陡壑，涉水攀绝巇。溪深听喧瀑，路绝骇危栈。扪萝登峻极，披翳见平衍。僧逋寄孤衲，守废遗荒殿。伤兹穷僻墟，曾未诛求免。探幽冀累息，愤时翻意惨。拯援才已疏，栖迟心益眷。哀猿啸春嶂，悬灯宿西崦。诛茆竟何时？白云愧舒卷。

滁州诗三十六首 正德癸酉年到太仆寺作

梧桐江用韵

凤鸟久不至，梧桐生高冈。我来竟日坐，清阴洒衣裳。援琴俯流水，调短意苦长。遗音满空谷，随风递悠扬。人生贵自得，外慕非所臧。颜子岂忘世？仲尼固遑遑。已矣复何事，吾道归沧浪。

林间睡起

林间尽日扫花眠，只是官闲愧俸钱。门径不妨春草合，斋居长对晚山妍。每疑方朔非真隐，始信扬雄误《太玄》。混世亦能随地得，野情终是爱丘园。

赠熊彰归

门径荒凉蔓草生，相求深愧远来情。千年绝学蒙尘土，何处澄江无月明？坐看远山凝暮色，忽惊废叶起秋声。归途望岳多幽兴，为问山田待耦耕。

别易仲 辰州刘易仲从予滁阳，一日问："道可言乎？"予曰："哑子吃苦瓜，与你说不得。尔要知我苦，还须你自吃。"易仲省然有悟。久之辞归，别以诗。

迢递滁山春，子行亦何远。累然良苦心，惝恍不遑饭。至道不外得，一悟失群暗。秋风洞庭波，游子归已晚。结兰意方勤，寸草心先断。末学久乖离，颓波竟谁挽？归哉念流光，一逝不复返。

送守中至龙盘山中

未尽师生六日情，天教风雪阻西行。茅堂岂有春风坐，江郭虚留一月程。客邸琴书灯火静，故园风竹梦魂清。何年稳闭阳明洞，榾柮山炉煮石羹。

龙蟠山中用韵

无奈青山处处情，村沽日日办山行。真惭廪食虚官守，只把山游作课程。谷口乱云随骑远，林间飞雪点衣轻。长思淡泊还真性，世味年来久絮羹。

琅琊山中三首

草堂寄放琅琊间，溪鹿岩僧且共闲。冰雪能回草木死，春风不化山石顽。《六经》散地莫收拾，丛棘被道谁刊删？已矣驱驰二三子，凤图不出吾将还。

狂歌莫笑酒杯增，异境人间得未曾。绝壁倒翻银海浪，远山真作玉龙腾。浮云野思春前动，虚室清香静后凝。懒拙惟余林壑计，伐檀长自愧无能。

风景山中雪后增，看山雪后亦谁曾？隔溪岩犬迎人吠，饮涧飞猱踔树腾。归骑林间灯火动，鸣钟谷口暮光凝。尘踪正自韬笼在，一宿云房尚未能。

答朱汝德用韵

东去蓬瀛合有津，若为风雨动经旬。同来海岸登舟在，俱是尘寰欲渡人。弱水洪涛非世险，长年三老定谁真。青鸾眇眇无消息，怅望烟花又暮春。

送惟乾二首

独见长年思避地，相从千里欲移家。惭予岂有万间庇？借尔刚余一席沙。古洞幽期攀桂树，春溪归路问桃花。故人劳念还相慰，回雁新秋寄彩霞。

簦笈连年愧远求，本来无物若为酬。春城驿路聊相送，夜雪空山且复留。江浦云开庐岳曙，洞庭湖阔九疑浮。悬知再鼓潇湘柁，应是芙蓉湘水秋。

别希颜二首

中岁幽期亦几人，是谁长负故山春？道情暗与物情化，世味争如酒味醇！
耶水云门空旧隐，青鞋布袜定何晨？童心如故容颜改，惭愧年年草木新。

后会难期别未轻，莫辞行李滞江城。且留南国春山兴，共听西堂夜雨声。
归路终知云外去，晴湖想见镜中行。为寻洞里幽栖处，还有峰头双鹤鸣。

山中示诸生五首

路绝春山久废寻，野人扶病强登临。同游仙侣须乘兴，共探花源莫厌深。
鸣鸟游丝俱自得，闲云流水亦何心？从前却恨牵文句，展转支离叹陆沉！

滁流亦沂水，童冠得几人？莫负咏归兴，溪山正暮春。

桃源在何许？西峰最深处。不用问渔人，沿溪踏花去。

池上偶然到，红花间白花。小亭闲可坐，不必问谁家。

溪边坐流水，水流心共闲。不知山月上，松影落衣斑。

龙潭夜坐

何处花香入夜清？石林茅屋隔溪声。幽人月出每孤往，栖鸟山空时一鸣。
草露不辞芒履湿，松风偏与葛衣轻。临流欲写猗兰意，江北江南无限情。

送德观归省二首

雪里闭门十日坐，开门一笑忽青天。茅檐正好负暄日，客子胡为思故园？
椿树惯经霜雪老，梅花偏向岁寒妍。琅琊春色如相忆，好放山阴月下船。

琅琊雪是故园雪，故园春亦琅琊春。天机动处即生意，世事到头还俗尘。
立雪浴沂传故事，吟风弄月是何人？到家好谢二三子，莫向长沮错问津。

送蔡希颜三首 正德癸酉冬，希渊赴南宫试，访予滁阳，遂留阅岁。既而东归，问其故，辞以疾。希渊与予论学琅琊之间，于斯道既释然矣，别之以诗。

风雪蔽旷野，百鸟冻不翻。孤鸿亦何事，嗷嗷溯寒云？岂伊稻粱计，独往
求其群？之子眇万钟，就我滁水滨。野寺同游请，春山共攀援。鸟鸣幽谷曙，
伐木西涧暾。清夜湛玄思，晴窗玩奇文。寂景赏新悟，微言欣有闻。寥寥绝代
下，此意冀可论。

群鸟喧北林，黄鹄独南逝。北林岂无枝，罗弋苦难避。之子丹霞姿，辞我

云门去。山空响流泉，路僻迷深树。长谷何盘纡，紫芝春可茹。求志暂栖岩，避喧宁遁世。緊予辱风尘，送子愧云雾。匡时已无术，希圣徒有慕。倘入阳明峰，为寻旧栖处。

何事憧憧南北行，望云依阙两关情。风尘暂息滁阳驾，鸥鹭还寻鉴水盟。悟后《六经》无一字，静余孤月湛虚明。从知归路多相忆，伐木山山春鸟鸣。

赠守中北行二首

江北梅花雪易残，山窗一树自家看。临行掇赠聊数颗，珍重清香是岁寒。

来何匆促去何迟，来去何心莫漫疑。不为高堂双雪鬓，岁寒宁受北风欺。

郑伯兴谢病还鹿门雪夜过别赋赠三首

之子将去远，雪夜来相寻。秉烛耿无寐，怜此岁寒心。岁寒岂徒尔，何以赠远行？圣路塞已久，千载无复寻。岂无群儒迹？蹊径榛茆深。濬流须寻源，积土成高岑。揽衣望远道，请君从此征。

濬流须有源，植木须有根。根源未濬植，枝派宁先蕃？谓胜通夕话，义利分毫间。至理匪外得，譬犹镜本明，外尘荡瑕垢，镜体自寂然。孔训示克己，孟子垂反身，明明贤圣训，请君勿与谖。

鹿门在何许？君今鹿门去。千载庞德公，犹存栖隐处。洁身匪乱伦，其次乃避地。世人失其心，顾瞻多外慕。安宅舍弗居，狂驰惊奔骛。高言诋独善，文非遂巧智。琐琐功利儒，宁复知此意！

门人王嘉秀实夫萧琦子玉告归书此见别意兼寄声辰阳诸贤

王生兼养生，萧生颇慕禅；迢迢数千里，拜我滁山前。吾道既匪佛，吾学亦匪仙。坦然由简易，日用匪深玄。始闻半疑信，既乃心豁然。譬彼土中镜，暗暗光内全；外但去昏翳，精明烛媸妍。世学如剪彩，妆缀事蔓延；宛宛具枝叶，生理终无缘。所以君子学，布种培根原；萌芽渐舒发，畅茂皆由天。秋风动归思，共鼓湘江船。湘中富英彦，往往多及门。临歧缀斯语，因之寄拳拳。

滁阳别诸友 滁阳诸友从游，送予至乌衣，不能别。及暮，王性甫汝德诸友送至江浦，必留居，俟予渡江。因书此促之归，并寄诸贤，庶几共进此学，以慰离索耳。

滁之水，入江流，江潮日复来滁州。相思若潮水，来往何时休？空相思，亦何益？欲慰相思情，不如崇令德。掘地见泉水，随处无弗得；何必驱驰为？

千里远相即。君不见尧羹与舜墙，又不见孔与跖对面不相识？逆旅主人多殷勤，出门转盼成路人。

寄浮峰诗社
晚凉庭院坐新秋，微月初生亦满楼。千里故人谁命驾？百年多病有孤舟。风霜草木惊时态，砧杵关河动远愁。饮水曲肱吾自乐，茆堂今在越溪头。

栖云楼坐雪二首
才看庭树玉森森，忽漫阶除已许深。但得诸生通夕坐，不妨老子半酣吟。琼花入座能欺酒；冰溜垂檐欲堕针。却忆征南诸将士，未禁寒夜铁衣沉。

此日栖云楼上雪，不知天意为谁深。忽然夜半一言觉，又动人间万古吟。玉树有花难结果，天机无线可通针。晓来不觉城头鼓，老懒羲皇睡正沉。

与商贡士二首
见说浮山麓，深林绕石溪。何时拂衣去，三十六岩栖。
其二
见说浮山胜，心与浮山期。三十六岩内，为选一岩奇。

南都诗四十七首 正德甲戌年四月升南京鸿胪寺卿作

题岁寒亭赠汪尚和
一觉红尘梦欲残，江城六月滞风湍。人间炎暑无逃遁，归向山中卧岁寒。

与徽州程毕二子
句句糠粃字字陈，却于何处觅知新？紫阳山下多豪俊，应有吟风弄月人。

山中懒睡四首
竹里藤床识懒人，脱巾山麓任吾真。病夫已久逃方外，不受人间礼数嗔。
扫石焚香任意眠，醒来时有客谈玄。松风不用蒲葵扇，坐对青崖百丈泉。
古洞幽深绝世人，石床风细不生尘。日长一觉羲皇睡，又见峰头上月轮。
人间白日醒犹睡，老子山中睡却醒。醒睡两非还两是，溪云漠漠水泠泠。

题灌山小隐二绝

茆屋山中早晚成，任他风雨任他晴。男婚女嫁多年毕，不待而今学向平。

一自移家入紫烟，深林住久遂忘年。山中莫道无供给，明月清风不用钱。

六月五章 六月乙亥，南都熊峰少宰石公以少宗伯召。南都之士闻之，有恻然而戚者，有欣然而喜者。其戚者曰："公端介敏直，方为留都所倚重，今兹往，善类失所恃，群小罔以严。辨惑考学者曷从而讨究？剖政断疑者曷从而咨决？南都非根本地乎？而独不可以公遗之！"其喜者曰："公之端介敏直，宁独留都所倚重，其在京师，独无善类乎？独无群小乎？独无辨惑考学、剖政断疑者乎？且天子之召之也，亦宁以少宗伯，将必大用。大用则以庇天下，斯汇征之庆也。"公闻之曰："戚者非吾之所敢，喜者乃吾之所忧也。吾思所以逃吾之忧者而不得其道，若之何？"阳明子素知于公，既以戚众之戚、喜众之喜，而复忧公之忧。乃叙其事，为赋《六月》，庸以赠公之行。

六月凄风，七月暑雨。倏雨倏寒，道修以阻。允允君子，迪尔寝兴。毋沾尔行，国步斯频。

哀此下民，靡届靡极。不有老成，其何能国？吁嗟老成，独遗典刑。若屋之倾，尚支其楹。

心之忧矣，言靡有所。如彼暗人，食荼与苦。依依长谷，言采其芝。人各有时，我归孔时。

昔彼叔季，沉湎以逞。耄集以咨，我人自靖。允允君子，淑慎尔则。靡曰休止，民何于极！

日月其逝，如彼沧浪。南北其望，如彼参商。允允君子，毋沾尔行。如日之升，以曷不光！

守文弟归省携其手歌以别之

尔来我心喜，尔去我心悲。不为倚门念。吾宁舍尔归？长途正炎暑，尔行慎兴居！凉茗勿频啜，节食但无饥。勿出船旁立，忽登岸上嬉。收心每澄坐，适意时观书。申洪皆冥顽，不足长嗔笞。见人勿多说，慎默真如愚。接人莫轻率，忠信持谦卑。从来为己学，慎独乃其基。纷纷多嗜欲，尔病还尔知。到家良足乐，怡颜报重闱。昨秋童蒙去，今夏成人归。长者爱尔敬，少者悦尔慈。亲朋称啧啧，羡尔能若兹。信哉学问功，所贵在得师。吾匪崇外饰，欲尔沽名为；望尔日惕惕，圣贤以为期。九兄及印弟，诵此共勉之！

207

书扇面寄馆宾

湖上群山落照晴，湖边万木起秋声。何年归去阳明洞，独棹扁舟鉴里行？

用实夫韵

诗从雪后吟偏好，酒向山中味转佳。岩瀑随风杂钟磬，水花如雨落袈裟。

游牛首山

春寻指天阙，烟霞眇何许。双峰久相违，千岩来旧主。浮云刺中天，飞阁凌风雨。探秀涧阿入，萝阴息筐筥。灭迹避尘缨，清朝入深沮。风磴仰扪历，淙壑屡窥俯。梯云跻石阁，下榻得吾所。释子上方候，鸣钟出延伫。颓景耀回盼，层飚翼轻举。暖暖林芳暮，泠泠石泉语。清宵耿无寐，峰月升烟宇。会晤得良朋，可以寄心腑。

送徽州洪倅承瑞

平生举业最疏慵，挟册虚烦五月从。竹院检方时论药，茆堂放鹤或开笼。忧时漫有孤忠在，好古全无一艺工。念我还能来夜雪，逢人休说坐春风。

病中大司马乔公有诗见怀次韵奉答二首

十日无缘拜后尘，病夫心地欲生榛。诗篇极见怜才意，伎俩惭非可用人。黄阁望公长秉轴，沧江容我老垂纶。保厘珍重回天手，会看春风万木新。

一自多歧分路尘，堂堂正道遂生榛。聊将肤浅窥前圣，敢谓心传启后人。淮海帝图须节制，云雷大造看经纶。枉劳诗句裁风雅，欲借盘铭献日新。

送诸伯生归省

天涯送尔独伤神，岁月龙山梦里春。为谢江南诸故旧，起居东岳太夫人。闲中书卷堪时展，静里工夫要日新。能向尘途薄轩冕，不妨襄笠老江滨。

寄冯雪湖二首

竿竹谁隐扶桑东？白眉之叟今庞公。隔湖闻鸡谢墅接，渡海有鹤蓬山通。卤田经岁苦秋雨，浪痕半壁惊湖风。歌声屋低似金石，点也此意当能同。

海岸西头湖水东，他年襄笠拟从公。钓沙碧海群鸥借，樵径青云一鸟通。

席有春阳堪坐雪，门垂五柳好吟风。于今犹是天涯梦，怅望青霄月色同。

诸用文归用子美韵为别
一别烟云岁月深，天涯相见二毛侵。孤帆江上亲朋意，樽酒灯前故国心。
冷雪晴林还作雨，鸟声幽谷自成吟。饮余莫上峰头望，烟树迷茫思不禁。

题王实夫画
随处山泉着草庐，底须松竹掩柴扉。天涯游子何曾出？画里孤帆未是归。
小西诸峰开夕照，虎溪春寺入烟霏。他年还向辰阳望，却忆题诗在翠微。

赠潘给事
五月沧浪濯足归，正堪荷叶制初衣。甲非乙是君休问，酉水辰山志未违。
沙鸟不须疑雀舫，江云先为扫鱼矶。武陵溪壑犹深僻，莫更移家入翠微。

与沅陵郭掌教
记得春眠寺阁云，松林水鹤日为群。诸生问业冲星入，稚子拈香静夜焚。
世事暗随江草换，道情曾许碧山闻。别来点瑟还谁鼓？怅望烟花此送君。

别族太叔克彰
情深宗族谊同方，消息那堪别后荒。江上相逢疑未定，天涯独去意重伤。
身闲最觉湖山静，家近殊闻草木香。云路莫嗟迟发轫，世涂崎曲尽羊肠。

登凭虚阁和石少宰韵
山阁新春负一登，酒边孤兴晚堪乘。松间鸣瑟惊栖鹤，竹里茶烟起定僧。
望远每来成久坐，伤时有涕恨无能。峰头见说连闉阇，几欲排云尚未曾。

登阅江楼
绝顶楼荒旧有名，高皇曾此驻龙旌。险存道德虚天堑，守在蛮夷岂石城。
山色古今余王气，江流天地变秋声。登临授简谁能赋？千古新亭一怆情！

狮子山
残暑须还一雨清，高峰极目快新晴。海门潮落江声急，吴苑秋深树脚明。

209

烽火正防胡骑入，羽书愁见朔云横。百年未有涓埃报，白发今朝又几茎？

游清凉寺三首

春寻载酒本无期，乘兴还嫌马足迟。古寺共怜春草没，远山偏与夕阳宜。
雨晴涧竹消苍粉，风暖岩花落紫蕤。昏黑更须凌绝顶，高怀想见少陵诗。

积雨山行已后期，更堪多病益迟迟。风尘渐觉初心负，丘壑真与野性宜。
绿树阴层新作盖，紫兰香细尚余蕤。辋川图画能如许，绝是无声亦有诗。

不顾尚书此日期，欲为花外板舆迟。繁丝急管人人醉，竹径松堂处处宜。
双树暗芳春寂寞，五峰晴秀晚羲蕤。暮钟杳杳催归骑，惆怅烟光不尽诗。

寄张东所次前韵

远趋君命忽中违，此意年来识者稀。黄绮曾为炎祚出，子陵终向富春归。
江船一话千年阔，尘梦今惊四十非！何日孤帆过天目，海门春浪扫渔矶。

别余缙子绅

不须买棹往来频，我亦携家向海滨。但得青山随鹿豕，未论黄阁画麒麟。
丧心疾已千年痼，起死方存六籍真。归向兰溪溪上问，桃花春水正迷津。

送刘伯光

五月茅茨静竹扉，论心方洽忽辞归。沧江独棹冲新暑，白发高堂恋夕晖。
谩道《六经》皆注脚，还谁一语悟真机？相知若问年来意，已傍西湖买钓矶。

冬夜偶书

百事支离力不禁，一官栖息病相侵。星辰魏阙江湖迥，松柏茅茨岁月深。
欲倚黄精消白发，由来空谷有余音。曲肱已醒浮云梦，荷蒉休疑击磬心。

寄潘南山

秋风吹散锦溪云，一笑南山雨后新。诗妙尽从言外得，《易》微谁见画前
真？登山脚健何妨老，留客情深不计贫。朱吕月林传故事，他年还许上西邻。

送胡廷尉

钟陵雪后市灯残，箫鼓江船发晓寒。山水总怜南国好，才猷须济朔方艰。

彩衣得侍仙舟远，春色行应故里看。别去中宵瞻北极，五云飞处是长安。

与郭子全

相别翻怜相见时，碧桃开尽桂花枝。光阴如许成虚掷，世故摧人总不知。云路不须朱绂去，归帆且得彩衣随。岚山风景濂溪近，此去还应自得师。

次栾子仁韵送别四首 子仁归，以四诗请用其韵答之，言亦有过者，盖因子仁之病而药之，病已则去其药。

从来尼父欲无言，须信无言已跃然。悟到鸢鱼飞跃处，工夫原不在陈编。

操持存养本非禅，矫枉宁知已过偏。此去好从根脚起，竿头百尺未须前。

野夫非不爱吟诗，才欲吟诗即乱思。未会性情涵咏地，《二南》还合是淫辞。

道听涂传影响前，可怜绝学遂多年。正须闭口林间坐，莫道青山不解言。

书悟真篇答张太常二首

《悟真篇》是误真篇，三注由来一手笺。恨杀妖魔图利益，遂令迷妄竞流传。造端难免张平叔，首祸谁诬薛紫贤。直说与君惟个字，从头去看野狐禅。

误真非是《悟真篇》，平叔当时已有言。只为世人多恋著，且从情欲起因缘。痴人前岂堪谈梦？真性中难更说玄。为问道人还具眼，试看何物是青天？

赣州诗三十六首 正德丙子年九月升南赣金都御史以后作

丁丑二月征漳寇进兵长汀道中有感

将略平生非所长，也提戎马入汀漳。数峰斜日旌旗远，一道春风鼓角扬。莫倚贰师能出塞，极知充国善平羌。疮痍到处曾无补，翻忆钟山旧草堂。

回军上杭

山城经月驻旌戈，亦复幽寻到薜萝。南国已忻回甲马，东田初喜出农蓑。溪云晓度千峰雨，江涨新生两岸波。暮倚七星瞻北极，绝怜苍翠晚来多。

喜雨三首

即看一雨洗兵戈，便觉光风转石萝。顺水飞樯来买舶，绝江喧浪舞渔蓑。

211

片云东望怀梁国，五月南征想伏波。长拟归耕犹未得，云门初伴渐无多。

　　辕门春尽犹多事，竹院空闲未得过。特放小舟乘急浪，始闻幽碧出层萝。山田旱久兼逢雨，野老欢腾且纵歌。莫谓可塘终据险，地形原不胜人和。

　　吹角峰头晓散军，横空万骑下氤氲。前旌已带洗兵雨，飞鸟犹惊卷阵云。南亩渐忻农事动，东山休共凯歌闻。正思锋镝堪挥泪，一战功成未足云。

闻曰仁买田霅上携同志待予归二首

　　见说相携雪上耕，连蓑应已出乌程。荒畲初垦功须倍，秋熟虽微税亦轻。雨后湖舠兼学钓，饷余堤树合闲行。山人久有归农兴，犹向千峰夜度兵。

　　月夜高林坐夜沉，此时何限故园心！山中古洞阴萝合，江上孤舟春水深。百战自知非旧学，三驱犹愧失前禽。归期久负云门伴，独向幽溪雪后寻。

祈雨二首

　　旬初一雨遍汀漳，将谓汀虔是接疆。天意岂知分彼此？人情端合有炎凉。月行今已虚缠毕，斗杓何曾解抱浆！夜起中庭成久立，正思民瘼欲沾裳。

　　见说虔南惟苦雨，深山毒雾长阴阴。我来偏遇一春旱，谁解挽回三日霖？寇盗郴阳方出掠，干戈塞北还相寻。忧民无计泪空堕，谢病几时归海浔？

还赣

　　积雨零都道，山途喜乍晴。溪流迟渡马，冈树隐前旌。野屋多移灶，穷苗尚阻兵。迎趋勤父老，无补愧巡行。

借山亭

　　借山亭子近如何？乘兴时从梦里过。尚想清池环醉影，犹疑花径驻鸣珂。疏帘细雨灯前局，碧树凉风月下歌。传语诸公合频赏，休令岁月亦蹉跎。

桶冈和邢太守韵二首

　　处处山田尽入畬，可怜黎庶半无家。兴师正为民痍甚，陟险宁辞鸟道斜！胜世真如瓴水建，先声不碍岭云遮。穷巢容有遭驱胁，尚恐兵锋或滥加。

　　戡乱兴师既有名，挥戈真已见风行。岂云薄劣能驱策？实仗皇威自震惊。烂额尚惭为上客，徙薪尤觉费经营。主恩未报身多病，旋凯须还陇上耕。

通天岩

青山随地佳，岂必故园好？但得此身闲，尘寰亦蓬岛。西林日初暮，明月来何早！醉卧石床凉，洞云秋未扫。

游通天岩次邹谦之韵

天风吹我上丹梯，始信青霄亦可跻。俯视氛寰成独慨，却怜人世尚多迷。东南真境埋名久，闽楚诸峰入望低。莫道仙家全脱俗，三更日出亦闻鸡。

又次陈惟濬韵

四山落木正秋声，独上高峰望眼明。树色遥连闽峤碧，江流不尽楚天清。云中想见双龙转，风外时传一笛横。莫遣新愁添白发，且呼明月醉沉觥。

忘言岩次谦之韵

意到已忘言，兴剧复忘饭。坐我此岩中，是谁凿混沌？尼父欲无言，达者窥其本；此道何古今？斯人去则远。空岩不见人，真成面墙立。岩深雨不到，云归花亦湿。

圆明洞次谦之韵

群山走波浪，出没龙蛇脊。岩栖寄盘涡，沉沦遂成癖。我来汲东溟，烂煮南山石。千年熟一炊，欲饷岩中客。

潮头岩次谦之韵

潮头起平地，化作千丈雪。棹舟者何人？试问岩头月。

天成素有志于学兹得告东归林居静养其所就可知矣临别以此纸索赠漫为赋此遂寄声山泽诸贤

予有山林期，荏苒风尘际。高秋送将归，神往迹还滞。回车当盛年，养疴非遁世。垂竿鉴湖云，结庐浮峰树。爱日遂庭趋，芳景添游诣。摅生悟玄魄，妙静息缘虑。眇眇素心人，望望沧洲去。东行访天沃，云中倘相遇。

213

坐忘言岩问二三子

几日岩栖事若何？莫将佳景复虚过。未妨云壑淹留久，终是尘寰错误多。洞道霜风疏草木，洞门烟月挂藤萝。不知相继来游者，还有吾侪此意么？

留陈惟濬

闻说东归欲问舟，清游方此复离忧。却看阴雨相淹滞，莫道山灵独苦留。薜荔岩高兼得月，桂花香满正宜秋。烟霞到手休轻掷，尘土驱人易白头。

栖禅寺雨中与惟乾同登

绝顶深泥冒雨扳，天于佳景亦多悭。自怜久客频移棹，颇羡高僧独闭关。江草远连云梦泽，楚云长断九疑山。年来出处浑无定，惭愧沙鸥尽日闲。

茶寮纪事

万壑风泉秋正哀，四山云雾晚初开。不因王事兼程入，安得闲行向北来？登陟未妨安石兴，纵擒徒羡孔明才。乞身已拟全师日，归扫溪边旧钓台。

回军九连山道中短述

百里妖氛一战清，万峰雷雨洗回兵。未能干羽苗顽格，深愧壶浆父老迎。莫倚谋攻为上策，还须内治是先声。功微不愿封侯赏，但乞蠲输绝横征。

回军龙南小憩玉石岩双洞绝奇徘徊不忍去因寓以阳明别洞之号兼留此作三首

甲马新从鸟道回，览奇还更陟崔嵬。寇平渐喜流移复，春暖兼欣农务开。两窦高明行日月，九关深黑闭风雪。投簪最好支茅地，恋土犹怀旧钓台。

洞府人寰此最佳，当年空自费青鞋。麾幢旖旎悬仙仗，台殿高低接纬阶。天巧固应非斧凿，化工无乃太安排？欲将点瑟携童冠，就揽春云结小斋。

阳明山人旧有居，此地阳明景不如。但在乾坤俱逆旅，曾留信宿即吾庐。行窝已许人先号，别洞何妨我借书。他日巾车还旧隐，应怀兹土复乡闾。

再至阳明别洞和邢太守韵二首

春山随处款归程，古洞幽虚道意生。涧壑风泉时远近，石门萝月自分明。林僧住久炊遗火，野老忘机罢席争。习静未缘成久坐，却惭尘土逐虚名。

山水平生是课程，一淹尘土遂心生。耦耕亦欲随沮溺，七纵何缘得孔明？吾道羊肠须蠖屈，浮名蜗角任龙争。好山当面驰车过，莫漫寻山说避名。

夜坐偶怀故山

独夜残灯梦未成，萧萧总是故园声。草深石径鼪鼯笑，雪静空山猿鹤惊。漫有缄书怀旧侣，常牵缨冕负初情。云溪漠漠春风转，紫菌黄花又自生。

怀归二首

深惭经济学封侯，都付浮云自去留。往事每因心有得，身闲方喜世无求。狼烟幸息昆阳患，蠡测空怀杞国忧。一笑海天空阔处，从知吾道在沧洲。

身经多难早知非，此事年来识者稀。老大有情成旧德，细谋无计解重围。意常不足真夷道，情到方浓是险机。怅望衡茅无事日，漫吹松火织秋衣。

送德声叔父归姚 并序

守仁与德声叔父共学于家君龙山先生。叔父屡困场屋，一旦以亲老辞廪归养。交游强之出，辄笑曰："古人一日养，不以三公易。吾岂以一老母博一弊儒冠乎？"呜呼！若叔父可谓真知内外轻重之分矣。今年夏，来赣视某，留三月。飘然归，兴不可挽，因谓某曰："秋风莼鲈，知子之兴无日不切。然时事若此，恐即未能脱，吾不能俟子之归舟。吾先归，为子开荒阳明之麓，如何？"呜呼！若叔父可谓真知内外轻重之分矣。某方有诗戒，叔父曰："吾行，子可无言？"辄为赋此。

犹记垂髫共学年，于今鬓发两苍然。穷通只好浮云看，岁月真同逝水悬。归鸟长空随所适，秋江落木正无边。何时却返阳明洞，萝月松风扫石眠。

示宪儿

幼儿曹，听教诲：勤读书，要孝弟；学谦恭，循礼义；节饮食，戒游戏；毋说谎，毋贪利；毋任情，毋斗气；毋责人，但自治。能下人，是有志；能容人，是大器。凡做人，在心地；心地好，是良士；心地恶，是凶类。譬树果，心是蒂；蒂若坏，果必坠。吾教汝，全在是。汝谛听，勿轻弃！

赠陈东川

白沙诗里莼阳子，尽是相逢逆旅间。开口向人谈古礼，拂衣从此入云山。

江西诗一百二十首
正德己卯年，奉敕往福建处叛军。至丰城，遭宸濠之变，趋还吉安，集兵平之。八月，升副都御史，巡按江西作。

鄱阳战捷
甲马秋惊鼓角风，旌旗晓拂阵云红。勤王敢在汾淮后，恋阙真随江汉东。群丑漫劳同吠犬，九重端合是飞龙。涓埃未遂酬沧海，病懒先须伴赤松。

书草萍驿二首
九月献俘北上，驻草萍，时已暮。忽传王师已及徐淮，遂乘夜速发。次壁间韵纪之二首。

一战功成未足奇，亲征消息尚堪危。边烽西北方传警，民力东南已尽疲。万里秋风嘶甲马，千山斜日度旌旗。小臣何尔驱驰急？欲请回銮罢六师。

千里风尘一剑当，万山秋色送归航。堂垂双白虚频疏，门已三过有底忙。羽檄西来秋黯黯，关河北望夜苍苍。自嗟力尽螳螂臂，此日回天在庙堂。

西湖
灵鹫高林暑气清，天竺石壁雨痕晴。客来湖上逢云起，僧住峰头话月明。世路久知难直道，此身那得尚虚名！移家早定孤山计，种果支茅却易成。

寄江西诸士夫
甲马驱驰已四年，秋风归路更茫然。惭无国手医民病，空有官衔縻俸钱。湖海风尘虽暂息，江湘水旱尚相沿。题诗忽忆并州句，回首江西亦故园。

太息
一日复一日，中夜坐叹息。庭中有嘉树，落叶何渐沥。蒙翳乱藤缠，宁知绝根脉。丈夫贵刚肠，光阴勿虚掷。头白眼昏昏，吁嗟亦何及！

宿净寺四首
十月至杭，王师遣人追宸濠，复还江西。是日遂谢病退居西湖。

老屋深松覆古藤，羁栖犹记昔年曾。棋声竹里消闲昼，药裹窗前对病僧。烟艇避人长晓出，高峰望远亦时登。而今更是多牵系，欲似当时又不能。

常苦人间不尽愁，每拼须是入山休。若为此夜山中宿，犹自中宵煎百忧。百战西江方底定，六飞南甸尚淹留。何人真有回天力，诸老能无取日谋？

百战归来一病身，可看时事更愁人。道人莫问行藏计，已买桃花洞里春。
山僧对我笑，长见说归山。如何十年别，依旧不曾闲？

归兴

一丝无补圣明朝，两鬓徒看长二毛。自识淮阴非国士，由来康节是人豪。
时方多难容安枕？事已无能欲善刀。越水东头寻旧隐，白云茅屋数峰高。

即事漫述四首

从来野兴只山林，翠壁丹梯处处寻。一自浮名萦世网，遂令真诀负初心。
夜驰险寇天峰雪，秋虏强王汉水阴。辛苦半生成底事？始怜庄舄亦哀吟。

百战深秋始罢兵，六师冬尽尚南征。诚微未足回天意，性僻还多拂世情。
烟水沧江从鹤好，风云滇海任龙争。他年若访陶元亮，五柳新居在赤城。

宵宵深愁伴客居，江船风雨夜灯虚。尚劳车驾臣多缺，无补疮痍术已疏。
亲老岂堪还远别，时危那得久无书！明朝且就君平卜，要使吾心不负初。

茅茨松菊别多年，底事寒江尚客船？强所不能儒作将，付之无奈数由天。
徒闻诸葛能兴汉，未必田单解误燕。最羡渔翁闲事业，一竿明月一蓑烟。

泊金山寺二首　十月将趋行在

但过金山便一登，鸣钟出迓每劳僧。云涛石壁深龙窟，风雨楼台迥佛灯。
难后诗怀全欲减，酒边孤兴尚堪凭。岩梯未用妨苔滑，曾踏天峰雪栈冰。

醉人江风酒易醒，片帆西去雨冥冥。天回江汉留孤柱，地缺东南著此亭。
沙渚乱更新世态，峰峦不改旧时青。舟人指点龙王庙，欲话前朝不忍听。

舟夜

随处看山一叶舟，夜深霜月亦兼愁。翠华此际游何地？画角中宵起戍楼。
甲马尚屯淮海北，旌旗初散楚江头。洪涛滚滚乘风势，容易开帆不易收。

舟中至日

岁寒犹叹滞江滨，渐喜阳回大地春。未有一丝添衮绣，谩提三尺净风尘。
丹心倍觉年来苦，白发从教镜里新。若待完名始归隐，桃花笑杀武陵人。

217

阻风

冬江尽说风长北，偏我北来风便南。未必天公真有意，却逢人事偶相参。残农得暖堪登获，破屋多寒且曝檐。果使困穷能稍济，不妨经月阻江潭。

用韵答伍汝真

莫怪乡思日夜深，干戈衰病两相侵。孤肠自信终如铁，众口从教尽铄金！碧水丹山曾旧约，青天白日是知心。茅茨岁晚饶风景，云满清溪雪满岑。

过鞋山戏题

曾驾双虹渡海东，青鞋失脚堕天风。经过已是千年后，踪迹依然一梦中。屈子漫劳伤世隘，杨朱空自泣途穷。正须坐我匡庐顶，濯足寒涛步晓空。

杨邃庵待隐园次韵五首

嘉园名待隐，专待主人归。此日真归隐，名园竟不违。岩花如共语，山石故相依。朝市都忘却，无劳更掩扉。

其二

大隐真廛市，名园陋给孤。留侯先谢病，范老竟归湖。种竹非医俗，移山不是愚。是日公方移山石。对时存燮理，经济自成谟。

其三

绿野春深地，山阴夜静时。冰霜缘径滑，云石向人危。平难心仍在，扶颠力未衰。江湖兵甲满，吟罢有余思。

其四

兹园闻已久，今度始来窥。市里烟霞静，壶中结构奇。胜游须继日，虚席亦多时。莫道东山僻，苍生或未知。

其五

芳园待公隐，屯世待公亭。花竹深台榭，风尘暗甲兵。一身良得计，四海未忘情。语及艰难际，停杯泪欲倾。

登小孤书壁

人言小孤殊阻绝，从来可望不可攀。上有颠崖势欲堕，下有剑石交巉顽。峡风闪壁船难进，洪涛怒撞蛟龙关；帆樯摧缩不敢越，往往退次依前山。崖傍

218

沙岸日东徙，忽成巨浸通西湾。帝心似悯舟楫苦，神斧夜辟无痕斑。风雷倏翕见万怪，人谋不得容其间。我来锐意欲一往，小舟微服沿回澜。侧身胁息仰天窦，悬空绝栈蛛丝悭。风吹卯酒眼花落，冻滑丹梯足力孱。青鼍吹雨出仍没，白鸟避客来复还。峰头四顾尽落日，宛然风景如瀛寰。烟霞未觉三山远，尘土聊乘半日闲。奇观江海讵为险？世情平地犹多艰。呜呼！世情平地犹多艰，回瞻北极双泪潸！

登蟂矶次草泉心刘石门韵二首　二诗壬戌年作，误入此。

中流片石倚孤雄，下有冯夷百尺宫。滟滪西蟠浑失地，长江东去正无穷。徒闻吴女埋香玉，惟见沙鸥乱雪风。往事凄微何足问，永安宫阙草莱中。

江上孤臣一片心，几经漂没水痕深。极怜撑住即从古，正恐崩颓或自今。藓蚀秋螺残老翠，螗鸣春雨落空音。好携双鹤矶头坐，明月中宵一朗吟。

望庐山

尽说庐山若个奇，当时图画亦堪疑。九江风浪非前日，五老烟云岂定期？眼惯不妨层壁险，足跰须著短筇随。香炉瀑布微如线，欲决天河泻上池。

除夕伍汝真用待隐园韵即席次答五首

一年今又去，独客尚无归。人世伤多难，亲庭叹久违。壮心都欲尽，衰病特相依。旅馆聊随俗，桃符换早扉。

其二

向忆青年日，追欢兴不孤。风尘淹岁月，漂泊向江湖。济世浑无术，违时竟笑愚。未须悲蹇难，列圣有遗谟。

其三

正逢兵乱地，况是岁穷时。天运终无息，人心本自危。忧疑纷并集，筋力顿成衰。千载商山隐，悠然获我思。

其四

世道从厄漏，人情只管窥。年华多涉历，变故益新奇。莫惮颠危地，曾逢全盛时。海翁机已息，应是白鸥知。

其五

星穷回历纪，贞极起元亨。日望天回驾，先沾雨洗兵。雪犹残岁恋，风已旧春情。莫更辞蓝尾，人生未几倾！

元日雾

元日昏昏雾塞空，出门咫尺误西东。人多失足投坑堑，我亦停车泣路穷。
欲斩蚩尤开白日，还排阊阖拜重瞳。小臣谩有澄清志，安得扶摇万里风！

二日雨

昨朝阴雾埋元日，向晓寒云进雨声。莫道人为无感召，从来天意亦分明。
安危他日须周勃，痛苦当年笑贾生。坐对残灯愁彻夜，静听晨鼓报新晴。

三日风

一雾二雨三日风，田家卜岁疑凶丰。我心惟愿兵甲解，天意岂必斯民穷！
虎旅归思怀旧土，銮舆消息望还宫。春盘浊酒聊自慰，无使戚戚干吾衷。

立春二首

才见春归春又来，春风如旧鬓毛衰。梅花未放天机泄，萱草先将地脉回。
渐老光阴逢世难，经年怀抱欲谁开？孤云渺渺亲庭远，长日斑衣羡老莱。

天涯霜雪叹春迟，春到天涯思转悲。破屋多时空杼轴，东风无力起疮痍。
周王车驾穷南服，汉将旌旗守北陲。莫讶春盘断生菜，人间菜色正离仳。

游庐山开先寺

僻性寻常惯受猜，看山又是百忙来。北风留客非无意，南寺逢僧即未回。
白日高峰开雨雪，青天飞瀑泻云雷。缘溪踏得支茆地，修竹长松覆石台。

又次壁间杜牧韵

春山路僻问归樵，为指前峰石径遥。僧与白云还暝壑，月随沧海上寒潮。
世情老去浑无懒，游兴年来独未消。回首孤航又陈迹，疏钟隔渚夜迢迢。

舟过铜陵野云县东小山有铁船因往观之果见其仿佛因题石上

青山滚滚如奔涛，铁船何处来停桡？人间刓木宁有此？疑是仙人之所操。
仙人一去已千载，山头日日长风号。船头出土尚仿佛，后冈有石云船稍。我行
过此费忖度，昔人用心无乃刉？由来风波平地恶，纵有铁船还未牢。秦鞭驱之
未能动，累力何所施其篙。我欲乘之访蓬岛，雷师鼓舵虹为缘。弱流万里不胜

220

芥，复恐驾此成徒劳。世路难行每如此，独立斜阳首重搔。

山僧

岩下萧然老病僧，曾求佛法礼南能。论诗自许窥三昧，入圣无梯出小乘。高阁松风飘夜磬，石床花雨落寒灯。更深月出山窗曙，漱齿焚香诵《法》《楞》。

江上望九华山二首

当年一上化城峰，十日高眠雷雨中。雾色晓开千嶂雪，涛声夜渡九江风。此时隔水看图画，几岁缘云住桂丛？却负洞仙蓬海约，玉函丹诀在崆峒。

穷探虽得尽幽奇，山势须从远望知。几朵芙蓉开碧落，九天屏嶂列旌麾。高同华岳应天忝，名亚匡庐却稍卑。信是谪仙还具眼，九华题后竟难移。

观九华龙潭

飞流三百丈，潏潏洞秘灵湫。峡坼开雷斧，天虚下月钩。化形时试钵，吐气或成楼。吾欲鞭龙起，为霖遍九州。

庐山东林寺次韵

东林日暮更登山，峰顶高僧有兰若。云萝磴道石参差，水声深涧树高下。远公学佛却援儒，渊明嗜酒不入社。我亦爱山仍恋官，同是乾坤避人者。我歌白云听者寡，山自点头泉自泻。月明壑底忽惊雷，夜半天风吹屋瓦。

又次邵二泉韵

昨游开先殊草草，今日东林游始好。手持苍竹拨层云，直上青天招五老。万壑笙竽松籁哀，千峰掩映芙蓉开。坐俯西岩窥落日，风吹孤月江东来。莫向人间空白首，富贵何如一杯酒！种莲栽菊两荒凉，慧远陶潜骨同朽。乘风我欲还金庭，三洲弱水连沙汀。他年海上望庐顶，烟际浮萍一点青。

远公讲经台

远公说法有高台，一朵青莲云外开。台上久无狮子吼，野狐时复听经来。

太平宫白云

白云休道本无心，随我迢迢度远岑。拦路野风吹暂断，又穿深树候前林。

221

书九江行台壁

九华真实是奇观，更是庐山亦耐看。幽胜未穷三日兴，风尘已觉再来难。眼余五老晴光碧，衣染天池积翠寒。却怪寺僧能好事，直来城市索诗刊。

又次李佥事素韵

省灾行近郊，探幽指层麓。回飚振玄冈，颓阳薄西陆。蓄田收积雨，禾稼泛平菉。取径历村墟，停车问耕牧。清溪厉月行，暝洞披云宿。淅米石涧溜，斧薪涧底木。田翁来聚观，中宵尚驰逐。将迎愧深情，疮痍惭抚掬。幽枕静无寐，风泉朗鸣玉。虽缪真诀传，颇苦尘缘熟。终当遁名山，炼药洗凡骨。缄辞谢亲交，流光易超忽。

繁昌道中阻风二首

阻风夜泊柳边亭，懒梦还乡午未醒。卧稳从教波浪恶，地深长是水云冥。入林沽酒村童引，隔水放歌渔父听。颇觉看山缘独在，蓬窗刚对一峰青。

东风漠漠水沄沄，花柳沿村春事殷。泊久渔樵来作市，心闲麋鹿渐同群。自怜失脚趋尘土，长恐归期负海云。正忆山中诗酒伴，石门延望几斜曛。

江边阻风散步至灵山寺

归船不遇打头风，行脚何缘到此中？幽谷余寒春雪在，虚檐斜日暮江空。林间古塔无僧住，花外仙源有路通。随处看山随处乐，莫将踪迹叹萍蓬。

泊舟大同山溪间诸生闻之有挟册来寻者

扁舟经月住林隈，谢得黄莺日日来。兼有清泉堪洗耳，更多修竹好衔杯。诸生涉水携诗卷，童子和云扫石苔。独奈华峰隔烟雾，时劳策杖上崔嵬。

岩下桃花盛开携酒独酌

小小山园几树桃，安排春色候停桡。开樽旋扫花阴雪，展席平临松顶涛。地远不须防俗驾，溪晴还好著渔舠。云间石路稀人迹，深处容无避世豪。

白鹿洞独对亭

五老隔青冥，寻常不易见。我来骑白鹿，凌空陟飞巘。长风卷浮云，褰帷始窥面。一笑仍旧颜，愧我鬓先变。我来尔为主，乾坤亦邮传。海灯照孤月，静对有余眷。彭蠡浮一舫，宾主聊酬劝。悠悠万古心，默契可无辩！

丰城阻风 前岁遇难于此，得北风幸免。

北风休叹北船穷，此地曾经拜北风。勾践敢忘尝胆地？齐威长忆射钩功。桥边黄石机先授，海上陶朱意颇同。况是倚门衰白甚，岁寒茅屋万山中。

江上望九华不见

五旬三过九华山，一度阴寒一度雨。此来天色稍晴明，忽复昏霾起亭午。平生山水最多缘，独此相逢容有数。人言此山天所秘，山下居人不常睹。蓬莱涉海或可求，瑶水昆仑俱旧游。洞庭何止吞八九，五岳曾向囊中收。不信开云扫六合，手扶赤日照九州。驾风骑气览八极，视此琐屑真浮沤。

江施二生与医官陶野冒雨登山人多笑之戏作歌

江生施生颇好奇，偶逢陶野奇更痴。共言山外有佳寺，劝予往游争愿随。是时雷雨云雾塞，多传险滑难车骑。两生力陈道非远，野请登高觇路歧。三人冒雨陟冈背，即仆复起相牵携。同侪哂笑招之返，奋袂径往凌崿崎。归来未暇顾沾湿，且说地近山径夷。青林宿霭渐开霁，碧巘绛气浮微曦。津津指譬在必往，兴剧不到傍人嗤。予亦对之成大笑，不觉老兴如童时。平生山水已成癖，历深探隐忘饥疲。年来世务颇羁缚，逢场遇境心未衰。野本求仙志方外，两生学士亦尔为。世人趋逐但声利，赴汤踏火甘倾危。解脱尘嚣事行乐，尔辈狂简翻见讥。归与归与吾与尔，阳明之麓终尔期。

游九华道中

微雨山路滑，山行入轻舟。桃花夹岸迷远近，回峦叠嶂盘深幽。奇峰应接劳回首，瞻之在前忽在后。不道舟行转屈曲，但怪青山亦奔走。薄午雨霁云亦开，青鞋布袜无尘埃。梅蹊柳径度村落，长松白石穿林隈。始攀风磴出木杪，更俯悬崖听瀑雷。乱山高顶藏平野，茆屋高低自成社。此中那得有人家？恐是当年避秦者。西岩日色渐欲下，且向前林秣吾马。世途浊隘不可居，吾将此地营兰若。

芙蓉阁

九华之山何崔嵬，芙蓉直傍青天栽。刚风倒海吹不动，大雪裂地冻还开。

223

夜半峰头挂明月，宛如玉女临妆台。我拂沧海写图画，题诗还愧谪仙才。

重游无相寺次韵四首

游兴殊未尽，尘寰不可留。山青只依旧，白尽世间头。
人迹不到地，茆茨亦数间。借问此何处？云是九华山。
拔地千峰起，芙蓉插晓寒。当年看不足，今日复来看。
瀑流悬绝壁，峰月上寒空。鸟鸣苍涧底，僧住白云中。

登莲花峰

莲花顶上老僧居，脚踏莲花不染泥。夜半花心吐明月，一颗悬空黍米珠。

重游无相寺次旧韵

旧识仙源路未差，也从谷口问桃花。屡攀绝栈经残雪，几度清溪踏月华。
虎穴相邻多异境，鸟飞不到有僧家。频来休下仙翁榻，只借峰头一片霞。

登云峰望始尽九华之胜因复作歌

九华之峰九十九，此语相传俗人口；俗人眼浅见皮肤，焉测其中之所有？
我登华顶拂云雾，极目奇峰那有数？巨壑中藏万玉林，大剑长枪攒武库。有如
智者深韬藏，复如淑女避谗妒。暗然避世不求知，卑己尊人羞逞露。何人不道
九华奇，奇中之奇人未知。我欲穷搜尽抬出，秘藏恐是天所私。旋解诗囊旋收
拾，脱颖露出锥参差。从来题诗李白好，渠于此山亦潦草。曾见王维画辋川，
安得渠来拂纤缟？

双峰遗柯生乔

尔家双峰下，不见双峰景。如锥处囊中，深藏未脱颖。盛德心愈卑，幽人
迹多屏。悠然望双峰，可以发深省。

归途有僧自望华亭来迎且请诗

方自华峰下，何劳更望华。山僧援故事，要我到渠家。自谓游已至，那知
望转佳。正如酣醉后，醒酒却须茶。

无相寺金沙泉次韵

黄金不布地，倾沙泻流泉。潭净长开镜，池分或铸莲。兴云为大雨，济世作丰年。纵有贪夫过，清风自洒然。

夜宿天池月下闻雷次早知山下大雨三首

昨夜月明峰顶宿，隐隐雷声在山麓；晓来却问山下人，风雨三更卷茆屋。

野人权作青山主，风景朝昏颇裁取；岩傍日脚半溪云，山下声声一村雨。

天池之水近无主，木魅山妖竞偷取；公然又盗山头云，去向人间作风雨。

文殊台夜观佛灯

老夫高卧文殊台，拄杖夜撞青天开；散落星辰满平野，山僧尽道佛灯来。

书汪进之太极岩二首

一窍谁将混沌开？千年样子道州来。须知太极元无极，始信心非明镜台。

始信心非明镜台，须知明镜亦尘埃；人人有个圆圈在，莫向蒲团坐死灰。

劝酒

平生忠赤有天知，便欲欺人肯自欺？毛发暗从愁里改，世情明向笑中危。春风脉脉回枯草，残雪依依恋旧枝。谩对芳樽辞酩酊，机关识破已多时。

重游化城寺二首

爱山日日望山晴，忽到山中眼自明。鸟道渐非前度险，龙潭更比旧时清。会心人远空遗洞，识面僧来不记名。莫谓中丞喜忘世，前途风浪苦难行。

山寺从来十九秋，旧僧零落老比丘。檐松尽长青冥干，瀑水犹悬翠壁流。人住层崖嫌洞浅，鸟鸣春涧觉山幽。年来别有闲寻意，不似当时孟浪游。

游九华

九华原亦是移文，错怪山头日日云。乘兴未甘回俗驾，初心终不负灵均。紫芝香暖春堪茹，青竹泉高晚更分。幽梦已分尘土累，清猿正好月中闻。

弘治壬戌尝游九华值时阴雾竟无所睹至是正德庚辰复往游之风日清朗尽得其胜喜而作歌

昔年十日九华住，云雾终旬竟不开。有如昏夜入宝藏，两目无睹成空回。每逢好事谈奇胜，即思策蹇还一来。频年驱逐事兵革，出入贼垒冲风埃。恐恐昼夜不遑息，岂复山水能徘徊？鄱湖一战偶天幸，远随归凯停江隈。是时军务颇多暇，况复我马方虺隤。旧游诸生亦群集，遂将童冠登崔嵬。先晨霏霭尚暝晦，却疑山意犹嫌猜。肩舆一人青阳境，忽然白日开西岭。长风拥慧扫浮阴，九十九峰如梦醒。群峦踊跃争献奇，儿孙俯伏摩其顶。今来始识九华面，恨无诗笔为传影。层楼叠阁写未工，千朵芙蓉抽玉井。怪哉造化亦安排，天下奇山此兼并。揽衣登高望八荒，双阙下见日月光。长江如带绕山麓，五湖七泽皆陂塘。蓬瀛海上浮拳石，举足可到虹可梁。仙人为我启间阖，鸾辔鹤驾纷翱翔。从兹脱屣谢尘世，飘然拂袖凌苍苍。

岩头闲坐漫成

尽日岩头坐落花，不知何处是吾家。静听谷鸟迁乔木，闲看林蜂散午衙。翠壁泉声穿乱石，碧潭云影透晴沙。痴儿公事真难了，须信吾生自有涯。

将游九华移舟宿寺山二首

逢山未惬意，落日更移船。峡寺缘溪径，云林带石泉。钟声先度岭，月色已浮川。今夜岩房宿，寒灯不待悬。

其二

维舟谷口傍烟霏，共说前冈石径微。竹仗穿云寻寺去，藤筐采药带花归。诸生晚佩联芳杜，野老春霞缀衲衣。风咏不须沂水上，碧山明月更清辉。

登云峰二三子咏歌以从欣然成谣二首

淳气日凋薄，邹鲁亡真承。世儒倡臆说，愚瞽相因仍。晚途益沦溺，手援吾不能。弃之入烟霞，高历云峰层。开茅傍虎穴，结屋依岩僧。岂曰事高尚？庶免无予憎。好鸟求其侣，嘤嘤林间鸣；而我在空谷，焉得无良朋？飘飘二三子，春服来从行；咏歌见真性，逍遥无俗情。各勉希圣志，毋为尘所萦！

深林之鸟何间关？我本无心云自闲。大舜亦与木石处，醉翁惟在山林间。晴窗展卷有会意，绝壁题诗无厚颜。顾谓从行二三子，随游麋鹿俱忘还。

有僧坐岩中已三年诗以励吾党

莫怪岩僧木石居，吾侪真切几人如？经营日夜身心外，剽窃糠粃齿颊余。俗学未堪欺老衲，昔贤取善及陶渔。年来奔走成何事？此日斯人亦起予。

春日游齐山寺用杜牧之韵二首

即看花发又花飞，空向花前叹式微。自笑半生行脚过，何人未老乞身归？江头鼓角翻春浪，云外旌旗闪落晖。羡杀山中麋鹿伴，千金难买芰荷衣。

倦鸟投枝已乱飞，林间暝色渐霏微。春山日暮成孤坐，游子天涯正忆归。古洞湿云含宿雨，碧溪明月弄清晖。桃花不管人间事，只笑山人未拂衣。

重游开先寺戏题壁

中丞不解了公事，到处看山复寻寺。尚为妻孥守俸钱，至今未得休官去。三月开花两度来，寺僧倦客门未开。山灵似嫌俗士驾，溪风拦路吹人回。君不见富贵中人如中酒，折腰解酲须五斗？未妨适意山水间，浮名于我亦何有！

贾胡行

贾胡得明珠，藏珠剖其躯；珠藏未能有，此身已先无。轻己重外物，贾胡一何愚！请君勿笑贾胡愚，君今奔走声利途；钻求富贵未能得，役精劳形骨髓枯。竟日惶惶忧毁誉，终宵惕惕防艰虞。一日仅得五升米，半级仍甘九族诛。肯縻接踵略尤悔，请君勿笑贾胡愚！

送邵文实方伯致仕

君不见埘下鸡，引类呼群啄且啼？稻粱已足脂渐肥，毛羽脱落充庖厨。又不见笼中鹤，敛翼垂头困牢落？笼开一旦入层云，万里翱翔从廖廓。人生山水须认真，胡为利禄缠其身？高车驷马尽桎梏，云台麟阁皆埃尘。鸱夷抱恨浮江水，何似乘舟逃海滨？舜水龙山予旧宅，让公且作烟霞伯。拂衣便拟逐公回，为予先扫峰头石。

纪梦 并序

正德庚辰八月廿八夕，卧小阁，忽梦晋忠臣郭景纯氏以诗示予，且极言王导之奸，谓世之人徒知王敦之逆，而不知王导实阴主之。其言甚长，不能尽录。觉而书其所示诗于壁，复为诗以纪其略。嗟乎！今距景纯若干年矣，非有实恶深深冤郁结而未暴，宁有数千载之下尚怀愤不平若是者耶！

秋夜卧小阁，梦游沧海滨。海上神仙不可到，金银宫阙高嶙峋。中有仙人芙蓉巾，顾我宛若平生亲；欣然就语下烟雾，自言姓名郭景纯。携手历历诉衷曲，义愤感激难具陈。切齿尤深怨王导，深奸老猾长欺人。当年王敦觊神器，导实阴主相缘贪。不然三问三不答，胡忍使敦杀伯仁？寄书欲拔太真舌，不相为谋敢尔云！敦病已笃事已去，临哭嫁祸复卖敦。事成同享帝王贵，事败乃为顾命臣。几微隐约亦可见，世史掩覆多失真。袖出长篇再三读，觉来字字能书绅。开窗试抽《晋史》阅，中间事迹颇有因。因思景纯有道者，世移事往千余春；若非精诚果有激，岂得到今犹愤嗔！不成之语以筮戒，敦实气沮竟殒身。人生生死亦不易，谁能视死如轻尘？烛微先几炳《易》道，多能余事非所论。取义成仁忠晋室，龙逄龚胜心可伦。是非颠倒古多有，吁嗟景纯终见伸！御风骑气游八垠。彼敦之徒草木粪土臭腐同沉沦！

我昔明《易》道，故知未来事。时人不我识，遂传躭一技。一思王导徒，神器良久觊。诸谢岂不力？伯仁见其底。所以敦者佣，罔顾天经与地义。不然百口未负托，何忍置之死！我于斯时知有分，日中斩柴市。我死何足悲，我生良有以！九天一人抚膺哭，晋室诸公亦可耻。举目山河徒叹非，携手登亭空洒泪。王导真奸雄，千载人未议。偶感君子谈中及，重与写真记。固知仓卒不成文，自今当与频谑戏。倘其为我一表扬，万世万世万万世。

右晋忠臣郭景纯自述诗，盖予梦中所得者，因表而出之。

无题

岩头有石人，为我下嶙峋。脚踏破履五十两，身披旧衲四十斤。任重致远香象力，餐霜坐雪金刚身。夜寒双虎与温足，雨后秃龙来伴宿。手握顽砖镜未光，舌底流泉梅未熟。夜来拾得遇寒山，翠竹黄花好共看。同来问我安心法，还解将心与汝安。

游落星寺

女娲炼石补天漏，璇玑昼夜无停走。自从堕却玉衡星，至今七政迷前后。浑仪昼夜徒揣摩，敬授人时亦何有？玉衡堕却此湖中，眼前谁是补天手！

游通天岩示邹陈二子

邹陈二子皆好游，一往通天十日留。候之来归久不至，我亦乘兴聊寻幽。

岩扉日出云气浮，二子晞发登岩头。谷转始闻人语响，苍壁杳杳长林秋。嗒然坐我亦忘去，人生得休且复休。采芝共约阳明麓，白首无惭黄绮俦。

青原山次黄山谷韵

咨观历州郡，驱驰倦风埃。名山特乘暇，林壑盘萦回。云石缘欹径，夏木深层隈。仰穷岚霏际，始睹台殿开。衣传西竺旧，构遗唐宋材。风松溪溜急，湍响空山哀。妙香隐玄洞，僧屋悬穹崖。扳依俨龙象，陟降临纬阶。飞泉泻灵窦，曲槛连云楱。我来慨遗迹，胜事多湮埋。邈矣西方教，流传遍中垓。如何皇极化，反使吾人猜？剥阳幸未绝，生意存枯荄。伤心眼底事，莫负生前杯。烟霞有本性，山水乞归骸。崎岖羊肠坂，车轮几倾摧。萧散麋鹿伴，涧谷终追陪。恬愉返真澹，阒寂辞喧豗。至乐发天籁，丝竹谢淫哇。千古自同调，岂必时代偕！珍重二三子，兹游非偶来。且从山叟宿，勿受役夫催。东峰上烟月，夜景方徘徊。

睡起偶成

四十余年睡梦中，而今醒眼始朦胧。不知日已过亭午，起向高楼撞晓钟。
起向高楼撞晓钟，尚多昏睡正懵懵。纵令日暮醒犹得，不信人间耳尽聋。

立春

荒村乱后耕牛绝，城郭春来见土牛。家业苟存乡井恋，风尘先幸甲兵休。未能布德惭时令，聊复题诗写我忧。为报胡雏须远塞，暂时边将驻南州。

游庐山开先寺

清晨入谷到斜曛，遍历青霞蹑紫云。阊阖远从双剑辟，银河真自九天分。驱驰此日原非暇，梦想当年亦自勤。断拟罢官来驻此，不教林鹤更移文。

登小孤次陆良弼韵

看尽东南百二峰，小孤江上是真龙。攀龙我欲乘风去，高蹑层霄绝世踪。

月下吟三首

露冷天清月更辉，可看游子倍沾衣。催人岁月心空在，满眼兵戈事渐非。方朔本无金马意，班超惟愿玉门归。白头应倚庭前树，怪我还期秋又违。

江天月色自清秋，不管人间底许愁。谩拟翠华旋北极，正怜白发倚南楼。狼烽绝塞寒初入，鹤怨空山夜未休。莫重三公轻一日，虚名真觉是浮沤。

依依窗月夜还来，渺渺乡愁坐未回。素位也知非自得，白头无奈是亲衰。当年竹下曾裹仲，何日花前更老莱？恳疏乞骸今几上，中宵翘首望三台。

月夜二首

高台月色倍新晴，极浦浮沙远树平。客久欲迷乡国望，乱余愁听鼓鼙声。湖南水潦频移粟，碛北风烟且罢征。濡手未辞援溺苦，白头方切倚闾情。

举世困酣睡，而谁偶独醒？疾呼未能起，瞪目相怪惊。反谓醒者狂，群起环斗争。洙泗辍金铎，濂洛传微声。谁鸣涂毒鼓，闻者皆昏冥。嗟尔欲奚为？奔走皆营营。何当闻此鼓，开尔天聪明！

雪望四首

风雪楼台夜更寒，晓来霁色满山川。当歌莫放阳春调，几处人家未起烟。

初日湖上雪未融，野人村落闭重重。安居信是丰年兆，为语田夫莫惰农。

霁景朝来更好看，河山千里思漫漫。茅檐日色犹堪曝，应是边关地更寒。

法象冥蒙失巨纤，连朝风雪费妆严。谁将尘世化珠玉？好与贫家聚米盐。

火秀宫次一峰韵三首

兹山堪遁迹，上应少微星。洞里乾坤别，壶中日月明。道心空自警，尘梦苦难醒。方峤由来此，虚无隔九溟。

其二

清溪曲曲转层林，始信桃源路未深。晚树烟霏山阁静，古松雷雨石坛阴。丹炉遗火飞残药，仙乐浮空寄绝音。莫道山人才一到，千年陈迹此重寻。

其三

落日下清江，怅望阁道晚。人言玉笥更奇绝，漳口停舟路非远。肩舆取径沿村落，心目先驰嫌足缓。山昏欲就云储眠，疏林月色与风泉。梦魂忽忽到真境，侵晓循迹来洞天。洞天非人世，予亦非世人；当年曾此寄一迹，屈指忽复三千春。岩头坐石剥落尽，手种松柏枯龙鳞。三十六峰仅如旧，涧谷渐改溪流新。空中仙乐风吹断，化为鼓角惊风尘。风尘惨淡半天地，何当一扫还吾真？从行诸生骇吾说，问我恐是兹山神。君不见广成子，高卧崆峒长不死，到今一万八千年，阳明真人亦如此。

归怀

行年忽五十，顿觉毛发改。四十九年非，童心独犹在。世故渐改涉，遇坎稍无馁。每当快意事，退然思辱殆。倾否作圣功，物睹岂不快？奈何桑梓怀，衰白倚门待！

啾啾吟

知者不惑仁不忧，君胡戚戚眉双愁？信步行来皆坦道，凭天判下非人谋。用之则行舍即休，此身浩荡浮虚舟。丈夫落落掀天地，岂顾束缚如穷囚！千金之珠弹鸟雀，掘土何烦用镯镂？君不见东家老翁防虎患，虎夜入室衔其头？西家儿童不识虎，执竿驱虎如驱牛。痴人惩噎遂废食，愚者畏溺先自投。人生达命自洒落，忧谗避毁徒啾啾！

居越诗三十四首 正德辛巳年归越后作

归兴二首

百战归来白发新，青山从此作闲人。峰攒尚忆冲蛮阵，云起犹疑见虏尘。岛屿微茫沧海暮，桃花烂漫武陵春。而今始信还丹诀，却笑当年识未真。

其二

归去休来归去休，千貂不换一羊裘。青山待我长为主，白发从他自满头。种果移花新事业，茂林修竹旧风流。多情最爱沧州伴，日日相呼理钓舟。

次谦之韵

珍重江船冒暑行，一宵心话更分明。须从根本求生死，莫向支流辨浊清。久奈世儒横臆说，竞搜物理外人情。良知底用安排得？此物由来自浑成。

再游浮峰次韵

廿载风尘始一回，登高心在力全衰。偶怀胜事乘春到，况有良朋自远来。还指松萝寻旧隐，拨开云石覆蒿莱。后期此别知何地？莫厌花前劝酒杯。

夜宿浮峰次谦之韵

日日春山不厌寻，野情原自懒朝簪。几家茅屋山村静，夹岸桃花溪水深。

石路草香随鹿去，洞门萝月听猿吟。禅堂坐久发清磬，却笑山僧亦有心。

再游延寿寺次旧韵

历历溪山记旧踪，寺僧遥住翠微重。扁舟曾泛桃花入，歧路心多草树封。
谷口鸟声兼伐木，石门烟火出深松。年来百好俱衰薄，独有幽探兴尚浓。

碧霞池夜坐

一雨秋凉入夜新，池边孤月倍精神。潜鱼水底传心诀，栖鸟枝头说道真。
莫谓天机非嗜欲，须知万物是吾身。无端礼乐纷纷议，谁与青天扫宿尘？

秋声

秋来万木发天声，点瑟回琴日夜清。绝调回随流水远，余音细入晚云轻。
洗心真已空千古，倾耳谁能辨《九成》？徒使清风传律吕，人间瓦缶正雷鸣。

林汝桓以二诗寄次韵为别

断云微日半晴阴，何处高梧有凤鸣？星汉浮槎先入梦，海天波浪不须惊。
鲁郊已自非常典，膰肉宁为脱冕行。试向沧浪歌一曲，未云不是《九韶》声。

尧舜人人学可齐，昔贤斯语岂无稽？君今一日真千里，我亦当年苦旧迷。
万理由来吾具足，《六经》原只是阶梯。山中尽有闲风月，何日扁舟更越溪？

月夜二首　与诸生歌于天泉桥

万里中秋月正晴，四山云霭忽然生。须臾浊雾随风散，依旧青天此月明。
肯信良知原不昧，从他外物岂能撄！老夫今夜狂歌发，化作钧天满太清。

处处中秋此月明，不知何处亦群英？须怜绝学经千载，莫负男儿过一生！
影响尚疑朱仲晦，支离羞作郑康成。铿然舍瑟春风里，点也虽狂得我情。

秋夜

春园花木始菲菲，又是高秋落叶稀。天迥楼台含气象，月明星斗避光辉。
闲来心地如空水，静后天机见隐微。深院寂寥群动息，独怜乌鹊绕枝飞。

夜坐

独坐秋庭月色新，乾坤何处更闲人？高歌度与清风去，幽意自随流水春。

232

千圣本无心外诀，《六经》须拂镜中尘。却怜扰扰周公梦，未及惺惺陋巷贫。

心渔歌为钱翁希明别号题 钱翁，德洪父。三岁双瞽，好古博学，能诗文。

有渔者歌曰："渔不以目惟以心，心不在鱼渔更深。北溟之鲸殊小小，一举六鳌未足歆。""敢问何如其为渔耶？"曰："吾将以斯道为网，良知为纲，太和为饵，天地为舫。絜之无意，散之无方。是谓得无所得，而忘无可忘者矣。"

登香炉峰次萝石韵

曾从炉鼎蹑天风，下数天南百二峰。胜事纵为多病阻，幽怀还与故人同。旌旗影动星辰北，鼓角声回沧海东。世故茫茫浑未定，且乘溪月放归蓬。

观从吾登炉峰绝顶戏赠

道人不奈登山癖，日暮犹思绝栈云。岩底独行窝虎穴，峰头清啸乱猿群。清溪月出时寻寺，归棹城隅夜款门。可笑中郎无好兴，独留松院坐黄昏。

书扇赠从吾

君家只在海西隈，日日寒潮去复回。莫遣扁舟成久别，炉峰秋月望君来。

嘉靖甲申冬二十一日再登秦望自弘治戊午登后二十七年矣将下适董萝石与二三子来复坐久之暮归同宿云门僧舍

初冬风日佳，杖策登崔嵬。自予羁宦迹，久与山谷违。屈指廿七载，今兹复一来。沿溪寻往路，历历皆所怀。跻险还屡息，兴在知吾衰。薄午际峰顶，旷望未能回；良朋亦偶至，归路相徘徊。夕阳飞鸟静，群壑风泉哀。悠悠观化意，点也可与偕。

山中漫兴

清晨急雨度林扉，余滴烟梢尚湿衣。雨水霞明桃乱吐，沿溪风暖药初肥。物情到底能容懒，世事从前顿觉非。自拟春光还自领，好谁歌咏月中归。

挽潘南山

圣学宫墙亦久荒，如公精力可升堂。若为千古经纶手，只作终年著述忙。

233

末俗浇漓风益下，平生辛苦意难忘。西风一夜山阳笛，吹尽南冈落木霜。

和董萝石菜花韵

油菜花开满地金，鹁鸠声里又春深。闾阎正苦饥民色，畎亩长怀老圃心。
自有牡丹堪富贵，也从蜂蝶谩追寻。年年开落浑闲事，来赏何人共此襟？

天泉楼夜坐和萝石韵

莫厌西楼坐夜深，几人今夕此登临？白头未是形容老，赤子依然浑沌心。
隔水鸣榔闻过棹，映窗残月见疏林。看君已得忘言意，不是当年只苦吟。

咏良知四首示诸生

个个人心有仲尼，自将闻见苦遮迷。而今指与真头面，只是良知更莫疑。
问君何事日憧憧？烦恼场中错用功。莫道圣门无口诀，良知两字是参同。
人人自有定盘针，万化根源总在心。却笑从前颠倒见，枝枝叶叶外头寻。
无声无臭独知时，此是乾坤万有基。抛却自家无尽藏，沿门持钵效贫儿。

示诸生三首

尔身各各自天真，不用求人更问人。但致良知成德业，谩从故纸费精神。
乾坤是易原非画，心性何形得有尘？莫道先生学禅语，此言端的为君陈。
人人有路透长安，坦坦平平一直看。尽道圣贤须有秘，翻嫌易简却求难。
只从孝弟为尧舜，莫把辞章学柳韩。不信自家原具足，请君随事反身观。
长安有路极分明，何事幽人旷不行？遂使蓁茅成间塞，尽教麋鹿自纵横。
徒闻绝境劳悬想，指与迷途却浪惊。冒险甘投蛇虺窟，颠崖堕壑竟亡生。

答人问良知二首

良知即是独知时，此知之外更无知。谁人不有良知在，知得良知却是谁？
知得良知却是谁？自家痛痒自家知。若将痛痒从人问，痛痒何须更问为？

答人问道

饥来吃饭倦来眠，只此修行玄更玄。说与世人浑不信，却从身外觅神仙。

寄题玉芝庵 丙戌

尘途骏马劳千里，月树鹓鸾足一枝。身既了时心亦了，不须多羡碧霞池。

别诸生

绵绵圣学已千年，两字良知是口传。欲识浑沦无斧凿，须从规矩出方圆。不离日用常行内，直造先天未画前。握手临歧更可语？殷勤莫愧别离筵！

后中秋望月歌

一年两度中秋节，两度中秋一样月。两度当筵望月人，几人犹在几人别？此后望月几中秋？此会中人知在否？当筵莫惜殷勤望，我已衰年半白头。

书扇示正宪

汝自冬春来，颇解学文义。吾心岂不喜？顾此枝叶事。如树不植根，暂荣终必瘁。植根可如何？愿汝且立志！

送萧子雝宪副之任

衰疾悟止足，闲居便静修。采芝深谷底，考槃南涧头。之子亦早见，枉帆经旧丘。幽寻意始结，公期已先遒。星途触来暑，拯焚能自由。黄鹄一高举，刚风翼难收。怀兹恋丘陇，回顾未忘忧。往志局千里，岂伊枋榆投。哲士营四海，细人聊自谋。圣作正思治，吾衰亮何酬！所望登才俊，济济扬鸿休。隐者嘉肥遁，仕者当谁俦？宁无寥寂念？宜急疮痍瘳。舍藏应有时，行矣毋淹留！

中秋

去年中秋阴复晴，今年中秋阴复阴。百年好景不多遇，况乃白发相侵寻！吾心自有光明月，千古团圆永无缺。山河大地拥清辉，赏心何必中秋节！

嘉靖丙戌十二月庚申始得子年已五十有五矣六月静斋二丈昔与先公同举于乡闻之而喜各以诗来贺蔼然世交之谊也次韵为谢二首

海鹤精神老益强，晚途诗价重珪璋。洗儿惠兆金钱贵，烂目光呈奎井祥。何物敢云绳祖武，他年只好共爷长。偶逢灯事开汤饼，庭树春风转岁阳。

其二

自分秋禾后吐芒，敢云琢玉晚珪璋。漫凭先德余家庆，岂是生申降岳祥。携抱且堪娱老况，长成或可望书香。不辞岁岁临汤饼，还见吾家第几郎？

两广诗二十一首 嘉靖丁亥起，平思田之乱。

秋日饮月岩新构别王侍御

湖山久系念，块处限形迹。遥望一水间，十年靡由即。军旅起衰废，驱驰岂遑息！前旌道回冈，取捷上畸侧。新构郁层椒，石门转深寂。是时霜始降，风凄群卉拆。壑静响江声，窗虚涵海色。夕阴下西岑，凉月穿东壁。观风此余情，抚景见高臆。匪从群公饯，何因得良觌？南徼方如毁，救焚敢辞亟！来归幸有期，终遂幽寻癖。

复过钓台

忆昔过钓台，驱驰正军旅。十年今始来，复以兵戈起。空山烟雾深，往迹如梦里。微雨林径滑，肺病双足胝。仰瞻台上云，俯濯台下水。人生何碌碌？高尚当如此。疮痍念同胞，至人匪为己。过门不遑入，忧劳岂得已！滔滔良自伤，果哉末难矣！

右正德己卯献俘行在，过钓台而弗及登。今兹复来，又以兵革之役，兼肺病足疮，徒顾瞻怅望而已。书此付桐庐尹沈元材刻置亭壁，聊以纪经行岁月云耳。嘉靖丁亥九月廿二日书，时从行进士钱德洪、王汝中、建德尹杨思臣及元材，凡四人。

方思道送西峰

西峰隐真境，微境临通衢。行役空屡屡，过眼被尘迷。青林外延望，中閟何由窥？方子岩廊器，兼已云霞姿；每逢泉石处，必刻棠陵诗。兹山秀常玉，之子囊中锥。群峰灏秋气，乔木含凉吹。此行非佳饯，谁为发幽奇？奈何眷清赏，局促牵至期。悠悠伤绝学，之子亦如斯。为君指周道，直往勿复疑！

西安雨中诸生出候因寄德洪汝中并示书院诸生

几度西安道，江声暮雨时。机关鸥鸟破，踪迹水云疑。仗钺非吾事，传经愧尔师。天真石泉秀，新有鹿门期。

德洪汝中方卜书院盛称天真之奇并寄及之

不踏天真路，依稀二十年。石门深竹径，苍峡泻云泉。泮壁环胥海，龟畴见宋田。文明原有象，卜筑岂无缘？

寄石潭二绝

仆兹行无所乐，乐与二公一会耳。得见闲斋，固已如见石潭矣。留不尽之兴于后期，岂谓乐不可极耶？闻尊恙已平复，必于不出见客，无乃太以界限自拘乎？奉次二绝，用发一笑，且以致不及请教之憾。

见说新居止隔山，肩舆晓出暮堪还。知公久已藩篱撤，何事深林尚闭关？
乘兴相寻涉万山，扁舟亦复及门还。莫将身病为心病，可是无关却有关。

长生

长生徒有慕，苦乏大药资。名山遍探历，悠悠鬓生丝。微躯一系念，去道日远而。中岁忽有觉，九还乃在兹。非炉亦非鼎，何坎复何离；本无终始究，宁有死生期？彼哉游方士，诡辞反增疑；纷然诸老翁，自传困多歧。乾坤由我在，安用他求为？千圣皆过影，良知乃吾师。

南浦道中

南浦重来梦里行，当年锋镝尚心惊。旌旗不动山河影，鼓角犹传草木声。已喜闾阎多复业，独怜饥馑未宽征。迂疏何有甘棠惠，惭愧香灯父老迎！

重登黄土脑

一上高原感慨重，千山落木正无穷。前途且与停西日，此地曾经拜北风。剑气晚横秋色净，兵声寒带暮江雄。水南多少流亡屋，尚诉征求杼轴空。

过新溪驿

犹记当年筑此城，广瑶湖寇正纵横。人今乐业皆安堵，我亦经过一驻兵。香火沿门惭老稚，壶浆远道及从行。峰山挈手疲劳甚，且放归农莫送迎。

梦中绝句　此予十五岁时梦中所作。今拜伏波祠下，宛如梦中。兹行殆有不偶然者，因识其事于此。

卷甲归来马伏波，早年兵法鬓毛幡；云埋铜柱雷轰折，六字题诗尚不磨。

谒伏波庙二首

四十年前梦里诗，此行天定岂人为！徂征敢倚风云阵，所过须同时雨师。尚喜远人知向望，却惭无术救疮痍。从来胜算归廊庙，耻说兵戈定四夷。

楼船金鼓宿乌蛮，鱼丽群舟夜上滩。月绕旌旗千嶂静，风传铃柝九溪寒。荒夷未必先声服，神武由来不杀难。想见虞廷新气象，两阶干羽五云端。

破断藤峡

才看干羽格苗夷，忽见风雷起战旗。六月徂征非得已，一方流毒已多时。迁宾玉石分须早，聊庆云霓怨莫迟。嗟尔有司惩既往，好将恩信抚遗黎。

平八寨

见说韩公破此蛮，貔貅十万骑连山。而今止用三千卒，遂尔收功一月间。岂是人谋能妙算？偶逢天助及师还。穷搜极讨非长计，须有恩威化梗顽。

南宁二首

一驻南宁五月余，始因送远过僧庐。浮屠绝壁经残爨，井灶沿村见废墟。抚恤尚惭凋弊后，游观正及省耕初。近闻襁负归瑶僮，莫陋夷方不可居。

劳矣田人莫远迎，疮痍未定犬犹惊。爨余破屋须先缉，雨后荒畬莫废耕。归喜逃亡来负襁，贫怜繻绔缀旗旌。圣朝恩泽宽如海，甑鲋盆鱼纵尔生。

往岁破桶冈宗舜祖世麟老宣慰实来督兵今兹思田之役乃随父致仕宣慰明辅来从事目击其父子孙三世皆以忠孝相承相尚也诗以嘉之

宣慰彭明辅，忠勤晚益敦。归师当五月，冒暑净蛮氛。九霄虽已老，报国意犹勤。五月冲炎暑，回军立战勋。爱尔彭宗舜，少年多战功。从亲心已孝，报国意尤忠。

238

题甘泉居

我闻甘泉居，近连菊坡麓。十年劳梦思，今来快心目。徘徊欲移家，山南尚堪屋。渴饮甘泉泉，饥餐菊坡菊。行看罗浮云，此心聊复足。

书泉翁壁

我祖死国事，肇禋在增城。荒祠幸新复，适来奉初蒸。亦有兄弟好，念言思一寻。苍苍蒹葭色，宛隔环瀛深。入门散图史，想见抱膝吟。贤郎敬父执，童仆意相亲。病躯不遑宿，留诗慰殷勤。落落千百载，人生几知音？道通著相迹，期无负初心！

卷二十一　外集三

书

答佟太守求雨　癸亥

昨杨、李二丞来，备传尊教，且询致雨之术，不胜惭悚！今早谌节推辱临，复申前请，尤为恳至，令人益增惶惧。天道幽远，岂凡庸所能测识？然执事忧勤为民之意真切如是，仆亦何可以无一言之复！

孔子云："丘之祷久矣。"盖君子之祷不在于对越祈祝之际，而在于日用操存之先。执事之治吾越，几年于此矣。凡所以为民祛患除弊兴利而致福者，何莫而非先事之祷，而何俟于今日？然而暑旱尚存而雨泽未应者，岂别有所以致此者欤？古者岁旱，则为之主者减膳撤乐，省狱薄赋，修祀典，问疾苦，引咎赈乏，为民遍请于山川社稷，故有叩天求雨之祭，有省咎自责之文，有归诚请改之祷。盖《史记》所载汤以六事自责，《礼》谓"大雩，帝用盛乐"，《春秋》书"秋九月，大雩"，皆此类也。仆之所闻于古如是，未闻有所谓书符咒水而可以得雨者也。唯后世方术之士或时有之。然彼皆有高洁不污之操，特立坚忍之心。虽其所为不必合于中道，而亦有以异于寻常，是以或能致此。然皆出小说而不见于经传，君子犹以为附会之谈；又况如今之方士之流，曾不少殊于市井嚚顽，而欲望之以挥斥雷电，呼吸风雨之事，岂不难哉！仆谓执事且宜出斋于厅事，罢不急之务，开省过之门，洗简冤滞，禁抑奢繁，淬诚涤虑，痛自悔责，以为八邑之民请于山川社稷。而彼方士之祈请者，听民间从便得自为之，但弗之禁而不专倚以为重轻。

夫以执事平日之所操存，苟诚无愧于神明，而又临事省惕，躬帅僚属致恳乞诚，虽天道亢旱，亦自有数。使人事良修，旬日之内，自宜有应。仆虽不肖，无以自别于凡民，使可以诚有致雨之术，亦安忍坐视民患而恬不知顾，乃劳执事之仆，仆岂无人之心者耶？一二日内，仆亦将祷于南镇，以助执事之

240

诚。执事其但为民悉心以请，毋惑于邪说，毋急于近名。天道虽远，至诚而不动者，未之有也！

答毛宪副 戊辰

昨承遣人喻以祸福利害，且令勉赴太府请谢，此非道谊深情，决不至此，感激之至，言无所容！但差人至龙场陵侮，此自差人挟势擅威，非太府使之也。龙场诸夷与之争斗，此自诸夷愤恚不平，亦非某使之也。然则太府固未尝辱某，某亦未尝傲太府，何所得罪而遽请谢乎？跪拜之礼，亦小官常分，不足以为辱，然亦不当无故而行之。不当行而行，与当行而不行，其为取辱一也。废逐小臣，所守以待死者，忠信礼义而已，又弃此而不守，祸莫大焉！凡祸福利害之说，某亦尝讲之。君子以忠信为利，礼义为福。苟忠信礼义之不存，虽禄之万钟，爵以侯王之贵，君子犹谓之祸与害；如其忠信礼义之所在，虽剖心碎首，君子利而行之，自以为福也，况于流离窜逐之微乎？某之居此，盖瘴疠蛊毒之与处，魑魅魍魉之与游，日有三死焉。然而居之泰然，未尝以动其中者，诚知生死之有命，不以一朝之患而忘其终身之忧也。太府苟欲加害，而在我诚有以取之，则不可谓无憾；使吾无有以取之而横罹焉，则亦瘴疠而已尔，蛊毒而已尔，魑魅魍魉而已尔，吾岂以是而动吾心哉！执事之喻，虽有所不敢承，然因是而益知所以自励，不敢苟有所隳堕，则某也受教多矣，敢不顿首以谢！

与安宣慰 戊辰

某得罪朝廷而来，惟窜伏阴崖幽谷之中以御魍魉，则其所宜。故虽凤闻使君之高谊，经旬月而不敢见，若甚简亢者。然省愆内讼，痛自削责，不敢比数于冠裳，则亦逐臣之礼也。使君不以为过，使廪人馈粟，庖人馈肉，园人代薪水之劳，亦宁不贵使君之义而谅其为情乎！自惟罪人何可以辱守土之大夫，惧不敢当，辄以礼辞。使君复不以为罪，昨者又重之以金帛，副之以鞍马，礼益隆，情益至，某益用震悚。是重使君之辱而甚逐臣之罪也，愈有所不敢当矣！使者坚不可却，求其说而不得。无已其周之乎？周之亦可受也。敬受米二石，柴炭鸡鹅悉受如来数。其诸金帛鞍马，使君所以交于卿士大夫者，施之逐臣，殊骇观听，敢固以辞。伏惟使君处人以礼，恕物以情，不至再辱，则可矣。

二 戊辰

减驿事非罪人所敢与闻，承使君厚爱，因使者至，闲问及之，不谓其遂达

241

诸左右也。悚息悚息！然已承见询，则又不可默。

凡朝廷制度，定自祖宗，后世守之，不可以擅改。在朝廷且谓之变乱，况诸侯乎！纵朝廷不见罪，有司者将执法以绳之，使君必且无益。纵幸免于一时，或五六年，或八九年，虽远至二三十年矣，当事者犹得持典章而议其后。若是则使君何利焉？使君之先，自汉、唐以来千几百年，土地人民未之或改，所以长久若此者，以能世守天子礼法，竭忠尽力，不敢分寸有所违。是故天子亦不得逾礼法，无故而加诸忠良之臣。不然，使君之土地人民富且盛矣，朝廷悉取而郡县之，其谁以为不可？夫驿，可减也，亦可增也；驿可改也，宣慰司亦可革也。由此言之，殆甚有害，使君其未之思耶？

所云奏功升职事，意亦如此。夫铲除寇盗以抚绥平良，亦守土之常职，今缕举以要赏，则朝廷平日之恩宠禄位，顾将欲以何为？使君为参政，亦已非设官之旧，今又干进不已，是无抵极也，众必不堪。夫宣慰，守土之官，故得以世有其土地人民；若参政，则流官矣，东西南北，惟天子所使。朝廷下方尺之檄，委使君以一职，或闽或蜀，其敢弗行乎？则方命之诛不旋踵而至，捧檄从事，千百年之土地人民非复使君有矣。由此言之，虽今日之参政，使君将恐辞去之不速，其又可再乎！凡此以利害言，揆之于义，反之于心，使君必自有不安者。夫拂心违义而行，众所不与，鬼神所不嘉也。

承问及，不敢不以正对，幸亮察！

三 戊辰

阿贾、阿札等畔宋氏，为地方患，传者谓使君使之。此虽或出于妒妇之口，然阿贾等自言使君尝锡之以毡刀，遗之以弓弩。虽无其心，不幸乃有其迹矣。始三堂两司得是说，即欲闻之于朝；既而以使君平日忠实之故，未必有是，且信且疑，姑令使君讨贼。苟遂出军剿扑，则传闻皆妄，何可以滥及忠良；其或坐观逗遛，徐议可否，亦未为晚，故且隐忍其议，所以待使君者甚厚。既而文移三至，使君始出，众论纷纷，疑者将信。喧腾之际，适会左右来献阿麻之首，偏师出解洪边之围，群公又复徐徐。今又三月余矣。使君称疾归卧，诸军以次潜回，其间分屯寨堡者，不闻擒斩以宣国威，惟增剽掠以重民怨，众情愈益不平。而使君之民罔所知识，方扬言于人，谓："宋氏之难当使宋氏自平，安氏何与而反为之役？我安氏连地千里，拥众四十八万，深坑绝坞，飞鸟不能越，猿猱不能攀。纵遂高坐，不为宋氏出一卒，人亦卒如我何！"斯言已稍稍传播，不知三堂两司已尝闻之否？使君诚久卧不出，安氏之

242

祸必自斯言始矣。使君与宋氏同守土，而使君为之长。地方变乱，皆守土者之罪，使君能独委之宋氏乎？夫连地千里，孰与中土之一大郡？拥众四十八万，孰与中土之一都司？深坑绝坻，安氏有之，然如安氏者，环四面而居以百数也。今播州有杨爱，恺黎有杨友，酉阳、保靖有彭世麒等诸人，斯言苟闻于朝，朝廷下片纸于杨爱诸人，使各自为战，共分安氏之所有，盖朝令而夕无安氏矣。深坑绝坻，何所用其险？使君可无寒心乎！且安氏之职，四十八支更迭而为，今使君独传者三世，而群支莫敢争，以朝廷之命也，苟有可乘之衅，孰不欲起而代之乎？然则扬此言于外，以速安氏之祸者，殆渔人之计，萧墙之忧，未可测也。使君宜速出军，平定反侧，破众谗之口，息多端之议，弭方兴之变，绝难测之祸，补既往之愆，要将来之福。某非为人作说客者，使君幸熟思之！

答人问神仙 戊辰

询及神仙有无，兼请其事，三至而不答，非不欲答也，无可答耳。昨令弟来，必欲得之。仆诚生八岁而即好其说，今已余三十年矣，齿渐摇动，发已有一二茎变化成白，目光仅盈尺，声闻函丈之外，又常经月卧病不出，药量骤进，此殆其效也。而相知者犹妄谓之能得其道，足下又妄听之而以见询。不得已，姑为足下妄言之。

古有至人，淳德凝道，和于阴阳，调于四时，去世离俗，积精全神；游行天地之间，视听八远之外，若广成子之千五百岁而不衰，李伯阳历商、周之代，西度函谷，亦尝有之。若是而谓之曰无，疑于欺子矣。然则呼吸动静，与道为体，精骨完久，禀于受气之始，此殆天之所成，非人力可强也。若后世拔宅飞升，点化投夺之类，谲怪奇骇，是乃秘术曲技，尹文子所谓"幻"，释氏谓之"外道"者也。若是而谓之曰有，亦疑于欺子矣。夫有无之间，非言语可况。存久而明，养深而自得之，未至而强喻，信亦未必能及也。盖吾儒亦自有神仙之道，颜子三十二而卒，至今未亡也。足下能信之乎？后世上阳子之流，盖方外技术之士，未可以为道。若达磨、慧能之徒，则庶几近之矣，然而未易言也。足下欲闻其说，须退处山林三十年，全耳目，一心志，胸中洒洒不挂一尘，而后可以言此，今去仙道尚远也。妄言不罪。

答徐成之 壬午

承以朱、陆同异见询。学术不明于世久矣，此正吾侪今日之所宜明辨者。细观来教，则舆庵之主象山既失，而吾兄之主晦庵亦未为得也，是朱非陆，天下之论定久矣，久则难变也。虽微吾兄之争，舆庵亦岂能遽行其说乎？故仆以为二兄今日之论，正不必求胜。务求象山之所以非，晦庵之所以是，穷本极源，真有以见其几微得失于毫忽之间。若明者之听讼，其事之曲者，既有以辨其情之不得已，而辞之直者，复有以察其处之或未当。使受罪者得以伸其情，而获伸者亦有所不得辞其责，则有以尽夫事理之公，即夫人心之安，而可以俟圣人于百世矣。今二兄之论，乃若出于求胜者，求胜则是动于气也，动于气，则于义理之正何啻千里，而又何是非之论乎！凡论古人得失，决不可以意度而悬断之。今舆庵之论象山曰："虽其专以尊德性为主，未免堕于禅学之虚空；而其持守端实，终不失为圣人之徒。若晦庵之一于道问学，则支离决裂，非复圣门'诚意正心'之学矣。"吾兄之论晦庵曰："虽其专以道问学为主，未免失于俗学之支离，而其循序渐进，终不背于《大学》之训。若象山之一于尊德性，则虚无寂灭，非复《大学》'格物致知'之学矣。"夫既曰"尊德性"，则不可谓"堕于禅学之虚空"，"堕于禅学之虚空"，则不可谓之"尊德性"矣。既曰"道问学"，则不可谓"失于俗学之支离"，"失于俗学之支离"，则不可谓之"道问学"矣，二者之辨，间不容发。然则二兄之论，皆未免于意度也。昔者子思之论学，盖不下千百言，而括之以"尊德性而道问学"之一语。即如二兄之辩，一以"尊德性"为主，一以"道问学"为事，则是二者固皆未免于一偏，而是非之论尚未有所定也，乌得各持一是而遽以相非为乎？故仆愿二兄置心于公平正大之地，无务求胜。夫论学而务以求胜，岂所谓"尊德性"乎？岂所谓"道问学"乎？以某所见，非独吾兄之非象山、舆庵之非晦庵皆失之非，而吾兄之是晦庵，舆庵之是象山，亦皆未得其所以是也。稍暇当面悉，姑务养心息辩，毋遽。

二　壬午

昨所奉答，适有远客酬对纷纭，不暇细论。姑愿二兄息未定之争，各反究其所是者，必己所是已无丝发之憾，而后可以及人之非。早来承教，乃为仆漫为含胡两解之说，而细绎辞旨，若有以阴助舆庵而为之地者，读之不觉失笑。曾为吾兄而亦有是言耶？仆尝以为君子论事当先去其有我之私，一动于有我，则此心已陷于邪僻，虽所论尽合于理，既已亡其本矣。尝以是言于朋友之间，今吾兄乃云尔，敢不自反其殆陷于邪僻而弗觉也？求之反复，而昨者所论实未尝有是。则斯言也无乃吾兄之过软？虽然，无是心而言之未尽于理，未得为无过也。仆敢自谓其言之已尽于理乎？请举二兄之所是者以求正。

舆庵是象山，而谓其"专以尊德性为主"，今观《象山文集》所载，未尝不教其徒读书穷理。而自谓"理会文字颇与人异"者，则其意实欲体之于身。其亟所称述以诲人者，曰"居处恭，执事敬，与人忠"，曰"克己复礼"，曰"万物皆备于我，反身而诚，乐莫大焉"，曰"学问之道无他，求其放心而已"，曰"先立乎其大者，而小者不能夺"。是数言者，孔子、孟轲之言也，乌在其为空虚者乎？独其"易简觉悟"之说颇为当时所疑。然"易简"之说出于《系辞》，"觉悟"之说虽有同于释氏，然释氏之说亦自有同于吾儒，而不害其为异者，惟在于几微毫忽之间而已。亦何必讳于其同而遂不敢以言，狃于其异而遂不以察之乎？是舆庵之是象山，固犹未尽其所以是也。

　　吾兄是晦庵，而谓其"专以道问学为事"。然晦庵之言，曰"居敬穷理"，曰"非存心无以致知"，曰"君子之心常存敬畏，虽不见闻，亦不敢忽，所以存天理之本然，而不使离于须臾之顷也"。是其为言虽未尽莹，亦何尝不以尊德性为事？而又乌在其为支离者乎？独其平日汲汲于训解，虽韩文、《楚辞》、《阴符》、《参同》之属，亦必与之注释考辩，而论者遂疑其玩物。又其心虑恐学者之躐等而或失之于妄作，使必先之以格致而无不明，然后有以实之于诚正而无所谬。世之学者挂一漏万，求之愈繁而失之愈远，至有敝力终身，苦其难而卒无所入，而遂议其支离。不知此乃后世学者之弊，而当时晦庵之自为，则亦岂至是乎？是吾兄之是晦庵，固犹未尽其所以是也。

　　夫二兄之所信而是者既未尽其所以是，则其所疑而非者亦岂必尽其所以非乎？然而二兄往复之辩不能一反焉，此仆之所以疑其或出于求胜也。一有求胜之心，则已亡其学问之本，而又何以论学为哉！此仆之所以惟愿二兄之自反也，安有所谓"含胡两解而阴为舆庵之地"者哉！夫君子之论学，要在得之于心。众皆以为是，苟求之心而未会焉，未敢以为是也；众皆以为非，苟求之心而有契焉，未敢以为非也。心也者，吾所得于天之理也，无间于天人，无分于古今。苟尽吾心以求焉，则不中不远矣。学也者，求以尽吾心也。是故尊德性而道问学，尊者，尊此者也；道者，道此者也。不得于心而惟外信于人以为学，乌在其为学也已！仆尝以为晦庵之与象山，虽其所为学者若有不同，而要皆不失为圣人之徒。今晦庵之学，天下之人童而习之，既已入人之深，有不容于论辩者。而独惟象山之学，则以其尝与晦庵之有言，而遂藩篱之。使若由、赐之殊科焉，则可矣，而遂摈放废斥，若碔砆之与美玉，则岂不过甚矣乎？夫晦庵折衷群儒之说，以发明《六经》、《语》、《孟》之旨于天下，其嘉惠后学之心，真有不可得而议者。而象山辨义利之分，立大本，求放心，以示后学笃实为己之道，其功亦宁可得而尽诬之！而世之儒者，附和雷同，不究其实，而概目之以禅学，则诚可冤也已！故仆尝欲冒天下之讥，以为象山一暴其说，虽以此得罪，无恨。仆于晦庵亦有罔极之恩，岂欲操戈而入室者？顾晦庵之学，既已若日星之章明于天下；而象山独蒙无实之诬，于今且四百年，莫有为之一洗者。使晦庵有知，将亦不能一日安享于庙庑之间矣。此仆之至情，终亦必为吾兄一吐者，亦何肯"漫为两解之说以阴助于舆庵"？舆庵之说，仆犹恨其有未尽也。

夫学术者，今古圣贤之学术，天下之所公共，非吾三人者所私有也。天下之学术，当为天下公言之，而岂独为舆庵地哉！兄又举太极之辩，以为象山"于文义且有所未能通晓，而其强辩自信，曾何有于所养"。夫谓其文义之有未详，不害其为有未详也；谓其所养之未至，不害其为未至也。学未至于圣人，宁免太过不及之差乎！而论者遂欲以是而盖之，则吾恐晦庵禅学之讥，亦未免有激于不平也。夫一则不审于文义，一则有激于不平，是皆所养之未至。昔孔子，大圣也，而犹曰"假我数年以学《易》，可以无大过"；仲虺之赞成汤，亦惟曰"改过，不吝"而已。所养之未至，亦何伤于二先生之为贤乎？此正晦庵、象山之气象，所以未及于颜子、明道者在此。吾侪正当仰其所以不可及，而默识其所未至者，以为涵养规切之方，不当置偏私于其间，而有所附会增损之也。夫君子之过也，如日月之食，人皆见之；更也，人皆仰之。而小人之过也必文。世之学者以晦庵大儒，不宜复有所谓过者，而必曲为隐饰增加，务诋象山于禅学，以求伸其说；且自以为有助于晦庵，而更相倡引，谓之扶持正论。不知晦庵乃君子之过，而吾反以小人之见而文之。晦庵有闻过则喜之美，而吾乃非徒顺之，又从而为之辞也。晦庵之心，以圣贤君子之学期后代，而世之儒者，事之以事小人之礼，是何诬象山之厚而待晦庵之薄耶！

仆今者之论，非独为象山惜，实为晦庵惜也。兄视仆平日于晦庵何如哉？而乃有是论，是亦可以谅其为心矣。惟吾兄去世俗之见，宏虚受之诚，勿求其必同，而察其所以异；勿以无过为圣贤之高，而以改过为圣贤之学；勿以其有所未至者为圣贤之讳，而以其常怀不满者为圣贤之心；则兄与舆庵之论，将有不待辩说而释然以自解者。孟子云："君子亦仁而已，何必同？"惟吾兄审择而正之！

答储柴墟 壬申

盛价来，适人事纷纭，不及细询比来事。既还，却殊怏怏。承示《刘生墓志》，此实友义所关；文亦缜密。独叙乃父侧室事颇伤忠厚，未刻石，删去之为佳。子于父过，谏而过激，不可以为几；称子之美，而发其父之阴私，不可以为训。宜更详之！

喻及交际之难，此殆谬于私意。君子与人，惟义所在，厚薄轻重，己无所私焉，此所以为简易之道。世人之心，杂于计较，毁誉得丧交于中，而眩其当然之则，是以处之愈周，计之愈悉，而行之愈难。夫大贤吾师，次贤吾友，此天理自然之则，岂以是为炎凉之嫌哉？吾兄以仆于今之公卿，若某之贤者，则称谓以"友生"，若某与某之贤不及于某者，则称谓以"侍生"，岂以矫时俗炎凉之弊？非也。夫彼可以为吾友，而吾可以友之，彼又吾友也，吾安得而弗友之？彼不可以为吾友，而吾不可以友之，彼又不吾友也，吾安得而友之？夫友也者，以道也、以德也。天下莫大于道，莫贵于德。道德之所在，齿与位不得而干焉，仆与某之谓矣。彼其无道与德，而徒有其贵与齿也，则亦贵齿之而已。然若此者，与之见亦寡矣，非以事相临不往见也。若此者，与凡交游之随俗以侍生而来者，亦随俗而侍生之。所谓"事之无害于义者，从俗可也"。千乘之君，求与之友而不可得，非在我有所不屑乎？嗟乎！友未易言也。今之所谓友，或以艺同，或以事合，徇名逐势，非吾所谓辅仁之友矣。仁者，心之德，人而不仁，不可以为人。辅仁，求以全心德也，如是而后友。今特以技艺文辞之工，地势声翼之重，而鸷然欲以友乎贤者，贤者弗与也。吾兄技艺炎凉之说，贵贱少长之论，殆皆有未尽欤？孟子曰："友也者，不可以有挟。"孟献子之友五人，无献子之家者也，曾以贵贱乎？仲由少颜路三岁，回、由之赠处，盖友也。回与曾点同时，参曰"昔者吾友"，曾以少长乎？将矫时俗之炎凉而自畔于礼，其间不能以寸矣。吾兄又以仆于后进之来，其质美而才者，多以先后辈相处；其庸下者，反待以客礼，疑仆别有一道。是道也，奚有于别？凡后进之来，其才者皆有意于斯道者也，吾安得不以斯道处之？其庸下者，不过世俗泛然一接，吾亦世俗泛然待之，如乡人而已。昔伊川初与吕希哲为同舍友，待之友也；既而希哲师事伊川，待之弟子也。谓敬于同舍而慢于弟子，可乎？孔子待阳货以大夫，待回、赐以弟子，谓待回、赐不若阳货，可乎？师友道废久，后进之中，有聪明特达者，颇知求道，往往又为先辈待之不诚，不谅其心而务假以虚礼，以取悦于后进，干待士之誉，此正所谓病于夏畦者也，以是师友之道日益沦没，无由复明。仆常以为世有周、程诸君子，则吾固得而执弟子之役，乃大幸矣。其次有周、程之高弟焉，吾犹得而私淑也。不幸世又无是人，有志之士，伥伥其将焉求乎？然则何能无忧也？忧之而不以责之己，责之己而不以求辅于人，求辅于人而待之不以诚，终亦必无所成而已耳。凡仆于今之后进，非敢以师道自处也，将求其聪明特达者与之讲明，因以自辅也。彼自以后进求正于我，虽不师事，我固有先后辈之道焉。伊川瞑目而坐，游、杨侍立不敢去，重道也。今世习于旷肆，惮于检饰，不复知有此事。幸而有一二后进略知求道为事，是有复明之机；又不诚心直道与之发明，而徒阘然媚世，苟且阿俗，仆诚痛之惜之！传曰："师严然后道尊，道尊然后民知敬学。"夫人必有所严惮，然后言之，而听之也审；施之，而承之也肃。凡若此者，皆求以明道，皆循理而行，非有容私于其间也。伊尹曰："天之生斯民也，使先知觉后知，使先觉觉后觉。予天民之先觉也，非予觉之而谁也？"是故大知觉于小知，小知觉于无知；大觉觉于小觉，小觉觉于无觉。夫已大知大觉矣，而后以觉于天下，不亦善乎？然而未能也。遂自以小知小觉而不敢以觉于人，则终亦莫之觉矣。仁者固如是乎？夫仁者，己欲立而立人，己欲达而达人。仆之意以为，己有分寸之知，即欲同此分寸之知于人；己有分寸之觉，即欲同此分寸之觉于人。人之小知小觉者益众，则其相与为知觉也益易且明，如是而后大知大觉可期也。仆于今之后进，尚不敢以小知小觉自处。譬之冻馁之人，知耕桑之可以足衣食，而又偶闻艺禾树桑之法，将试为之，而遂以告其凡冻馁者，使之共为之也，亦何嫌于己之未尝树艺，而遂不以告之乎？虽然，君子有诸己而后求诸人，仆盖未尝有诸己也，而可以求诸人乎？夫亦谓其有意于仆而来者耳。

承相问，辄缕缕至此。有未当者，不惜往复。

二 壬申

昨者草率奉报，意在求正，不觉芜冗。承长笺批答，推许过盛，殊增悚汗也。来谕责仆不以师道自处，恐亦未为诚心直道。顾仆何人，而敢以师道自处哉？前书所谓"以前后辈处之"者，亦谓仆有一日之长，而彼又有求道之心者耳。若其年齿相若而无意于求道者，自当如常待以客礼，安得例以前后辈处之？是亦妄人矣。又况不揆其来意之如何，而抗颜以师道自居，世宁有是理耶？夫师法者，非可以自处得也，彼以是求我，而我以是应之耳。嗟乎！今之时，孰有所谓师云乎哉！今之习技艺者则有师，习举业求声利者则有师，彼诚知技艺之可以得衣食，举业之可以得声利，而希美官爵也。自非诚知己之性分，有急于衣食官爵者，孰肯从而求师哉！夫技艺之不习，不过乏衣食；举业之不习，不过无官爵；己之性分有所蔽悖，是不得为人矣。人顾明彼而暗此也，可不大哀乎！往时仆与王寅之、刘景素同游太学，每季考，寅之恒居景素前列，然寅之自以为讲贯不及景素，一旦执弟子礼师之。仆每叹服，以为如寅之者，真可为豪杰之士。使寅之易此心以求道，亦何圣贤之不可及！然而寅之能于彼不能于此也。曾子病革而易箦，子路临绝而结缨，横渠撤虎皮而使其子弟从讲于二程，惟天下之大勇无我者能之。今天下波颓风靡，为日已久，何异于病革临绝之时，然又人是己见，莫肯相下求正。故居今之世，非有豪杰独立之士的见性分之不容己，毅然以圣贤之道自任者，莫之从而求师也。

　　吾兄又疑后进之来，其资禀意向虽不足以承教，若其齿之相远者，恐亦不当概以客礼相待。仆前书所及，盖与有意于斯道者相属而言，亦谓其可以客，可以无客者耳。若其齿数邈绝，则名分具存，有不待言矣。孔子使阙党童子将命，曰"吾见其居于位也，见其与先生并行也，非求益者也，欲速成者也"，亦未尝无诲焉。虽然，此皆以不若己者言也。若其德器之夙成，识见之超诣者，虽生于吾后数十年，其大者吾师，次者吾友也，得以齿序论之哉？

　　人归遽剧，极潦草。便间批复可否。不一一。

答何子元　壬申

　　来书云："《礼曾子问》：'诸侯见天子，入门不得终礼，废者几？孔子曰：四。又问：诸侯相见，揖，入门不得终礼，废者几？孔子曰：六，而日食存焉。曾子曰：当祭而日食，太庙火，其祭也如之何？孔子曰：接祭而已矣。如牲至，未杀，则废。'孟春于此有疑焉：天子崩，太庙火，后夫人之丧，雨沾服失容，此事之不可期，或适相值。若日食则可预推也，诸侯行礼，独不容以少避乎？祭又何必专于是日而匆匆于接祭哉？牲未杀，则祭废，当杀牲之时，而不知日食之候者，何也？执事幸以见教，千万千万！"

　　承喻《曾子问》"日食接祭"之说，前此盖未尝有疑及此者，足见为学精察，深用叹服。如某浅昧，何足以辨此！

　　古者天子有日官，诸侯有日御。日官居卿以底日，日御不失日以授百官之朝，岂有当祭之日而尚未知有日食者？夫子答曾子之问，窃意春秋之时，日官多失其职，固有日食而弗之知者矣。尧命羲和，敬授人时，何重也！仲康之时，去尧未远，羲和已失其职，迷于天象，至日食罔闻知，故有胤之征。降及商、周，其职益轻。平王东迁，政教号令不及于天下。自是而后，官之失职，又可知矣。《春秋》所书日食三十有六，今以《左传》考之，其以鼓用牲币于社及其他变常失礼书者三之一，其以官失其职书者四之二，凡日食而不书朔日者，杜预皆以为官失之，故其必有考也。《经》："桓公十七年冬十月朔，日有食之。"《传》曰："不书日，官失之也。""僖公十五年夏五月，日有食之。"《传》曰:"不书朔与日,官失之也。"则《传》固已言之矣。襄公之二十七年冬十二月乙卯朔日有食之,而《传》曰:"辰在申,司历过也,再失闰矣。"夫推候之缪,至于再失闰,则日食之不知,殆其细者矣。古之祭者,七日戒,三日斋,致其诚敬以交于神明,谓之"当祭而日食",则固已行礼矣。如是而中辍之,不可也。接者,疾速之义。其仪节固已简慢,接祭则可两全而无害矣。况此以天子尝禘郊社而言,是乃国之大祀。若其他小祭则或自有可废者,在权其轻重而处之。若祭于太庙,而太庙火,则亦似有不得不废者。然此皆无明文,窃意其然,不识高明且以为何如也?

上晋溪司马 戊寅

郴、衡诸处群孽,漏殄尚多,盖缘进剿之时,彼省土兵不甚用命,而广兵防夹,又复稍迟,是以致此。其在目今,若无凶荒之灾,兵革之衅,料亦未敢动作,但恐一二年后,则有所不能保耳。今大征甫息,势既未可轻举;而地方新遭土兵之扰,复不堪重困。将纾目前之患,不过添立屯堡;若欲稍为经久之图,亦不过建立县治。然此二端,彼省镇巡已尝会奏举行,生虽复往,岂能别有区画?但度其事势,屯堡之设虽可以张布声威,然使守瞭日久,未免怠弛散归。无事则虚具名数,冒费粮饷;有急则张皇贼势,复须调兵;此其势之所必至者。惟建县一事颇为得策。又闻所设县分乃瓜分两省三县之地,彼此各吝土地人民,岂肯安然割己所有以资异省别郡?必有纷争异同之论,未能归一。则立县之举,势亦未易克就。既承责委,亦已遣人再往询访,苟有利弊稍可裨益者,当复举请。但因闽事孔棘,遥闻庙堂之议亦欲缪以见责,故且未敢辄往郴、桂。然敕书又未见到,则闽中亦不敢遽往,旦夕咨访其事,颇悉颠末。大概闽中之变,亦由积渐所致。其始作于延平,继发于邵武,又继发于建宁,发于汀、漳,发于沿海诸卫所。其间惊哄虽小大不一,然亦皆因倡于前者略无惩创,遂敢效尤而兴。今省城渠魁虽已授首,人心尚尔惊惶未定,邵武诸处尤不可测。急之必致变,纵而不问,将来之祸尤有不可胜言者。盖福建之军,纵恣骄骜已非一日,既无漕运之劳,又无征戍之役,饱食安坐,徭赋不及。居则朘民之膏血以供其粮,有事返藉民之子弟而为之斗。有司豢养若骄子,百姓疾畏如虎狼。稍不如意,呼呶群聚而起,焚掠居民,绑笞官吏;气焰所加,帖然惟其所欲而后已。今其势既盈,如将溃之堤,岌乎汹汹,匪朝伊夕。虽有知者,难善其后,固非迂劣如守仁者所能办此也。又况积弱之躯,百病侵剥,近日复闻祖母病危,日夜痛苦,方寸已乱,岂复堪任!临期败事,罪戮益重,辄敢先以情诉，伏望曲加矜悯，改授能者，使生得全首领，归延残息于田野，非生一人之幸，实一省数百万生灵之幸也！情蹙辞隘，忘其突冒，死罪死罪！

二　己卯

赍奏人回，每辱颁教，接引开慰，勤惓恳恻，不一而足。仁人君子爱物之诚，与人之厚，虽在木石，亦当感动激发，而况于人乎！无能报谢，铭诸心腑而已。

生始恳疏乞归，诚以祖母鞠育之恩，思一面为诀。后竟牵滞兵戈，不及一见，卒抱终天之痛。今老父衰疾，又复日亟；而地方已幸无事，且蒙朝廷曾有"贼平来说"之旨，若再拘缚，使不获一申其情，后虽万死，无以赎其痛恨矣！老先生亦何惜一举手投足之劳而不以曲全之乎？今生已移疾舟次，若复候命不至，断亦逃归，死无所憾！老先生亦何惜一举手投足之劳而必欲置之有罪之地乎？情隘辞迫，渎冒威严。临纸涕泣，不知所云，死罪死罪！

上彭幸庵　壬午

不孝延祸先子，自惟罪逆深重，久摈绝于大贤君子之门矣。然犹强息忍死，未即殒灭，又复有所控吁者。痛惟先子平生孝友刚直，言行一出其心之诚然，而无所饰于其外。与人不为边幅，而至于当大义，临大节，则毅然奋卓而不可回夺。忝从大夫之后，逮事先朝，亦既荐被知遇，中遭逆瑾之变，退伏田野，忠贞之志，抑而不申。近幸中兴之会，圣君贤相方与振废起旧，以发舒幽枉，而先子则长已矣。德蕴壅阂而未宣，终将泯溷于俗，岂不痛哉！伏惟执事才德勋烈动一世，忠贞之节，刚大之气，屹然独峙，百撼不摇，真足以廉顽而立懦。天子求旧图新，复起以相，海内仰望其风采，凡天下之韬伏埋滞，窒而求通，曲而求直者，莫不延颈跂足，望下风而奔诉。况先子素辱知与，不肖孤亦尝受教于门下，近者又蒙为之刷垢雪秽，谬承推引之恩，盖不一而足者，反自疏外，不一以其情为请？是委先子于沟壑，而重弃于大贤君子也。不孝之罪，不滋为其欤？先子之没，有司以赠谥乞，非执事之悯之也，而为之一表白焉。其敢觊觎于万一乎？荒迷恳迫，不自知其僭罔渎冒，死罪死罪！

寄杨邃庵阁老　壬午

孤闻之，昔古之君子之葬其亲也，必求名世大贤君子之言，以图其不朽。然而大贤君子之生，不数数于世，固有世有其人而不获同其时者矣，又有同其时而限于势分无由自通于门墙之下者矣，则夫图不朽于斯人者，不亦难乎！痛惟先君宅心制行，庶亦无愧于古人；虽已忝在公卿之后，而遭时未久，志未大行，道未大明，取嫉权奸，敛德而归，今则复长已矣。不孝孤将以是岁之冬举葬事，图所以为不朽者，惟墓石之志为重。伏惟明公道德文章，师表一世，言论政烈，仪刑百辟。求之昔人，盖欧阳文忠、范文正、韩魏公其人也，所谓名世之大贤君子，非明公其谁欤！不幸而生不同时也，则亦已矣；幸而犹及，在后进之末，虽明公固所不屑，挥之门墙之外，犹将冒昧强颜而入焉，况先君素辱知与，不肖孤又尝在属吏之末，受教受恩，怀知己之感，有道谊骨肉之爱。迩者又尝辱使临吊，宠之以文词，恻然悯念其遗孤，而不忍遽弃遗之者，是以忘其不孝之罪，犯僭逾之戮，而辄敢以志为请。伏惟明公休休容物，笃厚旧故，甄陶一世之士，而各欲成其名，收录小大之才，而惟恐没其善。则如先君之素受知爱者，其忍靳一言之惠而使之泯然无闻于世耶？不腆先人之币，敢以陆司业之状先于将命者。惟明公特垂哀矜，生死受赐，世世子孙捐躯殒命，未足以为报也！不胜惶悚颠越之至！荒迷无次。

二　癸未

前日尝奉启，计已上达。自明公进秉机密，天下士夫忻忻然动颜相庆，皆为太平可立致矣。门下鄙生独切生忧，以为犹甚难也。亨屯倾否，当今之时，舍明公无可以望者，则明公虽欲逃避乎此，将亦有所不能。然而万斛之舵，操之非一手，则缓急折旋，岂能尽如己意？临事不得专操舟之权，而偾事乃与同覆舟之罪，此鄙生之所谓难也。夫不专其权而漫同其罪，则莫若预逃其任。然在明公亦既不能逃矣；逃之不能，专又不得，则莫若求避其罪，然在明公亦终不得避矣。天下之事，果遂卒无所为欤？夫惟身任天下之祸，然后能操天下之权；操天下之权，然后能济天下之患。当其权之未得也，其致之甚难，而其归之也，则操之甚易。万斛之舵，平时从而争操之者，以利存焉。一旦风涛颠沛，变起不测，众方皇惑震丧，救死不遑，而谁复与争操乎？于是起而专之，众将恃以无恐，而事因以济。苟亦从而委靡焉，固沦胥以溺矣。故曰"其归之也，则操之甚易"者，此也。古之君子，洞物情之向背而握其机，察阴阳之消长以乘其运，是以动必有成而吉无不利，伊、旦之于商、周是矣。其在汉、唐，盖亦庶几乎此者。虽其学术有所不逮，然亦足以定国本而安社稷，则亦断非后世偷生苟免者之所能也。夫权者，天下之大利大害也。小人窃之以成其恶，君子用之以济其善，固君子之不可一日去，小人之不可一日有者也。欲济天下之难，而不操之以权，是犹倒持太阿而授人以柄，希不割矣。故君子之致权也有道，本之至诚以立其德，植之善类以多其辅；示之以无不容之量，以安其情；扩之以无所竞之心，以平其气；昭之以不可夺之节，以端其向；神之以不可测之机，以摄其奸；形之以必可赖之智，以收其望。坦然为之，下以上之；退然为之，后以先之。是以功盖天下而莫之嫉，善利万物而莫与争。此皆明公之能事，素所蓄而有者，惟在仓卒之际，身任天下之祸，决起而操之耳。夫身任天下之祸，岂君子之得已哉？既当其任，知天下之祸将终不能免也，则身任之而已。身任之而后可以免于天下之祸。小人不知祸之不可以幸免，而百诡以求脱，遂致酿成大祸，而已亦卒不能免。故任祸者，惟忠诚忧国之君子能之，而小人不能也。某受知门下，不能效一得之愚以为报，献其芹曝，伏惟鉴其忧悃而悯其所不逮，幸甚！

三 丁亥

某素辱爱下，然久不敢奉状者，非敢自外于门墙，实以地位悬绝，不欲以寒暄无益之谈尘渎左右。盖避嫌之事，贤者不为，然自叹其非贤也。非才多病，待罪闲散，犹惧不堪，乃今复蒙显擢，此固明公不遗下体之盛，某亦宁不知感激！但量能度分，自计已审，贪冒苟得，异时偾事，将为明公知人之累。此所以闻命惊惶而不敢当耳。谨具奏辞免，祈以原职致仕。伏惟明公因材而笃于所不能，特赐曲成，俾得归延病喘于林下，则未死余年皆明公之赐，其为感激，宁有穷已乎！恳切至情，不觉渎冒，伏冀宥恕。不具。

四 丁亥

窃惟大臣报国之忠，莫大于进贤去谗，故前者两奉起居，皆尝僭及此意。亦其自信山林之志已坚，而素受知己之爱，不当复避嫌疑，故率意言之若此。乃者忽蒙两广之命，则是前日之言适以为己地也，悚惧何以自容乎！某以迂疏之才，口耳讲说之学耳，簿书案牍，已非其能，而况军旅之重乎？往岁江西之役，实亦侥幸偶成。近年以来，忧病积集，尪羸日盛，惟养疴丘园，为乡里子弟考订句读，使知向方，庶于保身及物亦稍得效其心力，不致为天地间一蠹，此其自处亦既审矣。圣天子方励精求治，而又有老先生主张国是于上，苟有袜线之长者，不于此时出而自效，则亦无其所矣。老先生往岁方秉铨轴时，有以边警荐用彭司马者，老先生不可，曰："彭始成功，今或少挫，非所以完之矣。"老先生之爱惜人才而欲成就之也如此，至今相传，以为美谈，今独不能以此意而推之某乎？恳辞疏上，望赐曲成，使得苟延喘息。俟病痊之后，老先生不忍终废，必欲强使一出，则如留都之散部，或南北太常国子之任，量其力之可能者使之自效，则图报当有日也。不胜恃爱恳渎，幸赐矜察！

寄席元山 癸未

某不孝，延祸先子，罪逆之深，自分无复比数于人。仁人君子尚未之知，悯念其旧，远使存录，重以多仪，号恸拜辱，岂胜哀感！岂胜哀感！伏惟执事长才伟志，上追古人，进德勇义，罕与俦匹。向见《鸣冤录》及承所寄《道山书院记》，盖信道之笃，任道之劲，海内同志莫敢有望下风者矣，何幸何幸！不肖方在苦毒中，意所欲请者千万，荒迷割裂，莫得其端绪。使还遽，临疏昏塞，不尽所云。

答王鼍庵中丞 甲申

往岁旌节临越，猥蒙枉顾。其时忧病懵懵，不及少申款曲。自后林居，懒僻成性，平生故旧不敢通音问。企慕之怀虽日以积，竟未能一奉起居，其为倾渴，如何可言！使来，远辱问惠，登拜感怍。舍亲宋孔瞻亦以书来，备道执事勤勤下问之盛。不肖奚以得此！

近世士夫之相与，类多虚文弥诳而实意衰薄，外和中妒，徇私败公，是以风俗日恶而世道愈降。执事忠信高明，克勤小物，长才伟识，翘然海内之望。而自视欿然，远念不遗，若古之君子，有而若无，以能问于不能者也。仆诚喜闻而乐道，自顾何德以承之？仆已无所可用于世，顾其心痛圣学之不明，是以人心陷溺至此，思守先圣之遗训，与海内之同志者讲求切劘之，庶亦少资于后学，不徒生于圣明之朝。然蔽惑既久，人是其非，其能虚心以相听者鲜矣。若执事之德盛礼恭而与人为善，此诚仆所愿效其愚者，然又邑里隔绝，无因握手一叙，其为倾渴又如何可言耶！虽然，目击而道存，仆见执事之书，既已知执事之心，虽在千万里外，当有不言而信者。谨以新刻小书二册奉求教正。盖鄙心之所欲效者，亦略具于其中矣。便间幸示。

与陆清伯 甲申

惟乾之事将申而遂没，痛哉！冤乎！不如是无以明区区罪恶之重至于贻累朋友，不如是无以彰诸君之笃于友道。痛哉！冤乎！不有诸君在，则其身没之后，将莫知所在矣，况有为之衣衾棺殓者乎！是则犹可以见惟乾平日为善之报，于大不幸之中而尚有可幸者存也。呜呼，痛哉！即欲为之一洗，自度事势未能遽脱，或必须进京，候到京日再与诸君商议而行之。苟遂归休，终须一举，庶可少泄此痛耳。其归丧一事，托王邦相为之经理。倘有不便，须仆到京，图之未晚也。行李倥偬中，未暇悉所欲言，千万心照！

与黄诚甫 甲申

近得宗贤寄示《礼疏》，明甚。诚甫之议，当无不同矣。古之君子，恭敬撙节退让以明礼，仆之所望于二兄者，则在此而不在彼也。果若是，以为斯道之计，进于议礼矣。先妻不幸于前日奄逝，方在悲悼中。适陈子文往，草草存间阔。

二 甲申

别久极渴一语，子莘来，备道诸公进修，亦殊慰。大抵吾人习染已久，须得朋友相挟持。离群索居，即未免隳惰。诸公既同在留都，当时时讲习为佳也。

三 乙酉

盛价来，领手札，知有贵恙，且喜渐平复矣。贱躯自六月暑病，然两目蒙蒙，两耳蓬蓬，几成废人，仅存微息。旬日前，元忠、宗贤过此，留数日北去。山庐卧病，期少谢人事，而应接亦多。今复归卧小阁，省愆自讼而已。闻有鼓枻之兴，果尔，良慰渴望。切磋砥砺之益，彼此诚不无也。

与黄勉之 乙酉

承欲刻王信伯遗言，中间极有独得之见，非余儒所及。惜其零落既久，后学莫有传之者。因勉之寄此，又知程门有此人也，幸甚幸甚！中间如论明道、伊川处，似未免尚有执著，然就其所到，已甚高明特远，不在游、杨诸公之下矣。中间可省略者，删去之为佳。凡刻古人文字，要在发明此学，惟简明切实之为贵，若支辞蔓说，徒乱人耳目者，不传可也。高明以为何如？

复童克刚 乙酉

春初枉顾，时承以八策见示，鄙意甚不为然。既而思之，皆学术不明之故，姑且与克刚讲学，未暇细论策之是非。旬日之后，学术渐明，克刚知见豁然，如白日之开云雾，遂翻然悔其初志，即欲焚弃八策，以为自此以后誓不复

255

萌此等好高务外之念矣。当时同志诸友，无不叹服克刚，以为不惮改过而勇于从善若此，人人皆自以为莫及也。盛价远来，忽寻长笺巨册，谆谆恳恳，意求删改前策，将图复上，与临别丁宁意大相矛盾。岂间阔之久，切磋无力，遂尔迷误至此耶？《易》曰"君子思不出其位"，若克刚斯举，乃所谓"思出其位"矣。又曰："不易乎世，不成乎名，遁世无闷，忧则违之。"若克刚斯举，是易乎世而成乎名，非"遁世无闷，忧则违之"之谓矣。克刚向处山林，未尝知有朝廷事体。今日群司之中，缙绅士夫之列，其间高明剀切之论，经略康济之谟，何所不有？如八策中所陈，盖已不知几十百人几十百上矣，宁复有俟于克刚耶？克刚此举，虽亦仁人志士之心，然夜光之璧无因而投，人亦且按剑而怒，况此八策者，特克刚之敝帚耳，亦何保啬之深而必以投人为哉？若此策遂上，亦非独不见施行，且将有指摘非訾之者，其为克刚之累不小小也。克刚亦何苦而汲汲于为是哉？八策之中，类皆老生常谈，惟第五策于地方利害颇有相关，然亦不过诉状之词，一有司听之足矣。而克刚乃以为致治垂统之一策，得无以身家之故，遂为利害所蔽，而未暇深思之耶？明者一览，如见肺肝，但克刚不自知耳。昔者颜子在陋巷箪瓢，孔子贤之。夫陋巷箪瓢，岂遂至于人不堪忧？其间盖亦必有患害屈抑，常情所不能当，如克刚今日之所遭际者矣。若其时遂以控之于时君世主，谆谆屑屑，求白于人，岂得复谓之贤乎？禹、稷昌言于朝，过门不入，以有大臣之责也，今克刚居颜子陋巷之地，而乃冒任禹、稷之忧，是宗祝而代庖人之割，希不伤手矣。

册末"授受"之说，似未端的，此则姑留于此，俟后日再讲。至于八策，断断不宜复留，遂会同志诸友共付丙丁，为克刚焚此魔障。克刚自此但宜收敛精神，日以忠信进德为务，默而成之，不言而信，不见是而无闷可也。

与郑启范侍御 丁亥

某愚不自量，痛此学之不讲，而窃有志于发明之。自以劣弱，思得天下之豪杰相与扶持砥砺，庶几其能有成，故每闻海内之高明特达，忠信而刚毅者，即欣慕爱乐，不啻骨肉之亲。以是于吾启范虽未及一面之识，而心孚神契，已如白首之交者，亦数年矣。每得封事读之，其间乃有齿及不肖者，则又为之赧颜汗背，促踏不安。古之君子，耻有其名而无其实。吾于启范，惟切磋之是望，乃不考其实，而过情以誉于朝，异时苟有不称，将使启范为失言矣，如之何而可！不肖志虽切于求学，而质本迂狂疏谬，招尤速谤，自其所宜。近者复闻二三君子以不肖之故，相与愤争力辩于铄金销骨之地，至于冲锋冒刃而弗顾，仆何以当此哉！二三君子之心，岂不如青天白日，谁得而瑕滓之者！顾仆自反，亦何敢自谓无愧！则不肖之躯，将不免为轻云薄雾于二三君子矣，如之何而可！病躯懒放日久，已成废人，尚可勉强者，惟宜山林之下读书讲学而已。两广之任断非所堪，已具疏恳辞。必不得请，恐异日终为知己之忧也。言不能谢，惟自鞭策，以期无负相知，庶以为报耳。

答方叔贤 丁亥

久不奉状，非敢自外，实以忧疾频仍，平生故旧类不敢通问。在吾兄诚不当以此例视，然广士之来游者相踵，山中启处，时时闻之。简札虚文，似有不必然者，吾兄当能亮之也。

圣主聪明不世出，诸公既蒙知遇若此，安可不一出图报！今日所急，惟在培养君德，端其志向。于此有立，政不足间，人不足谪，是谓"一正君而国定"。然此非有忠君报国之诚，其心断断休休者，亦只好议论粉饰于其外而已矣。仆积衰之余，病废日甚，岂复更堪兵甲驱驰之劳？况谗构未息，又可复出而冒为之乎？恳辞疏下，望与扶持，得具养疴林下。稍俟痊复，出而图报，非晚也。

二 丁亥

昨见邸报，知西樵、兀崖皆有举贤之疏，此诚士君子立朝之盛节，若干年无此事矣，深用叹服！但与名其间，却有一二未晓者，此恐鄙人浅陋，未能知人之故。然此乃天下治乱盛衰所系，君子小人进退存亡之机，不可以不慎也。此事譬之养蚕，但杂一烂蚕于其中，则一筐好蚕尽为所坏矣。凡荐贤于朝，与自己用人又自不同。自己用人，权度在我，故虽小人而有才者，亦可以器使。若以贤才荐之于朝，则评品一定，便如白黑，其间舍短录长之意，若非明言，谁复知之？小人之才，岂无可用？如砒硫芒硝皆有攻毒破壅之功，但混于参苓耆术之间而进之，养生之人万一用之不精，鲜有不误者矣。仆非不乐二公有此盛举，正恐异日或为此举之累，故辄叨叨，当不以为罪也。

思、田事，贵乡往来人当能道其详。俗谚所谓"生事事生"，此类是矣。今其事体既已坏，尽欲以无事处之，要已不能，只求减省一分，则地方亦可减省一分劳攘耳。鄙见略具奏内，深知大拂喜事者之心，然欲杀数千无罪之人以求成一己之功，仁者之所不忍也！赍奏人去，凡百望指示之。舟次草草，未尽鄙怀，千万鉴恕！

257

与黄宗贤 丁亥

仆多病积衰，潮热痰嗽，日甚一日，皆吾兄所自知，岂复能堪戎马之役者？况谗构未息，而往年江西从义将士，至今查勘未已，往往废业倾家，身死牢狱，言之实为痛心，又何面目见之！今若不量可否，冒昧轻出，非独精力决不能支，极其事势，正如无舵之舟乘飘风而泛海，终将何所止泊乎？在诸公亦不得不为多病之人一虑此也。恳辞疏下，望相扶持，终得养疴林下是幸。

席元山丧已还蜀否？前者奠辞想已转达。天不慭遗，此痛何极！数日间唐生自黄岩归，知宅上安好。世恭书来，备道佳子弟悉知向方。可喜间，附知之。

二 丁亥

得书，知别后动定，且知世事之难为，人情之难测有若此者，徒增慨叹而已！朽才病废，百念俱息，忽承重寄，岂复能堪？若恳辞不获，自此将为知己之忧矣，奈何奈何！江西功次固不足道，但已八年余矣，尚尔查勘未息，致使效忠赴义之士废产失业，身死道途。纵使江西之功尽出冒滥，独不可比于留都、湖、浙之赏乎？此事终须一白。但今日言之，又若有挟而要者。奈何奈何！

木翁旬日间亦且启行矣。此老慎默简重，当出流辈，但精力则向衰。若如兀崖之论，欲使之破长格以用财，不顾天下之毁誉荣辱，以力主国议，则恐势有所未能尽行耳。因论偶及，幸自知之。

东南小蠹，特疥癣之疾。群僚百司各怀谗嫉党比之心，此则腹心之祸，大为可忧者。近见二三士夫之论，始知前此诸公之心尚未平贴，姑待衅耳。一二当事之老，亦未见有同寅协恭之诚，间闻有口从面谀者，退省其私，多若雠仇。病废之人，爱莫为助，窃为诸公危之，不知若何而可以善其后，此亦不可不早虑也。

兵部差官还，病笔草草附此。西樵、兀崖皆不及别简，望同致意。近闻诸公似有德色傲容者，果尔，将重失天下善类之心矣。相见间可隐言及之。

三 丁亥

近得邸报及亲友书，闻知石龙之于区区，乃无所不用其极若此。而西樵、兀崖诸公爱厚勤拳，亦复有加无已，深用悚惧。嗟乎！今求朝廷之上，信其有事君之忠、忧世之切、当事之勇、用心之公若诸公者，复何人哉！若之何而不足悲也！诸公既为此一大事出世，则其事亦不得不然。但于不肖则似犹有溺爱过情者，异日恐终不免为诸公知人之累耳。悚惧悚惧！

思、田之事，本亦无大紧要，只为从前张皇太过，后来遂不可轻易收拾。所谓天下本无事，在人自扰之耳。其略已具奏词，今往一通，必得朝廷如奏中所请，则地方庶可以图久安。不然，反覆未可知也。贱躯患咳，原自南、赣蒸暑中得来，今地益南，气类感触，咳发益甚，恐竟成痼疾，不复可药。地方之事苟幸塞责，山林田野则惟其宜矣，他尚何说哉？

西樵、兀崖家事，极为时辈所挤排，殊可骇叹！此亦皆由学术不明，近来士夫专以客气相尚，凡所毁誉，不惟其是，惟其多，且胜者是附是和，是以至此。近日来接见者，略已一讲，已觉豁然有省发处，自后此等意思亦当渐消除。

京师近来事体如何？君子道长，则小人道消，疾病既除，则元气亦当自复。但欲除疾病而攻治太厉，则亦足以耗其元气。药石之施，亦不可不以渐也。木翁、邃老相与如何？能不孤海内之望否？亦在诸公相与调和。此如行舟，若把舵不定而东撑西曳，亦何以致远涉险？今日之事，正须同舟共济耳。赍本人去，凡百望指示。

四 戊子

两广大势，罢敝已极，非得诚于为国为民，强力有为者为之数年，未可以责效也。思、田之患则幸已平靖，其间三五大巢，久为广西诸贼之根株渊薮者，亦已用计剿平。就今日久困积冤之民言之，亦可谓之太平无事矣。病躯咳患日增，平生极畏炎暑，今又深入炎毒之乡，遍身皆发肿毒，且夕动履且有不能。若巡抚官再候旬月不至，亦只得且为归休之图，待罪于南、赣之间耳。圣天子在上，贤公卿在朝，真所谓明良相遇，千载一时。鄙人世受国恩，从大臣之末，固非果于忘世者，平生亦不喜为尚节求名之事，何忍遽言归乎？自度病势，非还故土就旧医，决将日甚一日，难复疗治，不得不然耳。

静庵、东罗、见山、西樵、兀崖诸公，闻京中方严书禁，故不敢奉启。诸公既当事，且须持之以镇定久远。今一旦名位俱极，固非诸公之得已，是乃圣天子崇德任贤，更化善治，非常之举，诸公当之，亦诚无愧。但贵不期骄，满不期溢。贤者充养有素，何俟人言？更须警惕朝夕，谦虚自居。其所以感恩报德者，不必务速效，求近功，要在诚心实意，为久远之图，庶不负圣天子今日之举，而亦不负诸公今日之出矣。仆于诸公，诚有道义骨肉之爱，故不觉及此，会间幸转致之。

259

五 戊子

前赍奏去，曾具白区区心事，不审已能逐所愿否？自入广来，精神顿衰。虽因病患侵凌，水土不服，要亦中年以后之人，其势亦自然至此，以是怀归之念日切。诚恐坐废日月，上无益于国家，下无以发明此学，竟成虚度此生耳，奈何奈何！

春初思、田之议，悉蒙朝廷裁允，遂活数万生灵。近者八寨、断藤之役，实以一方涂炭既极，不得已而为救焚之举，乃不意遂获平靖。此非有诸公相与协赞，力主于内，何由而致是乎？书去，各致此感谢之私，相见时，更望一申其恳恳。

巡抚官久未见推，仆非厌外而希内者，实欲早还乡里耳。恐病势日深，归之不及，一生了未心事，石龙其能为我悆然乎？身在而后道可弘，皮之不存，毛将焉附？诸公不敢辄以此意奉告，至于西樵，当亦能谅于是矣，曷亦相与曲成之？地方处置数事附进，自度已不能了此。倘遂允行，亦所谓尽心焉耳已。舟次伏枕草草，不尽所怀。

答见山冢宰 丁亥

向赍本人去，曾奉短札，计已达左右矣。朽才病废，宁堪重托？恳辞之疏，必须朝廷怜准。与其他日蒙颠覆之戮，孰若今日以是获罪乎？东南小夷，何足以动烦朝廷若此！致有今日，皆由愤激所成。以主上圣明，德威所被，指日自将平定。但庙堂之上，至今未有同寅协恭之风，此则殊为可忧者耳。不知诸公竟何以感化而斡旋之？大抵谗邪不远，则贤士君子断不能安其位，以有为于时。自昔当事诸公，亦岂尽不知进贤而去不肖之为美？顾其平日本无忠君爱国之诚，不免阿时附俗，以苟目前之誉，卒之悦谀信谗，终于蔽贤病国而已矣。来官守催，力遣数四，始肯还。病笔草草，未尽倾企。

与霍兀崖宫端 丁亥

往岁曾辱《大礼议》见示，时方在哀疚，心善其说而不敢奉复。既而元山亦有示，使者必求复书，草草作答。意以所论良是，而典礼已成，当事者未必能改，言之徒益纷争，不若姑相与讲明于下，俟信从者众，然后图之。其后议论既兴，身居有言不信之地，不敢公言于朝。然士夫之问及者，亦时时为之辨析，期在委曲调停，渐求挽复，卒亦不能有益也。后来赖诸公明目张胆，已申其义。然如倒仓涤胃，积淤宿痰，虽亦快然一去，而病势亦甚危矣。今日急务，

260

惟在扶养元气，诸公必有回阳夺化之妙矣。仆衰病陋劣，何足以与于斯耶！数年来频罹疾构，痰嗽潮热，日益尪羸，仅存喘息，无复人间意矣。乃者忽承两广之推，岂独任非其才，是盖责以其力之所必不能支，将以用之而实以毙之也。恳辞疏下，望相与扶持曲成，使得就医林下。幸而痊复，量力图报，尚有时也。

答潘直卿 丁亥

远承遣问，情意蔼切，兼复奖与过分，仆何以得此哉！仆何以当此哉！愧悚愧悚！病废日久，习成懒放，虽问水寻山，渐亦倦兴，况兹军旅之役，岂其精力所复能堪？已具疏恳辞，必须得请，始可免于后悔。不然，将不免为知己之忧矣，奈何奈何！

宁藩之役，湖、浙及留都之有功者皆已升赏，独江西功次，今已六七年矣，尚尔查勘未息。今复欲使之荷戈从役，仆将何辞以出号令？亦何面目见之？赏罚，国之大典，今乃用之以快恩仇若此，仆一人不足惜，其如国事何！连年久分废弃，此等事不复挂之齿牙。今疼痛切身，不觉呻吟之发，不知毕竟何如而可耳！知子文道长尚未至，且不作书，见时望致意。

寄翟石门阁老 戊子

思、田之议，悉蒙裁允，遂活一方数万之生灵。近者八寨、断藤之役，实以生民涂炭既极，不得已而为之救焚之举，乃不意遂获平靖。此非有魏公力主于朝，则金城之议无因而定；非有裴公赞决于内，则淮、蔡之绩何由而成？今日之事，敢忘其所由来乎？赍奏人去，辄申感谢之诚，并附起居之敬。但惟六月徂征，冲冒瘴疫，将士危险，颇异他时。稍得沾濡，亦少慰其勤苦耳。处置地方数事附进，得蒙赞允，尤为万幸。舟中伏枕，莫既下怀，伏祈鉴亮！

寄何燕泉 戊子

某久卧山中，习成懒僻，平生故旧，音问皆疏。遥闻执事养高归郴，越东楚西，何因一话？烟水之涯，徒切瞻望而已！去岁复以兵革之役，扶病强出，殊乖始愿。正如野麇入市，投足摇首，皆成骇触。忽枉笺教，兼辱佳章，捧诵洒然。盖安石东山之高，靖节柴桑之兴，执事兼而有之矣，仰叹可知！地方事苟幸平靖，伏枕已逾月，旬日后亦且具疏乞还。果遂所图，虽不获握手林泉，然郴岭之下，稽山之麓，聊复同此悠悠之怀也。使来，值湖兵正还，兼有计处地方之奏，冗冗乃尔，久稽又未能细请，临纸惘然，伏冀照亮！不具。

卷二十二　外集四

序

罗履素诗集序　王戌

履素先生诗一帙，为篇二百有奇，浙大参罗公某以授阳明子某而告之曰："是吾祖之作也。今诗文之传，皆其崇高显赫者也。吾祖隐于草野，其所存要无愧于古人，然世未有知之者，而所为诗文又皆沦落止是，某将梓而传焉。惧人之以我为僭也，吾子以为奚若？"某曰："无伤。孝子仁孙之于其父祖，虽其服玩嗜好之微，犹将谨守而弗忍废，况乎诗文，其精神心术之所寓，有足以发闻于后者哉！夫先祖有美而弗传，是弗仁也，夫孰得而议之！盖昔者夫子之取于诗也，非必其皆有闻于天下，彰彰然明著者而后取之。《沧浪之歌》采之孺子，《萍实》之谣得诸儿童，夫固若是其宽博也。然至于今，其传者不过数语而止，则亦岂必其多之贵哉？今诗文之传则诚富矣，使有删述者而去取之，其合于道也能几？履素之作，吾诚不足以知之，顾亦岂无一言之合于道乎？夫有一言之合于道，是于其世也，亦有一言之训矣，又况其不止于是也，而又奚为其不可以传哉？吾观大参公之治吾浙，宽而不纵，仁而有勇，温文蕴籍，居然稠众之中，固疑其先必有以开之者。乃今观履素之作，而后知其所从来者之远也。世之君子，苟未知大参公之所自，吾请观于履素之作，苟未知履素之贤，吾请观于大参公之贤，无疑矣。然则是集也，固罗氏之文献系焉，其又可以无传乎哉？"大参公起拜曰："某固将以为罗氏之书也，请遂以吾子之言序之。"

大参公名鉴，字某，由进士累今官。有厚德长才，向用未艾。大参之父某，亦起家进士而以文学政事显。罗氏之文献，于此益为有证云。

两浙观风诗序　王戌

《两浙观风诗》者，浙之士夫为金宪陈公而作也。古者天子巡狩而至诸侯之国，则命太师陈诗，以观民风。其后巡狩废而陈诗亡。春秋之时，列国之君大夫相与盟会问遣，犹各赋诗以言己志而相祝颂。今观风之作，盖亦祝颂意也。王者之巡狩，不独陈诗观风而已。其始至方岳之下，则望秩于山川，朝见兹土之诸侯，同律历礼乐制度衣服纳价，以观民之好恶。就见百年者而问得失，赏有功，罚有罪。盖所以布王政而兴治功，其事亦大矣哉！汉之直指、循行，唐、宋之观察、廉访、采访之属，及今之按察，虽皆谓之观风，而其实代天子以行巡狩之事。故观风，王者事也。

陈公起家名进士，自秋官郎擢佥浙臬，执操纵予夺生死荣辱之柄，而代天子观风于一方，其亦荣且重哉！吁，亦难矣！公之始至吾浙，适岁之旱，民不聊生。饥者仰而待哺，悬者呼而望解；病者呻，郁者怨；不得其平者鸣；弱者、强者、蹶者、啮者，梗而蘖者、狡而窃者，乘间投隙，沓至而环起。当是之时而公无以处之，吾见其危且殆也。赖公之才，明知神武，不震不激，抚柔摩剔，以克有济。期月之间，而饥者饱，悬者解，呻者歌，怨者乐，不平者申；蹶者起，啮者驯，蘖者顺，窃者靖；涤荡剖刷而率以无事。于是乎修废举坠，问民之疾苦而休息之，劳农劝学，以兴教化。然后上会稽，登天姥，入雁荡，陟金娥，览观江山之形胜，慨然太息！吊子胥之忠谊，礼严光之高节，希遐躅于隆庞，把流风于仿佛；固亦大丈夫得志行道之一乐哉！然公之始其忧民之忧也，亦既无所不至矣。公唯忧民之忧，是以民亦乐公之乐，而相与欢欣鼓舞以颂公德。然则今日观风之作，岂独见吾人之厚公，抑以见公之厚于吾人也。虽然，公之忧民之忧，其惠泽则既无日而可忘矣；民之乐公之乐，其爱慕亦既与日而俱深矣。以公之才器，天子其能久容于外乎？则公固有时而去也。然则其可乐者能几？而可忧者终谁任之？则夫今日观风之作，又不徒以颂公之厚于吾人，将遂因公而致望于继公者亦如公焉。则公虽去，而所以忧其民者，尚亦永有所托而因以不坠也。

山东乡试录序 甲子

山东，古齐、鲁、宋、卫之地，而吾夫子之乡也。尝读夫子《家语》，其门人高弟，大抵皆出于齐、鲁、宋、卫之叶，固愿一至其地，以观其山川之灵秀奇特，将必有如古人者生其间，而吾无从得之也。今年为弘治甲子，天下当复大比。山东巡按监察御史陆偁辈以礼与币来请守仁为考试官。故事，司考校者惟务得人，初不限以职任。其后三四十年来，始皆一用学职，遂致应名取具，事归外帘，而糊名易书之意微。自顷言者颇以为不便，大臣上其议。天子曰："然，其如故事。"于是聘礼考校，尽如国初之旧，而守仁得以部属来典试事于兹土，虽非其人，宁不自庆其遭际！又况夫子之乡，固其平日所愿一至焉者，而乃得以尽观其所谓贤士者之文而考校之，岂非平生之大幸欤！虽然，亦窃有大惧焉。夫委重于考校，将以求才也。求才而心有不尽，是不忠也。心之尽矣，而真才之弗得，是弗明也。不忠之责，吾知尽吾心尔矣；不明之罪，吾终且奈何哉！盖昔者夫子之时，及门之士尝三千矣，身通六艺者七十余人。其尤卓然而显者，德行言语则有颜、闵、予、赐之徒，政事文学则有由、求、游、夏之属。今所取士，其始拔自提学副使陈某者盖三千有奇，而得千有四百，既而试之，得七十有五人焉。呜呼！是三千有奇者，皆其夫子乡人之后进而获游于门墙者乎？是七十有五人者，其皆身通六艺者乎？夫今之山东，犹古之山东也，虽今之不逮于古，顾亦宁无一二人如昔贤者？而今之所取苟不与焉，岂非司考校者不明之罪欤？虽然，某于诸士亦愿有言者。夫有其人而弗取，是诚司考校者不明之罪矣。司考校者以是求之，以是取之，而诸士之中苟无其人焉以应其求，以不负其所取，是亦诸士者之耻也。虽然，予岂敢谓果无其人哉！夫子尝曰："鲁无君子者，斯焉取斯！"颜渊曰："舜何？人也；予何？人也。有为者亦若是。"夫为夫子之乡人，苟未能如昔人焉，而不耻不若，又不知所以自勉，是自暴自弃也，其名曰不肖。夫不肖之与不明，其相去何远乎？然则司考校者之与诸士，亦均有责焉耳。嗟夫！司考校者之责，自今不能以无惧，而不可以有为矣。若夫诸士之责，其不听者犹可以自勉，而又惧其或以自画也。诸士无亦曰吾其勖哉，无使司考校者终不免于不明也。斯无愧于是举，无愧于夫子之乡人也矣。

是举也，某某同事于考校，而御史偶实司监临，某某司提调，某某司监试，某某某又相与翊赞防范于外，皆与有劳焉，不可以不书。自余百执事，则已具列于录矣。

气候图序 戊辰

天地一元之运为十二万九千六百年，分而为十二会；会分而为三十运，运分而为十二世，世分而为三十年，年分而为十二月，月分而为二气，气分而为三候，候分为五日，日分为十二时，积四千三百二十时三百六十日而为七十二候。会者，元之候也；世者，运之候也；月者，岁之候也；候者，月之候也。天地之运，日月之明，寒暑之代谢，气化人物之生息终始，尽于此矣。月，证于月者也；气，证于气者也；候，证于物者也。若孟春之月，其气为立春，为雨水；其候为东风解冻，为蛰虫始振，为鱼负冰，獭祭鱼之类，《月令》诸书可考也。气候之运行，虽出于天时，而实有关于人事。是以古之君臣，必谨修其政令，以奉若夫天道；致察乎气运，以警惕夫人为。故至治之世，天无疾风盲雨之灾，而地无昆虫草木之孽。孔子之作《春秋》也，大雨、震电、大雨雪则书，大水则书，无冰则书，无麦苗则书，多麋则书，蜮蜚雨、螽蝝生则书，六鹢退飞则书，陨霜不杀草、李梅实则书，春无水则书，鹳鹆来巢则书。凡以见气候之灾变失常，而世道之兴衰治乱，人事之污隆得失，皆于是乎有证焉：所以示世之君臣者恐惧修省之道也。

大总兵怀柔伯施公命绘工为《七十二候图》，遣使以币走龙场，属守仁叙一言于其间。守仁谓使者曰："此公临政之本也，善端之发也，戒心之萌也。"使者曰："何以知之？"守仁曰："人之情必有所不敢忽也，而后著于其念；必有所不敢忘也，而后存于其心。著于其念，存于其心，而后见之于颜色言论，志之于弓矢几杖盘盂剑席，绘之于图画，而日省之其心。是故思驰骋者，爱观夫射猎游田之物；甘逸乐者，喜亲夫博局燕饮之具。公之见于图绘者，不于彼而于此，吾是以知其为善端之发也；吾是以知其为戒心之萌也。其殆警惕夫人，为而谨修其政今也欤！其殆致察乎气运，而奉若夫天道也欤！夫警惕者，万善之本，而众美之基也。公克念于是，其可以为贤乎！由是因人事以达于天道，因一月之候以观夫世运会元，以探万物之幽赜，而穷天地之始终，皆于是乎始。吾是以喜闻而乐道之，为之叙而不辞也。"

送毛宪副致仕归桐江书院序 戊辰

正德己巳夏四月，贵州按察司副使毛公承上之命，得致其仕而归。先是，公尝卜桐江书院于子陵钓台之侧者几年矣，至是将归老焉，谓其志之始获遂也，甚喜。而同僚之良惜公之去，乃相与咨嗟不忍，集而饯之南门之外。酒既行，有起而言于公者，曰："君子之道，出与处而已。其出也有所为，其处也有所乐。公始以名进士从政南部，理繁治剧，顾然已有公辅之望。及为方面于云贵之间者十余年，内厘其军民，外抚诸戎蛮夷，政务举而德威著。虽或以是召嫉取谤，而名称亦用是益显建立，暴于天下。斯不谓之有为乎？今兹之归，脱屣声利，垂竿读书，乐泉石之清幽，就烟霞而屏迹，宠辱无所与，而世累无所加。斯不谓之有所乐乎？公于出处之际，其亦无憾焉耳已！"公起拜谢。复有言者曰："虽然，公之出而仕也，太夫人老矣，先大夫忠襄公又遗未尽之志，欲仕则违其母，欲养则违其父，不得已权二者之轻重，出而自奋于功业。

人徒见公之忧劳为国而忘其家，不知凡以成忠襄公之志，而未尝一日不在于太夫人之养也。今而归，告成于忠襄之庙，拜太夫人于膝下，旦夕承欢，伸色养之孝，公之愿遂矣。而其劳国勤民，拳拳不舍之念，又何能释然而忘之！则公虽欲一日遂归休之乐，盖亦有所未能也。"公复起拜谢。又有言者曰："虽然，君子之道，用之则行，舍之则藏。用之而不行者，往而不返者也，舍之而不藏者，溺而不止者也。公之用也，既有以行之，其舍之也，有弗能藏者乎？吾未见夫有其用而无其体者也。"公又起拜，遂行。

阳明山人闻其言而论之曰："始之言，道其事也，而未及于其心。次之言者，得公之心矣，而未尽于道。终之言者，尽于道矣，不可以有加矣。斯公之所允蹈者乎！"诸大夫皆曰："然。子盍书之以赠从者？"

恩寿双庆诗后序 戊辰

正德丙寅，丹徒沙隐王公寿七十，配孺人严六十有九。其年，天子以厥子侍御君贵，封公监察御史，配为孺人。在朝之彦，咸为歌诗侈上之德，以祝公寿，美侍御君之贤。又明年，侍御君奉命巡按贵阳，以王事之靡盬，将厥父母之弗逮也，载是册以俱。每陟屺岵，望飞云，徘徊瞻恋，喟然而兴欢，黯然而长思，则取是册而披之，而微讽之，而长歌咏叹之，以舒其怀，见其志。虽身在万里，固若称觞膝下，闻《诗》、《礼》而趋于庭也。大夫士之有事于贵阳者，自都宪王公而下，复相与歌而和之，联为巨帙，属守仁叙于其后。

夫孝子之于亲，固有不必捧觞戏彩以为寿，不必柔滑旨甘以为养，不必候起居奔走扶携以为劳者。非子之心谓不必如是也，子之心愿如是，而亲以为不必如是，必如彼而后吾心始乐也。子为是不为彼以拂其情，而曰："吾以为孝，其得为养志乎？孝莫大乎养志。"亲之愿于其子者曰："弘乃德，远乃犹。嘻嘻旦夕，孰与名垂简册，以显我于无尽？饮食口体，孰与泽被生民，以张我之能施？服劳奔走，孰与比迹夔、皋，以明我之能教？"非必亲之愿于其子者咸若是也，亲以是愿其子，而子弗能焉，弗可得而愿也。子能之，而亲弗以愿其子焉，弗可得而能也。以是愿其子者，贤父母也，以是承于其父母者，贤子也。二者恒百不一遇焉，其庸可冀乎？侍御君之在朝，则忠爱达于上；其巡按于兹也，则德威敷于下。凡其宣布恩惠，摩赤子，起其疾而乳哺之者，孰非公与孺人之慈！凡其慑大奸使不得肆，祛大弊使不复作，爬梳调服，抚诸夷而纳之夏，以免天子一方之顾虑者，孰非侍御君之孝！而凡若此者，亦孰非侍御君之所以寿于公与孺人之寿哉！公孺人之贤，靳太史之《序》详矣。其所以修其身，教其家，诚可谓有是父有是子。是诗之作，不为虚与谀，故为序之云尔。

重刊文章轨范序 戊辰

宋谢枋得氏取古文之有资于场屋者，自汉迄宋，凡六十有九篇，标揭其篇章句字之法，名之曰《文章轨范》。盖古文之奥不止于是，是独为举业者设耳。世之学者传习已久，而贵阳之士独未之多见。侍御王君汝楫于按历之暇，手录其所记忆，求善本而校是之；谋诸方伯郭公辈，相与捐俸廪之资，锓之梓，将以嘉惠贵阳之士。曰："枋得为宋忠臣，固以举业进者，是吾微有训焉。"属守仁叙一言于简首。

夫自百家之言兴，而后有《六经》；自举业之习起，而后有所谓古文。古文之去《六经》远矣，由古文而举业，又加远焉。士君子有志圣贤之学，而专求之于举业，何啻千里！然中世以是取士，士虽有圣贤之学，尧舜其君之志，不以是进，终不大行于天下。盖士之始相见也必以贽，故举业者，士君子求见于君之羔雉耳。羔雉之弗饰，是谓无礼；无礼，无所庸于交际矣。故夫求工于举业而不事于古，作弗可工也；弗工于举业而求于幸进，是伪饰羔雉以罔其君也。虽然，羔雉饰矣，而无恭敬之实焉，其如羔雉何哉！是故饰羔雉者，非以求媚于主，致吾诚焉耳；工举业者，非以要利于君，致吾诚焉耳。世徒见夫由科第而进者，类多徇私媒利，无事君之实，而遂归咎于举业。不知方其业举之时，惟欲钓声利，弋身家之腴，以苟一旦之得，而初未尝有其诚也。邹孟氏曰："恭敬者，币之未将者也。"伊川曰："自洒扫应对，可以至圣人。"夫知恭敬之实在于饰羔雉之前，则知尧舜其君之心，不在于习举业之后矣；知洒扫应对之可以进于圣人，则知举业之可以达于伊傅周召矣。吾惧贵阳之士谓二公之为是举，徒以资其希宠禄之筌蹄也，则二公之志荒矣，于是乎言。

五经臆说序 戊辰

得鱼而忘筌，醴尽而糟粕弃之。鱼醴之未得，而曰是筌与糟粕也，鱼与醴终不可得矣。《五经》，圣人之学具焉。然自其已闻者而言之，其于道也，亦筌与糟粕耳。窃尝怪夫世之儒者求鱼于筌，而谓糟粕之为醴也。夫谓糟粕之为醴，犹近也，糟粕之中而醴存。求鱼于筌，则筌与鱼远矣。

龙场居南夷万山中，书卷不可携，日坐石穴，默记旧所读书而录之。意有所得，辄为之训释。期有七月而《五经》之旨略遍，名之曰《臆说》。盖不必

267

尽合于先贤，聊写其胸臆之见，而因以娱情养性焉耳。则吾之为是，固又忘鱼而钓，寄兴于曲糵，而非诚旨于味者矣。呜呼！观吾之说而不得其心，以为是亦筌与糟粕也，从而求鱼与醪焉，则失之矣。

夫说凡四十六卷，《经》各十，而《礼》之说尚多缺，仅六卷云。

潘氏四封录序 辛未

歙潘氏之仕于朝者，户部主事君选、大理寺副君珍、户部员外君旦、南大理评事君鉴，凡四人。正德五年冬，珍、旦以上三载最，选、鉴以两宫徽号，旬月之间，皆得推恩，封其亲如其官焉。于是叙八制为录，侈上之赐以光其族裔。而来谓某曰："德下宠浮，若之何其可？请一言以永我潘氏。"某曰："一族而四显，来者相望也，其盛哉！夫一月之间而均被荣渥，则又何难也！盖吾闻之，大山之木千仞而四干垂，而四峰之巅，飞鸟之鸣声不相及也。春气至而四干之杪花叶若一，则其所出之根，同有不期致焉。潘氏之在婺，闻望自宋、元而来，其培本则厚。四子者，固亦潘氏之四干矣。是惟否塞闭晦，苟际明期而谐景会，其轩竦条达孰御！则夫宠命之沾，暨不约而同也，其又足异哉？虽然，木之生，风霆之鼓舞，炎暑之酷烈，阴寒冰雪之严沍剥落，俾坚其质而完其气，非独雨露之沾濡生成之也。夫恩宠爵禄，雨露也；号令宣播，风霆也；法度政事之苛密烦困，炎暑也；时之险厄患难颠沛，阴寒冰雪之严沍剥落也。何莫而非生成？四子盖亦略尝历之。其材中楹柱而任梁栋矣，吾愿潘氏之益培其根也。"四子拜而起曰："吾其益培之以忠孝乎！溉之以诚敬乎！植之以义而防之以礼乎！"某曰："然则潘氏之轩竦条达，其益无穷尔已矣。"

某不为应酬诗文余四年矣。寺副君之为暨阳也，予尝许之文，未及为而有南北之别。今兹复见于京师，而以是责偿焉，故不得而辞也。

送章达德归东雁序 辛未

章达德将归东雁，石龙山人为之请，于是甘泉子托以《考槃》，阳明子为之赋《衡门》。客有在坐者，哑然曰："异哉！二夫子之言，吾不能知之。夫閟尔形，无莹尔精也，其可矣。今兹将惟职业之弗遑，而顾雁荡之怀乎？彼章子者，雁荡之产矣，则又可以居而弗居，依依于京师者数年而未返，是二者交相慕乎其外也。夫苟游心恬淡，而栖神于流俗尘嚣之外，环堵之间，其无屏霞、天柱乎？雁荡又奚必造而后至？不然，托踪泉石，而利禄狃其中，虽庐常云之顶，其得而居诸？"于是阳明子仰而唱，俯而默，卒无以应之也。志其言

268

以遗章子曰："客见吾杜权焉，行矣，子毋忘客之言，亦无以客之言而忘甘泉子之托！"

寿汤云谷序 甲戌

弘治壬戌春，某西寻句曲与丹阳，汤云谷偕。当是时，云谷方为行人，留意神仙之学，为予谈呼吸屈伸之术，凝神化气之道，盖无所不至。及与之登三茅之巅，下探叶阳，休玉宸，感陶隐君之遗迹，慨叹秽浊，飘然有脱屣人间之志。予时皆未之许也，云谷意不然之，曰："子岂有见于吾乎？"予曰："然。子之眉间惨然，犹有怛世之色。是道也，迟之十年，庶几矣。"云谷曰："子见吾之貌，而吾信吾之心。"既别，云谷寻入为给事中，又迁为右给事。殚心职务，驱逐瘁劳，竟以直道抵权奸斥外。而予亦以言事得罪，奔走谪乡，不相见者十余年。

至是正德癸酉某月，予自吏部徙官南太仆。再过丹阳，而云谷已家居三年矣。访之，迎谓予曰："尚忆'眉间'之说乎？吾信吾之心，而不若子之见吾貌，何也？今果十年而始出于泥涂，是则信矣。然谓古之庶几也，则貌益衰，年益逝，去道益远；独是若未之尽然耳。"予曰："乃今则几矣。今吾又闻子之言，见子之貌矣，又见子之庐矣，又见子之乡人矣。"云谷曰："异哉！言貌既远矣，庐与乡人亦可以见我乎？"曰："古之有道之士，外槁而中泽，处隘而心广；累释而无所挠其精，机忘而无所忤于俗。是故其色愉愉，其居于于；其所遭若清风之披物，而莫知其所从往也。今子之步徐发改，而貌若益惫，然而其精藏矣；言卜意悫，而气若益衰，然而其神守矣；室庐无所增益于旧，而志意扩然，其累释矣；乡之人相忘于贤愚贵贱，且以为慈母，且以为婴儿，其机忘矣。夫精藏则太和流，神守则天光发，累释则怡愉而静，机忘则心纯而一：四者道之证也。夫道无在而神无方，安常处顺，其至矣。而又何人间之脱屣乎？"云谷曰："有是哉！吾信吾之心，乃不若子之见吾庐与吾乡人也。"

于是云谷年七十矣。是月，值其悬弧，乡人方谋所以祝寿者，闻予至，皆来请言。予曰："嘻，子之乡先生既几于道，而尚以寿为贺乎？夫寿不足以为子之乡先生贺。子之乡而有有道之士若子之乡先生者，使尔乡人之子弟皆有所矜式视效，出而事君，则师其道以用世；入而家居，则师其道以善身，若射之有的，各中乃所向。则是先生之寿，乃于尔乡之人复有足贺也已。"明年三月，予再官鸿胪，而乡之人复以书来请，遂追书之。

269

文山别集序 甲戌

《文山别集》者，宋丞相文山先生自述其勤王之所经历，后人因而采集之以成者也。其间所值险阻艰难，颠沛万状，非先生之述，固无从而尽知者。先生忠节盖宇宙，皆于是而有据。后之人因词考迹，感先生之大义，油然兴起其忠君爱国之心，固有泫然泣下，裂眦扼腕，思丧元首之无地者。是集之有益于臣道，岂小小哉！

古之君子之忠于其君，求尽吾心焉以自慊而已，亦岂屑屑言之，以蕲知于世？然而仁人之心忠于其君，亦欲夫人之忠于其君也。忠于其君，则尽心焉已。欲夫人忠于其君，而思以吾之忠于其君者启其良心，固有人弗及知之者，非自言之，何由以及人乎？斯先生之所为自述，将以教世之忠也。当其时，仗节死义之士无不备载，亦因是以有传，是又与人为善者也。是集也，在先生之自尽，若嫌于蕲世之知；以先生之教人，则吾惟恐其知之不尽也！在先生之自尽，若可以无传；以先生之与人为善，则吾惟恐其传之不远也！

先生之裔孙，今太仆少卿公宗岩，复刻是集而属某为之序。某之为庐陵也，公之族弟某尝以序谋，兹故不可得而辞。呜呼！当颠沛之心而不忘乎与人为善者，节之裕也；致自尽之心而欲人同归于善者，忠之推也；不以蕲知为嫌而行其教人之诚者，仁之笃也。象贤崇德，以章其先世之美之谓孝；明训述事，以广其及人之教之谓义。吾于是集之序，无愧辞耳矣！

金坛县志序 乙亥

麻城刘君天和之尹金坛也，三月而政成。考邑之故而创志焉，曰："於乎艰哉！吾欲观风气之所宜，民俗之所向，而无所证也，以诹于乡老，有遗听焉；吾欲观往昔之得失，民俗之急缓弛张，先后之无所稽也，以询于闾野，有遁情焉；吾欲观山川之条理，疆域之所际，道路井邑之往来聚散，制其经，适其变，而无所裁也；则以之辟荒秽，入林麓，有遗历焉。亦惟文献之未足也而尔已矣。呜呼！古君子之忠也，旧政以告于新尹，吾何以尽吾心哉？夫政，有时而或息焉；告，有时而或穷焉。书之册而世守之，斯其为告也，不亦远乎！"志成，使来请序。

吾观之，秩然其有伦也，错然其有章也。天也，物之祖也；地也，物之妣也。故先之以天文，而次之以地理。地必有所产，故次之以食货；物产而事兴，故次之以官政；政行而齐之以礼，则教立，故次之以学校；学以兴贤，故次之以选举；贤兴而后才可论也，故次之以人物；人物必有所居，故次之以宫室；居必有所事，事穷则变，变则通，故次之以杂志终焉。呜呼！此岂独以志其邑之故，君子可以观政矣。

夫经之天文，所以立其本也；纪之地理，所以顺其利也；参之食货，所以遂其养也；综之官政，所以均其施也；节之典礼，所以成其俗也；达之学校，所以新其德也；作之选举，所以用其才也；考之人物，所以辨其等也；修之宫室，所以安其居也；通之杂志，所以尽其变也。故本立而天道可睹矣，利顺而地道可因矣，养遂而民生可厚矣，施均而民政可平矣，俗成而民志可立矣，德新而民性可复矣，才用等辨而民治可久矣，居安尽变而民义不匮矣。修此十者以治，达之邦国天下可也，而况于邑乎？故曰：君子可以观政矣。

送南元善入觐序 乙酉

渭南南侯之守越也，越之敝数十年矣。巨奸元憝，窟据根盘，良牧相寻，未之能去；政积事瘵，俗因瘝靡。至是乃斩然剪剔而一新之，凶恶贪残，禁不得行；而狡伪淫侈，游惰苟安之徒，亦皆拂戾失常，有所不便。相与斐斐缉缉，构谗腾诽，城狐社鼠之奸，又从而党比翕张之，谤遂大行。士夫之为元善危者沮之，曰："谤甚矣，盍已诸？"元善如不闻也，而持之弥坚，行之弥决。且曰："民亦非无是非之心，而蔽昧若是，固学之不讲而教之不明也。吾宁无责而独以咎归于民？"则日至学宫，进诸生而作之以圣贤之志，启之以身心之学。士亦蔽于习染，哄然疑怪以骇，曰："是迂阔之谈，将废吾事！"则又相与斐斐缉缉，訾毁而诋议之。士夫之为元善危者沮之，曰："民之谤若火之始炎，士又从而膏之，孰能以无烬乎？盍遂已诸？"元善如不闻也，而持之弥坚，行之弥决。则及缉稽山书院，萃其秀颖，而日与之谆谆焉，亹亹焉，越月逾时，诚感而意孚。三学洎各邑之士亦渐以动，日有所觉而月有所悟矣。于是争相奋曰："吾乃今知圣贤之必可为矣！非侯之至，吾其已夫！侯真吾师也！"于是民之谤者亦渐消沮。其始犹曰："侯之于我，利害半；我之于侯，恩爱半。"至是惠洽泽流而政益便，相与悔曰："吾始不知侯之爱我也，而反以为殃我也；吾始不知侯之拯我也，而反以为劳我也；吾其无人之心乎！侯真吾之严父也，慈母也！"于是侯且入觐，百姓惶惶请留，不得，相与谋之多士曰："吾去慈母，吾将安哺乎？吾去严父，吾将安恃乎？"士曰："吁嗟！维父与母，则生尔身；维侯我师，实生我心。吾宁可以一日而无吾师之临乎！"则相与假重于阳明子而乞留焉。阳明子曰："三年之觐，大典也。侯焉可留乎？虽然，此在尔士尔民之心。夫承志而无违，子之善养也；离师友而不背，弟子之善学也。不然，虽居膝下而侍几杖，犹为不善养而操戈入室者也。奚必以留侯为哉！"众皆默然，良久，曰："公之言是也。"相顾逡巡而退。明日，复师生相率而来请曰："无以输吾之情，愿以公言致之于侯。庶侯之遄其来旋，而有以速诸生之化，慰吾民之延颈也。"

送闻人邦允序

闻人邦允者，阳明子之表弟也，将之官闽之苍峡而请言。阳明子谓之曰："重矣，勿以进非科第而自轻；荣矣，勿以官卑而自慢。夫进非科第，则人之待之也易以轻，从而自轻者有矣；官卑，则人之待之也易以慢，从而自慢者有矣。夫科第以致身，而恃以为暴，是厉阶也；高位以行道，而遂以媒利，是盗资也，于吾何有哉？吾所谓重，吾有良贵焉耳，非矜与敖之谓也；吾所谓荣，吾职易举焉耳，非显与耀之谓也。夫以良贵为重，举职为荣，则夫人之轻与慢之也，亦于吾何有哉！行矣，吾何言！"

送别省吾林都宪序 戊子

嘉靖丁亥冬，守仁奉命视师思、田，省吾林君以广西右辖，实与有司。既思、田来格，谋所以缉绥之道，咸以为非得宽厚仁恕，德威素为诸夷所信服者，父临而母鞠之，殆未可以强力诡计劫制于一时而能久于无变者也，则莫有逾于省吾者。遂以省吾之名上请，乞加宪职，委之重权，以留抚于兹土，盖一年二年而化洽心革，朝廷永可以无一方顾也乎！则又以为圣天子方侧席励精，求卓越之才，须更化善治，则如省吾之成德凤望，大臣且交章论荐，或者请未及上，而先已有隆委峻擢，恐未肯为区区两府之遗黎，淹岁月而借之以重也。疏去未逾月，而巡抚郧阳之命果下矣。当是时，八寨之瑶积祸千里且数十年，方议进兵讨罪，省吾将率思、田报效之民以先之。报闻，众咸为省吾贺，且谓得免兵革驱驰之劳也。省吾曰："不然。当事而中辍之，仁者忍之乎？遇难而苟避之，义者为之乎？吾既身任其责，幸有改命，而亟去之，以为吾心，吾能如是哉？"遂弗停驱而往。冒暑雨，犯瘴毒，乘危破险，竟成八寨之伐而出。

嗟乎！今世士夫计逐功名甚于市井刀锥之较，稍有患害可相连及，辄设机阱，立党援，以巧脱幸免。一不遂其私，嗔目攘臂以相抵捍钩摘，公然为之，曾不以为耻，而人亦莫有非之者。盖士风之衰薄，至于此而亦极矣！而省吾所存，独与时俗相反若是，古所谓托孤寄命，临大节而不可夺者，省吾有焉。

272

正德初，某以武选郎抵逆瑾，逮锦衣狱，而省吾亦以大理评触时讳在系，相与讲《易》于桎梏之间者弥月，盖昼夜不怠，忘其身之为拘囚也。至是别已余二十年，而始复会于此。省吾貌益充，气益粹，议论益平实，而其孜孜讲学之心，则固如昔加恳切焉。公事之余，相与订旧闻而考新得。予自近年偶有见于良知之学，遂具以告于省吾。而省吾闻之，沛然若决江河，可谓平生之一快，无负于二十年之别也矣！今夫天下之不治，由于士风之衰薄；而士风之衰薄，由于学术之不明；学术之不明，由于无豪杰之士者为之倡焉耳。省吾忠信仁厚之质，得之于天者既与人殊，而其好学之心，又能老而不倦若此，其德之日以新而业之日以广也，何疑乎！自此而明学术，变士风，以成天下治，将不自省吾为之倡也乎！于省吾之别，庸书此以致切劘之意。若夫期望于声位之间，而系情于去留之际，是岂足为省吾道之哉！

卷二十三　外集五

记

兴国守胡孟登生像记　壬戌

　　弘治十年，胡公孟登以地官副郎谪贰兴国。越三年，擢知州事。公既久于其治，乃奸锄利植而民以大和。又明年壬戌，擢浙江按察司佥事以去。民既留公不可，则相率祀公之像，以报公德。而学宫之左有叠山祠以祀宋臣谢枋得者，旧矣。其士曰："合祀公像于是。呜呼！吾州违胡元之乱以入于皇朝，虽文风稍振，而陋习未除。士之登名科甲以显于四方者，相望如晨天之星，数不能以一二。盖至于今遂茫然绝响者，凡几科矣。自公之来，斩山斥地以恢学宫，洗垢摩钝以新士习，然后人知敦礼兴乐，而文采蔚然于湖湘之间；荐于乡者，一岁而三人。盖夫子之道大明于兴国，实自公始。公之德惠，固无庸言；而化民成俗，于是为大。祀公于此，其宜哉！"民曰："不可。其为公别立一庙。公之未来也，吾民外苦于盗贼，内残于苛政，滨湖之民，死于鱼课者数千余家。自公之至，而盗不敢履兴国之界，民违猛虎鱼鳖之患，而始释戈而安寝，歌呼相慰，以嬉于里巷。公之惠泽，吾独不能出诸口耳。呜呼！公有大造于吾民，乃不能别立一庙而使并食于谢公，于吾心有未足也。"士曰："不然。公与谢公皆以迁谪而至吾州。谢公以文章节义为宋忠臣，而公之气概风声实相辉映。祀公于此，所以见公之庇吾民者，不独以其政事，而吾民之所以怀公于不忘者，又有在于长养恩恤之外也。其于尊严崇重，不滋为大乎？"于是其民相顾喜曰："果如是，我亦无所憾矣！然其谁纪诸石以传之？"士曰："公之经历四方也久矣，四方之人，其闻公之贤亦既有年矣。然而屡遭谗嫉，而未畅厥猷意，亦知公之深者难也。公尝令于余姚，以吾人之知公，则其人宜于公为悉。"乃走币数千里而来请于某，且告之故。某曰："是姚人之愿，不独兴国也。"公之去吾姚已二十余年，民之思公如其始去。每有自公而来者，必相与环聚，问公之起居饮食，及其履历之险夷，丰采状貌须发之苍白与否，退则相传告以为欣戚。以吾姚之思公，知兴国之为是举，亦其情之有不得已也。然公之始去吾姚，既尝有去思之碑以纪公德，今不可以重复其说。而兴国之绩，吾虽闻之甚详，然于其民为远，虽极意揄扬之，恐亦未足以当其心也。姑述其请记之辞，而诗以系之。

公讳瀛，河南之罗山人，有文武长才，而方向于用。诗曰：

於维胡公，允毅孔直，惟直不挠，以来兴国。惟此兴国，实荒有年；自公之来，辟为良田。寇乘于垣，死课于泽。公曰吁嗟，兹惟予谪！勤尔桑禾，谨尔室家。岁丰时和，民谣以歌。乃筑泮宫，教以礼让。弦涌《诗》、《书》，溢于里巷。庶民谆谆，庶士彬彬。公亦欣欣，曰惟家人。维公我父，惟公我母；自公之去，夺我恃怙。维公之政，不专于宽；雨旸维若，时其燠寒。维公文武，亦周于艺；射御工力，展也不器。我拜公像，从我父兄；率我子弟，集于泮宫。父兄相谓，毋尔敢望。天子用公，训于四方。

新建预备仓记 癸亥

仓廪以储国用，而民之不给，亦于是乎取。故三代之时，上之人不必其尽输之官府，下之人不必其尽藏于私室。后世若常平义仓，盖犹有所以为民者，而先王之意亦既衰矣。及其大弊，而仓廪之蓄，遂邈然与民无复相关。其遇凶荒水旱，民饿莩相枕藉，苟上无赈贷之令，虽良有司亦坐守键闭，不敢发升合以拯其下；民之视其官廪如仇人之垒，无以事其刃为也。呜呼！仓廪之设，岂固如是也哉！

绍兴之仓目如坻，大有之属凡二四区，中所积亦不下数十万。然而民之饥馁，稍不稔即无免焉。岁癸亥春，融风日作，星火宵陨。太守佟公曰："是旱征也，不可以无备。"既命民间积谷谨藏，则复鸠工度地，得旧太积库地于郡治之东，而建以为预备仓。于是四月不雨，至于八月，农工大坏，比室罄悬。民陆走数百里，转嘉、湖之粟以自疗。市火间作，贸迁无所居。公帅僚吏遍祷于山川社稷，乃八月己酉大雨浃旬，禾槁复颖，民始有十一之望，渐用苏息。公曰："呜呼！予所建，今兹之旱，虽诚无补，于后患其将有裨。"乃益遂厥营。九月丁卯工毕。凡为廪三面廿有六楹，约受谷十万几千斛。前为厅事，以司出纳。而以其无事时，则凡宾客部使之往来而无所寓者，又皆可以馆之于是。极南阻民居，限以高垣；东折为门，出之大衢。并门为屋廿有八楹，自南亘北，以居商旅之贸迁者，而月取其值，以实廪粟；又于其间区画而综理之。盖积三岁而可以有一年之备矣。二守钱君谓其僚曰："公之是举，其惠于民岂

275

有穷乎！夫后之民食公之德而弗知其所自，是吾侪无以赞公于今日，而又以泯其绩于后也。"于是相率来属某以记。某曰："唯唯。夫悯灾而恤患，庇民之仁也；未患而预防，先事之知也；已患而不怠，临事之勇也；创今以图后，敷德之诚也。行一事而四善备焉，是而可以无纪也乎？某虽不文也，愿以执笔而从事。"

平山书院记 癸亥

　　平山在鄞陵之北三里，今杭郡守杨君温甫蚤岁尝读书其下。鄞人之举进士者，自温甫之父金宪公始，而温甫承之。温甫既贵，建以为书院。曰："使吾乡之秀与吾杨氏之子弟诵读其间，翘翘焉相继而兴，以无亡吾先君之泽。"于是其乡多文士，而温甫之子晋，复学成有器识，将绍温甫而起。盖书院为有力焉。温甫始为秋官郎，予时实为僚佐，相怀甚得也。温甫时时为予言："平山之胜，耸秀奇特，比于峨嵋。望之岩厉壁削，若无所容，而其上乃宽衍平博。有老氏宫焉，殿阁魁杰伟丽，闻于天下。俯览大江，烟云杳霭。暇辄从朋侪往游，其间鸣湍绝壑，拂云千仞之木，阴翳亏蔽。书院当其麓，其高可以眺，其邃可以隐，其芳可以采，其清可以濯，其幽可以栖。吾因而望之以'含远'之楼，蛰之以'寒香'之坞，揭之以'秋芳'之亭，澄之以'洗月'之池，息之以'栖云'之窝。四时交变，风雪晦暝之朝，花月澄芬之夕，光景超忽，千态万状。而吾诵读于其间，盖冥然与世相忘，若将终身焉，而不知其他也。今吾汩没于簿书案牍，思平山之胜，而庶几梦寐焉，何可得耶！"

　　既而某以病告归阳明，温甫寻亦出守杭郡。钱塘波涛之汹怪，西湖山水之秀丽，天下之言名胜者无过焉。噫！温甫之居是地，当无憾于平山耳矣。今年与温甫相见于杭，而矗矗于平山者犹昔也。吁，亦异矣！岂其沉溺于兹山，果有不能忘情也哉？温甫好学不倦，其为文章，追古人而并之。方其读书于平山也，优游自得，固将发为事业以显于世。及其施诸政事，沛然有余矣，则又益思致力于问学，而其间又自有不暇者。则其眷恋于兹山也，有以哉！温甫既已成己，则不能忘于成物，而建为书院以倡其乡人。处行义之时，则不能忘其隐居之地，而拳拳于求其志者无穷已也。古人有言："成己，仁也；成物，知也。"温甫其仁且知者欤！又曰："隐居以求其志，行义以达其道。吾闻其语矣，未见其人也。"温甫殆其人也，非欤？

　　温甫属予记，予未尝一至平山，而平山岩岩之气象，斩然壁立而不可犯者，固可想而知，其不异于温甫之为人也。以温甫之语予者记之。

何陋轩记　戊辰

　　昔孔子欲居九夷，人以为陋。孔子曰："君子居之，何陋之有？"守仁以罪谪龙场。龙场，古夷蔡之外，于今为要绥，而习类尚因其故。人皆以予自上国往，将陋其地，弗能居也。而予处之旬月，安而乐之，求其所谓甚陋者而莫得。独其结题鸟言，山栖羝服，无轩裳宫室之观、文仪揖让之缛，然此犹淳庞质素之遗焉。盖古之时，法制未备，则有然矣，不得以为陋也。夫爱憎面背，乱白黝丹，浚奸穷黠，外良而中蠚，诸夏盖不免焉。若是而彬郁其容，宋甫鲁掖，折旋矩矱，将无为陋乎？夷之人乃不能此。其好言恶詈，直情率遂，则有矣。世徒以其言辞物采之眇而陋之，吾不谓然也。始予至，无室以止，居于丛棘之间，则郁也。迁于东峰，就石穴而居之，又阴以湿。龙场之民，老稚日来视，予喜不予陋，益予比。予尝圃于丛棘之右，民谓予之乐之也，相与伐木阁之材，就其地为轩以居予。予因而翳之以桧竹，莳之以卉药；列堂阶，辩室奥；琴编图史，讲诵游适之道略俱。学士之来游者，亦稍稍而集于是。人之及吾轩者，若观于通都焉，而予亦忘予之居夷也。因名之曰"何陋"，以信孔子之言。

　　嗟夫！诸夏之盛，其典章礼乐，历圣修而传之，夷不能有也，则谓之陋固宜。于后蔑道德而专法令，搜抉钩絷之术穷，而狡匿谲诈，无所不至，浑朴尽矣。夷之民方若未琢之璞，未绳之木，虽粗砺顽梗，而椎斧尚有施也，安可以陋之？斯孔子所谓欲居也欤？虽然，典章文物，则亦胡可以无讲！今夷之俗，崇巫而事鬼，渎礼而任情，不中不节，卒未免于陋之名，则亦不讲于是耳。然此无损于其质也。诚有君子而居焉，其化之也盖易。而予非其人也，记之以俟来者。

君子亭记　戊辰

　　阳明子既为何陋轩，复因轩之前营，驾楹为亭，环植以竹，而名之曰"君子"。曰："竹有君子之道四焉：中虚而静，通而有间，有君子之德；外节而直，贯四时而柯叶无所改，有君子之操；应蛰而出，遇伏而隐，雨雪晦明无所不宜，有君子之时；清风时至，玉声珊然，中采齐而协《肆夏》，揖逊俯仰，若洙泗群贤之交集，风止籁静，挺然特立，不挠不屈，若虞廷群后，端冕正笏而列于堂陛之侧，有君子之容。竹有是四者，而以'君子'名，不愧于其名；吾亭有竹焉，而因以竹名名，不愧于吾亭。"门人曰："夫子盖自道也。吾见夫子之居是亭也，持敬以直内，静虚而若愚，非君子之德乎？遇屯而不慑，处困而能亨，非君子之操乎？昔也行于朝，今也行于夷，顺应物而能当，虽守方

277

而弗拘,非君子之时乎?其交翼翼,其处雍雍,意适而匪懈,气和而能恭,非君子之容乎?夫子盖谦于自名也,而假之竹。虽然,亦有所不容隐也。夫子之名其轩曰'何陋',则固以自居矣。"阳明子曰:"嘻!小子之言过矣,而又弗及。夫是四者何有于我哉?抑学而未能,则可云尔耳。昔者夫子不云乎,'汝为君子儒,无为小人儒',吾之名亭也,则以竹也。人而嫌以君子自名也,将为小人之归矣,而可乎?小子识之!"

远俗亭记 戊辰

宪副毛公应奎,名其退食之所曰"远俗"。阳明子为之记曰:

俗习与古道为消长。尘嚣溷浊之既远,则必高明清旷之是宅矣,此"远俗"之所由名也。然公以提学为职,又兼理夫狱讼军赋,则彼举业辞章,俗儒之学也;簿书期会,俗吏之务也,二者皆公不免焉。舍所事而曰"吾以远俗",俗未远而旷官之责近矣。君子之行也,不远于微近纤曲,而盛德存焉,广业著焉。是故诵其诗,读其书,求古圣贤之心,以蓄其德而达诸用,则不远于举业辞章,而可以得古人之学,是远俗也已。公以处之,明以决之,宽以居之,恕以行之,则不远于簿书期会,而可以得古人之政,是远俗也已。苟其心之凡鄙猥琐,而徒闲散疏放之是托,以为"远俗",其如远俗何哉!昔人有言:"事之无害于义者,从俗可也。"君子岂轻于绝俗哉?然必曰无害于义,则其从之也,为不苟矣。是故苟同于俗以为通者,固非君子之行;必远于俗以求异者,尤非君子之心。

象祠记 戊辰

灵博之山有象祠焉,其下诸苗夷之居者,咸神而事之。宣慰安君因诸苗夷之请,新其祠屋,而请记于予。予曰:"毁之乎?其新之也?"曰:"新之。""新之也,何居乎?"曰:"斯祠之肇也,盖莫知其原。然吾诸蛮夷之居是者,自吾父吾祖溯曾高而上,皆尊奉而禋祀焉,举之而不敢废也。"予曰:"胡然乎?有庳之祠,唐之人盖尝毁之。象之道,以为子则不孝,以为弟则傲。斥于唐而犹存于今,毁于有庳而犹盛于兹土也,胡然乎?我知之矣,君子之爱若人也,推及于其屋之乌,而况于圣人之弟乎哉?然则祀者为舜,非为象也。意象之死,其在干羽既格之后乎?不然,古之骜桀者岂少哉?而象之祠独延于世,吾于是益有以见舜德之至,入人之深,而流泽之远且久也。象之不仁,盖其始焉尔,又乌知其终不见化于舜也?《书》不云乎?'克谐以孝,烝

278

烝乂，又不格奸，瞽瞍亦允若'，则已化而为慈父。象犹不弟，不可以为谐。进治于善，则不至于恶；不抵于奸，则必入于善。信乎，象盖已化于舜矣！孟子曰：'天子使吏治其国，象不得以有为也。'斯盖舜爱象之深而虑之详，所以扶持辅导之者之周也。不然，周公之圣，而管、蔡不免焉。斯可以见象之既化于舜，故能任贤使能而安于其位，泽加于其民，既死而人怀之也。诸侯之卿，命于天子，盖周官之制，其殆仿于舜之封象欤？吾于是益有以信人性之善，天下无不可化之人也。然则唐人之毁之也，据象之始也；今之诸夷之奉之也，承象之终也。斯义也，吾将以表于世，使知人之不善，虽若象焉，犹可以改。而君子之修德，及其至也，虽若象之不仁，而犹可以化之也。"

卧马冢记 戊辰

卧马冢在宣府城西北十余里。有山隆然，来自苍茫，若涌若潏，若奔若伏，布为层褥，拥为覆釜，漫衍陂迤，环抱涵迥。中凝外完，内缺门若，合流泓洄，高岸屏塞，限以重河，敷为广野，桑乾燕尾，远泛近挹。今都宪怀来王公实葬厥考大卿于是。方公之卜兆也，祷于大卿，然后出从事，屡如未迪。末乃来兹，顾瞻徘徊，必契神得，将归而加诸卜。爰视公马眷然踞卧，嚘嗅盘旋，缱绻嘶秣，若故以启公之意者。公曰："呜呼！其弗归卜，先公则既命于此矣。"就其地窆焉。厥土五色，厥石四周。融润煦淑，面势环拱。既葬，弗震弗崩，安靖妥谧。植树蓊蔚，庶草芬茂。禽鸟哺集，风气凝毓。产祥萃休，祉福骈降。乡人谓公孝感所致，相与名其封曰"卧马"，以志厥祥，从而歌之。士大夫之闻者，又从而和之。

正德戊辰，守仁谪贵阳，见公于巡抚台下，出，闻是于公之乡人。客有在坐者曰："公其休服于无疆哉！昔在士行，牛眠协兆，峻陟三公。公兹实类于是。"守仁曰："此非公意也。公其慎厥终，惟安亲是图，以庶几无憾焉耳已，岂以徼福于躬，利其嗣人也哉？虽然，仁人孝子，则天无弗比，无弗祐，匪自外得也。亲安而诚信竭，心斯安矣。心安则气和，和气致祥，其多受祉福以流衍于无尽，固理也哉！"他日见于公，以乡人之言问焉。公曰："信。"以守仁之言正焉，公曰："呜呼！是吾之心也。子知之，其遂志之，以训于我子孙，毋替我先公之德！"

宾阳堂记 戊辰

传之堂东向曰"宾阳"，取《尧典》"寅宾出日"之义，志向也，宾日，

279

羲之职而传冒焉。传职宾宾，羲以宾宾之寅而宾日，传以宾日之寅而宾宾也。不曰日乃阳之属，为日、为元、为善、为吉、为亨治，其于人也为君子，其义广矣备矣。内君子而外小人，为泰。曰："宾自外而内之传，将以宾君子而内之也。传以宾君子，而容有小人焉，则如之何？"曰："吾知以君子而宾之耳。吾以君子而宾之也，宾其甘为小人乎哉？"为《宾日之歌》，日出而歌之，宾至而歌之。歌曰：

日出东方，再拜稽首，人曰予狂。匪日之寅，吾其怠荒。东方日出，稽首再拜，人曰予惫。匪日之爱，吾其荒怠。其翳其曙，其日惟霁；其晌其雾，其日惟雨。勿忤其晌，倏焉以雾；勿谓终翳，或时其曙。曙其光矣，其光熙熙。与尔偕作，与尔偕宜。倏其雾矣，或时以熙；或时以熙，孰知我悲！

重修月潭寺建公馆记 戊辰

隆兴之南有岩曰月潭，壁立千仞，檐垂数百尺。其上澒洞玲珑，浮者若云霞，亘者若虹霓；谽若楼殿门阙，悬若鼓钟编磬；幨幢缨络，若抟风之鹏，翻集翔鹄，螭魖之纠蟠，猱猊之骇攫；谲奇变幻，不可具状。而其下澄潭邃谷，不测之洞，环秘回伏；乔林秀木，垂荫蔽亏；鸣瀑清溪，停洄引映。天下之山，萃于云贵；连亘万里，际天无极。行旅之往来，日攀缘下上于穷崖绝壑之间，虽雅有泉石之癖者，一入云、贵之途，莫不困踣烦厌，非复夙好。而惟至于兹岩之下，则又皆洒然开豁，心洗目醒；虽庸俦俗侣，素不知有山水之游者，亦皆徘徊顾盼，相与延恋而不忍去。则兹岩之胜，盖不言可知矣。

岩界兴隆、偏桥之间各数十里，行者至是，皆惫顿饥悴，宜有休息之所。而岩麓故有寺，附岩之戍卒官吏与凡苗夷犵狄之种连属而居者，岁时令节皆于是焉釐祝。寺渐芜废，行礼无所。宪副滇南朱君文端按部至是，乐兹岩之胜，悯行旅之艰，而从士民之请也，乃捐资庀材，新其寺于岩之右，以为釐祝之所。曰："吾闻为民者，顺其心而趋之善。今苗夷之人，知有尊君亲上之礼，而憾于弗伸也，吾从而利道之，不亦可乎！"则又因寺之故材与址，架楼三楹，以为部使者休食之馆。曰："吾闻为政者，因势之所便而成之，故事适而民逸。今旅无所舍，而使者之出，师行百里，饥不得食，劳不得息。吾图其可久而两利之，不亦可乎！"使游僧正观任其劳，指挥逖远，度其工，千户某某相其役。远近之施舍勤助者欣然而集，不两月而工告毕。自是饥者有所炊，劳者有所休，游观者有所舍，釐祝者有所瞻依，以为竭虔效诚之地；而兹岩之奇，若增而益胜也。

正观将记其事于石，适予过而请焉。予惟君子之政，不必专于法，要在宜于人。君子之教，不必泥于古，要在入于善。是举也，盖得之矣。况当法网严密之时，众方喘息忧危，动虞牵触，而乃能从容于山水泉石之好，行其心之所不愧者，而无求免于俗焉。斯其非见外之轻而中有定者，能若是乎？是诚不可以不志也矣！

寺始于戍卒周斋公，成于游僧德彬；增治于指挥刘瑄、常智、李胜及其属王威、韩俭之徒；至是凡三缉。而公馆之建，则自今日始。

玩易窝记 戊辰

阳明子之居夷也，穴山麓之窝而读《易》其间。始其未得也，仰而思焉，俯而疑焉，函六合，入无微，茫乎其无所指，孑乎其若株。其或得之也，沛兮其若决，瞭兮其若彻，涵淤出焉，精华入焉，若有相者而莫知其所以然。其得而玩之也，优然其休焉，充然其喜焉，油然其春生焉，精粗一，外内翕，视险若夷，而不知其夷之为阨也。于是阳明子抚几而叹曰："嗟乎！此古之君子所以甘囚奴，忘拘幽，而不知其老之将至也夫！吾知所以终吾身矣。"名其窝曰"玩易"，而为之说曰：

夫《易》，三才之道备焉。古之君子，居则观其象而玩其辞，动则观其变而玩其占。观象玩辞，三才之体立矣，观变玩占，三才之用行矣。体立，故存而神；用行，故动而化。神，故知周万物而无方；化，故范围天地而无迹。无方，则象辞基焉；无迹，则变占生焉。是故君子洗心而退藏于密，斋戒以神明其德也。盖昔者夫子尝韦编三绝焉。呜呼！假我数十年以学《易》，其亦可以无大过已夫！

东林书院记 癸酉

东林书院者，宋龟山杨先生讲学之所也。龟山没，其地化为僧区，而其学亦遂沦入于佛老训诂词章者且四百年。成化间，今少司徒泉斋邵先生始以举子复聚徒讲诵于其间。先生既仕而址复荒，属于邑之华氏。华氏，先生之门人也，以先生之故，仍让其地为书院，以昭先生之迹，而复龟山之旧。先生既已纪其废兴，则以记属之某。当是时，辽阳高君文豸方来令兹邑，闻其事，谓表明贤人君子之迹，以风励士习，此吾有司之责，而顾以勤诸生则何事？爰毕其所未备，而亦遣人来请。

呜呼！物之废兴，亦决有成数矣，而亦存乎其人。夫龟山没，使有若先生者相继讲明其间，龟山之学，邑之人将必有传，岂遂沦入于老佛词章而莫之知！求当时从龟山游不无人矣，使有如华氏者相继修葺之，纵其学未即明，其间必有因迹以求道者，则亦何至沦没于四百年之久！又使其时有司有若高君者，以风励士习为己任，书院将无因而圮，又何至化为浮屠之居而荡为草莽之野！是三者，皆宜书之以训后。若夫龟山之学，得之程氏，以上接孔孟，下启罗、李、晦庵，其统绪相承，断无可疑。而世犹议其晚流于佛，此其趋向，毫厘之不容于无辨，先生必尝讲之精矣。先生乐易谦虚，德器溶然，不见其喜怒。人之悦而从之，若百川之趋海。论者以为有龟山之风，非有得于其学，宜弗能之。然而世之宗先生者，或以其文轮之工，或以其学术之邃，或以其政事之良；先生之心，其殆未以是足也。从先生游者，其以予言而深求先生之心，以先生之心而上求龟山之学，庶乎书院之复，不为虚矣！

书院在锡百渎之上，东望梅村二十里而遥，周太伯之所从逃也。方华氏之让地为院，乡之人与其同门之士争相趋事，若耻于后。太伯之遗风，尚有存焉，特世无若先生者以倡之耳！是亦不可以无书。

应天府重修儒学记 甲戌

应天，京兆也。其学为东南教本，国初以为太学。洪武辛酉，始改创焉，再修于正德之己酉。自是而后，浸以敝圮。正德壬申，府尹张公宗厚始议新之，未成而迁中丞以去。白公辅之相继为尹，乃克易朽兴颓，大完其所未备，而又自以俸余增置石栏若干楹于棂星门之外。于是府丞赵公时宪亦协心赞画，故数十年之废，一旦修举，焕然改观。师模士气，亦皆鼓动兴起。庙学一新，教授张云龙等与合学之士二百有若干人撰序二公之绩，征予文为记。予既不获辞，则谓之曰：

多师多士，若知二公修学之为功矣，亦知自修其学以成二公之功者乎？夫立之师儒，区其斋庙，昭其仪物，具其廪庖，是有国者之立学也，而非士之立学也；缉其弊坏，新其圬墁，给其匮乏，警其怠弛，是有司者之修学也，而非士之修学也。士之学也，以学为圣贤。圣贤之学，心学也。道德以为之地，忠信以为之基，仁以为宅，义以为路，礼以为门，廉耻以为垣墙，《六经》以为户牖，四子以为阶梯。求之于心而无假于雕饰也，其功不亦简乎？措之于行而无所不该也，其用不亦大乎？三代之学皆此矣。我国家虽以科目取士，而立学之意，亦岂能与三代异！学之弗立，有国者之缺也；弗修焉，有司者之责也；立矣修矣，而居其地者弗立弗修，是师之咎，士之耻也。二公之修学，既尽有司之责矣，多师多士无亦相与自修其学，以远于咎耻者乎！无亦扩乃地，厚乃基，安乃宅，辟乃门户，固乃垣墙；学成而用，大之则以庇天下，次之则以庇一省一郡，小之则以庇其乡闾家族，庶亦无负于国家立学之意、有司修学之心哉！若乃旷安宅，舍正路，圮基坏垣，倚圣贤之门户以为奸，是学校之为萃渊薮也，则是朝廷立之而为士者倾之，有司修之而为士者毁之，亦独何心哉！应天为首善之地，豪杰俊伟，先后相望。其文采之炳蔚，科甲之盛多，乃其所素余，有不屑于言者。故吾因新学之举，嘉多师多士忻然有维新之志，而将进之圣贤之学也。于是乎言。

重修六合县儒学记 乙亥

　　六合之学，敝久矣。师生因仍以苟岁月，有司者若无睹也，故废日甚。正德甲戌，县尹安福万廷珵氏既和辑其民，始议拓而新之。维时教谕长兴徐丙氏来就圮舍，日夜砥砺厥士，尹因谓曰："子为我造士而讲肄无所，斯吾责，何敢不力！顾兵荒之余，民不可重困，吾姑日积月累而徐图焉，其可乎？"民闻，相谓曰："学谕方急训吾子弟，无宁居。尹不忍困吾民，而躬苦节省，吾侪独坐视，非人也。"于是耆民李景荣首出百金以倡，从而应者相继，不终日聚金五百，以告尹。尹喜曰："吾民尚义若此，吾事不难办矣！然吾职务繁剧，孰可使以鸠吾事者乎？"学谕曰："尹为吾师生甚劳苦，父老奋义捐金，既费其财，又尽其力。而与一二僚，请无妨教事以敦。"民闻，相谓曰："尹不忍困吾民，学谕方急训吾子弟，又不忍吾劳，而身董之，吾侪独坐视，非人也。"于是耆民王彰、陈模首请任其役，从而应者十夫，以告尹。尹喜曰："吾民尚义若此，吾事不难办矣！"提学御史张君适至，闻其事而嘉之，众益趋以劝。十月辛卯，尹乃兴事，学谕经度规制以襄，训道某、典史某察其勤惰，稽其出纳。修大成殿，修两庑神厨；库前为戟门，又前为棂星门，又前为泮宫，坊皆以石；殿后为明伦堂，为东西斋，又后为尊经阁；明伦堂之左为三廨，以宅三师；前区三圃，圃前为名宦祠，又前为乡贤祠，又前为崇文仓。明伦堂之右为致斋所，又右为馔房，又右为射圃，而亭其圃之北，曰"观德"；致斋之外为宰牲所，又前为六号；凡为屋百九十有七楹。十二月丁巳，工告毕役，未逾时也。闾闬之民尚或未知其兴作，闻而来聚观者，皆相顾暗愕，以为是何神速尔！是何井井尔，焕焕尔！庠生某撰考其事，来请予记。予曰：

　　甚哉！诚之易以感民也。甚哉！民之易以诚感也。有司者赋民奉国，鞭笞累絷，不能得，则反仇视。今县尹学谕一言而民应之若响，使天下之为有司学

283

职者咸若是，天下其有不治乎？此可以为天下之为有司学职者倡矣！民之爱其财与力，至争刀锥，靳举手投足，宁殆其身而不悔。今六合之民感其上之一言，捐数十百金，效力争先恐后。使天下之为民者咸若是，天下其有不治乎？此可以为天下之民倡矣！民之蔽于欲而厚于利，苟有以感之，然且不惮费己之财、劳己之力以赴上之所欲为。士秀于民而志于道，修其明德亲民之学，以应邦家之求，固不费财劳力而可能也。苟有以感之，有不翕然而兴者乎？吾闻徐谕之教六合，不数月而士习已为之一变。使由此日迁于高明广大，以洗俗学之陋，则夫兴起圣贤之学以为天下士之倡者，将又不在于六合之士邪！将又不在于六合之士邪！

时雨堂记 丁丑

正德丁丑，奉命平漳寇，驻军上杭。旱甚，祷于行台；雨日夜，民以为未足。乃四月戊午班师，雨；明日又雨；又明日大雨。乃出田登城南之楼以观，民大悦。有司请名行台之堂为"时雨"，且曰："民苦于盗久，又重以旱，将谓靡遗。今始去兵革之役，而大雨适降，所谓'王师若时雨'，今皆有焉。请以志其实。"呜呼！民惟稼穑，德惟雨，惟天阴骘，惟皇克宪，惟将士用命，去其螣蟊，惟乃有司实穮获之，庶克有秋。乃予何德之有，而敢叨其功！然而乐民之乐，亦不容于无纪也。巡抚都御史王守仁书。是日，参政陈策、金事胡琏至，自班师。

重修浙江贡院记 乙酉

古之选士者，其才德行谊，皆论定于平日，而以时升之。故其时有司之待士，一惟忠信礼义，而无有乎防嫌逆诈之心也；士之应有司，一惟廉耻退让，而无有乎奔竞侥幸之图也。迨世下衰，科举之法兴而忠信廉耻之风薄。上之人不能无疑于其下，而防范日密；下之人不能无疑于其上，而鄙诈日生。于是乎至有搜检巡绰之事，而待之不能以礼矣；有糊名易书之制，而信之不能以诚矣。有志之士，未尝不叹惜于古道，而千数百年卒无以改，殆亦风气习染之所成，学术教化之所积，势有不可得而误焉者也。虽然，古人之法不可得而复矣，所以斟酌古人之意而默行之者，不犹有可尽乎？后世之法不可得而改矣，所以匡持后世之弊而善用之者，不犹有可为乎？有司之奉行，其识下者昧古之道，而益浚之以刻薄猥琐之意，其见高者鄙时之弊，而遂行之以忽慢苟且之心。是以陋者益陋而疏者愈疏，则亦未可专委咎于法也。若浙之诸君子之重修贡院，斯其有足以起予者矣。

浙之贡院旧在城西，尝以隘，迁于藩治之东北，而苟简尚仍其旧。乃嘉靖乙酉，复当大比，监察御史潘君仿实来监临，乃与诸司之长佐慎虑其事，而预图之。慨规制之弗备弗饰，相顾而言曰："凡政之施，孰有大于举贤才者，而可忽易之若是！夫兴居靡所而责以殚心厥事，人情有所不能矣。无亦休其启处，优其饩养，使人乐事劝忠，以各供其职，庶亦尽心求士之诚乎！慢令弛禁，使陷罔于非僻，而后摧辱之，其为狎侮士类，亦甚矣！无亦张其纪度，明其视听，使人不戒而肃，以全其廉耻，庶亦待士以礼之意乎！"于是新选秀堂而轩于其前，为三楹。新至公堂而轩于其前，为五楹；庖湢器用，无不备具。又拓明远楼，新为三楹，而上崇三檐，下疏三道。创石台于四隅，而各亭其上，以为眺望之所，其诸防闲之道靡不恪修。夫然后人而观焉，则森严洞达，供事者莫敢有轻忽慢易之心，而就试者自消其回邪非僻之念。盖不费财力而事修于旬月之间，不大声色而政令行肃，观向一新。若诸君者，诚可谓能求古人之意而默行之者矣，能匡后世之弊而善用之者矣。诸君之尽心，其可见者如此。至其妙运于心术之微，而务竭于得为之地，不可以尽见者，固将无所不用其极，可知也。是举也，其必有才德行谊之士如三代之英者，出以应诸君之求已乎！

工讫，使来请记，辞不克而遂为书之。呜呼！天下之事，所以弊于今而不可复于古者，宁独科举为然乎？诚使求古人之意而默行善用之，皆如诸君今日之举焉，其于成天下之治也，何有哉！

濬河记 乙酉

越人以舟楫为舆马，滨河而廛者，皆巨室也。日规月筑，水道淤隘；畜泄既亡，旱潦频仍。商旅日争于途，至有斗而死者矣。南子乃决沮障，复旧防，去豪商之壅，削势家之侵。失利之徒，胥怨交谤，从而谣之曰："南守瞿瞿，实破我庐；瞿瞿南守，使我奔走。"人曰："吾守其厉民欤！何其谤者之多也？"阳明子曰："迟之！吾未闻以佚道使民，而或有怨之者也。"既而舟楫通利，行旅欢呼络绎。是秋大旱，江河龟坼，越之人收获输载如常。明年大水，民居免于垫溺。远近称怊，又从而歌之曰："相彼舟人矣，昔揭以曳矣，今歌以楫矣。旱之熇也，微南侯兮，吾其燋矣。霪其弥月矣，微南侯兮，吾其鱼鳖矣。我输我获矣，我游我息矣，长渠之活矣，维南侯之流泽矣。"人曰："信哉！阳明子之言：'未闻以佚道使民，而或有怨之者也。'"纪其事于石，以诏来者。